女真と金国の文化

КУЛЬТУРА ЧЖУРЧЖЭНЕЙ
И ГОСУДАРСТВА ЦЗИНЬ

M.B.ヴォロビヨフ　著
川崎 保・川崎輝美　訳

ボロンテ。

Михаил Васильевич Воробьев
**КУЛЬТУРА ЧЖУРЧЖЭНЕЙ И ГОСУДАРСТВА ЦЗИНЬ
(Xв.—1234г.)**

©Главная редакция восточной литературы
издательства «Наука», 1983г
Japanese translation rights arranged
with Institute of Oriental Manuscripts of the Russian Academy of Sciences
through Japan UNI Agency, Inc., Tokyo

訳者まえがき

　本書は、おもに中国東北地区からロシア極東地区に暮らしていた民族「女真」と、彼らが建国した「金」の文化と歴史を論じたものである。その起源に始まり、周辺地域文化を受容したり、逆に発信したりしながら、どのように発展、継承されていったかを多角的な資料で分析している。

　この地域は、金滅亡後、モンゴル、中国、ロシアといった強大な大陸国家の「辺境」として組み込まれたり、近代には日本をはじめとする欧米列強の帝国主義的な野心の対象にもなったりした。これは、地政学的に強大な勢力が交錯する場所に位置していたためであって、彼らの文化が劣っていたわけではないが、これまでは伝統的中国社会からは、否定的にとらえられ、文化を受容するだけの辺境に位置する民族とされがちだった。

　さらに欧米のアカデミズムの主流は、伝統的中国王朝を「東洋的専制主義」(唯一の所有者である専制君主を官僚が支え、大多数の農民を支配する社会構造・政治形態)ととらえる。カウンターパートナーとしてモンゴル高原の遊牧民の専制帝国は認めざるを得ないが、両者とは異なった形態の民族は、両者の亜流で、一段劣ったものとしてとらえがちである。

　しかし、実際の女真は価値観やイデオロギーを絶対化することはなく、文明を否定しないものの素朴さを失わないようにもしていた。農耕も遊牧も利用し、さらには工業すら発展させるが、自分たちの起源である狩猟採集文化も放棄せず、多様性を維持していた。こうした彼らの生き方は、現代中国だけでなく、東アジア世界に大きな文化的な財産を残してくれたことを本書は明らかにしている。

　女真をめぐる資料は、漢文、ロシア語だけでなく、日本語、朝鮮語、英仏独語と多岐にわたる。これら言語に通じた著者は、特定言語の資料や立場に固執することなく、彼らの自律的な歴史の歩みを客観的に記述、分析

する。

　訳者が取り組んできた「縄文文化」や「日本文化」も、いわゆる中華思想や西欧中心主義的な発想からは辺境扱いされる。本書の翻訳を進めるうちに、日本文化も狩猟採集文化だとか農耕文化だと単純化できないし、辺境か中心かは視点の違いであることに気づかされた。女真文化を正当に評価することは、日本文化を正当に評価することにつながっていく。本書に啓発されて、日本文化と女真文化に意外な共通点があることもわかってきた。文献、考古、民族誌の成果を縦横無尽に活用して、歴史・文化を叙述する著者の手法は、日本における文化研究にも裨益すること大である。歴史や文化の研究を志したいと考える方にはぜひともお読みいただきたい。

　2018年10月

川崎　保

女真と金国の文化

目　次

女真と金国の文化
目　次

訳者まえがき ……………………………………………… 3

原書『女真と金国(10世紀 – 1234年)の文化』について
　　　………………………………………………………… 8

序 ………………………………………………………… 13

第1章　1115年までの女真文化 ……………… 29
　　1　生産活動 ……………………………… 30
　　2　集落 …………………………………… 37
　　3　住居 …………………………………… 39
　　4　衣服と装身具 ………………………… 42
　　5　食物と器 ……………………………… 47
　　6　家族と家庭生活の慣行 ……………… 51
　　7　風俗と慣習 …………………………… 59
　　8　宗教と祭祀 …………………………… 67
　　9　言語と文字 …………………………… 78
　 10　自然科学の知識 ……………………… 82

第2章　金国の文化（1115〜1234）……… 85
　　1　産業 …………………………………… 86
　　2　都市と集落 …………………………… 103
　　3　建物と造作 …………………………… 115
　　4　服装と装身具 ………………………… 125
　　5　食物と道具 …………………………… 132
　　6　家族とその習慣 ……………………… 143
　　7　風俗と慣習 …………………………… 154
　　8　宗教と祭祀 …………………………… 173
　　9　言語と文字 …………………………… 205

10　碑文と金石学 ……………………………… 219
　　11　書籍と出版 ………………………………… 229
　　12　文学 ………………………………………… 236
　　13　建築様式 …………………………………… 243
　　14　彫刻 ………………………………………… 249
　　15　絵画 ………………………………………… 258
　　16　工芸 ………………………………………… 263
　　17　学術 ………………………………………… 273
　　18　教育 ………………………………………… 284

第3章　結論 ……………………………………… 293
　　1　未解決の問題 ……………………………… 294
　　2　女真文化の起源 …………………………… 303
　　3　文化的相互交流 …………………………… 306
　　4　文化政策 …………………………………… 320
　　5　文化プロセス ……………………………… 330
　　6　女真の文化的独自性 ……………………… 341
　　7　金崩壊後の女真民族と文化 ……………… 347
　　8　女真の継承者 ……………………………… 351

結び ………………………………………………… 354

【資料編】 ………………………………………… 361
参考文献
　　定期刊行物・集　362／引用文献　364／引用論文　369
歴史対照年表　395
索引　399
図版　416

訳者あとがき ………………………………………… 432

原書『女真と金国(10世紀-1234年)の文化』について
КУЛЬТУРА ЧЖУРЧЖЭНЕЙ И ГОСУДАРСТВА ЦЗИНЬ（Xв.-1234г.)

　中国東北部からロシア極東地域は、日本列島に地理的に近く、おそらく文化的にも深い関係があると予想される。近代史においても日本人が深く関わってきた地域である。しかし、当該地域の歴史、文化、社会について、私たちはよく理解しているのだろうか。また、この地域を見ないで東アジアを論じてはいないだろうか。

　たとえば、江上波夫氏の騎馬民族征服王朝説でいうところの「騎馬民族」というとモンゴル高原の人々を想像しがちだが、江上氏のいう騎馬民族はモンゴル高原ではなく、のちに女真文化が発達した地域の人々であった。しかし、この地域の歴史や文化に関する、彼ら自身の文献は非常に限定的である。よって、考古資料や民族資料を踏まえ、多様な文献史料を理解する必要がある。M.B.ヴォロビヨフ氏の『女真と金国（10世紀-1234年）の文化』は、この難題の解決に非常によい手引きである。

　本書で、10〜11世紀における女真民族の故地、沿アムール地方、沿海州、満洲での、ツングース・満洲系部族である女真文化の起源と本来の形態、内モンゴル、北部中国と中部中国を含む金帝国（1115〜1234）の領域内の文化の発展と女真文化を基礎とし、隣接する文化の参加による（金文化）文化共生の創造、金帝国崩壊後の文化の運命をヴォロビヨフ氏は研究する。

　著者のM.B.ヴォロビヨフ氏（1922〜1995）は、日本や朝鮮文化に造詣が深い東洋学者で、多くの専門著書がある。氏の出発点である考古学研究の方法論にもとづく、考古資料や民族資料を用いた総合的な文化史的研究は、例を見ない。中国語、朝鮮語、日本語と独仏英語に通じていた語学力を生かした豊富な文献史料の利用と、文化史的な観点からの文献史料の読解にも独創的な視点が見られる。氏の文化のとらえ方や研究法、相互影響、借用、変容などといったテーマは、日

本文化を考える上でも非常に参考になる。女真や北東アジアの文化、民族、歴史、社会に興味を持つ人だけでなく、日本や朝鮮に見られる北東アジア文化の影響を考える上でも、極めて重要な文献である。

【要旨】(カッコ内の数字は各章の節に対応する。)
序
　あらゆる社会は文化——自動的に調整するシステム——を持っている。文化(女真と金の文化を含む)は、自然、生産、社会そして民族にもとづいている。女真と金文化の研究の典拠は文字資料(辞書、金石学および文献)と考古資料が含まれる。

第1章　1115年までの女真文化

　故地(原郷)において女真は、農業、鉄鉱業、鍛冶、機織、陶器、木工業を発展させた(1)。彼らは村と要塞化された都市のような集落(2)、炕(カン)を有する平地式住居(3)を建設し、毛皮の外套や左衽(さじん)の亜麻布の衣服、真珠、辮髪(4)、肉、穀類と野菜、木器(5)を好んだ。家父長制の家族は、兄弟(叔父)の独特の役割、レヴィレート婚(嫂婚制)によって、一般社会においては婚前関係や新郎新婦の選択の自由によって、貴族社会の間では内縁関係と特権を有する婚家によって、それぞれ特徴づけられる(6)。この段階で習慣とそれ以外のことも土着的であり、かつ伝統的(鹿笛、炕、シャーマニズムなど)である。そうでないものは、地域を越えて流布していたもの(天崇拝、辮髪、嫂婚制など)であり、あるいは地域の他の人々から借用したもの(狩猟、ポロ、初狩猟・漁撈の宴会など)であった(7)。宗教は自然と祖先信仰、シャーマニズムそしてこの時期の最後に、おそらく仏教といった諸要素が組み合わさった(8)。まだ成文化されていない土着言語は、南ツングース語群の一つであった(9)。自然科学の概念は大雑把で、まったく具体的で非公認であった(10)。

第2章　金国の文化(1115-1234)

　金の人々は、中世極東のすべての特徴的分野を包含した生産活動を行い(1)、五京制度の制定、巨大な行政的中心——彼らの故地(会寧府)と中国(大興−燕京)——の建設、禿げた山頂の丘に巨大な要塞化された集落(クラスノヤロフスコエ遺跡など)の独自の型式を生み出した(2)。女真は炕が付いた日干しレンガの長方形の家に住み(山間部の人工的な台地上で)、中国古典の詳細からはかけ離

れた中国式の宮殿や寺院の型式を借用した (3)。一般社会ではおもに、衣服、古いかぶり物、髪の結い方などの習慣的型式を保っていた。金の支配者は、中国人にそれを強制するように努めた (4)。伝統的な食糧（配給）は、野菜、乳製品、茶を含み、多様性を有していた。陶製台所用具は、より多様な発展をした(5)。一般民衆の家族は、一夫一婦と家父長制を保っていて、貴族社会は中国の内縁関係（妾）のシステムと儒教の家族の基準を採用した。（異民族間の）雑婚は、最初政府によって黙認され、12世紀末には許可されるようになった (6)。中国において、女真は彼らの儀礼のいくつかと時機にかなう多くの民俗祭礼を、それらを一致させるために選択したが、彼らの他の儀礼や習慣は土俗のままであった。女真の習慣と唐宋礼によって、金朝廷儀礼の基礎が形成された (7)。女真人一般の伝統的信念は、ほとんど変化を被らなかった。彼らの信念と中国の儀礼の使用の基礎の上に、政府は国家祭祀を創成した。女真の貴族社会は仏教（禅）、道教（全真教）、儒教（孟子）に対する興味を発達させた。儒教だけが政府の援助を享受した (8)。女真は彼らの言語を公式のものと宣言し、文字（女真大字、女真小字）を考案し、最も重要な倫理、哲学そして歴史的文献を彼ら自身の言語に翻訳した。帝国の民族集団は、彼ら自身が二言語併用へ変化することを見出していた (9)。記念的かつ有名な金石学の典拠は、女真語あるいは二か国語の碑文であったが、日常のもの、しばしば印章や貨幣はたいてい漢字が記されていた (10)。金は書籍印刷の四つの中心、燕京、開封、平陽、寧津を発達させた。少なくとも、30以上の女真語を含む400の著作が金で書かれたり、印刷されたりした。帝国の人口の中で女真はたった10％と報告されているが、しかしながら作家の13％を構成していた。すべての現存する文学作品は中国語で書かれている。それらは、伝統的なアカデミズムやジャンル（院本）そして文体上の（北方の色彩の）特徴から比較的自由で突出していた (12)。芸術は明確さを際立たせる建築と彫刻において成功した。建築の特徴は遼金の塔の様式に遡ることができる (13)。大理石の彫刻は、直線的な原理と芸術的手法の抑制がよく現れている一方で、墓の画像石は伝統的な極東のモチーフ（女真のものも含む）を混合した独自性を示している (14)。同様の相違はわずかに残った絵画、基本的に古典的であるが、『北方の主題』に引きつけられる『立面』絵画とこれらの主題によって占められている壁画（フレスコ画）の間にもみることができる (15)。芸術的もしくは半芸術的品々は貴重（個人的装飾）かつ普通の金属（鏡、鐘）で作られていて、装飾瓦、磚、鈞州窯陶器、石（根付、垂飾）そして着色焼付ガラスは極東の美の伝統（女真を含む）の特徴の反映を示していた (16)。医学を含む自然科学のいくつかの分野での成功は、学校教

育における実用的な探求が普及していたことと科学への厳格な政府の統制の緩和のためである (17)。教育は国家によって個人管理の供給源（指導の三段階）として、倫理原則の修復の方法として、そして女真の倫理・文化的特殊性の維持の証明（女真語とその文字体系の教育、女真共同体の長として必修の教養）として見なされていた (18)。

第3章　結論

　女真研究は、多くの問題が蓄積されている (1)。女真の直系の祖先——靺鞨（まっかつ）と渤海——は早期女真文化の様相に大きな影響を及ぼした (2)。女真は契丹、中国、朝鮮、蒙古、党項（タングート）そして日本との二つの文化的接触方法を発達させた。前国家段階での最重要の要因は契丹と朝鮮との関係であり、国家段階では、中国との結びつきを認めた (3)。金段階において文化的接触は、華北文化や華北人と融和するために広い親和性を提供する「文化政策」のレベルに達した (4)。接触は融和をもたらしたが、文化変容や同化に達することはなかった (5)。女真は帝国の崩壊まで彼らの文化の民族的特異性の様相は保たれた。崩壊後彼らの民族の核心と伝統的日常文化の基礎は生き延びた (7)。後期女真に蓄えられた女真文化は満洲（族）とのちのナナイ人の中に後継者を見出すことができる (8)。結果として、女真民族史は6世紀にさかのぼり、女真の民族性の結晶（具体）化は11世紀第1四半期にさかのぼる。彼らの地域は文化的停滞によって特徴づけられ、早期女真文化は野蛮な性格を生じさせたという推定は批判を受けている。女真は南ツングース部族を伴ってきて、最初に拡大された自覚的かつ双方向の彼らの地域と極東の主要民族との間の接触が確立された。これらの接触は女真文化を保護する方向への傾向によって、特徴づけられていた文化政策の形態であったと推定する。金文化における革新は、文化の民族的差異を示す階層を破壊しなかった。金文化政策と接触は、文化的統合と民族政治的教育がその女真の独自性の基礎を保護することによって可能ならしめるように導いた。帝国の没落後、女真の民族性とその文化は、衰退した。しかしながら、それらは沿海州とアムール地域のより小さい民族の文化同様に、16〜18世紀の満洲文化形成のためのモデルと基礎を提供した。

【凡例】

1）女真、契丹、高麗などの非漢語の名称は、原著者（ヴォロビヨフ氏）による現地語音のカタカナ表記を優先した。
2）本文中漢字表記が定着している人名は、漢字表記とした。
3）地名などで現地語の音をどの程度反映しているか不明なものは、漢字表記とした（例：綏芬など）。
4）注釈について、原著者の注はローマ数字を付し、本文の段落末尾に記載した。訳者注はアラビア数字を付し、各節の末尾にまとめて記載した。なお、本文中に（筆者注：……）としたものは、引用した文献・資料等の著者による注釈である。
5）原著者は、「生女真」「熟女真」「亀趺」などの言葉をロシアの読者向けに「好戦的な女真」「平和的な女真」「亀の石碑」などとしているが、日本の読者にはかえってわかりにくいものは、漢語的表現とした。
6）ロシア語の「キタイ」「キタイスキイ」は、辞書的な日本語訳では、「中国」「中国人」となる。ただし、本書の文脈から長城以南の中国あるいは漢民族という意味で用いられている部分については、「中国本土」「漢人」などと訳した。
7）「満洲」は、本来集団（民族）名称である。ロシア人をはじめ欧米人や近代日本人は地名（マンチュリアあるいは満洲国など）としても用いた歴史があり、原著者が地名として用いている部分を現在の呼称「中国東北部」とはしていない。

序

　人類にとっての文化の重要性をЮ. ロートマンは的確に言い表している。人類の主要な課題の一つは、ロートマンが指摘するように生き延びることへの渇望である。人類は需要に対して常に生産が遅れつつも、発達を遂げているのである。それにもかかわらず人類は文化的歴史において、直接生産に結びつかないことのために、よりすぐれた力を注いできた。これは、生物学的な存在である人類にとっては、直接的な生産が必要である一方で、人類社会の維持には文化が必要なのだということを意味している（Лотман1970）。「文化抜きでも社会はあり得ない。社会抜きでも文化が存在しない」（Соколов1972）ということも事実である。このような文化が担う重要な役割は、たとえば女真族の形成のような急変期に強く感じられるものである。

　文化とはいったい何なのか。この問いに答えることは決して簡単ではない。「文化は巨大な現象世界を把握し、非常に高い抽象概念の水準にある最も一般的な哲学的・社会学的概念の一つである。この種の他のカテゴリーと同様に、文化という概念を一言で完全に定義することは不可能である。その意味やさまざまなニュアンスは、社会生活の具体的側面の研究やそれらと別の総合的な概念との対比から明らかになるだろう」（Соколов1972）。以上のことを理解するならば、文化という概念の複雑さがすぐに認識されるだろう。

　文化を、ある一つの安定した有機的なシステムと想定するのは、不十分である。文化は、全体を構成する構造の単なる一部（断片、部分など）ではなく、社会の各発展段階における明確な性質を持った社会の状態であることを忘れてはならない（Уледов1974）。文化——時代の文化的共通性は、ステレオタイプな精神や習慣などに溶け込んでいるために、直感的に理解されることが多い（Баткшн1969）。

　文化は複雑で、自動的に調整されるシステムである。文化の中に、それを構成する要素のあらゆる多様な形の関係を見ることができる。具体的にどの文化のことを指しているのかを明らかにすれば、どういう関係によって文化がシステムとして構築されているのかを言うことができる。本書では、女真文化を観察し、その文化的暗号を解かねばならない。現存する文化はどれも、広い空間と長い時間の中で有機的に結合した複雑な一つの体系である。しかし、すべての社会原理に

対して（通用する）文化的区分法は存在しない（Соколов1972 ; Лотман1978）。これに関するテーマは、第3章（2,3,5節）で資料をもとに論じる。

　文化を独立したテーマごとに論じる試みは、これまでもさまざまな指標を用いてなされてきた。文化は物質・精神の両面から、より詳しく見る必要がある。前者には、道具・武器・交通・住居・建築・衣服・食べ物が含まれ、後者には、風習や慣習・宗教・科学・芸術・文学などが含まれる。私も本書では、このような区分に従っている。残念ながら、必要な資料がないために、先ほど列挙した形而上的分野のすべての領域が第1章で語られているわけではない。それ以外の前述の分野については、発展段階での構造的な転換期に際して起こる文化的な大変化を考慮して、第1章、第2章の二つの章に分割して論じた（Зворыкин1969）。

　生活の中の文化的な事象を正しく判断するには、文化あるいは文化の個々の領域間の基本的な関係を理解することが不可欠である。それは、一方では、自然と森羅万象の関係や下部構造と上部構造の関係を理解することであり、他方では社会とイデオロギーの関係を理解することでもある。文化が、自然に対して増大する人間の支配力を映し出すものである以上、自然や地理的環境は文化の発展を考える上で無視することはできない（Межуев1977）。

　文化は、経済基盤にしっかりと支えられている。「そのとき、社会革命の時代が始まる。経済基盤の変化とともに、多かれ少なかれ、巨大な上部構造全体で急激な変革が起こる。このような激変を研究するには、常に自然科学的な正確さで、立証されている物質の生産経済における変化を、法律や政治、宗教、芸術、哲学などの変化——すなわち人々がこのような対立を認識したり、それを解決するために闘っていたりするイデオロギー——とは区別して考える必要がある」（Маркс и Энгельс.Соч.）。

　このような考えは、第1章・第2章（それぞれ1節）を理解する上で非常に重要である。しかし文化というものを、物質文化の一つである、たとえば生産用具を通して見ると、下部構造そのものではなく、間接的に結びついていることがわかる。また、一般には、物質文化は精神文化よりも下部構造とより密接な関係がある。物質文化は、政治や精神的な営みの変動とはあまり関係がない（Маркарян1970 ; Spier1968）。下部構造、物質文化、精神文化の三つの現象は、互いに同意義な関係ではなく、複雑な依存関係にある。「政治、法、哲学、宗教、文学、芸術の発展は、経済的な発展に立脚している。しかし、それらもまた同様に互いに影響し合い、経済的基盤にも影響を及ぼしている」（Маркс и Энгельс.Соч.）。第1章・第2章の1〜5節では、物質文化の具体的な問題を論じ、とくに

引用文で述べられている概念をとりあげた。

　下部構造と文化は、主要部分では内容が一致しているが、互いにカバーし合っているわけではない。両者は、それぞれに固有の社会現象がその規模や機能においてまったく異なる。文化は、社会的存在や人々の社会意識と結びついている。文化の社会的機能の特性は、創造的、物質的、精神的能力（可能性）を対象化することにある。精神文化は、社会的意識とより直接的に結びついているが、社会の精神的営みと同意義ではない。文化には社会的意識のほかにイデオロギー（文化の中で最も重要な位置を占めている）や言語のような階級とは無関係な要素もある（Ион1969 ; Давидович, Белолипецкий1974）。第1章の7〜10節と第2章の7〜18節は、ある民族とある国家の精神文化の諸様相を記述することに割いた。

　精神文化は物質的生産活動からはどちらかというと独立している。精神文化の独立性が表れるのは、次のような領域である。まず一つは、精神文化の構成要素である社会的意識のすべての形態が、それらによって現実を映し出すⁱ 過程で独立している領域である。なぜなら、社会的意識は現実のあらゆる面をさまざまな観点から反映しているからである。具体的には、精神文化の構成要素の一つ一つが変化を遂げた下部構造より長い間立ち遅れている領域、精神文化を構成する全要素の内容がその時代の経済制度の性格によって直接的にも完全な形としても決定されない領域、そして精神文化が民族的なものを映し出しながら文化的に多くの影響を受けている領域である（Баллер1969）。それゆえに、芸術のような精神文化は生産活動や社会の一般的な発展レベルとは間接的に関係がある。「芸術に関して言えば、その最盛期のある期間は一般に社会の発展とはまったく一致しない。つまり芸術を構成する骨子のようなものである物質的原理の発展とも一致しないことはよく知られている」（Маркс и Энгельс.Соч.）。このような状況については、第2章の12〜16節の資料で具体的に説明する。

　　　　i　次の一節が想起される。「人間の意識は、客観的な世界を映し出すだけでなく、それを創造もする」（Ленин.Полн.собр.соч.）。

　私たちにとってとくに興味深いものは、文化にとっては副次的なものであるが、全体を区分したり統一したりする機能である。部族社会では、物質・精神文化の要素は個々の集団を一つにまとめる機能でもあり、他の部族集団と区別するものでもある（第1章を参照）。階級社会において、この二つの機能が集団から消えてしまうと、階級社会のさまざまな相関関係に見られる階級文化や民族文化の様相が複雑化する（第2章参照）。このような状況は、封建制度において最高潮に達した（Токарев1973）。しかし、文化の階級的性格があるにもかかわらず、階級制度

時代の社会でも民族共通の文化が存在する。階級差は文化的財産すべてに及ぶものではない。宗教・言語・文字資料の共通性は、階級とは無関係なものである。部族社会で共有される特徴は、一般には風俗に受け継がれて息づいている（Бромлей1973）。

中世の役割はすでに周知のことではあるが、現代の国民・国家・文化の起源を成しているということにある。しかし、この時代の文化の多くの様相や芸術のほとんどすべての様相は宗教的なものによって生じたものである。伝説や儀礼、絵画、彫刻における現世と来世の境界のあいまいさは、教義を模倣したり再現したりしようとする傾向と結びついていた。宗教における未分化な世界観は、文化においても同じような傾向を与えた。再現という方法をとる中で、伝統の役割が強くなっていったのである。そして、人々の行為は、儀式による浄化を求めるようになった（Гуревич1972）。このような思想については第2章の13～15節で考えてみたい。

具体的な社会（たとえば女真文化、金の文化）における歴史的につくられた文化的形式を理解するには、このような形式を全体的なものと局部的なものとに分けて考えなければならない。前者は、文化的に到達した発展段階を社会に映し出すだろうし、後者はそれぞれの社会の文化的特色を反映するだろう（Маркарян1972）。私たちの目的は、女真人の民族集団として、時代的・空間的に他民族とは異なる文化的側面について研究することである（第3章6節を参照）。Ю.В.ブロムレイの定義では、「民族的（民俗学的）なるものを内包する主要かつ客観的文化層（狭義での文化という語）を伝統的風俗文化と呼ぶのが適切だろう」（Бромлей1973）。ブロムレイはさらに、「広い意味で文化的社会に入っていくと、さらに民族性を担う二つのシステム――日常の意識と普通語の問題が発生してくる」と続ける。基本となる三要素を選んで私はブロムレイが指摘したように、文化を民族的に区分する組み合わせが全民族において不変ではなく、またある民族集団を隣接する民族集団と区別する文化的側面も民族的差異になることを学んだ。原理としかるべき資料の存在は、私にとって文化の一部を選択する基準となっている。

しかしながら、このような原理が文化論の中で地位を確保するには、民族集団の理論の諸問題を解明しなければならない。民族は、自然史的過程で生まれてきたものである。民族的個性の客観的存在の具体的な領域は集団の文化的特性であり、言語、宗教、民族芸術、フォークロア、慣習、儀礼、マナーなどである。民族集団が心理的に自覚し、自称している一般的な文化的特質も民族的特質にほか

ならない。民族と社会組織が相互に交わることによって、（文化だけでなく）領地、経済、社会、政治などの共通性を有する民族社会が創造されるのである（Бромлей1973）。民族的共通性の発生は、社会的経済要素に依存しているけれど、その発展の仕方は比較的主体的であり、その形式は社会的発展段階と直接結びつけることはできない（Кузнецов1973）。

民族意識や精神文化と民族的共通性との相互関係は、重要な研究テーマである（Чистов1972）。民族的共通性が客観的な存在である以上、別の関係——すなわち政治・社会・文化的関係にも影響を与えるだろう。政治・社会・文化的関係が、民族的共通性に影響を与えるように。このような意味において、民族的共通性は、社会的意識の形式の一つなのである。精神文化は、民族的共通性の大きな影響下にあり、民族間の対立は、伝統的文化様式の中断の原因となっている（第3章4節参照）。

また、対立的情勢においては、民族意識は精神文化を美化することにつながりやすい。このような場合、伝統文化のいずれの様式を淘汰するかによって精神文化における民族性の行方を決定することになる。精神文化から民族性を支えている特徴の一つ一つが抜け落ちることで、脱民族化が進み唯一無二の独立した存在ではなくなってしまうのである。つまり民族性とは、特徴の寄せ集めにすぎないのである。

精神文化の文化的価値の交換は、その生産力との水準との関係で、わずかに軽減されたり、言語や心理的障壁によって困難になったりする（第3章3節参照）。精神文化が民族性を有するすべてのものと絶え間なく関係を結んでいる限り、精神文化のある形態がたとえ諸民族の影響下にあるにしても民族性を失うことはない。とくにその形態が言語と関係があれば、そこから二言語併用文化が生まれることになる（Blom1970）。

「民族」という概念を「文化」という定義に、また「文化」という概念を「民族」という定義に簡単に置き換えられるものではない。一般的な見地からも「文化＝民族」というような完全な依存関係は認められないからである。民族を文化の主要な構成要素の一つと考える人もいれば、「文化的・歴史的単一性」というものの可能性を認めない人もいるのである。

文化と民族が非常に類似しているということに異を唱える人は、次のような理由を挙げる。民族的集団と文化の構成要素の複合体（「民族学的複合体」）が完全な状態で合致するのは特別な場合に限られるというのである。というのは文化（とくに物質文化）の多くの構成要素は民族というものの関与を受けずに成り立っ

ており、民族の発生の定義のために文化的構成要素が機能しているわけではないというわけだ。結局、民族という用語の多義性と民族を識別するための特徴的な慣行がよく知られているだけなのである。

　ある民族的共通性を有する地域で、特権階級と呼ばれる人々が固有の別の文化的世界を有するような特殊な場合——たとえば「搾取者の文化」に「民族文化」が対立して存在するような場合——このような考えでいくと、民族的共通性から特権階級は除外されることになる。時として問題を複雑にするのは、搾取者層の太古における特別な民族的出自である。どちらの文化も国民全体の財産であるが、現実には（女真の場合も）どちらの集団の貢献も正しく判断することは難しいことが多い。

　「女真」という民族名は、学会や極東出身者の間では、「女真文化」の内容よりもはるかに有名である。実際に女真が建国した金（女真語でアンチュン：按春）は、119 年の間、沿海州、沿アムール地方、満洲、東モンゴル、華北を支配し、その政治史は世界史にしっかり組み込まれている。とはいえ、金の政治は中国の多くの王朝の一つと見なされることがよくある。それは、女真族と彼らによって建国された国家の歴史が、中国の中原王朝においてたびたび繰り返されてきた政治的混乱のたぐいにおとしめられてしまっているかのようだ。

　女真文化に関わる状況は少し複雑だった。どんな政治的事実も文化的事実よりは具体的であるということはよく知られている。しかし、女真の政治史が金帝国史として中国王朝の一連の王朝史の編年に加えられていることが明らかになると、金の文化は自ら進んで中国的に変容してしまった。

　漢人学者の多くは、近代の初めまでの数世紀の間に世界には唯一中国文化しか存在しないと考えるようになっていた。こうして、あらゆる情勢において「文化対未開」という記号論——そこでは自分たちの文化が唯一の存在であると見なされ、異民族の文化は未開であるだけで、異文化というふうには決して認識されない——に対して反対派は理想的な図式を描いてみせることを求められた（Лотман1970）。ある一国に、いずれにしても異文化というものが認められない、つまり存在しないという仮定において、最近では、中国や中国周辺で発生したものは、すべてが中国文化のものとされることになった（Rachewiltz1966）。その結果、多くの非漢人系民族や中国のルーツとは無縁な国家のおびただしい数の貢献が、中国文化史の海に永久に葬られてしまったのではないだろうか。

　このような幻想は、「中華思想」（文化的中国中心主義）に何の疑いを抱かなか

った欧米諸国でも広く受け入れられた。19世紀のロシアの東洋学者にも、このような思想の影響から逃れられない者がいた (Окладников1964)。欧米の学会が極東特有の多くの文化に対して何と定義すべきか難しかったこととあいまって、中華思想的思考は、揺るぎないものになっていったのである。ソ連の極東で発見された女真の遺跡や遺物が、一部で中国のものだと見なされたのも偶然ではない。遺跡や遺物の女真的特徴が彼らに十分に知られていなかったために、このようなことが起きたのである。

中世に発生し、数百年たっても存在し続ける中華思想的思考について、Н.И.コンラッドが次のように述べている。「たとえば、中国では、ある共通する歴史的プロセスの概念が生まれ、歴史的発展の図式がつくられ、その多くが今なお中国の歴史家にとって価値あるものであり、時として急ごしらえのヨーロッパ風な新たな名称を得ているものもある。このような概念は無条件に受け入れるべきではないが、それらが何を意味し、何のために生じてきたのか、実際の歴史プロセスにどのように関与しているのかを理解しなければならない」(Конрад1966)。

無論、私たちは批評する際も客観的でなければならない。女真は、中国のどの愛国的学者にとっても侵略者であるということがまず念頭にあった。女真文化は、部分的に他国でつくられた自分たちとは違った生活様式であったし、漢人はそれを強制されたこともあった。当然のことながら、私はこのような学者たちから、女真文化と中国文化の対立について中立的な評価を期待できない。しかも、あのように政治的に緊迫した情勢においてはなおさらである。しかし歴史的事件の決定的評価の中に、事実に即して明らかにされた問題点の別の一面が反映されるのを期待するのも無理からぬことだ。だが、私たちの立場は別のところにある。

女真と関係のあるツングース系満洲族の文化史は、ソ連の極東や女真の現代の子孫たちの文化と切っても切れない関係にある。そして女真史は、世界文化史上完全には解明されていない。ツングース系満洲族の間で、女真は特別な位置を占めていた。沿海州や沿アムール地方、満洲のさまざまな民族は、多くの歴史的要因によって、さまざまな時代や地域で発展を遂げた。ある地方民族には、独自の発展を遂げ、その水準が極東におけるリーダー的存在だった漢人や朝鮮人と何らひけをとらない民族もあった。紀元1世紀には早くも扶余（夫余）国が形成され、8〜10世紀には極東の標準的レベルに達していた渤海国が建国された。渤海の文化と国家体制は、女真の目指すモデルだった。そして女真の登場に伴って、ツングース系満洲族の沿革と文化史は質的に新たな段階へと踏み出したのである。

10〜13世紀の女真の発展期は、血縁関係の近い氏族や部族集団すべてが一つの

民族的共通性のもとに統合強化され、民族性を確立した。そして、民族的共通性を象徴する特質を伴う国家体制を築き、独自の文化的形式をしっかりと根づかせた。1234年の政治的崩壊から数百年を経た16〜17世紀には新たな同系民族の民族性や文化、そして新たな国家体制を誕生させ、満洲族の国家体制や文化が滅び去っても、ツングース系満洲族の影響力は現代も継続して維持されている。沿アムール地方や沿海州、満洲に住んでいたツングース系満洲族の三千年にわたる民族と文化の歴史において、女真のこのような役割は、古来より彼らがこの地域の主要な人口比率を占めなくなった現在までまったく知られていない。

金帝国は多民族国家つまり民族政治組織で、そこに占める女真人口は全人口のわずか10%に過ぎなかった。しかし、本書では、帝国内の全民族の文化に等しく注意を払うことはしなかった。何よりも帝国の圧倒的多数を占める漢人に対してもそうである。漢人について見るべきものは、本質的にはない。というのも『金王朝支配下の漢人』というテーマは、中国文化史全般に関する多くの研究成果や中国文化の分野別の極めて多くの専門論文に見出すことができるからである。したがって、私はおもに金代における女真文化史に集中して注意を向けている。女真文化と中国文化の相互浸透（一方向あるいは双方向）が原則に関わる重要な意味を持っている場合は、中国文化も含めた金文化全体を問題として検討する。

地名や氏名、職名、固有名詞、専門用語を表わす場合、女真語の該当する表記が知られていても、中国の音声表記（ピンイン）を用いた[1]。これは女真語辞典が現代まで伝わらなかったためやむを得ない選択である。女真語の音声表記を採用すれば、研究者にとっては確かに魅力的だし、私たちが研究している民族に対して公平な立場でいることができたとしても、研究上の食い違いが生じるのは避けがたいだろう。そのためここでは、女真語の音声表記がよく知られており、研究の本質に関わるような場合は、中国語の音声表記に女真語の音声表記を併記することにした。人名や姓――とりわけ皇帝や王の名前に関しては、このような原則から外れることもやむを得ないこととした。それらを表わす女真語の音声表記あるいは併記は専門的な文献では広く浸透しているので、本文では補足説明なしで使っている。私は、一連の文字資料を手に入る限り幅広く把握することに努めた。しかし、研究テーマやその分量を考慮して、全資料を完全に把握することは断念せざるを得なかった（備考、論文）。

女真文化や彼らが建国した金国の歴史に関する資料は、その性格から古文献と

考古学的資料の二つのグループに大別できる。

　文字資料は、これもまた、その重要性によって分量に多寡はあるが二つに分けた。一つは文字通り文字資料に関するもので、石碑や墓碑銘、印章、鏡、硬貨など。このような資料の詳細については、第2章10節にまとめた。

　もう一つは、文献史料である。分量的に前者よりはるかに多く、内容もずっと重要なものである。まさに金国の史料もあるし、彼らの隣国かあるいは政治的後継者によって独創的に編纂された史料もあるが、現在部分的に失われているところもある。残念なことに金代の一次史料は少ない。

　金の張師顔の『南遷録』（南方への遷都の記録）全1巻には、燕京（北京）が1214年にモンゴル人に包囲された後、女真が汴京（開封）へ遷都した事件のことが綴られている。『大金集礼』（金帝国の儀礼集）全40巻（残っていない巻もある）は、無名の女真人作家によって1195年に書かれたものである。これは、国家的行事や社会的なあらゆる場面でのさまざまな儀礼や儀式のあり方について政府が定めたものをまとめた全集で、戴冠式や国家的な献祭、祈願をはじめ階級ごとに決められた衣服の形や馬車の種類まで掲載されている。『大金弔伐録』（金帝国における懲罰のための進軍に関する記録）全4巻の製作年代や作者は知られていない。おそらくこの著作は1167年以降に女真によって発刊されたと思われる。この史料には、1122～1130年の宋と金の関係についての重要な史料や使節団が贈った貢物の目録が含まれている。

　金の王寂による『遼東刑部志』（遼東視察旅行の記録）、『鴨江行部志』（鴨緑江流域視察旅行の記録）は、前者が南方の、後者が東満洲の生活を間近で観察して書いた記録である。『大金国志』（大金国の記録全40巻）は宇文懋昭が編纂したものである。これは非公式な著作で、政府寄りの『金史』とは食い違う部分もあるが、『金史』に比べてはるかに詳しく女真人の生活や文化が記述されている。この本は南宋で発刊されたが、著者は金人である。同じ編者による『金志』（金の記録）は、『大金国志』のおもに巻36と巻39からの抜粋である。この本は、В.П.ワシリーエフによってロシア語に翻訳されている（Васильев1859）。

　金人の著者による2冊の小著――『宋俘記』（宋人捕虜の手記）と『南征録』（南宋征服の回想録）は、1126年の戦争について書かれたものである（ともに全1巻）。後者の資料を私たちは『南征録彙』という抜粋集にあるものを利用している。

　次の二つの文献は、公式には刊行は元代とされているが、著者は金の官吏で金について個人的に観察したことをもとに書かれており、金滅亡直後に出版された

ものである。『帰潜志』(逃避行の記録)は劉祁によって1234年ごろ編纂されたもので、その内容は1232年のモンゴルによる開封包囲と占領を目撃した人の生々しい回想録である(Chan Hok-lam1970)。この史料については、ヘニシュ(Haenish1969)の訳したものを使った。『汝南遺事』(忘れられた汝南事件)の編者、王鶚は、1233〜1234年にモンゴル人に包囲され、捕らえられた金の哀宗と蔡州で一緒だった。つまり皇帝もとらわれの身だったのだ。この一連の事件を王鶚は回想記の中で語っている(Chan Hok-lam1974)。

　金代におもに詩という形で書かれた文学全集にも、金に関して編纂された『河汾諸老詩集』『拙軒集』『中州集』や後世書かれた『金文最』『金文雅』のように、この小グループに含めなければならないものがある。これらの文学については、第2章12節で説明する。

　このほかに女真語の辞典がある。これらは金国滅亡から随分歳月を経て編纂されたものだが、女真の文字データや本物の古代女真語文書にもとづいて作成されたものである。『華夷訳語』は全2巻で3版ある。1382年と1407年、それから時代がさがってからもいくつかの言葉が追加されている。こうした女真語辞典は、第2版は871語収録されていて(Grube1896)、第3版では、1155語入っている(石田1973)。辞書には、女真文字と漢字による訳語と音声表記が掲載されている。

　女真語の語彙研究は、この民族の多くの文化的側面や生活習慣を明らかにするだろう。そして、そのことが女真語研究にとって、重要な資料になる。辞典は何度も発表され、多くの偉大な学者たちが注釈や補足を重ねた(Grube1896；渡辺1935；山路1956；石田1973；山本1951)。中でもとりわけ興味深いのは、山路広明の業績である。彼の辞書は、900を超える単語がB. グルーベが提案した規則によって並べられ、収録されている。そして、中国語からの借用語や女真語から満洲語に対応する借用語についての指摘も付け加えられている。また、女真文字がそのモデルとした漢字と最近使われている表示記号とともにリストアップして掲載されている。

　『金史国語解』(金史における金国の母国語)全12巻は清代に編纂された。1781年に政府の命令で『遼史』『金史』『元史』に出てくる漢語以外の言語の固有名詞や地名、その他の名称の修正や注釈を加えることを目的とした特別委員会が創設された。土地の言葉とソロン語や満洲語、モンゴル語などの三つの言語の語源が同じものと考えるおもな基準は、音の類似という表面的なものだった。慎重に行われたこうした作業によって、委員会は女真語の語源に関する知識を得、また間接的に民族文化に関する知識も得ることができた(李学智1952)。

文献史料における第二の大グループは、金人以外の著者による漢語の著作である。女真史初期に関する文献は、遼や契丹人のために書かれた著作の中にもある（Таскин1971）。『契丹国史』（契丹国に関する史料）全 27 巻は、1179 年に南宋の葉隆礼によって書かれた。これは非公式な著作であるため、契丹や異民族、とりわけ女真人の文化や生活様式について得るものが多い。この文献は、B.C. タスキンの翻訳を利用した（Таскин1979）。

『遼史』（遼の歴史）全 115 巻は、脱脱（トクト）総裁のもと 1345 年に元の学者たちで構成された特別委員会によって編纂された。巻 21 および巻 22 は古代女真について書かれている。満洲語版史料（Тюрюмина1969）は、ガベレンツ（Gabelenz1877）によって、また元版史料は一部抜粋が馮家昇らによって翻訳されている（Wittfogel,Feng Jia-sheng1949）。

宋や南宋の学者たちは、金国とこの国の文化に関する興味深い史料を数多く残している。それらの中でも間違いなく最高位にあるのが、徐夢華によって編纂された『三朝北盟会編』（宋朝の徽宗、欽宗、高宗の 3 皇帝時代の北方部族との盟約に関する文献）で、250 巻におよぶ三部作である。巻 1～26 の第一部は、1117 年から 1125 年の間に起こった事件について述べている。74 巻ある第二部は 1126 年の宋の悲劇について、第三部の 150 巻では、1127 年から 1162 年までの時代をとりあげている。この本は、宋の史料コレクションのオリジナル記録の中でも極めて重要なもので、古代女真を含めた女真文化に関して今は失われてしまった資料や幅広い見解・史料などの抜粋が数多く収録されている（陳楽素 1936）。1119 年の事件に関することや、初期の女真文化について書かれた巻 3 は、E.I. クィチャーノフ（Кычанов1966）によってロシア語に翻訳され、H. フランケ（Franke1975）によって英訳されている。

『松漠紀聞』（松花江の思い出）全 2 巻は、金国初期の満洲における女真の動向に関する報告の一部である。この回想録は、上京（女真の最高首都）周辺に 1129 年から 1143 年までの 15 年間拘留されていた宋の使者・洪皓によって書かれたものである。『虜廷事実』（蛮族の宮廷の真実）は、中国出身の偉大な官吏・文惟簡が書いた金国に関する書籍であるが、題名に自分が仕える主人に対する筆者の思いが表れている。この著書は 1130 年代後半に誕生し、女真文化の重要な史料となっている。私は H. フランケによって翻訳されたものを使っている（Franke 1975）。

宋の皇帝の抑留生活を伝える二つの記録には、当時の文化的生活がかなり詳しく描かれていた。これは曹勛が編纂した『北狩見聞録』（北方への皇帝拉致の見聞

録）全 1 巻と蔡絛の『北狩行録』（北方への拉致の道中の記録）全 1 巻のことである。宋の使者による一連の記録は、極めて率直であると同時に、その視線は偏見に満ちている（Воробьев1979）。『宣和乙巳奉使行程録』（宣和乙巳年〈1125〉の委任状を与えられた使節団の行程記録）全 1 巻は、許亢宗によって編纂され、鐘邦直によって完成を見た。許亢宗は使節団に任命されて、1125 年に金国に行き、開封から上京への長い旅のルートを切り開いた。これが上京に入った最初の中国本土からの使節団だった。後者の記録は『三朝北盟会編』（巻 20）に掲載されているだけでなく、『大金国志』（巻 45）に短縮版が載るなど、12 世紀初頭に関する「手記」として高く評価されている。私は E. シャバンヌ（Chavannes1898）の翻訳を利用した。

『北行日録』（北方への遠征日記）全 2 巻は、1169 年から 1170 年に燕京へ行った南宋の使節団の一員だった楼鑰によって書かれた。『攬轡録』（轡を取った記録）全 1 巻は、1170 年の南宋の使節団の一員だった范成大が書いたものである。『北轅録』（北方の陣営に関する記録）全 1 巻は、南宋の周煇によって書かれた。周煇は、1177 年に南宋の首都臨安から燕京へ旅に出た使節団の一員だった。これらの記録も E. シャバンヌが翻訳したものを利用した（Pei Yuan Lou1904）。

『使金録』（金への使節団に関する記録）全 1 巻は、南宋の程卓によって書かれた。程卓は 1211 年から 1212 年に金の皇帝に新年のあいさつをするために金国に行ったときのことを記録に残したのである。この旅は北方の金領土への宋の最後の正式な旅行となった。

元代のもので、私たちにとって非常に重要な大著が二つある。一つは『金史』全 135 巻である。前述の脱脱の下に結成された特別研究委員会によって 1344 年に編纂されたものである。『金史』が成立するまで 1 世紀以上を要した。金史編纂上のトラブルは、まず金の首都汴京（開封）が崩壊し、モンゴルによって金の国家文書が奪取された直後に起こった。1279 年の南宋崩壊後、元代に遼や金王朝の法秩序を否定する正統主義が台頭し、遼金の編年資料の根拠も否定されたのである。ところが 14 世紀になると、偉大な研究者であり、文人である欧陽玄が研究委員会を設立し、文書の分析や資料調査を行った。このような研究委員会の試みは 5 回にわたり行われ、成功を収めた（Chan Hoklam1970 ; 藤枝 1948 ; 愛宕 1951）。多数の著作を収めた巻は、四部に整理統合された。編年体で書かれた「本紀」は、皇帝ごとにさまざまな事件を年ごとに記述していく原則を守り通している（巻 1 〜9）。巻 20 〜 58 の内容は、行政や軍事、法、財政、科学、儀礼、精神世界などさまざまである。とくに天文学（巻 20）、暦（巻 21〜22）、自然哲学（巻 23）、地

理学（巻24〜26）、橋・ダム（巻27）、儀式と儀礼（巻28〜38）、馬車と衣服（巻43）などの項目の説明は、1巻以上割いている。皇帝の一族の系譜と使節団の一覧は巻63〜133に記されている。残りの2巻は、西夏（巻134）と高麗（巻135）について説明している。記述が（当時の元）政府寄りであることを差し引いても、なお『金史』は、女真の国家および文化のあらゆる問題に関して極めて重要な史料であると同時に、全集としてもユニークな存在である。この第1章はА.Г.マリャーフキン（Малявкин1942）によってロシア語に訳され、H.フランケが英訳した(Franke1978)。また小野川秀美によって全著作を網羅する全3冊の索引が編纂されている（『金史語彙集成』1961-1962）。後世になって、『金史』を増補改訂したものが発行された。これが満洲族によって作られたということが、私たちにとっては重要である。彼らにとって元代に『金史』に付け加えられた反女真的な記述は受け入れがたいものだった。満洲語による新版は、1647年に『アイシン・グルン・イスドゥーリ』（金国史）と題して発行された（Малявкин1977; Тюрюмина1969）。この著書の「本紀」はフランスではC.アレ（Harlez1877）が翻訳し、ロシアではГ.М.ロゾフ（Розов）が翻訳した（最新訳は現在原稿段階である）[ii]。

> [ii] 『金史』巻1〜19からの多くの抜粋は、最初の翻訳者とは知らないでロゾフ訳から引用したが、中国のある論文によれば、修正が必要なものだった。

　もう一つの元代の史料は、馬端臨の『文献通考』（古代文献とその伝統の研究）全348巻である。これはゲルブゼムによってフランス語に翻訳されている（馬端臨1876）。

　清代の2件の史料についても言及する。『寧古塔紀略』（ニングータに関する短い報告）全1巻は、不興を買い満洲へ流刑になった高官の息子、清の呉振臣によって編纂された。かの地で長年過ごした呉振臣は帰還後、1722年に地理学や民族学的情報に富む興味深い記録を発表した。この史料を私たちはВ.П.ワシリエフの解説付訳文で大いに利用した（Васильев1857）。『満洲源流考』（満洲人の起源に関する考察）全20巻は、多くの歴史史料に散見される古代から17世紀までの満洲族に関する情報の集成である。都市、山、川、地域の特産品や民族の気質、習慣が列挙され、粛慎から満洲族に至るまで連綿と続く思想を丹念に伝えている。

　これまで漢文資料を概観してきたが、その締めくくりは朝鮮の王朝史『高麗史』である。1445年から1451年に鄭麟趾によって編纂され、全137巻に収録されている。この史料は『金史』のように四部に分かれているが、全章残っているわけではなく、残念ながら失われた部分に古代女真文化の情報があったと思われる。

　以上、私がモノグラフ（論文）を書く過程で利用した史料の中から最も重要な

ものを列挙した。ここに挙げた史料は、史料研究の上で非常に稀有なもの、それとは反対に定本になっているもの、今後女真や金文化に関するさまざまな問題を精査する際の調査・利用に新たなる成果をもたらす可能性を持っているものなどである。そのため、世間でよく知られている史料がここに挙げられていない場合もあるし、またあまり有名でない著作が私の研究を派生的に助けてくれることもあった（楊聯升 1965）。

第二グループは、考古学的資料である。これらはさまざまな国の学者によって蓄積された資料である。しかしその性格上、外国の考古学的業績は今のところ試掘調査と原資料の枠を超えたことはめったにない。最良の場合でも、金代の小さな単独遺跡（墓跡や住居）の発掘である。このような発掘出土資料ですら私たちには手に入りにくいし、資料に関する発表も普通は短評や最小限の実測図入りの探検活動報告程度のものである。研究者である私たちにとって実際、文献史料があれば、このような考古学的業績は序文で検討されることもない。

ロシアでは、17世紀半ばごろに初めて、コサックの異郷探検隊から女真の遺跡のことを知り、学者たちが女真の遺跡に関心を持ったのは、それから100年後のことである。

ソビエト極東における現代の考古学的調査には、とくに注意を向ける必要がある。発掘調査はいたるところで、広大な調査領域、墳墓や要塞のような大遺跡の徹底的な発掘、そしてそれに続く資料の発表とともに行われている。B.E. メドベージェフが行ったアムール流域の女真墓地の発掘（Медведев 1977, 1976, 1975, 1974 ; Окладников, Медведев 1970）によって出土資料の年代が10世紀後半から11世紀前半のものであると考古学的に決定された。こうした年代決定に関連して、発掘の調査結果によって女真初期の物質文化のこれまでの定説が数多く変更されたが、今のところこれを検証するための比較材料は何もない[iii]。

> [iii] 古代女真文化の遺跡や遺物を、時代が早いか同時期か、また他民族のものなのか（Деревянко 1980 ; Медведев 1980, 1979）、あるいはさらにもっと時代が新しい金代のものなのかを判別するのは、重大な問題である（Васильевы 1976 ; Васильев 1974 ; Шавкунов, Леньков 1973 ; Медведев 1969 ; 孫秀仁，朱国忱 1964）。

Э.B. シャフクノフ（Шавкунов）やB.Д. レニコフ、C.M. ツピキニイ（Тупикиний）の沿海州シャイギンスコエ城塞の長年にわたる研究は金代の女真の都市建設や鉱山、冶金工業、製陶技術の分野における重要な発見をもたらした。最近それらに関する論文が出版され始めている（Леньков 1974 ; Медведев 1977）。また、沿海

州や沿アムール地方の考古学的成果を総括する新たな学術論文が近いうちに提出されるだろう。そしてそれらの業績によって、これまで低く見られていた女真文化の問題のいくつかについて、おそらく従来とは異なる評価が下されるだろう。

それから、B.E. メドベージェフの著作『ウスリー島の中世遺跡』(Новосибиск 1982)によると、沿アムール地方と沿海州の接するところに位置する重要な遺跡であるコルサコフスキイ墓地（960±25,920±40,570±25B.P.）の放射性炭素データによって、コルサコフスキイとナデジンスキイ墓地が類型学的に近い関係にあることが判明した。ボロニ（遺跡）については、私たちが遺跡のデータを知らずに研究したものよりも、この文化が存在した年代やその性格について、古代女真のものであるとしたB.E. メドベージェフの見解のほうが信頼できる。

紙幅が限られているため、文献史料の性格を十分に論じることができなかったが、引用や脚注[2]を利用していただければ明らかになるだろう。文献史料に関する歴史学的な意義について補足的に示しておくべきものが若干ある。ロシア、ソビエト関係では、クルシャノフ（Крушанов1973）、ラリチェフ（Ларичев 1968,1966）、ヴォロビヨフ（Воробьев1966）、ビャトキン、チフビンスキイ（Вяткин, Тихвчиннский1963）、趙振積（Chao Chen-chi1971）、日本では、松浦1977、ヴォロビヨフ（Воробьев1975）の歴史研究史の章、シャフクノフ（Шавкунов1969）がある。

1　訳者はピンインに対応する漢字が有る場合は漢字で表記し、それ以外はカタカナに直してある。
2　本書では段落末尾に記載した。

第1章

1115年までの女真文化

1　生産活動

　民族の生産活動は、多くの文化的側面や、とくに物質文化を決定する。しかしながら歴史的存在の初期段階においては、それをとりまく状況や自然地理的環境が、文化的側面のいずれかの発展に直接影響を与える。F. エンゲルスも批評の中で、遠まわしであるがこのような思想を述べている。「自然を力で征服し、前進することは『文化的進歩の成功』である」と（Маркс и Энгельс.Соч.）。

　そこで、私はその自然地理的環境を女真社会発生時のものに復元しようと思う。アムール川流域地方や沿海州、満洲は、広大なユーラシア大陸の辺境に位置している。このことが多くの点で特色ある自然分布をつくり出している（Описание Маньчжурии1897;Анучин1948）。沿海州と満洲の気候は、明らかに大陸性気候である。冬は乾燥して寒さが厳しく、春は寒冷で河川の増水はない。夏は暑く雨が多く、秋は乾燥して長期間続く。また気候の地域的変動も大きい（沿海州――沿アムール地方）。暖気から寒気、雨から旱魃へと激しく変化する気候は果樹には悪影響を与える。おのずと春に蒔く穀物や豆は、春の日照りや夏の長雨を耐えて乾燥した秋に実りを迎えるようなものを選ぶことになる。地形は起伏に富んでいる。山があるかと思うと平地が広がり、台地があれば谷間を沢が流れている。一帯は森に恵まれ、そこを大河――アムール川、遼河、鴨緑江、嫩江、松花江、ウスリー川が流れている。これらの川の水位は激しく変動し、長期間凍結することもある。

　次に、植物や動物の特徴、それに鉱物資源の豊かさに話題を転じ、期限を金建国前かあるいは金代に限って、住民の暮らしと密接で最も重要なものを挙げる（『全遼志』『盛京通志』[1]）。この地域の植生は非常に多様である。野生の植物よりも栽培植物のコメの一種（稲、水に浸したり、乾燥させたりして栽培される[2]）、キビ（黍、中国のキビ、エノコログサ[3]）、コーリャン（高梁）、アワ（粟、イタリアのキビ[4]）、オオムギ、コムギ、ソバ、澱粉を多く含む豆、ダイズ、エンドウマメ（豌豆）、インゲンマメ（菜豆）についてより正確に触れなければならない。これらの諸品種は粘着性のある円錐花序を持っていた。野菜[5]は数種類の（緑の葱坊主のある）ネギ類（葱）、ニラ（韭）、ニンニク（蒜）、ハクサイ、ナス（茄）、ダイコン（蘿蔔）、カボチャ、ヒョウタン（瓠、壷盧）、ウリ、スイカなどから構成されていた。南方の分布を見ると、アンズ（杏）、スモモ（李）、小粒のナシ（梨）、リンゴ（棠梨・花紅）、クワ（桑）などの果樹栽培が行われていたようだ。

地方では、このような栽培植物のほかに野生植物を食用にしている部族もいた。たとえばニンニク、ネギ、ヒシ（菱）の実、ブドウ（葡萄）、ハス（蓮子、蓮実）、イチゴ、堅果（榛子、橡）、サンザシ（山梨紅、山櫨）の実などである。医薬品として使用されたと思われるものもある。チョウセンニンジン（朝鮮人参）やシロトリカブト（白附子）、深紅や白色のシャクヤク（芍薬）、ウマノスズクサの根（馬兜鈴の根）[6]、ナズナ、マツの実、サルノコシカケ（茯苓）、コンブがそうである。工芸用や有用植物は、実にバラエティーに富んでいた。たとえばアサ（大麻）、クズ（葛）根、染色用のベニバナ、ブナ科の樹木（柞、染料を作るために使われるカシワ）、スゲの仲間（烏喇は、吸湿性や保温性があり履物に使われる）、クワの葉（現在はカイコの餌として使われている）などである。

家畜は、ウマ、オウシ、メウシ、ロバ（驢）、ブタ（猪・豕）、ヒツジ、ラクダ（駝）などである。野生動物は少し数が多く、イノシシ（野猪）、トラ、オオカミ、クマ、ヒョウ、極東産のアカシカ（馬鹿）、ノロ（獐・麞）、ジャコウジカ（麝）、シカ、アカシカ（駝鹿）、タヌキ、クロテン（貂鼠）、リス（松鼠）、カワウソ（水獺）、ノウサギ（兎）、オオヤマネコ（野猫）、タルバカン（黄鼠）などである。文献に出ている水中生物の中から代表的なものを挙げると、フナ（鲋魚）、チョウザメ（鱘鰉魚）、テンチ[7]（有角魚・鯉魚）、アザラシ（海豹）、ナマコ（海参）などがある。鳥類は（家畜も含めて）、メンドリ、カモ、ガン（鴛）である[8]。また、極めて重要な鉱物資源として、鉄、銅、銀、碧玉、塩、瑪瑙、水晶、閃緑岩などがある。

私たちが詳細にこれらの自然環境の特徴を描写したのは「あらゆる史学史は、自然原則と、歴史的過程の中で人間の活動によって起きた変容から出発しなければならない」からである（Маркс и Энгельс. Соч.）。これまでに述べてきたことを総括すると、この地帯の風土の特徴として作物の生育期間が短く、また土壌の特徴として華北や中部朝鮮で受け入れられた農耕システムは、この地域の土が適さなかったことを指摘できる。森が多いため開墾が困難だったが、獲物となる動物や鳥、魚の種類が多いことが狩猟漁撈システムの確立を促した（Медведев 1977）。

私たちが関心を抱いている時代、女真は経済システムを何一つ持っていなかった。それは、彼らが部族ごとに地形によって区切られた地域に点在して暮らしていたからだった。熟女真は、満洲平原の南部に住んでいた。そこは、北側は土質が悪い黒土地帯で、南側は灰色土のステップ地帯だったため、半農半牧経済が発達した。一方、生女真は、北方特有のポゾトル性土壌の北東満洲か、あるいは褐

色土を特徴とする南東の山岳地帯に居住し、狩りや漁に従事していた。農業への移行は、南満洲の漢人農民の経験を取り入れることができなかったため、うまくいかなかった。女真の土地は、特別な肥料が必要だったし、深く掘って耕さなければならなかった。また二毛作や輪作も必要だった。部族はそれぞれ農耕や牧場、狩猟、漁撈に適する用地があるかないかで何を産業とするか左右された。

　しかし、それぞれの部族がある産業を特化させていくうちに、一部の部族や限られた部族間の結びつきの中で、経済は多層的な構造を持つようになった。そして、数多くの産業の中で、農業が最も重要な役割を担うことになっていったのである。『契丹国志』によると、1096年に女真は遼との戦争に備えて「農業に着手し、穀類を蓄え、兵士を訓練し、馬を飼育した」[9]（Таскин1979）。そして「1109年は凶作に陥り、人々は飢えて離散した」[10]（『金史』）。

　女真は先に述べた穀物すべての種を蒔いてみたが、そのうち主力となった作物はキビ、オオムギ、トウモロコシで、南方はコメとアサだった。産業の中で重要な位置を占めていたのは畜産で、大型の有角家畜やウマが飼育された。家畜は交易の等価物となり、罰金や婚資、結婚の贈物、犠牲となるものの中にも出てくる。去勢牛は普通、牽引役として農耕に利用された。ヒツジやブタも飼育された。史料に生き生きと描写されているのは、森で行われた毛皮を採るための狩猟で、個人的に行う漁業などはそれよりずっと地味だった。

　また女真は、金・真珠・碧玉を入手してそれを加工したり、チョウセンニンジンやマツの実、シロトリカブト、コンブ、サルノコシカケ、龍の根の採集、オットセイ（膃肭臍・海狗）やジャコウジカ、若いシカの袋角（鹿茸）の抽出物による薬作り、蜂蜜や蜜蝋探し、調教用のハヤブサ（海東青）の捕獲、毛皮（とくにクロテン）や革製品の加工をしていた[11]。

　当時の知識では、マツの実は人間の寿命を延ばすものであり、サルノコシカケは腎臓病に効果があり、オットセイの分泌物は強壮剤に、シロトリカブトは抗炎症剤や鎮痛剤、コンブはさまざまな症状に有効とされた。中世において、まさにこうした珍しい品々――とくに真珠、朝鮮人参、狩猟用のハヤブサ、クロテンの毛皮は、漢人の文人たちに女真の大地に対してエキゾチックな印象を抱かせた（たとえば、遼への漢人使節は堅果について書き残している。『使遼語録』）[12]。だが、交換経済においては、ウマや毛皮、皮革のような女真にしてみればありふれた産物のほうがずっと大きな役割を果たしていた。

　女真の工業技術に関する史料は少ないが、私たちはその特徴に興味を持った。「金・銅・銀・鉄など、どの金属から道具や武器、あるいは装身具を作っているの

かがわかれば、いかなる民族の文化的水準もアプリオリに定義することができる」(Маркс1935)という言葉を踏まえて、まず金属から始めることにする。女真は古来鉄を産出する地に住んでいた(日野1942)。だが、いくつかの部族や氏族は、自分たちで鉄鉱を採取したり、鉄を溶かし鍛造したりして鉄製の武器や道具を作ることはなかったようだ。漢人の文人たちが、女真は鉄を知らず、隣国の鉄を借用すると書いたとき、このような部族のことを念頭に置いていたのだろう(『金史』)[13]。とはいえ、このような部族でさえも何とかして鉄を手に入れ、利用していたのである。

1051年に「無数の兵器」が略奪されたが、それからしばらくして女真の族長インゲ（盈歌・楊割 1095〜1103）もこれを実行した[14]。女真が石と木材を金属の代役としたのは、その方が合理的だと思われる場合だけである。文献も次のように伝えている。スイケ（綏可）──ワンヤン（完顔）部出身の女真の族長は、(11世紀よりも早い時期に)人民に炭を焼き、鉄を溶かすことを教えた。また製鉄業はアバス（阿跋斯）水沿いのウェンドゥ（温都）、ジャグ（加古）やウブトゥン（烏不屯）の部族の間で主要な産業となっていた[15]（『金史』）。この文献に書かれていることは、考古学的発見によっても裏づけられている。早期女真(11世紀)のものと思われる沿海州のエカテリノフスコエ城塞で多量のスラグ（鉄滓）が見つかったのである(Шавкунов1968)。これは鉄の精錬跡である。したがって『三朝北盟会編』の「彼らには工匠も舎屋もなかった」[16]というようなフレーズを無条件に受け入れてしまってはいけないのである（Кычанов1966）。

上記の沿海州の墳墓からは鉄鏃や戦斧、槍、幅広の剣、短剣、馬具の一部、鉄帷子(かたびら)の環、鎧の甲などの鉄器が出土した。鉄鏃とその複製は実に多様で、戦闘や狩猟のあらゆる場合にも適していた(Медведев1977)。アムール川右岸の黒龍江省域でも、早くから女真の製鉄業が発達した（景愛他1977）。甲冑は、女真の戦力の象徴だった。そして、その数量が部族の戦力を総合的に判断する材料になった。たとえ女真が歴史の表舞台に登場した最初のころに、甲冑が10個（それらが入手困難で、交易や略奪によって手に入れたもの）しかなかったと伝えられていても、金建国までに甲冑の数は1000を超えたはずである。実際に武器だけでなく、工具や道具を作るために鉄は幅広く利用されていた。女真は鉄製農具を知っていたし、たとえば1114年に契丹から数千もの農具を略奪したのだが、このようにして取得した氏族のことを特筆するほど鉄製農具に価値を認めていたのである。女真語辞典には、鉄製鍬や犁を意味する女真語が収録されている（『金史国語解』）。ナデジンスキイ古墳では、下方が少し広がっている丸刃の付いた長方形の

鉄製斧や柄の付いた片刃の鉄製ナイフ、鉄針が発見されている（Медведев1977）。また鍛鉄や鋳鉄から作られた大型の釜もある。これは有名な出土品で、側面に継ぎ目があり、釜は当時貴重品だったことを物語っている。

　初期の女真の鉄の精錬技術や製鉄業については研究がなされていない。確たる物的証拠がなくても、その技術の様相について思いを馳せることはできる。たとえその技術が鉄の精錬技術としては最も原始的なものであったにしても、民族固有のものであったことは間違いない。こうして人々は、鉱石を発見し採掘することができたばかりでなく（つるはしのような鉄器なくしてはほとんど不可能）、焼入れのための窯や鉄鉱炉も造ることができた。普通の炉穴では、前述したような品物に適するような品質の鉄を造ることはできなかったし、野焼きの火では武器や工具の鍛造には不十分だった。女真は炉内を必要な温度にまで上昇させられる炉を造るために耐火性粘土（もしくはレンガ）を利用することを知っていたし、（強制的な通気のできる）鞴（ふいご）の必要性や木炭の役割をよく理解していた。また、限界融解量を決定するには相当の熟練を要した（稲葉1934）。鍛治屋は、鉄製のやっとこや鑿（のみ）なしでは済まされなかったし、金属の採掘では、ハンマーや打孔器（パンチ）のような工具が必要だった（Леньков1974）。女真が作った製品（鉄製釜など）を見ると、製鉄のおもな加工技術は鍛造と溶接だったことがわかる。

　武器や日用品を調べると、一連の製作技法が製品の用途と密接な関係があることがわかる。穴の開いた戦斧は、鍛治屋にとってはかなり複雑な形をしている。剣は、製作時に金属成分をそろえる必要がある。継ぎのある釜はリベット留めの技術があったことを教えてくれる。家庭用や戦闘用のナイフは、楔（くさび）に特別な溝などがある。

　史料は、女真が高麗から銅や銀を輸入していたと述べている。おそらく女真は、自分たちの手でこれらの金属を採取はしていなかっただろう。というのも、彼らの領地には、以前渤海領だったところが含まれており、そこでこれらの金属が溶解されていたからだ。一方、金は女真領で間違いなく採取しており、それらを外国へ輸出すらしていた。しかし、初期において金製品の製造が行われた証拠は今のところ見つかっていない。金同様、銀についても女真は近隣諸国へ輸出していた。1102年に女真の依頼を受けて高麗が女真領内に銀職人を派遣したことで、銀製品のある地方生産地が存在したことを史料は伝えている。

　アムール埋葬地では、ビーズやバックル、小鈴、小鐘などの飾りが付いたベルトが見つかっている（Медведев1977,1975）。それらは青銅製である。おそらく青銅生産の秘伝を女真が知っていたか、あるいは彼らは古い製品を溶解して作っ

ていたようだ。小鈴や小鐘が鋳造されたものであることは明らかで、軟質の青銅を鍛えて作ったものではない。したがって、女真は小鐘や小鈴のような二つ一組の製品をいっぺんに作ることができる鋳型を作ることもできたようだ。出土品を見ると、バックルや鈴のようなかなり複雑な形の装身具も青銅で作られている。それらは耳飾や指輪、腕輪製作用に使われた銅線を引き伸ばして作ることが可能だった。このような製品を作るには、鑿、打孔器、鍵状工具、ハンマーなどのほかにヤスリのような道具も必要だったろう。青銅の溶解温度は高くないので、普通の炉でもカン（炕）の炉でも行うことができた。しかし、そうであったとしても女真は誰もが有色金属製品の製作に従事したわけではなかっただろう。

　初期の女真には陶磁器はなかったと述べている史料（『三朝北盟会編』[17]）もあるが、アムール川流域の古墳から発掘された出土品を見ると、このような埋葬施設を残した人々に陶磁器の需要があったことは疑いようもない。出土した器の種類を見ると、女真がすでに製陶用ろくろ（手動のものは残っていないが）や光沢を出す技術を知っていたことは明らかで、焼成温度を調節することもできた。女真語辞典が、製陶用窯の専門用語を収録しているのも注目に値する（『金史国語解』）。

　製鉄業は、どの民族にとっても黎明期においては、機織や木工業のような手工業の発達や建設業の発展の出発点だったと文化史は証言している。史料の記述を見ても、女真が麻布や亜麻布、アサやクズ（葛）を織り、羅紗を生産していたことは間違いない。『三朝北盟会編』には「彼らは養蚕を知らない」[18]とある（Кычанов1966）。このような見解は、北方の気候がカイコの育成にとってのぞましくないことから生まれたものである（Толманчев1928）。しかし、女真語にはクワの木や繭にあたる専門用語があり（『金史国語解』）、この地方ではずっと以前から粗悪な絹糸を入手する術としての天蚕の存在が知られていた。またこれより南方（渤海）では養蚕が行われていたという事実も考慮すべきである。また、絹糸を含めていわゆる布地はすべて隣国との交易品ともなっていたらしい。女真の織物技術はまったく不明だが、女真語辞典には特殊な用語として「機織」「梭」という言葉が収録されている（『金史国語解』）。

　さらに疑問が残るのは木材加工技術である。史料では、家財道具をはじめとする木製の道具や武器の種類の多様性やその量の多さが強調されている。武器の一つである弓に目を向けてみよう。史料（『三朝北盟会編』）[19]によると女真の弓は7斗に達する力があるが、1升や10斗の力を持つ中国の弓に比べると弱かった（Franke1975）。しかしながら、漢人は女真の弓に対して的を射る正確さに武器と

しての品質の高さを認めていた。戦闘用の矢はかなり複雑な構造をしており、それを作るにはさまざまな木工技術が必要だった。木工業は、用途に応じて専門的な鉄製の器具や道具がそろっていなければありえなかったはずである。

　また毛皮や皮革の加工業も、応用科学に関する知識や経験にもとづいて得た知恵がなければ、発展はありえなかっただろう。このような知識を持っていたことは、毛皮や皮革製品が高麗や遼、宋などの近隣諸国の高いニーズを満足させて、よく売れていたことで裏づけられる。

　不十分な描写ながら、女真の産業——すなわち農業、製鉄業、織物業、製陶、木工などが建国前には産業の基幹部門となり、建国初期の段階では固有の知識を有するようになっていたことが、私ができるだけ強調しようと努めた技術面の詳細から明らかになった。このような生産と加工の組み合わせは、偶然生まれたものではない。

---

1 『全遼志』巻4「方物志」「(穀類) 黍、穄、稲、粱、糜、粟、稗、豆、麦、芝麻、蘇子、蜀黍。」『盛京通志』巻21「物産志」「稲、粱、粟、秫、黍、蜀黍、稗、玉蜀黍、薏苡、脂麻、蓖麻、大麻、小麦、大麦、蕎麦、穄麦、大豆、小豆、緑豆、豌豆、蠶豆、豇豆、糯豆、菜豆、刀豆。」
2 水稲のことか。
3 エノコログサはアワの祖先種であるが、ここではキビとした。
4 アワの学名
5 『全遼志』巻4「方物志」「(蔬類) 葱、韮、蒜、茄、莧、芹、蕨、芥、白菜、蔓菁、蘿蔔、萵苣、薄荷、波稜、蕫蒿、胡荽、茗蓬、苦蕒、芸薹、茴香、蓼牙、蘑菇、木耳、海絲【出自復州】、黄花菜、龍牙菜、瓜【有慬苦冬西王絲菜香八種】、瓠、葫蘆」、果樹など「杏、李、梨、桑、菱、葡萄、蓮子、榛子、山梨紅」『盛京通志』のおもな食用植物「葱、韮、蒜、茄、蘿蔔、南瓜、瓠、壷盧、倭瓜、西瓜、杏、李、梨、棠梨・花紅、桑、菱、葡萄、蓮実、橡、山樝」
6 ウマノスズクサ(青木香)の根
7 テンチ(丁鱥はコイ科の魚 Tinca tinca)
8 『全遼志』「馬、牛、驢、豬、羊、野豬、虎、狼、熊、豹、獐、鹿、水獺、兎、野貓、黄鼠、魴、鯉、海参、鴨鳧、雁」、『盛京通志』「馬、牛、驢、豕、羊、駝、野猪、虎、狼、熊羆、豹、馬鹿、麞、䭾鹿、狸、貂鼠、松鼠、獺、兎、貓、魴魚、鱘鰉魚、鯉魚、海豹、雞、鴨、鵞」、『満洲源流考』巻19 物産
9 『契丹国志』巻9 道宗天福皇帝寿昌二年「楊割太師謀叛。(中略) 力農、積粟。練兵、牧馬」、『遼史拾遺』巻10 本紀26 道宗6 (寿昌) 寿隆二年「(女真) 力農、積粟。練兵、牧馬」
10 原文には1111年とあるが、『金史』巻2 本紀2 康宗七年 (1109)「歳不登、民多流莩、」とある。

11 『契丹国志』巻10 天慶四年「先是、州（寧江州）有権場、女真以北珠、人参、生金、松実、白附子、蜜臘、麻布之類為市。」、『満洲実録』（今西春秋訳）巻2 戊子年四月「本地所産有明珠。人参、黒狐、元狐、紅狐、貂鼠、捨狸猻、虎、豹、海獺、水獺、青鼠、黄鼠等皮。」『バイコフの森』（中田甫訳注）「黒貂、朝鮮人参、鹿茸…東北三宝、黒貂、朝鮮人参、烏拉草…吉林三宝」

12 『使遼語録』五月二十三日「過摘星嶺。臣（陳）襄、問此松結実否。（楊）規中言惟東楼、接女真高麗者有之。」

13 『金史』巻1本紀1景祖「生女直旧無鉄、隣国有以甲冑来鬻者、傾貲厚賈以與貿易、亦令昆弟族人皆售之。」

14 『金小史』巻1「蕭解里叛、奔女真。因（遼）命楊割除之、楊割独斬解里首、以献。而留其衆不遣還、云已誅。絶兵甲車馬、称已給有功、不以帰遼、遼君不得已。以為生女真部節度使刻印與之。楊割不肯受遼籍、乃独受使辞其印。自是始設官政治其部族。而多市鉄為兵器。」

15 『金史』巻67 列伝5 烏春「烏春、阿跋斯水温都部人、以鍛鉄為業。」「加古部烏不屯、亦鉄工也、以被甲九十来售。」

16 『三朝北盟会編』巻3「無工匠舎屋。」

17 『三朝北盟会編』巻3「食器無瓠陶無碗。」

18 『三朝北盟会編』巻3「其市場則惟以物博易。無銭、無蠶桑、無工匠。」

19 『三朝北盟会編』巻3「其用兵、則戈為前行、人号曰『硬軍』。人馬皆全甲刀、自副弓矢在後、設而不発、非五十歩不射、弓力不過七斗。箭鏃至六七寸、形如鑿、入輒不可出、携不満百。」、『北風揚沙録』「其用兵、戈為前行、号曰『硬軍』。人馬皆金甲刀培、自副弓矢在後、設而不発、非五十歩不射、弓力不過也。箭鏃至六七寸、形如鑿、入不可出、人携不満百枝。」

2　集落

　史料には、「初めこの地には都市はなかった」[1]とある（『大金国志』）。ここでいう都市とは、中国で形成された都市のことだろう。満洲の部族たちが発展していくにつれて、小集落、要塞集落、城塞、小都市が形成されていった。渤海には城塞だけでなく、大都市もあり（Шавкунов1968）、成熟した国家であった。一方、国家体制というものを持たなかった靺鞨にも、城塞や集落遺跡は発見されている。史料によれば、初期の女真にも基本的に集落のようなものは存在していた。女真の集落には、ムラやさまざまな形の城塞があった。ムラは、定住地の周辺に集まった集落であり、集落であると同時にどの氏族にもある生活共同体である。城塞とは、宿営地、土塁が囲む国境[2]（『三朝北盟会編』）、柵を伴う土塁で囲まれた施設群、早期部族長時代の末に高麗との国境にあった要塞である（林瑞翰1956）。

貴族は、自分たち一族や側近たちの警備のために小都市を建設した。部族間の不和や争いは、ベリメシハン（米里迷石罕）城やリュケ（留可）城、ウタ（塢塔）城、アス（阿疎）城、鈍恩城のような都市型集落の周りに広がっていった（華山など1956）。要塞としての性格が最もはっきりしている都市型集落としては、リュケ城、アス城がある。この二都市は、族長リュケとアスの故郷であり、砦であった。これらの小都市の防御は相当なものだったらしく、アス城の籠城は数年間にわたり続いた（姚従吾1959）。

皇帝の城塞（皇帝寨）や共同統治者の城塞（国相寨）、皇子の城塞（太子荘）について述べている史料もある[3]（『大金国志』）。皇帝の城塞は、その後会寧府となった。会寧府つまり上京は、最も古くからある女真の居住地の一つで、建国前に建設されたものである。現在は遺構としてその姿をとどめている。だがあいにく、ここでも初期の建造物がどれなのかわかっていない。古い史料は初期女真の拡大した地域の中にある謎めいた五国城（「五国部」とも、「五つの都市」「五つの部族」の意）について言及している。『遼史』では、五国部が列挙され[4]、彼らが住んでいた地域はだいたい松花江中流域であろうといわれているが、都市の正しい位置がどこなのかは論争になっている（松井1912）。

今なお考古学をもってしても金の城塞遺跡から、初期女真の城塞を正しく区別することは残念ながらできていない。少し補足すれば、沿海州のエカテリノフスコエ城塞（Шавкунов1973 ; Леньков,Галактинов1977）と満洲の秦家屯城塞（陳相偉1964 ; 孫秀仁, 朱国沈1964）は、女真初期の城塞のカテゴリーに入れることができる。エカテリノフスコエ城塞では、金と南宋それぞれの銭が出土し（Леньков,Галактинов,Силантьев1978）、秦家屯城塞で出土したのは北宋の銭（1125年以前）だけだった。

先の女真の小都市や城塞のほかに、当時戦闘用の特別な要塞が存在した。12世紀初頭、女真は咸興平原をめぐって高麗人と戦争になった。そこには要塞が10か所以上造られた。契丹に対抗するために造られた要塞もあった。中国の史料は誤って次のように書いている。「女真は土の城塞に住んでいた。粘土に水を加えて土塁を造った。土塁に水をかけるので、厳寒期には表面に氷が張った。要塞から300里離れた土地が焼き払われた。そこにいた人々は森や山へ散り散りに逃げ込み、契丹人が来るのを待った。契丹はやってきたものの、要塞を攻撃することもできなければ、占領することもできなかった。契丹軍が後退すると、女真人が出てきて攻撃した。たくさんの人々が殺されたり、負傷したりした」[5]（『遼史拾遺』）。1114年、契丹の皇帝は女真がなぜ遼との国境に戦闘用の要塞を築いたのか

を調べるために人を派遣した[6]。こうした要塞は女真のゲリラ戦術の一環だった。

『金史』には城塞のほかに、ムラや集落がたびたび登場するが、これらと城塞はまったく相容れないものである。ただ、初期の女真の村落（柵や土塁などの防衛施設がない集落）は、考古学的に確かめられたことがない。しかし、ひょっとするとサカチアリャンの集落跡が早期女真の集落遺跡の可能性がある。出土銭から判断すると、11～12世紀の遺跡である（Окладников1971）。

---

1 『大金国志』巻33 燕京制度「国初無城郭。」
2 『三朝北盟会編』巻181
3 『大金国志』巻33 燕京制度「星散而居。呼皇帝寨、国相寨、太子荘。後升皇帝寨日会寧府、建為上京。其遼之上京改作北京。城邑室宮無、異于中原州県。」
4 『遼史』巻33 志3 営衛志下「五国部。剖阿里国、盆奴里国、奥里米国、越里篤国、越里吉国、聖宗時来附、命居本土、以鎮東北境、属黄龍府都部署司。重熙六年、以越里吉国人、尚海等訴酋帥渾尚貪汚、罷五国酋帥、設節度使以領之。」、『文献通考』巻327 女真「女真外又有五国、日鉄勒、日噴訥、日玩突、日怕忽、日咬里没、皆與女真接境。」
5 『遼史拾遺』巻18 女真国「女真衆裁万人所居有灰城。以水沃其壁凝凍成冰。距城三百里、焚其積衆。其人散居山林以待之。契丹至則城不可攻、野無所取。遂退兵。女真即出襲敗之。殺傷甚衆。」
6 『遼史』巻27 本紀27 天祚皇帝1 天慶四年秋七月「乃遣侍御阿息保問境上多建城堡。」、『金史』巻2 本紀2 太祖 太祖二年六月「(太祖) 於是召官僚耆旧、以伐遼告之、使僉衝要、建城建堡、修戎器、以聴後命。遼統軍司聞之、使節度使捏哥来問状、日『汝等有異志乎。修戦具、飭守備、将以誰禦。』太祖答之日『設険自守、又何問哉。』遼復遣阿息保来詰之。」

3　住居

女真黎明期における住居や家具の特徴は、定住しなかったことと密接な関係があると古代の史書は指摘している。「女真には初め都市がなかった。（中略）荷馬車に住んでいた」[1]（『大金国志』）。別の史料は、遊牧生活のようすをもう少し穏やかな表現で述べている。「当初の習慣では、黒水（黒水靺鞨つまり生女真）は家を持たなかった。山川に好んでいた。地面に穴を掘り、丸太を渡し、その上に土をかぶせた。夏はそこを出て、水や草のあるいたるところに住んだ。冬は穴の小屋（竪穴住居）に入って過ごした。移住することもあった。スイケ（綏可、献祖）は、海古水流域に移り住み、そこにとどまった。未開拓の地を耕し、種を蒔き、苗を

植えた。そして家の体を成した住居（床があり、屋根の付いた）が建てられるようになった。その家を人々はナゲリ（納葛里）と呼んだ。ナゲリは漢語で住まいを意味する」[2]（『金史』）。「ナゲリ」という言葉は、「nagang」（満洲語で naxan）——暖炉の上の寝床——の語源の一つかもしれない。

　初期の女真族長に関する記述は信憑性に問題があるが、第1章1節で述べた女真の大計画経済を考慮しながら、この2件の引用から多くのことを導き出すことができる。『大金国志』では、明らかに馬車が遊牧民の住居と間違えられている。このような生活を送っていたのは女真のごく一部である。『金史』では、季節ごとに移動する猟師や漁師の住居について述べているほか、定住した農耕民の地上住居についても言及している[3]。また黒水靺鞨は決して牧畜民などではなく、狩猟に従事していた。このような状況の中で、彼らは獲物を探して季節ごとに移住し、冬は半地下式（竪穴）住居を造り、また夏には——史料には書いていないが——夏用の住居を造らざるを得なかったのだろう。

　当時の彼らの暮らしは、後世の沿アムール地方の民族の暮らしに似ている。仮小屋は、なめしていない皮とシラカバの樹皮で造られていた（馬端臨1876）。竪穴住居のことは『金史』に詳細に記されている。それらの住まいは、形式的には極めて原始的な住居のスタイルを受け継ぐナナイのそれとよく似ている（Лопатин1922）。地上（平地式）住居については、『金史』にさらに詳しい説明がある。「住居の壁は木製である。冬は極寒の地だったので、家の高さは数尺足らずだった。家には南東側に戸口が一つだけ造られていた。戸は閉じているときは、草で隅々まで覆ってあった。床には下から加熱するタイプの土の炉があり、人々はその上で寝起きして暮らした」[4]（『金志』；Васильев1859）

　『三朝北盟会編』には次のように書かれている。「垣根のように丸太が結び合わされ、高さ数尺の建物が造られる。瓦は使わず、板やシラカバの樹皮、あるいは草で念入りに葺いてある。壁や間仕切りは通常木材が使われる。戸口はいつも東に面している。室内は土の寝床を巡らしてある。その下で火がおこっている。この寝床の上で、寝たり、食べたり、暮らしを営んでいる。これを（女真語で）カン（炕）と呼ぶ。暖房のために使われたものである」[5]（『三朝北盟会編』；Кычанов1966）。

　また別の史料は、戸の南側について指摘している。戸はぴったり閉まるように（竹製のもので）取り付けられていたという[6]（『遼史拾遺』）。女真の一般的な地上住居は次のようなものだった。整えられた敷地に浅い穴が掘られ、隅に柱が打ち込まれた。柱と柱の間に丸太を渡して壁にし、その上に粘土を塗ったり、土で覆

ったりしたようだ。暖かい構造にするため、高さはあまり高くせず（数尺）、窓も造らず、戸口が一つだけだった。屋根は、板やシラカバの樹皮、粘土、草で葺いた。間仕切りは薄く、つくりは簡単だった。戸口の開口部は、南か東の最も暖かな方角に設けられた。戸は蝶番で付けられ、草や麻屑で防寒対策が施された。高さの低い家屋、防寒対策を施した戸、また空調施設（カン）のおかげで排煙用の窓や穴を設置する必要がなかったことなどから厳しい寒さを防ぐことができた。

　カンと呼ばれる暖房システムは、随分前に満洲で考案され、女真の間で広く導入されたものである。『新唐書』には次のように書かれている。「地面に溝を掘り、暖房の火をおこした」[7]（鳥山1934）。このような設備はすでにカンとよく似た構造をしている。『旧唐書』（巻220）では高麗（高句麗）の章で、「冬の間、庶民は暖をとるために、暖められた広い板寝床を用いた」[8]と書かれている（Бичурин 1950）。前述の装置は、女真のカンを想起させるものである。興味深いことに、高句麗では朝鮮式の暖房（オンドル）ではなく、満洲式（カン）だった。カンは、定住者特有の装置である。エカテリノフスコエ城塞で発見された女真の居室——11世紀の住居跡は段丘の平らな場所にあり、破壊された壁の残存物の中に土塁がコの字形に巡らしてあった。入り口は東側に設けられている。入り口から左右に炉穴が見える。炉穴から石を積んで作ったカンが北・西・南と壁に沿ってコの字状に屈曲して巡らしてあった。カンは2本の平行する煙道から成り、住居の南東隅にある煙突のところで一緒になった。家の中は石の仕切りで半分に隔てられていた（おそらくこれは家人の居室だろう）。壁は、半分に割られた丸太で作られ、粘土で固めて防寒対策を施してあり、内側に傾いて作られていた。この住居は半地下式（竪穴式）土屋根住居と地上（平地式）住居の中間のタイプである（Шавкунов1973）。

　私たちが知っている女真の最古の住居跡は、のちに上京と呼ばれる地域にあった。『金史』が確かなら、スイケからかあるいはそれより後に、11世紀後半にはすでにワンヤン（完顔）部の族長の「司令部」が置かれていた。それは木の建物で、柵で周りを囲まれて建っていた。このようなタイプの建物は、太古から満洲の部族にあったものだ。当時の遺跡には、公共の建物の跡もある(景愛など1977)。史料には、ワンヤン家の支配者の宮殿や古代仏教寺院についても書かれている。考古学者は上京地区で、宮殿や行政機関の建物の土台をはじめ細部にわたり発掘したが、残念ながらこれらの遺跡の正確な年代はまだ断定されていない。また、『北風揚沙録』に一般に家屋には使われていなかった[9]と記されている瓦が出土したことも、未解決である。高度に成熟した宮殿建築が12世紀に突如出現したと

は想像しにくく、おそらくこのような建物の様式に似たものが、女真の族長統治時代である11世紀には建設されていたのだろう。11世紀にはこうした建物が必要とされており、渤海の古い都市や遼の少し新しい都市に行けば、モデルとなる建物を容易に探すことができたはずである。

1 『大金国志』巻10紀年熙宗孝成皇帝2「女真之初尚無城郭。(略)屋舎車馬。」、巻33燕京制度「国初無城郭。(略)廨(厂垂)宇制度、極草創居民往来車馬。」
2 『金史』巻1本紀1献祖「黒水旧俗無室廬、負山水坎地、梁木其上、覆以土、夏則出随水草以居、冬則入処其中、遷徙不常。献祖乃徙居海古水、耕墾樹藝、始築室、有棟宇之制、人呼其地為納葛里。『納葛里』者、漢語居室也。」納葛里については、池内宏1933「金史世紀の研究」『満鮮史研究』中世第1冊に「満洲源流考(巻18)に納葛里を解して「蒙古語猶言此室也」といひ、Kowalewskiの蒙語要選に『Negeri, camp nomade, lieu où sarrête un people nomade』といへり。納葛里は蒙古語 neguri と縁ある語ならむ。」とある。
3 訳注2の『金史』は黒水靺鞨(女真)が太古は移動生活をしていたのに対し、献祖の時代に定住生活になったというような一種の発展段階説的な理解であるが、これをヴォロビヨフ氏は、前半を狩猟漁撈民とし、後半を農耕民のことを描写していると理解する。
4 『金志』初興風土「墻壁亦以木為之。冬極寒、屋纔高数尺。独開東南一扉。扉既掩、復以草綢繆塞之。穿土為床熾火其下。而寝食起居其上。」
5 『三朝北盟会編』巻3「居聯木為柵、屋高数尺無瓦、覆以木板或以樺皮或以草綢繆之。墻垣籬壁率皆以木。門皆東向。環屋為土床、熾火其下、與寝食起居其上。謂之炕。以取其煖。」
6 『遼史拾遺』巻18女真国「独開向南一扉。扉掩復以竹、綱繆之。」
7 原文には『漢書』とあるが、『新唐書』巻220列伝145東夷・高麗「褻民盛冬作長坑、熾火以取煖。」
8 『旧唐書』巻199上列伝東夷・高麗「其俗貧寠者多、冬月皆作長坑、下燃熅火以取煖。」
9 『北風揚沙録』「屋無瓦、覆以板或樺皮。」

4　衣服と装身具

　建国以前の女真の衣服は、極めて個性豊かなものだったと史料は伝えている。「豪華な毛皮で外套をあつらえた。その外套を脱がずに居室には入らない。もし服が薄ければ、指が傷み、皮膚がひび割れるだろう……」[1]（『遼史拾遺』）。また、次のような言い伝えもある。「習慣で金人は白を着ることを好む。辮髪を肩まで垂らしており、契丹人とは異なる。また金環を下げている。後頭部に髪を残し、そ

第1章 ● 1115年までの女真文化
4 衣服と装身具

れを色糸で結び、富者は金珠のぜいたくな装身具をつけている。女性は編み髪(辮髪)を髻(もとどり)に結い、頭飾はつけなかった。やがて遼を滅ぼし宋への侵攻後は、しだいに頭に装飾を施すようになった。女性はかぶり物をするか、頭巾のようなもので頭を巻いたが、古くから伝わる衣装が好まれた。この地では、カイコもクワも産しなかったが、麻織物はたくさんある。織布のつくりが繊細か雑かで貴賎を区別できた。辺境不毛の地だったので、皮を着なければ寒さを防ぐことはできない。そのため貧者も富者も毛皮を着用する。富者の多くは、春夏は麻糸や絹の単(ひとえ)の服を着るが、たまには薄い布を用いた。秋冬は、クロテン、リス、キツネ、アライグマ、ヒツジの毛皮の外套を着たり、アサの服も着たりする。貧者は、春夏はアサの服を着て、秋冬はウシ、ウマ、ブタ、ヒツジ、ネコ、イヌ、ヘビ、シカの皮で作った服を着る。襪(足袋)は常に皮製だった。女性は白い襖衣(おうい)(幅の広い裾長の上着、カフタンのようなもの)を着る。その下には男性の道服のようなものを着ている。その上に錦裙(きんくん)(模様を施した裾)の裳(腰から下にまとう衣服)(も)をつけている。裙の左右にそれぞれ2尺ほどのスリットが入っている。鉄線で丸い骨組みが作られ、これを刺繍が施された絹で覆い、単の裙を重ねた」[2](『大金国志』)。

このほかに『三朝北盟会編』には次のような記述がある。「女真の服の生地はすばらしい。服の丈は短く、左衽(さじん)である。女性は辮髪を盤状に髻を結い、男性は辮髪を後ろに垂らしている。耳には、金銀や留脳という宝石を下げている。髪は後ろで、色糸で編んでいる。富者は、真珠や碧玉の装身具をつけ、黒っぽい外套や薄い羅紗、クロテン、リス、キツネ、アライグマの毛皮を着ている。貧者はウシ、ウマ、ブタ、ヒツジ、ネコ、ヘビ、イヌ、魚の皮で作った服を着る」[3](『三朝北盟会編』; Кычанов1966)。クロテンなどの外套については、別の史料が次のように伝えている。「北方の寒気は厳しいので、多くの人が毛皮を着ている。ネズミといえども捕まえると皮を剥いで保管しておく。女性は装身具として子ヒツジの皮の帽子をかぶっている。これは(ネズミ)数万匹の値打ちがあり、イヌやヒツジ3匹分と同じ値段である。クロテンは貴重とされていない。それはクロテンに日光や火があたると色が褪せてしまうからだ」[4](『松漠紀聞』)。百年後、この地域の住民たちもクロテンよりもヒツジの皮を好むようになっていた[5](『全遼備考』)ことは注目すべきである。

かくして漢人を驚かせた女真の独特な衣服とは外套だった。外套は単に富だとか首長たる象徴としてあるのではなく、実利的な機能を持っていた。これは漢人の筆者たちが強調しているところである。ところが史料では、外套は実用的なも

のであることよりも、注文した人物の財力に応じてその材質が選ばれることをはっきりと強調している。『隋書』によると、女真の先駆的存在である靺鞨では、「女性は布製の衣服を身につけ、男性はブタやイヌの皮で作った服だった」[6]という（Бичурин1950）。女真は、日本、扶余、高麗など極東の他民族同様に、白い服を着用した。これは、染色技術が未発達だったため、何も染めない服を着ざるを得ないということもあったが、このような習慣はかなり長期間、染色技術が発達してからも続いた。また、服の打ち合わせが左衽だということも女真の衣服の特徴であった。また、先の史料の引用では、女真人の不平等な所有財産の状況がはっきりしている。

当時、女真は地元産の生地で服を仕立てたが、ぜいたくな晴れ着は輸入物の織物で仕立てた。たとえば、女性用の模様（「枝花の模様」）が織り込まれた晴れ着は、契丹製の布で仕立てられ、また契丹の服のスタイルが模倣されたこともあると史料は伝えている。絹布は、契丹だけでなく高麗や中国からも入ってきた。1094年に高麗で、女真人に絹や綿の服を褒美に与えられ、翌年には帛（絹織物）が贈られた[7]（『高麗史』）。それより前にも、1017年に漢人から女真の客人に黄や深紅の衣服を、また1019年には模様を刺繍した服が贈られた（日野1964）。

当時の女真のものと思われる履物についての史料を引用する。『冊府元亀』の925年の条に、「渤海国・大諲譔王は、貢物として6足の毛製の長靴を贈った。毛というのはウラ（烏喇）という草で、冬もしおれず、水分をよく吸収し、しかも保湿性がある。そのため寒さや湿気を防ぐのである」[8]（鳥山1934）。『寧古塔紀略』では、ウラを次のように説明している。「ウラと呼ばれる草は、水辺に生えており、細長くて柔らかく保温性がある。革製の長靴の下敷きとして使われる。ウラを使った革靴を履いていれば、氷や雪の中を歩いても足が凍えることはない。土地の言葉に『ニングータ（寧古塔）には三つの宝がある。それは、チョウセンニンジン、クロテンとウラ』[9]というのがある」（Васильев1857）。

初期の女真のかぶり物に、一風変わった巾がある。史料では「四帯巾（四つの垂れのあるかぶり物）」と呼ばれている。巾は方頂で、これに四帯が付けられていた。このうち二帯は方頂を結ぶように供せられたが、他の二帯は頂下の両側に綴られた径2寸ばかりの方羅から両横額のあたりまで垂れ下がっていたのである。巾には四帯が付けられていたから、四帯巾と呼ばれたのである[10]（三上1973）。

早期女真の特徴を備えていると研究者たちが考えている沿アムール地方の墓地（ナデジンスキイその他）の出土資料をもとに、すでに言われてきた装身具の概要をさらに、飾り板の付いたバンドやバックル、小鐘、小鈴、耳飾、腕輪、垂飾、

ビーズの首飾、ビーズ、金属製首飾、服の留金などを加えて充実させることができるかもしれない。次の三つのタイプの飾りの付いたバックルはとくに興味深いものである。1) 方形の開口部に飾り板が縫い付けられているもの。2) 革帯につるされた小鐘、または小鈴を組み合わせた飾り金具の付いたもの。3) 飾り金具はなく、装飾を施された鐘が付いたもの（Медведев1977）。青銅製あるいはまれに鉄製の装身具は、その形状にしても、模様のモチーフにしても実にさまざまである。ただ、耳飾だけは青銅の台に軟玉の垂飾が付いている（Медведев1977）。列挙された金製、銀製、真珠や碧玉の装身具は、女真の貴人の毛皮や絹の服とよく調和した。貧者は、唯一の装身具としてバンドに（刻み）煙草入れを付けていたようである。『寧古塔紀略』によれば、満洲族は「家の中に入るときは必ず小刀や箸入れの袋(ケース)や火打金の入った袋、スカーフなどをバンドにぶら下げていた」[11]（Васильев1857）。

また、女真の髪型にも関心を払うべきだろう。男性は両脇から髪を少し刈り込み、前方部は髪を剃った。残った髪は束ねる。周辺の髪を残し、頭頂部は剃って何も生えていないように整えた。残った髪は編んで背中までゆったり垂らした辮髪（2～3本の細い辮髪にすることもあった）にした（程遡洛1947）。引用文献にも書かれているが、髪型にはバリエーションがあった。『虜廷事実』によれば、「古代から蛮族は髪をゆったりと伸ばし、左側で留めていた。これはごく普通の習慣だった」[12]（Franke1975）。しかしながら、東胡の多くの民族集団が辮髪にしていたにもかかわらず、辮髪は女真特有の髪型とされてきた。また別の史料では、「契丹人とは異なり、辮髪を肩まで垂らしていた」[13]（『大金国志』）。

数々の詳しい史料によって、女真の衣服（装身具や髪型も含む）が、その形（外套）や素材（布と毛皮）、身につけ方（左衽）によって、財力を明確にし、所属する階層を示す点などで契丹の衣服とは異なる独自性を持っていることが証明された[14]。またさらに、衣服や装身具が民族性を構成する要素（左衽や辮髪など）を内包することが明らかになった。

---

1 『遼史拾遺』巻1女真国「衣厚毛為衣。非入室不徹。衣履稍薄則堕指裂膚。」
2 『大金国志』巻39男女冠服「金俗好衣白。辮髪垂肩、與契丹異。垂金環。留顱後髪、繋以色絲、富人用珠金飾。婦人辮髪盤髻亦無冠。自滅遼侵宋、漸有文飾。婦人或裏逍遥巾或裏頭巾。随其所好至于衣服、尚如旧俗。土産無桑蠶、惟多織布。貴賤以布之粗細為別。又以化外不毛之地、非皮不可禦寒。所以無貧富皆服之。富人春夏多紵絲綿綢為衫裳、亦間用細布。秋冬以貂鼠青鼠狐貉皮或羔皮為裘。或作紵絲四袖。貧者春夏並用布為衫裳。

3	秋冬亦衣牛馬豬羊猫犬魚蛇之皮或獐鹿皮、為衫袴襪皆以皮。至婦人衣白大襖子、下如男子道服。裳曰錦裙。去左右各闕二尺許。以鉄條為圈裏、以錦帛上以単裙籠之。」、『北風揚沙録』「人皆辮髪、與契丹異。耳垂金環、留顱後髪、以色絲繋之、富人用珠金為飾。」
3	『三朝北盟会編』巻3「(其衣服則衣布好白)、衣短而左袵。婦人辮髪盤髻。男子辮髪垂後。耳垂金銀留脳。後髪以色絲繋之。富者以珠玉為飾衣黒裘細布貂鼠青鼠狐貉之衣。貧者衣牛馬豬羊猫犬魚蛇之皮。」
4	『松漠紀聞』巻2「北方苦寒、故多衣皮。雖得一鼠、亦褫皮蔵去。婦人以羔皮帽為飾、至直【値】十数千、敵三犬羊乃値。不貴貂鼠、以其見日及火、則剥落無色也。」
5	『全遼備考』巻下貂鼠「窩稽人不貴貂鼠。而貴羊皮。凡貂袺合縫鑲辺処。必以黒羖一線飾之。松漠紀聞云不貴貂鼠者、以其見日及火則剥落無色。余謂此無他不過厭常新耳。今寧古塔梅勒章京以下皆者猞猻皮襖。而服貂者無一人也。若帽則皆貂矣。豈独不畏剥落耶。」
6	『隋書』巻81列伝46東夷靺鞨「婦人服布、男子衣豬狗皮。」
7	『高麗史』巻10献宗元年(1094)二月「丁亥、東女真奉国将軍豆門等四十八人来献馬。王御宣政殿賜見、命近臣崔弘嗣問辺、宜賜酒食衣帯布帛。」、『高麗史』巻11粛宗元年(1095)八月「丙子、東女真臥突乙古馬要等来、引見于重光殿、訪問蕃事、賜酒食綿絹。」
8	『冊府元亀』巻972外臣部朝貢5後唐荘宗同光二年(924)「渤海王大諲譔王貢人参松子昆布貂鼠皮一襪六髪靴革。」、同光三年(925)二月「渤海王大諲譔王遣使裴璆、貢人参松子昆布黄明細布貂鼠皮被一襪六髪靴輩奴子二。」、『扈従東巡附録』「烏喇草也。塞路多石磧、復易泪洳、不可以履。縫革為履、名烏喇。烏喇堅、足不可蹇。沢中有草、柔細如絲、摘而捶之、実其中。草名無、因用以名。」
9	『寧古塔紀略』「烏臘草出近水處。細長温頓、用以絮皮鞋内。雖行冰雪中足不知冷。皮鞋名烏臘。土諺云寧古三様宝指人参貂皮烏臘也。」、第1章1節訳注11参照。吉林三宝と同じ。
10	『金史』巻43志24興服下「金人之常服、四帯巾、盤領衣、烏皮靴。其束帯曰吐鶻。巾之制、以皁羅若紗為之、上結方頂、折垂于後。頂之下際両角各綴方羅径二寸許、方羅之下附帯長六七寸。当横額之上、或為一縮襇積。」
11	『寧古塔紀略』「出門加腰帯必繋小刀匙子袋、火鏈袋、手帕等物。」
12	『虜廷事実』披秉「胡児自古以来、披髪左袵。習以為俗。」
13	訳注2参照。辮髪については、桑原隲蔵1913「支那人辮髪の歴史」『藝文』4-2, 白鳥庫吉1970「亜細亜北族の辮髪に就いて」『白鳥庫吉全集』巻5(塞外民族史研究 下)岩波書店、姜念思2005「遼寧朝陽市黄河路唐墓出土靺鞨石俑考」『考古』10期などにも詳しい。
14	『金史』巻43志24興服下「貴顕者於方頂、循十字縫飾以珠、其中必貫以大者、謂之頂珠。帯旁各絡珠結綬、長半帯、垂之、海陵賜大興国者是也。」

5　食物と器

　女真の飲食物については、かなり詳しい史料がある。史料は次のように伝えている。「飲食物は質素である。豆スープが作られる。煮すぎないコメの粥も好まれている。粥はイヌの生血を少しとニンニクで味を調え食べる。酒をコメから造ることもできる」[1]（『大金国志』）。『三朝北盟会編』には、これより詳しい記述がある。「重湯を蒸留して酒を造る。豆で醤を造る。生米から粥を作り、イヌの生血とネギ類で味を調えて食べる。ニレ（蕪荑）の実を食用にする。食器は木の皿があるだけだ。彼らは磁器（陶器）の瓢を使わなかったし、食事用の茶碗や箸もない。春夏の間彼らは大きな木の器から米粥を食べる。器はそこにいる人たちの分量の粥で満たされている。皆、大鉢の周りに集まって、長い柄の付いた匙で粥を食べる。粥の後、肉を食べる。肉は味がなく、生魚とサイガの生肉のようなものである。焼いた肉も食べる。冬は寒いので飲み物は捨てる。木の深皿に粥を入れ、木の平鍋には羹（あつもの）を入れておく。米料理と一緒に食べるものは粥のおかずである。酒は何杯も飲む。上流のものから最下層の者まで輪になって、皆木杓で酒を酌み交わす。股肉をあぶり、干し肉を煮る。残りの肉は、野菜と和えたり、臼で挽いて粥に入れたりして、食卓に出す」[2]（Кычанов1966；『三朝北盟会編』）。その史料はさらにこう伝えている。「女真はマツの実やシロトリカブト……を採集する。そこにはたくさんのウシやヒツジ、野生のイヌ、イノシシなどの動物がいる。また、花や果実にはシロシャクヤクやスイカがある。海にはたくさんの大型の魚やカニがいる。シカは皮と骨を残して食べ尽くす。酒をこよなく愛し……（中略）鳥を殺して食べる。（競馬では）酒が飲まれ……桟敷には肉や酒が供される」[3]（Кычанов1966）。

　『松漠紀聞』は次のように述べている。「股肉を焼き、干し肉を煮て、残りの肉と野菜を臼で挽いて粥にして食べた」[4]（『松漠紀聞』）。女真の婚礼の祝宴に出されたごちそうには、このほかに蜜糕（みっこう）（蜂蜜菓子こなもち）があったとこの史料は伝えている。蜜糕は、マツの実やアンズの果肉に蜂蜜をしみ込ませて餅粉と混ぜて作ったものである。その形は、四角形や丸型でカキの花のようである[5]（鳥山1934）。また『遼史拾遺』にはこんな記述が見られる。「荒涼とした砂漠や原野には、たくさんの黄色い齧歯（げっし）類がいた。それらは地面に落ちている豆や実を拾い集めて食べている。彼らはとても脂が多く、大きい。蛮族（女真）は私に齧歯類はごちそうなのだと教えてくれた」[6]（Franke1975）。黄色い齧歯類とは、トビネズミ

あるいはタルバカンのことである。『三朝北盟会編』に掲載されている「茅齋自叙」の中で馬擴は次のように語っている。「咸州（現在の開原）の混同江から北にはイネ科の植物やキビ（黍）は育たず、唯一育つのはヒエだけである。実の外皮を取って粥を炊く。アグダ（阿骨打）と会見してから、族長たちを集めて食事をともにした。カン（炕）の上に低い台かあるいは小卓がぎっしり並べられた。人々は深皿に粥を盛り、上から匙を差し入れた。その横には細かく刻んだネギ類、ニラ、ノビル、ナガウリがあり、どれも塩漬だった。木皿には、ブタ、ヒツジ、ニワトリ、シカ、ウサギ、オオカミ、ジャコウジカ、ノロ、キツネ、ウシ、ロバ、イヌ、ウマ、ガチョウ、ガン、魚、カモ、ガマなどの肉が盛られた。それらはあるものは焼き、あるものは煮て、またあるものは生のままだった。大量のケシ（芥子）やニンニク……各自ベルトに下げているナイフで肉を切り取った。嬀州（遼が現在の遼寧省遼中郡に設置）、辰州（渤海が設置。金代は蓋州、現在の郡都蓋平）や東方の都城である東京より北方は、小麦粉が非常に少ない。毎日人々は弓で鳥獣を捕えていた……」[7]（『三朝北盟会編』）。とくに注目すべき栽培植物はスイカあるいは西洋カボチャである。契丹はこの植物をウイグル族から借用した。それは女真には契丹から渡り、中国へは女真から渡ったのである。シロシャクヤク（芍薬）は女真にとってエキゾチックな産物であった。女真には「シロシャクヤクの花がたくさんある。すべて野生で紅色はない。この芽を摘んで副菜とし、粉を使ってこれを炒める。普通は客をもてなす料理としてそのまま用いる」[8]（『松漠紀聞』）。

12世紀初頭には、女真の間ですでに茶会が普及していた。『金志』は、婚礼の終りに主賓のために茶を入れたと伝えている[9]（『金志』）。

10〜11世紀の女真の食事は実に多種多様である。先の引用文では、多少肉とイネ科植物が不足していたと指摘しているが、全体として肉に農産物を組み合わせている食事が多かった。家畜（イヌ、ウシ、ブタ、ヒツジ、ウマ、ロバ）とともに、野生動物（アカシカ、ノロ、ジャコウジカ、ノウサギ、オオカミ、キツネ）も食用にされた。史料では、3種類の鳥（ニワトリ、ガチョウ、ガン）そして魚にも触れている。主要なエネルギー源となる(挽き割りの)穀物は、ヒエ、豆、コメであった。ニラ、ニンニク、ネギ類はあるいは野生のものだったかもしれない。女真の食料の多様性は、明らかに多層的な産業構造が影響していた。女真の食品は上記のものだけではもちろんない。彼らは牛乳、発酵馬乳、植物油、干し魚も用いた。女真語辞典『金史国語解』にもあるように、ほかにもたくさんの食品があった[10]（第1章1節を参照）。10〜12世紀初頭の女真の飲食物は、質素で粗末な

ものだった。食品は茶を除いてはすべて地元産だった。スイカも地元で栽培されていた。食事の作り方は極めて原始的だった。女真は、生肉や野菜を食べる習慣があったが、焼いたり煮炊きしたりすることに特別な価値を見出していなかった。もっともこれは、食品の持つビタミンなどの有効性を保ったり（煮込み過ぎない粥、生肉、生野菜）、料理に何か刺激（発酵した粥、イヌの生血やネギ、ニラ、果実酒など）になるものを添えたかったりという無意識の気持ちから出たことだろう。また、彼らは十分成熟していないコメを使っていたが、これは気候条件によるものかもしれない。実際、北満洲ではコメの実りが悪かった。

　当然のことながら、第1章1節と『女真と金国』という私の論文で列挙した食用植物や動物例を、女真人すべてが手にするというわけでもなかった。局地的な地理的条件や気候条件が、その地域の習慣や階級といったもの——つまり、ある地域の経済発展の方向性と結びついて、何が食糧資源となるか決定するのである。そして、その決定は部族ごとに異なるのである。

　女真語辞典によれば、女真の間では、肉入り雑炊、調味したコメ、キビ（ヒエ）の粥、コメの焼菓子、焼いたパン、煮たコメ、蜜糕、あらゆる種類の肉、そして同じように酒も広く普及していた[11]（『金史国語解』）。ほとんどすべての史料が、女真はコメ（あるいは穀物）から酒を造ると伝えている[12]。しかし、現代の研究者たちは、この地域でコメが高価なものだったことから、それらの記述に疑いを抱いている[13]（Franke1974）。『文献通考』では「トナカイ酒」について言及している。「トナカイ酒」は契丹が蒸留して造る馬乳から造った酒なのか、トナカイの袋角の中に入っている酒なのかを研究者は解明し（ようとし）ている（馬端臨1876）。『隋書』は、靺鞨もまた「コメから酒を造り、それを飲んだ」と伝えている[14]（Бичурин1950）。

　この時代の調理器具や器について知られていることは少ない。『三朝北盟会編』では、「磁器」すなわち陶器がなく、その代わりに多様な木製食器（中国様式ではなく、箸はない）があったことに触れている。茶碗、鉢、皿、匙、杓子などの食器は木製で、おもに常緑樹の柃（レイ）（和名サカキ、эйрия японская）で作られていた。『松漠紀聞』にも同様に、「柃という木は、木質の美しさから愛され、茶碗を作るのに大量に利用されている」[15]（『松漠紀聞』）とある。より古い史料でこの地域の民族の焼物の食器について言及しているものはない。また『後漢書』にも、いわゆる東夷と呼ばれる人々が「食器は木製のものを使っていた」という記述がある[16]（Кюнер1961）。1092年頃、「太祖（アグダ）は、釜一つ残さず、マサン（麻産）家の家臣を捕らえた」[17]と『金史』にあるが、ここに出てくる釜は食物を煮炊きす

るための鉄製鍋のことを言っているのだろう(『金史』)。貴族はおそらく中国や高麗で購入した金属製の食器や調理具を使っていたと思われる(Воробьев1975)。高麗はインゲ(盈歌)の要請を受けて、女真の貴族に仕える銀職人を派遣している。

ナデジンスキイ墓地から発見された出土品から判断すると、女真はもっぱら土器を使っていたようである。というのも、とにかく必ず土器が墓地から発掘されるからである。ナデジンスキイ墓地からは、手びねりで作られた土器(いわゆる靺鞨式)よりも、型やろくろで作られた土器のほうがたくさん出土している。型やろくろを作った土器としては、平底で文様がない甕、水差し、花瓶、壺があり、光沢のあるものもある。手びねりの器は、形の上でも(おもに円筒形で広口の容器)、その仕上がり具合(雑な焼成)も荒削りである。手びねりとろくろという二つの製作技法のうち、手びねりのほうは、靺鞨文化と関係があり、(捨てられるまで)女真人も暮らしに用いていた。一方、ろくろで作られた女真の土器は、墓に埋めるために特別に作られたものらしかった(Медведев1977；Леньков1968)。出土品の中には、細い裂け目のある平底の丸い器で、金代後期の土器を思わせるものもあった(Воробьев1967)。女真の食料品や調理器具や器に関する二つの特徴、すなわち大量の飲酒と木器の多さに当時の漢人観察者たちは目を見張った。このようなことは漢人にとって無縁だったからである。『文献通考』は、「酔っ払った女真人は、たとえ父母でも容赦しない」[18]と書いている(馬端臨1876)。木器は漢人の間ではすでに陶器に取って代わられていたが、当時、女真では日常使うありふれた食器はおもに木で作られていた。しかし、森に恵まれたこの国にとってそれは、別に不思議なことではない。

---

1 『大金国志』巻39飲食「飲食甚鄙陋。以豆為漿。又嗜半生米飯。漬以生狗血及蒜之属和而食之。嗜酒好、殺醸米為酒。」
2 『三朝北盟会編』巻3「以糜醸酒、以豆為醤、以生米為飯、漬以生狗血及葱韮之属、和而食之。茞以蕪荑。食器無瓠陶、無碗筯(＝箸)。皆以木為盤。春夏之間、止用木盆注貯粥。随人多寡盛之。以長柄小木杓子数柄回環共食。下粥、肉味無、多品止以魚生鱘生間。用焼肉。冬亦冷飲餌。以木楪盛飯、木盆盛羹。下飯肉味與下粥一等。飲食無算。只用一木杓子、自上而下循環酌之。炙股烹腩。以餘肉和菜、擣臼中糜爛而進。」
3 『三朝北盟会編』巻3「土産松実白附子禽有鷹鸇海東青。獣多牛羊麋鹿野狗白彘青鼠貂鼠。「花果有白芍薬西瓜。」「啖之但存其皮骨。嗜酒。」「雖殺鶏(亦召其君)而食之。」「酒行無算。」「所乗鞍馬(以殉之)所有祭祀飲食之物。」
4 『松漠紀聞』「炙股烹腩、以余肉和蓽菜、搗白中糜爛而進。」
5 『松漠紀聞』「蜜饘以松実胡桃肉漬蜜、和糯粉為之。形或方或円、或為柿蔕花。」

6 『虜廷事実』黄鼠「沙漠之野地多黄鼠。畜豆殻于其地。以為食用。(略) 極甚肥。大虜人相説以為珍味。」フランケ (Franke1975) によれば、steppe-marmot (学名 *Arctomys Bobax*, Mong tarbaya, 女真語「瑣江申革」, sogiang šengge〔šingge〕) であるという。モンゴル語 tarbani (Тарбаган) の借用という。ただし、ステップマーモット (Marmota bobak) とタルバカン (モンゴルマーモット, Marmota Sibiri) を区別する考え方もある。

7 『三朝北盟会編』巻4「自過咸州至混同江以北、不種穀黍所種止稗子。舂米旋炊粳飯。遇阿骨打、聚諸酋共食。則于坑上用矮檯子或木盤。相接人置稗飯、一碗加匕其上。列以韭薤野蒜瓜皆鹽漬者。別以木楪盛、猪羊鶏鹿兎狼麂狐狸牛驢犬馬鵞雁魚鴨蝦蟆等肉、或燔或烹或生臠。多芥蒜漬沃続供列。各取佩刀、臠切。(略) 自過嬪辰州東京以北、絶少麦麪。毎日各以射倒禽獣。」

8 『松漠紀聞』巻2「女真多白芍薬花、皆野生、絶無紅者。好事之家、採其芽為菜、以面煎之。凡待賓斎素則用、其味脆美、可以久留。」

9 『金志』婚姻「茶食。宴罷。富者瀹建茗 (茶の銘柄)。留上客数人。啜之。」

10 『金史国語解』物類「桓端、松。；阿虎里、松子。；孰輦、蓮也。；活離罕、羔。；合喜、犬子。；訛古乃、犬乃有文者。；斜哥、貂鼠。；蒲阿、山雞。；窩謀罕、鳥卵也。」、『欽定金史語解』巻12 名物「烏尼音、乳牛也。巻九十九作烏犛。」「塔呼喇、蛙也。巻一百十三作大和兒。」「和爾古納、蒙古語和爾毒也。古納三歳牛也。巻一百十三作囘古乃。」「噶老、蒙古語鷲鳥也。巻一百十九作栲栳。」

11 『金史国語解』物類「富里、炙乾魚肉也。巻一百二十五作蒲烈。」「博哈、穀饌也。巻一百三十三作播幹。」「瑪哈、蒙古語肉也。巻一百三十三作麻駭。」

12 『三朝北盟会編』巻3「以麋醸酒。」

13 フランケは米 (rice) ではなくて、雑穀 (normal grain, millet) ではないかと考えている。

14 『隋書』巻81 列伝46 東夷靺鞨「嚼米為酒、飲之亦酔。」

15 『松漠紀聞』巻2「榛栒、木名、有文綾可愛、多用為碗。」

16 『後漢書』巻85 列伝75 東夷「器用俎豆。」

17 『金史』巻1 本紀巻1 世紀大安八年「太祖別軍取麻産家属、鎬釜無遺。」

18 『文献通考』巻327 女真「飲麋酒酔。或殺人、不能弁。其父母眾為縛之。俟醒而解。謝其縛者曰『非爾縛我、我族無遺類矣。』」

6　家族と家庭生活の慣行

　資料が十分そろっている婚姻関係を除けば、この時代の女真の家庭生活については、概略が知られているだけである。家族は家父長制のもとにあり、夫、家長が権力を握っていた。しかし、歴史の表舞台に出て行こうとしていた女真の大家族はそういった制度から次第に脱却していく。

　息子たちは成人すると、自分たちで生計を立てるようになった。「生女真の慣例に反して、息子たちは成人するとすぐに独立して暮らした」[1]（『金史』）。しかし、

家を離れても彼らは、父、長兄、一族の年長者に権力があることは認めていた。バヘイ（跋黒）の母である継母・ダフモ（達胡末）から独立して暮らしていた族長のウグナイ（烏古廼）は、子どもたち一人一人の性格を考慮して4人の息子たちに2人ずつ一緒に暮らすように命じ、誰と誰が二人一組になるかを決めた。

また族長のヘリボ（劾里鉢）は、死の床にあっても弟たちに対して権力を渡そうとはせず、輪番制を履行せずに自分で後継者を任命しようとした。女真の家族では、兄弟の地位は特殊なものであった。成人した兄弟（おじ）たちは、家に関わるすべてのことや社会的活動において、甥たち——たとえ成人していても——よりも重要な役割を担っていた。ヘリボが亡くなったとき、息子のアグダ（阿骨打）は成人していたが、権力を手にしたのは父親の意向とは反対に、2人のおじポラシュ（頗剌淑）とインゲ（盈歌）の後だった。だが彼は、父親に対しても2人のおじにも忠実に仕えた。そのことは、女真の家族制度特有の「兄弟間の相互扶助」の精神の表れだった。ポラシュもインゲも長兄のヘリボのそばに仕えた。ワンヤン（完顔）部の5人兄弟のうち、最年長の兄・ヘジェ（劾者）さえも不可解な理由で族長にはならず、息子のサガイ（撒改）とともに一番末の弟・インゲに仕えている。

女真の家族制度に、しばしば嫂婚や内縁関係があったからといって、いつも複婚になるとは限らなかった。妻の数は夫の財力に比例した。妻（とくに第一夫人）の家庭内での地位はかなり高く、母や妻は、家の中のことだけでなく、あらゆることに口を出した。ウグナイの妻でタンコ（唐括）氏の昭粛は、実家で自由な生活を送っていた。嫁いでからも彼女は、すべての宴会に顔を出し、酔客たちの会話を注意深く聞いた。「五国部」の一つプニエ（蒲聶）部出身のバイミン（抜乙門）が遼に対して反乱を起こしたときに、ウグナイは、バイメンに友情のしるしとして自分の息子を与えるという慎重論をとるよりも、彼女と息子のヘスン（劾孫）[2]にバイミンを撃てという任務を委ねた。昭粛は立派にこれをやり遂げた。また、息子のヘリボとポラシュの連合と夫の異母兄弟であるバヘイに味方するファンビ（桓赧）、サンダ（散達）の仲立ちをして、両者の敵対関係を解消した[3]（『金史』）。アグダは遼に進撃する前に、おじの妻に相談している。また969年に中国へ派遣された女真人使節団の中に女性が含まれていたことも興味深い[4]（馬端臨1876）。

女性の家族における地位は、父系氏族が女真の伝統的な家柄と有力な関係にあるかどうかによって決まることが多かった。妻の父系氏族の関係が有力なものであれば、妻の親戚は夫の身内の利益と見なされたのである。『金史』には、夫の家

第 1 章 ● 1115 年までの女真文化
6 家族と家庭生活の慣行

族のことに関与しようと執拗な野心を抱く妻の親戚たちの例が見られる。妻のおじたちは、「法と命令」を実施しようとした族長のシールー（石魯）を殺そうと考えた[5]。ウグナイの異母兄弟であるバヘイは、ウグナイ存命中は絶対服従の身に甘んじていたが、権力がバヘイの甥であるウグナイの息子に移ると、自分が無視されたと思い蜂起した[6]。

　家族における子どもの地位は、中国に比べると自由である。成人した息子は、両親のもとから独立して生計を立てると述べたが、高貴な身分ではない家の婚期を迎えた娘は、自分で婚約者を選ぶことができた。

　家族関係の特徴の多くは、婚姻や婚姻に関する慣習の中に見出すことができる。「富者は（新婦の両親に）牛馬を贈る。貧乏な家では、若い女性が笄（こうがい）を差す年頃（結婚適齢期）になると、歌を歌いに道に立つ。彼女は結婚相手が必要なことをわかってもらうために、自分の素性や家計を切り盛りする能力があること、容貌について語る。もし、聴衆の中に彼女を妻にしたいという独身男性がいれば、彼は彼女の手をとって自分の家へ連れて帰る。式の用意が整うと、彼は女性と一緒に彼女の両親の家へ結婚の報告をしに行く。高貴な若い道楽者や富者の息子たちは昼夜を問わず酒を飲む。杯を手にウマに乗り、戯れて飲んだりしながら。彼らが来たことを聞いた女性たちは、彼らを見ようと大勢で寄ってくる。そうこうするうちに（道楽者たちは）彼女たちに一緒についてくるように命じて、座らせ酒をごちそうする。酒を飲んだり、立って踊ったり、祝いの歌を歌ったり、杯を合わせたりして、知り合いになり親しくなると、冗談を言い合いながら、あちこち歩き回る。そうしているうちに彼女たちは連れていかれてしまう。女性にとってウマで駆けて数里ぐらいたいしたことではない。男たちは妻とともに彼女の両親のもとを訪問する。これを拝門（門のところで礼をする）といい、夫の自己紹介の儀式である」[7]（『三朝北盟会編』）。

　『金志』では次のように述べている。「金人には、まだ胎児のときに、婚姻関係を結ぶ相手を決める古い風習がある。成長してからたとえ相手と身分格差があったとしても、この約束が破られることはない。贈物（贈与金）をすることが約束されていた日が来ると、娘の夫となる男性（新郎）は、新婦の家の門のところにあいさつにやってくる。彼には、飲み物や食べ物を持った親戚が付き添っている。少なくとも馬車が10台余り、多ければ100台はある。客は上等な酒でもてなされる。金銀の酒盃が並べられ、それらの後に土製の杯があり、全部で数百もある。客たちは分散すると、食器が彼らに配られる。まず黒い線（あるいは刻み目）のある金銀の杯に酒をなみなみと注がれ、貧者（庶民）は、木製の杯につぐ。そし

て、酒が三度配られ、それから2種類の獣脂、中国の焼いたバーミセリに似たものが出され、その後で、蜜糕（みつこう）が出る。客一人一人に皿いっぱいに盛られる。次に茶会について話そう。ごちそうの後、富者は茶を入れ高貴な客に勧める。これを飲む者もいるが、（貧者は）牛乳（発酵乳）を煮る者もいる。女性は、老若の別なく皆カン（炕）の上に座り、新郎の付き添いが彼女らの周りで会釈をしながら——いわば男性たちから女性たちへの敬意のしるし（輦下女）として——世話をしている。儀式の後、新郎はウマを100頭か少なくとも10頭連れてきて、女性の家の前に並ばせる。新婦の父は、ウマを性別や年齢を見て選び、気に入ったものを取って、そうでないものは返す。選ぶウマの数が12～13頭以上になることはない。時々選別もしないで必要数だけ集めようとして、新郎が戻ってみたら全頭取られてしまったということもある。選ばれる頭数が少ないと、不名誉なことになる。新婦の家では、受け取ったウマの数や質に応じて返礼として裏地付きの上等な衣服を贈る。婚礼の後、夫（新郎）の親類縁者は出ていき、彼一人が下男あるいは働き手として新婦の家に残る。彼は自分で酒や料理の支度をする。しかし3年後、彼は彼女の持参金で数十人の奴隷の家族や（数十頭の）牛馬の群れを連れて、妻を自分の家へ連れていく。どの群れも、9頭の雌の牛馬と雄の牛馬が1頭ずついる」[8]（『金志』；Бичурин1859）。

　比較のために満洲族の結婚式を描写した『寧古塔紀略』の一節を引用する。「婚礼を催すことになっても、招待状も来ないし、音楽もなければ客も来ない。そこではいつも丈の高い机が置かれ、赤いフェルトが敷かれ、その上に茶や果物、絹織物、麻布が置かれ、ほかに料理も出される。財力がどれくらいあるかに左右されたが、このような机が数十個並べられることもある。酒や羊肉は絶対に必要とされた」[9]（Васильев1857）。

　以上見たように、彼らの結婚の特徴は一定の自由があるという点にある。結婚するまで、若者たちは男女ともに（若者の中でもとくに娘は、高い社会的地位や富者の家族に束縛されなければ）大いに自由を楽しむ。このような点では女真の風習は、高句麗と無関係ではない。『南史』によれば、高句麗では「若い男や娘は、お互いの後を追いかけ回しているが、嫁をもらったり、嫁いだりすると、それまでの恥ずかしい行状はだんだん収まってしまう」[10]（Бичурин1950）。富者でない娘や若者は、自分で夫や妻を選ぶが、このような風習は『契丹国志』が「ウレ（嘔熱あるいは兀惹——女真の傍系の一つ）の風習では、贈物を与えることで結ばれる結婚よりも、自分たちで決める結婚のほうがよいと考えられている」[11]と言っているように、ごく自然なことと見なされていた（Таскин1979）。（自分たちで決

める)結婚は、しばしば「略奪婚」のように見えた。若者たちは結婚が認められるやいなや、新郎が伝統に即して「略奪婚」を行い、新婦を「連れ去る」。その後、彼らは結婚の成立を知らせるために帰ってくる。このような庶民のしきたりは、『北史』の記述を信じるならば、高句麗の庶民の間にも存在した。

「結婚は、若い男女がお互いの同意によって成立する。新郎の家からブタと酒が運ばれるが、ほかに贈物はない。もしぜいたくな贈物を受け取る者がいれば、その人はそのことで嘲笑され、娘を下女として売ったと言われる」[12]。『新唐書』では、この儀式のことがもっと簡潔に書かれている。「嫁とりに金はいらない。贈与金を受け取る者があれば、それは恥とされる」[13] (Бичурин1950)。年少の子どもたちの結婚を親同士で事前に取り決めることは、自由な選択の原則に反したが、こうした取り決めは高貴な女真の家族ではよく行われたようだ。そこで思い出されるのは満洲人の風習である。彼らには、まだ生まれていない子どもたちの結婚を話し合って決める風習があった[14] (Shirokogoroff1924)。

富者の女真の家では、贈与金・持参金のことがいちばん問題になった。娘の夫となる男性は、少なくとも12〜13頭の駿馬を連れていった。しかも『金志』によれば、観覧のためにかなりたくさんのウマか別の家畜を連れていかなければならない[15]と書かれている。その後で、彼は妻をもらうのに不足した分の贈与金や追加分を支払うために、妻の家で3年間働く。それからようやく(妻から)持参金として奴隷、ウマ、ウシをもらい、妻を伴って、自分の家へ行く。

これとまったくよく似た風習が『北史』の室韋条に描かれている。「習慣は靺鞨(まっかつ)と同様である。結婚の儀式は次のようである。両家は互いに交渉を終えると、まず新婦となる女性が略奪される。それから婚約の贈物として牛馬が贈られ、新郎となる男性が新婦の家へ移り住む。第1子が生まれると、夫は妻とともに自分の家へ移る」[16]。『三国志』の高句麗伝では「婚礼は妻の家で行われる。息子が生まれ成長すると、自分(夫)の家へ帰る前にもう一度婚礼が行われる」[17] (Бичурин1950)。モンゴルでも、持参金として衣服のほかにウマやウシ、ヒツジの頭を財力に応じて新郎新婦が与え合う風習があった(島田1966)。満洲人は、新郎から贈与金をブタに換算し、もらい続けた。新郎に資金がない場合は、3〜10年間、舅のもとで働いて贈与金や結婚費用、贈物などの金を支払うことができた。ただし、妻を娶るのは働いて金を払い終わってからだった[18] (Shirokogoroff1924)。

女真の高貴な家や富者は、10部(氏族)から成る閉鎖的な氏族社会を構成していて、若い男性や娘はその10部の中だけで婚姻を結んでいた(陶希聖1935)。ある史料は「金の君主は生まれの卑しい妻を娶らない」[19] (『金史』)と語り、別のと

ころでも次のように述べている。「ツータン（徒単）、タンコ、プチャ（蒲察）、ナラン（挐懶）、プサン（僕散）、ヘシレ（紇石烈）、ウリンダ（烏林苔）、ウグルン（烏古論）部の族長の家はすべて代々これら諸部族の間で婚姻関係を結んでいた。皇后が選ばれた家は、家柄の良さを誇りにした」[20]（『金史』）。さらに次のような記述もある。「金のツータン、ナラン、タンコ、プチャ、ペイマン（裴満）、ヘシレ、プサンは皆貴族である。天子は必ず彼らの中から皇后を選ぶ。また皇女の嫁ぎ先も彼らの中から選ばれた」[21]（『金史』）。最初の引用ではペイマンという氏族名が出てこなかったが、2番目の引用ではウリンダ、ウグルン2氏の名がない。前者の8氏にペイマンとワンヤン氏あるいはウエン（烏延）を加えると、閉鎖的な婚姻社会を構成していた10氏になる（三上 1973）。

王家アンチュフ（按出虎）水のワンヤン部の人間は、たとえ遠隔に住んでいても同族の別のワンヤン氏とは結婚しなかった。重要な宗教的事情や氏族の創立時には同族婚もあったがまれだった（趙振績 1971）。彼らは別の姓を持つ人物と婚姻関係を結んだ。太古から国家成立まで、ワンヤン部の統治者の一族と結婚したのは、おもにタンコ、ツータン、プチャ、ウグルンの4氏だった。ややまれにウリンダ、ヘシレ氏の一員、さらにめったにないことだが、ナラン、ウエン出身者と結婚することもあった。ワンヤン家とペイマン、プサンとの婚姻は、史料では金代のこととされている。10部族には、それぞれ遠隔地に同一氏族が暮らしていたが、彼らとは王家ワンヤン部は結婚しなかった。

このような風習の堅持は、後世に起こったフリガイ（胡里改）事件でいっそう確かなものとなった。「金のシールー（昭祖）は、ツータン氏から妻を迎えた。后の家は、このときから史書に登場する。ヘリボ（世祖）の治世のとき、ウチュン（烏春）が騒乱を起こした。世祖は、婚姻を結ぶことで、彼の逆上した心を鎮めたいと願った。ウチュンは『果たして女真（ワンヤン）は、フリガイと結婚することができるだろうか。できるはずがない』と言った。（中略）四十七部の中には結婚できない部族がいる。その理由を詰問することはできない。なぜならば、国家において、いつも決まった部族と婚姻が結ばれるのは、女真の風俗や気風の素朴さを堅持し、親義（訳者注：血縁関係のよしみ）を変化させず、貴賤の区別がなされるためである」[22]（『金史』）。族長たちの結婚のしきたりについてはほとんど知られていないが、ワンヤン部族長の始祖・ハンプ（函普）は、結婚のときに、結婚の贈物として青牛を受け取っている[23]（『金史』; Franke1978）。

女真の家父長制には嫂婚があった。「父が死ぬと（私は）継母と結婚させられる。長兄が死ぬと兄の妻と結婚させられる。おじが死ぬとまた同様に結婚させられる。

第 1 章 ● 1115 年までの女真文化
6　家族と家庭生活の慣行

そんなわけで貴人もそうでないものにも数人の妻がいる」[24]（『三朝北盟会編』）。このような習慣は、未亡人の身分を社会的・経済的関係の中で保証しなければならなかったり、子孫を守ろうとしたりする一族の思いに支えられ、女真を含むこの地域に伝えられてきた。『史記』の匈奴条では「父の死後、息子たちは継母と結婚し、兄弟が死ぬとその妻たちは別の兄弟に引き取られて結婚させられた」とある[25]（Бичурин1950）。

　嫂婚は契丹にもあったが、彼らの最盛期において、未亡人の再婚を禁じる中国の風習と矛盾が生じることになった。この軋轢を女真も後世に味わうことになる。嫂婚の普及は一部に限られていた。このような慣習が強制されるのは、特別な事情によるものだった。たとえば、シャーマンとの結婚の儀式や族長の未亡人との同盟など政治的事情がある場合である。「古いしきたりに従って、未亡人は一族の中に暮らし、しきたりが守り続けられた」ケースもある。『北史』によれば、女真の北の隣国室韋では「女性は再婚しない」[26]（Бичурин1950）。

　『三朝北盟会編』の引用には、女真の複婚の存在を証明する決定的な記述がある。しかし、私たちが持っている史料が示す時代には、身分の低い家父長制の家は、一夫一婦制に変わっていた。複婚は内縁関係という形をとって特別に皇帝一族の貴族の中だけで維持された。シールーにはツータン氏出身の第一夫人（のちの威順皇后）のほかに少なくとも 3 人の妻がいた。ウグナイにはタンコ氏の妻（のちの昭粛皇后）のほかにまだ 2 人の妻がいた。下級の妻、あるいは側室（たとえばシールーの第 2 夫人で有名なバヘイの母）は戦利品の一つで、こういうことはよくあった。

　以上のことから、11 世紀および 12 世紀初頭の女真では、（内縁関係という形で）複婚の要素を伴う家父長制の小家族が形成されており、とくに富者や貴族の家では嫂婚は家庭内における兄弟の重要性と結びついていた。結婚のあり方は、女真社会において形づくられた所有財産による分化や社会的分化というものをはっきり映し出している。ワンヤン王家を首班とする最高位の女真部族が行った婚姻関係における政策は、彼ら部族が獲得した特権的地位をゆるぎないものとするためのものだった。婚姻関係は、家父長制社会の中で、部族の領土および政治的統合を図り、「蛮族」国家を形成するための有効な手段として、女真貴族 10 部族によって利用されたのである。

1　『金史』巻 1 本紀 1 景祖「生女真之俗、生子年長即異居。景祖九子（中略）及当異居。」

2 原文ではヘジェ（劾者）となっていたが、ヘスン（劾孫）が正しいか。

3 『金史』巻63「景祖昭粛皇后、唐括氏、帥水隈鴉村唐括部人、諱多保真。」「遼使史同幹来伐五国蒲察部、景祖使后與劾孫為質於抜乙門、而與同幹襲取之、遼主以景祖為節度使。」「后雖喜賓客、而自不飲酒。景祖與客飲、后專聴之。」「后往邑屯村、世祖、粛宗皆従。会桓赧、散達偕来、是時已有隙、被酒、語相侵不能乎、遂挙刃相向。后起、両執其手、謂桓赧、散達曰『汝等皆吾夫時旦人、奈何一旦遽忘吾夫之恩、與小児子輩忿争乎。』因自作歌。桓赧、散達怒乃解。其後桓赧兄弟来攻、当是時、粛宗先已再失利矣、世祖已退烏春兵、與桓赧戦于北隘甸。部人失束寛逃帰、裙甲而至、告后曰『軍敗矣。』后方憂遽、会康宗来報捷、后乃喜。既而桓赧、散達皆降。」

4 『文献通考』巻372 女真「開宝二年、首領悉達理并姪阿里歌、首領馬撒鞋并妻梅倫並遣使献馬及貂皮。」

5 『金史』巻1 本紀1 昭祖「諱石魯、剛毅質直。生女直無書契、無約束、不可検制。昭祖欲稍立條教、諸父、部人皆不悦、欲坑殺之。」

6 『金史』巻1 本紀1 世祖「景祖異母弟跋黒有異志、世祖慮其為変、加意事之、不使将兵、但為部長。跋黒遂誘（桓）赧、散達、烏春、窩謀罕為乱、及間諸部使貮于世祖。」跋黒については、『金史』巻65 列伝3 始祖以下諸子に伝がある。

7 『三朝北盟会編』巻3「其婚嫁富者則以牛馬為幣、貧者則女年及笄行、歌於途其歌也。乃自叙家世婦、工容色以伸求侶之意。聴者有未娶、欲娶之者、即攜而帰。其後方具礼、偕女来家、以告父母。貴游子弟与富家児日夕飲酒。則率攜尊馳馬戯飲。其地婦女聞其至、多聚観之。(其)間、令侍坐與之酒則飲。亦有起舞、謳歌以侑觴邂逅、相契調謔、往返。則載以帰。不為所顧者、至追逐馬足不遠数里。其攜妻帰甯、謂之拝門因執子壻之礼。」

8 『金志』婚姻「金人旧俗多指腹為婚姻。既長雖貴賎殊隔亦不可渝。壻納幣、皆先期、拝門。戚属偕行以酒饌往。少者十餘車、多者十倍。飲客佳酒。則以金銀皿貯之。其次以瓦器列於前以百数。賓退則分餽焉。先以烏金銀杯酌飲。貧者以木。酒三行。進大軟脂、小軟脂、如中国寒具。以進蜜餻、人各一盤。日茶食。宴罷、富者逾建茗、留上客数人、啜之。或以麤䴳煎乳酪。婦無大小皆坐炕上。壻党羅拝其下。謂之『男下女』。礼畢、壻牽馬百匹、少者十匹陳其前。婦翁選子姓之別者、視之好則留、不好則退。留者不過十二三。或皆不中選。雖壻所乗亦充数大抵。以留馬少為恥。嫁亦視其数而厚薄之。一馬則報衣一襲。壻皆親迎。既成壻留於婦家、執僕隷役。雖行酒進食。皆躬親之。三年然後、以婦帰。則婦氏用奴婢数十戸、牛馬数十犂。毎犂九牸一牡。」、『松漠紀聞』にもほぼ同じ内容の記事あり。

9 『寧古塔紀略』「遇婚喪喜慶等事。無織帖無鼓楽無男女僕。(略)用高桌如吾郷之官。桌上鋪紅氈、茶果、綢緞布疋。仍用盤放桌上。多至数十桌。貧者不等。羊酒必需。」

10 『南史』巻79 列伝69 夷貊下・東夷・高句麗「其俗好淫、男女多相奔誘。已嫁娶便稍作送終之衣。」

11 『契丹国志』巻26 嘔熱者国「其俗謂男女自媒勝於納幣。」、『松漠紀聞』「(嘔熱)其俗謂。男女自媒勝於納幣。」

12 『北史』巻94 列伝82 高麗「有婚嫁、取男女相悦即為之。男家送猪酒而已、無財聘之礼、或有受財者、人共恥之、以為売婢。」

13 『新唐書』巻220 列伝145 東夷・高麗「婚娶不用幣、有受者恥之。」

14 「定訣 (match-making) は、その嫁並びに壻の出生以前に於いても有効であり得る。」(シロコゴロフ邦訳1967)

15 訳注8参照。

16 『北史』巻94室韋「與靺鞨同俗、婚家之法、二家相許竟、輒盗婦将去、然後送牛馬為聘、更将婦帰家、待有孕、乃相許随還舎。」
17 『三国志』魏書巻85高句麗「其俗作婚姻、言語已定、嫁作小屋於大屋後、名婿屋、婿暮至女家戸外、自名跪拝、乞得就女宿、如是者再三、女父母及聴使就小屋中宿、傍頓銭帛、至生子已長大、及将婦帰家。」原文では『後漢書』挹婁伝とあるが、該当部分なし。
18 「カルイム(娘に関する代価、kalïm)を支払い得ない貧しい男は、誰かの仲介を通して婚の父親に、その未来の義父の家で彼自身が働くのに対して其の娘を呉れるやうにと申し出るのである。その働く期間は最短三年、最長十年である。」(シロコゴロフ邦訳1967)
19 『金史』巻63「金代、后不娶庶族、」
20 『金史』巻64「而国朝故事、皆徒単、唐括、蒲察、挐懶、僕散、紇石烈、烏林答、烏古論諸部長之家、世為婚姻、娶后尚主、」
21 『金史』巻120「金之徒単、挐懶、唐括、蒲察、裴満、紇石烈、僕散皆貴族也。天子娶后必于是、公主下嫁必于是、」
22 『金史』巻120列伝58世戚「金昭祖娶徒単氏后妃之族自此始見。世祖時烏春為難、世祖欲求昏以結其驩心、烏春曰『女真與胡里改豈可為昏。』(略)則四十七部之中亦有不通昏因者矣、其故則莫能詰也。有国家者、昏因有恒族、能使風気淳固、親義不渝、而貴賎等威有別焉、」
23 『金史』巻1「既備償如約、部衆信服之、謝以青牛一、并許帰六十之婦。始祖乃以青牛為聘礼而納之、并得基資産。」
24 『三朝北盟会編』巻3「父死。則妻其母。兄死。則妻其嫂。叔伯死則姪亦如之。故無論貴賎、人有数妻。」
25 『史記』巻110列伝50匈奴「父死、妻其後母、兄弟死、皆取其妻妻之。」
26 『北史』巻94列伝82室韋「(南室韋)婦人不再嫁、(以為死人之妻、難以共居。)」

7　風俗と慣習

　この節では、この民族の建国前の発展段階において伝統的に行われていた古代女真の慣習について触れる。これらの慣習には、別の章でより詳しく解説したものもある。さまざまな生活シーンと結びついている民族的慣習で、女真人にとって重要な役割を果たしているものはもちろん、その起源が明らかに女真の地域的基盤を持つものや、女真と同時代あるいはそれ以降この地域に暮らした部族集団の風俗に関するものも含めた（Воробьев1968）。
　まず生産分野に関係する慣習から始める。女真は「シカの鳴き声をまねて、シカを招き寄せて射止める」ために笛を用いたが、このような熟練した狩猟の手法で有名である[1]（『遼史拾遺』）。このような巧みな技は、契丹人から高い評価を受けていて、991年に遼は女真に笛を使う猟師を遣わすように求めている[2]（『遼史』）。

『契丹国志』によれば、「女真の族長は、シカの鳴き声を巧みにまねて、契丹人の天祚帝が仕留めることができるようシカをおびき寄せた」[3] (Таскин1979)。

狩り込み猟は、経済活動的な側面が強いものであるが、一方で大規模な季節の祭典という特徴も有していた。春には鴨緑江で、夏秋は山で狩りをし、冬は虎狩りをした。『三朝北盟会編』の中の「茅齋自叙」で馬擴は、この狩り込みについて次のように述べている。「ゆっくりと休憩地から30～40里進んだ。両側からその区画を囲み、徐々に接近した。しばし、20～30里狩り込み、野獣を追い出し、矢を射るかあるいは突き殺した。アグダ（阿骨打）は、その皮から尻当てを作り、火を弱めて焼菓子を焼いたり、牛肉を切ったり、酒を注いだ。ある者が二つの大杯を飲んだ。ウマに乗ってきた者たちはウマを降り休息した。アグダが言った。『わが国に狩りより喜ばしいものはない』」[4]（『三朝北盟会編』）。

また、女真はハヤブサを捕らえて売っただけでなく、鷹狩りも行ったようだ。いずれにしても、アリヘメン（阿离合懣）（『金史国語解』）という名前は、女真語で「腕にハヤブサを載せた人」を意味する[5]（Franke1978）。

『遼史』には、女真の地における漁や狩りに関する興味深い慣習が記録されている。とくに「頭魚宴」は詳しく描写されている（『遼史』）。漁の季節が始まると、最初に捕れた魚を持ってきて酒を出して祝宴を催した[6]。「頭鵝宴」というものも行われた。初物の魚やカモは狩りや漁の吉兆とされた（劉銘恕 1947）。女真には農耕と密接な関係を持つ慣習があった。これは民俗学的な類似からも言えることである。女真の族長は冬が去っていくのを祝いながら、春の最初の月に、ウシをかたどった土の像を叩き壊した」[7]（『三朝北盟会編』）。

女真の伝統的慣習に、ウマに乗りながら矢を射る「騎射」という慣習がある。「騎射にたけている」[8]（『大金国志』）。騎射は、漢人のものではなく、朝鮮、満洲、モンゴルの多くの民族の間で広まったものである。このような慣習を記録したもので最も早いのは、『周書』（7世紀）に出てくるものだろう。そこには「百済の戦いでは、矢、弓、剣、槍が用いられ、ウマから次々と矢を射た」とある[9]（『満洲源流考』）。『旧唐書』は、明らかに突厥にも古くからこのような慣習があったと伝えている[10]（Бичурин1950）。一方、競馬は女真人にとって伝統的なウマと遊ぶ娯楽だった。『三朝北盟会編』には、「とてもかわいがられていたウマたちによる競馬が催された」とある。

毬馬つまり撃毬は、大衆娯楽という性質を持っていた。その競技が女真史初期に実施されていたという明らかな史料を私たちは持っていないが、『金史』によれば、特別によく訓練されたウマに乗った人々が2チームに分かれて競技するとい

うルールがあったらしい。ゲームの目的は、球を球門に入れることにある。球は皮でできている[11]（『金史』）。この競技は、おそらく渤海人から女真へ伝えられたようである。渤海人の間で非常に普及し、渤海没落後も民族的娯楽として残った。1038 年に「蕭孝忠が東京の知事になった。そのころ、渤海人は撃毱を禁じられていた。『東京は非常に重要な軍事的中心地であるが、狩猟の地ではない。毱馬なしにどうやって軍事訓練ができようか。天子は地上を一つの家族のように思っている。それを彼の地、此の地と分けられるはずがない。禁制はゆるめたほうが賢明である』と蕭は語り、毱馬の許可が下りた」[12]（『遼史』）。

このような競技の普及は、アジアの広範な交流を見る上でも極めて興味深い例である。その競技は、契丹でも中国でも行われていた。953 年には、北漢が遼に撃毱のための衣服やウマを贈呈するため使節団を派遣している[13]（Wittfogel, Feng-Chia-sheng1949）。『漢書』東方朔伝には、烏孫の地方貴族が紀元前 1 世紀にはすでに蹴毱に参加していたとある[14]（Кюнер1961）。

女真の生活の中で、ウマが特別な位置を占めていたことは、彼らの信仰や風習を見ればよく理解できる。ウマは最も崇拝されている動物であり、多くの伝説にもなっている。ファンビ(桓赧)兄弟の間で非常に深刻な争いがあったとき（1095～1096 年）のことである。敵がインゲ(盈歌)に条件付きで講和を提案してきた。それは、彼らに 2 頭のとびきり上等なウマを贈るように要求するものだった。1 頭はインゲの所有する赤毛のウマで、もう 1 頭はインゲの同志、チブシ（辞不失）の薄栗毛色のウマだった。これを知ったインゲは憤激して、彼らの要求をはねつけた[15]。

女真の日常生活には、カン（炕）、辮髪、嫂婚、庶民階級の娘の自由な夫選びなど興味深い慣習が数多く見られる（第 1 章の 3,4,6 節を参照）。

出産の際、農村では祝いの宴を開く。女真の集団主義的な生活を彩る行為の一つである。食事をともにすることは、社会的な結びつきを意味するものだった（Токарев1970）。『王曽行程録』（王曽のルートの記録）に、次のようなことが書かれている。「渤海国の習慣。毎年集まって宴会を催す。まず歌や踊りのうまいものを前に出させ、いくつかのグループに分かれる。兵士と女性が互いに追いかけながら、一緒に合唱する」[16]（『満洲源流考』）。女真の皇帝世宗は、女真の伝統を復活させるために、とくに上記のような祝宴と騎射を選んだ。「古い女真の習慣。ともに飲食する祝いの祭典、騎射はまさに楽しむためにある」[17]（『金史』）。社会的にというよりも家庭的な性格を持つ宴会は、同族の多くの人々も出席することができた。『三朝北盟会編』には、「宴が開かれると、親類や友人たちがお客として

行く。隣家の家族もとくに招かれなくてもお客として行く」(『三朝北盟会編』)。

また、家庭の食卓を長老がともに囲むということも珍しくなかった。「ニワトリを殺し、長老を招いてそれを食べる」[18](Кычанов1966)。別の史料では、その考察をさらに詳細に、氏族の長にまで広げて述べている。「古代において、胡の習慣に礼儀というものはなかった。ニワトリが殺されると、自分たちの族長を招き一緒に食事をした」[19](『松漠紀聞』)。『茅齋自叙』で馬擴が描いたアグダ主催の盛大な祝典は、実際大衆的なものだったが、どちらかといえばアグダのごく親しい仲間——彼と同族のメンバー、司令官、族長のためのものだった[20](『三朝北盟会編』)。このような宴は当然のことながら、共同で社会生活を営む身内の中だけで可能なものであった。

女真の民族的祭典は、音楽や歌、踊りが伴った。『三朝北盟会編』によれば、「そこには、太鼓と笛の演奏があるだけだ。鷓鴣のメロディーが流れるが、高低や長短など二つの声調があるだけだ」[21](Кычанов1966)。6世紀の終わりごろ、靺鞨(女真の祖先)の戦闘的な踊りは、中国の皇帝、文帝に衝撃を与えた。靺鞨の「使者とその随員は戦闘のように、前に進んだり、別の場所へ敏捷に移ったりしながら踊り始めた。文帝は、自分の家臣に向かってこう言った。『天と地の間にはいつもこのような人間たちがいる。彼らは常に戦争のことだけを考えている』」[22](Кычанов1966)。遼の皇帝へ朝貢国が余興をする際、女真の族長は必ず舞踊を演じてみせた。

1112年に、かの有名な「ワンヤンアグダが女真の指導者(太師)になった。(遼の)皇帝は、混同江で釣りをしていた。千里を隔てた地から女真の全族長が会いにやって来た。皇帝は『頭魚宴』を催した。族長たちは皆踊ってみせたが、アグダだけは踊ろうとしなかった。皇帝は再三アグダに踊るように命じたが、アグダはただ踊らない意志を目配せしてみせるだけだった。そんな彼に対して皇帝は嫌悪感を抱いて、アグダを懲らしめたいという気持ちが涌いた。しかし、蕭奉先は『この者は、愚か者なれば礼儀というものを知りませんが、処罰しなければならないような罪も犯してはいません。小国に対して寛大になれなくて、どうしてこれを支配することができましょうか』と言った」[23](『遼小史』)。皇帝の前で踊ることを拒否したアグダの行為は、従順であることへの拒否を暗に示していた。そのことを皇帝も側近もよく理解していながら、この出来事をうやむやにする道を選んでしまった。

アグダの即位式は、極めて興味深い社会的祭典だった。その祭典は特別に開催されたもので、後にも先にもそれ一回きりだという点でユニークなものだった。

「収国元年(1115)春、正月壬申朔、全県からやって来た老臣や大衆が寄り合いを終えた。儀式の新しい式次第が話し合いで整うと、君主に王座に就くように呼びかけた。君主と同族のアリヘメンは、九つの農具を出してきて、それらが大地を耕し、人々を豊かにするように熱心に祈った。そしてまた、駿馬の群れが9群連れてこられた。どの群れにもウマが9頭ずついて、色で区別されていた。そのほかに甲冑、弓矢、槍、剣も贈呈された。そして天命により、国を『大金』と号し、元号を収国(建国の意)とした。収国2年12月庚申朔、全家臣と皇帝家の家長である皇帝の弟、諳班勃極烈が次のように述べた。『遼の治世において、王は道理を失った。あなたは天にお仕えしている。だから悪行と戦い、強大な敵を何度も破壊し、県を創設することができたのだ。このようなことが起きたのは、過去にもいまだ存在したことのなかったような、あなたの計り知れない徳のおかげなのです。われわれはあなたに〈最も賢い皇帝〉という称号を贈りましょう』。しかし皇帝はそれに同意しなかった。そこで貴人たちが皆熱心に頼んで、その称号を受けることになった」[24](『大金集礼』)。この儀式では、中国の尊号や遼皇帝の失敗の原因に関する中国側の解釈、アグダの業績などに触れるとともに、女真社会において三大重要事項だった農耕やウマの飼育、軍事面における成功のしるしである農具(たぶん犂)、ウマの群れ、兵器などが登場する。

興味深い習俗として、「放偸」(窃盗の自由)の権利というのがある。『虜廷事実』は1130年代のそれについて記述しているが、その権利自体はそれよりもずっと以前に行使されていたはずである。そこに内包されている古代性というものは、民族的存在が国家的段階に到達したときに成立した法とは相いれない。そのことは、窃盗の権利というものに対して批判的な漢人の観察者の態度によって、確かめることができる。「1月15日夜、蛮族は窃盗の自由と呼ばれる慣習を行う」。罰せられたくないために皆盗みをはたらく。もし2〜3日中に盗んだ人を探し出して盗まれた物を発見できたら、酒や農産物、金と引き換えにそれを取り戻すことができる。「未婚の女性が若者に盗まれることもある。ひと月余り過ぎてから、女性の両親にこのことを知らせて、結婚の贈物をし、初めて婚約が成立する。窃盗の自由という乱れた行為が、何と儀礼や法のもとで行われているのである」[25](Franke1975)。こうしてみると「放偸」という慣習は、略奪婚と関連があるようだ。しかし、略奪婚は必ずしも前述した1月15日の夜に行われるわけではないようだ。このような習慣は、契丹にも存在した(島田1943)。

『三朝北盟会編』によると、女真は歓迎のあいさつを次のように行ったとある。「腕を曲げ、後へ退いて敬意を表す。右膝でひざまずき、左膝を曲げて地面につけ

る。両手をこまねいて、肘を揺らす。それを3回繰り返す」[26]。このようなあいさつの仕方は、中国の世俗的な会釈（叩頭）とは異なるが、契丹のやり方に近い。

シャーマニズム（シャーマンによる儀礼など）や埋葬の儀式（食物の焼却、顔を傷つけること）に関する習慣はほかにもあるが、これらは宗教色が濃いので次の節で検討することにする。

私は、女真社会に外部からの影響がほとんどなかった時代における、極めて独自性の強い慣習や戦闘的な儀礼に注目してきた。これまで引用してきた例は、女真のさまざまな活動分野——産業、軍事、風俗、家族、社会、宗教——を具体的に説明している。全体としてこれらが、女真らしさや彼らの文化のオリジナリティーをつくっている。注意深くこれらの正確な描写を検討することで、重要なディテールやニュアンスを伝えることができるだろう。この地域に暮らす多くの民族に、居住環境や社会的発展段階で類似点があるにもかかわらず、その生産・生活様式に関する多くの習慣は、その地域に暮らす諸民族特有のものでもなく、女真のもとで初めて生じている（シカを呼ぶ笛、机としてのカン〈炕〉）。また、女真の中でこそ完全な形で見出すことができるのである（暖房器具としてのカン）。精神世界においても、シャーマニズムや踊り、そしてアグダの戴冠式のユニークな儀礼は、このような習慣や儀礼のグループに属している。

女真自身はこのような習慣を伝統的なものであるとしながらも、実は民族の祭典や騎射こそが自分たち固有の習慣だと言っている。この見解はとても注目すべきものである。どちらの習慣も一般によく知られているが、この地域に暮らす他民族の祭典や騎射とは、女真のそれは明らかに異なる大きな特徴を備えている。太陽、天への崇拝、ウマや競馬に対する敬意、顔の傷、男性の辮髪、嫂婚は女真固有の習慣だが、女真だけではなく、時代的・民族学的に遠い民族集団にとっても一般的なものでもある。女真の中でこのようなもの（辮髪の習慣を除く）が発生したのは、類似した生活状況によるものである。また、頭魚宴あるいは頭鵝宴、季節の狩り、焼飯、射柳、撃毬は、女真が近隣部族の生活習慣を取り入れたものである。生女真の慣習には、固有のものと借用したもの、特殊なものと一般的なものとがあり、それらが特別なシステムに融合し伝統的に維持され、命令によって維持されているわけではない。

『松漠紀聞』では、「女真には儀礼も法もない」[27]とある（Кычанов1966）。儀礼がないということは、漢人や契丹人からは「野蛮」であることの何よりの証拠だった。契丹の貴人たちは、遼皇帝に謁見したときのポラシュ（頗刺淑）の振る舞い[28]や皇帝の前で踊ることを拒否したアグダの行為を野蛮と判断した[29]。集団主

義的な性格は、社会的交流の形態としての慣習(狩り、競馬、撃毬、野外宴会など)の過半数の中に存在する。

1 『遼史拾遺』巻18 女真国「善為鹿鳴、呼鹿而射之。」
2 『遼史』巻13 本紀13 聖宗4 統和九年八月「戊寅、女直進喚鹿人。」
3 『契丹国志』巻10 天祚皇帝上天慶二年 (阿骨打有弟姪曰呉乞買、粘罕、胡捨輩)「天祚歳入秋山。数人必従行、善作鹿鳴。呼鹿使、天祚射之。」、『遼史』巻27 本紀27 天祚皇帝2 天慶二年二月丁酉「其弟呉乞買、粘罕、胡舍等嘗従猟、能呼鹿、刺虎、搏熊。上喜、輒加官爵。」
4 『三朝北盟会編』巻4「徐進約三四十里近可宿之處。即両稍合圍漸促。俟須作二三十匝。野獸迸走或射或撃尽斃之。阿骨打復設皮坐、撒火炙、喼或生臠、引酒一両杯。騎散止宿。阿骨打言『我国中最楽無如打圍。』」
5 『金史国語解』「阿离合懣、臂鷹鶻者。」
6 『遼史』巻116 国語解「頭魚宴。上歳時鈎魚、得頭魚、輒置酒張宴、與頭鵝宴同。」
7 『三朝北盟会編』巻244「毎春正撃土牛、父老士庶無長無幼皆観看於殿之側、主之出朝也。」
8 『大金国志』巻39 初興風土「(女真)善騎射。」
9 『周書』巻49 列伝41 異域上・百済「兵有弓箭刀矛。俗重騎射」、『満洲源流考』巻16 周書。百済兵。有弓箭刀矟。俗重騎射。」
10 『旧唐書』本紀巻2 太宗李世民上「大業末、煬帝於鴈門為突厥所圍、」、『大唐創業起居注』巻1「帝(太宗)知其意、因謂之曰『突厥所長、惟恃騎射。(略)』」
11 『金史』巻35 志16 礼・拝天「皇帝回蹕至幃次、更衣、行射柳、撃毬之戯、亦遼俗也、金因尚之。凡重五日拝天礼畢、挿柳毬場為両行、當射者以尊卑序、各以帕識其枝、去地約数寸、削其皮而白之。先以一人馳馬前導、後馳馬以無羽横鏃箭射之、既断柳、又以手接而馳去者、為上。断而不能接去者、次之。或断其青處、及中而不能断、與不能中者、為負。毎射、必伐鼓以助其気。已而撃毬、各乗所常習馬、持鞠杖。杖長数尺、其端如偃月。分其衆為両隊、共争撃一毬。先於毬場南立双桓、置板、下開一孔為門、而加網為嚢、能奪得鞠撃入網囊者為勝。或日『両端対立二門、互相排撃、各以出門為勝。』毬状小如拳、以軽靭木桴其中而朱之。皆所以習蹻捷也。」
12 『遼史』巻81 列伝11 蕭孝忠「重熙七年、為東京留守。時禁渤海人撃毬、孝忠言『東京最為重鎮、無従禽之地、若非毬馬、何以習武。且天子以四海為家、何分彼此。宜弛其禁。』従之。」
13 『遼史』巻6 本紀6 穆宗上応暦三年三月「丁酉、漢遣使進毬衣及馬。」
14 『漢書』巻65 列伝35 東方朔「郡国狗馬蹴鞠剣客輻湊董氏。常従游戯北宮、馳逐平楽、観鶏鞠之会、角狗馬之足、上大歓楽之。」
15 『金史』巻1 本紀1 世祖「世祖譲粛宗失利之状。遣人議和。桓赧、散達曰『以爾盆歌之大赤馬、辞不失之紫騮馬與我、我則和。』二馬皆女直名馬、不許。」
16 『満洲源流考』巻20 王曽行程録「渤海俗。毎歳時。聚会作楽。先命善歌舞者数輩前行。土女相随。更相唱和。」
17 『金史』巻80 列伝18 阿离補子 方「女直旧風、凡酒食会聚、以騎射為楽。」
18 『三朝北盟会編』巻3「飲宴賓客尽攜親友而来。及相近之家不召皆至客坐食。」「民雖殺鶏、

亦召其君、而食之。」

19 『松漠紀聞』巻1「胡俗、旧無儀法。(略)民雖殺鶏、亦召其君同食。」

20 『三朝北盟会編』巻4「馬擴茅齋自叙曰『阿骨打一日集眾酋豪。出荒漠打圍射猟。』」「薦觴于左右親近郎君輩。玩狎悦楽。独阿骨打不以為意殊、如不聞宴畢。」

21 『三朝北盟会編』巻3「其楽則惟鼓笛。其歌則有鷓鴣之曲、但高下長短鷓鴣二声而已。」鷓鴣、ライチョウか。

22 『隋書』巻81列伝46東夷・靺鞨「令宴飲於前、使者與其徒皆起舞、其曲折多戦闘容。上顧謂侍臣曰『転地間乃有此物、常作用兵意、何其甚也。』」『北史』巻94列伝82勿吉「勿吉国、在高句麗北、一日靺鞨。(略) 令宴飲于前、使者與其徒皆起舞、曲折多戦闘容。上（文帝）顧謂侍臣曰『天地間乃有此物、常作用兵意。』」

23 『遼小史』「帝立之歲、完顔阿骨打為女真太師。帝在混同江釣魚。女真在千里内者其酋長皆来会帝。帝作頭魚宴。諸酋皆舞。阿骨打独不肯舞。帝数命阿骨打。阿骨打瞠目直視辞不能。帝心悪之、欲以事誅阿骨打。蕭奉先曰『彼粗人不知礼、無罪誅之、不祥。況此小国又何能為帝。于是止。』」

24 『大金集礼』巻1太祖皇帝即位儀「収国元年春正月壬申朔。諸路官民耆老畢会議。創新儀。奉上即皇帝位。阿離合懣、宗幹乃陳耕其九。祝以闢土養民之意。復以良馬九隊。隊九匹別為色。并介胄弓矢矛剣奉上。上命国号大金。建元収国。二年十二月庚申朔。皇弟版版勃極烈率百官宗族、奏言『自遼主失道。奉天伐罪。数摧大敵。克定諸路。功徳之隆互古来有。敢上尊号為大聖皇帝。上讓者。再羣臣固請。從。』」

25 『虜廷事実』放偸「虜中毎至正月十六日。夜謂之放偸。俗以為常。官亦不能禁。其日夜人家若不畏謹。即衣裳器用鞍馬車乗之属。為人竊去。隔三両日間。主人知其所在。則以酒食銭物贖之。片得原物。至有室女随其家出遊。或家在僻静處。為男子刦持去。候月餘日。方告其父母。以財礼聘之。則放偸之弊是何礼法。」、『松漠紀聞』「金国治盗甚厳。毎捕獲論罪外。皆七倍責償。唯正月十六日則縦偸。一日以為戯。妻女・宝貨・車馬為人所竊。皆不加刑。是日人皆戒備。遇偸至則笑遣之。既無所獲。雖畚钁微物亦携去。婦人至顕入家。伺主者出接客。則縦其婢妾。盗飲器。他日知其主名。或偸者自言大。則具茶食以贖【謂羊酒看饌之類】。次則携壺小亦打銭取之。亦有先與皇女私約。至期而竊去者。女願留則聴之。自契丹以来皆然。今燕亦有之。」、『遼史拾遺』巻15刑法志下補遺・燕北雑記「正月十三日。放契丹做賊三日。如盗十貫以上。依法行遣。」、『契丹国志』巻27歲時襍記「治盗：正月十三日。放国人做賊三日。如盗十貫以上。依法行遣。北呼為鶻里叵。漢人訳云。鶻里是偸。叵是時也。」

26 『三朝北盟会編』巻3「其礼則拱手退身、為喏跪右膝、蹲左膝、著地。拱手揺肘動止於三為拝。」、『松漠紀聞』「契丹男女拝皆同、其一足跪、一足著地、以手動為節、数止於三。彼言『捏骨地』者、即跪也。」

27 『松漠紀聞』「胡俗、旧無儀法。」

28 『金史』巻1本紀1世紀・粛宗「(粛宗)乃以草木瓦石為籌、枚数其事而陳之。官吏聴者皆愕然、問其故、則為卑辞以対曰、『鄙陋無文、故如此。』官吏以為実然、不復疑之、之以所訴無不如意。」

29 訳注23『遼小史』参照。『遼史』巻27本紀27天祚皇帝1天慶二年二月丁酉「如春州、幸混同江鈎魚、界外生女直酋長在千里内者、以故事皆来朝。適遇『頭魚宴』、酒半酣、上臨軒、命諸酋次第起舞、独阿骨打辞不能。論之再三、終不從。他日、上密謂枢密使蕭奉先曰『前日之燕、阿骨打意気雄豪、顧視不常、可託以辺事誅之。否則、必貽後患。』奉先曰『麁人不知礼儀、無大過而殺之、恐傷向化之心。』

8　宗教と祭祀

「最初、この国では祖先をまつる寺院は建てられず、生贄を捧げる習慣も知られていなかった」[1]（『大金国志』）と史料は伝えているが、この史料の作者にとってなじみのある皇帝の祖先や国家の庇護者を崇め奉る儀式がなかったということを意味しているだけである。実際には、建国前の女真には、家父長制・氏族制度的な社会ならではの独特な宗教観にもとづく制度があった。

女真の原始的な宗教は、アニミズムや魔術、自然崇拝、祖先崇拝の要素をあわせ持っていた。このような制度下で重要な位置を占めたのは、天や太陽、大地、水、森への崇拝だった。「金の宗教的儀式は、彼らの習慣の中に潜んでいる。たとえば、天を崇拝する儀式がある」[2]（『金史』）。そのような女真の信仰の中で、天は大きな力を持っていた。たとえばウチュン（烏春）が1073年に遠征を取りやめる決意をしたとき、天は大きな力を及ぼした。天はものすごい豪雨を降らせることで「彼に反対する考えを表明」したのである[3]。

ヘリボ（劾里鉢）自身、1074年にポドツ川（破多吐水）で勝利を収めた後、「今日の勝利は天の助けなくしてはありえなかった……」と語っている[4]。ポラシュ（頗剌淑）もこれと似たような状況下で、「もし天が助けてくれれば、私たちが部族長になるだろう。つまり今日のことも精霊が見守っている」[5]（『金史』）と語っている。ポラシュの言葉から判断すると、天崇拝は女真によって世界中に住んでいると考えられていた精霊の信仰と密接に結びついていたようである。そして、祈りが捧げられる対象や生贄の決定者は、天だけではなかった。宣戦布告の前に、アグダ（阿骨打）はポラシュの妻の家で「酒盃を受け、そして東を向いて天と地に祈った」[6]（『金史』）。

満洲や沿海州の古代民族の多くが集団的な天崇拝を行っていた。『後漢書』では、高句麗が「10月に天に生贄を捧げるために大勢で集まる。これを東盟と呼ぶ」と指摘している。「扶余は戦いの前に、天へ生贄を捧げる。そのために雄牛を刺し殺し、その蹄で幸か不幸かを占う」「濊族の人々は、普通10月に天に生贄を捧げる。昼夜にわたり酒を飲み、歌ったり踊ったりする。これを天の前の舞（舞天）と呼ぶ」[7]（Бичурин1950）。契丹においては952年までこの儀式は、冬至に行われる耕作儀式の性格を帯びていた[8]（『遼史』）。

女真の間でよく見られた習俗の一つに、ヤナギへ矢を射る競技（射柳）がある。『金史』の編者たちは、それが借用された習慣とはいえ、他の習慣と同様に女真固

有のものと見なしていた。「射柳や撃毬は、いずれも遼の習慣だ。金でもそれらは好まれた」(『金史』)。中国の史料は、生女真のこのような習慣について次のように書いている。「5月5日の祝日、ヤナギへ弓を射て、天に生贄を捧ぐ」[9] (Кычанов1960)。このような古俗は、雨乞いの魔術と関係があり、初夏を期して行われた。その手順は女真も近隣の諸民族も同様だった。契丹の雨乞いの儀式は、さまざまなやり方があった。962年と1080年には、遼の皇帝が側近に互いに水のかけ合いをするように命じている。967年には、雨が降るようにとヤナギに弓を射ている[10] (Wittfogel, Feng Chia-sheng 1949)。水を浴びせる儀式は、金の時代にもあった。この行為は同じもので同じものを呼ぶという簡単な魔術[11]によるものでなく、ヤナギに弓を射るという儀式は、それほど明らかではなかった。旱魃のとき、契丹は吉日を選んで、皇帝が参拝した後で若者たちが東へ向かってヤナギに弓を射た。言い伝えによれば、3日後に雨が降るはずだった(『遼史』)[12]。これは契丹の古い慣習である。

　遊牧民にとって、弓と矢は昔から魔法の力を与えられていて、弓を射ることによって清めの儀式となった。旱魃の年に枯れそうになったヤナギに弓を射て、邪気を祓い清めようとしたのである (Широкогоров1919)。標的には、ヤナギが選ばれた。それはおそらくヤナギが川や水源と極めて関係が深かったからだろう。標的にうまく矢が当たれば、最高の成功の前兆とされた。女真には、儀式として、白いイヌを殺す習慣があった。言い伝えによると、これらのイヌの頭と皮は、家に悪霊が来ないように防ぐためのものだった。

　女真の一連の儀式で、重要だがまったく解明されていないテーマにハヤブサやワシ、オオタカなどの狩猟用に飼いならされた鳥の問題がある[13]。飼いならされたハヤブサは、狩猟のときに使われたり、その羽根が矢羽に使われたりしたが、このような鳥に魔力のようなものが備わっていたのだろうか？　シベリアの民族の中では、ハヤブサがシャーマンの魂の中に入り込むということが知られている (Широкогоров1919)。そのほかにЛ.Я.シテルンベルグの立証するところによれば、「原始的な民族の神話では、ハヤブサとワシがよく同一視されている」(Штернберг1936)。多くのツングース系民族の神話におけるワシの重要性は広く知られている。

　女真のウマの飼育者には、ウマにゆかりのある信仰や儀式がかなりたくさんある。族長のヘリボのもとでは、同盟の強固なることを証明するために赤毛と薄栗毛の雄馬を要求され、断ったりしている[14]。これはたぶん聖なるウマのことが話題になっているのだろう。アグダの死んだ兄、ウヤス(烏雅束)のウマに対して

第 1 章 • 1115 年までの女真文化

8 宗教と祭祀

契丹が仕組んだ企てがもとで紛争が勃発しそうになったこともある[15]。側近のサガイ（撒改）の遺体とともに皇帝の白馬が埋葬されている[16]（Harlez1887）。葬儀の場では、漢人や高麗人、ナナイの喪が白だということ（Лопатин1922）や、ツングースが白い雄馬をタイガの精霊に生贄として捧げることを考えると、サガイの件は非常に興味深い。契丹が白馬の魂に生贄に捧げることも知られている[17]（田村 1964）。

ナデジンスキイ墳墓の出土品は非常に単純な形をした青銅の像だが、女性的な特徴を有するとともに、からみ合う 2 匹のヘビが描かれ、母なる女性とヘビに対する崇拝があったことを物語っている（Медведев1977）。

早期女真の葬儀については、詳細に至るまで知られているわけではない。父祖伝来の墓に、定められた儀礼にのっとって遺体を埋葬するのは、のちにその魂を崇拝しなければならないことを考慮しているからで、このことは多くの歴史史料の文章中に記されている。『三朝北盟会編』は「殺された死体を持ってきて親戚に渡した人は、故人の家族の収入の半分を受け取ることができる」と伝えている[18]（Кычанов1966）。活羅は、故人の遺体が納められた棺が故郷の村に届けられた後、すぐに兄の敵討ちを始めた[19]（『金史』）。

シールー（石魯）の遺体にまつわるエピソードには、このような遺体に対する心遣いや、敵が遺体を冒瀆（ぼうとく）しようとする話がある。「その夜（シールーが）亡くなった。彼の棺は車に乗せられて旅立った。途中で追い剥ぎたちが現れ、棺が奪われた。部族は追い剥ぎを追いかけ格闘して棺を取り戻した。ジャグ（加古）族のプフ（蒲虎）も彼らに襲いかかった。追いかけながらプフは通りすがりの人に尋ねた。『シールーの棺がここを通ったのはもうだいぶ前ですか』。『ずっと前です。追いかけても追いつけないでしょう』と彼は答えた。プフは追いかけるのをやめた。ちょうどそのころ（シールーの）棺は取り返され、彼の故地へ埋葬することができた」[20]（『金史』）。

女真がどのように遺体を埋葬したかはまったくわからない。上記の引用に棺のことが述べられていたが、『三朝北盟会編』は次のように断言している。「死者は葬られるが、棺も棺を置く地下室もない。貴人とともに葬られるのは、彼のお気に入りの奴隷や鞍馬で、生きたまま焼かれて死者への生贄として捧げられる。この生贄を捧げる儀式で使われる飲み物や食べ物も一つ残らず焼かれる。これを焼飯と呼ぶ」[21]（『三朝北盟会編』;Кычанов1966）。

これは、現在の追善供養の酒宴のことで、このころすでに追善供養をした跡が見られる（Медведев1977）。葬儀に一定の決まりがないことを『虜廷事実』の作

69

者も気づいていた。「北方の葬儀には決まりがない。女真は木棺の中の死者を取り違えたことがある。木棺は山や森に埋葬されるが、墓を築いたり、植樹をしたりしない」[22] (Franke1975)。

考古学者に早期女真のものだと考えられている、中央アムール流域のナデジンスキイ墓地に関する最近の研究や、イェヴレイスカヤ自治州のビラ川流域における墓の調査、アムール上流のハバロフスク地方ボロニ湖周辺の墓地の発掘は、葬儀に関する私たちの知識を補足してくれる（Медведев1977,1975）。

発掘された半分以上の墓で、死者は土の墓（楕円あるいは方形）の中に、棺はない状態で頭を南東に向けて納められていた。このような埋葬の形態は伝統に根ざしたもので、豊かさの度合いによって下等（副葬品がないか、あっても少ない）、中等（戦闘用装具、土器や鉄器、馬具の一部、装身具が副葬品として含まれる）、上等（副葬品の概要は中等の墓と同じだが、品物の出来がとくに装身具は贅を凝らしてある）に分かれている。

埋葬地とともに発見されたものに焚き火の跡があるが、これは追善供養の名残である。埋葬地の縁に沿って、遺体を火葬にした痕跡が見られる方形の墓穴が並んでいる。二次葬や特殊な板張りの台の上で行われた風葬も知られていて、しかも両者は互いに関係があった。

前者は理論上、後者の最終的な始末の段階で行われるべきものである。記録に残されている女真の埋葬形態の起源はまったく解明されていない。墓地のほぼ中央部に遺体を安置するというやり方はおそらく女真初期のものだろう。墓地の端の火葬は、少し時代が下がってからの形態だと思われる。

後者は、仏教の影響によるものだという推測もある。風葬は、最初のころは死去した季節か、あるいは故人の人生や死の状況と密接に結びついていた。風葬の場合は、二次葬はその後で行われた。のちに風葬は子どものためだけに行われるようになっていった。遺体が「東西」方向に置かれていることを指摘している事例もある（Медведев1978）。

これまで見てきたように初期の女真の葬儀にはさまざまな形があったことを考古資料も伝えている。特殊な例として、戦闘用装具——鉄斧、軛(ゆぎ)の模造品と矢、鉄帷子(かたびら)——を身につけた戦士の埋葬例もあった（Конытько1978）。

死に伴って、部分的に負傷させたり、人を傷つけたりする興味深い儀式がある[23]。「人が死ぬと、親類はその額を切る。滴り落ちる血を送血涙という」[24]（『三朝北盟会編』）。死者の死を悼み喪に服しているとき、このような儀式を行うことで深い悲しみの気持ちを表現するとともに、死者へ生贄の代わりとして血を捧げ、酒を

供えることを意味した。またこのような儀式は別の場面でも行われた。アグダが契丹との戦いを決意する前に、自分で自分の顔を傷つけて最後まで戦い抜くことを誓ったのである。『通典』によれば、突厥の民は埋葬の際に「天幕の入り口の前で、ナイフで自身の顔を切り涙した。つまり、血と涙を一緒に流したのである。こうして7回このような行為を繰り返し儀式は終了した」[25]（Бичурин1950）。

　すでに「焼飯」について述べたが、食物はまじないの対象でもあった。『契丹国志』では、女真ゆかりのウレ（嗢熱）の人々に「食物にまじないをする習慣がある。悪い結果が生じないように言い伝えどおり器を3回指で叩けば、まじないの効力が失われる。命に関わる場合もある」[26]（Таскин1979）。

　シャーマニズムは、もう一つの女真独特の宗教的行為の特徴であった。「シャーマン」という言葉自体が女真語に起源があることをもって、シロコゴロフは女真がシャーマニズムの始祖だという根拠にした（Широкогоров1929）。

　女真人は、世界のいたるところに善い精霊と悪い精霊が住んでいて、とくに悪い精霊は活発で皆に災難や病や死をもたらすと信じていた。固くそう信じている人々は常に精霊を怒らせないように心がけ、仮に怒らせたとしてもその怒りを和らげることを考えていた。またしかるべき精霊を呼び出し、しかるべき儀式を行うには、このような精霊の存在を信じ、彼らと関係を結ぶことができる特別な人間が必要だった。神官や巫覡、シャーマンなどになる人物は、社会的地位やその持って生まれた個性のために、偶然にもその役割を担わされた人々だった。女真には、男性のシャーマンも女性のシャーマンも両方存在した。シャーマンはまじないをして赤ん坊の運命や死者のことを占ったり、死者と生者の関係を結んだり、病人を治したり、夢の謎解きをしたりして、周りの人々に大きな影響を与えた。

　『金史』のセリフ（謝里忽）の伝記に書かれた呪術の儀式は次のようなものだった。「誰かが殺されると、人殺しに呪いをかけるために巫覡を呼びにやる。彼は刃を杖の先端に縛りつけ、群集とともに人殺しの家へ歩いていく。歌を歌ったり、人殺しを呪ったりしながら……。『ウシよ、おまえをつかまえよ。片方の角で天を指し、そして一方の角で地を指すウシよ。前方は輝く鼻、後方には白い尾。左右の両脇に羽が生えた名もなきウマよ』。彼の哀れで悲しげな声が、葬儀の行列を思わせるような響きを持っている。それから地面に刃で線を引き、家畜や財産、物品を奪って去っていく。人殺しの家は呪いを受けるとたちまち家族の生活も豊かさも失われてしまった」[27]（『金史』）。

　シールーの妻の伝記には、シャーマンがまるで絵のように鮮やかにシールーの子どもの誕生を予言するようすが書かれている。「シールー（昭祖）には長い間子

どもがなかった。一人の巫覡がいた。彼は精霊と話をするにはどうすべきか知っており、こういう方面にも明るかった。シールーは、その者に頼みに行った。その巫覡の名はリャンジュウ（良久）という。彼は『男子の魂が近くにいる。彼は富と徳に恵まれている。祈りを捧げてこれを受けなければならない。彼が誕生したら、ウグナイ（烏古廼）と名づけよ』と言った。これが景祖である。そしてまたリャンジュウは言った。『今度は、女の子の魂が来ている。彼女はウヤイ（五鵶忍）と名づけるべきだ』。再びリャンジュウが言った。『まだ、もう一人少女の魂が見える。彼女はボヅバ（幹都抜）と名づけよ』。そしてまた『まだ男子の魂が見える。しかし、彼の性格は意地悪くよくない。長じると残酷で目上の者に敬意を払わないだろう。彼の行いは不道徳なものだろう。彼を受けるべきではない』。シールーはしばらく考えてから『後継ぎがまだ生まれていない。不良といえども彼を欲しい』と言った。巫覡は『それならば彼にはウゴチュ（烏古出）という名を与えよ』と答えた。その後、二人の男子と二人の女子が生まれた。彼らは巫覡が予言した順で生まれ、巫覡の言ったとおり名づけられた。ウグナイ（景祖）が先に世に出た。ウゴチュは乱暴を働いたり、大酒を飲んだりして、再三威順皇后に逆らった。皇后は『巫覡の言葉が的中した』と言った」[28]（『金史』）。

　年代記の作者によって書かれたこのような話には、何か事件が起こることを予言するだけでなく、いずれの場合も初めの段階でそれを回避しようとするシャーマンへの深い信頼が映し出されている。父親が邪悪な息子の誕生を受け止め、運命を誇りをもって受け入れようとしたのも無理からぬことだった。なぜなら宿命から逃れることはできないからである。予言は細部にわたって的中する。後で運命を変えることはできないし、血縁関係を断ち切ることもできない。

　シャーマンは、呪術で治療を施した。巫覡やシャーマンは夢占いもした。ウヤスはオオカミに向けて矢を射たが、何回か的を外してしまい、弟のアグダが一発でオオカミを仕留めた夢を見た。この夢はアグダがウヤスの成し得なかったことを果たすことを意味していると説明された[29]。この曖昧な説明が、のちにオオカミが契丹のことだとわかるまでの、占いの当たり外れのうまい口実になった（Harlez1887）。

　女真部族内の生活の重要な事件の多くは、超自然的な力によるものだとされた。それだからこそすべての部族長やその妻たちはそういった事件に積極的に関わり、シャーマンの権限を授けられていた。女真国家の発祥の地、按出虎水流域への移住は、族長のスイケ（綏可）だけでなく、彼の妻である預言者の手腕によるものであった[30]。ヘリボは戦いの前夜に、勝利はするがその戦いに参加することをや

第1章 ● 1115年までの女真文化
8　宗教と祭祀

めるよう警告する夢を見た[31]。そのヘリボは死を前にして、ナラン（挐懶）氏出身の妻には来年死ぬと予告し、弟のポラシュにはあと3年で死ぬと話した[32]（『金史』）。年代記の作者は、ツータン（徒単）氏出身でシールーの妻やタンコ（唐括）氏出身でウグナイの妻が巫覡あるいはシャーマンだった（後者はその父も）と書いている[33]。

　最も好奇心をかきたてられる女真の儀式の一つに、二つの鏡を持った女性の舞踊がある。「赤い染料で模様が描かれたまばゆいばかりの服を着た5～6人の女性が、さまざまな遊戯の後で立ち上がる。それぞれが2枚の鏡を手にして腕を上げたり下げたりすると、鏡の輝きが弱くなったり明るく瞬き始めたりする。それは先祖の魂を納めた廟に描かれた女神の稲妻に似ていた」[34]（『三朝北盟会編』）。シャーマンの儀式の中で尊ばれているのは、鏡を手に持ったり服に縫い付けたりしたシャーマンが行う儀礼である。この鏡を伴う踊りは、シャーマンの踊りに近いものである。女真は、鏡には人間のすべてが映し出されると信じていたし、シャーマンの儀礼の最中に悪い精霊たちの攻撃を撃退できると信じていた。

　C.M.シロコゴロフ自身の初期の論文の一つで述べているが、女真の宗教におけるシャーマニズムの役割、巫覡や神官の間でシャーマンが占めていた地位について、現存している史料はまだ決定的な定義を下してはいない（Широкогоров1919）。

　「シャーマニズムは、アジアの国々の宗教の独自の形態というわけではないが、宗教と関係があるにもかかわらず、宗教に帰着させられたり宗教と同一視されたりはしない特殊な社会的文化の複合体のように見える」というE.B.レブネンコワの指摘は正しいかもしれない（Ревуненкова1974）。このような見解はおそらく女真にもあてはまるだろう。

　私たちは、シャーマンと精霊との「関係」や女真氏族におけるシャーマンの立場について知識がないが、このような特徴は他の特徴と同様シャーマンとしての巫覡の基本的な性格に属するものだ。しかしながら、「精霊を体に入れてコントロールする」（シャーマン・リャンジュウのエクスタシーの中での悟り）などの巫覡の行為、シャーマンの儀礼によく似た鏡の舞、シャーマンの服装に関する記述（Бичурин 1829）、シャーマンの身につけている金属製装身具の考古学的発見、「珊蛮」（シャマン）という用語の存在[35]、女真の子孫である満洲族（15～19世紀）やナナイ（19～20世紀）におけるシャーマニズムの隆盛（そこではシャーマニズムが発展し伝統的な形態になった）——これらは皆女真のもとでシャーマニズムが成熟したことの証である。シャーマニズムはその時代に生まれたのではなく、

当時成熟したのであるが、今後私の知識はもっと明確なものになるだろう。

中国の文書には、古代の伝統宗教の奉仕者を表す「巫」という用語が記されている。拓跋氏では、男女両方の「巫」が神聖な舞を踊り、タンバリンや太鼓を打ち鳴らしていたが、472年になるとシャーマンが生贄を捧げる儀式の職を解かれている（Groot1910）。契丹では、多くの呪術が平民階級のシャーマンによって行われていたが、秘儀とされる重要な儀式は最高位のシャーマン主導のもとで行われた（Wittfogel, Feng Chia-sheng1949）。

女真人は初期にも近隣諸国への旅の折に仏教徒と交流することもあったにもかかわらず、仏教は普及した痕跡はない。ところが、1019年には登州を訪れた女真人が宋人に仏教の経典を求めている[36]（日野1964）。伝説によると、ワンヤン部の王家の伝説的始祖の兄アグナイ（阿古廼）は、仏教に傾倒したことから高麗にとどまったとされる[37]。中国史料『仏祖歴代通載』は、1105年に金王朝が仏像を皇帝の居室に運び、翌年仏教の僧がそこで活動していた[38]と伝えているが、この年代にはまだ金は存在していなかった（野上1953）。『松漠紀聞』は国家宣言後の最初の年の項で、「胡人（筆者注：女真人のこと）の慣習では、釈迦を極めて熱烈に崇め、王家の人々や側近たちは釈迦を祈りたたえ、寺院を訪れる」と伝えている[39]。『三朝北盟会編』では、「女真人は釈迦の慈悲を受けようと、釈迦に敬意をもって寄進する」[40]（Кычанов1966）。とくに「タイヨーラ（太乙刺）」が「仏教寺院」という語の語源であることは興味深い。中国語の「si（寺）」、モンゴル語の「sum」が使われず、おそらく高麗の「チョル（절、chyöl）」が使われたことが推測されることは注目に値する。これは、この用語が高麗から女真に入ってきたことを物語っており、彼らが契丹と密接な関係を築く前のことと思われる（鳥居1948）。しかし、このような傾向はたぶん弱かったのだろう。いずれにしても11世紀後半から12世紀初めには女真の間で仏教が知られるようになったということは、契丹での仏教の発生はこれより少し早いということになる（Gibert1934）。しかし、中国で仏教の教義を直接借用したという可能性も考えられないわけではない。

---

1 『大金国志』巻33陵廟制度「金国不設宗廟。祭祀不修。」
2 『金史』巻28志9礼1「金之郊祀、本於其俗、有拝天之礼。」
3 『金史』巻1本紀1世紀世祖「烏春来攻、世祖拒之。時十月已半、大雨累昼夜、冰澌覆地、烏春不能進。既而悔曰『此天地。』乃引兵去。」
4 『金史』巻1本紀1世紀「乗勝逐之、自阿不彎至于北隘甸、死者如仆麻、破多吐水為之赤、棄車甲馬牛軍実尽獲之。世祖曰『今日之捷、非天不能及此、亦可以知足矣。雖縦之去、敗軍之気没世不振。』」

5 『金史』巻1本紀1世紀「粛宗下馬、名呼世祖、復自呼其名而言曰『若天助我当為衆部長、則今日之事神祇監之。』」

6 『金史』巻2本紀2太祖「乃入見宣靖皇后、(太祖) 告以伐遼事。(略) 即奉后率諸将出門、挙觴東向、以遼人荒畔、不帰阿踈、并已用兵之意、祷于皇天后土。酹畢、后命太祖正坐、與僚属会酒、号令諸部。」

7 『後漢書』巻85列伝75東夷・高句驪「以十月祭天大会、名曰『東盟』。」、扶餘「有軍事亦祭天、殺牛、以蹄占其吉凶。」、濊「常用十月祭天、昼夜飲酒歌舞、名之為『舞天』。」

8 『遼史』巻6本紀6穆宗上応暦二年十二月「甲辰、猟于近郊。祀天地。」

9 『金史』巻35志16礼8拝天「行射柳、撃毬之戯、亦遼俗也、金因尚之。凡重五日拝天礼畢、挿柳毬場両行、(略)」、(参考)『満洲実録』(今西春秋訳) 巻2戊子年四月条「太祖射柳於洞野。」

10 『遼史』巻6本紀6穆宗上応暦十二年 (962) 夏五月庚午「以旱、命左右以水相沃、頃之、果雨。」、『遼史』巻24本紀24道宗4大康六年 (1080) 五月庚寅「以旱、祷雨、命左右以水相沃、俄而雨降。」、『遼史』巻7本紀7穆宗下応暦十七年 (967) 夏四月丙子「射柳祈雨、復以水沃羣臣。」

11 フレーザー (『金枝篇』) の言う「類感魔術」

12 『遼史』巻49志18礼志1吉儀・瑟瑟儀「若旱、択吉日行瑟瑟儀以祈雨。前期、置百柱天棚。及期、皇帝致奠于先帝御容、及射柳。皇帝再射、親王、宰執以次各一射。中柳者質誌柳者冠服、不中者以冠服質之。不勝者進飲於勝者、然後各帰其冠服。又翼日、植柳天棚之東南、巫以酒醴、黍稗薦植柳、祝之。皇帝、皇后祭東方畢、子弟射柳。皇族、国舅、羣臣與礼者、賜者有差。既三日雨、則賜敵烈麻都馬四疋、衣四襲、否則以水沃之。」

13 契丹や女真が尊崇した海東青 (ハヤブサの一種) については、王逦2001「遼、金、元猟鷹『海東青』考」『文史』1、彭善国2002「遼金元時期的海東青及鷹猟」『北方文物』4に詳しい。靺鞨の海東青については、姜念思2005「遼寧朝陽市黄河路唐墓出土靺鞨石俑考」『考古』10がある。とくに女真と海東青の関係については、女真の名称が靺鞨や粛慎と関係があり、海東青から来ているという王禹浪の研究 (1992「『女真』称号的含義與民族精神」『北方文物』3) がある。

14 『金史』巻1本紀1世祖「世祖譲粛宗失利之状。遣人議和。桓赧、散達曰『以爾盈歌之大赤馬、辞不失之紫騮馬與我、我則和』。二馬皆女直名馬、不許。」

15 『金史』巻2本紀2太祖「(遼使) 阿息保復来、径騎至康宗殯所、闞暗馬、欲取之。太祖怒、将殺之、宗雄諫而止。」

16 『金史』巻70列伝8撒改「天輔五年、(撒改) 薨。太祖往弔、乗白馬、䞇額哭之慟。及葬、復親臨之、贐以所御馬。」

17 『遼史』巻30天祚皇帝紀4耶律大石「(東征時) 以青牛白馬祭天。」、『同』巻34志4兵衛志上「凡挙兵、帝率蕃漢文武臣僚、以青牛白馬祭告天地、日神、惟不拝月、分命近臣告太祖以下諸陵及木葉山神、乃詔諸道徴兵。」、『同』巻37志7地理志1上京道永州、永昌軍「有木葉山、上建契丹始祖廟、(略) 相伝有神人乗白馬、自馬盂山浮土河而東、有天女駕青牛車由平地松林泛潢河而下。至木葉山、二水合流、相遇為配偶、生八子。其後族属漸盛、分為八部。毎行軍及春秋時祭、必用白馬青牛、云不忘本云。」、『同』巻49志18礼志1吉儀・祭山儀「設天神、地祇位于木葉山、(略) 牲用赭白馬、玄牛、赤白羊、皆牡。」、『同』巻51志20礼志3「将出師、必先告廟、(略) 刑青牛白馬、祭天地。」、『続資治通鑑長編』巻110仁宗天聖九年六月「将挙兵、必殺青牛、白馬。祠天地日及木葉山神。」、『東齋記事』巻5范鎮「契丹之先、有一男子乗白馬、一女子駕灰牛、相遇於遼水

之上、遂為夫婦。生八男子、則前史所謂迭為君長者也。(略) 前史雖載八男子、而不及白馬灰牛事。契丹祀天、至今用灰牛白馬。」、『契丹国志』巻首・契丹国初興本末「古昔相伝、有男子乗白馬浮土河而下、復有一婦人乗小車駕灰色之牛、浮潢河而下、遇于木葉之山、顧合流之水、与為夫婦、此其始祖也。是生八子、各居分地、号八部落。(略) 立遺像【始祖及八子】于木葉山、後人祭之、必刑白馬殺灰牛、用其始来之物也。」、(参考)『元史』巻63志15地理6西北地附録・吉利吉思「在吉利吉思東、謙河之北。其俗毎歳六月上旬、刑白馬牛羊、灑馬湩、咸就烏斯沐漣以祭河神、謂其始祖所從出也。」、『満洲実録』巻2丁酉年「以為聘礼。更殺牛設宴。宰白馬。削骨。設酒一盃。肉一碗。血土各一碗。歃会盟。」、『同』巻6天命四年己未十一月初一日「帝(太祖)令額克星額、綽瑚爾、雅希禅、庫爾禅、希福五臣齋誓書。(略) 遇五部貝勒。宰白馬烏牛。設酒肉血骨土各一碗。対天地誓曰。」、『同』巻7天命六年(辛酉)八月九日「帝用白馬祭天。令齋賽誓之。」、天命九年(甲子)二月十六日「帝遂遣(巴克什等)、会盟。宰牛馬。屋白骨。血土酒肉各一碗。焚香而誓曰。」、天命九年四月「亦宰白馬烏牛。対来使。同前立誓書。而焚之。」、『同』巻8天命十年(乙丑)八月九日「曾宰白馬烏牛。対天地。歃血結盟。」
18 『三朝北盟会編』巻3「負戦闘之屍以帰者、則得其家貲之半凡。」
19 『金史』巻1本紀1世紀「桓楉、散達之戦、部人賽罕死之、其弟活臘陰懐忿怨。一日、忽以剣脊置粛宗項上曰『吾兄為汝輩死矣、到汝以償、則如之何。』久之、因其兄柩至、遂怒而攻習不出、習不出走避之。」
20 『金史』巻1本紀1世紀「是夕、卒。載柩而行、遇賊於路、奪柩去。部衆追賊与戦、復得柩。加古部人蒲虎復来襲之、垂及、蒲虎問諸路人曰『石魯柩去此幾何。』其人曰『遠矣、追之不及也。』蒲虎遂止。於是乃得帰葬焉。」
21 『三朝北盟会編』巻3「死者埋之而無棺槨。貴者生焚所寵奴婢、所乗鞍馬、以殉之。所有祭祀飲食之物尽焚之。謂之焼飯。」、『金史』巻85列伝23永中・明昌二年二月「丙戌、禪祭、永中如至、入臨。辛卯、始克行燒飯禮。壬辰、永中及諸王朝辭、賜遺留物、禮遇雖在、而嫌忌自此始矣。」(参考)『大金集礼』巻38沿祀雑録・天眷三年「奏寞亡遼時、若遣車駕幸燕。十月一日并六節辰只是京僚燒飯、外朝僚不会赴殿燒飯。」遼では「蒸節」と言ったことが見える。『遼史』巻49志19礼志2吉儀・蒸節儀「又築上為臺、高丈餘、置大盤于上、祭酒食撒於其中、焚之、国俗謂之蒸節。」、『唐六典』にも類例が見える。
22 『虜廷事実』喪葬「北人喪葬之礼、蓋各不同漢児。則遺体然後瘞之。喪凶之礼一如中厚。女真則以木槽盛之。葬于山林。無有封樹。」
23 北族や内陸アジア民族の傷身については、江上波夫1951「ユウラシア北方文化の葬礼における髠面、截耳、剪髪について」『ユウラシア北方文化の研究』山川出版社、大林太良 1970「哀悼傷身の風俗について」『岡正雄教授古稀記念論文集 民族学からみた日本』河出書房新社、谷憲1984「内陸アジアの傷身行為に関する一試論」『史学雑誌』93-6 に詳しい。女真については、増井寛也1991「金代女真族の『傷身』行為とその周辺」『大垣女子短大紀要』33 を参照されたい。
24 『三朝北盟会編』巻3「其死亡則以刃剺額血涙交下。謂之送血涙。」
25 『通展』197辺防13北狄4突厥上「有死者。停屍於帳。子孫及諸親属男女。各殺羊馬陳於帳前、以刀剺面且哭。血涙俱流。」、(参考)『大金国志』39初興風土「其親友死則以刀剺額。血涙交下。謂之送血涙。」、『後漢書』巻19耿弇「匈奴聞乗卒、挙国号哭、或至(梨)面流血。」、『蒙韃備録』立国「所謂白韃靼者、容貌稍細、為人謹而孝。遇父母之喪、則剺其面而哭。嘗與之聯轡。毎見貌不醜悪、而腮面有刀痕者問曰『白韃靼否。』曰『然。』」

第 1 章 ● 1115 年までの女真文化
8 宗教と祭祀

26 『契丹国志』巻 26 嘔熱者国「(飲食皆以木器。) 好實蠱。他人欲其不験者云三弾指於器上、則其毒自解。亦問有遇毒而斃者族多。」

27 『金史』巻 65 列伝 3 始祖以下諸子・謝里忽「国俗、有被殺者、必使巫覡以詛祝殺之者、酒繋刃于杖端、與衆至其家、歌而詛之曰『取爾一角指天、一角指地之牛、無名之馬、向之則華面、背之則白尾、横視之則有左右翼者』。其声哀切悽婉、若蒿里之音。既而以刃画地、劫取畜産財物而還。其家一経詛祝、家道輒敗。」

28 『金史』巻 65 列伝 3 始祖以下諸子・烏古出「昭祖久無子、有巫者能道神語、甚験、乃往禱焉。巫良久曰『男子之魂至矣。此子厚有福徳、子孫昌盛、可拝而受之。若生、則名之曰烏古廼。』是為景祖。又良久曰『女子之魂至矣、可名曰五鵶忍。』又良久曰『女子之兆復見、可名曰幹都抜。』又久之、復曰『男子之兆復見、然性不馴良、長則残忍、無親親之恩、必行非義、不可受也。』昭祖方念後嗣未立、乃曰『雖不良、亦願受之。』巫者曰『当名之曰烏古出。』既而生二男二女、其次先後皆如巫者之言、遂以巫所命名名之。景祖初立、烏古出酗酒、屢悖威順皇后。后曰『巫言験矣、悖乱之人終不可留。』」

29 『金史』巻 2 本紀 2 太祖・歲癸巳十月「康宗夢逐狼、屢発不能中、太祖前射中之。旦日、以所夢問僚佐、衆皆曰『吉。兄不能得而弟得之兆也。』」、(参考)『満洲実録』巻 5 天命四年 (己未) 七月「帝夜夢。天鵝鸞鵒及羣鳥往来翺翔。羅得一白鸞鵒。執之。声言吾擒得齋賽矣。随呼而覚。【齋賽蒙古之長。與帝有隙。常思擒之。故夢中云】将此夢語后妃。后妃曰『齋賽為人如飛禽。何以擒。』次日復語諸王大臣。諸王大臣対曰『此夢主吉。蓋天将以大有声名之人。為吾国所獲。故為之兆也。』」

30 『金史』巻 1 本紀 1 世紀・献祖「自此遂定居于安出虎水之側矣。」とあるが献祖の妻が大きな役割を果たしたというのは鳥居龍蔵の解釈 (鳥居 1948 Ⅰ p173-174)。

31 『金史』巻 1 本紀 1 世紀・世祖「先以夢兆候其勝負。」

32 『金史』巻 1 本紀 1 世紀・世祖「世祖曰『汝勿哭、惟後我一歲耳。』肅宗請後事、曰『汝惟後我三年。』」

33 鳥居は昭祖石魯の妻を「后は昭祖を助け」とするが、巫であったとはしていない。『金史』巻 63 列伝 1 后妃上「景祖昭粛皇后、唐括氏、諱多保真。父石批徳撒骨只、巫者也。」

34 『三朝北盟会編』巻 30「服色鮮明、頗頬中朝。又有五六婦人塗丹粉豊色衣立於百戲後。各持両鏡高下其手鏡閃爍。如祠廟所画電母。」

35 『三朝北盟会編』巻 3「兀室 (完顔希尹) 奸猾而有才、自制女真法律、文字、成其一国、国人号為『珊蠻』。珊蠻者女直語巫嫗也。」

36 『続資治通鑑長編』巻 64 天禧三年十月己卯「崔元信率東西女真首領入見。別貢中布二千。乞仏教一。詔賜之。」

37 『金史』巻 1 本紀 1 世紀「兄阿古廼好仏、留高麗不肯従。」

38 『仏祖歷代通載』巻 19 徽宗乙酉 (崇寧四年)「金国移瑞像仏牙、入内殿供養。」

39 『松漠紀聞』「胡俗奉仏尤謹。帝后見像設、皆梵拝。公卿詣寺、(略)」

40 『三朝北盟会編』巻 3「奉仏尤謹。」

9　言語と文字

　女真が残した文字に関する遺物から、彼らは民族的統一のために、音声学的・形態論的に南ツングース系言語と関連のある固有語を持つようになったようだ。それは、発生論的には、原アルタイ語と関連がある言語だ（Miller1975 ; Edkins 1897-1898）。

　音声的には、弱化したė/oは、ツングース語のėに近く、北部中国語には似ていない。そうして女真語のti、diも満洲語やナナイ語のように、二次的な口蓋化は受けていなかった。女真語では、ši音節もsiのように口蓋化され、š,hは満洲語のč,gに対応する。しかし、鼻音はおそらく次第に消えていったのだろう。満洲語の場合と同じように、ツングース語で本来はŋ（軟口蓋鼻音）はgと発音されていた。単純化された子音組織はツングース語族南派特有のものである（Menges1968）。

　女真初期には、固有の文字はなかった。『金史』では、族長シール―（石魯）のところで何か「法規」のようなものがあったか[1]、あるいは、アグダ（阿骨打）の「誓いの杖」があたかも、文字があったかのように言及されている[2]が、これらはすべて後世になってからの記述なのだろう。それどころか、別の史料でははっきりとこう断言している。「言語は、契丹に似ていない。文字はない。朝貢を徴収するときは、切り込みの印がついた矢の鞘が送られた。それが合図だった。急用の場合は、三つの傷のついた矢が送られた」[3]（『大金国志』）。これと同じ光景が『神麓記』には次のように描かれている。「ハンプ（函普）の時代、女真は木片を割ったものを切って文字のように貼った。契約や法令というものは、確固たるものであり、厳格であり、決定的で破ることのできないものであった。いたるところでこのようなしるしに人々が従った。これらのしるしは神聖視されていた」[4]（『満洲源流考』）。

　広く通知を出すような場合は、書簡を一言一句間違えずに暗誦する急使が用いられた。「アグダ（金太祖）は、（1115年に）遼と戦争をした。このときはまだ文字がなかった。軍事的な事柄は秘密にする必要があり、諸将には口頭で伝えられた。急使は、遠方にいる部隊へ伝える命令の言葉を暗記させられた。しかし書簡は数千語から成ったが、わずかな間違いすらもなかった……（略）（このような人間は）チャス（闡剌）と呼ばれた。これは漢語では急使を意味する」[5]（『金史』）。

　シャイギンスコエ城塞（沿海州）で興味深い出土品が発掘されたおかげで、初

期女真に結び目で作った手紙の存在について推測されることを述べることができる。シャイギンスコエ城塞では、風変わりな形に加工されたシカの角の下げ飾りや2個セットの青銅製の魚が出土した（Шавкунов1973）。研究者の中には、この角をペンデル[6]、すなわち結び目の手紙[7]を読む際に結び目を解く道具だと考えたがる人もいる。このような手紙は古代中国にもあったし、モンゴルでは12～13世紀に、ニヴヒの間ではつい最近まで存在していた。女真にこのような文字があったという可能性は、急使が数千語から成る書簡を間違いなく覚えることなどまったく不可能だという、ごくありふれた理由からも裏づけられるし、またもしこのような伝達の苦労を軽減する何らかの手立てがほかになかったとしたら、上記のような五つの穴のある魚などの出土品も文字の存在を裏づけるものとなるだろう。ペンデルの近くで発見された青銅製の魚は、色とりどりの結び目を作るのに役立っていたのかもしれない。

　別の史料（『書史会要』）では、契丹との戦争の最中に、軍では文字が使われなかったこと、近隣諸国と交流するときだけ契丹文字が使われたことが確認された[8]（『満洲源流考』）。このように、金建国宣言がなされるまで他国に屈服しなかった女真は、おそらく国内では文字を使わなかったのだろう。しかしながら、近隣諸国との交流、とりわけ契丹との関係において、女真は遼帝国と停戦し、つまり属国になったとき、別のコミュニケーションの手段を知ったのである。

　契丹は女真から朝貢を要求するのに、契丹文字で「至急」と彫りこまれた細長い木札を送ってよこした。この木札は、中国のものを契丹人が借用したもので、それらのいくつかが現在まで保存されている（Wittfogel, Feng chia-sheng 1949）。そのような木製あるいは「信任を証明する」札を、宋へ派遣された使節団が980年にすでに使用している[9]（金光平, 金啓琮1964）。

　ウグナイ（烏古廼）（11世紀中期）の時代に至るまで生女真は、遼の宮廷に出頭しなければならなかったが、通訳はいつもたくさんの間違いを犯し、契丹は女真の話をすべて理解することはできなかった。そのため女真の族長、ポラシュ（頗剌淑）は謁見の際に自ら契丹語で話をした。『金史』は次のように伝えている。「遼国の役人による何らかの報告があるとき、彼はいつもひざまずいて通訳を介して話をした。通訳は彼の話をよく間違えて理解した。ポラシュは自分で話すことを願い、通訳を介して話すのをやめた。苦境に陥ったポラシュは前へ引き出され、自分自身で話さざるを得なかった。ポラシュは、草や木、瓦、石を並べて作ったしるし（覚書）で数々の用件を、順を追って説明した。最後まで聞いた役人は感心してこうした理由を尋ねた。するとポラシュは当惑しながら『それは私が

がさつで不完全な人間だからです』と答えた」[10]（『金史』）。ポラシュの態度は人々を驚かせた。彼は契丹語通訳の誤りを直したり、他国の言葉で筋道を立てて述べたりするときや、またこのように通訳に言い間違いが多いときに備えて、たぶん契丹人の側近から契丹語を習得していたのだろう。このようなポラシュの行為は契丹の貴人たちをさぞかし驚かせたと思われる。何しろ当時、契丹文字は女真の地ではまったく知られていなかったのだからなおさらだ。

蕭海里が蜂起したときインゲ（盈歌）は、「反乱制圧の命」を受け取った[11]（『金史』）。この命令は、たぶん使者が文書として携えて届けられたのだろう。使者が彼にこの命令を訳したのか、インゲの側近の誰かがこれを読んだのかのジレンマがつきまとう。

1115年に太祖という名でアグダが皇帝を宣言したすぐ後に、遼から二度信任状を持った使者がやって来た。その信任状では、金の君主が単に名前だけで呼ばれていた。信任状は二度とも返書とともに返された[12]（『金史』）。このことは、国内にすでに契丹語（漢語かもしれないが……）をよく知り、君主の称号をわざと間違えていることを見抜いて返書を書ける人物がいたことを物語っている（Воробьев 1968）。

このような人物の一人に、博識をもって女真に仕えていた契丹人の役人、ヤンポ（楊朴・楊璞）がいた可能性がある。彼は王族の人々の契丹語や漢語の読み書きの学習に重要な役割を担い、直接女真自身による女真文字の創設に導いた[13]（毛汶 1931）。もちろん彼がこの国で読み書きのできる唯一の人間だったわけではない。

1114年に「金人の司令官、メンリャンホ（謀良虎）が狩りで負傷し、2か月家で臥せっていた間に契丹語を大字も小字もともに習得してしまった」[14]（『金史』）。1119年まで遼に対抗していた女真は自分たちの文字を持っていなかったため、おそらくこれよりずっと以前に読み書きのできる人間を遼から招いて契丹の話し言葉や契丹文字を学び、国家の重要事項にこれらを使ったのだろう。

中国の史書は、981年に登州（山東省）に現れた女真が、地方政府に定安国からの書簡を渡し[15]、973年には部族からの書簡を、また972年には国境の要塞への女真への攻撃に関して板を使って自分たちの「説明」を伝えたことを記している。最初の2例は、女真が他民族の文字を使った文書に触れていたことを立証するものである一方で、3番目のケースは誰によってどのような言語で書かれたのは定かではないが、彼らが自前の文書を提出していたということになる（日野 1964）。

漢語と漢字は、当時すでに女真にも知られていて、（自分たちの文字を創設して

いた[16]）渤海国でも同様な状況だった。女真は、宋と共通の敵である遼に対抗して同盟を締結する交渉のために中国へ渡る途中で、漢文の書簡と出合った。しかし、女真の生活で漢字は当時、目立たない存在だった。女真は少なくとも使節団の派遣以来、しだいに外国の文字を使うようになった（このような考えが現れた背景には、史料がないということによってある程度「誘導」されているが）。

先行研究の中には、この時期の女真は言語も比較的閉鎖的であったという見解を提起する者もいる。いずれにせよ、遼帝国における言語の状況を調べている研究者たちは、その中に女真語が混在していた形跡をほとんど見出せなかったか（Franke1969）、あるいは契丹語辞典に15語しか女真語を掲載できなかった。そして、古代女真語の中に、契丹語はまったく見当たらない。モンゴル語、チュルク語……満洲語において見出すことができるにもかかわらずである（Menges1968）。1107年まで女真が住んでいた北朝鮮地域の地名の中に、語源が女真にさかのぼる名称がいくつか見られる（李基文1966）。

1 『金史』巻1本紀1世紀「子昭祖、諱石魯（略）昭祖欲稍立條教、」「至昭祖時稍用教條、民頗聴従、尚未有文字、」

2 『金史』巻2本紀2太祖「民間多逋負、売妻子不能償、康宗與官属会議、太祖在外庭以帛繋杖端、麾其衆、令曰『今貧者不能自活、売妻子以償債。骨肉之愛、人心所同。自今三年勿徴、過三年徐징之。』衆皆聴命、聞者感泣。」

3 『大金国志』巻39初興風土「與契丹言語不通。而無文字。賦斂科、発刻箭。為号事。急者三刻之。」

4 『満洲源流考』巻17神麓記「女真始祖。劈木為契如文。契約法令厳峻。果断不私、由是遠近皆服。号為神明。」（参考）『同』巻17北盟録「女真刻木為契。謂之刻字。賦斂調度。皆刻箭為号。事急者。三刻之。旗幟之外。各有字記。大小牌子。繋馬上為号。」、『三朝北盟会編』巻18神麓記「(曰女真始祖)、揩浦劈木為契如文。契約（教人挙債、生息勤于耕種者遂至巨富、若遺盗竊雞豚狗馬者、以桎梏拘械用柳條笞撻外、賠償七倍。）法令厳峻。果断不私。由是遠近皆服。号為神明。」

5 『金史』巻84列伝22糺鄰温敦思忠「太祖伐遼、是時未有文字、凡軍事当中覆而応密者、諸将皆口授思忠、思忠面奏受詔、還軍伝致詔辞、雖往復数千言、無少誤。（略）号闍剌。闍剌者、漢語云行人也。」

6 пендель、シャフクノフによって命名された骨または金属製で、結び目を解くための道具。形はシカの角に似る。ペンダントとして持たれたという（アレクサンドル・キム氏の教示による）。

7 結縄文字のことか。（参考）『隋書』巻81東夷伝倭国「無文字、唯刻木結縄。」

8 『満洲源流考』巻17「自太祖起兵。常在行陣間。初無文字。国勢日強。與隣国交好。始用契丹字。」、『書史会要』「自太祖挙兵、常在行陣間。（金人）初無文字、国執日強、與鄰国交好、廼用契丹字。」

9 (参考)『北轅録』(金人接伴使臣)「各帯銀牌。牌様如方响。上有蕃書『急速走遞』四字。上有御押。其状如『主』字。虜法出使者皆帯牌。」、『攬轡録』(接伴使副)「皆帯銀牌。虜法出使者必帯牌、有金・銀・木之別。上有女真書『准勅急遞』字及阿骨打花押。」

10 『金史』巻1本紀1世紀「凡白事於遼官、皆令遠齢陳辞、訳者伝致之、往往為訳者錯乱。粛宗欲自前委曲言之、故先不以実告訳者。訳者惑之、不得已、引之前、使自言。乃以草木瓦石為籌、枚数其事而陳之。官吏聴者皆愕然、問其故、則為卑辞以対曰『鄙陋無文、故如此。』」

11 『金史』巻1本紀1世紀穆宗九年壬午「冬、蕭海里叛、(略)会遼命穆宗捕討海里」

12 『金史』巻2本紀2太祖収国元年正月丙子「遼使僧家奴来議和、国書斥上名、且使為属国。」、収国元年六月朔「遼耶律張奴復以国書来、猶斥上名。上亦斥遼主名以復之、且諭之使降。」

13 『遼史』本紀28天祚皇帝2天慶七年「是歳、女直阿骨打用鉄州楊朴策、即皇帝位、建元天輔、国号金。楊朴又言、自古英雄開国或受禅、必先求大国封冊、遂遣使議和、以求封冊。」、『繁轺要録』重和元年秋八月「是用遼秘書郎楊璞計即皇帝位。」、『三朝北盟会編』巻3「有楊朴者、鉄州人、少第進士。累官至秘書郎。説阿骨打(略)阿骨打大悦、呉乞買等皆推尊楊朴之言上。阿骨打尊号為皇帝、国号大金。」

14 『金史』巻73列伝12宗雄「宗雄本名謀良虎、康宗長子。(略)宗雄好学嗜書、嘗従上猟、誤中流矢、(略)既抜去其矢、託疾帰家、臥両月、因学契丹大小字、尽通之。」、『同』巻66列伝4始祖以下諸子・勗「女真初無文字、及破遼、獲契丹、漢人、始通契丹、漢字、於是諸氏皆学之。宗雄能以両月尽通契丹大小字、而完顔希尹乃依倣契丹字製女直字。」、(参考)『同』巻2本紀2太祖収国二年九月戊子「詔曰『国書詔令、宜選善属文者為之。其所在訪求博学雄才之士、敦遣赴闕。』」、収国三年八月己丑「頒女直字。」、『同』巻73列伝11完顔希尹「金人初無文字、国勢日強、與鄰国交好、迺用契丹字。太祖命希尹撰本国字、備制度。希尹乃依倣漢人楷字、因契丹字制度、合本国語、製女直字。天輔三年八月、字書成、(略)其後熙宗亦製女直字、與希尹所製字倶行用。希尹所撰謂之女直大字、熙宗所撰謂之小字。」

15 『資治通鑑長編』巻12、『宋会要』蕃夷3女真・太平興国六年十一月

16 現在は、渤海文字自体の存在は否定的な見解が多く、あくまで著者の見解。しかし、ロシアの考古学者には、渤海文字の存在を唱える人もいる。シャフクノフ1958「渤海文字に関する問題について」『ソビエト東洋研究』6号（Шавкунов, Э. В. 1958 "К вопросу о письменности бохайцев" " Сов. востоковедение." No 6. C. 82-84。)

10 自然科学の知識

　建国以前の女真の自然科学への理解は、単純で、具体的ではあったが、それが記録されることはなかった。数学は最も単純な演算が知られていた。天文学や気象の観察は、宗教的予言や、天気予報をしたり、時の観念（1年の暦や農業シーズン、昼夜の交替）を明らかにするために利用された。いずれにせよ、後世の史

料が伝えるように、観察によって自分たちの暦を創設したわけではなかった。

「古代において、女真は極めて稀有な存在だった。暦がなく、女真人は歳を数えることを知らなかった。歳を言うときは、『私は何回この草を見た』という言い方をした。つまり青草の移り変わるサイクルを1年と計算したのだ」[1]（『大金国志』）。別の史料も同様に「昔、女真は年月を数えることを知らなかった」[2]と述べている（『松漠紀聞』）。少なくとも、このように女真は日常生活の中で、1年周期で明らかに変わってゆく（青草の移り変わりのような）徴候だけで年を数えて暮らしていた。

しかし、それだからといって、当時女真の間で暦法がまったく知られていなかったわけではない。1030年、女真はすでに高麗の暦をクロテンの皮と交換して入手している[3]（『高麗史』）。『金史』に掲載されている女真の編年史の最初の日付は、第5代（昭祖）から第6代（景祖）族長への権力の移行時（1021年）に定められている[4]。そして、遼支配の年号を拒否して、「中立的な」干支年を採用し、治世年順を数える方法が1093年に実施された[5]。しかしこのことが女真人に――たとえ最上部の権力者たちの間であっても――どの程度暦というものが定着したことを意味するのか、また元の金史編者がそれについてどの程度理解していたのかはよくわからない。このような見解は問題を非常に否定的に思わせるが、少し希望を抱かせるような副次的な資料も存在する。何らかの暦法を伝えたに違いない契丹の貴人あるいは学者がワンヤン（完顔）部にいたし、それはおそらく契丹人や漢人だったろう。契丹の果たした役割を裏づける史料もある。

「この国はまだ干支から成る時間と日や、『孤虚』と『旺相』といった二つの組み合わせを使い分ける方法を知らなかった。お抱えの天文学者はまだ養成されていなかった。その後、遼の領土を半分占領したとき、遼の大学からテボ（忒孛）、メンベイ（萌未）、ジム（極母）の三人の教師を獲得した。彼ら三人は運命を正しく占うための天文学と芸術を教えた」[6]（『大金国志』）。この引用は、天文学を深めるために教師を投入したのが比較的遅く、12世紀の第1四半期、遼との戦争中だったことを示しているが、だからといってもっと早い時期にこれらの知識が浸透していた可能性があったと述べている見解とも矛盾はしない。朝鮮人や漢人との関係もかなり影響を与えたことは間違いないだろう。

最新の中国史料の見解によれば、独立した学問分野としての医学は、12世紀以前の女真にはなかった。「病気の場合、医者や薬は用いられず、シャーマニズムや祈祷が行われた。人が病気になると、シャーマンはブタかイヌを殺し、それらを生贄として捧げた。病人は遠方の山や谷間に運ばれ、そこに放置されるかあるい

は……」[7]（『三朝北盟会編』）。実際に巫やシャーマンの医療行為は実に多岐にわたっていた。田舎の呪い師のものとあまりにもよく似ていることから旅の途中の漢人を驚かせた魔術もあった。まだ原始的医療に効果があるということで、人里離れた地に不治の病に冒された人や伝染病患者を放置するといった古い慣習もあった。そういった魔術や慣習のほかに、新石器時代の部族たちが知っていたような草や煎汁、湿布で治療する巫や呪い師の姿が見られた。

　女真が、遼・高麗・宋へ輸出していたチョウセンニンジンやマツの実、シロトリカブト（白附子）の薬効を原産地では知らずに利用せずにいたとは想像しにくい。高麗の医師が長年にわたりワンヤン部の人々を治療し成功した例に関する興味深い情報が現代にも伝わっている。その医師は、1102年の帰国の際に交換条件を出せるほどその腕前を高く評価されていた。インゲ（盈歌）は、彼が東女真の地を通過するとき身の安全を守ることを厳粛に約束した[8]。これはつまり医療の重要性を理解し、外国である高麗の医学を受け入れる知識があったことを意味している。

1　『大金国志』巻12紀年「女真旧絶小正朔所不及。其民不知紀年、問之則曰我見草幾度矣。蓋以草一青為一歳也。」
2　『松漠紀聞』「女真旧絶小、正朔所不及、其民皆不知紀年。問之則曰、我見草青幾度矣。蓋以草一青為一歳也。」、（参考）『金史』巻1本紀1世紀・昭祖「生女真之俗、至昭祖（略）不知歳月晦朔、」
3　『高麗史』世家巻5顕宗二十一年（1030）四月己亥「鉄利国主那沙遣女真計陁漢等。来献貂鼠。請暦日。許之。」
4　『金史』巻1本紀1世紀・景祖「子景祖、諱烏古廼。遼太平元年辛酉歳生。」
5　『金史』巻1本紀1世紀・粛宗「粛宗。遼重熙十一年壬午歳生。大安八年（1092）、自国相襲位。」「（粛宗）二年（1093）癸酉、」（大安八年を粛宗元年と数える。）
6　『大金国志』巻33天文「国初用兵行師未知有時日・支干・孤虚・旺相之法。天文之官亦未備。自後割遼疆之半。始得遼之太史如忒孛、萌未、極毋、三教人皆明天文占験。」
7　『三朝北盟会編』巻3「其疾病則無医薬。尚巫祝病則巫者殺猪狗以禳之。或車載病人、至深山大谷以避之。」
8　『金史』巻135列伝73外国下・高麗「初、有医者善治疾、本高麗人、不治其始自何而来、亦不著其姓名、居女直之完顔部。穆宗時戚属有疾、此医者診視之、穆宗謂医者曰『汝能使此人病愈、則吾遣人送汝帰汝郷国。』医師曰『諾。』其人疾果愈、穆宗乃以初約帰之。乙離骨嶺、僕散部故石来勃菫居高麗、女直之両間、穆宗使族人叟阿招之、因使叟阿送医者、帰之高麗境上。」

第 2 章

金国の文化（1115〜1234）

1　産業

　産業は、どの民族の文化形成にとっても根幹を成すものである。「物質的生産や物質的交流を展開する人々は、その現実とともに思考や思考の産物を変える」(Маркс и Энгельс.Соч.)。この文化を研究する意義の中でまず、私は金の産業の技術的側面を検討する。金に関する産業構造や経済機構の社会的・財政的・政治的な様相については別のところですでに述べた（Воробьев 1975)。

　生産手段——つまり土地と労働用具は、このような段階にあるどの社会の文化的成長にとっても、最も重要な前提条件であった。金国にとって、このような状況は特別な意味を持っていた。なぜなら、女真が発祥の地を出て新たな帝国のリーダーとなったとき、征服者と被征服者の技術を結合させて、何か具体的な条件のもとで、複合民族社会に共通の強力な何ものかを創出しなければならなかったからだ。

　華北、華中の自然環境、宋の生産水準や生産手段の特徴については十分知られているので、女真発祥の地における状況とまったく対照的な特徴だけを思い起こしてみよう。宋代の中国の中心部は中原北部である。肥沃な沖積土の存在がここへ農業人口の巨大な集中を招いた。主要河川は緯度に沿って流れ、国家経済や輸送システムの根幹に関わっている。森——落葉樹林は、ある特定の地域にだけ残っているが、山はとくに高くなく、自然の植物相や動物相は、どこにでも残っているわけではなかった。気候は北方の穏やかな気候から南の亜熱帯まで変化に富んでいる。人がまれにしか住んでいないところを除くと、北部中原は当時すでに文明の発達した高い社会的水準を誇っていた。

　宋では、黄河、汴河（べんが）、揚子江流域の灌漑の完成によって、農地が格段に増え、農業の生産性が高まっていた。新しいキビやコムギ、ダイズ、コメの品種が一般に普及した。また綿畑が華南から国土の中央へ広まった。農業技術は目覚ましく向上した。ウシを使って耕作する方法が広く行われるようになり、鉄製耕作用具が数量、種類ともに増えた。これは、9世紀に比べて11世紀の鉱物産出量が急激に増加した結果である。

　銅の産出量は、9世紀の30倍、鉄は12倍になった。鉛や錫、水銀、金、銀も同様に増加した。金属の溶解技術や加工技術も向上した。石炭や化学用の資材が用いられるようになった。鍛冶業は非常に広範に普及した。金属製の複雑な部品や設備、装置を作ることが、綿花の皮むき器やたくさん紡錘の付いた紡ぎ車を考

案することにつながったり、織機を近代化した。このような発明や改良のニーズは、養蚕や綿花栽培の発達の結果、必要不可欠なものだった。そして新しい技術は、中国における絹織物業や綿紡績業の発展をバックアップした。

化学的工程の一連の開発は、火薬の製作秘法の発見をもたらし、機械工学と結びついて投擲機械を造ったり、巨大な陶磁器企業（宋では28企業を数える）の組織化を実現したりした。手工業の拡大は、都市の発展を促した。なぜなら都市には職人や造船業者が集中したからであり、海を越えた貿易は職人たちの作った商品を売るためにさらに広いスペースを占有するようになったからである。このような生産活動の中で重要な地位を占めていたのが官有の職人たちで、生産自体の独占権を国が持っている製品もあった（История Китая...1974 ; История стран...1970）。

当然のことながら、戦乱が中国の産業の諸部門の状況に影響を及ぼさないわけがなかった。しかし、概してこのような発達した産業が取り返しのつかないような悪影響を受けることはなかった。そこで私たちは、このような観点から女真の産業の成果と、彼らと中国とが関係して創出した総合的ないくつかの業績について評価していきたいと思う。つまり金の技術と産業について検討する。

女真は北部中原へ進出することによって、農業に対して単に重要産業として接するだけでなく、経済活動の根幹を成す分野として向き合わざるを得なくなった。農業に対するそのような態度は、中国に暮らしてきた金の新国民にとっては伝統的なものだった。しかし、征服者にとっては未知なことだった。沿海州や満洲にとどまった女真の職業が一気に激しく変化することはなかったが、新たに入植した人々は伝統的な経済制度の徹底的な根絶を体験することになった（朱大昀 1958）。

新国家である金が国土における最大の財産であると宣言したものは、灌漑施設（沼地や浸水地の堤防、干拓の建設・修理、合理的な播種制度の適用、旱魃や洪水による凶作との闘い）の確保だった。華北にかなり多数の漢人の専門家がいたことを考慮しても、このような政策の実現には、巨大な組織的工事と新入植者に対するある程度の訓練が必要とされた。全体として、金は国の灌漑施設を満足のいく水準にまで維持し、しかも灌漑地を増大させることにも成功した。このことに関しては『金史』（巻50）も再三伝えている[1]。

収穫高の向上を目指して、金政府は中国の方形巣播法（区種）や播種の変種の導入、敷地を分割して休耕地を作る制度（区田）の定着を図った。方形巣播法では、稲の苗は等間隔に作られた方形の中央部に数本ずつ移植された。区田では、

苗は特別に作られた犂路に植えられた。そこは犂路が十文字に交差しながら土地を分割し、犂路の一部は休閑地になっていた。このような金の手法は、1190年代から極めて集中的に実施された。ある資料によれば、河南流域の灌漑地の生産力は、遼代の状況と比較して数倍に向上した。

華北（キビやコーリャン）や華中（キビ・オオムギ・コメ）の農作物が、金でも基幹作物となった。それどころか、女真は満洲から中国の地へいくつかのイネ科植物を「呼び戻し」、耕作に牽引役としてウシを使用することを普及させた。考古学的出土資料や文字資料によれば、金代に女真の領土となった満洲や沿アムール地方では、アワ、小型のオオムギ、コムギ（あるいはトウモロコシ）、モチキビ、水稲、アサ、さまざまな果物や野菜が栽培された。女真語辞典には、決して完全なかたちではないが、農業に直接関係のある40余りの用語が収録されている[2]（山路1956；『華夷訳語』；『女真語解』）。金の人々は、蚕の餌として不可欠なクワや、茶の木の植樹にも大いに関心を持った。

発掘で出土した耕作具はすべて鉄製犂だった（李建才1964）が、木製の滑り木もよく使われ、犂頭あるいは犂の刃だけ（あるいはその一部）は鋳鉄でできていた（Болдин1976；Шавкунов, Хорев1975；許明綱1966）。犂は2種類あり、未開拓地の開墾には大型のもの、耕し直すには小型のものが使われた（Болдин, Шавкунов1979）。土地を耕すのに重要な役割を果たしたのは、多種多様な（土をこなし除草するための）小鋤、鍬（湯文興1965；王永祥1960）、鉄梃（Болдин1976）だった。収穫時の刈り入れや草刈りには、さまざまな鎌が適用された（Остатки...1955；Предметы...1963；Цзинские...1963；蘇天鈞1963）。

農産物を加工するために使われたのは、鉄製斧、菜切り包丁、内壁が刻み目で覆われた丸いくぼみのある一枚岩のような石のひき割り機、方形あるいは先端が削り取られた短い乳棒だった（Шавкунов, Болдин1976；王修治1960；Толмачев1929）。

風車小屋は、おそらく金末から元の初めにはあっただろう。いずれにせよ、耶律楚材の著書に次のような一節がある。「風が吹いてきて、古いコムギを挽く。（つまり、西の人々が挽く。風が機械の軸を回してコムギを挽く）」[3]（劉仙洲1963）。王寂は遼東の山で水車を目撃している[4]（『遼東行部志』）。

大鍬、つるはし、小鋤、大鎌、借り入れ用のナイフ、犂などの金代の道具は、その形状の安定性や使い勝手のよさによって最近まで使われ続け、漢人のものだと思われていた（Стариков1976）。これらの生産手段のおかげで、金の農耕は成長し生産力もアップした。当時の多くの漢人旅行者が、回想録に金国の隆盛を極

めた農地のことを書きとめていた。

　農業と複合的な関係にあったのが畜産だった。女真が登場する以前から中国では、一頭ずつ家畜を飼育する方法に移行していたが、女真の故地でもある程度それは行われていた（Леньков1978）。女真は、一部の地主や借地人の農地をつぶして、国家的畜産事業を広く実施するようになった。ウマとウシの飼育は、特別な愛着を持って行われた。国家的な牧は、金代末までには金軍に確実にウマを供給できるようにまでなった。それに反して宋は、ウマ不足の状態にあったのだろう。少数のウマしか所有していなかった。

　ウシはおもに、食用ではなく、労役用の家畜だった。牛馬に対するこのような考え方は、十分に認識されていた。1168年に世宗は、「『ウシを殺すことは法で禁じられているのに、ウマを殺すことを禁じていないのはなぜだろう？　ウマは軍隊にとって必要なものであると同様に、ウシは土地を耕すのに必要なものである』と述べ、ウマの屠殺をやめるように命じた」[5]（『金史』）。金の女真農家には、軛をはかせたウシがたくさんいたので、少なくとも女真の農家に課される税率は、ウシの数から算出されるようになった。これほど畜産に対して関心を持っていただけあって、畜産物の名称を除いて、家畜の名称や放牧に関する用語だけで女真語辞典に20余りが収録されている[6]のは当然のことだろう。

　女真は華北へ進出した際、宋の稼働中の鉱山へのルートを切り開いた。有り余るほど多かったわけではないが銅山（襄州、蓋州、陝州、威州〈あるいは蔚州か〉、隴州）、鉄山（大同府、朔州、大興府、真定府）、銀山・金山（宝山）などがある[7]（Hartwell1976；劉興唐1934）。女真発祥の地にあった有名な金の鉱山は、この時代に属する。

　沿海州のパルチザンスキイ地区では、掘り尽くされた砂金鉱床が発見されている。また『遼史』では、渤海の懐遠地区として知られているこの地域の金・銀の採掘のことを伝えている[8]（Шавкунов1973）。オリギンスコエ城塞のすぐ近くでも、女真は鉄を採掘していた（Можейко1971）。同じくオリギンスキイ地方のノボニコラエフカ村のスカリンストエ城塞（Шавкунов1971；Шавкунов, Хорев,Леньков1974；Леньков1976)、また沿海州のラゾフスキイ地方でも金国の鉄鉱山が稼動していた（Шавкунов,Пермяков1967；Леньков1975）。沿海州でも鉄の採掘や精製場所が知られている（Тимофеев1966）。

　最近の満洲の発掘から鉄鉱山や製鉄の技術が明らかになった。大規模な製鉄の中心地――それは言うまでもなく中世の尺度から見た場合だが――ハルビンのすぐ近くの五道嶺にあった。それは鉱山と鋳物工場（約50か所）から成っていた

（王永祥1965）。鉱坑は、ある一定の深さで分岐し切り場へと続いている。鉱坑の底部には、一定の間隔で、木製の落盤予防装置の付いた作業スペースが設けられていた。これらの鉱山では、赤鉄鉱と磁鉄鉱が採掘された。調査された鉱山では、概算で40万～50万tの鉄鉱石が生産された。

　鋳物工場は、丘陵の斜面に点在していた。それは丸みを帯びた複雑な形をした建造物（直径約1m）である。炉の出口には扉があり、炉自体が鞴（ふいご）である。鉄の鋳造は、鉱脈のある山の近くに造られていた鋳物工場で行われていた。そこでは鉱石が溶解された。また精錬された鉄は、按出虎水沿いを流送して、鋳物工や金属加工の職人が住むところへと運ばれた。鉄製ハンマーや破砕用ハンマーは、坑夫の唯一の道具だった。鋳物工場は金代と密接な関係があり、金代に属するものだった。そこでは、約千人が働いていた。鉄鉱石の大規模な鋳造の中心地は、上京の女真の古都の近くにあったものが重要である。そのような遺跡の存在は、12世紀における女真の鉱業や金属加工業の広範な普及を示している。垂直な竪坑や水平坑道（満洲）の存在、ボート錘やつるはしの使用が鉱山の高度に発達した技術力を物語っている。女真は鉱物の採掘方法だけでなく、その選鉱——つまり製粉選別（廃石の除去）——についても知識があった。

　女真発祥の地における彼らの冶金工業や金属加工の状況に関する資料は、В.Д.レニコフの業績の中にある（Леньков1974,1973,1971,1967；Галактинов1966）。沿海州のシャイギンスコエ城では、金属を精製加工していた六つの作業場が発見された。出土したものは、塊鉄、鉄の条片、半製品、疵（きず）物、有色金属の鋳塊、坩堝（つぼ）である。典型的な作業場（2号）には、八つの溶解炉があった。しかもそれぞれの炉には、火床（ほど）、鋳型に使う箱が付随していた。このように冶金工は、金属加工の過程——たとえば鋳鉄を鋳物にする——仕上げの段階まで行っていたのである。

　鉱石からの鉄の精製は、直接製鉄法の工程で行われた。つまり炉に「加熱しない」自然の空気を補給することによって、鉄の還元という現象を発生させたのである。この工程では、1100～1200度の温度があれば十分で、この温度は絶えず空気が送り込まれて完璧に維持されていた。金属製品の化学的な金属組織学の分析によって、それらの製品が軟鉄や炭化鉄、鋳鉄から作られていることがわかった。軟鉄は溶解の初めに採取され、鋳鉄は溶解の終わりに採取される。最初原料として使われたのは、鉄を50％まで含む褐鉄鉱だった。

　シャイギンスコエ城では鉱石が発見されなかったので、おそらくここには、たとえばスカリストエ城（沿海州のオリギンスキイ地方）からすでに塊鉄が運ばれ

てきていたのだろう。そこでは、シャイギンスコエ城にはなかった強制送風の跡が見つかっている。城塞では、鉱石を溶かしたり、金属の再処理が行われたりしていた（Шавкунов1971；Леньков1976）。

　考古学者は、シャイギンスコエ城で2種類の塊鉄を発見している。一つは特殊な塊鉄で、気孔とスラグを伴うあまり鍛造をしていない鋳塊で、もう一つは単なる塊鉄でスラグのない1種類の金属から成るものだった。シャイギンスコエ城の鋳物工場では、特殊な塊鉄を軟鉄あるいは鋳鉄に加工していた。鋳鉄は、おそらく塊鉄の再処理の段階で採取されたのだろう。炉に設置された特別な坩堝の中で鋳鉄製品の破片からしばしば作られたものだった。小さな変形した塊鉄はおそらく、中国で行われていたような改鋳に利用されていたらしい（Петриченко1960）。12世紀の遺跡からは、かなり多くの鋼鉄製品が出土した。全体が鋼でできた製品に使われる半製品の鋼を除くと、女真は鍛接品を作るための良質な鋼を手に入れていた。

　女真の冶金工は、かなとこ、つるはし、槌（つち）、やっとこ、金属採掘用の鑿（のみ）、やすりを意のままに使うことができた。これら道具一式は、当時の別の民族の職人たちの道具とわずかな違いしかなかった。これらの道具を使って女真の職人たちは、次のようなものを製作した。1）労働用具——農業用具、金属・木材加工用具、2）日用品、3）武器や馬具の一部。それらを製作する際、単純なものは簡単な鍛造で済ませたが、それ以外の場合は細部から全体まるごと溶接する方法、鑿による鉄の切断、穴の穿孔、斧や錠の穴のようなものを作るための一連の技法（鉄を回すことも含めて）が用いられた。

　シャイギンスコエ城では、有色金属（銅、黄銅、白銅、鉛、銀、金）で作られた製品が発見されている。製品は、おもに錫、鉛、銅で鍛造されたものである。製品中の錫の最大含有量は25％で、最小は1％。鉛は最大で22％、最小で0.08％である。全体として、女真の銅の中に含まれる錫、鉛、亜鉛の含有率は適切なものであった。工房では、溶解の方法が厳しく守られていた。有色金属のくずは、住居の炉で改鋳されることもたびたびであった。女真は多くの技法——鋳造、溶解、溶接、型打ち、絞り、引き抜き加工、はんだ付け、金メッキ、銀メッキ、有色金属の象嵌など——を知っていた。このような技法を駆使する際には、前述の道具のほかに貴金属の細工用の小槌、打孔器、細工用のピンセット、ドリル、型打ち機、砥石が用いられた。鋳造には、おもに堅い鋳型（片面・両面双方あった）が使われたが、ろう製の鋳型もあった（鏡）。

　シャイギンスコエ城の溶解炉や火床の規格の構造や配置から、冶金技術の形態

が解明できる。このような炉や火床は完全に独自に発達したもので、すでに7～10世紀にはあったようだ。シャイギンスコエ城における冶金や鍛冶の整然とした秩序は、意図的なプロセスを踏んだものである。溶鉱炉と火床は二つの区域にグループ分けされ、集落遺跡の外に置かれていた。工房は巨大で (50人の従事者がいる)、官有のものもあれば、さほど大きくないものもあった。そのほかに、とくに繊細な細工を専門とする職人たちが、その建物で仕事をしていた。それは道具のセットや半製品が証明している。これらの手工業者たちが農業に従事していた形跡がある。彼らの住居跡からは、猟の道具や農具が見つかっているからである。金属加工業は、かなり専門性の高いものであった。遺物を概観すれば、黒色金属製品だけでも100種類以上あることがわかる。それらの中には、鉄の切断に使うはさみのような加工用の複雑な製品や鈴、彫刻刀、穴の開いた斧、錠、腕輪、鏡があった。この遺跡の最終的な評価は別として、どの研究者たちもシャイギンスコエ城の女真人冶金工が、工芸品の分野ではある点で西欧の同業者をしのいでいると考えている。たとえば、鋳鉄製の犂の刃の製作などがそうである (Леньков1979 ; Шавкунов 1971)。シャイギンスコエ城は、非常に大規模な女真の金属加工業中心地なのである。

　金では、鉱物はもちろんだが準宝石や真珠、琥珀の採取も行われた。『華夷訳語』には、碧玉、水晶の名称が挙がっている。とくに真珠、とりわけ大粒の真珠は特別に区別され、山路廣明の辞書では美しい宝石の名称として引用されている[9]。

　満洲は、いつも上等で美しい碧玉が豊富に産出するところと見なされていた。西暦の初め、扶余と挹婁の部族は、ここで美しい青い碧玉を探し求めた。女真は積極的に碧玉の売買を行い、女真後も寧古塔ではまだ青い碧玉が見つかっていた。女真は、凍石やセレナイト (透石膏)、角閃石、紅玉髄、黒曜石、瑪瑙、玉髄、碧玉、ネフライト (軟玉)、水晶のような高価な岩石、同様に琥珀も広く活用していた (Шавкунов,Пермяков1967)。硬質な石の加工には、特別な技法や知識、設備が必要だった。金代には、宝石やネフライトの研磨を簡単にする重要な発明があった。表面に研磨用の砂を塗った回転式の円形研磨機の発明である[10] (『金史』)。

　建設用の石材や木材の入手は、一部の地域の住民の経済にとって重要な役割を果たしていた。「黄河畔で使われていた木材や石材がしっかりしたものならば、それらは現地のものではない」[11]。つまりこれらの材料は、有名な産地で採取され、運ばれてきたものなのである。石材や木材の産地として有名な地域は、沿海州や沿アムール地方、満洲だった。現地に住む民族は、その地域にある豊かな森林資源を大規模に使った。ある資料によれば、渤海では人口一人当たりの木材の平均

消費量が、年間4〜6m³に達していた。そして渤海末には、全極東で木材の年間需要は人口一人当たり2.5〜3m³だった。これらの木材の95％は、沿アムール地方や沿海州の森からもたらされたものだった。

　女真の時代、これらの地域の木材は、よりいっそう重要な役割を果たすようになった。これは多くの燃料を必要とする冶金工業の発達、集中的な建設、木製家具の大量生産などによるものであった。クラスノヤロフスカヤ要塞の比較的小さな、広さ40m²ほどの建物には、一つの焚口で薪が0.3m³焼ける炉が付いていた（Шейнгауз1971）。女真は木工細工のために、木質の堅い樹木を幅広く使用した。オーク、シラカバ、クルミ、イチイなどである。女真の辞書には、200を超える木工細工の用語が載っている。木は職人が使う金属製の道具のほとんどすべてに使われている（把手や口金）。

　国家的な建設や日常生活の中で、職人や労働者、農民たちがさまざまな道具を用いた。外見的には、それらは700年後の中国や満洲で、木工職人や細工師らによって使われたものとあまり変わらなかった（Стариков1969）。おそらく宋や金代に、農作業や工芸品のための道具の形が完成したのだろう。木工では、さまざまな形の斧や手斧、鑿、ドローナイフ、鑿、鋸、やすりなどを用いた（湯文興1965；匡瑜1963）。石屋や左官は、鋤やこてなどを使った（王増新1960；蘇天鈞1963）。

　女真の戦闘用の武器は、それほど種類もこれといった独自性もなかった。弓矢、槍、剣——女真の兵士が持つべき戦闘用の装備の重要性が失われていくにしたがって、列挙される数も減っていった。これらに、防具に属す金属製の薄板でできた甲冑が付け加えられることもあった。これらの戦闘装備は、剣のほかはその一部が遺跡で発見されている。とりわけ多いのが鉄製の鏃（約15タイプ）である。各々にそれぞれの機能があり、複雑な矢や弩と関係あるタイプのものもある（Галактионов1973；段静修1963）。鏃や投槍の模造品は種類が少なく、大部分は戦闘用や矢筒である（Галактионов1978）。史書の記述には女真軍の装備の一覧が見られる。1161年の戦争の前には、「蒲察世傑はいつものように武具に身を包み、剣を下げ、矢筒に100本の矢を入れ、手には槍を持ち、ウマに飛び乗って、軍の部隊を行き来していた」[12]（『金史』）。

　金軍では、複雑で強大な戦術が、とりわけ包囲戦のときに用いられた。女真は契丹と戦いながら、最新式の射撃砲を研究し、1126年の開封の戦いの最中には火薬の使用をマスターした。この包囲戦では、金軍は大きな石を投げることができる重い投石機や、投石機と大弓を備えた包囲のための櫓、数百mの距離を飛んで目標物を爆破する点火用の矢や導管を使用した[13]（『靖康要録』；『避戎嘉話』）。

1206 から 1207 年の不成功だった宋の徳安府城攻囲では、金人は非常に多くの包囲術を駆使した。たとえば覆いのある通路、城壁に近づくための覆い付きの可動式通路（洞子）、可動包囲資材としての陸橋、点火用の矢（火筒、火砲）、馬車（鵞車）、城塞の建物を燃やすための藁製の投石機（火砲）、高層の塔の壁や、引っ張って動かす特別な砲架を破壊するための鉄製の先端が付いた破城槌（撞竿、甍竿）、周囲100mの範囲に強力な破壊力を持ついくつかの梃子の付いたさまざまなタイプの投石機（七梢、五梢、三梢、両梢、独梢）、鉤の付いた（用鉄鉤）梯子を装備した梯橋、城壁を乗り越えるためのさまざまな形の移動可能な塔（搂子）、襲撃用の梯子（雲梯、火梯）、敵陣爆破のための潜行地下道（穿地道）などがある（Hana1970）。

　1126 年の済州包囲の際、金の部隊は、鋳鉄で覆われた爆弾を使った[14]（『避戎嘉話』；劉仙洲 1962）。金代末には、女真は主要なタイプの火薬を所持していた。(Goodrich,feng1949；魏国忠 1973)。もし金国が前半に極東において受け入れられていた主要な武器をすべて所持していれば、後半において火薬の発達に目覚ましい貢献をしただろう（Школяр1980）。

　沿海州では、無色、空色、黒色、青色、薄緑色をしたガラス製品やガラス状のペーストが発見されたが、これらの存在が平和時において女真に応用化学の知識があったことを物語っている（Шавкунов,Пермяков1967）。シャイギンスコエ城では、現場で巻き上げ技法によって作られたか、あるいは遠方で作られたさまざまな素材のビーズが150余り収集された。ビーズは基本的にガラスの短筒や棒状だった。それらはたいてい半透明で、ごくまれに透明なものがあったが、不透明なものはほとんどなかった（Чернышев1971）。女真は、金代末まで莫大な量の塩を採取していた。塩は海水塩、湖水塩、岩塩で、沿海州、満洲、モンゴルから極東の多くの地域へ輸出された。

　陶器の生産技術の高さは、磚（焼成されたレンガ）や成形用粘土などの建築用・工業用陶器の習得の中で確立されたものである（Леньков,Овшанников1972）。鋳型を作るための箱の中の粘土の組成を粒度分析法によって分析し、混合物に人為的な性質が見られることが確認された。混合物を構成する粘土の組成分析からは、混合物が作られるにあたって事前に人為的に選鉱が行われたことがわかる。その混合物は、鋳鉄の鋳造段階で成形用の土として使われた。

　磚の鉱物学的な泥質堆積物の粒度分析の結果、磚が手で作られ、膨大な量の水が使われ、鉱山の砂を大量に混和材として注入されたことが明らかになった。長時間かけて粘土と砂をかき混ぜ、その後天日で乾燥させていたらしく、その作業

中に誰かが磚の一つに残した手の跡がそのまま残っていた (Пермяков1966)。天日干しされた磚は、最終的に還元剤の中で焼かれた。

　女真は上等でさまざまな種類や大きさの磚を作ることができたが、中でも半加工品や大きく焼いたもの、標準的な大きさに焼いたものをよく作った。標準的な大きさは、30×15×5cmだった。これが最も需要のある寸法の比率だった。とはいえ、現存する女真の磚は、圧縮テストで耐久性の点では現代のものの半分だったが、800年前なら現代のものよりずっと堅牢な性質を持っていたことは間違いないだろう。女真の磚が有するこのような性格は、特別な工場で専門的に大量生産を行った高い技術力によるものであった。

　沿海州で瓦の加工をする工場については何も知られていないが、この地方の金代の遺跡から出土した多量の瓦の存在自体が、この地域が瓦の産地であったことを物語っている。

　沿海州ではまだ釉薬のかかった陶器の生産工房が発見されていないが、シャイギンスコエ城では釉薬が作られていた時期もあったらしい(Леньков1974)。そこでは、釉薬のかかっていない陶器（日用品も特殊なものも）の生産が円滑に行われていた (Тупикина1978,1974 ; Овсянников,Тупикина1971)。手びねりの陶器は遺物の約9％で、ろくろで作った陶器が91％だった。そのうち12％は、一面に光沢があり、これらの製品は耐水性があり、よく響く磁器のような肌をしていた。研究者は15の形式と型式を定めて区分した。陶器を分析した結果、製品の技術レベルの高さ、陶器の生地（組成が均一な容器の生地）や型（形に関係なく上縁部の折れ曲がりの部分が常に「渦巻き状」になっている）、焼き具合（どの炉でもほぼ一定の温度、900〜960℃が守られている）が一定の規格で統一されていたことが明らかになった。このような規格統一は、一定の専門性を身につけた陶工たちによって陶器の大量生産が行われていたことを示すものである。

　金代の陶器の加工技術については、銅川（陝西省）近くの黄堡鎮の、金代末から元の初めに属する耀州窯の実例をもとに極めて詳細に調査されている (Раскопки...1965)。図によると、典型的な窯は馬蹄形をしていて、その大きさは5.7×3.5 mである。窯の下には耐火性の磚が置かれていた。窯の近くにあった大工房からは、工具や耐火性の雷管、半製品が発見されている。窯は5kmにわたって並んでいた。陶器工房の範囲がかなり長いことや、文化層の厚さ（1〜5 m）、大量の土器片や台座から判断して、ここでは組織的に大量生産が行われていたようである。たとえば、どの窯も一度に2590個の茶碗を焼くことができた。『宋史』の地理編によれば[15]、陝西省の課税世帯は、すでに1102〜1106年には総計

11万2667個の磁器を税として差し出していた。金における工房の生産規模は不明であるが、耀州窯は日用雑器も生産していたし、宮廷で使う精巧な磁器も作っていた。工房では、黄色を帯びた光沢のある釉薬のかかった青色の完成品や未成品、装飾を施したものがたくさん見つかった。ところで、働いていたのは、自分の流派や名を創造した宋の工房を継承した北宋人28人のうちの1人と、金人8人のうちの1人だった。

　金の工房では窯の名が製品の等級、流派を表したので、単に窯の独自性を維持するにとどまらず、さらなる製品の向上をめざした。鈞窯流は、おそらく金統治時代の1184年までさかのぼる窯だろう。しかし、市場のニーズを考慮して、よその流派の陶器や毎日使うありふれた日用品を出荷していた窯もあっただろう。いくら独自性を維持するといっても、各流派固有の製作技術の遵守と並んで改良を必要とするのだから、生産品目の拡大や新たな様式を会得するには少なくとも新しい技術の研究開発を必要としたはずだ。このように金は、陶器の国内供給体制を確立したが、国外で販売することはあまりなかった。

　機織の技術——それは、中世社会の産業の極めて重要な様相の一つである。華北へ進出した女真はまるで絹の海の中に浸かったようだった。北宋時代、漢人は基本的に6種類の絹織物を織っていた。それは錦繍（手作りの豪華な生地である錦）、羅（透けたガーゼのような絹）、綾（模様を施されたかあるいはダマスカスの絹）、紗縠（絹の縮緬）、紬、絹（太い糸で織られた厚手の絹で肌着あるいは絹紬と呼ばれることもあるもの）、縑（細糸で織られた目の詰んだ絹あるいは白い絹地）である（『東洋中世史』1939）。絹布は、人々に幅広く使われていた。

　金人による華北征服後の最初の年、短期間衰退していた絹織物業は再び国営・民間の手工業の中で最も重要な部門になった。絹によって数多くの種類の税が徴収された。絹は重要な交易品で、南宋への最も大切な輸出品目だった。金代になっても、絹織物業の技術はあまり変わらなかった。変わった点といえば、女真の好みに応じて色合いと柄が変わっただけだった。漢人が女真に絹を愛する心を植えつけたのに対して、女真は中国に亜麻から麻布を作る技術やクズ（葛）の根や満洲特有の植物性の原料で染料を作る方法を持ち込んだ。

　女真の建築技術は、時代の要請に十分応えられる水準だった。砦の建造物がそのよい例である（Галактинов1976；Хорев,Шавкунов1976；Шавкунов1968；Стариков1950）。平原に造られた女真の城塞は普通は長方形で、（台形や菱形といった）不規則な方形や多角形、楕円形、自由奔放な形はまれである。東や北へ行くほど長方形の城塞は少なくなり、城塞そのものも少なくなる。その一方で沿

海州では、独特に配置された高地性の城塞がよく見られ、その規模は巨大である。クラスノヤロフスコエ城、イズヴェストコヴォエ城、ニコラエフスコエ城（Окладников, Деревянко1973）、ラゾフスコエ城（Леньков, Галактинов1976）がそうである。もっとも、そうした高地性の城塞は沿アムール地方にもあることが知られている。ノヴォペトロフカ村、シャプカ山麓のポヤルコボ村、ボロニ湖の各城塞がそれである（Новиков-Даурский1953；Деревянко1970）。

城塞の構築には、建築と戦術上の二つの伝統——民族性と中国的なるもの——が複雑に相互に影響し合っている。しかし忘れてはならないのは、民族的伝統が、起伏に富んだ地帯であるという地理的条件や近くに高句麗と高麗の要害となる山があったことによって支えられていたということである。長方形の要塞の建設には、漢人が高度に開発したすぐれた築城技術が必要とされた。

女真は、天然の防壁の中でも重要な防御手段として、山の要害型の要塞を平原の中にそびえ立つ丘の上に移し、これらの要塞を複合的で人工的な建物（高く築いた土塁、深い壕、塔、門の前の細長い土手、堡塁、投石機のための砲座）で補強して、山岳・高原型要害の混合した要塞システムを構築した。土塁は普通、土を混ぜた磚の半成品で造られていた。基礎を置いて、杭打ちの後で骨組みが造られた。砂利を混ぜた粘土で骨組みを埋め、打ち固めてならした。その後、釘を打ち込んで混ざりもののない土の層を築き、骨組みが高い位置になるようにする。この作業を必要な高さになるまで続けた。こうして築かれた壁の外側には、磚の未成品が貼られた（Воробьев1968；朴횡식1966）。

北西の国境では、女真はモンゴルの襲来を防ぐために完全な防衛システム——土塁（壁）や壕、国境の哨所、堡塁、砦などから成る数kmにも及ぶ複合施設——が造られた（Обслелдвание...1961；島田1954：王国維1927）。要塞線は、甘河と嫩江の合流地点から豊鎮市より北の地点（内蒙古自治区の北緯39°）まで長さ約1500〜1700kmに及んだ。

国境に造られた防護壁、堡塁、壕は、女真が発明したものではない。紀元前3世紀に古代中国人によって建設された有名な「長城」は、1500年の間、修理されたり拡張されたりしてきた。高麗人は、自分たちの半島の狭い領土を堡塁で再三にわたり区切ってきた。とくにそうした動きは、11〜12世紀に活発だった。契丹は、生女真との境界に壕を掘った。が、最終的にその壕は遼との戦いの初めに埋められてしまった。満洲の民族の中であれほど複雑な防衛のための建造物を造ったのは、女真が最初で最後だった。これは金人の軍事的建築技術のレベルの高さを証明するものである（Ponosov1941）。

中国に女真が出現するまでに、すでに陸路と水路のシステムが確立し、よく整えられていた。中国には、国家の管理下にある11の主要な街道があった。1) 開封－滑州－雄州ルート、2) 開封－滑州－北平軍ルート、3) 北方の契丹の関門へと続く開封－代州ルート、4) 開封－保安軍ルート、5) 開封－華陰－鎮戎軍ルート、6) 西の西夏へと向かう開封－京兆府－蘭州ルート、7) 南西の蜀へと向かう開封－鳳翔府－成都ルート、8) 開封－襄陽－廣州ルート、9) 開封－鄂州－廣州ルート、10) 首都と南方を結ぶ開封－漳州ルート、11) 11世紀の女真との貿易の中心地である東の海港登州で終わる開封－澶州－登州ルートだ(『東洋中世史』1939)。
　水運は南部、中央、北部の三大系統に統合されていた。揚子江は南部の主要な大動脈として知られ、その支流である徽水、銭塘江、湘水、漢水、そして鄱陽湖などは第二の中央ルートと連絡していた。汴河、江南河、山陽瀆運河を含む中央ルートは、国の南部と北部を結び、首都に連絡していた。北部ルートは黄河、広済河、恵民河、渭河だった。陸上の道と水上の道には、旅籠と駅逓の駅が置かれていた。主要な水運にとって最も重要な課題は、南から北へのコメと茶の輸送と、北から南への家畜と塩の輸送だった。そのために、おもに荷船からなる川船の大船団が用意された。
　女真は中国の領土とともに交通も支配したが、戦争の結果それも衰えた。その後、中国では、女真時代に新しい重要な陸路が敷設されなかったがごとく、主要道は復旧された。道路の国家的管理システム、郵便や急使制度、駅や旅籠のシステム、駅逓や蓄力輸送の制度を女真は宋から受け継ぐとともに、それらをうまく活用することに成功した。道路は、宋代も金代も一般的に舗装が厚くなかった。
　一部汴河の川岸を通る漳州－開封(第10)ルートで、1170年に汴京へ行こうとしていた中国の使者、楼鑰が川の水運を利用すべきかどうか熟慮したのは驚くことではない。これは当時の道路事情をよく物語っている(『北行日録』)[16]。金代には、有名な橋がいくつも造られていたからだ。1130年には趙県で永通橋が、1175年には(河北省の)欒城県で盧溝橋が造られた。これらはなだらかなアーチ型をしていた。盧溝河にかかる石橋は長さが約300mあり、何百もの杭が打ち込まれている。1136年ごろに造られた高架水路付きの橋(恵遠橋)は、陝西の南部の汾河の谷間の洪洞にあった[17](『使金録』; Needham1977)。
　女真は金建国前後も金代も、満洲では陸路を選んだにもかかわらず、中国においては国家の経済活動や戦争のために、自然であれ、人為的なものであれ、水上交通の重要性をすぐに理解し、水上交通に相当の注意を払った(このテーマにつ

いては『金史』巻27志8河渠に書かれている）。1142年の条約締結後、黄河は完全に金のものになった。黄河の水の調整や荷船の流送は25の水門によって行われた。水流・水上交通管理局は、地方の出先機関を通して堤防の状態を監視していた。ダムや閘門の当座の修理ですら莫大な人的・物的出費を必要とした。1170年代には、ある平均的なダムの設置に基本的に一日60万人の労働力を要した。金代には、ダムはほとんど閘門に置き換えられた。閘門は長持ちしなかったが、標準的な荷船の通行には適していて、船や積荷を損傷から守った。この偉大なる運河において、水力開発事業が実施された。この運河は中国を統治した金王朝の関心の的であった。専門家の評価によれば、この運河に対する金の支出額の公式データは漢を上回ったが、宋の20分の1、唐の5分の1であった（Needham1971）。

しかし、金代の1194年に、黄河の最大規模の河床の移動の一つが行われたことは注目に値する。盧溝河（現永定河）を燕京へ穀類を補給できるよう船が通れる河にするため大工事が行われた。金代において、河による輸送は極めて集中的に行われた。河を利用した輸送の中には、壮大なスケールのものもあったようだ。そして1184年には、通州を通って燕京へ100万を超えるキビを租税として届けるように命じている。さらに困難な輸送は、1222年のモンゴルとの戦争の真っ最中に実行された。そのときは陝西から河南へ30航路の水上交通で租税の穀物を20万（2060万ℓ）輸送した。

中国へ移住した女真は、中国の河船と少なくとも海洋艦船を模倣し発達させた。海上輸送では、遼東から山東へ穀類が運ばれた。金は、海上輸送で山東からさまざまな密輸品を運んで華南の港と交易した。これは特別な経験と交通手段を有していることを前提とした。女真が漢人から華南へのルートを嗅ぎつけて、それを利用する可能性があると考え、漢人が自国の船乗りに女真と行き来することを禁じたことは注目に値する。河と海の交通機関——帆掛け船、平底の荷船、筏は、金代も造られ続けた。金に仕えていたある造船家は1158年ごろ、建設中の艦船の設計模型や、船を水上に下ろすのに必要な勾配を造っていた（Needham1971）。

満洲では、女真は1124年に上京を燕京と結ぶ国道を整備した（つまり女真の首都と遼の首都だった地を結ぶ道で、当時中国北部で最大の道だった）。その道中には、許亢宗が旅行記の中でその特徴を描いた宿付きの駅が建設された[18]（松井1912；『雲麓漫鈔』）。旧遼の道の復旧とそれを延長する中で、女真は瀋州——咸州間のルートを一部延長し、大河である遼河を横断した（園田1954）。また、五国城に通じる有名な「鷹路」が延長されて再建され、沿海州ではかつて遼陽で終着した遼の道が東へ延長され、高麗の主要道も延長された。

金代の女真発祥の地における女真の産業の発展は、華北で発生したものとまったく関係ないわけではなかったが、その影響は女真の地場産業よりも発展の速度のほうに大きく表れた。これに関しては多くの証拠がある。この地域では、女真の農業は全部門が維持され続けた。養豚（上京地方）、牧羊（東モンゴル）や、いたるところで行われていた狩りは中国ではほとんど知られていなかった。鉱山、冶金工業、鍛冶の繁栄は、特定の地域に基盤があったことは明らかである。中国で発達した絹織物業、釉薬をかけた磁器のような器の大量生産、集約的な道路建設はある地域に限定されていた。それは他の地域では絹織物に必要な養蚕が不可能で、磁器を作るのに適当な資材が欠如していたからであり、道路建設においては特定の地域に大規模な輸送の必要性があったからである。

　華北で重要な役割を果たした産業文化の要素が、女真発祥の地では普及しなかったり、不十分な浸透にとどまったのは、おそらく女真の「文化的欠陥」によるものではなく、またその産業の発達が足りなかったり偏向していたからでもなく、地域それぞれの事情や、発達の経過の違いによるものだった。このことが金代の華北とは状況が異なることの理由だった。

　女真は、漢人の腕利きの職人の上に立つ新参者の監督者という役割に決して満足しなかった。彼らは、自分たちが多民族からなる帝国の中で、当然いくぶん改善しなければならない点もあったにせよ、生産活動においても平等な立場にあった。中世のどの社会にとっても最も重要な生産部門、つまり農業において、金人はそれを十分に申し分のない安定した状況に置く能力を持ち合わせていた。国家は一般に自国内に食糧を供給した。ただ、凶作の年だけ、金は南宋で穀物を購入して蓄えた。しかし南宋も同じ状況下では、金で米粉や小麦粉を買っては同様のことをしていた。

　鉱石の獲得、金属の精錬、それらの加工は一応の水準にあり、その時代にしては満足がいくものであった。金人は実際、自分たちの鉄類を確保していた。何よりも銅や青銅といった非鉄金属の欠乏が極東全体に特徴的な現象であった。中世、大陸の極東には採掘に適した豊かな埋蔵量を保有する銅産地が不足していたため、銅銭が小額貨幣の流通を完全にカバーするようになったとき、極東の多くの国では銅の慢性的な不足に悩まされるようになった。しかし、もし高麗と協定することによって、貨幣の発行と銅の採掘さえも完全に停止したとしても、金は国境を越えて首尾よく採鉱調査を実施することもできたろう。そして、もし銅があまり見つからなくても、他国でそれを買収することによって銅の不足を解消しただろう。そういうことはどの国にとっても、商品経済の十分な発展に伴ってごく普通

のことなのである。金の国外貿易の輸出入を性格づける要素も、このことによって説明することができる（Воробьев1975）。

　織物業、製陶業、建築、道路建設の状況も、深刻な危惧を呼び起こすことはなかった。南宋も含む資料の一つとして、いわゆる産業の諸部門の破滅的な状況について語っているものはない。製陶業と織物業は南宋への輸出品を生産したが、そのことでこの国が競合する（宋などの）他の織物を買収することを排除したりしなかった。

　このように金は、極東の中世社会を特徴づけるすべての部門を内包した産業を備えていた。これらの産業部門の相互関係は全体として均衡がとれていて、それらの発達の水準は十分満足できるものだった。当然ながら金の手工業と隣国の産業の各部門別の指数を比較すると、さらに細分化された縮図が描けるだろう。しかし、そのような分化は、どの社会にとってもごく自然な現象である。それこそがまさに文化的特徴を識別する前提条件となるものである。

1　『金史』巻50志31食貨5「水田」「区田」
2　山路廣明「女真文字の製字に関する研究」No.漢字による女真語表記（漢字の意味）アルファベット表記。No. 522 茶（茶）cǎ、No. 108 因馬剌（桑）inmala、No. 134 上江頊吉（白菜）、No. 524 頊吉（菜）sogi,solgi、No. 122 者車（苗）jeku、No. 125 埋子（麦）mai、No. 131 黒克（西瓜）hegu ?、No. 124 秃斡黒（果）tubihe、No. 132 捏住（蘿蔔）miyaju、No. 530 卜勒（米）bele
3　『遼東行部志』辛未条「次松瓦千戸寨。松瓦者城也。寨近高麗旧城。故以名之。是日山行。始見水碓。」
4　『湛然居士集』詩、西域河中十詠、其六「寂寞河中府。西流緑水傾。衝風磨旧麦。懸碓杵新粳。」（原注：西人作磨、風動機軸以磨麦。）
5　『金史』巻6本紀第6世宗上（大定八年）四月丙午条「詔曰『馬者軍旅所用、牛者農耕之資、殺牛有禁、馬亦何殊。』其令禁之。」
6　山路前掲書No. 143 委罕（牛）ihan、No. 138 母林（馬）morin、No. 144 和你（羊）honin、No. 161 替和（雞）čiho
7　『金史』巻100列伝38李復亨「復亨奏『民間銷毀農具以供軍器、臣竊以為未便。汝州魯山、宝豊、鄧州南陽皆産鉄、募工置冶、可以獲利、且不厲民。』」、『金史』巻24志5地理上、巻25志6地理中など
8　『遼史』巻60志29食貨志下「坑冶、則自太祖始併室韋、其地産銅、鉄、金、銀，其人善作銅、鉄器。又有曷朮部者多鉄、「曷朮」、国語鉄也。部置三冶、曰柳湿河、曰三黜古斯、曰手山。神冊初、平渤海、得広州、本渤海鉄利府、改曰鉄利州、地亦多鉄。東平県本漢襄平県故地、産鉄礦、置採煉者三百戸、随賦供納。以諸坑冶多在国東、故東京置戸部司、長春州置錢帛司。太祖征幽、薊、師還、次山麓、得銀、鉄礦、命置冶。聖宗太平間、於潢河北陰山及遼河之源、各得金、銀礦、興冶採煉。自此以訖天祚、国家皆頼其利。」

9　山路1956参照。（琥珀）hupai、弗刺江古温（赤玉）fulgiyan gun、古温（玉）gun、馬納敖（瑪瑙）

10　『金史』巻24志5地理上「大同府　貢瑪瑙環子、瑪瑙数珠。産（中略）碾玉砂。」「宣寧有官山、弥陁山、石緑山、産碾玉砂。」

11　『金史』巻79列伝17張中彦「正隆営汴宮新宮、中彦採運関中材木。青峰山巨木最多、而高深阻絶、唐、宋以来不能致。（中略）以車運木、若行平地、開六盤山水浴之路、遂通汴梁。」

12　『金史』巻91列伝29蒲察世傑「（大定初）世傑甞擐甲佩刀、腰箭百隻、持槍躍馬、往来軍中。」参考『金史』巻6本紀6世宗上大定二年十月壬辰条「華州防禦使蒲察世傑、丹州刺史赤盞胡連魯改敗宋兵于徳順州。」

13　『避戎嘉話』巻55閏十一月三日条「靖康丙午仲冬、金人再犯京師。（中略）是夜（姚）仲正策応南栧子城。賊交鋒正在北栧子城下。躬率将校。施放弓弩、監督砲石。凡数陣。皆為砲箭。（中略）其攻城之具、又有火梯、雲梯、編橋、鵝車洞子。【兵法為木驢】」閏十一月二十一日条「賊人有火箭火炮也。」

14　『避戎嘉話』靖康丙午仲冬閏十一月三日条「用游火、用鉄筐。盛火如脂蠟。」

15　『宋史』巻87志40地理3陝西「耀州、緊、華原郡。開寶五年、為感義軍節度。太平興国初、改感徳軍。崇寧戸一十万二千六百六十七、口三十四万七千五百三十五。貢瓷器。県六、華原、上。富平、望。三原、望。雲陽、上。同官、上。美原、中。」

16　『北行日録』（乾道五年十二月十二日条）「（東京）去歳五月、河決。所損甚多。（中略）古城用柴木横疊。其上積草土以行車馬。」

17　『使金録』嘉定五年正月六日寅甲条「過盧溝橋。石橋長九十丈。毎橋柱刻獅子象凡数百所。」『金史』巻27志8河渠・盧溝橋「（大定）二十八年五月、詔盧溝橋使旅往来之津要、令建石橋。（中略）明昌三年三月成、勅命名曰広利。」『北轅録』二月十九日条「渡石橋。橋従空架起工堅緻。南北長十三丈、闊四之一実。隋人李春所造。元祐間賜名安済。」

18　『雲麓漫鈔』巻8自東京至女真所謂「御寨」行程（松井1912による。数字は里）「東京（南京開封府）－45－封丘県－北行45－昨城県－45－渡河沙店－45（黄河）－滑州館－25－濬州－70－湯陰県－35－相州安陽館－60－磁州滏陽駅－50－邯鄲県駅－40－臨名鎮－70－信徳府邢臺駅－35－皇甫village駅柏郷館－50－趙州平棘駅－100－真定駅－60－新楽駅－50－中山府－50－望都県－70－保州金臺駅－40－保州梁臺駅－30－固城－50－馬村鋪－50－涿州本道館－60－良郷県－60－燕京永平館－東行60－潞県－90－三河県－70－薊州－80－永済務－90－七箇領－90－平州－80－新安県－60－潤州－沿海行40－遷州－80－莱州－80－㶚州－80－淘河島－80－胡家務－80－新城－80－梯已寨－60－館寨－30－広寧府－30－顕州－5－東館－50－兎児堝－80－梁虞務－60－遼河大口平津館－73－広州広平館－北行70－瀋州楽郊館－80－興州興平館－50－銀銅館－90－咸州咸平館－30－宿州宿寧館－80－買道舗懐方館－40－楊八寨通遠館－50－合叔宇童舗同風館－30－義和館－50－如帰館－40－信州彰信館－70－勝州来徳館－50－山寺舗会方館－50－咸州威徳館－50－龍驤館－60－詳州常平館－60－浜州混同館－60－高平館－40－同流館－50－没搭合宇童来同館－70－烏龍館－30－虜寨（御寨・上京）

2 都市と集落

　中国の使者、許亢宗の『宣和乙巳年奉使金国行程録』によれば、1125年の時点で女真には、遼から奪った都市タイプの居住地を数えなければ、上京以外に自分たちの都市を一つも持たなかった（Chavannes1898）。実際には、昔から女真の地においては、独立した都市や大きな都市タイプの集落を認めることができる。それらは、女真人の都市建設能力を物語るものである。しかし、都市生活に関する女真人の幅広い知識は中国との戦争の過程で生じたもので、大きな中国の都市を破壊することによってもたらされた。その後、状況が安定するにしたがって、都市に対する女真の姿勢は変化した。新政府の行政区分の導入によって、県、州、地方、郡の中心として都市がある状態が容認されるようになった。金朝では、手工業と商業の発達も都市によって支えられた。しかしこれらすべての場合において、事実上、金統治下においても中国的都市生活が継続したことを語らなければならない。女真によって創設され、再建され、あるいは改編された都市についてはあまり知られていない。燕京（北京）は、再建された都市の実例である。

　女真が数多く設置したものの中でもひときわ異彩を放っているのが五京制度である。金帝国の構造において重要な構成部分を成しているものである。たいてい二つの首都があるという思想それ自体は、東西南北の名を都市の名称に利用する習慣同様に、極東の国家の思想として決して異質のものではない（たとえば、唐代の中国の洛陽は東方の都であり、長安は西方の都である例を参照せよ）。しかしながら、東西南北の基本方位と中央という名称を有する五京システムは、満洲に発生した三つの国家、渤海、遼、金に特有なものである。それがはじめて出現したのは、9世紀の第1四半期の渤海国においてであった。「五」の思想自体は、全宇宙が五つの自然元素（金・木・水・火・土）にもとづいて調和するという極東の自然哲学（五行説）の根源につながっている。

　この学説によれば、自然と社会において、これら五つの自然元素と香り、味、色、天体、天あるいは地上の皇帝、基本方位（東・西・南・北・中央あるいは中心）などの「五つの要素」の間には一致がある。都を五大要素と対比される概念の中に加えることは、満洲の為政者の哲学的志向の成果である。このように首都と五行説を結びつける思想は、都市に特別な栄光を与え、他の「五」のうちでも基本方位の名称に帰属させることによって、例外的な存在である観念を強めたのである。五京は、基本方位が全世界の調和の思想を表すように、小宇宙、つまり国家

における自然の調和を象徴するものであった。そして、五大元素は全世界の調和の思想であった（表1）。

　女真の上京は、間違いなく女真の都市の文化研究にとって最も豊かでそれにふさわしい資料を有している。上京は、現在の阿城市より南東にある按出虎水沿岸にあり、ハルビンの近くにあった。輪郭が長方形の北方と南方の都市から成る二都城（白城）は、廃墟となって現在に至っている。城壁の総延長は、約11km（二都城を分割する壁も含めて）。城壁には、81もの側堡の塔があり、それぞれ異なる間隔で配置されている。角にある塔は極めて強大である。北方の城塞には、三つの外門と内壁の門があり、それらは外側から防御用土塁によって固められていた（門の前の細長い土手の類）。現在の都市は、1124年に臨潢（契丹の上京）出身の職人によって建設されたらしい。

　漢人の旅行家、許亢宗は、1125年時点の都市を以下のように記録している。首都の近くの旅籠には30足らずの部屋があった。その壁は、織物がぴったりと張られていた。そのため、部屋は使節に天幕を思わせた。「土製暖炉の上の寝床（炕(カン)）は、じゅうたん、絹織物、クロテンの毛皮で覆われ羽毛敷布団が敷かれていた」。上京地区での遊覧のとき、使節団は「見渡すかぎり広大で無人の草原が広がっている。そこには、（天上の）星あるいは（将棋盤の）将棋の駒のごとくわずか十軒ばかりの家々が雑然と秩序なく点在しているように見える。それというのも、そこに城壁もなければ通りや小路もないからなのか？　家はすべて建物の裏側は北に面し、一方、表側は南に面している。このほうが家畜を放牧するのに都合がよいからである」と指摘した。

　さらに使節たちは、小高い場所から面積約18〜24ha、高さ3.2mの強固な建築を見た。これは皇帝の都市であった。警備用門のところで使節たちは下馬し、城郭の中に入った。西のほうをフェルトでできた4枚の天幕が占めていた。接見は、屋根のない演壇で行われた。演壇から左側には、二つの建物が見えた。それは「洞」と高さ16〜22mの「五色の絹によって飾られた」翠微宮だった。（そこには）「山と岩、仙人、仏陀、龍、ゾウが、マツや糸杉の枝の中に入り乱れてちららら見える……」。さらに使節たちは、「木製の七つの部屋は非常に美しいが、未完となっている。それらは瓦葺きで、瓦は凹んだ面を表側にして粘土で貼り付けてあった。屋根と梁の角の装飾は、みな木でできていて、黒色で彩色されていた」と指摘している。

　ある建物には、たとえば乾元殿というような名称を書いた表札があった。このような宮殿には高さ1.3mの階段が通じていて、階段の前には四角い土製の台が

金代の都	存続期間	都市-府（現代の名称）
上　京	（11世紀-1115） 1138-1153, 1173-	会寧（白城）
北　京	1119-1138	臨潢（巴林）
北　京	1138-1150	大定（大寧）
	1153-1215	大定（大寧）
中　都	1120-1153	金昌（洛陽）
	1215-1233	金昌（洛陽）
	1153-1214	大興、析津（燕京、北京）
南　京	1122-1132	大興、析津（燕京、北京）
	1153-1232	汴京（開封）
東　京	1132-1153	遼陽（遼陽）
	1117-1132, 1153-1212	遼陽（遼陽）
西　京	1122-1212	大同（大同）

表1　女真の都のシステムの変化

あった。横の建物の周りには、青い織物で覆われアシ（葦）でできた小屋があった。使節たちは、それ自体の建築工程も観察した。「毎日、数千人が建造に遣わされた。彼らは数千近くの建物の建設にすでに着手していた。まだ完成はしていなかったが、設計によれば非常に壮大なものだった」[1]（『河汾諸老詩集』；『三朝北盟会編』）。

興味深いことに、『大金国志』に掲載されている使節団の報告の簡略な一節は、若干詳細な点で異なっている。宿泊用の旅館は10か所に制限され、それらは草葺き屋根だったと述べられている。宋からの使節たちは草原で10軒ではなく千軒余りの建物を目にした（それはより論理的である）。

宮殿の建築の記述においても若干相違がある[2]（『大金国志』）。前述の引用によれば、上京は1125年にはまだ（中国式の）規範どおりの配置ではなかった。立ち入りが禁じられていた都市、つまり城塞は、都市のどこからも孤立していなか

ったし、住民は皆農業をやめることなく、城壁の中に住んでいた。建設の際、磚(せん)はおそらくまだあまり使われなかったのだろう。瓦はすでに使われていたが、簡単に置くようなもので、庇が角張っていて水が垂れるようなものはなかった。

都市は急速に発展し、1138年には正式に最高首府と呼ばれるようになったが、すぐに小さすぎることがわかり、1146年に燕京（北京）にならって再建することになった。しかし、再整備された首都は面積では中国に遠く及ばず、中国の首都の20〜30％しかなかった。帝国の宮殿が都市から分離するまで、都市への自由な出入りは禁じられた。城壁の外の都市の周囲には数多くの町が発展した（鳥居1948；松井1912）。

上京から燕京（中都）への遷都の直後、1153年に海陵王は上京を破壊するように命じた。新しい皇帝、世宗の治世では、1173年に上京再建に関する命令が出された。金代における北京（北の都）という名称は、正式には一時そう呼ばれていたこともある上京を除く二つの都市のものであった。一つは、1138年に東モンゴルの臨潢（現・巴林）に与えられたものだった。臨潢は元来、契丹の最高位の都で、915年に建設され、1119年に占拠され、1150年にも占領されている。都市は東西南北をはっきり示さない変則的な四角形（1.8×1.5km）をしている。北西からまっすぐ伸びる城壁は、角が切られている。どの方向にも外側を土手——防御用施設で守られた門が建設されていた。角には櫓が置かれ、壁の側堡には、等間隔（80〜100m）で側堡の塔が置かれていた（竹島1939）。

1153年から北京は、契丹の中京（1007年〜）だった大定（現・内モンゴル赤峰市寧城県）に置かれた。3か所の城塞のうち西方のものはおそらく最も古く、契丹のもので、北の城塞は一番新しいものだったろう。南の城塞は、どちらかというと長方形（1960×1456m）をしており、河に隣接している。おそらく女真によって建設されたものだろう。南の城塞の中央には、北の城塞へ続く盛り土（486×606m）が残っていて、土手で囲まれていた。これは宮殿の遺跡である。要塞の範囲には、磚造りの仏塔や石壁の残骸がある。契丹時代に比べて女真時代の都市は、南の城塞によって著しく拡大した。都市は土手と防御門を伴う高い城壁に取り囲まれていた。そして都市には、宮殿や仏塔が建てられた（松井1912）。

女真の中都（中央の都）は、析津（燕京・北京）にあった契丹時代の南京の隣、大興で1150年に建設が始まった。建設には80万人近くの労働者と40万人の兵士が関わった。1153年には、中都の名称が授けられ、皇帝が南京へ逃亡する1214年まで、女真国家の重要な都になった。ここには女真の統治者や最初の皇帝の亡骸が移され、そうすることで上京の古い都の残影からの影響を和らげた（朱偰

1936)。大興は長方形をしていて、その全周はおよそ20km(現代の測量による)だった。壁は、基底部の厚みが4.5 mのところで18.5 mの高さがある。12の門は、網目状に巡らされた街路とともに都市の中を区画する大通りの終着点となっていた。

　首都には、宮城が建設された。宮城は、五つの門の付いた全周5.5kmの壁が囲んでいた。宮城には、皇帝の宮殿と最重要機関——尚書省などがあった(閻文需1959；Kates1942-1943)。まさに宮城には、多くの宮殿や寺院、国家機関、小さな店があった。ある史料によれば、「壁は全周75里に達した。12の門は、東西南北の方角に三つずつ……。城の南門は上部に多層塔が建っていた。その有様は威風堂々としている。三つの門は、一列に並んでいる。角にはそれぞれ多層塔がそびえている。その上に葺かれている瓦は釉薬をかけて焼いたもので、釘は金メッキ、扉は赤だ。五つの門が相次いで建っている」[3]（『大金国志』）。

　壁は1170年の包囲によって破壊され、再建されることはなかった。首都を訪れた范成大は、多くの土着の住民たちが去って、よそ者が入ってきたことによる都市生活の不安なようすを書きとめている。「人々は少数になり、すさんでいた。新しい町はひっそり閑としていた。犂で土を掘り起こしているということだった。すべてが仮住まいをしているようだった」[4]（『攬轡録』）。首都は整備が続いた。1192年に、大臣が皇帝との対談で、首都は「荘厳で美しい。内外に皇帝の気晴らしのための庭や林がたくさんあり、山や川のほとりには狩りの訓練に十分な獣や鳥がいます」と語っている[5]（『金史』；Розов）。1215年に首都は、モンゴルに奪取された。金昌（洛陽）が中都の名称になったことは、都市の外観にはほとんど反映されなかった。

　南京は、最初古い契丹の首都だった析津にあった後、1153年に遼陽から北宋の元首都だった開封に制定された。この後、女真は非常に積極的に建設を展開したが、女真の建築は中国建築の中に埋もれてしまっている。1169年に使節団とともに中都へ行った楼鑰は南京の感想を次のように記している。「現在は、南京と改名した東京に到着した（古い建物や門なども改名）。壁は巨大で、壕は深く、柳の植え込みで囲まれている。最初に見えてくるのが、壁の前の堡塁だ。堡塁の上には見張りのための櫓が建ち、その後ろには三つの櫓を伴う堡塁がある。さらに大きな都市へと入っていく。都市の前には、上部が巨大な櫓になっている三つの門がある。下方の門をくぐると、宮城に行き当たった」[6]（『北行日録』）。女真は、1232年にモンゴルにこの首都を奪われた。

　次の二つの首都の外観に関する情報は少ししかない。東京——遼陽は、937年

にはすでに契丹によってそのように命名されていた(松井 1912)。東京は実際、満洲における女真古来の貴族や農地の頼もしい防壁だった。西京という名称は、遼の時代にすでに（山西省）大同のことを指していた。当時、都市の壁は 20 里、つまり 11.5km あった（王耀成 1915）。都市は長方形で、それぞれの方角に門が一つずつ設けられていた。土塁は粘土で、その上には戦闘用の櫓や側堡の塔がそびえていた。どちらの首都も 1212 年にモンゴルに占領されてしまった。

女真の首都制度の変化は女真国家の変化と密接な関係があり、おそらく渤海や遼の首都の状況と対比されるものだろう。最高首府は当然のことながら、建国以前は女真族の生活の中心であった。その当時はおそらく最高首府のような名称すらなかっただろう。遼帝国の滅亡で、女真の下には南京（燕京あるいは北京）以外のすべての契丹の都がもたらされた。南京は女真と中国の係争の種であった。当然このような状況では、南京の名称は遼陽のほうが適していた。1153 年の全制度の最終的な調整では、旧北宋の首都開封が南京に急に変更になることも想定された。この都市に女真の都を置いたことは、中国北部・中央部での勝利を表し、南宋の朝廷との関係の緩和につながった。

しかしこれは、東京という名称が元の名称である遼陽に自動的に戻ってしまう原因になった。東京は、渤海人居住地の中心地となった。そして高麗との関係を保障するものでもあった。西京は、東京と同様に中国の古都の基礎の上に建設され、中央アジアの平和と何より西夏国家との結びつきを全面的に保障するはずだった。北京は契丹の地にあった。これは女真にとって、契丹や国境にいる民族（モンゴルなど）に対する砦であった。

中都（つまり首都）は意図的に新帝国の中心で、それが統治すべき征服地の四つの首都の中心に建設された。最高首府の復権が、ほかならぬ女真領土を統治する中央機関を形成するとともに、沿アムール地方や沿海州の諸民族との関係をおそらく強化したのだろう。

速頻（路の城、渤海や遼では率賓府）は、等級からいうと県の中心にあたる都市複合体の例である。しかも、文献に出ているその名称すべて（恤品、恤頻、蘇濱など）は、その都市が位置する綏芬河(スイフン)の名称と（本来は）同音である[7]（松井 1912）。現在のウスリースク市とその附近（ソ連邦沿海州）にある遺構は、高い信憑性をもってずっと前から文献の中で金の速頻路という名称で呼ばれていた首邑だと見なされている。この都市は、中国の都市建設の方法論の影響を最小限しか受けなかった。しかし、その都市はいくつかの時代に属している。つまり起工したのは渤海人で、東京地区の役所の所在地（おそらく書類上だけに存在した区画だろう）

にしたのは契丹人であった。そして女真が完工し、モンゴルが破壊した。結局その都市は、19世紀半ばに集中的に開発された地域で発見され、そのおかげでかなり早くから研究者に知られるようになったが、新たな移住者によって早い段階で崩壊してしまった（Воробьев1960）。

　その都市に関する最初の資料は、おそらく1864年のロシアの文献だろう。そこでは、その都市が双城子と呼ばれていたとある（Усольцев1864）。1868年にИ.ロパーチンは遺跡を調査し、彫刻をスケッチし、要塞を研究して、土塁を水準測量した（Лопатин1869,1864）。同年、この地をН.М.プルジェバリスキイが訪れた（Пржевальский1870）。1870年には、П.И.カファロフが初めて中国学者の観点からこの遺跡に注目した。彼は遺跡を、渤海時代と女真時代の複合体とし、そして清の地図の傅爾丹城（「山間の隘路に閉ざされた都市」）と古代の双城（「二つの都市」）、つまり「東三省輿地図説」の双城子とをその都市の遺跡と同一のものと見なした（Кафаров1871）[8]。最初の発掘調査は、1886年にアムール地方調査会の議長、Ф.Ф.ブッセが行った（Отчет...1894 ; Буссе1888 ; Буссе и Кропоткин1908）。

　第一次世界大戦及び内戦の年、А.З.フョードロフは38の構築物を書き込んだ詳細な遺跡地図を作成し、各構築物に記述を施し、試掘を実施し、今後の研究の構想を練った（Федоров1916,1922 ; Хорев1976）。残念ながらその構想が実施されたのは30年後のことだった。しかし、その30年の間、この都市に関する研究はあらゆる論文や書物に散見された（Матвеев1929 ; Николаев1951）。古代都市の研究における新段階は、沿海州の考古学と同様、1953年――つまりソ連科学アカデミーの物質文化（のちに考古学）歴史研究所の極東考古学探検隊とソ連科学アカデミー極東支部の歴史考古学民族誌部門が組織された年に始まった（Воробьев1959 ; Забешна1955,1960 ; Окладников1955,1958）。

　この中世都市（ウスリースク）の遺跡は、現在では有機的な一体を呈しているが、おそらくは二つの異なる国家――渤海と金に属している。渤海人と女真人は近しい親戚で、渤海がこの地に居住していたとき、女真も入植したので、自然と都市文化の融合が生じたのである。このように南の要害と呼ばれる堡塁（No.1）[i]は台形に近い変則的な形（広さ700㎡）で、その壁は北東（0.9km）と北西（1.1km）にあり、ほぼ直線（高さ6m）である。それに対して、南西と南東は綏芬河の古い河床に沿って巡らされている。土塁の外側には、特別な堰によって綏芬河へ流れ込むようになっている壕があった。その堰は、壕の高さに水位が保たれるように調節していた。南西と南東には、雨のときは冠水してしまうような低地が広が

っていた。金代、低地は特別な排水用溝渠によって干拓された。二つの残っていた門は、外側から土手状の防御用施設で保護されていた。壁のところで側堡の塔が見つかったことはなかった。門には、投擲用の火砲の砲座、あるいは台があった。

     i ここから先の番号は、А.З. フョードロフの構想から引用している
      （Федоров1916）。

  南側の堡塁の中心には、青い磚で造った基礎の遺物があったことを、А.З. フョードロフは1916年に指摘していた（No.32）（Федоров1916）。建物の中では、炕とかまどの管が発見され、11世紀後半から12世紀第1四半期の簡素な灰色の石のような硬質磁器様の陶器や鉄製品、北宋銭が埋められているのが見つかった（Гребенщиков1922）。この堡塁が金代初期のものであることがかなり正確にわかる。都市公園の地所には、四つの円柱の土台が残存していた（No.36）。この小さな廟つまり東屋（7.5×5.5 m）というべきものの内部には、板状のプレートが敷かれていた。その基底部の土台と瓦の形状は、金のものである。この場所では、廟から100mのところで発見されたもう一つの長さのある塚が発見されている（No.37）。ひょっとするとИ. ロパーチンはそれを記述したのかもしれない。当時、その塚には、底辺に壕と土塁が巡らしてあり、その上にはバラ色の花崗岩でできた2本の華麗な八角柱が建っていた（Лопатин1869）。

  南側の堡塁から北西へ向かって2.5kmのところに、北の城塞が配置されていたが、1910年代にはすでに激しく破壊されてしまっていた（No.2）。その城壁はほぼ正方形（一辺が約1km）で、どの面も厳密に東西南北の方向を向いていた。この地を訪問したИ.М. プルジェバリスキイによれば、土塁は高さ5mもあり、三方向には2mの深さの壕が残っていた。城壁の南西の角では門が発見された。その門に向かって、舗装道路が延びていた。発掘調査のとき、А.З. フョードロフは、多くの金代のもの——それは古銭学の資料によっても、確かめられているが——を発見した（Федоров1916）。П. カファロフがこの城塞を「女真の陣営」と位置づけたことについて異論は出されずにいる。どちらの要塞も相対する壁に対して突き出た堡塁が取り付けられていた。北の城塞の堡塁（No.3）は正方形（150×150 m）で、南の城塞は長方形（300×250 m）だった。両方の要塞の中にあるこれまで列挙された考古学的遺跡は小さく、都市の物質文化の遺跡としては重要でない部分であった。都市やその周辺では、石の土台（No.7,8）、基礎の痕跡（No.6）、瓦の山（No.14,15）、玄武岩の円柱（No.33）、石の霊廟を伴う塚（No.10）、石像を伴う塚（No.12,13）と石像を伴わない塚（No.22,23）、石の池（No.17～21）、

鉱山の穴（No.26）、玄武岩の採石場（No.25）、舗装された道路（No.11,16,29,30,35）、それから石のカメ（No.9,24）が散在していた。このカメについては、数多くの機知に富んだ推測が述べられた（Ларичев1966）。その推測が正しいかどうかに関わらず、そのような状態の遺物が大集落の非常に高貴な人物のところにあったということが、私たちにとっては重要である。

大都市の遺跡のある地域は、ラコフカ川とスロビャンカ川の間にできた三角平原を取り囲み、北側は円丘の支脈によってさえぎられている（面積約10㎢）。このような状況の中では、二つの堡塁の相互関係とその所属、また集落全体の意味について別の視点から見ていかざるを得ないだろう。昔のロシアの研究者たちは、互いに向かい合って建てられた壁の前に堡塁を伴う二つの要塞が近接したものだと理解した。つまり、さまざまな国家や民族に属していたことを物語る事例——あるものが別のものにとって代わるといった事例——として理解した。しかし、これはおそらくそのようなことではなかっただろう。考古資料は、二つの要塞が金という一時代に長期にわたって存在していたことを証明する。異民族のものである二つの堡塁が互いに1kmのところで共存しているということは、戦争という観点からすれば、ほとんどあり得ないことである。この二つの城塞が出現した状況とは関係なく、金代にそれら二つの城塞が、政府あるいは民間による内部要塞の役割を果たしながらも、都市の構成要素の一つにすぎなかったと推測する。こうした見解は、堡塁の向こう側の離れたところに都市の建設が広がっていたことで補足される。しかも、城塞の構造は壁の外の郊外にあるような建築物（住居や倉庫等）を思わせるものではない。

金代、速頻——県の中心都市——が強大になり、都市全体において内部堡塁の国防的な役割はごく小さなものになった。それに加えて、増大した都市の防衛のために、川から4kmのところに、巨大なクラスノヤロフスカヤ要塞が建てられた。その要塞は、満洲・朝鮮の慣例に従って、必要とあれば都市住民のかなり多くの人々を防衛することができた。速頻は、1124年の遼の陥落まで、金の重要な中心地——海蘭あるいは曷懶路——で（Бичурин1960）、しかも独立した同名の県の役所だった。В.Е.ラリーチェフ（Ларичев1966）によって示された完顔阿思魁（ワンヤンエスクィ）の亀趺のうち一つの鑑定が正しいとすれば、1193年ごろ速頻は、地方の大地主の砦として残っていた。そして、А.З.フョードロフの考えでは、たとえ盛んではなくても、その建築物は1234年の金王朝の陥落後も、おそらくモンケハン軍の襲撃によって1253年にその都市が滅んだ後も、存続したと推測されている（Ларичев1966）。つまり速頻は、女真が歴史上存在していた間彼らの中心

地であっただけでなく、それよりずっと長い間存在していたのである。

　速頻は、女真発祥の地唯一の都市ではない。当該の都市としては、面積 7000 ㎡ のニコラエフスコエ城塞、つまり蘇城がある。台形をしたこの都市は、蘇城の段丘と水路の切断面に沿っていた。三方向は、頑丈な土塁（高さ 10 m、土台の部分の幅 25 m）と壕が巡らされている。二つの門は、Γ 字形土手状の防御用施設で守られている。内側は、土塁によって宮城が区画されている。その都市では、仏教寺院の中庭の正面のアーチ型建造物の遺跡（翼の生えた神の全身像、不死鳥の遺物）や寺院に属するものと思われる集落跡が発見されている。平原の中のこの都市は、おそらく 12 世紀末から 13 世紀初頭、この地方の大規模な宗教的中心地だったのだろう（Шавкунов1966）。

　12 世紀末から 13 世紀初頭に現在の沿海州に繁栄したシャイギンスコエ城は、すでに手工業的製造業を志向する都市の姿をしていた。都市は山間部に建設され、長さ 3600 m の土塁で囲まれていた。都市の中の段丘には、手工業者や兵士、シャーマンの住居や宮殿のような建物、鉄金属や非鉄金属を溶解する国営工場、それから鍛冶を行う職人や自家下請け業者のための小さな工房、製粉所、シャーマニズムの供物壇があった。この遺跡は、都市生活の多様な特徴をすべて兼ね備えていた（Шавкунов,Премяков1967）。三つの歴史時代の文化層を伴う円丘に造られた城塞で、再建された特徴的な宮城を伴うプラホトゥニュキンスコエ城（2700mの土塁）（Леньков1969）や、各段丘に住居を伴うアナニンスコエ城（1800 m の土塁）（Хорев1980 ; Шавкунов, Хорев,Леньков1974）は、沿海州において都市の役割を果たしていたのかもしれなかった。山地に置かれたこのような都市は、シャイギンスコエ城と同時代のものである。沿海州における女真の都市の多くが、12 世紀後半から知られるようになるのは興味深いことである。おそらくこの時代から金代末に至るまで、女真発祥の地においては都市建設が盛んに行われたのだろう。

　満洲では、都市は女真人を含めた地域住民によって建設されることもあった。彼らは、そこに高水準の都市文化を樹立した（Стариков1976）。それらに関する情報は実際には少ない。五国城地方の松花江上流で最近発掘されたドージンスコエ（同仁文化）時代の奥里米や中興のようなタイプの都市型大集落（あるいは要塞集落）は興味深い（林秀貞等 1977 ; 張泰湘 1977）。私たちが戦争用の要塞として記述してきた多くの城塞は、十分に都市の役割を果たしてきたといえる（Воробьев1975 ; Иваньев1951 ; 丹化沙，孫秀仁 1960 ; 李建才，張満庭 1961 ; Стариков1950）。

管区の中心（州）については、許亢宗が1125年に満洲を旅したとき書いた『宣和乙奉使行程録』で言及している[9]。これは都市型の居住地であった。それらはすでに遼によって建設され、旅行者が言うところでは、当時10里（5〜6km）に及ぶ土塁を伴う要塞集落で、その中に100戸の家族や役人が住んでいた。その規模は「鎮」という用語にあたる中国の都市、あるいは町よりも小さかった（Chavannes1898）。最近の測量によれば、たとえば金州の壁は長さが5里（約3km）あり、宜州の土塁は9里（約5km）であった（Бичурин1960）。このような都市の人口密度は、12世紀第1四半期に急激に減少した。営州には、こじき同然の10家族しか住んでいなかった。

集落にいかなる防衛用の建造物——おもに土塁と思われるもの——がないことは、その集落が都市型でもなければ要塞型でもない居住地であることを示している。もちろんこのような堡塁は掘り崩されたのかもしれないが、別の証拠、つまり単なる住居跡とか大量の農具の存在が疑問点を解決してくれるだろう。沿海州では、そのような集落がフレブナヤ峡谷の谷間やオシノフカでも調査されている（Окладников,Деревянко1973；Окладников,Медведев1980）。このような集落の一つが、綏中（遼寧省）郡の中心地より北東にある中後村の砂地の平原で発見された（王増新1960）。

集落はかなり広い面積を占めていて、個々の農民の住居がひと続きになっていた。文化層の厚さや墓地の存在が、長期にわたって村が存在していたことを物語っている。この文化層では、鋳鉄製と鍛鉄の農具、農村の手工業者が使う道具、馬車の部品、日用品が発見されている。郡の中心地、新民から南東へ25kmのところにある別の集落は、二方向を土塁で守られていた。文化層には、ウシやウマ、ブタ、イヌのたくさんの骨、農具や手工業（瓦製作のためのものも含む）の道具、日用品、ごくわずかだが武器があった。遺物の性格から、この集落は13世紀初頭に繁栄し、女真の屯田兵のものである可能性がある（王増新1960）。大青山里地方（内蒙古の烏蘭察布盟、現ウランチャブ市）には、家畜（ヒツジなど）の灰や骨、陶器、お守りなどを伴う豊かな文化層を残す二つの小さな村の跡が認められている（張郁1956）。金の初頭、満洲には村めったになかった。涞流河から東へ向かって3〜5里ごとに1〜2村あり、各村には30〜50戸が住んでいた[10]（『三朝北盟会編』）。女真時代を下ると、周知のとおり（モンゴルの）屯田兵が住むようになり、その村には300余りの世帯が認められた。

このように金の都市建設は、膨大な中国の遺産を内在させた形で行われた。そして、もし全体として女真がこの遺産を顕著に拡大しなかったとしても、彼らは

それらに何らかの自分たちの独自性を付け加えたことだろう。このような独自性が見られたのは、満洲の大規模な行政をつかさどる場である首都の仕上げの段階だった。その都市整備は、征服者にとって重要な関心事だったのである。大規模な建設は、村——中国における蒙古の一部である女真の集落にも及んだ。しかし、私たちは残念ながらこれに関する具体的な資料を持っていない。

1　『三朝北盟会編』巻20「館惟第舎三十餘間。牆壁全密堂室如帟幕。寝榻皆土床鋪厚氈褥及錦繡貂鼠。」「一望平原曠野間、有居民十家、星羅碁布、紛揉錯雑不成倫。次更無城郭。里巷率皆背陰向陽。便于牧放。」「有阜宿。圍繞三四頃。北高丈餘。云皇城也。至于宿門就龍臺下馬。行入宿闥。西設氈帳四座。(略)捧国書自山棚東入、陳礼物于庭下。」「其山棚左曰『枕源洞』、右曰『紫極洞』。中作大牌題曰『翠微宮』高五七尺。以五色綵。間結山石及仙仏龍象之形、雑以松栢枝。」「山内木建殿七間甚壮未結。蓋以瓦。仰鋪及泥補之。以木為鴟吻及屋脊。用墨下鋪。帷幕榜額曰『乾元殿』。階高四尺許。階前土壇方闊数丈。名曰『龍墀』。両廂旋結。」「日役数千人。興築已架屋数千百間。今就。規模亦甚侈也。」

2　『大金国志』巻40　第39程　自蒲撻寨五十里至館「館惟茅舎数十間。堂室皆帟幕。」「一望平原曠野間、有居民千餘家、星羅碁布。更無城郭。里巷皆背陰向陽。「有阜宿圍繞三数頃。竝高丈餘。云皇城也。至于宿門、就龍臺下馬。」「即奉国書及陳礼物于庭下。」「山棚之左曰『桃源洞』。右曰『紫微洞』。中作大牌。曰『翠微宮』。高五七丈。建殿七棟、甚壮。榜額曰『乾元殿』。堉高四尺。階前土壇方闊数丈。名曰『龍墀』。」「興築架屋数千百間。」

3　『大金国志』巻33 燕京制度「都城四圍凡七十五里。城門十二、毎一面分三門。(略) 内城之南門上有重楼。制度宏大。三門竝立。(略) 四角皆垜楼。瓦琉璃、金釘、朱戸、五門列焉。」

4　『攬轡録』「民間荒残。自若新城内大抵皆墟至。有犂為田處。旧城内粗、有市肆。皆苟活而已。」

5　『金史』巻9該当部分不明。参考『金史』巻5 本紀海陵、天徳三年閏(四)月丁丑条「罷皇統間苑中所養禽獣。」、『金史』巻24 志5 地理上、中都路「京城北離宮有太寧宮大定十九年建、後更為壽寧又更為壽安、明昌二年更為万寧宮。瓊林苑有横翠殿。寧徳宮西園有瑤光臺、又有瓊華島、又有瑤光楼。」

6　『北行日録』一　乾道五年（1169）十二月九日条「入東京城。改曰南京。新宋門、旧曰朝陽。今日弘仁。城楼雄偉。楼櫓壕塹壮且整。夾壕植柳如引縄。然先入甕城。上設敵楼。次一甕城有楼三間。次方入大城下、列三門。冠以大楼。由南門、以入内城。」

7　『中国歴史地図集』第五冊隋・唐・五代十国時期（譚其驤主編　地図出版社　1982年）によれば「蘇濱」とも。

8　『中国地名辞典』（塩英哲編訳　凌雲出版　1983年）は、双城子は傅爾丹城と朱爾根城の総称であり、それぞれ現在のニコリースクとウスリースクに対応させる。

9　『三朝北盟会編』巻20 宣和乙巳奉使行程録曰「所謂州者、当契丹全盛時、但土城数十里、居民百家及官舎三数椽、不及中朝一小鎮。」

10 『三朝北盟会編』巻4宣和二年十一月二十九日条「自淶流河、阿骨打所居止。帯東行約五百余里。皆平坦草莽。絶少居民。毎三五里之間有一二族帳。毎族帳不過三五十家。」

3 建物と造作

　当然のことながら、女真の居住用および非居住用の建造物は、まさに中国の外側で最大の独自性を示している。それゆえに、建造物の分析は女真発祥の地から始める。女真の地上住居は、沿アムール地方でも、沿海州でも調査されている。ハバロフスクでは、12世紀から13世紀の定住用の平地式住居を伴う集落が発見されている（Окладников,Медведев1974）。沿アムール地方の大ドゥーラル峡谷では、住居跡の柱穴が密集して配置されていた（Окладников1951）。この正方形の広場は、壁の土台となる低い土塁で囲まれている。川へ向かって少し離れたところに、住居（8×9m）の入り口が見つかった。入り口から左には、П字状の炕（カン）や部屋を暖める炉が置かれていた（12世紀初頭）。

　アナニンスコエ城塞では、土塁で囲まれた防衛施設を備えた屋敷（20×21m）が発見されている。屋敷は、炕を備えた大きさの異なる四つの住居から成っていた（Хорев1978）。円丘の斜面にあるシャイギンスコエ城では、南西方向から開けた段丘状の長方形の広場が発掘されている。これらの広場には、地上住居が配置されていた。

　オシノフカ村の谷のフレブナヤ峡谷（沿海州）では、土塁と貯水池で囲まれた敷地を伴う長方形の住居が調査されている。この住居には炕がある（Окладников1958）。Э.В.シャフクノフは半地下（竪穴）式土小屋を11世紀から12世紀初頭の女真の集落と結びつけて考え、平地式住居は12世紀から13世紀初頭の遺跡と結びつけている（Шавкунов1973,1968）。

　ウスリースク市（沿海地方）のクラスノヤロフスカヤ要塞では、雨烈（雨水の流れによって地表面にできる谷状の地形）の南斜面に10以上の人工の段丘が残されている（Воробьев1959）。それらの一つ（20×12m）には、長方形の1号住居（10×8m）があった。石製土台の上に立つ壁は粘土製で、屋根は軽い。床には、Γ字状の炕・炉が発見され、住居の外には炕の排出口があった。配置から、住居の南東の壁は、2号住居の壁の近くにあるか、あるいは二つの住居の共通の壁である。住居の一部の炕では、前述した陶器のかけらや鉄製品、丸い青みがかった

ガラス玉、1102年から1103年に発行された宋銭「崇寧重宝」が発見された。

さまざまなバリエーションのある炕のような暖房システムの研究は、おそらくクラスノヤロフスカヤ要塞で言及された建造物の発掘の中でとりわけ興味深い業績だろう。この独特のシステムは、沿アムール地方、沿海州、満洲、北朝鮮のツングース系満洲族によって創造されたものである（第1章3節参照）。渤海の東都（東京城）の5号建造物には、二つの大きな炕があった。建物を直角に横切って北壁へ向かい、外部に煙突がなかったので少し上方へ向かって通風のために建物の外へ出ていた。宮殿あるいは行政機関の建物では、ほとんどがこのようになっていた。その炕の幅は3m、長さは15mあった（村田1943）。

ツングース系満洲族の日常生活に関する発掘と民族学的観察によって、煙暖房のすべての形態が解明されるだろう（川瀬1939）。おもにΓあるいはΠ字状の炕は、古くから伝わる伝統的な形式である。また、床の下を通って一部あるいは全面を暖める炕も同様に伝統的なものである。

炕は、いつもかまどで暖を取っているわけではなく、専用の火を焚くところがあるか、暖炉が炕の起点部にあった可能性がある。また、必ずしも高い煙突は持たず、地面や斜面に穴が開いているだけで終わっているものがよくある。炕――言葉本来の意味では横たわる煙道だが――は、煙突あるいはドアのある壁以外の壁に沿ってうまく設置されている。炕というシステムには、ある壁面だけに沿って通した炕、二つの向かい合う壁を通って一つに結ばれない炕、入り口の行き止まりなどにある細い炕のような諸形態があるが、それらの起源は比較的最近のものだろう。

ソ連邦極東の女真時代の遺跡では、まさに典型的な煙暖房の諸形態がすべて調査されている。Γ字状は1号住居（No.4）、Π字状は2号住居（No.5）、オンドル型は6号住居（クラスノヤロフスカヤ要塞）から出土した。ある同時代の文化期の遺跡から出土したさまざまな煙暖房の諸形態は、女真人がバリエーションのある暖房システムを構築し、自分たちの居住地や沿海州、および沿アムール地方の領土も含めた地域に、このシステムを広く普及させたことを裏づけるものである（Воробьев1968）。

女真と同時代の漢人たちは感嘆して炕のことを書いている。その先駆けの一人、馬擴は1120年に書いている[1]（Tao Jing-shen1976）。その次に1125年に上京でそれを見たと許亢宗が書いている[2]（Chavannes1898）。周煇は1176年に中国内でそれを見て「すばらしい」と言っている[3]（『北轅録』）。驚くべきことに、北方の女真の炕が中国の地で文学の世界――『中州集』（10巻）、『滏水文集』（5巻）――

に描かれていた[4]（林瑞翰 1956）。

　炕の形態が明確に示されているのは、沿海州の女真の地上住居においてである（Шавкунов1973）。シャフクノフは、住居を五つの型式に分類している。1) Π字状の炕と 2～3 のかまどがあり、石臼はなく、中央に支柱の跡があり、平らでしっかりした床、壁を構築した柱のある住居。2) 五つの炉があり、柱にドアが付けられている大きな住居。3) 炕の右側の曲がり角までの長さが左側の曲がり角までの 2分の1しかなく、また臼がたくさん取り付けられており、少し離れたところに納屋がある住居。4) Γ字状の炕および炉と臼が一つずつ、それと柱が複数ある住居。5) Π字状の炕があり、南に出口、三つの炉、三つの炕の煙道、右側に石製の物置き場、丸太と半分に割られた丸太で組んで粘土で塗りこめられた壁の住居――である。住居で発見された遺物の配置によると、炕の右側の曲がり角までは女性のための部屋（紡錘車やビーズの遺物）で、左側や裏は男性に割り当てられていたかもしれない（労働用具、馬具などに付ける飾り金具や留め金の遺物）。前述の五つの型式のうち、第 1 型式は、一般的な住居で、第 2 型式は裕福な戦士の住まい、第 3 型式は豪華な住居で、第 4 型式は貧しい家、第 5 型式は裕福で比較的時代の新しい住居（13 世紀後半）である。

　沿海州の女真の住居は、ウリチ、ナナイ、ウデゲ、満洲人のものと似ている。『寧古塔紀略』には、満洲人の住居とその造作についての描写がある[5]。18 世紀の寧古塔の典型的な中級クラスの屋敷は、ワラで覆われいくつかの部屋のある建物、納屋、広々とした庭から成り、通りに面して木製の門が付いた木の塀で囲まれていた。その描写には、私たちの言葉で理解できるような家具がまったくないことが強調されている。「建物の大きさはさまざまであったが、使われている木材はとても太い。壁は自分の姿が映せるほど非常に滑らかに塗られている。内部は三つの炕で暖められており、炕は、南、西、北側に置かれていた。家の西と南に窓が付いている。戸は南の窓のそばにある」[6]（Васильев1857）。炕タイプの暖房はつい最近までニギダール人のもとにも残っていた。

　満洲や沿アムール地方や沿海州の裕福でない女真人の簡素でつつましい建物は、炕のようなすばらしい設備が取り付けられていた。裕福な住居と官営の非住居用建物とは対象的である。

　沿海州のクラスノヤロフスカヤ要塞では、私たちによって宮殿タイプの 6 号建物が発掘された（Воробьев1967）。この宮殿のために用意された長方形の敷地は、ほとんど正確に南北方向を向いていて、面積は 450㎡ある。110 個の粗石積の磚の土台は、外面が 22 個ずつの正方形で、深さは 5 個分であった。

基礎は、上部の面が正方形の角柱（中間が75×75cm）で、柱は約 0.75〜0.8m の深さに打ち込まれている。土台の礎板——さまざまな大きさの長方形の板——は、柱が著しく低下するのを防ぎながら、敷地の高さに沿って調整されていた。おそらく建築士たちは、屋根の水平を保つために、高さの異なる柱を使ったのだろう。このような方法は、水平でないところ（斜面や段状になっているところなど）に建物を建てる際に、中国で広く行われたことである。

　柱の平均的な直径は 20〜25cm 以下だった。いちばん端の柱は、薄い外壁同士を合わせるためにも使われていたので、建物の骨組みの寸法をかなり正確に測ることができる（44.5×7.5m）。柱と柱の間隔は、1.8〜2m であった。小部屋に分かれていない建築が内部配置の特徴である。整然と切れ目なく続く柱の列は、常に建物の内部（身廊など）が変わることを想定していたことを示している。それでも連続して林立する柱は、決してインテリアの自由な配置を妨げることはなかった。室内は、薄い間仕切りで分割することもできたし、全空間を巨大ホールのように使うこともできた。

　極東の建築では、公共の建物と宗教施設の二つのインテリアが知られている。北京の保和殿宮殿はそのよい例である。柱が 1 列 12 本ずつ、6 列がおよそ等間隔に（約 5.5m）並んで立っている（Siren1930）。これとよく似た柱廊をもつ北ベトナムの公共施設、ディンバン亭では、円柱が 1 列 10 本で 6 列並んでいる（Нго-Гуин-Куин,Троицкий1960）。これらの建物の図面を見ると、連続する柱が廊下や玄関、中央ホールなどのさまざまなインテリアの配置を決して妨げていなかった。クラスノヤロフスカヤ要塞の 6 号建物の屋根は、一面瓦葺きだが、釉薬をかけた瓦も庇の瓦も見られなかったし、軒瓦はほとんどなかった。軒瓦に関しては、直径 16〜18cm の軒丸瓦のものと思われる破片があった。その表面には、ハスの花や葉や茎などを描いた浅浮彫が施してあった。装飾は、女真の瓦の代表的なものである（Шавкунов1960）。

　同じくクラスノヤロフスカヤ要塞の 2 号建物は、数度調査されている（Воробьев1968）。その建物は、高台にある宮城にあって、かつては遠くから見ることができた。この建物を建設するために、平坦な一画が選ばれた。そこは、すぐ近くに 1 号建物があり、南へ傾斜している二つの平坦な低い台地が築かれていた。下方の段丘の外縁は 50cm の切断面で終わっており、大きな未加工の石列で補強されていた。段丘と建物は、南側を向いている（正確には 190 度の方向）。建物の下の敷地は、52×28m の平行四辺形である。建物の中央の東寄りの床では、敷石と隣り合う磚造りの炉が発見されている。建物全体の面積は、5.2×1.9 m で

ある。炉はほとんど正方形で、寸法は 1.4×1.3 m。大きな焦げた磚で造られていた。磚の置き方は二通りである。西と北の壁はおもに、細長いほうの面を下にした磚（竪積み）で築かれ、東と南は広い面を下にした磚（横積み）で築かれていた。南側の壁の下部には、長方形の穴——橋の下へ続く煙道の先端部が造られている。すべての場合、磚造りの土台は縦に巻いて縛った接合箇所から造られ、おそらく材料を固く締め合わせることなく、8 列の高さに保たれていた。

　吉林省の塔虎城では、建物の土台が 8 基残っていた。現在、普通土台は地上 0.5 m の高さであるのに対して、6 号建物の土台は 2.5 m の高さがある。この敷地（31×25 m）、土台を取り巻く二重の土塁、釉薬のかかった瓦、そして排水溝——それらはすべてがこの遺跡が、宮殿か行政機関——乾元殿の建物であることを示している。8 号建物の土台はもっと大きいが、土塁は一重だった（李建才 1964）。白城の遺跡が金の首都、上京のものであることは、中国では明の時代から知られていた。これについて初めて指摘したのは、『吉林外紀』である。

　「阿勒楚喀市（アロチュカ）から南へ約 2 里（1km）のところに、献祖（綏可（スイケ））が創設した金国の本営の廃墟がある。国民はそれを白城と呼び……。都市の廃墟の広さは、表面積が 40 里（おそらく正方形だろう）、高さは 1 丈（3.6 m）で、深さは 6 フィート（2.15 m）の地点に埋まっていた。四方向に門がある。壁の中には小城が建っていて、すぐそばに宮殿の廃墟がある。この地方の多くの住民たちがかつてここで金製品や高価な宝石、銀製品、磁器などを掘り出したが、その中には古い銅銭もあった。今日でも、そのような出土品を所有する人がいる。官庁の土台や石の表面が花模様で覆われている舗装道路は、すべてこの都市のものである。都市の西門の外へ 2 里ほど行ったところには、高さ数丈の砂の土手がある。言い伝えによれば、この盛り土は金王朝の皇帝が自国の将軍を会議のために召集した場所だという……」[7]（『吉林外記』）。

　女真の上位首都では、いかなる地上建物も残されてはいなかった。南の城塞の西側には、30 年ほど前、低い盛り土が見えた（園田 1941, 1939 ; Толмачев 1925）。10 個の盛り土——それは、宮殿群のうちの残ったもののすべてだったと考えられる。面積が 550×600 m で、盛り土のどれもがおそらく建物群の遺構だろう。建物群は、都市の中心には置かれなかった。これは中国風の設計上必要なものであるが、北西の角に置かれていた。盛り土からは発掘調査によって、しっかりした磚の基礎が発見された。1～5 号盛り土の下には、長方形の磚の基礎があり、6 号盛り土の下には、1181 年に上京の再建後使われたかもしれない正方形の磚の基礎が発掘された。

『金史』やその他の文献史料には、上京が崩壊する以前の宮殿や役所、寺院の名称がいくつか記されている[8]が、条件付きながら、次の遺跡と同定することができるかもしれない。4つの塚（小丘）は、後世に午朝門という名称で知られた門の遺跡と推定され、許亢宗が門の右側の通路を枕源洞、左側を紫極洞、そして中央通路を翠微宮と書いた門のことかもしれない。2号盛り土はその状況や面積、3号盛り土との類似点を考慮して、前方にある門と同等に扱うことができる。それらの間には、規則的に主要な建物があったに違いない。それらは太宗が1125年に許亢宗に（p104を参照）面会した謁見の間——乾元殿かもしれなかった。もしそうだとすると3号盛り土は中央の門の残骸で、4号盛り土は、太祖と太宗のために建設され、海陵王によって破壊され世祖によって再建された慶元宮の遺跡だろう。4号の塚と連結した5号盛り土は、宮殿の寝室かもしれない。最後の6号盛り土は、世宗のときに建設された光興宮かもしれない。史料では、熙宗に関する章で太宗のときに「（君主の）建築……衣服、食物は、下級の者たちのそれと変わらなかった。ただ（金の）君主だけは乾元殿にいた。外側は四方を柳の植え込みで囲まれ、禁区と見なされた。壁で囲まれ、それに沿って炕が設置されている。通常、宮殿は閉まっている」[9]（『大金国志』）。初期の許亢宗の感想には、建築や造作について興味深く詳細な内容が含まれている。都市では、30部屋から成る宿屋、木造の宮殿、瓦葺きの簡素な家、天幕、あばら家が見つかった。造作として必須だった炕以外には、じゅうたん、毛皮の敷物、羽毛布団が出土した。

しかし、これが満洲における金時代の唯一の宮殿建築ではなかった。『寧古塔紀略』には、次のように記述されている。「首都へ向かう途中、（寧古塔から）百里のところに、金王朝の上位首都（上京）があった[i]。宮殿建築の遺構は今に至るまであり、建物の前には大きな石獅と八角形の井戸があり、国学の前には記念碑があって、そこには"天会（1123〜1135）の時代に"という文字だけが見える。その他の文字は風化して消えてしまっていたため、判読できない。宮殿の壁の外側には、蓮花石塔と呼ばれた石のオベリスク（仏舎利塔）がある。その塔は少し東の方向へ傾いていた。塔から北には、高さ約2丈の石の仏像が立ち、長さ数マイルの荷花池もある」[10]（Васильев1857）。

[i] この主張は間違っている（松井1912）。

それでは今度は中国にある金建築に話題を移そう。前章で燕京の中都の建築について論じた（朱偰1955）。海陵王は、内装の仕上げをするために開封から大勢の塗装工や画家を遣わした[11]（『三朝北盟会編』）。彼らは非常に念入りに巧みに仕事をしたので、自分たちが造った建物あるいは建具に自分の名を印としてつけるこ

とを許されたほどだった[12]（『攬轡録』）。

　宮殿は、金張りと明るい色調がすぐれていた。屏風やドアの羽目板、窓格子、明かりとりの窓は開封から運ばれてきた。建築用の材木は、真定府の潭園から得たものだった。禁城には、彫刻を施した欄干の付いた碧玉の橋が小川にかかり、その橋の近くには園亭があった。外側の門は白地に黒で署名がしてあり、内側の門は辰砂に金で署名されていた。廊下の棟木は、紺青の釉薬のかかった瓦で葺いてあった。「宮殿や広壮な建物は壮大で豪華」だと評価されていた[13]（『攬轡録』）。周輝は、1177年に燕京に派遣され、使節の面会のために大広間に敷かれた巨大な敷物に驚かされた。「この一枚の敷物には、数百の人間が並ぶことができるだろう。どの敷物にも、不死鳥（鸞鳳）が描かれている。広間には9本の柱があり、先頭には望楼がバラの花状に高くそびえている。柱は絹の装飾に包まれている。二つの出窓に通じる渡り廊下には、どちらも30個の灯火が付いている。中央には二つの塔があり、一つは鐘のためのもので、もう一方は太鼓を置くためのものである。下には、麻製の緞帳が垂れている。その緞帳は、金色の漆で塗られ、その緞帳の前の部分は、刺繍のために絵のように美しく見える」[14]（Pei yuan Lou1904）。

　漢人旅行者の范成大は次のように書いている。1170年に「建て終えて飾り立てられた宮殿は、過去のものと比べてはるかに豪華である」、そして「その配置は普通ではなく、仏教寺院は決して衰えることはなかった」。彼は、中都の宮殿建築が「中国風を踏襲しながらも、旧弊な特徴を持ち続けず、完全には中国のものに似せない点」を非難した[15]（『攬轡録』）。これは非常に貴重な指摘である。その特徴において、すなわち機能、様式、民族性において、中国の影響を最も受けやすかった宮殿建築においてさえもその独自性を保ち続けたことを物語るものだからである。北京近くの大葆台の段丘では、建物の基礎（11×10.5 m）——井戸とその他の約7000㎡の敷地の一部が発見されている。銭や土器によると、遺跡は12世紀末のもので、『金史』によれば皇帝の妃の一人、李妃が避暑をしていたという段丘におそらく近いものだろう（馬希桂1980）。

　型式的に普遍的な建築を除くと、暫定的に建てられた建物がかなり多い。許亢宗は、1125年に上京で「ユルトあるいは天幕のような居住設備……休憩のためのフェルト製の四つの天幕」を目にしている[16]（Chavannes1898）。中国では、すでに1121年に女真が燕京で、フェルト製天幕を設営していた。そのような天幕の中に、阿骨打の本営もあった。のちに、皇帝の狩猟用地には1mほどの柵で囲まれた天幕や、山には夏・秋季の狩りでの休息のための東屋が建てられた。冬・春

季の狩りのための用地には、常設の建物が建てられた（勞廷煊1964）。別の形式の建築があるにも関わらず、フェルト製の天幕が金における伝統的な住居の形式だと思われていた（Eberhard1942）。

ぜいたくな建築やそれに伴う越権行為が、政府を悩ませた。1187年に地方当局が上京の御容殿玉座の広間の改修を請願してきた。このとき、皇帝は大臣に次のように言った。

「宮殿を建設する際、美しさと優雅であることだけを考えているので、宮殿は丈夫さというものをまったく欠いてしまっている。今の広間は遼王朝時代にあらゆる装飾を排除して建てられたものだ。しかし、別の地域の建物には注意を払い、毎年修繕するが、この広間は改修を必要としない。無意味な装飾を施した建物は、おそらく長持ちするはずがない。現在国庫による建築では、石と木製の建築が極めていいかげんに行われている。最低な役人は、恥知らずな職人とひそかに申し合わせて、材料をかすめ取り、国庫収入の宮殿や国営の建物に使い果たされた金額や材木の量には注意を向けられず、ただ単に何とか仕事を終わらせてしまうことばかりに気をとられている。そのため建物は完成したばかりだというのに、歪んだり、倒れたりしている。思慮のなさと不法行為のために人々は疲弊し、国庫は底をつき……」[17]（『金史』; Розов）。

金代の宮殿の造作は残らなかった。金のインテリアに関しては、古い文献に時折触れられている墓地の石の彫刻や装飾画からわかるだけである。ところで女真は、1126年から1127年に、毛足の長いじゅうたん（簡毯）、金の龍が描かれた錦のカーテン、衣服を入れる長持ち（衣匣）、衣服掛け（架、衣牀）、障壁（行馬）、本を置くための台（冊牀）などのインテリア用品を中国から手に入れた[18]（『大金弔伐録』）。個々の調度品については、第2章（3,4節）で引用文や著作物の中で言及している。

名門の女真人の家は、設備の整った離れ（使用人用住居、馬屋、厨房、納屋など）を伴った屋敷あるいは大邸宅ともいうべきものだった。朝陽（遼寧省）の墓地の壁画には、金持ちの家の食堂が描かれていた。その壁画には、壁に付けられた簾が観衆からは離れているように（立体的に）見える（陳大為1962）。

侯馬（山西省）にある女真の董氏墓の浅浮彫で目に付くのは、吉兆の鳥を描いた屏風や衝立、彫刻された花瓶、壁や鴨居のディテールのレリーフなどである（暢文齋1959）。侯馬における12世紀初めの別の陵の墓室の浅浮彫は、裕福な家のインテリアを模倣したものであった。どっしりと厚みのある壁は、彫り物をした板や衝立で覆われている。ところどころに灯明を置くための窪みや出っ張りが造ら

れている。天井や壁の下部の幅木に付いている縁飾りは、とくに凝ったつくりだ。壁や天井にかけては、片持ち梁（斗栱・装飾柱）で仕上げられている。戸や窓の形や仕上げは実に多様である。引き戸や観音開きの戸、本当の意味で戸ではない開口部がある。引き戸は長方形の平らな薄板で、幅が均等ではない3段の区画の引き戸が連続する。各引き戸は独自のスタイルを守った（幾何学的な植物模様の枠の）装飾である。このような戸が壁全体を占めているのだ。軒にある両開きの戸は、装飾は質素だが、戸口は特別に飾りつけられている。浅浮彫では、そんなに大きく見えないが、テーブルは極めて高い。テーブルの後ろに、ベンチ風の高い椅子に主人が座っている。夫婦は、脚の湾曲した低い机を隔てており、その机の上には花を生けた花瓶が置かれている。日よけのついた窓には、背もたれのついた椅子が置かれている（楊富斗 1961）。

　張家場村（山西省）の別の金代墓地（12世紀末）のレリーフには、上部にカーテンが巻き上げられた戸口から家の中が見える。戸口の上には、人物像が描かれた破風が垂れ下がっている（解希恭 1960）。太原郊外（山西省）にある金代墓地の一つの壁画には、納屋や台所等の設備の行き届いた建物が描かれている。納屋つまり倉庫は、切妻の藁葺屋根の高い建物で、壁は垂直に建った柱と板で交互にふさがれている(柱は縦の壁に4本ずつ)。やはり上部が切妻屋根になっている小さな倉庫の横側には、両開きの門が付いた低く突き出た入口があった。台所も独立した建物で、形は倉庫に似ているが、それより低く小さい（代遵徳 1965）。蘭州中山林の金代墓地（12世紀末）の壁に彫られた建物で、一見の価値があるものは（もちろん見せかけだが）欄干の付いたバルコニーである。戸口と二つの窓からバルコニーに出られるようになっている（陳賢需 1957）。

　遼・金代のごく簡素な住居は、夏用の半地下式小屋で、天鎮県（山西省）の夏家溝村の近くで発見されている。このいびつな楕円形をした半地下式小屋は、おそらく警備のための施設か、あるいは倉庫で、炉や住宅用具は何も認められない（Остатоки...1955）。

1　『三朝北盟会編』巻4「茅齊自叙」「遇阿骨打聚諸酋其食、則于炕上置矮抬子或木盤相接。」、『同』巻166 紹興五年（1155）正月十三日「金虜節要」「遶途尽置大炕、平居無事則鎖之。或開之、則與臣下雑坐之于炕、偽后妃躬侍飲食。」
2　『宣和乙巳奉使節金国行程録』第39程（自蒲撻寨五十里至館）「館惟茅舎三十余間、墻壁全密、堂室如帟幕、寝榻皆土床、鋪厚氈褥及錦綉貂鼠被、大枕頭等。」
3　『北轅録』該当部分不明。『三朝北盟会編』巻166（金虜）「節要曰（略）又曰初女真之域

(略)遠壁尽置大炕、平居無事則鎖之、或開之則與臣下雑坐之於炕、偽后妃躬侍飲食。」以上の記事をもとに以下の記事を宣和七年(1125)に許亢宗が見たものを炕とするのだろう。『三朝北盟会編』巻20宣和七年正月二十日条、宣和乙巳奉使行程録日(略)「牆壁全密堂室如帘幕、寝榻皆土床鋪厚氊褥及錦繡、貂鼠被大枕頭等。」

4　『中州集』巻10朱弁「炕寝三十韵」「風土南北珠、習尚非一蹴。(略)禦冬貂裘氅、一炕且跧伏。」、『滏水文集』巻5「夜臥煖炕」「地炕規玲瓏、火穴通深幽。長舒両脚睡、暖律初廻鄒。門前三尺雪、鼻息方駒駒。」

5　『寧古塔紀略』「子家在東門外。有茅屋数椽。庭院寬曠。周圍皆木牆。沿街留一柴門。」

6　『寧古塔紀略』「房屋大小不等。木料極大。(中略)泥牆極滑可観。(中略)屋内南西接繞三炕。(中略)有南窗西窗。門在南窗之旁。」

7　『吉林外紀』巻2城池　阿勒楚喀城「城南二里許、有金顕祖建都故城、俗称日白城。(略)方四十里、高丈余。城壕深六尺許、東西南北各一門、内有小城及宮殿旧址。該処居民嘗掘得金玉銅磁諸器及古銅銭、現在猶有存之者。該処居仕宦住宅脚石及鋪街石板、凡有雕鏤花紋者、俱由此城携去。今過其地、満城稼穡、一望荒涼。城西門外二里許、有土岡一座、高丈余、相伝為当時点将台云。」

8　『三朝北盟会編』巻20「其山棚左日『枕源洞』、右日『紫極洞』。中作大牌題日『翠微宮』高五七尺。以五色綵。間結山石及仙仏龍象之形、雑以松栢枝。」「山内木建殿七間甚壮未結。蓋以瓦。仰鋪及泥補之。以木為鴟吻及屋脊。用墨下鋪。帷幕榜額日『乾元殿』。階高四尺許。階前土壇方闊数丈。名日『龍墀』。両廂旋結。」、『大金国志』巻40　第39程　自蒲撻寨五十里至館「山棚之左日『桃源洞』。右日『紫微洞』。中作大牌。日『翠微宮』。高五七丈。建殿七棟、甚壮。榜額日『乾元殿』。増高四尺。階前土壇方闊数丈。名日『龍墀』。」

9　『大金国志』巻10天眷二年(紹興九年)条「屋舎、車馬、衣服、飲食之類、與其下無異金主。所独享者惟一殿名日『乾元』。所居四外栽柳。以作禁圍而已。其殿宇遷壁、尽置火炕。平居無事、則鎖之。」参考『金史』巻24志5地理上　上京路「其宮室有乾元殿、天会三年建、天眷元年更名皇極殿。慶元宮、天会十三年建、殿日辰居、門日景暉、天眷二年安太祖以下御容、為原廟。(略)光興宮、世宗所居也。」

10　『寧古塔記略』「即寧古鎮城進京大路。一百里至沙嶺。第一站有金之上京城臨大河。宮殿基址尚存。殿前有大石臺。有八角井。有国学碑。僅存天会紀元数字。餘皆剥蝕不可辮識。禁城外有蓮花石塔。微向東攲。塔之北有石仏。高二丈許。又有荷花池。」

11　『三朝北盟会編』巻244「一宮室亮欲都燕。遣画工写京師宮室制度。」

12　『攬轡録』該当部分不明

13　『攬轡録』「過石玉橋。燕石色如玉。上分三道。皆以欄楯隔之。雕刻極工。中為御路。亦闌以杈子。両傍有小亭。」「両廊屋脊皆覆以青瑠璃瓦。」「(大殿屋)窮奢極侈者也。」参考『金史』巻24志5地理上(張)浩等取真定府潭園材木、営建宮室及涼位十六。」、『金史』巻5本紀5海陵　貞元元年八月戊寅条「賜営建宮室工匠及役夫帛」

14　『北轅録』「一壇可容数百人。遍地製成鸞鳳。殿九楹、前設露臺柱、衣文繡。両廊各三十間中、有鐘鼓楼。両外垂金漆簾。額飾以繡。」

15　『攬轡録』「(煬王亮徙居燕山。始以為南都。)独崇餙宮闕、比旧加壮麗。」「見楼閣崢嶸、皆旧宮観。寺宇無不頼毀。」「制度畧效華風、往往不遺餘力。而終不近似。」

16　『宣和乙巳奉使金国行程録』「堂室如帘幕。」「西設毡帳四座。」訳注2、3参照。

17　『金史』巻8本紀8世宗下大定二十八年十一月戊申条「有司奏重修上京御容殿、上謂宰臣日『宮殿制度、苟務華飾、必不堅固。今仁政殿遼時所建、全無華飾、但見它處歳修完』

惟此殿如旧、以此見虚華無実者、不能経久也。今土木之工、減裂尤甚。下則吏與工匠相結為姦、侵剋工物、上則戸工部官支銭度材、惟務苟辨、至有工役纔畢、随即欹漏者、姦弊苟且、労民費財、(莫甚於此。自今体究、重抵以罪。)』
18 『大金弔伐録』(五六)「別幅」烏銀間金渡柞子架坐全」、(一二八) 二帥索金銀表段犒軍書「段子」(靖康元年十二月二十四日)、(一五五) 宋主致謝書及報因便附問「別幅」「箆毯 (毬) 二十副」、(一五七) 元帥府要秦檜懲断「并用冊宝匣牀异応干合用物件並全」(天会五年二月十四日)、(一五八) 依准製造迎接等事状「金箔買索応用事数全、并用冊宝匣牀异応干合用物件並全」「所有玉簡冊宝匣牀异応干合用物件」(天会五年二月十五日)、(一六三) 冊大楚皇帝文「賜物、玉冊、冊匣、冊牀、行馬一対」「衣匣、衣牀、行馬全」

4 服装と装身具

　建国と女真民衆の華北への移住は、服装に重大な変化をもたらした。第一に、政府が決めた衣服の規則に従わせる基礎が生まれた。第二に、二つのタイプの服装の衝突とそれらの相互変化を引き起こした。この二つのプロセスは絶えず絡み合って存在していた。中国の流行に対する女真の関心は、南方へ遠征するずっと前から始まっていた（第1章第4節参照）。すでに1121年に燕京で、阿骨打(アグダ)の側近たちが長袖の帯の付いた衣服を着て見せびらかしていた。1125年に上京で許亢宗は、色とりどりの絹で盛装した女真皇帝の側近たちを見ている（Chavannes 1894）。

　女真民衆の大半がまだ故郷にいて戦争が始まる以前、1126年に金が条約に沿って「援助資金物資」や贈物というかたちで受け取ったものは、百万（疋(ひき)）もの上着用の色付きの布、下着用の白布、多くの絹、繻子(しゅす)、錦、糸、深紅の絹で作られた細長い裾長のカフタン、銀の刺繍を施した粗い毛織物の半オーバー、紗製のスカーフ、真珠で縁取られた櫛、北方の真珠が付いたベルト、犀角で縁取られ玉や金で覆われたベルトだった[1]（『大金弔伐録』）。しかし、質素な布を除けば、当時多くの衣服や絹やほとんどすべての装身具は、宮中の廷臣と軍の高官にだけ割り当てられたものだった。高貴でない女真の衣服や履物は、素材や形が前述の記録とは異なっていた。

　女真が中国へ侵攻しそこでの支配力を強化すると、勝利者と敗北者は外見によってすぐ見分けがついた。女真と宋人を比較すれば、前者は辮髪、後者は髪を結っている。また前者は頂部が方形で四つの縫い足が付いた帽子（四帯巾）を身につけ、後者は、布を巻くタイプのかぶり物（幞頭）をしている（『雲麓漫鈔』）[2]。

前者は、左衽（さじん）の短い服を着て、後者は右衽の長衣を着ている。とりわけ髪型が根本的に異なっていた。中国において辮髪の歴史は長い来歴を有する。モンゴル人と満洲人は、辮髪風習を女真より学んだ（姚従吾1953）。最終的には全漢人に辮髪にすることを強制した。最近まで、ナナイはまったく自発的に辮髪にしていた（Лопатин1922）。

　髪型や頭の装い、服装に関する政府の規則は、中国への移住から始まった。支配者側の国民は、規則を慣習として手本とすべきと考え、金は1129年（天会7年）に法令によって漢人に辮髪のように髪を刈り、短巾をかぶり、左衽の衣服を身につけるように指令した（『大金弔伐録』）[3]。簡略な表現であるため、辮髪と短巾に関する勅令の規則が女真の慣習と一致するかどうか疑問を呈しているかもしれない。比較資料の中で、研究者は「削去頭髪」は、女真風に額やこめかみで毛髪を削り、頭頂部や首筋の髪は編んで辮髪にしていたことを意味し、「短巾」は、女真のかぶり物を意味していたことを立証した（程遡洛1947；三上1973）。

　服従しない者は命が危うかった。1129年、代州（河東北路、現在の山西省）の住民で、辮髪にしなかった者が処刑された。慶源（河北省）では、漢服の庶民が斬頭にされた。「勅令どおりにできなかった無知な人々に罪があるわけではない。当時、布や綿は非常に高価で、貧しい人々は手をこまねくばかりで、家に閉じこもって、あえて外出しようとしなかった」[4]（『大金国志』）。この政策はそれなりの成果を得た。宇文虚中の証言によれば、多くの漢人が左衽の衣服を身につけるようになった[5]（『三朝北盟会編』）。このような服装における変化はかつて一度もなかったことだ。Н.Я.ビチューリンの証明するところによれば、「中国を統治した異民族の王朝は、中国人に勝利者の装束を用いるように命令した……。北魏、遼、そして元といった異民族王朝は、漢人をモンゴル風に装わせ、金代にはツングース風にした」（Бичурин1840）。

　1120年代には、政府は制服の創設という偉業を遂行した。史料によれば、「これはすべて遼の服であり、金もまたそれを継承した」[6]とある（『金史』）。その後1140年代から、皇帝、皇后、彼らの王室、すべての等級や職務の廷臣や役人、軍人および市民（あらゆる生活シーンにおける）のための衣服やかぶり物、兵士および高貴でない一般人のための基本的な服装を制定する際に、金の儀礼省庁の官吏（礼宮）は、前代の中国王朝の制度を調査した。

　1140年代から1170年代には、皇帝のレガリア（王権の象徴）として笏（しゃく）や蓋（がい）が開発された[7]（『大金集礼』）。大皇帝の礼装、四輪馬車騎乗用の服装、宮中へ出るための装束、供犠の儀式のための衣装もどういうものか想定されていた。日常生活、

休息時に、皇帝は黒い帽子や質素な上着を身につけていて、軍人身分の者とあまり差がなかった（Васильев1859）。こうした措置を行ったことは、女真が中央帝国において支配権を持った金王家の指導的立場を守りたかったことを証明している。このような欲望は、13世紀を境に、最高級の祭式や儀式で着用する服には紺青色を、シャツは赤色とすることを北宋の例を引用して法制化することによっていっそう増大した（Legeza1972）。金王家の人々は、皇帝より低いランクの正式な服と装身具を賜った。

　すべての等級の者たちが、等級ごとの様式を持っていた。彼らは、粗い綿「羅」で作られた裾長の外套、魚形の垂飾、帯、命令を筆記するための板を身につけなければならなかった。文民もしくは軍人は、所轄官庁や官位によって、裾長の外套の色が深紅、紫、緑になり、魚の垂飾は金あるいは銀、帯は軟玉、象牙あるいは犀角でできた装飾品で飾られたものか、質素な革製のものであった。

　さまざまな階級の住民の衣服や装身具について、私たちは、ぜいたくの撲滅をめざした法令から知ることができる。庶民の家庭では、半絹や麻混紡の布（絁）、粗い絹のリンネル（紬）、模様のない滑らかな繻子、簡素なタフタ、平凡な羅紗、大麻や亜麻の染色しない粗羅紗で作った衣服を身につけるように言い渡された。薄く品のよいタフタ、模様の付いた絹や紗でできた衣服、マフラー、スカーフ、そして宝石は身につけることを禁じられていた。平民の女性の頭のかぶり物は真珠で飾ってはならなかった。

　兵士たちは、普段は麻布、粗い絹、質素なタフタ、亜麻布、粗い毛織物を身につけ、接見やパレードのような任務の際には軍服に、儀式にふさわしい装身具を付けた。従者（軍人の召使い）の衣服の生地は、半絹、タフタ、亜麻布、羅紗の範囲までだった。女真は日常生活では、自分たちの服は白で統一し、時々それを青色に染めることがあっただけだった。毛皮の外套や綿の半オーバー、上着は、裏に毛皮を縫い付けられていたり、毛皮で縁取りがされていたりして、必ず左袵だった。丈の長いブーツは、とくに満洲や沿海州では女真族の特徴として残った。

　毛皮の防寒服は、満洲族の間でもよく見られた。20世紀の初めに、彼らは長い毛皮の外套、短い毛皮の外套、裏が毛皮のズボン、半オーバー、長靴下と手袋、羊やウサギ、猫の毛で作られた耳あて付防寒帽を身につけていた（川瀬1939）。過去に原住民も動物の皮や毛皮からできた冬服を仕立てた。ニギダールやナナイはシカやヘラジカの皮で、ニヴヒ（ギリヤーク）は魚皮やイヌの毛皮で、ウデゲはシカ皮の特別な「スエード」の服だった（Народы Сибири1956）。

　中国では、これを目撃した人々が証言するように、二つの風潮が対立した結果、

衣料品の仕立てや組み合わせに、二つの風潮が混合したものが生じることになった。中国の金支配地をあちこち旅行した周煇によれば、「男性の衣服は短く細い。女性の衫(サン)はとてもゆったりしていて長い。官吏は（規則により）黒い麻布か女真特有の薄い絹織物でできた服を通常身につけていた。彼らは帯紐を結ぶ。従僕とほとんど区別がつかない。帯紐は後ろから締め、腰に垂らす。礼式に必要とされる。貴賤なく、先の尖った靴を履く。頭巾は、"蹋鴟(とうし)"と呼ばれている」[8]（『北轅録』）。

蹋鴟、より正確に言えば帯巾は、両耳と後ろに垂れの付いた帽子である。だがこの時期、女真の一部は、ターバンタイプの中国風のかぶり物（幞頭(ぼくとう)）もまねた（三上1973）[9]。女真の垂髪に興味深い外形的変化が生じた。一般に北方民族に普及した辮髪を、中国人は女真の特有のものと見なした。辮髪をしない漢人の反乱者たちは、女真の目をごまかすために、辮髪の代わりにブタの尾をつないだりした[10]（Franke1975）。しかしながら、漢人の結髪に固執する抵抗を伴う対立があり、女真式の辮髪に完全に統一されるということはなかった。

『虜廷事実』によると、「古代から蛮族（女真）は、髪を自由な形にし、髪を左側で留めていた。これは自然のならわしだった。どこから彼らは知り得ようか。衣冠の規則が存在すること、それらに対して敬意をもって接しなければならないことを。近年、多くの女真人や契丹人が宰相、大臣、書記になり、中国を規範として（髪を）結び始めた。蛮族は原則として髪を自由に結い、服を左側で留めた……。近年、漢人のやり方で（髪を）一つにまとめる女真人や契丹人がいる。彼らの中には頭がひどく痛むものがいたり、皮膚がかゆいと不平を言ったりし、これが困苦の原因だと見なした。通訳を通して彼らは語った。"われわれは皆お前たち漢人が普及させた規則に縛られている。これはわれわれを滅ぼすものだ"と。困苦とそしてこのような大いなる恥辱をこうむるがいい！」[11]（Franke1975）。

それでも、金代末まで女真民衆の幅広い階層は、女真特有の髪型（辮髪）、かぶり物（三つの垂れがついた帽子）、左袵の衣服を身につけていた。これについては、女真人に中国の服を着用することを禁止した1187年の勅令や、民族の髪型、服装、そして習俗を放棄することを帝国の滅亡の1年前にようやく明文化した1233年の勅令の存在が証明している。

女真風の服装からの後退は、女真人が豊かになり家柄が向上するにしたがって顕著になった。15個の青銅製の男性像——お守りのペンダント——を観察すると、三つの伝統的な一般的な服のタイプがわかる（Гусева1978）。庶民の服は、ズボンつりでつられた膝から上が乗馬ズボンのようにだぶだぶのズボンと、袖口

のところがすぼまっている袖の長いシャツだった。晴れがましいときに着る盛装は、幅広のゆったりしたズボンの上に、ゆるやかで長い上衣がそれに加わった。それは裾やリボン、飾り紐、毛皮で縁取られていた。兵士の服装には、ズボン、スカートの一種、下部を守るための銅の前掛け、広袖で背中が板状の甲冑になっている上着、革製の高襟、兜が加わった。革製わらじは、靴の役割を果たした。

　（山西省）大同郊外の金代墓地に、衣服の断片が残っていた。被葬者は、黄色い木綿の布地でできた肌着、その上に長い襟の上衣、頭には絹のスカーフをかぶっていた（張郁1961）。ハルビンの近くで見つかった、人間の背丈ほどの石の浮彫では、兵士の服を見ることができる。それは、短い半オーバー、長くゆったりしたズボン、折り曲げた靴下をつけて長靴を履き、長い耳あての付いた防寒帽をかぶっている（Жернаков1956）。ハルビン地区の石の彫像にも、ゆったりと肩からかかとまで垂れ下がった服が表現されていた。将校は、ベルトに剣をさし、官吏は手に板（笏）を持っていた（Starikov1948）。

　中国における金の墓地の浮彫やフレスコ画には、主として服装の多様性が認められる。服の裁ち方や色は、描かれた人物の民族性や社会的地位によって左右された。女真の貴族（と原則として金代の漢人官吏）の特徴となっていたのは、左袵の服だった。男性は普通、幅広の袖の付いた長い上衣、もしくは立ち襟の豪華な襞のある上衣、頭には黒い「ターバン」、足には靴下とブーツを履いていた。女性は、三角巾をして、三角形の襟の付いた黄色い長いドレスで盛装した。頭は、髷のある雑な髪型をしていた。子どもたちは帯の付いた黄色い服を着ていた。辮髪もゆったりと垂らしていた。召使いは、黒ずんだ帽子、かかとに届くほど長く丸襟で手首のところが細くなっている上衣、あるいは細長い裾長のコート、あるいは短い半オーバーを着ていた。ベルトは布製で、正面に結び目があった。ベルトの下には、細い白いズボンか幅の広い長いズボンをはいていた。足にはかかとのない、しばしば草で編まれた浅い短靴を履いていた。下女は頭を覆うかぶり物、斜めの襟の付いた長い上衣、赤もしくは黄色の裾の広がったスカートを身につけていた。ベルトは、端が長く後ろに結び目があった（呂遵諤1956；張徳光1955；暢文齋1959；楊富斗1961；陳賢儒1957；解希恭1960）。華北の女真貴族の生活は多くの点で漢人のものに似ていたが、服装やかぶり物、装身具は民族的特色を保っていた（雁羽1960）。しかし当時の墓には、被葬者の服装が右袵で描かれているものも存在する（陳大為1962）。

　中国本土の金の墓地では、興味深い装身具、竹の節や貝殻の形をした金製垂飾、トンボやハチを表現した金製品、玉製帯、銀・青銅および銅製ピン、帽子に付け

る銅製花、鉄板製帯、角柱軸の陶製垂飾が発見された(匡瑜 1963；張秉仁 1961；王増新 1960；周到 1957)。

シャイギンスコエ城で発見された装身具は、ナナイやウリチのところで収集された資料に類似していて興味深い(Шавкунов1967)。縫い付けられた青銅製の長方形の鉸具は、金属製の円形の透かしの取っ手で飾られ、革帯の蛇尾は、図案化された曲線の模様で覆われていた。その模様の形は、一対の龍や魚などを象徴化したものかもしれない。現代ナナイの装身具の中に、鉸具や蛇尾の形や模様とよく似たものが見つかることがよくある。それらは、まさに考古学的資料の中でしばしば発見されるものである。1130年（宋建炎4年）に南宋が勝利した会戦の後、金や銀の耳飾をつけた女真の死者が175人にのぼり、3000人の死者は素朴な耳飾をつけていた[12]。

『華夷訳語』には、衣服を表す一般的な名称のほかに、帯付の衣服、毛皮の外套、綿入りのふかふかした半オーバー、ズボン、袖、帯——普通のものと綿織物のもの、長靴、短靴、フェルト製の履物を表す女真語が引用されている。ここでいう衣服とは、粗い毛織物、亜麻布、麻布、綿、野生あるいは養蚕の絹から作られたもので、糸や錦で縫われ、刺繍を施されており、それらの名称もまた引用されている[13]。『金史国語解』は、このリストに上衣の半オーバーや女性のスカートの名称を加えて補充している。山路の辞書はさらに、繻子、絹、柄のあるタフタ、紗（絽）、羅紗、帽子、耳あて、スカート、靴下、そして装身具については指輪、耳飾、珊瑚、琥珀、瑪瑙、中国由来の若干のものにも言及している。

満洲人の衣服や装身具は多くが女真のものをまねたものだった。そしてそれらは、12～13世紀に形成されたこの分野の文化の状況をよりよく理解するのに役立った。満洲では、衣服は両開きである。伝統的な男性の服装は、幅広のズボン、布製の幅の広い長い帯、ジャンパー、頭のかぶり物から構成されている。屋外では、袖のないジャンパーと、ゆるやかな長い上衣を着ている。往時の服は皆、手織りのもので、女性は女性用のコート、長いズボン、長い上衣を着ている。冬服は、綿入れだった。履物は独特で、ウラ（烏喇）という特別な草を敷いた革製のブーツである。耳覆いと後ろに垂れのあるツングースタイプの帽子は冬用のものだった（Народы…1965）。満洲における満洲人や、さらに古い時代の女真人の衣服の目的は、人々を昼夜や季節の激しい寒暖の差から守り運動の自由を確保するためだった。満洲人は、女真の三つの季節着（冬、夏、合着）をさらに発展させた（合着については研究者はすぐには気づかなかった）。満洲人の服は、左袵は保持したが、白色は青色に変わった。豪華な長裾上衣は、外出用の上着だったが、

実際には、金のフレスコ画や浮彫の中で見られるだけである。満洲人の代表的なかぶり物は、両耳と後ろに垂れがついた帽子で、ときどきフレスコ画の中で見ることができる（Стариков1967 ; 川瀬 1939）。現在の中国服と見なされている服の体裁は、おそらく満洲人が完成させたのだろう（Стариков1967）。

　このようなものが、女真や金の官吏、貴人の服装や装身具だった。衣服の独自性の多くは、とくに衣服の色、布地の品質、装飾、皇帝のレガリアのリストを厳格に順守することを要求する法システムそのものにあった。しかし、これはおもに礼式や制服に関係するものに関してであった。こうした服装においてすら、女真の特性を指摘することができる。たとえば左衽のカフタンのような様式の衣服の優位性や毛皮の縁飾りの普及などである。日常着や庶民の服においては、このような民族性がさらに強く感じられる（漢人の服は漢人のもの、女真人の服は女真人のものであるということなど）。服装を遵守するシステム自体は、契丹や中国の例に沿って体系化されたものであるが、民族服を守るための闘いにおいて他を凌駕したのであった。

1　『大金弔伐録』（三八）「雑色表段」「裏錦」、（一六三）「紅羅窄襖子」「銀褐中単」「烏紗幞頭」（五六）「珍珠束帯一条上有北珠二十五顆」「正透飛鳳犀腰帯一条、花藤匣絲盒全」、
2　『雲麓漫鈔』巻3「幞頭之制、本日巾、古亦日折、以三尺皁絹、向後裏髪」
3　『大金弔伐録』巻3 枢密院告諭両路指揮「（今随處）既帰本朝、宜同風俗、亦仰削去頭髪、短巾左衽。敢有違犯、即是猶懐旧国、当正典刑、不得錯失。付遂處、准此。」（『大金弔伐録校補』（中華書局）では、天会4年とする。）、参考『三朝北盟会編』巻123（1129年・建炎三年）馬擴応詔上書「金人欲剃南民頂髪。」、巻135「金人令（李）儔入城、諭誨使降。儔已剪髪左衽矣。「知州為金人所執。剃頭。」、『大金国志』巻5 太宗文烈皇帝紀天会七年条「是年六月、行下禁民漢服、及削髪不如式者死。」、『建炎以来繋年要録』巻28 建炎三年九月条「金元帥府禁民漢服、又下令髠髪不如式者殺之。」
4　『大金国志』巻5 天会七年「是年六月、行下禁民漢服及削髪。不如式者死。時、金国所命官劉陶守代州執一軍人于市験之、頂髪稍長、大小且不如式、斬之。后、韓常守慶源。耿守忠知解梁。見小民有衣犧鼻者亦責漢服斬之。生民無辜不可勝紀。時復布帛大貴、細民無力、坐困于家莫敢出焉。」
5　『三朝北盟会編』巻246 紹興三十一年十二月四日条「重念中原之民、久淪左衽之俗」、参考『三朝北盟会編』巻215 紹興十五年十月条「時中原東北豪傑之心憤為左衽」
6　『金史』巻43 志24 輿服下「此皆遼服也、金亦襲之。」
7　『大金集礼』巻29「輅輦」「冠服」
8　『北轅録』「男子衣皆小窄。婦女衫皆極寛大。有位者便服立止、用皁紵絲或番羅。繫版縧。與皁隷累無分別。縧反挿垂頭於腰。謂之有礼。無貴賎、皆著尖頭靴。所頂之巾、謂之踢鵰。」

9 　三上は沈括の『夢溪筆談』巻一の幞頭を紹介するが、模倣とまでは言っていない。著者が金の四帯巾を宋の幞頭の模倣と考えるようだ。参考『夢溪筆談』「幞頭一謂之四脚、乃四帯也。二帯繋脳後垂之。折帯反繋頭上、令曲折附頂、故亦謂之折上巾、唐制唯人主得用硬脚、晩唐方鎮擅命、始僭用硬脚、本朝幞頭有直脚・局脚・交脚・朝天・順風凡五等、唯直脚貴賎通服之、又庶人所戴頭巾唐人亦謂之四脚、蓋両脚繋脳後、両脚繋領下、取其服労不脱也。無事則反繋于頂上、今人不復繋領下、両帯遂為虚設、」

10 　H・フランケは'The queue was so much regarded as typical for the Jurchen that in the 12th century Chinese insurgents masqueraded as Jurchen by wearing pig-tails.'とする(Franke, 1975)が、『守城録』(建炎三年正月七日)「賊至黄州、皆剃頭辮髪、作金人装束。」と記す。「ブタの尾をつける」は辮髪を示す欧米人の慣用的表現で、実際に「ブタの尾」をつけたという訳ではない。

11 　『虜廷事実』披束「胡児自古以来、披髪左袵。習以為俗。安知有衣冠之化、為可貴耶。頃年初創臺、有女真契丹之人為公・相・尚書・侍郎等既従漢法例、当披束。皆病頭悶身痒及為苦。訳而語人曰『都被爾漢人立法物、束殺我輩也。』受辱此誠可笑。」

12 　H・フランケは'The Jurchen custom to wear ear-rings is frequently mentioned in Chinese sources. For example Yüeh Fei reported that during a battle in 1130 there were killed 155 Jurchen wearing gold and silver earring and over 3,000 with simple earring.'とする(Franke, 1975)。南宋では金銀環をつけている人を女真人だと認識することが多かったようだ。『鄂国金佗稡編』巻5（建炎四年四月)「二十五日戦于清水亭、金人大敗僵屍十五餘里、斬耳帯金銀環者一百七十五級」『鄂国金佗続編』巻28「禿髪垂環者之首無慮三千人」女真が耳飾をしていたことは『三朝北盟会編』巻28「伝信録」「斬獲酋首十餘級。皆耳有金環。」(『靖康伝信録』には酋の字がない)や『三朝北盟会編』巻3(女真)「耳垂金環。」見られ、建炎四年の戦いで女真の捕虜がいたことは『三朝北盟会編』巻141「捷生獲金人三百餘人。」にも見られる。

13 　『華夷訳語』(女真館訳語、Kiyose 1978)による。551 哈都 hadu 服・衣、566 素魯脫戈 surtogo 皮襖、544 秃科 tuko 表、553 哈刺庫 halaku 褲、543 帯 dai 帯、546 古刺哈 gulaha 靴、(以下衣服門) 552 忽十安 hušigan 裙、563 素者 suje 叚 (緞子)、560 絹子 giyuwanji 絹、561 紗 ša 紗、562 羅 lo 羅、542 冠 guwan 冠、567 沙木哈 šamuha 暖耳、556 弗赤 fo či 襪、547 麻希剌 mahila 帽 (以下珎寶門) 586 珊瑚 janhu 珊瑚、584 琥珀 hubai 琥珀、馬納敖 menau 瑪瑙 (数字は kiyose1978 による番号、女真語の漢字表記、女真語のローマ字表記、漢語の順番)

5　食物と道具

　すでに1122年に、皇帝の宮殿における夜の小宴会で、招待客は葡萄酒に酔いしれた[1]（『大金国志』)。1126年、宮廷では中国から極上の板状の茶、酒、果実、たとえば橙子や南方のブドウを贈られた[2]（『大金弔伐録』)。金統治下の1125年に、漢人の使節団に面会した際、酒が一人一人に配られ、炊かれたコメ、木の実の入

ったキビ、粥、ネギと煮たり辛子や酢で味付けしたりした心臓やモツでもてなした。領地内の長城沿い、多数の漢人住民がいる新しい都市から数 km しか離れていないところで催されたこの宴会は、宋人が言うように、やはり漢人のものとはかけ離れたものだった。宋の使いはこの宴会について「食事には適さないが、蛮族は感嘆している」と語っている (Chavannes1898)。前菜ではスギの実も含めた果実が出され、正餐には肉料理なしの炊いたコメだけでもてなされた。使節たちは、この地方では豚肉、鹿肉、兎肉、鴨肉、パン、熱湯で煮た水餃子だけを食べていることを指摘した。

　1170 年には燕京で、二つの机の上に料理が出されて漢人使節をもてなした。雄羊の頭の周りを大量の肉で盛りつけられた机は、クリやナツメ（棗）、野生のネギで飾りつけられていた。もう一方の机は、お茶、甘い米粥、黍粥、コムギのビスケットが盛られていた。それ以外にも使節たちには葡萄酒が勧められた[3]（『北行日録』）。以上のように、ごちそうの品目は変化し、もう漢人から「野蛮な」料理だとは見なされなかった。

　1176 年（大定 16 年）には、女真の官吏は漢人の使節に次のように説明した。「三度の接見において、酒や茶がふるまわれる。蛮族のしきたりによって、まず温めた酒を飲み、その後、茶を飲む……。夕方には、南方で出るような質素な果実付きの料理が出る。茶を飲むときは筵（むしろ）の上で……瓦、果物の皮、銀塊の形をしたクッキーが出される (その他奇想天外な形をしたもの)。それらは小麦粉を蜂蜜と混ぜて油で揚げたものだった。蛮族はそれらを大変好む（こうした茶会は酒宴に先行して行われる）。それからパン、血の滴る雑炊、ピロシキ、スープ、胃を煮たもの、煮た羊肉、ケーキ、コメのブイヨン、挽肉入り雑炊、肉団子入りの麺、骨付き肉料理が一人一人に配られた。以下、ほとんど違いはなかった。酒は弱く、中国のものと極めてよく似ている。朝食には、肺油（羊肺の脂肪）で揚げた塩味の薄い煎餅、ナツメで作ったプリン、粉で作ったキセーリ（ゼリーに似た冷たい飲み物）が出された。ことキセーリやプリンとなると、時間がないときは箸を軽んじた……。(開封で) 夜の会食のときの酒は、黄色い水差しに入っていて、味はいくらかよい。われわれは、甘い柑橘類を少し食べてみるように勧められた。使節団の従者たちはとても満足した」[4]（『北轅録』1904）。

　12 世紀中葉に、毎月の先祖供養のために次のような産物や料理が捧げられた。おそらくこれらは日常生活でも用いられていたものである。(1 月には) チョウザメ、牛魚かあるいはコイ、(2 月には) 野生のカモ、(3 月には) 香りのよいネギ、(4 月は) クサヨモギと氷、(5 月には) サクランボとブドウ、(6 月には) 猪肉と

コムギ粒、(7月には)キビとカボチャの付け合わせを添えたヒナドリ、(8月には)アシ(葦)の芽やヒシ(菱)やクリの実で作った料理、(9月には)ナツメやナシ(梨)を添えたクリやヒエ(稗)(原文では大麦と高粱)で作った料理、(10月には)ノウサギを添えたアサやコメで作った料理、(11月には)ノロジカの肉料理、(12月には)調理された魚である[5](『金史』)。大地と穀物の神(社稷)の祭壇には供物として、干し魚、ナツメ、鹿肉、スモモ(李)、サクランボ、酢漬けのセロリ、ニンニク、タケノコ、供物用の塩の彫像、ハシバミの実、ヒシの実、巨大なスイレン、クリ、エンドウマメ、ダイコン、(魚、ノウサギ、シカ、ウシの)醬、焼いた肩甲骨、供物用スープ、果実、野菜、四種類のキビが供えられた[6](『金史』)。

　満洲や沿海州でさえも、女真の日常食は、自然や経済的条件によって決定される味覚を失うことなく多様化した。獣肉、鳥肉、魚、穀物、野菜、果物、乳製品、香味のきいたものはいたるところで使用されていた。狩猟や野草の採集に対する依存は激減し、漁撈に対してもあまり依存しなくなった。しかし、他の食物があっても、野生の果物や苺類、草、根菜は広く使われた。中でも、マツの実、ブドウ、ハシバミの実、イチゴ、キノコ(とくにクァラン)、シロシャクヤク(芍薬)、(粉をまぶして炒める)サンザシの実、クリ、(鳥や魚に詰めるための)ラムソン、スカンポ、ネギなど、これらは常に調味ソースを作ったり、甘味料として使用したりした。

　女真の旅行家、王寂は、喉の渇きを潤すこの上なく美しい満洲の白いナシに感嘆した[7](『遼東行部志』)。さらに17世紀には『寧古塔紀略』に記されているように、この地域はイチゴ、サクランボ、ナシ、ブドウ、パスチラに似た菓子を作るのにゆでて使う山のアンズやスギの実、ハシバミの実がよく知られている[8]。が、蜂蜜については言及されていない(Васильев1857)。

　経済活動の発展に伴って、女真はよりいっそう植物性乳製品を食品として使用するようになった。それらの中でも主要な位置を占めるようになったのは、ひき割りや穀粉を作って蒸留して酒を造るような穀物だった。女真はこれらの食品からパン、ロールパン、ピロシキ、ブリヌイを焼き、素麺やスープに入れる団子、粥や薄い粥、麦粉のスープ、雑炊、(コメの)スープを作ったり、煎餅を焼いたりすることができた。食品の中で重要な価値を持っていたのは、豆(醬油用のダイズ、小さなでんぷん質の豆、エンドウマメ、普通の豆、インゲンマメ)だった。

　女真は、肉を漢人よりもはるかにたくさん使用した。このことが彼らの牧畜の発展の刺激となった。飼育されたのは、ウシ(乳用と肉用)、ブタ(肉用と繁殖用)で、時々ヒツジ、非常にまれだがイヌも飼育された。焼き肉用やスープを作

るために使用されたこれらの動物の脂肪や肉は（干し肉や塩漬けにして）貯蔵された。乳は、牛乳、馬乳、ラクダの乳がそのままバターや馬乳酒、チーズ、煮たてた乳、牛乳クッキーなどを作るために広く利用された。メンドリやガチョウ、カモは、農家で肉用や採卵用に繁殖された。女真語辞典には、約30の民族的食品や民族料理、あるいは民族のものとなった食品や料理の名が掲載されている[9]（『華夷訳語』；『金史国語解』；山路 1956）。

味つけに必要とされたのが、塩、酢だった。これらを手に入れるには好適な自然条件（塩）や特別な技術（酢）が必要だった。これらの製品は、住民のニーズと国庫収入にとって重要だったことから、(茶や酒と並んで) 国家の専売品とされた。女真発祥の地は、塩が豊富にあるところだったが、製塩業を伴う華北への侵略によって金は巨大な塩の輸出国となった[10]。そして塩の間接税は、金に莫大な収入をもたらした（Воробьев1975）。

女真は太古から酒を蒸留することにたけており、幅広く導入した米食の習慣がこうした能力に磨きをかけた。すべての住民が蒸留酒を利用したが、とくに消費したのは富裕層だった。いたるところで酒が販売されていたことを楼鑰が伝えている[11]（『北行日録』）。政府はこの点に関して、二つの見解を持っていた。それは道徳的な見地から一般に非難されるほどの暴飲をしない範囲でのものだった。一方では、たとえば海陵王は南宋との戦いに備えて酒の飲用を厳しく禁じた[12]（『金史』）。

他方、政府は財政面を考慮して、頻繁に酒の密造や非合法な製塩を取り締まった。「黄色い穂を摘み、酒の酵母を加えて酒を蒸留する者は、杖で80回打って罰する」[13]（『金史』）。かなり複雑な蒸留器が発見されている。それで密造酒を精製することができた（林栄貴 1980）。金の酒の専売は、漢人官吏の強い要求で1125年（天会3年）に導入されたが、1163年（大定3年）の勅令からも明らかなように、有力者たちは個人的な酒の密造に携わり続けた[14]。それでも政府による専売は、私的な酒造の割り当てを制限する制度によって強化されたのである。しかし、このような制限の存在自体が、私的な酒造に対する譲歩の表れであった。政府は、首尾一貫して民衆に私的酒造を禁止し続けたわけではなかった。いずれにせよ、特別なケースではあるが、私的酒造は国境で勤務する女真人に対しては許され[15]、また、政府高官に対する配給食糧には、酒造に欠かせない麹が入っていた[16]（Franke1974）。古い中国の文献は、漢人の「冷静さ」に対して、女真人が酒宴好きであることを強調したがる傾向があった。

一方茶会は女真にとって、新しい習慣として広く普及した例である。住民が茶

に固執することについて政府は、国外から茶を買い付ける巨額な資金が必要とされるため、国家の安定した財政を深刻な危機に陥れかねないものとして見ていた。なぜなら、金では上質な茶を栽培することができなかったからである。茶の使用に対する禁止と制限は極めて大々的になされたが、徒労に終わった。法外な茶の利用に対する制限は、政府によって実施されたぜいたくに対する取り締まりの中でも重要な位置を占めていた（Chan Hok-lam1978）。

　女真社会で使われた食料品を数え上げれば、具体性を欠く傾向があることは否めない。どんな製品を選ぶか、それがどれぐらいの量なのかということは、消費者の豊かさや家柄、住んでいる地域にもよるし、収穫の規模にも左右された。女真の上層階級の選ぶ食品や飲料の民族的特徴は明らかに漢化していた。華北にある女真政府は、華北のみならず華南においても食糧の配給に対して顕著な変化をもたらした。宋の使節の日記における女真の食卓に対し否定的な態度になるのは、自分たちが食べ慣れているものを基準としてすべて（食品）を評価したためであった。高麗へ行ったことのある使節の徐兢は、中国的概念にもとづく「文明化された」国家において、地元産の茶が苦く「不良品」で、麺がまずいことに気づいていた[17]（Franke1979）。

　女真が肉や乳製品、粗末な穀類から成る食品に慣れ親しんでいたころから、中国の土着の住人の食糧に影響が現れていた。北宋時代、北方では主としてコムギの種がまかれていて、南方ではコメだった。しかし1125～1130年には、南方へ流入した漢人住民の多くがコムギの栽培技術を導入した。女真の蒸しパンやブリヌイは、中国南方の住民の好む食品となった（張家駒1957）。金帝国滅亡後ですら、いくつかの女真料理がモンゴル人によって模倣された。それはウズラの焼肉料理（野鶏撤孫）、挽肉入り米粥（饆麿）、シロという草（ゼニアオイ）の冷たい雑炊（廝刺葵菜冷羹）、「タフラ」というアヒルやキジの雛鳥の焼肉料理（塔不刺鴨）、カキ（柿糕）、朝鮮栗で作ったケーキなどである（高麗栗糕）[18]（岩村1943；Franke1975）。スギの実、ゼニアオイ、野鳥の肉（キジ、ウズラ）、スープやシチューは、中国の習慣となり、グルメによって珍重され、料理本にも掲載されるようになった。しかもそれらが女真起源であることが忘れられることはなかった[19]（Franke1975）。

　女真の料理法の多くは満洲人によって模倣された（川瀬1939；Стариков1967）。そのため、満洲人の料理の基礎は穀物、豆、そして野菜料理だった。キビやアワといくらかコメの入った濃厚でとろとろに煮た粥が彼らの日常食である。粥のほかによく食べられたもので、女真にもあったものとしては窯の壁でよく焼いた麦

粉の煎餅やピロシキがあった。重要な副食としては、野菜などで作った前菜がある。ダイズの豆乳、さまざまな植物性のゼラチン、木に生息するキノコ、野菜——そこには野生のものも含まれた——がそうである。満洲人は、野鳥の肉、鶏肉、豚肉、牛肉、羊肉、馬肉、魚（サケ、コイなど）、野生動物の肉を利用したが、それらの食品としての役割も数世紀の間に、ちょうど乳製品のように低下した。アルコール飲料では強い酒と黄色い酒が飲まれた。

女真の食品や飲料に関して私たちが直接的に、あるいは文献史料によって意見を述べたのに対して、器に関する私たちの研究は、より実際的で率直なものである。が、ここでも文献史料は興味深い修正を加えるだろう。

女真の家庭用食器は、鉄もしくは鋳鉄製、銅あるいは青銅製、陶製（素焼き、釉薬が施されたもの、あるいはセミポーセレイン）、木製やシラカバの表皮でできていた。漆やガラス、貴金属製の食器もあったが、それほど多数ではなかった。そういうものはおもに裕福な社会階層に普及していた。女真貴族の儀礼用の器の様式や起源は、中国のものであることが多かった。1126年にすでに漢人は、贈物として金の宮廷に酒を入れるためのベッコウ（鼈甲・玳瑁）製長頸壺、彩色されたサイの角製あるいは軟玉製の酒杯、模様のついたサイの角製の茶碗、黄金の装飾付き硬玉製茶碗、水晶や瑪瑙（めのう）、ベッコウ製の器を贈っている[20]（『大金弔伐録』）。その後、女真は自分たちでこのような珍しい中国の器を手に入れるようになり、南宋からそれを受け取ることもあった。

鍛鉄や鋳鉄からは、いろいろなタイプの刃物が作られた。その中には、野菜を切るための刃物など特殊な用途の刃物（吉林省博物館他 1963）や水を入れるための器、小型の鍋やコンロもあった（黒龍江省博物館他 1962）。鋳鉄製の鍋は時々鍛鉄製と誤って呼ばれるが、これは女真が住んでいた地域全体でよく発見され、固定化した形式の中にディテールや装飾面に多様性があることを特徴としている（Воробьев 1968；孫秀仁，朱国忱 1964）。それらはすべてかなり大きく（直径約30〜60cm）。どちらかというと深いというより幅広で、たいてい平べったい。縁の周囲は出っ張っていて、口縁部は2、4、6個の輪状の耳が突き出ている。脚のない鍋は丸底であることが多く、脚付きの鍋は平底なので、前者は特殊な三脚の上に置かれていたと推測できる。そうした鍋は部品ごとに鋳造されているものが多く、後で部品が溶接された。鍋は、それらのいくつかに青銅製の継ぎがあることから、ある一定の価値を持っていたことが推測される（孫秀仁 1962）。お湯を沸かしたり、食料を煮炊きするための鋳鉄製鍋、底の深いフライパン、銅製のやかんは、満洲人特有のものである。銅器あるいは青銅器とは、さまざまな種類の容器

を指している（承徳市1976）。青銅製鍋の外形は、鋳鉄（鍋）と似ている（王永祥1960）。日用品には鍋のほかに、丸底で平縁の深皿、平底のたらい、蓋や取っ手・細い鎖が付いて脚がある球状のやかん（陳相偉1964）、酒を温めるための器（遼陽市文物管理所1977）があった。

　沿海州の女真の領地では、食器の外形は女真の独自性そのものを保っていた。シャイギンスコエ城の資料は、素焼の焼き物（土器）を15種類に区分することができた。その区分とは、壺、鉢、土鍋、たらい、杯、瓶、罐（寸胴鍋）、椀、皿、高杯、灯明皿、灯火、ろう皿、坩堝、蓋である。施釉陶器とセミ磁器の皿はおもに日用品である。明確な目的をもった機能によって、梱包用、台所用、食卓用――複合的な生活必需品の特徴ごとに――区分することができる。器の主要機能は入れ物であるということである（鉢、壺）。土鍋は、食物の貯蔵用に使われ、それらには煤はついていない。装飾されていたのは食器の37％にすぎない（Тупкина1976,1973；Леников1968）。

　沿アムール地方、沿海州の他の女真の遺跡からは、共通の光景からある種逸脱した例が出た。沿海州のクラスノヤロフスカヤ要塞の住居は金全盛期の遺跡であるが、そこから出土した典型的な非施釉の陶器は、二つのタイプに分かれる。一方は渦巻き状の口縁がついた灰色の土鍋で、他方は（器壁の）薄い赤褐色の製品である。後者のほうが前者よりたくさん出土した（Воробьев1959）。

　宮殿（クラスノヤロフスカヤ要塞6号建物）から出土した非施釉（素焼き）陶器は三つのタイプに細分化される。第一のタイプに属するものは、平底で高台がない小さな無地の球状の容器である。頸部は小さくまっすぐでくびれたところがなく、平らに低く上縁が成形されている。器面はだいたい無地で滑らかで、器壁はしっかりとしていて厚さ約0.5cmである。このような形の容器は、クラスノヤロフスカヤ要塞で初めて発見されたが、沿海州では私たちが知る限り一般的なものである（Воробьев1967）。外形から判断すると、油などの高価な液体をそれに入れて保存することができたようだ。第二のタイプに属するのは、沿海州（クラスノヤロフスカヤ要塞も含める）の女真遺跡にとって極めて特徴的な陶器である。それは非常に大きな土鍋で、平底で高台がないタイプである。第三のタイプは極めて大きな（貯蔵用の）大甕のような形で、底は滑らかで器壁や口縁は比較的直線的である。

　とくに北方の女真支配地において数が少ないものは、施釉製品である。器形は、品質の向上と結びついて複雑化したり洗練されたりする傾向があるが、あまり変化しなかった。器壁の厚い小さな土鍋や黒釉の球状容器、緑釉・褐釉・黄釉がか

かったあらゆるタイプの花瓶（壺）、茶碗、底の平らな皿、茶碗の受け皿と並んで発見されたものに、底に四つの穴がある大きい器（王修治1960）、底が小さく外側は白色、内側は黒色釉で覆われた大型の鍋、植物の装飾が彫刻された施釉花瓶（Остатоки…1955）、細く背が高く器面に「襞」がつき、灰緑色の釉が施された瓶（陳大為1962）、口縁から底部にかけてオンドリのとさかが図案化され赤釉で覆われた容器（李建才1964）（後者の二つは典型的な契丹の様式で、しかもそのうちの前者は、「旅人（携帯用）の罐」と呼ばれたこともあるものであったが、女真の日用品となった）、黒釉で覆われた二つ一組の瓶、注口付容器などだった（ミノ1973）。施釉陶器の多くのタイプは、伝統的な中国の系列——すなわち窯に属するものか、あるいはこれらの窯の模倣だった（これについては第2章16節参照）。

極めて豪華な陶磁器——住居址や墓地で発掘された出土品から判断すると食器——は、全般的に使用されていた。もちろん、その家が豊かであればあるほど、そこにはたくさんの磁器があり、その器は高価でぜいたくなものだった。しかし、磁器はかなり貧しい住居でも見つかっている。そして裕福な家々では、磁器と素朴な施釉陶器とが共伴している（Археология в новом Китае1962）。

この時期で最も普及した磁器は、白みがかっているかあるいはクリーム色の小さな器（受け皿と茶碗）で、それらはいたるところで発見されている。こうした器は、定窯の職人の手によるものか、あるいはこれらの窯の製品を北方で模倣したものであった（李逸友1959等）。こうした製品の唯一の装飾は、施釉された型押しの花柄模様であろう。残りの器面は少しもでこぼこや畝がなく平坦であることが特徴である。

複雑な形あるいは模様のある磁器はまだ、女真の日常でそれほど頻繁には使われていなかった。これを示す例として、裕福な人々の墓地においてだけ、磁器製の水甕（喩震1963）、脚付きで底部に模様のある白地の深皿、アロマ用の液体を入れる下皿の付いた球状の容器、ハスの花を彷彿させる六面体の茶碗、底部に蓮華模様が型押しされたり器面に蓮華が描かれたりしている皿や茶碗（陳相偉1964）、多色の絵付きの鉢、四耳付きで施釉された絵付花瓶（孫秀仁1962）が見つかっている。

ソ連沿海州で出土する滑らかな簡素な容器の中には、特別な印——刻印が見られる。現在までに出土したこうした印のついた容器は20未満である（Сем, Шавкунов1974；Шавкунов1972；Пермяков1969）。それらが持つ特徴によって、三つのグループにまとめることができる。1）焼成前線刻、2）焼成後線刻、3）焼成前型押しである。1）と3）のグループは陶工の私的な印であり、2）のグルー

プの印は持ち主の印である。だいたい印の半分は、数字も含め女真文字に似ている。他のものは非常に多様で、それらが何を意味するかはいつも断定できるとは限らない。それらの幾何学的な図形の中には、モミの木、平行線、十字、かぎ十字、三叉槍、格子、矢、弓と矢、花形の小皿がある。十字や花形の小皿は、さまざまな地域で発見されている食器の中にかなり頻繁に見られるものである。このことは、これらの食器の起源がある工房のものであることを意味している。十字あるいは十字に交差した太陽の印の表現は、ひょっとするとお守りなのかもしれなかった。八つの光線を描いた太陽に似た花形の小皿も、このような役割を果たしたのかもしれない。9個ないし17個の花形小皿が帯状に並んだ飾りを持つ容器がある。このケースでは、花形小皿の数が特別な意味を持っているのかもしれなかった。女真にとって「9」は神聖なものであり、「17」もまた女真の暦の月の数を示しているかもしれない（第2章17節参照）。女真の印をソ連極東のその他の民族の印と対比してみると、いくつかの共通のモチーフがあることがわかる。それは弓と矢、二重の十字、丸に十字などである。

　しかしながら、器の種類は前述した数よりずっと多かった。1125年に清州（現・吉林省農安）でもてなされた漢人の使節は、「土器はなく、木の皿と椀がある」と指摘している（Chavannes1898）。この指摘は、中国との国境地帯に関して話題にしている以上、他の間接的な証言によって確認されないとすれば、奇妙なものに見えるはずである。女真は太古より木製の器やシラカバの樹皮やヤナギの靱皮の容器——つい最近までツングース系満洲族固有の特徴であった——を好んでいた。言うまでもなく、女真は陶器に関する知識がなかったのではなく、1125年に彼らは使節を女真流で受け入れ、もてなしたのであった。それゆえ、他国の習慣を排除しようとしたのである。その後10年間、女真は別の容器を使うようになった。その容器とは自分たち特有の特色を与えたものなのだが、古来からの器も否定はしなかった。家庭では木製やシラカバの皮の容器のほうが土製の容器やそのほかの容器より数倍も使われていたと考えるべきである。裕福な家では、木製容器はすでに珍品であったが、木製品は完全に日常生活からなくなっていたわけではなかった。樽、桶、杓子、柄杓、匙、小卓、籭（ふるい）などが木から作られていた。女真語を収録している辞書に目を向ければ、そこに木製やシラカバの皮で作られた用具を意味する10語以上の言葉を見出すことだろう[21]（『華夷訳語』；『金史国語解』）。のちに私たちは、満洲人が「大木の採取に従事し、それらから家で使う木製用具を作っていたのは、土器がなかったためで、皿、平皿、盥（たらい）などを一木から作るためだった」ということを知るだろう（Васильев1857）。

このように、金の食品と容器には、初期女真の多くの特徴が残されていた。その特徴とは、宋の物質文化の堅固な世界の中においても、食品や容器に女真の独自性を与えたものである。この食品と食器は、その後満洲料理の基礎となり、多くの点で現代中国の料理の性格をも決定した。

1　『大金国志』巻2 太祖武元皇帝下（天輔六年）「大宴番漢群臣于乾元殿。大合楽撃皷百戯為楽。至夕有沾酒匍匐于殿側者。」

2　『大金弔伐録』（九五）宋復遣陳謝和使書　靖康元年十月「別幅　**橙子**五十対、**汾州蒲桃**五十勅、**小龍団茶**一十勅、**大龍団茶**一十勅、**夸子正焙茶**一十勅」蒲桃、葡萄の異名。

3　『北行日録』下　乾道六年（正月）「二日癸丑。晴。張鉉賜分食図克分坦（徒単通）、賜酒果。分食二盤一盛大肉、山以生葱棗栗飾之。其中蔵一羊頭。一盛茶食、糖糯粥、栗飯、麦仁飯、皆以棗栗。布其上。」、『北行日録』上　乾道五年（十二月）「三十日辛亥。晴。賜宴館中完顔宗嗣賜宴、烏庫哩彰賜酒果。完顔彦押宴。宴罷、館伴送葡萄酒。」

4　『北轅録』（完顔宗卜僕賓立飲引接三盃）「茶酒三行。虜法先湯後茶。（略）旋供晩食果飣如南方齋筵。先設茶筵。（一般、若七夕・乞巧。）其瓦壠・桂皮・鶏腸・銀鋌・金剛鐲、西施舌、取其形、密和麪油煎之。虜其珍此。（茶食謂未行酒先設。此品進茶一盞。又謂之茶筵。）次供饅頭、血羮、畢羅、肚羮、湿羊、餅子、解粥、肉齋、羮索、麪骨頭盤子。自後大同小異。酒味甚漓。（略）點心巳至灌肺油餅、棗糕、麪粥。有供糕糜處、或未暇、舉筯忽。（略）晩食酒貯以黄缸。味差勝。有以柑子餉。承応人得之、甚喜。」瓦壠、瓦龒・瓦甕とも、屋根瓦の列の溝になった部分のこと。

5　『金史』巻31 志12 礼4 薦新（天徳二年）「依典礼合用時物、（略）正月、鮪、明昌年間用牛魚、無則鯉代。二月、雁。三月、韭、以卵、以蔛。四月薦冰。五月、筍、蒲、羞以含桃。六月、鬼肉、小麦仁。七月、嘗雛鶏以黍、羞以瓜。八月、羞以芡、以菱、以栗。九月、嘗粟與穄、羞以棗、以梨。十月、嘗麻與稲、羞以兔。十一月、羞以麕。十二月、羞以魚。」

6　『金史』巻34 志15 礼7 社稷（前一日…光祿卿率其属）入実。籩之実、魚鱐、乾棗、形塩、鹿脯、榛実、乾蔾、桃、菱、芡、栗、以序為次。豆之実、芹菹、笋菹、葵菹、菁菹、韭菹、魚醢、兔醢、豚拍、鹿臡、醓醢、以序為次。釖実以羹、加芼滑。簠実以稲、梁、簋実以黍、稷、梁在稲前、稷在黍前。」蔾：干した梅の実、芡：オニバス、菹：漬け物、臡：しおから、醓醢：ししびしお、拍：肩甲骨、芼：菜を交えた肉の羹

7　『遼東行部志』（明昌改元春二月）戊戌条「渇甚。斯須得秋白梨。其色鮮明、如手未触者。」

8　『寧古塔紀略』「五月間玫瑰始開。香聞数里、予家采為玫瑰糖。土人奇而珍之。有果名衣而哈貝克。形似小楊梅而無核。味絶佳。草本紅藤。生雑草中。又有果名烏緑栗。似橄欖緑皮小核。味甘而鮮。又有果名欧栗子。似桜桃。味甘而酸。倶木本小樹。而梨子雖小。味極美。梨與葡萄做色味倶精。此二種。内地所無者也。山査大而紅。亦為糕。予家常食榛子腐。松子糕。不覚其珍也。」

9　159 嫩捏哈 niongniyaha 鵝、540 失羅回 siloho？燒餅、538 木申 mušen、533 他 ta 酪、531 兀法 ufa 麺、160 減黒 niyehe 鴨、161 替和 čiho 雞（山路1956）より（番号、女真語漢字表記、女真語ローマ字表記、漢語）

10　『金史』巻49 志30 食貨4 塩「金制、権貨之目有十、曰酒、麹、茶、醋、香、礬、丹、

	錫、鉄、…初、遼、金故地浜海多産鹽、…及得中土、鹽場倍之、故設官立法加詳焉。」
11	『北行日録』上（乾道五年十月）「二十三日乙巳晴行二十里。（略）宿横塘暮嶺間張家店。途中惟售渓坊、酒頗佳然。比之黄碧県不及。而價又三倍。（略）」、（乾道五年十二月）「三日甲申。晴。車行六十里。静安鎮早頓。又六十里宿宿州。（略）酒楼二所甚偉。其一跨街榜曰清平。」、（乾道五年十二月）「十五日丙寅。晴。四更。車行三十六里至相州城外安陽駅。早頓馬入城。人煙尤盛二酒楼。曰康楽楼。日月白風清。（略）」
12	『金史』巻69列伝7太祖諸子「爽、本名阿鄰。（略）海陵将伐宋、厳酒禁、爽坐與其弟阿瑣、及従父兄京、徒単貞女飲、被杖、下遷帰化州刺史、奪猛安。」
13	『金史』巻49志30食貨4　鹽　明昌七年十二月条（若刮䴡土煎食之）採黄穂草（焼灰淋鹵）、及以酵粥為酒者、杖八十。」
14	『金史』巻49志30食貨4酒「金権酤因遼・宋旧制、天会三年始命権官以周歳為満。世宗大定三年、詔宗室私醸者、従転運司鞫司。」
15	『金史』巻7本紀7世宗中大定十八年三月乙巳「命戌辺女真人遇祭祀、婚嫁、節辰許自造酒。」
16	『金史』巻58志39百官4百官棒給（正一品〜正九品）「麹米麦」
17	『宣和奉使高麗図経』巻32器皿「高麗産土茶、味苦澀、不可入口。惟貴中国腊茶、并龍鳳賜団、自賚之外、商買亦通販。」
18	『居家必用事類全集』**野鶏撒孫**「煮熟用蒲上肉剁爛。用蓼葉数片細切。豆腐研紐汁。芥未入鹽調滋味得所。抖肉揉内供。鵪鶉製造同。」、回回饋饋「羊頭煮極爛提去骨。原汁内下回回豆。候軟下糯米粉。成稠糕饋下酥密杏仁胡桃仁和匀供。」（女真饋饋は回回饋饋と同じであるらしい）、**厮剌葵菜冷羹**「葵菜去皮。」、**塔不剌鴨**「大者一隻。　浄去腸肚。以楡仁醤肉汁調先炒葱油傾汁下鍋花椒数粒。後下鴨子慢火養熟折開另盛湯供。鷓鴨鶏同此製造。」、**柿糕**「糯米一斗。大乾柿五十箇。同擣為粉。加乾煮棗泥拌擣馬尾羅羅過。上甑蒸熟。入松仁胡桃仁再杵成団蜜澆食。」、**高麗栗糕**「栗子不拘多少。陰乾去殻擣為粉三分之二加糯米紛拌匀。密水拌潤蒸熟食之。」、高麗栗糕割注「女真糕饋與回回糕饋同、勃海葵羹與女真葵羹同。」
19	『事林広記』諸国食品1女真鵪鶉、撒孫(Jurchen Quail sa-sun)、2女真肉糕饋(Jurchen Rice-gruel with meat, Hash)、3女真蒸羊眉突、4女真厮辣葵菜羹、『居家必用事類全集』1厮剌、葵菜羹(Ssula Mallow Cold Soup)、2眉突(Steamed Mutton mei-t'u)、3塔不剌鴨(t'a-pu-la Duck)、4野鴨撒孫(Pheasant sa-sun)、5柿糕(Persimmon Pastry)、6高麗栗糕(Korean Chestnut Pastry)
20	『大金弔伐録校補』（五〇）宋主回書（靖康元年正月十九日）別幅「**花犀酒杯**二十隻、作一合。**玳瑁酒瓶**二隻、托里并蓋全、作一合。**撥花犀注椀**一副二件、托里全、作一合。」、（五六）又書　別幅「**金稜真玉注碗**一副、彙盌。玉酒杯十隻、金托裏玳瑁盒全。」、（八六）宋復遣唐使告免割三鎮書（靖康元年八月）別幅「**玉酒器五件**、**瑠璃器一十五件**、**瑪瑙器一十五件**、**玳瑁器一十五件**、」
21	木製品の可能性がある用語『金史国語解』「阿里虎」盆、『華夷訳語』器用門「薄里」弓、「你魯」矢、「忒厄」卓、「木刺」櫈（腰掛）、「又安」床、「交椅」椅、「阿里庫」盤、「非刺」楪（木製の小さい皿）

6　家族とその習慣

　女真の家族は、金代になると大家族から少人数の家族になり、中国的色彩の濃い上流階級では家父長制的性格が強まった。女真は中国本土へ移住する際は、共同体や家族単位で移っていった。また新兵徴募の際には、政府はおそらく大家族の名残を残す個別の家族集団を念頭に置いていたと思われる（Воробьев1975）。ところが、金代における租税の課税単位は一世帯ごとであった。これは最小単位として小家族を一単位と数えていたことを証明する。しかし、女真の平均的家族（6人）は、漢人のそれ（2～3人）の2～3倍を上回り、大家族主義に依然として重きが置かれていたことがわかる。

　累代の墓地は生前の状態を再現したような形式になっていた。たとえば北場村（河北省）には、一組の夫婦とは別に独立した墓碑銘——息子の墓——がある（羅平，鄭紹宗1962）。夫婦単位に墓が建てられるのが普通で、こうした例は山西（暢文齋1959）や河南（周到1957）で発掘されている。

　社会や家庭での夫と妻の立場の違いは、絵画や彫刻に表されたシーンによって裏づけることができる。家族の中の夫の地位は社会的には最上位のものとして描かれ、またその妻は尊敬すべきものとして、また品格ある者として描かれた。

　金の法律は古代中国の法律学者によって想定された重罪を十種類（十悪）に分けていた[1]。十悪のうち、四つは家族関係についてである。第四——両親の殺害あるいはその計画（悪逆）、第七——息子として行うべき崇敬に関する規則の不履行（両親の悪口、扶養の拒否、両親の死に関する誤った通知、喪に服さないこと）（不孝）、第八——老親を奴隷に売ること、夫に対する妻の中傷（不睦）、第十——近親相姦（内乱）。それらの中で最も強い影響を持つものは、家族関係に対する家父長制的儒教の考え方であった。

　しかし、金社会において家族の規範は、実際には儒教の求めるところからかけ離れたところにあった。息子や男の孫は家計が別で、女真の男子たる務め（とりわけ戦闘）に忙しく、このことが家族の最上位にいるべき家長の権限を著しく弱めることになった。

　女性たちも、漢人家族では考えられないような権利を持っていた。妻の地位は慣習によって保護されており、法律によって守られている部分もあった。1152年に阿骨打（アグダ）の孫である烏禄の妻・烏林苔氏（ウリンダ）の美しさに心を奪われた海陵王が彼女を自分のもとへ呼び出したとき、その美女は宮殿へ行く途中で自殺してしまった。

死を前に彼女はこう語った。「私はわが身を守り、夫に恥をかかせない」[2]。そのため『金史』では、全面的に感嘆すべきこととして記述されている（『金史』; Розов）。
　太祖（阿骨打）の妻・蕭皇后は、海陵王のとき、女性の礼儀作法をつかさどる重要な儀礼の分野を管理していた[3]。とくに注目されるのは、徒単氏出身の皇女たちの歴史である。徒単氏には子がなかったため、慣例により夫・完顔宗幹(ワンヤン バベン)の側室の子を養子にし、その中から未来の皇帝・海陵王が出た。彼女の伝記によれば、海陵王は激しい気性の持ち主で、大氏出身の実母と徒単氏出身の母との間で「彼の心は常に不安だった」。海陵王が世宗を暗殺した後、徒単氏と大氏は彼の行為に驚愕した。しかし「彼を祝うことを辞退したのは」徒単氏(ツーダン)だけだった。海陵王は「敵意を抱いたが」、こうした非難を耐えるしかなかった。遅れて海陵王の母が祝福のために、彼の栄光を称える宣言をしたが、徒単氏はそれに対して挑戦的な態度をとり、同調しようとしなかった。皇帝の燕京への移住後、徒単氏は上京にとどまった。ただ1154年に海陵王は、徒単氏を燕京に移住するよう説得することに成功。彼は、宮中の笞刑(ちけい)用の小枝を持って徒単氏に会いに行った。そして徒単氏の前にひざまずいて海陵王は「息子としての愛を忘れ、長い間お世話もしませんでした」と、自分の過ちを認め、さらに持ってきた笞(むち)で罰するように請うた。徒単氏は彼を許したが、それ以後独立を保つことはできなかった。南宋との戦いに激しく反対した徒単氏は1160年に処刑されてしまったからだ[4]（『金史』）。
　1224年に、哀宗の母は、皇帝の意中の下女との結婚を妨害したばかりか、彼女を宮中から追放し適当なところへ嫁にやってしまった[5]（『金史』）。女真の家族社会では、結婚の儀式のとき、新婦の家族は新郎の家族よりも上座の炕(カン)の上に座った[6]。「男性は女性よりも低い立場である」（Franke1980）。女真の役人の妻は、夫が黒地の服を着ているのに対し、際立って豪華な衣装を身につけているので、漢人たちをひどく驚かせた[7]（『攬轡録』1904）。立法措置の中には、客観的に見ても女性の地位を高めるものもあった。たとえば、とくに夫を持つ女性を強姦したり、役人の後見下にある女性に同居を強制したりすることは非常に厳しい処罰の対象となった（Воробьев1975）。
　新国家が創立された1年目に、氏族内の結婚、つまり同姓同士の結婚を禁止する法令が出された。1116年には、「寧江州（金との国境にある契丹の都市）を占領後、同姓（すなわち親戚）の妻を娶った者が棒で叩かれたり、離婚させられる」よう命じられた[8]（『金史』）。こうして規則はよりいっそう強まり、『金史』には「同姓同士の婚姻を禁ず」[9]と簡潔な文句で表現されている。
　この禁制によって、族外婚の原則が、同族者でない者同士の結婚という正しい

意味ではなく、「同姓でない者同士」の結婚という意味を持つようになってしまった。これら二つの概念はまったく相いれないものになった（中国では同姓不婚は一見、族外婚と同じか似たような概念であったはずだが、女真の社会において姓とは、自由に選択できる漢姓のことであったため、族外婚と同姓不婚という二つの概念は、ますます一致しなくなってしまった）。というのは、「姓」という概念は初めから女真にとっては異質なもので、のちには貴族だけのものになり、最終的には氏族の姓は、自由な制約のない漢人の姓を兼ね備えるようになったからである。

　後世に至っては、さまざまな氏族や姓の代表者たちが混然一体となってしまったため、以前からある規則を立法化し、これに機械的に従わざるを得なくなってしまった。その後、1130年に親戚関係にある者同士の結婚に関する新しい制限が導入された。たとえば「一夫多妻」の子供たちの結婚の場合などである[10]。

　1130年代、女真社会では、以前どおり新婦の選択の自由や最小限の儀礼が守り続けられていた。洪皓は、女真発祥の地で契丹や女真の貴族が催した宴について観察している。このような宴に出席する若者たちの中には、観衆の役や関係者として、また時には偶然知って自由にやって来る者もいた。もし親密な関係になれば、娘は両親からの反対もなく、意中の男性の後に従っていった。ただ後世になると若者は、息子の誕生後に、食物と飲み物を持参で、妻の両親のもとへあいさつに出向くようになった。このような関係は、略奪婚と見なされた。このようなことは女真の間では一般的なことであり、「自由な窃盗」（放僻）という風習の一つでもあった（第1章7節参照）。しかし、1177年にこのような慣習を禁ずる命令が出された。それは渤海でも行われたものだった[11]（『金史』）。

　漢人住民と共存しながら、女真は特権階層として、乱れた婚姻や重婚、内縁関係を伴う生活を送っていた。さまざまな民族同士の結婚、とりわけ女真と漢人の結婚は、最初、金政府は望ましくないものとしていたが、厳しく禁じられることはなく、最終的には奨励されるようになった。

　このようなやり方は、二つの民族間の対立を和らげるものと考えられた。1191年（明昌2年）、尚書省は、元の斉国に暮らす漢人と女真人の異常な関係を指摘してから、異民族間の結婚がこれらの民族との和解と国家の平和を保障するという見解を述べている[12]（『金史』）。女真と漢人女性との結婚が、あらゆる社会階層において広く普及したことは明らかである。『大金国志』は、新しい領土を侵略から防衛するために、漢人女性や契丹女性との婚姻を女真に導入したと率直に指摘している[13]（『大金国志』）。モンゴルの侵入後は、多くの女真が自分たちの安全を守

るために漢人と親類関係になった。

　古い文献には、契丹の代表的な貴族・耶律氏や蕭氏と女真の数少ない結婚についての記述が残されている（愛宕1959）。また、徒単氏、蒲察氏（プチャ）、加古氏（ジャグ）などの女真の超名門出身者と漢人女性との結婚についても約20例について書かれている。そしてまた、漢人男性と完顔氏（4例）、加古氏、納合氏（ナヘ）など出身の女性との結婚にも触れている（陶晋生1968）。

　華北において多くの女真が、満洲や沿海州の女真発祥の地に残っていた女真出身の妻との結婚を破棄しないまま、漢人女性と結婚した。このような結婚は承認されなかったが、ことが愛人関係に尽きるならば、禁じられることはなかった。内縁関係という形ならば、皇帝の家族や名門貴族の世界でも受け入れられた。漢人の慣習に従って、皇帝は第一夫人、第二夫人あるいは側室を持つことになっていた。そして彼女たちは、その立場を厳しく定めた特別な身分を有していた。女真の皇帝は、一般にこの制度を取り入れていた。

　前期王朝では、このような立場にある者は、女真十氏の貴族出身の女真女性が占めていたが、のちに第二夫人や側室は渤海や中国人女性が占めるようになった。皇帝の妻の座に早く就いた貴婦人ほどその階級は高かった（Franke1980）。女真の複婚は、伝統的な形式もなければ、非常に広範に普及することもなかった。金の法律の中に、私たちは妻と愛人を区別する最小限の法規を発見しただけである。

　貴族の陵や家族の墓地では普通、妻と夫、一組ずつの墓地を見かける。浮彫やフレスコ画の中に後宮や側室の描写を探しても無駄である。それどころかいたるところに一夫一婦制の絵が描かれている。もちろんこうして内縁関係の存在を排除したのではなかった。内縁関係という形式は、中国で長きにわたり詳細に練り上げられ完成されたものであった。

　多くの漢人女性が、中国本土侵攻の際に女真の将軍たちの後宮に入れられた。金の宮廷が燕京へ移った後、状況は変わった。愛人の募集は、より「平和的」に受け入れられ、常備されるようになった。女真兵は燕京で、2000〜3000人の漢人女性を捕らえた。のちに1148年に河間地方で、13〜20歳の美しい漢人女性が4000人集められた。洪皓は「彼ら（女真）は大勢の妾を持っていた」と断言している[14]（『松漠紀聞』）。漢人女性の愛人の立場は、奴隷と変わらないものであったろう。皇帝や皇子の後宮を除けば、女真女性もそのような状況にあった。

　女性が愛人の立場であっても、その状況は条件次第でさまざまだった。弾圧を受けた貴人の家出身の側室の立場は、皇帝の側近の家出身の女性よりも悪かった。後者の場合、その内縁関係は嫂婚の拡大解釈として見なされたり、また援助しな

くても忠誠を貫くであろう貴人の妻や娘に対する皇帝の配慮の形と見なされたりした。このような側室たちは、ある一定の条件のもとでは後宮を去ることもできた。1164年（大定4年）、世宗は自分の夫を持った21人の女性を後宮から出してやっているし、1172年（大定12年）には20人以上の側室も解放された[15]。強制的に妻妾関係を迫るような不法行為を根絶する際、役人に対しては彼らの直接の後見下にある娘との結婚は禁じられた。奴隷間や非奴隷と奴隷間の婚姻についても特別な規則が定められていた[16]（『金史』）。

女真の家族における夫と妻妾の関係は、漢人のパターンとは異なっていた。女真は厳しい家父長制にもとづいていたが、夫たちは戦闘や文官としての務めのために、いつも家を留守にしていたため、実際には妻たちはかなり自由で家庭内で重要な影響力を持っていた。

金の法典は、不貞を働いた妻を夫が殺す権利も想定していた。1170年の勅令では、不貞を働いた妻は、夫が役人であっても、その夫の等級によっては、その権利はなかった。しかし、息子の等級しだいでは同じような法律が維持されていた[17]（『金史』）。1143年（皇統3年）の法典（皇統制）では、夫は妻あるいは妾をたたき殺しても罰せられることはなかった。ただし「素手」でやった場合に限られた[18]。昔はそのような法律がなく、それでは奴隷と変わらないと知って、漢人女性はひどく腹を立てた（Franke1980）。しかし、この法典は、妻との関係を子や両親と同一視し、妻を奴隷として売ることを厳しく罰している。女真の未亡人は自由に再婚することができたが、漢人の喪の習慣が女真の男性にも女性にも浸透していった。

女真の結婚制度は、金代末までその特性を維持し続けた。13世紀初頭、法典は特別に嫂婚における女真の決まりについて説明している[19]（『金史』）。完顔宗幹（阿骨打の息子）は、父の死後、父の未亡人を妻にした[20]（徐炳昶1937）。このような女真の風習が、漢人家族にももたらされたことは特徴的である。1169年、世宗は「渤海人や漢人の妻たちは、喪が明けたら夫の家から自分の親戚へ帰ることを決めた。そして、もし故人の兄弟の誰かが未亡人を娶る場合は、未亡人の家の年長者が決定することにした」[21]（『金史』）。

嫂婚については、漢人によって言語道断の風習として語られている。『虜廷事実』には、憤激をもって次のように書かれている。「母を妻にしている者すらいる。それはまったくイヌかブタのようだ。彼らは漢人とは異なる人間だ。漢人は知っている。それが掟を破ることだということを」[22]（Franke1975）。これに対して政府は、嫂婚が喪を否定するような影響を与えないようにした。喪の儀礼は、漢人

のものであったからだ。そして1167年に「皇帝は、父の死後別の夫を持った（再嫁した）母の死に際しても、子どもは3年間喪に服する法を決定した」[23]（『金史』）。漢人にならって金の法は、喪の期間内における結婚を重罪と見なすようになった。

女真にとって新たな風習として取り入れられたものに、国家的な結婚の儀式の法制化があった。これは漢人の影響が激しくなったために起きた現象で、金代末に起こり、女真の名門や一般人の中にも浸透した。浪費を避けるため、求婚に際しての贈物の価格がはっきりと決められた。たとえば、役人は銭を200～700貫、裕福な平民は100～200貫だった[24]（『大金国志』）。1200年に国は求婚に関する決まりをつくり、1205年には結婚の儀式について制定した。国の決定に従わないで、あいさつをしたり、儀式を行ったりした人々は、違反者と見なされた[25]（『満洲源流考』）。

女真の皇帝や皇子は、原則として10氏（P56参照）の中から妻を娶ったが、10氏の中でもより卓越した役割を担った氏族は裴満、烏林荅、紇石烈で1130年代半ばから活躍し、僕散氏は1190年代から活躍した。内縁関係が発達しても、この原則を乱すことはなかった。皇帝の妻の選択や婚礼は、厳格に規則と儀礼に従って行われた。

女真の家族や婚姻に関する法体系は、従来言われてきたように漢人社会の秩序の中で成り立ってきたものに従おうとしたものではなく、むしろそのような影響はあまり見られなかった。漢人社会では、100年前に形づくられた家族や婚姻の慣習が影響を与えていた。しかし婚姻関係の法制化は、住民たちにかなり自由を与えることになった。勝者と敗者同士の結婚は禁止されず、後世にはむしろ奨励されるようになった。学識のある男性の嫁取りについては、宋の法律が宣言しているような正式な禁止事項はなかった。たとえば、平民出身の女性と結婚してもよかったし、富裕層と貧民、主人と下女、貴族と身分の低い者同士の結婚も禁じられてはいなかった。

婚姻関係はより複雑になり、最高位にある氏族たちの有名な儀式や彼らの伝統的風習、あるいは法規が再び呼び覚まされた（島田1966）。女真語辞典には、親族の定義に関する言葉が数多く収録されている。『華夷訳語』という辞典に収められているその割合は、847語中35語（4％）と大きく、親族関係の重要性と伝統がうかがえる。辞典では、親族関係は細分化されている。たとえば始祖、遠い先祖、祖父、祖母、父、母、父方のおじ、父の長兄、父方のおば、母方のおじ、母方のおば、息子、娘、兄、弟、姉、妹、甥、姪、姉妹の息子（甥）、弟の妻、娘の夫、嫁、妻の父、妻の母、夫の父、孫などの用語がある[26]。

それにもかかわらず、時を経るにしたがって戦争、移住、異民族との結婚などの結果、過去の親族や家族とは絶縁したり、親族関係が複雑になったりしたため、忘れ去られていった。完顔宗敘は、彼にとって母方の妹――親戚――が誰なのか知らなかった[27]（『金史』）。こうした事例により、女真人が親戚のことをあまり知らなくなっていたことがわかる。

　しかしながら、確固とした家族関係というものは女真民族存続のための保証であり、その状況は多くの女真皇帝の心配の種であった。確実に家族関係を維持するために、これまで成り行き任せだった婚姻関係の儀礼上のしきたりを国家的制度として創設した。この儀礼は、いくつか中国のスタイルを取り入れながら、親族の間で絶対に規律を守ることを求めた。道徳的・宗教的見解の上に法制化が加えられたのである。豊かさの向上、社会的階級の複雑化は、新たに財産の相続、序列、義務などの問題を激しく提起することになった。

　世宗までの皇帝家では、父から息子へ王位の譲渡を行う原則が取り入れられていなかった。太宗は太祖の兄弟だった。そして熙宗、海陵王、世宗は太祖の孫で、太祖の3人の息子たちの子どもだった。彼らは皆、前任者の成人した息子がいる中で王位を継承した。世宗から直系に王位を譲ることが定着し、遺言が考慮されるようになった（陶希聖 1935）。

　親戚関係についてわからないとき、姓が親族制度の起点となった。異民族の場合同様に、古代女真の姓は親族（氏族）や部族に起源があった。『金史』では、141の氏族が出てくる。どの氏族名も、この文献で特別に章を立てて記述されている100氏とつながっている[28]（『金史』）。今述べた文献には、女真の血統でない16氏も出ている（陳述 1960）。

　「王家」（完顔）につながる42の氏族は、さまざまな時代に氏姓に漢式の姓を加えていた。このような氏族は数件だったが、たとえば、完顔は三つの漢式の姓、烏古論（ウグルン）は四つの漢姓、紇石烈と徒単は二つの漢姓、耶律は五つの漢姓を採用していた（陳述1960）。実際に漢姓をつけることが女真社会に持ち込まれたのは、建国以前のことだろう。『神麓記』のような古い文献にも、30の漢姓のことが触れられている。1119年に完顔氏は漢姓の「王」、赤盞（チーチャン）氏は「張」、那懶（ナラン）氏は「高」などを持つようになった[29]（『三朝北盟会編』）。

　漢姓の借用は、あいまいな規則にもとづいて行われていた。1) 類似性（徒単（ツータン）→杜、斐満（ペイマン）→麻、完顔（ワンヤン）→王など）。2) 略語（温迪罕（ウェンチハン）→温、孛朮魯（ボジル）→魯など）。3) 漢姓が意味の上でも、音声上も、文字の形の上でも女真に関わりのないときは自由に使われた（紇石烈（ヘシレ）→高、烏林荅（ウリンダ）→蔡、蒲察（プチャ）→李など）。4) 非常にまれだが、偶

然の一致によるもの（Wu → Wu）[30]。（『遼金元姓譜』; 陳述 1960）。

『金史』では、女真が使った59の漢姓について触れている。これらの姓は、自発的に受け入れられたようだ。たとえば、漢人の将軍に勝った後、死者の霊から回避するためだったり、中国の慣習へのあこがれ、宋人や金政府から褒美として与えられたためであったりした。金国は、勲功として非女真人に姓を与えることがあった。たとえば、「国姓」（完顔）を与えることが27例、高貴な女真の姓（10氏のうちの一つ）を与える例が20例あった（陳述 1960）。その結果、女真の系図の確認が極めて困難になった。同じ女真の家族の成員でも、皆いつも同じ漢姓にしたわけではなく、親戚ではない人が同じ漢姓にしたので、状況はより難しくなった。『金史国語解』の姓の章の編纂者が、章の最後に「その後、氏族の異名が個人ごとにさまざまな理由によって簡単に変更して使われた……」[31]と加筆しているのは、とくに驚くべきことではない（『金史国語解』）。親族制度を整える手段の一つとして、女真が漢姓を持つことを禁止することが考えられたが、女真と漢人の対立を生むだけの融通のきかない無駄な施策だと論じられることもあった（三上 1973）。1151年には、海陵王が褒美として与えられた姓を取り上げて、以前の姓に戻すように命じた。1173年には、世宗が漢姓をつけることを厳しく禁じた[32]。

同様の状況は名前の場合にも生じた。一部の女真貴族が、漢人の名前を（補助的な形で）採用した結果、14姓の持ち主の121名の同名者が、『金史』の中で漢字によってさまざまに転写された名前だった（そのうち95のケースは完顔姓の持ち主だった）。133人は二つ以上の名前を持っていた。有名な完顔希尹(ヒイン)は四つの名前を、また紇石烈牙吾塔(ヤウタ)は七つの名前を持っていた[33]（陳述 1960）。実際に今述べたことは、数多くある名前の中でも『金史』の最後のほうで明らかにされている。この史書は、女真皇帝の衛紹王の女真名も記述しないままにしている。しかし、いずれにせよ1176年に、世宗は次のように命じている。「皇子の幼名には一般に女真名が与えられていなかった。しかしそれは改めるべきである。子どもに最もふさわしい名前があればそれを私に報告せよ」（『金史』）[34]。この禁止事項を翌年確認したことは、それに実効性がなかったことを物語っている。宣宗は1215年に、政治的に漢姓と女真姓を褒美として与えることを復活させている[35]。14世紀の著者・陶宗儀（『南村輟耕録』）が、金代末に多くの女真人が本名のほかに漢人の名前を持っていたと断言している[36]（Tao Jing-shen, 陶晋生 1976）。

女真の影響は、満洲族の家族の風習の中に表れていた。たとえば、新郎の氏族と同一家系の女性との結婚は禁じられていた（女真の間では同一姓同士は禁じられていた）。また貧しい新郎は妻の父の家で3〜10年働き、長男には父の長兄の長

男の名前をつけるようにした。また未亡人は再婚することもできた。しかし、満洲では、求婚の手続きや婚資の支払いがより複雑になり、嫂婚、婚前の女真女性の昔のような自由はなかった（Народны Восточной Азии1965 ; Shirokogoroff 1924）。

1　「十悪」「謀反、謀大逆、謀叛、悪逆、不道、大不敬、不孝、不睦、不義、内乱」
2　『金史』巻64列伝2后妃下「世宗昭德皇后。烏林荅氏、（中略）后聰敏孝慈、容儀整粛、（中略）世宗在濟南、海陵召后来中都。后念若身死濟南、海陵必殺世宗、惟奉詔、去濟南而死、世宗可以免。謂世宗曰『我当自勉、不可累大王也。』（中略）（后）召家人謂之曰『我自初年為婦以至今日、未嘗見王有違道之事。（中略）我死後於冥中觀汝所為。』衆皆泣下。后既離濟南、従行者知后必不肯見海陵、将自為之所、防護甚謹。行至良鄉、去中都七十里、従行者防之稍緩、后得間即自殺。」
3　『金史』巻63列伝1后妃上「（太祖）崇妃、蕭氏。（中略）海陵篡立、尊大氏為皇太后、居永寧宮。每有宴集、太妃坐上坐、大氏執婦礼。」
4　『金史』巻63列伝1后妃上「海陵嫡母、徒單氏。宗幹之正室也。徒單無子、次室李氏生長子鄭王充、次大氏生三子、最即海陵庶人也。（中略）海陵自以其母大氏與徒單嫡母妾之分、（海陵）心常不安。及弑熙宗、徒單與太祖妃蕭氏聞之、相顧愕然曰『帝雖失道、人臣豈可至此。』徒單入宮見海陵、不曾賀、海陵銜之。天德四年、海陵遷中都、独留徒單於上京。（貞元三年）海陵命左右執杖二束自随、跪於太后前、謝罪曰『亮不孝、久闕温情、願太后痛笞之。不然且不安。』太后親扶起之、叱約杖者使去。（中略）十月、太后至中都、（中略）太后與師恭語久之。大概言『國家世居上京、既徒中都、又自中至汴。今又興兵渉江、淮伐宋、疲弊中國、我嘗諫止之、不見聽。（海陵）乃召點檢大懐忠、翰林待制幹論、尚衣局使虎特克、武庫直長蕭失使殺太后于寧德宮、（下略）』、『金史』巻5本紀5海陵正隆六年八月癸丑「以諫伐宋弑皇太后徒單氏于寧德宮」
5　『金史』巻64列伝2后妃下「宣宗明惠皇后、王皇后之姊也。生哀宗。（中略）哀宗甚寵一宮人、欲立為后。后惡其微賤、固命出之。上不得已、命放出宮、語使者曰『爾出東華門、不計何人、首遇者即賜之。』於是遇一販繒者、遂賜為妻。」
6　『金志』婚姻「婦家無大小、皆坐炕上、婿党羅拝其下、謂之男下女。」
7　『攬轡録』「秦楼有胡婦。衣金縷、鵝紅・大袖袍・金縷・紫勒帛褰簾。」
8　『金史』巻2本紀2太祖天輔元年五月丁巳「詔自収寧江州已後同姓為婚者、杖而離之。」
9　『金史』巻3本紀3太宗天会五年四月己丑「詔曰『合蘇館諸部與新附人民、其在降附之後同姓為婚者、離之。』」など
10　『金史』巻3本紀3太宗天会八年五月癸卯「継父継母之男女無相嫁娶。」、原著者は一妻多夫とするが、一夫多妻の誤りか。参考『金史』巻5本紀5海陵天德二年十一月己丑「命庶官許求次室二人、百姓亦許置妾。」、『松漠紀聞』「其良人皆有小婦人、侍婢。」
11　『金史』巻7本紀7世宗中大定十七年十二月戊辰「以渤海旧俗男女婚娶多不以礼、必先攘竊以奔、詔禁絶之、犯者以姦論。」
12　『金史』巻9本紀9章宗一明昌二年四月戊寅「尚書省言『齊民與屯田戸往往不睦、若令遞相婚姻、実國家長久安寧之計。』従之。」、『金史』巻88列伝26唐括安礼大定七年五月「詔曰『南路女直戸頗有貧者、漢戸租佃田土、所得無幾、費用不給、不習騎射、不任軍

151

旅。凡成丁者簽入軍籍、月給錢米、山東路沿辺安置。其議以聞。』浹旬、上問曰『宰臣議山東猛安貧戸如之何。』奏曰『未也。』乃問安礼曰『於卿意如何。』対曰『猛安人與漢戸、今皆一家、彼耕此種、皆是国人、即日簽軍、恐妨農作。』上責安礼曰『朕謂卿有知識、毎事專倣漢人、若無事之際可務農作、度宋人之意且起争端、国家有事、農作奚暇。卿習漢字、読詩、書、姑置此以講本朝之法。前日宰臣皆女直拝、卿獨漢人拝、是邪非邪、所謂一家者皆一類也。女直、漢人、其実則二。朕即位東京、契丹、漢人皆不往、惟女直人偕来、此可謂一類乎。』（中略）百官集議于尚書省。

13 『大金国志』に該当箇所見当たらず。『金史』には以下のような記述がある。巻88列伝26唐括安礼（大定十七年）「詔曰く『（略）俾與女直人雜居、男婚女聘、漸化成俗、長久之策也。』（略）、巻9本宗9章宗1明昌二年四月戊寅朔「尚書省言『齊民與屯田戸往往不睦、若令遞相婚姻、実国家長久安寧之計。』從之。」、巻12本紀12章宗4泰和六年十一月乙酉「詔屯田軍戸與居民為婚姻者聴。」

14 『松漠紀聞』「故契丹、女真諸国皆有女倡、而其良人皆有小婦、侍婢。」

15 『金史』巻6本紀6世宗上大定四年四月甲戌「出宮女二十一人。」、巻7本紀7世宗中大定十二年十二月辛丑「出宮女二十余人。」

16 『金史』巻45志26刑「泰和二年、御史臺奏『監察御史史肅言、大定条理、自二十年十一月四日以前、奴娶良人女為妻者、並準已娶為定、若夫亡、拘放從其主。離夫摘売者曾本主收贖、依旧與夫同聚。放良從良者即聴贖換、如未贖換間與夫所生男女並聴為良。而泰和新格復以夫亡服除準良人例、離夫摘売及放夫為良者、並聴為良。若未出離再配與奴、或雜姦所生男女並許為良。如此不同、皆編格官妄為增減、以致随處訴訟紛擾、是渉違枉。』付所司正之。」

17 『金史』巻6本紀6世宗上大定十年四月丁酉「制命婦犯姦、不用夫蔭以子封者、不拘此法。」

18 『松漠紀聞』「金国新制、大抵依仿中朝法律。至皇統三年頒行其法、有創立者、皆自便。如殴妻至死、非用器刃者、不加刑。」

19 『金史』巻64列伝2后妃下「旧俗、婦女寡居、宗族接続之。」

20 参考『松漠紀聞』「正月十六、挾奴僕十輩入寡嬌家烝焉。」

21 『金史』巻6本紀6世宗上大定九年一月丙戌「制漢人、渤海兄弟之妻、服闋帰宗、以礼続婚者聴。」

22 『虜廷事実』婚聘「有妻其継母者與犬豕無異。漢児則不然知其非法也。」

23 『金史』巻6本紀6世宗上大定八年二月甲午朔「制子為改嫁母服喪三年。」

24 『大金国志』巻35雜色儀制　官民婚聘財礼儀「一品不得過七百貫。三品以上不得過五百貫。五品以上不得過三百貫。六品以下及上戸庶人不得過二百貫。中下戸不得過一百貫。」

25 『満州源流考』巻18国俗三（金史）「承定五年。定本国婚聘礼制。泰和五年。制定本朝婚礼。又詔拝礼。不依本朝者罰。」

26 『華夷訳語』（清瀬1977）282 阿民 amin 父、283 厄寧 eniyen 母、284 忒革馬法 tega mafa 高祖、285 斡莫羅 omolo 孫子、286 阿渾温 ahun 兄、287 斗兀温 degun 弟、289 和的斡 hodiyo 女婿、290 厄云温 eyun 姐、291 捏渾温 niyohun 妹、292 厄一厄 eige 丈夫、293 撒里安 sarigan 妻、294 追一 juwii 孫児

27 『金史』巻64列伝2后妃下睿宗欽慈皇后「世宗嘗曰『今之女直、不比前輩、雖親戚世紋、亦不能知其詳。太后之母、太祖之妹、人亦不能知也。』謂宗敘曰『亦是卿父譚王之妹、知之乎。』宗憗曰『臣不能知也。』上曰『父之妹且不知、其如疎遠何。』」

第 2 章 ● 金国の文化
6 家族とその習慣

28 『金史』巻55志36百官1「凡白号之姓、完顔、温迪罕、夾谷、陁満、僕散、朮虎、移剌荅、幹勒、幹準、把、阿不罕、卓魯、回特、黒罕、会蘭、沈谷、塞蒲里、吾古孫、石敦、卓陀、阿厮準、匹独思、潘朮古、諸石剌、石古苦、綴罕、光吉剌皆封金源郡。裴満、徒単、温敦、兀林荅、阿典、紇石烈、納蘭、李朮魯、阿勒根、納合、石盞、蒲鮮、古里甲、阿迭、聶摸欒、抹撚、納坦、兀撒惹、阿鮮、把古、温古孫、撏盞、撒合烈、吾塞、和速嘉、能偃、阿里班、兀里坦、聶散、蒲速烈皆封広平郡。吾古論、兀顔、女奚烈、独吉、黄摑、顔盞、蒲古里、必蘭、幹雷、独鼎、尼厖窟【竃亦作古】、拓特、盍散、撒荅牙、阿速、撒剟、準土谷、納謀魯、業速布、安煦烈、愛申、拿可、貴益昆、温撒、梭罕、霍域皆封隴西郡。黒号之姓、唐括【旧書作同古】、蒲察、朮甲、蒙古、蒲速、粘割、奥屯、斜卯、準葛、諳蛮、独虎、朮魯、磨輦、益輦、帖暖、蘇孛輦皆封彭城郡。」

29 『三朝北盟会編』巻3重和二年正月十二日条「其姓氏則曰完顔謂王、赤盞謂張、那懶謂高、排磨申、独斤、奥敦、紇石列、禿丹、婆由満、釀畹、陀曀、温迪掀、棹索、拗兀居、尼漫古、棹角、阿番、李木律兀徒、李木律、【衍句乎】李木律、遇雨、隆晃、兀独頂、阿迭、烏陵、蒲察、烏延、徒単、僕散、温敦、龎古、」

30 該当する漢姓、女真姓不明。

31 『金史国語解』姓氏「其後氏族或因人変易、難以徧挙。姑載其可知者云。」

32 『金史』巻5本紀5海陵天徳三年（1151）十一月癸亥「詔罷世襲万戸官、前後賜姓人各復本姓。」、『金史』巻7本紀7世宗中大定十三年（1173）五月戊戌「禁女真毋得訳為漢姓。」（参考）それ以外の女真人が漢姓にすることを禁じた例。『金史』巻7本紀7世宗中大定十六年（1176）十月丙申「詔諭宰執曰『諸王小字未嘗以女直語命之、今皆当更易、卿等択名以上。』」、『金史』巻8本紀8世宗下大定二十七年十二月戊子「禁女直人不得改称漢姓、学南人衣装、犯者抵罪。

33 『金史』巻73列伝11完顔希尹「本名谷神、（略）諡貞憲。」、『金史』巻111列伝49紇石烈牙吾塔「一名志。（略）『塔』亦作『太』、亦曰『牙忽帯』、蓋女直語、無正字也。（略）世呼曰『盧鼓椎』、其名可以怖児啼、大概如呼『麻胡』云。」

34 『金史』巻7本紀7世宗中大定十六年（1176）十月丙申「詔諭宰執曰『諸王小字未嘗以女直語命之、今皆当更易、卿等択名以上。』」

35 『金史』巻14本紀14宣宗貞祐三年（1215）九月癸酉「朝謁世祖、太祖御容于啓慶宮、行献享礼、始用楽。賜東永昌姓為温敦氏、包世顕、包疙疸為烏古論氏、覩令孤為和速嘉氏、何定為必蘭氏、馬福徳、馬柏壽為夾谷氏、各遷一官。

36 『南村輟耕録』巻1氏族「金人姓氏完顔、漢姓曰王。烏古論、曰商。乞石烈、曰高。徒単、曰杜。女奚烈、曰郎。兀顔、曰朱。蒲察、曰李。顔盞、曰張。温迪罕、曰温。石抹、曰蕭。奥屯、曰曹。李朮魯、曰魯。移剌、曰劉。幹勒、曰石。納剌、曰康。夾谷、曰仝。裴満、曰麻。尼忙古、曰魚。幹准、曰趙。阿典、曰雷。阿里侃、曰何。温敦、曰空。吾魯、曰恵。抹顔、曰孟。都烈、曰強。散答、曰駱。呵不哈、曰由。烏林答、曰蔡。仆散、曰林。朮虎、曰童。古里甲、曰汪。」

7　風俗と慣習

　社会的活動や精神的活動が複雑化するにつれ、以前は未分化な状態であった古い慣習が細分化され、それに伴って新たな慣習が生まれたりした。慣習の中には、かなり複雑な形式になったものもあれば、規則として固定化されたものもある。また行儀作法や儀式に転化したものもあった。渤海や契丹、とくに中国と接触した結果、古い女真の慣習は変質したり、また儀礼の中には充実した部分もあったりした。たとえば、尚書省礼部のような新たな役所が金に設けられるようになった。この節では、新国家にとって特徴的なことや、宗教的なことを除いて語るつもりである。新たに出現した慣習の具体例として、女真国家には従来なかった誕生日の祝いが挙げられる。『松漠紀聞』では、有力な女真の将軍でさえ、1130 年にはまだ自分の誕生日を確認することさえなかったし、ましてや中国的に祝うこともなかった[1]（Franke1975）。

　辮髪や左衽（さじん）（この章の 4 節参照）のような特別な服装などの女真の風習は注目に値する。これらは維持され続けたばかりか、侵略者（である女真）によって中国内の住民にも普及したし、南宋にも広がった（桑原 1927 ; 三上 1973）。面白いことに、高貴な女真人は自身の倫理観から自分たちの特徴のいくつかを持つことを避けていた。墓地のフレスコ画の一つには、辮髪どころか「ゆったりと後ろに下げた髪」も見られなかった。これらの墓地にはおそらく高貴な女真人が埋葬されていたようだ。

　女真的な食事や木製の食器は、女真の農民の間にだけかろうじて残っていた。女真料理が金国全体に与えた影響力は、畑や稲の神への生贄や季節ごとの先祖供養の際の供物から判断すると（第 2 章 8 節参照）、金代に流行った女真の服や装身具、髪型の影響力ほどではなかったようだ。女真の炕（カン）は中国に広く普及した。そして、それに伴って食習慣も机も炕に合わせたものになった。女真の猟師たちは鹿笛を作る技術を忘れはしなかった。ウマからの射撃はどうかというと、12 世紀の後期にはこの技能を民族的性格の一つと見なすようになっていた。「世宗は、ウマから上手に矢を射た。わが民族の中では第一人者であった。狩りに出かけるとき、老人が彼の後をついていって嘆称した」[2]（『満洲源流考』）。しかし、周知のとおり、世宗自身は中国において大がかりな狩りを催せないことを嘆き悲しみ、馬上射撃の訓練をしていたのである[3]（『金史』）。馬上射撃は馬術の中でも人気があった。「馬上射撃術を知っている勇敢な者がいた。この技を学び、われらが敵

と戦った」(『満洲源流考』)。18世紀に満洲人の子どもたちが「晩になるとウマを使った射撃に興じていた」[4]という（Васильев1857)。

祭典における宴会は日常生活からなくならなかったが、階級の分け隔てない普遍的なものではなくなった。政府がそれらを支援しようとしたこと自体、宴会が衰退した確たる証拠である。「女真の古い慣習——共同の祭典で飲み食いすることや馬上射撃——これは娯楽である」と世宗は繰り返し述べている[5]（『金史』)。1130年代の金の状況を描いた『虜廷事実』によれば、家庭の小宴会では、「貴賤、老若を問わず一緒に座り食べた。現代では、儀式や礼儀作法はあまり知られていないが、彼らはすでに以前の彼らではない」[6]。さらに文献（『虜廷事実』）は、「酒をごちそうする」習慣について伝えている。このような習慣は、宮廷から県までいたるところでよく見られたものである。誕生日、結婚、息子の結婚、宋からの使節団の到着、当局に取り入る念願が成就した場合は、果実を添えた酒宴を催した。客たちは、贈物として織物、金、銀、鞍、ウマ、宝石を持ってやって来た。一方主人は、酒で客をもてなした。「こうした方法で友情が成り立ち、邪悪な考えが消えた」[7]（Franke1975)。

1125年に長官が咸州（現・開原）を建設した祝典で、漢人使節の来訪を祝して都市近郊に天幕を設営した。音楽家たちは、ベルトにつるした太鼓を打ち鳴らし、葦笛を吹き、12弦、25弦ある琵琶という楽器を弾いたり、横笛を吹き、ティンパニのような太鼓を奏でた。使節の評価によれば、楽器やメロディーは中国のものに似ていて、ハーモニーやアレンジは抜群によかった。長い袖を折り返した服を着た60人の踊り手たちが民族舞踊を踊った。5回酒をふるまわれた後、使節たちは宿舎に帰った。2日目になると、知らせの使者とともに酒、果実、朝食を持った使者が現れた。野外の宴会は、演奏が行われる州の役所で続けられた。演奏の後、宴会は大規模に行われた。酒が9回配られ、野生の動物や鳥、粉ものでごちそうを作り、お茶でもてなした。もてなしは贈物であったことが特筆されている[8]（Chavannes1898)。

この文献では、民族的な野外行楽だけでなく、公式の宴会のようすも伝えている。しかし、王朝のかくも早い段階にも、民族的なものと中国的なものが何か類似性を持って融合していた。もちろんこの類似性がどれほど調和のとれたものだったかは想像がつくが、中国的なものが独立した形ではどこにも現れてはいない。女真のメロディーが中国の楽器で演奏され、漢人の衣装を身にまとった踊り手たちが女真の踊りを踊ったのであり、漢人好みの粉ものや茶と、中国本土では味わえない野生動物の肉などが次々に出されたのである。

撃毬や射柳のような、かつて契丹で女真が受け入れた一般大衆向けの競技がしだいに公式の承認を受けて成り立っていった。「射柳や撃毬は、どちらも遼の慣習である。金もまたそれらを好んだ」[9]（『金史』）。しかし、私が興味を持った時代には、これらはいつのまにか大衆向けの競技として宮廷に受け入れられ、国家的な儀式と一緒にされてしまった。皇帝の儀式の順序の中で伝統的な儀式行為として、それらは5月5日、7月15日、9月9日など年に数回、皇帝によって繰り返し行われた。[10]（『金史』）。太祖の治世では、チームに分かれて撃毬が行われた（『金史』）[11]。『金史』では、世宗と章宗がこのゲームに参加した5回のケースについて触れている。儀式の体裁を整えてからも、撃毬の普及は止まらなかった。軍の構成メンバーは、ひと月に3回、軍事に親しむために撃毬をすることが許可されていた[12]（『金史』）。燕京の漢人もこの撃毬に夢中になった。燕京では茶会のときに撃毬のためのウマが連れてこられた[13]（『松漠紀聞』）。程大昌の『演繁露』によれば、中国の騎兵隊も射柳をまねた[14]が、たぶんそこに象徴的な意味はなかっただろう（Franke1979）。

どちらの競技も日を決めて、たとえば天崇拝の日などによく実施された。5月5日、天崇拝は撃毬のための広場で行われた。『満洲源流考』によれば、儀式の最後に射柳と撃毬が行われた。これらの競技は、高貴な家の慣習となっていった。各リーダーが細長い布きれで自分たちの木に印をつけて、その樹皮を切り取った。彼らは順番にウマで疾走し、矢を放った。ヤナギを切ってヤナギに触れたものが最優秀者と見なされた。ヤナギを短く切っても走りすぎてヤナギに触れなかった者は2位とされた。ヤナギを切ることができなかった者は「救済を求めながら」太鼓を打ち鳴らさなければならなかった。ここで描かれている競技は、祭式の意味すらない。この競技が終わった後、撃毬に移った。撃毬は、二つのやり方があった。一つは広場の南側に二重の柵を作り、下のほうにゴールの穴を開けてあって、そこには縄製の網がしっかり留めてある。競技は、杖で毬を追いながら、特別に訓練されたウマで場内を駆け回る。毬を網に入れた者が勝者である。第二の方法は、広場の両端にゴールが作られ、2チームに分かれて行われる。それぞれのチームが相手ゴールに毬を打ち込もうと突進する。自分のゴールにシュートを許さなかったチームが勝ちである。どの毬も拳大で作られ、軽くて弾力がある[15]（『満洲源流考』）。

金代には、狩込み猟も維持されていた。それらは娯楽と記されるような変質を遂げていたばかりでなく、盛んな議論も引き起こした。金代の狩込み猟は複雑な構造をしていたので、皇帝やその氏族メンバー、上流貴族たちにとって他の競技

や宴会とは違った大いなる娯楽となった。その上、それには狩猟用の広大な敷地が必要で、中国ではほとんど行われなくなってしまった。阿骨打（アグダ）も狩込み猟は最も心ひきつけられる娯楽だと呼んでいた。『金志』では、「金人は、極めて狩込み猟を愛していた。以前は（首都が会寧府にあったとき）、4シーズンいつも狩猟が行われていた。海陵王が首都を燕（京）へ移したとき、郊外の全草原は人民のものだったので、用地不足のために年に3回は狩りをすることができなかった。そこで冬を待って出発し、ひと月以上を狩込み猟に費やした。そこでは皇后、皇太后、貴族たち、腹心の役人たちが参加した。どのような狩込み猟でも、皇帝の後ろに、囲場（追込み）と呼ばれる軍隊がひそかにいたるところに配置され、そこでキツネ、ノウサギ、イノシシ、ジャコウジカ（アカシカ）、シカが追い詰められた。君主はまず、射撃をするかハヤブサを放った。そのあとを皇子や腹心の貴人たちが追った。皇帝や従者が狩りをやめるときは、他へ狩りをすることが許されるときである……」[16]（Васильев1859）。

　章宗の治世のとき、漢人の役人のたっての願いで、狩込み猟は禁猟区を越えないところで行われるようになった[17]。元来の野営をして行う狩込み猟とは異なり、金の狩りは簡素であっさりとしたものだった。狩りに関わる人々の顔ぶれも、皇帝、貴人、そしていくつかの文献によれば金持ちなど狭い範囲にとどめられた。これは文化的伝統の相違によって説明される。女真は、華北への移住までは定住しつつあったが、モンゴル人は遊牧生活を長く維持していた。頭魚宴も頭鵞宴も金建国以後10年間は存続していた（勞延煊 1964；姚從吾 1959）。世宗は最初にハクチョウを捕獲したことをとくに記録していた[18]。このような出来事に対して章宗のときも祝いの行事が行われている（劉銘恕 1947）。

　嫂婚は、12世紀に法体系ができあがった。嫂婚はその当時は女真の間に存在したが、女真の他の慣習と異なって漢人には受け入れられず、その代わりに満洲で普及したのである。

　遼の慣習や儀式の順序は、遼崩壊後も明らかに影響を与えたが、女真の大衆にまでは及ばず、儀式を改革しようとする者や式部官のような識者によって契丹の文化遺産が利用されるにとどまった。これらの人々は、金に普及した撃毬や射柳、季節の狩猟などの娯楽が契丹に起源があると意識していた。いずれにせよ『金史』の編纂者は、それと一致する表現をしている[19]。契丹の文化的伝統の習得はこれらにとどまるものでは決してなかった。許亢宗の批評によると、1124年ごろ、上京周辺や他の地域では、「すべてが遼の儀式に従っていた。たとえば結綵山では、歌手を呼んだ小宴会や少年による格闘技、闘鶏、撃毬の中にその影響が見られ、

中国においてもそうだった」[20](『大金国志』)。西夏との平和条約の手続きは、たとえば遼の古い規則や式次第を基礎として行われたし[21](『金史』)、家の秩序、儀式の性格、音楽、法規は頻繁に遼の旧習に依拠していた[22](『金史』)。

華北への進出後、漢人の慣習や儀式に自然と幅広く接触することになった。これらの慣習や儀式は単に成り行きで受け入れられたばかりでなく、意図的に取り入れられた。中国本土に侵攻する前の1121年ごろ、阿骨打が燕京で天幕から出るたびに「役人は皆漢人の作法にもとづいてベルトの付いた丈の長い上衣を着用し、遼人の礼儀作法にのっとって必ずあいさつをしたりお辞儀をしたりした」[23](『大金国志』)。ここでは、意図的に中国の形式にかなった服装や遼の宮中での儀礼が用いられていた。その後、このプロセスはさらに充実していった。

1163年(大定3年)に世宗は、女真人が双六(双陸)や象棋をすることを行うことを禁止している[24](『金史』)。はるか沿海州の地では、「将」「卒」と表示されたチェスの銅製駒が発見されている(Шавкунов1978)。世宗は、1173年に次のように非難している。「今、燕(京)では、酒が飲まれ、酔っ払っては遊んでいる。すべて漢人の風習によるものだ」(『金史』)。第3章で詳しく述べるつもりだが、女真の慣習の復興運動が始まった1174年に、世宗は断固とした態度で次のように述べた。「女真は、やがて自分たちの古い習慣を忘れ、すっかり漢人の慣習にうつつを抜かしている」[25](『金史』)。実際には、漢人的要素は女真の慣習を害したりはしていなかったが、彼らの持つ特質を弱めたり、生活の中に表面的な「漢人風なるもの」が目立つのだった。おそらくこのようなことが関係者をいらだたせ、それらが持つ真実の性格的要素には目もくれなかったのである。

漢人の慣習を一貫して意識的に見聞きしていたことは、金の儀式の中に伝統的な中国の儀式の根幹部分が含まれていることにも表れている。このような中国的なものを探求しようとする根本的な志向性は、『金史』の多くの部分にも表れている。「すべての貴人に、現王朝が古い慣習から選び出したものと、遼や宋の状況を加えながら、隋や唐の制度を組み合わせるように命じた」[26](『金史』)。最後の一節には、慣習や儀式を管理する部門の国策の方針が濃縮されて表現されている。この政治の成熟期である1190年に、側近である大臣が、天の風習や慣習を検分するよう派遣されている[27](『大金国志』)。このような判断は、漢人の習慣や儀式の多くを政府が取り入れていたことを物語っている。仕えていた役人に関しては、「今後は礼服を身につけて、漢人式のあいさつをすべきである」としている[28](『金史』)。

『金史』では、とくにあいさつに関して、いくつかの点で『三朝北盟会編』に書かれていることとは異なることが書かれていた(第1章7節参照)。「腕を袖から

前へ出して、ゆっくり後ろへ下がる。後ろへ退いてから左の膝頭をついて、両肘を震わせる。まるで踊っているかのように。跪拝を行うときは両袖を震わせ、跳び上がって膝を触れ、それから立ち上がり（両手で）両肩に触れる。これを４回繰り返す。このようにして４回跪拝を行う。元の状態へ戻るときは、両手は右膝に置いて、左膝はひざまずいている。こうしてあいさつの儀式は終了する。宋の国の言葉で、これを『揺手』（両手による振動）という。（それらは）『撒速』ⁱ（サス）と呼ばれている」[29]（『金史』）。このあいさつの仕方は、契丹式と似ている。

> i 漢字が女真人完顔匡の名前と一致する。『金史』巻98 列伝36 完顔匡撒速

『虜廷事実』では、1130年代の漢人の貴人の「無言のあいさつ」について言及している。「そのようにしない人間は、野蛮な地域出身者と見なされる。彼らの礼式を軽視するようすはまことに異常だ！」[30]（Franke1975）。契丹も無言であいさつをした。『寧古塔紀略』によれば、18世紀の満洲人は、「会見のとき、作揖ⁱⁱも、打恭ⁱⁱⁱもしない。ただ手を取るだけで、客人と別れのあいさつをするときは手を下ろして少しかがむ。久しぶりに突然会ったときは、お互いに抱き合い、それから手を取って、健康状態をたずねる。年配の人と年下の人が会うときは、若い方が両手で年配者の腰のあたりを抱く。年配者のほうは若者の背中をなでる。女性が（男性に）に会うときは、右手で額をこすりうなずく。こうしてひざまずくと最高の敬意を表することになる。女性同士で会うときは、手を前に差し出すことで友情を表す。あいさつは、状況に応じて行われる」[31]（Васильев 1857）。

> ii 地面までつくように背中を丸めてうつむいて、腕を曲げて行うお辞儀（筆者のメモ）
> iii 曲げた腕を震わせるのは前述のお辞儀よりも敬意の表し方が弱いあいさつの仕方（筆者のメモ）

女真の年中行事については、民俗的な面も宗教的な面も詳細が知られているわけではない。女真が、新年の前日（大晦日）と新年の第１日目（元日）、春の初め（二月二）[32]（『大金国志』）、清らかで輝かしい祭典（清明）、夏の初め（端午）（山路1956）、幸せな結婚の日（七月七）、仏教の追悼の日（盂蘭盆）、晩秋の祭典（重九）[33]（『華夷訳語』；『金史』）、このほかにもここでは触れなかった二十四節気の祝いをしていたことを知ることは難しい。しかし、これを推測することはできそうだ。なぜなら金政府の暦は新年を祝うために３日間の休日、冷たい食物の祝日ための５日間（寒食）、冬至を祝う10日間（冬至）、そのほかに春の初め（立春）、夏の初めあるいは重五、初秋（立秋）、晩秋（重九）などがあり、上記の各祝日に２日間が割り当てられていたからである[34]（『大金国志』）。毎年、祝日は太

陰暦によって記され、新年は春に始まる。

どれぐらい早くから女真が祭典の準備を始めていたかは不明である。20世紀、満洲人は1週間前から準備を始めた。12月24日からである。彼らは15日間が休暇と決まっていて、3日間ではなかった。おもな祝日に向けた準備は次のようにいろいろある。生贄や祝いの料理の準備、家の飾りつけ、先祖の過去帳、富や子宝・家畜繁殖の祈願、新年を迎えるための宴会（これは満洲族にとって三大祝日の一つである）、元日の野外祭り、贈物の交換である。「大晦日には、目下の者が目上の者の家に一年の最後のあいさつに現れ、大地に礼をする。（目上の者は）このあいさつを受け、何も答えず両者等しく同時にお互いに礼をする」（Васильев1857）。新年には、外国の使者が金の宮廷へ祝いの言葉を述べに現れる[35]。女真で新年の祝いが半月続いたかどうかは不明である。上元といって——1月の15日間は収穫への祈りが捧げられるはずであったが、『松漠紀聞』には、この日のことも書きとめられている。12世紀の第1四半世紀には、「放偸（縦偸・自由な窃盗）」の日として書きとめられ、この慣習は重んじられていた[36]。この日に、女真の若者が配偶者を失ったおばと関係を持つと棒打ち程度で済まされたが、漢人はこうした行為を近親相姦と見なした（Franke1980）。満洲族の間では、この日と7月15日、10月15日を三大祝日とした[37]。

金では、2月2日は（春の初めに）大地に実を結ぶ土地神の誕生の日、あるいは春の水をつかさどる（龍抬頭）竜の目覚める日として祝った。この日、女真の軍人は休暇をとり、農民たちは土製のウシの像をたたき割って冬の追放の印とした[38]（『大金国志』）。後世、満洲族の時代には、中国の代表的なイネ科の五穀をいっぱい詰めた紙のウシの一部を引きちぎった。この切れ端を手にすると豊作になると考えられた（Народны Восточной Азии1965）。冬至から106日目と清明の祝日の2日前から女真は冷たい食べ物の日（寒食）を祝った。三昼夜は火をおこすことを禁じられた。清明節は、2月末から3月初頭にかけての15日間のうちのある一日に行われ、種まきの始まりを意味していた。この日、先祖の霊への祈りとともに陰と陽の力に対する崇拝（祝いは陽の成果を意味している）が行われた。そして国家的祭典の最高神官である皇帝は、犂で畝の一筋の溝をかき、その後国中で耕作と種まきが始まった。500年後、満洲では「清明節に貴族たちはウマか馬車に乗って墓の掃除に出かけ、貧しい人々は山々へ炕の机を持っていく。その机の上には、生贄の一式が整えられた」[39]（Васильев1857）。

5月5日（重五）は、夏の始まりを祝った。女真はこの節句を非常に尊んだ。この日彼らは、射柳をしながら水の精霊に祈願をした。1184年（大定24年）に

世宗は上京にいたとき、この祭典に自ら出向いた。上京では、この祭典は女真の流儀で行われていた。祝宴では、皇帝は接待客に酒の入った杯を勧めた。酒を飲み終わると、客たちはその杯を記念品として持ち帰ることができた。皇帝の親類縁者は、女真の踊りを踊った。終わりごろには皇帝自身が即興で叙唱をし、国を樹立し守っていてくれている先祖を称賛した。中国の祭りの手続きと違って、女真には龍船を祝う要素がないが、その代わり大衆に供されるものであった[40]（Franke1979）。満洲人はこの日、ショウブで家を飾り、竹の葉で包んで焼いたコメを食べ、酒を飲んで、雨の恵みをもたらしたり害獣から守ってくれたりするようにと祈りながら、水の精に贈物をした。

7月7日には、女真と同様射撃が催された。この日は、職能の神に対する祈願が行われた（七月七）。これは極めて多面的な祭典で、養蚕や織物業……結婚での幸せを願った。またこの日は、二つの星が接近する日でもある。オリオン座の牛郎と琴座の織女は、誠実な恋人たちの手本であり、手工業（織物業）や生業（養蚕）の庇護者であると見なされていた。7月15日には、女真人は仏教の三大祭典の第二の祭祀を行った（中元）。これは免罪と魂の追悼が目的のものであるが、満洲人やおそらく女真にとっては集団的な儀式の性格を持っていたようだ。女真の民族的儀式の側面は、射撃や撃毬などの競技が行われたことにも表れていた。このような祭典に関する記述は、1月15日と10月15日の二つの祭典も同様に祝われたことを推測させる。

秋の半ばに行われる祭典（中秋）、つまり8月の15日に行われる豊作を祝う祭典については、金の文献には記述されていない。おそらくこれは秋の初めの祭典（立秋）ほどは重要ではなく、それにとって代わられたのだろう。しかし、これは農暦では三大祭典の一つで、そのうちの二つ（春節と端午節）は金でも祝われていたので、もし中秋が欠けるとおかしい感じがしただろう。この日は、おもに粉ものの食事をたくさん食べた。9月9日（重陽）では、狩込み猟をしたり、撃毬や射柳をした。この晩秋の祭典、つまり菊の祭典では、人々は狩りの成功やウマの繁殖を祈りながら山に登ったり、酒を飲んだりした。この祭典は、契丹に非常に尊ばれていた。狩込み猟の後、彼らは山で大酒宴を催して、ノウサギの肝や生の鹿肉を食べた。この祭典は満洲人のもとでも非常に尊ばれるようになった。この日、彼らは酒を山の神への供物として持参した。12月の初めには女真は冬至を祝った（川瀬1939 ; Народны Восточной Азии1965）。

女真の慣習で最後のグループに入るものは、儀式（礼）である。これらには政府の明らかな規制がかかっていた。この規制は、伝統的な慣習（狩込み猟、服の

スタイル、髪型)に対する厳しい決まりにとどまらず存在した。儀式や礼儀作法は、規制なしには品位を保って存在することはできなかった。それらは、厳しくあらかじめ特別に定められた条件のもとで、しかもある一定の人々によって政府の言うとおりに実施された。それらの儀式は三つに分けることができる。国家儀礼、宮中儀礼、国家的祭祀の三つである[41](『大金集礼』;『金史』)。国家儀礼に関しては次の節で説明する。

　国家儀礼に属するものは、その行為が政府や官僚と密接な関係を持つものである。たとえば、王位への即位、皇帝の称号の贈呈、王の象徴と玉璽の保管と使用、官位の一覧と官位の推薦、証書の交付、さまざまな官位の人々の皇帝に対する上申書の提出、職務や退職・休暇の辞令、使節との謁見などである。もちろんこの国家儀礼や宮中儀礼についてすべて詳しく記述することは不可能だが、それらは『金史』に11巻にわたって詳細に書かれている。例として、太宗の皇帝即位の手続きについて述べるにとどめる。

　天会統治元年(1123)9月6日、諳版勃極烈(アンバンボジリエ)という称号を持つ亡き皇帝太祖阿骨打の弟、呉乞買(ウチマイ)が王座に就いた。これに先立って、宗幹、阿骨打の第二夫人から生まれた長子)は、他の弟たちや役人たちを長として、太祖の陵の入り口に集まったが、陵はまだ閉じられていなかった。彼らは皇帝の前に姿を現し、彼に即位するように請うた。皇帝はこれに同意せずこう語った。「先帝には子どもがいます」と。こうして一日が過ぎたが、ことは動かなかった。翌日も皇帝はまだ同意しなかった。そして宗幹がこう語った。「何よりも大事なのは祖国です。諳版勃極烈に王座を、そして亡き皇帝の領土を任せましょう」と。貴族たちは別の意見を持っていることをあえて言おうとせず、弟たちと役人たちとともに赤いガウンを勧めて皇帝にそれを着せ、国璽を必要とする課題を彼に負わせ、最終的には陵の入り口の前で彼を王位に就かせてしまった。やがて呉乞買(太宗)は天と地の精霊に礼拝し、全面的な大赦を表明して年号を定めた[42](『大金集礼』)。

　即位や即位記念日の祝賀では、外交上の礼儀作法が不可欠だった。すべての隣国、とくに属国は、祝辞と贈物を持った使者を派遣しなければならなかった。契丹や女真では、即位記念の祭典では、とくに天による天清節という祭りが行われた。これらの儀礼の中で言及しておきたいのは、1167年に行われた大赦の表明の際の儀式である。大赦は一般に以前から(特別な追加事項のごとく)行われていたが、大赦の勅令に対して感謝の念が表す儀式が行われたのである[43]。

　また別の興味深い儀式として、中国にはすでにあったものだが、「改悛の勅令」(詔罪己)がある。この中で、皇帝は天の前で引き起こしてしまった自分の過ちや

災害を悔やむのである。女真の間では、不測の事態もこの中に含まれていた。『金史』中の、皇帝・熙宗と皇后・悼后の寵愛を受けた蕭肄の伝記には、次のようなことが書かれている。

「1149 年に恐ろしい雷雨が起こった。雷が皇帝の居室の屋根の土像に落ちて、それを破壊したのである。火が外へ吹き出し、寝室の中のカーテンに火が回った。皇帝が他の宮殿へ移ろうとした、そのとき、炎と悪天候が収まった。このとき皇帝は、『改悛の勅令』を公布した。張鈞という翰林学士でもある宮中の長官は、勅令の原案に目を通して、自分の意見を述べた。『天からの警告と理解して、皇帝は深く懺悔して謙虚にならなければなりません』。そう述べた後、自分の案を提出した。『私は真の徳を備えていなかったために、天の意志を乱してしまった。私の思慮のなさと無知を酌量してください。なぜなら、私は小さな子ども同様だからです』。蕭肄は、さらにそれを読みかえて言った。『真の徳を持たぬからです。思慮が足りないという字（寡）は、帰依者ではない独身者という意味です。無知という字（昧）は、人道的であるということを知らないという意味です。眇は、目が見えないという意味で、小人は子どものような心という意味です』。これはひどく恐ろしい侮辱に聞こえた。これは、漢人が勅令に乗じて君主をけなそうとしたものではないか！　君主はひどく激怒して、近衛兵に張鈞を引きずり出して棒で打ちのめすように命じた。数百発打たれても彼はまだ生きていた。そのため、今度は短剣で口を開けられて熱湯を注がれた。その褒賞として蕭肄は、通天——天への透過——と呼ばれるサイの角で作られた装身具の付いたベルトを授与されたのである。彼は皇帝の恩寵をよりどころに、同僚たちにはさげすむような態度で接した。これが原因で、彼と次の皇帝となる海陵王の間に対立が生まれた。海陵王は、熙宗を殺して狡猾に王座を手に入れたとき、職務の数と重要な高官の称号を増設した。自動的に蕭肄の等級は下がった。数日後、皇帝は謁見のために蕭肄を呼び出し、次のように尋ねた。『宮廷長官の張鈞をどのような罪で処刑したのか？　どのような功労によっておまえは褒美をもらったのか？』。それに対して蕭肄は何も答えることができなかった。『もし私がお前を殺したいと思えば、何の障害もなくできるだろう。だが、そのことで私はお前に復讐すると言われるだろう』と海陵王は言った。その後、蕭肄の名は皇帝の勅令で役人の文書から削除され、彼は自分の故郷へ追放された。彼には監視がつけられ、100 里以上馬に乗って出かけることを禁じられた」[44]（Yao Shih-ao1933）。

張鈞は、ずっと以前に文献上では「名誉回復」されている。彼は無実の罪を着せられていたのである。熙宗が理解しなかったか、知らないふりをしたその表現

は、伝統的な中国の文書から引用されたものであり、このような勅令では中国では常套句として使われていたものであった。張鈞は熙宗を古代の君主にたとえて考えたのである。「私は小さな子どもである」(予小子) という表現は、天や先祖に対して古くから君主たちがよく口にしていたものであった。しかし、女真の君主は、あまりにも抑えがたい性格の持ち主であった。そのため欺瞞に満ちたこの勅令の常套句に耐え忍ぶことができなかったのである。

　宮中儀礼は、宮中や皇帝の出身氏族などの人々の日常生活に関する数多くの多種多様なものだった。それらに属するものは、皇帝や皇后の死後につけられる名前の命名 (上尊諡)、第一・第二夫人の等級 (内命婦)、後継者の宣言 (冊皇太子儀)、血のつながった皇子や皇女への称号の授与 (親王公主)、皇帝の退出と入場 (出宮、還宮)、衣服 (天子衮冕ほか)、常用馬車 (鹵簿、車)、護衛隊 (儀衛)、朝行われる皇帝の訓示の仕方、新年や誕生日の祝賀 (元日、聖誕上壽儀)、国家の祭典や正式な晩餐式 (曲宴儀)、皇帝の演説 (宣命、賜勅令)、示された恩恵に対する皇帝への感謝の表明 (皇帝恭謝儀)、宮中の案内、後継者と役人たちとの会談 (皇太子與百官相見儀)、皇后や未亡人の皇后、後継者に対する尊称の授与 (冊皇后儀、冊皇太后儀、冊皇太子儀)、宮中での使者との謁見 (外国使入見儀、朝見儀、新定夏使儀)、定期的な皇帝の外出 (巡狩、郊) などである[45]。

　皇帝は、戴冠式や王の衣装と称号の授受、妻への皇后の称号の授与について、天と先祖に報告した。1140年代からは、こうした時々に、さまざまな祈願が行われるようになった。1174年からは3年に1度や5年に1度、天と地の精霊 (天地)、先祖の霊 (太廟)、稲と農業の神 (社稷)、中国の五嶽の霊にも祈りや報告がなされた[46] (『金史』)。1167年には、皇帝自身にも、後継者や皇后にも称号が授与されることに対して感謝を表明する儀式が追加された。皇帝の誕生日や長寿、新年のあいさつのときの祝杯の言葉に関する作法も詳しく定められた。皇帝の誕生日を祝うことは、家臣の忠誠の証として不可欠であり (南宋、高麗、西夏)、外交活動にとっても重要なことであった。『金史』には、このような祝賀行事について約90例が記されていて、そのうち70例は交流の部分に載せられている (『金史』)。

　阿骨打の死後、太宗は彼との別れのあいさつをするために、台に上がり、東西に向かって礼をした。そして、線香のたかれた小卓の前で再び2度礼をし、故人に向かって、食物や茶を供えて2度礼をした。参列者も皆2度礼をして下がった。このような簡素な故人との別れの作法は、1160年代までにはかなり複雑なものになっていた。

　金人の儀礼の重要な部分を占めていたのは、死後行われる称号の授与だった。

このような儀式が初めて実施されたのは1125年で、諳班勃極烈（完顔）杲らの願いで行われたものだった。阿骨打には「大聖皇帝」という称号が授与された。そして半年後には、故人に対して軟玉の板や印、「武光皇帝」という称号、そして太祖という廟号を献呈するというこの上ない儀式が行われたのである[47]。その後、死後（存命中の場合もあるが）贈られる称号は、皇帝や皇后の両親や皇后の意のままだった。これらの称号は必要があれば補足が加えられた。

即位などを報告する皇室の儀式では、金の儀式の二面性が表れている。一方では、国家の重要事項や上流社会に関する話題があり、他方では皇帝自身が超自然的存在に自分の即位のことを報告する。また一方では「奏告」（儀）は、宗教儀式的（感謝を示す祈祷、生贄を捧げる省牲器という儀式など）側面がないかと思えば、他方では3年に1度や5年に1度行われる禘祫[48]という祈願と関係があり、天や先祖だけでなく稲や農業の神々（社稷）にも向けて行われたりした。こうした二面性は、次の章でとりあげる国家祭祀の中にも見られる。金の皇帝やその親戚、側近たちの出席は、式次第の道理にもとづいて行われた。彼らの出席は、式部省や宮廷の関係省庁によって厳しく吟味、管理監督された式次第に従ったものだった（Воробьев1975）。とくに注目されるのは、衣服や装身具、家具、調度品の規則で、それらに関しては私たちはすでに各章で語った。中には馬車についての規則もあった。

皇帝の謁見や外出は華麗でシンボリックな儀礼によって演出されていた。『金志』は次のように語っている。「金王朝（比喩的な意味で）は、水[iv]に関係するものをもって支配していたので、軍の遠征で使う旗の色はおもに黒である。皇帝が儀式にとらわれず気楽に馬車に乗って出かけるときは、その前を太陽の旗を持った一騎が疾走する。もし皇后が一緒ならば、それに二つの月の旗が加わる。従者は数百あるいは千人余りから成っている。大きな儀式や生贄を供えるとき、特許の褒賞を与えるときは、古い制度が遵守され、大きな旗も小さな旗もみな出そろった。皇帝に対して掲げられた旗はそれぞれ相異なり、黄色か赤色である」[49]（Васильев1859）。皇帝の馬車に関して、女真は初期には遼のシステムを受け入れていたが、のちに政治的理由から伝統的な中国式になった。この大胆な方向転換は、1171年に金人によって略奪された宋人の「宮殿の古器物」の目録を作成した後に起こったことであった[50]。

  iv 自然哲学を5つの要素に分けながら、女真は一時期「水」の要素を自分たちの庇護者と見なしていた。この要素を含めてすべてを鑑定した結果、黒色は方角としては北、水星を表し、皇帝（天）は「黒」と見なされた。

金の宮廷は伝統的な中国式の環境を幅広く受け入れはしたが、漢人の目撃者を驚かせた国家的・社会的活動の様式と現象に対するより強烈なものの考え方——たとえば彼らの民族性とは異なる儒家の役人に対する態度——に対する指摘を補足しなければならないだろう。文惟簡は『虜廷事実』で次のように書いている。「蛮族（女真と金国人）が、高級官僚から小役人に至るまで誰もがもし罪を犯せば、私たち天朝の役人がするごとく笞打ちの刑を免れることはできないだろう」。笞刑は「皇帝の裁き」と呼ばれて、護衛兵によって行われた。もし地方機関で働く役人が罪を犯せば、そこへ処罰を委任された皇帝の特別な使者（検察）が派遣された。彼ら自身はこの処罰により、処罰される者を辱めているつもりはなかった。「昔は、身体的な処罰は高官たちには及ばなかったなどとどうして（蛮族たちに）わかるものか？」[v 51]（Franke1975）。体罰はもとより、金人は役人に対して中国の伝統ほどことさら敬意を払ってはいなかった。趙秉文は『滏水文集』の中で、金人によって用意された勅令の内容を伝えている。その中で金の皇帝は、職務上のごくありふれた何らかの共同の過失に対して、儒家の役人を解雇すると脅している[52]（『滏水文集』; Hartwell1964）。

　　　　　　　　　　　　　　　v　文惟簡は、『礼記』から引用している（1巻）。

　しかしながら、広く知られているような慣習の改変や女真文化の復興に関する勅令ほどはっきりとは、女真文化の政治的意識をどこにも見出すことはできない。この問題については、第2章のしかるべき節で具体的に、また全体的な視点からは第3章で検討しているので、ここではできるだけ短く見ていくことにする（三上 1973）。

　『三朝北盟会編』によれば、金の兵士たちは1126年に捕虜になった漢人の髪を強制的に切った[53]。前部と側面から髪を短く刈り込むのが女真の慣習だったからだ。女真の慣習に対して漢人を参加させようとする無秩序で非公式で暴力的な関与が、1126年に勅令が創設されるまで続いたのである。この勅令は「私たちの王朝に属する者は、私たちの王朝と同様に髪を切り、頭に短巾をかぶり、左袵の衣服を身につけなければならない」[54]というものであった（『大金弔伐録』）。同年、この勅令を女真は繰り返した。「住民が漢人風の衣服を身につけることを禁ずる。髪を現方式どおりに切らない者は死刑に処す」[55]（『大金国志』）。

　金にしてみれば、慣習の改変は、近い将来全住民が文化的に融合することにつながると考えたのである。そして同時に、国に忠誠を示す漢人なのか、服従しない漢人なのか、金人なのか、斉人なのか、南宋の国民なのかを判別するための基準となる法令でもあったのだ。これについて前述の引用の続きが証明している。

「違反者はおそらく古い国家に忠実な人々だったとしても、彼らに対して法をもって扱い、過ちを許さない」[56]（『大金弔伐録』）。

漢人はたぶん自分たちの慣習を蛮族とは異なるものと見なしていた。彼らには野蛮（古代の北狄）に見えた女真の慣習を受け入れることを求められた。勅令は、漢人のさまざまな階層において猛烈な抵抗を招いた。『三朝北盟会編』の宋の使者の報告によれば、多くの漢人がこの勅令を知ってから南へ逃げることを決意した[57]。熙宗のとき、金の宮廷には中国風にしようとする欲求が出てきた。そこで漢人の間では旧習や服装が従来に回帰する希望が生まれた。しかし、女真風の流行に魅入られる漢人もしだいに増えていったのである。

南宋では、外国人に対する民族的反抗と漢人社会における反抗的傾向が熱心に支持されていた。1137年に、斉が金国の傀儡国家として最終的に法的にも併合された後、問題が起こった。仮にこれ以前に慣習の改変に関する勅令を出されていなかったら、ここで勅令を出すべきだったろう。それゆえ1150年に、前の斉王権下の漢人住民に対しては、公式に自分たちの慣習（衣服、頭巾、髪型）に従ってもよいという許可を出したのである。同じ帝国でありながら、別のところでは民族的な髪型や衣服を維持しながら、ある地域の漢人は征服者の流儀に従うという奇妙な事態が起こってきたのである。1160年代になると、漢人の住民たちはしばしば女真の慣習にならうようになっていた[58]。1170年代に、金へ使節団とともに訪れた周輝と楼鑰は、女真風の服を着て辮髪のようにした漢人を見かけている[59]。1213年に女真大衆や漢人の多くの集団がモンゴルに圧迫されて南へ移住したとき、髪型や衣服の面で再び異なる部分が生じた。

文化史は、女真の慣習の復興に関する勅令に先行して発展していた（Воробьев 1968）。1125年に遼の潰滅で終わった第一段階では、女真は、自分たちで作った文字の創設によって全部族の慣習を堅固なものにすることに力を注いだ。1140年代末まで続く第二段階には、女真の中国への集約的な移住が行われ、地方の生活の全領域に女真の慣習が普及した。どちらの段階においても、自分たちの慣習の維持に関する懸念が個別の行事の中で生じてきたが偶発的なものにすぎなかった。1150年代に生じた第三段階では、漢人の人口によって帝国が拡大した結果、漢人のものをすべて最大限摂取するための政策が決定された。1160年代に始まった第四段階では、政府が積極的に女真の慣習の復興運動を展開し、それは金代末まで続いた。このような運動の過程で、政府は女真人が漢姓に変えるのを禁じ[60]（1173年）、積極的に古い女真慣習を宣伝し、女真が漢人をまねた服を着ることを禁止した[61]（1187年）。仏教や道教がプロパガンダを強化するのに対抗する手段を

次々と打ち出した[62]（1174、1178、1186年）。また、伝統的な天崇拝や先祖崇拝の儀式を奨励したり[63]（1183年）、女真のための特別な学校や研究所を開設し[64]（1164、1173年）、女真語や女真語に翻訳された本で授業が行われたりした。これらの対策は望ましい結果をもたらしたが、1213年から1215年のモンゴル侵入後、女真は南方へ退却を余儀なくされ、女真発祥の地との関係が崩壊したことによって彼らの政治的・文化的情勢は悪化した。帝国陥落まであと1年と迫った1233年、漢人のために女真の慣習の拒否を宣言する金の勅令が出された[65]。

　金代において女真の慣習は、生活条件の変化や新しい文化との交流によって極めて変質したものになった。その結果、女真社会では、多様な慣習が複雑に絡み合い錯綜していた。しかし髪型や衣服、頭巾以外の女真の慣習は、他民族に対して強制されることはなかったので、それぞれの民族が国家の中で自分たちの生活様式を維持することができた（また堅持しようと努めた）。それにもかかわらず、自然の成り行きで慣習の融合は避けられなかったのである。そうした慣習の融合は、女真が行った多くの中国的な民族的祭典に現れていた。とりわけ農暦の24の祭典では、女真の慣習（射撃、撃毬）が行われ、また金の祈祷にも、伝統的な中国式の儀式の中にも慣習の混和が見られた。儀式制度の創造は、女真の慣習が質的に新しい発展段階に入ったことを表していた。この新たなるものとは、政府が明確な目的を持ちながら、ある自然発生的に存在していた女真の習慣を整えることと、伝統的な中国の儀礼の必要な部分を借用し、一つの金国の儀式に融合させたことである。漢人の住民にいくつかの女真の慣習を普及させようとした政府の試みは画期的であり、のちに、漢人の退廃的な影響を受けずに女真の慣習に新風を送り込もうとした政策も新鮮なものであった。

1　『松漠紀聞』「女真旧絶小、正朔所不及。其民皆不知紀年、問之、則曰『我見草青幾度矣。』蓋以草一青為一歳也。自興兵以後、浸染華風。酋長生朝皆自択佳辰、粘罕以正旦、悟室以元夕、烏拽馬以上巳。其他如重午、七夕、重九、中秋、中下元、四月八日皆然。亦有用十一月旦者、謂之『周正』。金主生于七月七日、以国忌用次日。今朝廷遣賀使以正月至彼、蓋循契丹故事、不欲使人両至也。」

2　『満洲源流考』巻十六国俗一「金史。世宗善騎射。国人推為筆第一。毎出猟。耆老随而観之。」（『金史』巻6本紀6世宗上）

3　『金史』巻8本紀8世宗下大定二十六年庚寅「上謂宰臣曰『西南、西北両路招討司地陿、猛安人戸無處圍猟、不能閑習騎射。委各猛安謀克官依時教練、（略）』」、『金史』巻6本紀6世宗上大定八年四月戊申「撃毬常武殿、司天馬貴中諫曰『陛下為天下主、繋社稷之重、又春秋高、圍猟撃毬危事也、宜悉罷之。』上曰『朕以示習武耳。』」

4 原文によれば出典は『寧古塔紀略』だが、該当部分不明。
5 『金史』巻80 列伝18(阿離補子)方「詔通曰『(略)女直旧風、凡酒食会聚、以騎射為楽。(略)』」
6 『虜廷事実』風俗「無貴賎老幼、団坐而飲酒酣。則賓主迭為歌舞。以誇尚今、則稍知礼節。不復如此耳。」
7 『虜廷事実』過盞「金国、上至朝廷、下至州郡、皆有過盞之礼。如宰臣百官生日、及民間娶婦生子、若迎接天使、趨奉州官之類、則以酒果為具。及有幣、帛、金、銀、鞍馬、珍玩等諸物、以相贈遺。主人乃捧其酒于賓、以相賛祝、祈禱、名曰『過盞』。如此結恩釈怨、不如者為不知礼。」
8 『宣和乙巳奉使行程録』(『三朝北盟会編』巻20)「(第二十八程、自興州九十里至咸州。)未至州一里許、有幕屋数間供帳略備。州守出迎、礼儀如制。就坐楽作、有腰鼓・蘆管笛・琵琶・方響・筝笙・箜篌・大鼓・拍板。曲調與中朝一同。但腰鼓下手太闊声遂下。而管笛声高韻多不合。毎拍声後継一小声。舞者六七十人、但如常服出手袖外、回旋曲折莫知起止殊不可観也。酒五行楽作迎帰館。老幼夾観填溢道路。次日早有中使撫問別一使賜酒菓。又一使賜宴。赴州宅、就坐楽作、酒九行、果子、惟松子数顆。胡法飲酒食肉、不随盞下俟酒畢。随粥飯一発致前舗満几案。地少羊、惟猪鹿兎雁饅頭炊餅白熟。胡餅之類最重油煑麺食以蜜塗拌名曰茶食、非厚意不設。(略)」
9 『金史』巻35 志16 礼8 拝天「行射柳、撃毬之戯、亦遼俗也。金因尚之。」
10 『金史』巻2 本紀2 太祖収国元年五月甲戌「拝天射柳。故事、五月五日、七月十五日、九月九日、拝天射柳、歳以為常。
11 『金史』巻73 列伝11(宗雄次子)按荅海「年十五、太祖賜以一品傘。二十餘、御毬場分朋撃毬、(略)」
12 『金史』巻16 本紀16 宣宗下興定四年十二月戊寅「詔軍官許月撃鞠者三次、以習武事。」撃毬については『金史』巻6 本紀6 世宗上大定三年五月乙未「上復御常武殿、賜宴撃毬。自是歳以為常。」、同大定八年四月戊申「撃毬常武殿。」、『金史』巻11 本紀11 章宗3 承安三年五月壬寅「射柳、撃毬、縦百姓観。」同泰和元年五月甲寅「撃毬于臨武殿、令都民縦観。」などの記事がある。
13 『松漠紀聞』には「(阿骨打)第八子曰邢王、為燕京留守、打毬墜馬死。」とあるが、茶会と撃毬についての記事見えず。
14 『演繁露』「壬辰三月三日、在金陵預閲李顕忠馬司兵、最後折插球場、軍士馳馬射之。其矢鏃闊於常鏃、略可寸余、中之輒断、名曰『蹯』。」
15 『満洲源流考』巻18 国俗3 祭天「金史。金因遼旧俗。以重五中元重九日。行拝天之礼。重五于鞠場。(略)凡重五日。拝天礼畢。插柳毬場為両行。当射者以尊卑序。各以帕識其枝。去地約数寸。削其皮而白之。先以一人馳馬前導。後馳馬以無羽横鏃箭射之。既断柳。又以手接而馳去者為上。断而不能接去者次之。或断其青處。及中而不能断。與不能中為負。毎射必伐鼓以助其気。已而撃毬。各乗所常習馬。持鞠杖。杖長数尺。其端如偃月。分衆為両隊。共争撃一毬。先于毬場南。立双桓置板下。開一孔為門而加網為嚢。能奪得鞠撃入網嚢者為勝。或曰両端対立。二門互相排撃。各以出門為勝。毬状小如拳。以軽靱木楬其中而朱之。(略)」(『金史』巻35 志16 礼8 拝天)
16 『金志』田猟「金国酷喜田猟。昔金寧四時皆猟海陵遷燕、以都城外皆民田、(三)時無地可猟候冬月則出一出必蹕。后妃親王近臣皆附馬。毎猟則以随駕軍衆布四圍曰圍場。待狐兎猪鹿麋鹿散走于圍中。国主必先射之。或以鷹犬撃之。次及親王近臣。出圍者許諸余人捕之。飲随處而進或以親王近臣共食。遇夜或宿於州県、或宿於郊野無定。」

17 『金史』巻10本紀10章宗2明昌四年正月癸巳「諭點検司、行宮外地区及囲場猟之處悉與民耕、雖禁地聽民持農器出入。」

18 『金史』巻6本紀6世宗上大定四年正月辛亥「獲頭鵝、遣使薦山陵、自是歳以為常。」

19 『金史』巻35志16礼8拝天（射柳や打毬を含んで）「金因遼旧俗」

20 『大金国志』巻3天会二年五月「燕悉用契丹旧礼。如結綵山。作倡楽、尋幢、角觝之伎、鬥鶏、撃毬之戯、與中国同。」

21 『金史』巻83列伝21汝弼「上問『高麗、夏皆称臣。使者至高麗、與王抗礼。夏王立受、使者拝、何也。』左丞襄対曰『故遼與夏為甥舅、夏王以公主故、受使者拝。本朝與夏約和、用遼故礼、所以然耳。』汝弼曰『誓書称一遵遼国旧儀、今行之已四十年、不可改也。』上曰く『卿等言是也。』」

22 『金史』巻70列伝8宗憲「朝廷議制度礼楽、往往因仍遼旧。」

23 『大金国志』巻2天輔五年「燕京郊外独置南使一廃寺、中以氈帳為館。是時国主営已立閣門、官吏皆服袍帯如漢儀。賛引拝舞悉用遼人規式。」

24 『金史』巻80列伝18方「（大定三年）詔通曰『（略）女直旧風、凡酒食会聚、以騎射為楽。今則奕碁双陸、宜悉禁止、令習騎射。（略）』」参考、ただし契丹や女真では古くから普及はしていたらしい。『松漠紀聞』「燕京茶肆、設双陸局、或五或六、多至十、博者蹴局、如南人茶肆中置棋具也。」、『契丹国志』巻9道宗天祚皇帝「帝之末年、女真大酋阿骨打来朝、以悟室自隨。遼之貴人與為双陸戯、貴人投瓊不勝、妄行馬。阿骨打慎甚、拔小佩刀欲刺之、悟室従旁救止、急以手握鞘、阿骨打止其柄、柫其胸不死。」、『三朝北盟会編』巻3「道宗末年、阿骨打来朝。以悟室従。與遼貴人双陸、貴人投瓊不勝、妄行。（以下契丹国志とほぼ同じ）」

25 『金史』巻7本紀7世宗中大定十三年三月乙卯（上謂宰臣曰）「女真人寖忘旧風。朕時嘗見女直風俗、迄今不忘。今之燕飲音楽、皆從漢風、（略）」

26 『金史』巻45志26刑「至皇統間、詔諸臣、以本朝旧制、兼採隋唐制、参遼之法、類以成書、名曰皇統制、頒行中外。」

27 『大金国志』巻19明昌元年三月「遣大臣巡視天下風俗。」

28 『金史』巻35志16礼8本国拝儀承安五年五月「乞自今、凡公服則用漢拝。」

29 『金史』巻35志16礼8本国拝儀「金之拝制、先袖手微俯身、稍復却、跪左膝、左右搖肘、若舞蹈状。凡跪、搖袖、下払膝、上則至左右肩者、凡四。如者四跪、復以手按右膝、単跪左膝而成礼。国言搖手而拝謂之『撒速』。」

30 『虜廷事実』唾揖「不作声名曰『唾揖』、不如是者為山野之人、不知礼法楽衆可嗤笑、契丹人交手于胸前亦不作声是謂『相揖』。」

31 『寧古塔紀略』「無作揖打恭之礼。相見惟執手。送客垂手略曲腰。如久別乍晤。彼此相抱。復執手間安。如幼輩。両手抱其腰。長者用手撫其背而已。婦女以右手撫其額。點頭為拝。如跪而以手撫額點頭為行大礼。婦女輩相見。以執手為親。拝亦偶耳。除夕幼輩必到長者家辞歳。叩首。受而不答。等輩同叩。」

32 『大金国志』巻33燕京制度「毎孟春撃土牛。」

33 原文『金史』巻13。該当部分見当たらず。『金史』巻21志2暦上か。参考『松漠紀聞』「粘罕以正旦、悟室以元夕、烏拽馬以上巳。其他如重午、七夕、重九、中秋、中下元、四月八日皆然。」、『華夷訳語』時令門「099 寒食哈称因 hanši hačin 清明、100 順扎必阿哈 称因 šunja biya hačin 端午、101 出温都魯温 čun dulhun 重陽」

34 『大金国志』巻35雑色儀制　周歳節假日儀「元日假三日【前後各一日】。寒食假五日【自一百五日、前一日為限】。冬至、立春、重五、立秋、重九、旬假。」

170

35 『金史』巻36志17礼9「元日、聖誕上壽儀。」(宋、高麗、西夏使節)

36 『松漠紀聞』「金国治盗甚厳。毎捕獲、論罪外、皆七倍責償、唯正月十六日則縦偸一日以為戯、妻女・宝貨・車馬為人所窃、皆不加刑。是日、人皆厳備、遇偸至、則笑遣之。既無所獲、雖畚鑷微物亦携去。婦人至顕人家、伺主者出接客、則縦其婢妾盗飲器。他日知其主名、或偸者自言、大則者茶食以贖。【謂羊酒肴饌之類】次則携壺、小亦打糕具之。亦有先與室女私約至期而窃去者。女願留則听之、自契丹以来皆然、今燕亦如此。」

37 上元を祝う記事、『大金国志』巻13紀年海陵煬王上(貞元元年)「春正月元夕張灯、宴丞相以下于燕之新宮、賦詩縦飲尽歓(懽)而罷。」、同巻18紀年世宗聖明皇帝下(大定二十七年)「正月元夕張燈、(略)都人男女盛飾観玩、至十八日而罷。」

38 『大金国志』巻33燕京制度「毎孟春、撃土牛。」

39 『寧古塔紀略』「清明掃墓。富貴騎馬乗車。貧賎者将祭品羅列炕桌上。」

40 『金史』巻8本紀8世宗下大定二十四年二月癸酉「上曰『朕将往上京。念本朝風俗重端午節、比及端午至上京、則燕労郷間宗室父老』。」、五月戊戌「宴于皇武殿。上謂宗戚曰『朕思故郷、積有日矣、今既至此、可極歓飲、君臣同之』。賜諸王妃・主宰執百官命婦各有差、宗戚皆霑酔起舞、竟日乃罷。」

41 『金史』巻28-38志9-19礼1-11の各儀礼を三つに分ける。国家儀礼(奏告儀、皇帝恭謝儀、皇后恭謝儀、皇太子恭謝儀、薦新、功臣配享、陳設宝玉、雑儀)、宮中儀礼(宗廟、禘祫、朝享、時享儀)、国家的祭祀(郊、方丘儀、朝日夕月儀、高禖)

42 『大金集礼』太宗皇帝即位儀「天会元年九月六日。皇弟諳版勃極烈即皇帝位。先是、宗幹率諸弟暨百官。及太祖陵隧之未掩。詣上前。請即位。上不許。謂有先帝諸子。是日、不克襄事。翌日、猶不許。宗幹曰『社稷至重。付諳版勃極烈以大位者。先皇帝之治命也。』群臣不敢有貳。遂與諸弟暨百官奉楮袍以被上体。而寘璽於懷。乃即位於隧前。己未、告祀天地。丙寅、大赦。改元。」

43 『金史』巻36志17礼9肆赦儀「大定七年正月十一日、上尊冊礼畢。十四日、応天門頒赦。十一年制同。」

44 『金史』巻129列伝67佞幸「(蕭肄)有寵於熙宗、復詔事悼后、(略)皇統九年四月壬申夜、大風雨、雷電震壊寝殿鴟尾、有火自外入、焼内寝幃幔。帝徙別殿避之、欲下詔罪己、翰林学士張鈞視草。鈞意欲奉答天戒、当深自貶損、其文有曰『惟徳弗類、上干天威。』及『顧茲寡昧、眇予小子。』等語。肄訳奏曰『弗類是大無道、寡者孤独無親、昧則於人事弗暁、眇則目無所見、小子嬰孩之称、此漢人託文字以罵主上也。』帝大怒、命衛士拽鈞下殿、榜之数百、不死、以手剣劓其口而醢之。賜肄通天犀帯。憑恃恩倖、倨視列列、遂與海陵有悪。及簒立、加大臣官爵、例加銀青光禄大夫。数日、召肄詰之曰『学士張鈞何罪被誅、爾何功受賞。』肄不能対。海陵曰『朕殺汝無難事、人或以我報私怨也。』於是、詔除名、放帰田里、禁錮不得出百里外。」

45 上尊諡:『金史』巻32志13礼5、内命婦:『金史』巻57志38百官3・命婦:『大金集礼』巻31、冊皇太子儀:『金史』巻37志18礼10、親王公主:『大金集礼』巻9、出宮、還宮:『金史』巻41志22儀衛上・『大金集礼』巻10、天子袞冕ほか:『金史』巻43志24輿服中、鹵簿:『金史』巻42志23儀衛下、車(天子車輅、皇后妃嬪車輦、皇太子車制)、儀衛:『金史』巻41志22儀衛上(衛士、護衛、親軍)、元日、聖誕上壽儀:『金史』巻36志17礼9、曲宴儀:『金史』巻38志19礼11、宣命、賜勅命:『大金集礼』巻25、皇帝恭謝儀:『金史』巻31志12礼4、皇太子與百官相見儀:『金史』巻37志18礼10、冊皇后儀、冊皇太后儀、冊皇太子儀:『金史』巻37志18礼10、外国使入見儀、朝見儀、新定夏使儀:『金史』巻38志19礼11、郊:『金史』巻28志9礼1

46 『金史』巻31志12礼4奉告儀「皇帝即位、加元服、受尊号、納后、冊命、巡狩、征伐、封祀、請諡、営修廟寝、凡国有大事皆告。(略)皇統以後、凡皇帝受尊号、冊皇后太子、禘祫、升祔、奉安、奉遷等事皆告、郊祀則告配帝之室。」「大定十四年三月十七日、詔更御名、命左丞相良弼告天地、平章守道告太廟、左丞石琚告昭徳皇后廟、礼部尚書張景仁告社稷、及遣官祭告五嶽。」

47 『大金集礼』巻3天会三年奉上太祖諡号 天会三年六月「諳班勃極烈杲等奉表曰、(略)敢上強名之号、願新追册之儀。」同年十二月二十三日「奉上册宝册曰、(略)伏惟兄大聖皇帝、(略)謹奉玉册玉宝。恭上尊号曰武元皇帝、廟号太祖。(略)以天会三年十二月二十五日。恭上尊諡曰大聖武元皇帝、廟号太祖。」、『金史』巻32志13礼5上尊諡 天会三年六月「諳班勃極烈杲等奉表請追諡先大聖皇帝、」同年十二月二十五日「奉玉册、玉宝、恭上尊諡曰大聖武元皇帝、廟号太祖。」

48 禘祫『金史』巻30志12礼3「大定十一年。尚書省奏禘祫之儀曰「礼緯『三年一祫、五年一禘』(略)」

49 『金志』旗幟「金国以水徳王。凡用師行旗尚黒。雖五色皆具必以黒為主。尋常車出入止用一日旗。與后同乗即加月旗二。旗相間而旗或数百隊或千余隊。白旗即以紅綃為日刺。於黄旗上月旗即素帛為月刺。於紅旗上近御則又有日月大綉旗二。如大礼祫享册封一循古制。旗無大小皆備。」

50 『金史』巻43志24輿服上「金初得遼之儀物、既而克宋、於是乎有車輅之制。熙宗幸燕、始用法駕。迨至世宗、制作乃定、班班乎古矣。考礼文、証国史、以見一代之制度云。大定十一年、将有事於南郊、命太常寺検宋南郊礼、(略)」

51 『虜廷事実』杖責「虜中上自宰執公卿、下至判司簿尉。有罪犯者亦不能免杖如天朝之臣。(略)令侍衛之人以杖筆之(数足止)。名曰『御断』。州県官有罪、則差天使(至其本家量軽重、而杖之。名曰『監断』。有因而致死者)上下内外官雖曾被刑責相視不以為辱。又安知古者刑不加大夫也。」、『礼記』曲礼巻3「刑不上大夫。」

52 『滏水文集』巻10擬元積長慶新体戒論のことか。

53 『三朝北盟会編』巻36靖康元年(1126)二月十一日(沈良 靖康遺録)「賊之来雖少有抄掠、而不殺害人民、比去所過皆残破、其所得漢人並削髪。」

54 『大金弔伐録』巻3枢密院告諭両路指揮「既帰本朝、宜同風俗、亦仰削去頭髪、短巾左袵、(略)」

55 『大金国志』巻5太宗文烈皇帝紀天会七年「是年六月、行下禁民漢服、及削髪不如式者死、(略)」、(参考)『建炎以来繋年要録』巻28建炎三年(金天会七年1129)九月「金元帥府禁民漢服、又下令髡髪、不如式者殺之、(略)」

56 『大金弔伐録』巻3枢密院告諭両路指揮「敢有違犯、即是猶懐旧国、当正典刑、不得錯失、付遂處、准此、(略)」

57 『三朝北盟会編』巻123建炎三年二月二日庚辰「金人欲剃南民頂髪。人人怨憤曰思南帰。」

58 『北行日録』乾道五年(1169)十二月八日「雍丘県。但改変衣装耳。」、十二月九日「入東京城。改曰南京。(略)有著婆婆服飾甚異。」、十二月二十四日「過白溝河又五里。宿固城鎮。人物衣装又非河北比、男子多露頭。婦人多著婆。」

59 『北轅録』(淳熙三年1176二月)「六日。至穀熟県。十八里至南京。(略)入境男子衣皆小窄。婦女衫裙極寬大。有位者便服立止用帛紵絲或番羅。繫版轝與皁隷、略無分別繋反。插垂頭於腰。謂之有礼。無貴賎皆著尖頭靴、所頂之巾謂之蹋鴟。」

60 『金史』巻7本紀7世宗中大定十三年(1173)五月戊午「禁女直人毋得訳為漢姓。」

61 『金史』巻8本紀8世宗下大定二十七年(1187)十二月戊子「禁女直人不得改称漢姓、

学南人衣装。犯者抵罪。」
62 『金史』巻 7 本紀 7 世宗中大定十四年（1174）乙丑「上諭宰臣曰『聞愚民祈福、多建仏寺、雖已条禁、尚多犯者、宜申約束、無令徒費財用。』」
63 『金史』巻 28 志 9 礼 1 南北郊「金之郊祀、本於其俗有拝天之礼。（略）大定十一年始郊、命宰臣議配享之礼。（略）又謂宰臣曰『本国拝天之礼甚重。（略）』』及八月詔曰『国莫大于祀、祀莫大于天、振古所行、旧章咸在。（略）』」
64 『金史』巻 56 志 37 百官 2 国子監「兼提控女直学」、同巻 5 本紀 5 海陵天徳三年（1151）正月甲子「初置国子監。」、同巻 7 本紀 7 世宗中大定十三年（1173）四月乙亥「上御睿思殿、命歌者女直詞。顧謂皇太子及諸王曰『（略）汝輩自幼惟習漢人風俗、不知女直純風、至於文字語言、或不通暁、是忘本也。汝輩当体朕意、至於子孫、亦当遵朕教誨也。』」
65 『金史』巻 124 列伝 62 忠義 4 蒲察琦「崔立変後、令改易巾髻、琦謂好問曰『今日易巾髻、在京人皆可、独琦不可。琦一刑部訳史、襲先兄世爵、安忍作此。今以一死付公、然死則即死、付公一言亦剰矣。』因泣涕而別。」漢俗への改俗を嫌った蒲察琦が縊死した事件（三上次男1973「金朝における漢人の改俗問題」『金史研究』3）。崔立の変は 1223 年 4 月（『金史』巻 18 本紀 18 哀宗下、同巻 115 列伝 53 完顔奴申）

8 宗教と祭祀

　新しい帝国における宗教活動は、12 世紀までの女真人が生きてきた精神世界とは異なるものであった（第 1 章 8 節参照）。またこの国の宗教は、遼や宋の国民が慣れ親しんできたものとも異なっていた。土着の漢人や渤海人、契丹人は、自分たちの慣れ親しんだ信仰を守っていたが、女真の統治の末期までには、漢人は新しい道教の宗派に積極的に参加するようになった。普通、よそから来た者は自分たち民族の信仰を持ち込むものであるが、道教、仏教、儒教の三つの伝統的な中国の宗教の影響を回避しようとはしなかった。最終的に金国政府は、長く中国本土に根づいてきたさまざまな宗旨を自分たち流に受け入れた（Воробьев1966；野上1953）。自分たちの国を建設し、広い領土へと進出した後、女真の宗教活動はいっそう複雑になったが、女真の庶民階級のとりわけ往古から本拠地にいた者たちの宗教的な考え方はあまり変わらなかった。それらの宗教活動は、統治者たちによって支援されていたからだ。

　世宗にとってとくに難しかったのは、先祖たちが信仰してきた宗教に従って行動することだった。彼は王家の人々や人民が漢人の信仰や迷信をまねしないようにすることが重要だと考えた。彼は、女真が往古から公正で忠実であることで知られ、古典は知らないが、天地に対して生贄を捧げ、先祖を崇拝し、異国人に対

して愛想よく振る舞い、自分の友人に対して誠実であり、礼儀作法や慣習の決まりごとをよく守ると指摘している。彼らの振る舞いはまったく自然であり、彼らの美点は、中国の古典に書かれていることとはまったく程遠いところにあった。それゆえ、世宗は自分と同時代の人々に、自分の民族の慣習を理解し遵守するように呼びかけたのである（Harlez1887）。女真の信仰はその状況をより強固なものにするために、戦いの勝利者に関連づけたり国家祭祀に女真信仰のいくつかを組み入れたりすることによって、その威信をある程度高めたのである。

シャーマニズムは、女真の中心的な信仰として残っていたが、私が見るところ、中国に存在した宗教的なものを受け入れていたようである。一般に金代の女真のシャーマニズム信仰は次のようなものであった。人々や土地の庇護者として天が存在していて、天によって事件や運命、世界の繁栄が左右されるのである。天、それは人々の上に存在する形而上学的な権力を持った多くの魂の住処であり、人々は天に対して皆で一緒に、あるいは個人的に敬意を表すのである。

天を住処とする魂の中に、田畑の庇護者である精霊がいる。すべての精霊には生贄と祈祷が捧げられる。人々の霊魂は不滅である。彼らは死後も自分たちの子孫を守り、それゆえに人々は先祖の霊を崇め祈りを捧げ、それを通して天の恩恵を得るのである。女真の宗教の第一の行は、天に向かって礼拝をし、生贄を捧げる儀式を行うことにある。「金の供犠は、彼らの慣習にもとづくもので、その中には天への礼拝がある」[1]（『金史』）。

天崇拝の思想は、金の宗教史全体を貫くものである。1116年、太祖（阿骨打）は天から火の玉が落ちてくるのを見て、これを天からの庇護のしるしと見てとった。勝利した後、首都に戻ると彼は、木の根元にひれ伏して天に祈りを捧げた。そしてこの儀式を太陰月の5月1日、15日、7月15日、9月9日に繰り返し行った。つまり何よりも新月と満月が重要だったのである[2]。

天への祈りは、生贄や振る舞いの仕方で重みを増した。その性格は、その時々の状況の重大性や願い事によって大きく変わった。まさに、太祖の子どもの一人・兀朮（ウジュ）は1129年に漢人たちを追撃したが、不幸なことに揚子江を強行突破することができなかった。彼は「白馬を刺し殺し、女性を殺害し、剣で自分の額を傷つけて天に向かって訴えた」[3]（『大金国志』）。まさに同じ日に中国でも天に対する儀礼が行われたので、天への礼拝自体は漢人の文惟簡（『虜廷事実』）を驚かせるものではなかった。「供犠が終わると、貴賤を問わず貴人さえもウマで疾走して弓で射て、射柳をすることを許された」[4]（Franke1975）。天（山）、タイガ（大地）、水の祭祀は、ほとんどすべてがツングースや満洲の民族、すなわちウリチ

（Золотарев1939）、ナナイ（Лопатин1922）、オロチ（Народы Сибири 1956）にも固有のものである。

　問題をより複雑にしているのは、女真宗教における天の概念の本質である。おそらく女真は天を具体化することをせず、自然や宇宙と同じように扱っていたのであろう。漢人の影響のおかげで、女真は具体的な至高の存在——人格化された天の支配者（上帝）——を、曖昧な天と区別するようになったのである。たとえば、太宗（呉乞買）は自分の思いと天の願いが一致することを欲して、天をまねることが人々の美徳として大切であると宣言し、漢人の天思想について述べた（Harlez1887）。以下に引用するエピソードの中で、金の皇帝は、あたかも天が彼に自ら委ねたかのように、自分が意図したことを上帝の命令ということにして、よりその意味を強めたのである。

　1158年、海陵王は、儀式を司る大臣に自分が見た夢について語った。「夜になると、私は至高の神（上帝）の住まいにいる夢を見た。宮殿では、人々が子どものように片言で話をしていた。しばらくして空色の衣装を着た将軍が私のもとへ天の勅命を持ってきて、宋の国を征服することを命じた。私は勅命を持って外へ出た。ウマに乗り、無数の悪の兵士たちを見た。私は矢を引き抜くと彼らに向かって射た。彼らは皆それに応えて私に敬意を表した。そして、私が目覚めたとき、耳元で声がした。その瞬間、使者が厩に乗り入れ、彼がウマに乗って跳ね、汗が滝のように流れていた。彼が矢を数えると一本消えていた。そうした光景を私は目にしたのだ。これは不思議な夢である。はたして天が私の手を動かしたのだろうか？　天は私に江南（揚子江から南の大地）を取れと命じたのだ。すべての人々がこれを祝し、国境の外へ侵入しないよう警告を受けた」[5]（『大金国志』）。

　別の精霊たち——田畑、森、水——のために遂行されるさまざまな儀式は、天崇拝に比べるとその重要性ははるかに小さいものであった。女真の考えでは、これらの中でも比較的第二義的な精霊は、大地あるいは田畑の精霊——耕地と経済の庇護者——とされていた。のちに、満洲の村々では、田畑や山、火の精霊のために必ず祭壇が設けられた（川瀬1939）。日常生活において、このような精霊たちに対してどのような崇拝が行われたかその詳細はあまり知られていない。非常に早くからこれらの儀式は、明らかに形式的な側面を備えた国家祭祀に利用された。このような精霊崇拝の個別の事例に関しては、『金史』を丹念に探せば見つけることができる。列伝（『金史』）では、孟鑄（メンジュ）という人物の田畑や稲の精霊に関する報告に触れているし[6]（『金史』）、他の列伝では川の精霊に対する供犠に関する記述がある[7]（『金史』）。国家祭祀にも含まれるような長白山や混同江、護国林の精霊

までが、このような平凡な神々のグループに属している[8]。名もなき小さな精霊が無数に存在しているにもかかわらず、それらは信者たちから注意を向けられることはなかった。そうした精霊に対しては、信者の大半は一度にあまねく訴えかけたが、個々に呼びかける場合もあった。

　海陵王もまた精霊のための祭壇を見ながら、そのそばで一日を過ごし「精霊が出てくる」ように哀願した。「『もし私が皇帝になることを天が許すなら、私に吉兆を与えてください』と。そしてそのような吉兆を受けて彼はさらに付け加えた。『もしあなたの予言が実現したら、私はあなたに感謝するでしょう。しかしそれとは逆の場合は、あなたの祭壇を壊してしまうでしょう』」。王座に就くと、彼は1153年に精霊に王の称号を褒美に与えた[9]（Harlez1887）。

　そのような精霊たちは名もない霊だったので、具体的な宗教的行為を通じてのみ私たちは彼らについて知ることができた。宋の使節は、燕京から上京の女真の首都へ行く途中で、高い竿に串刺しにされ酒を吹きかけられた白いイヌを見かけた。その使節は、女真が天崇拝や医療を施すときに生贄としてイヌを献上すると書いている[10]（Wittfogel,Feng chia-sheng1949）。1137年に南方へ侵攻したとき、斜也将軍の身に起こったエピソードは独特な魔術の例である。「斜也と彼の家族が泣いているように見えた。ブタが殺され斜也は衣服をはぎ取られて、彼にブタがかぶせられた。それと同時に、小さな弓で矢が放たれ、ブタの死体に矢が突き刺さり、ブタは陣営の外に埋葬された。家族は、『斜也は戦死し、彼は埋葬された』と大きな声で言いながら祈った」[11]（『大金国志』）。このような方法で死を欺き、斜也自身の滅亡を未然に防ごうとしたのである。ナナイでも、イヌとブタが他の動物に比べて生贄としてよく使われていることは興味深い。『寧古塔紀略』によれば、満洲では「家で病人が出たとき、主要な門に忌門（門が穢れること）と呼ばれる草の束をつるす。たとえ親戚や友人が会いにやって来ても、彼らは門の外に留められ、容体を聞いて去っていく」[12]（Васильев,1857p101）。

　政変や、それによって人々が亡くなったりするような場合、それをなせる秘密めいた破壊的な力は、多くの古物——正しくはそれらの力の背後にある精霊たち——のせいだと見なされた。1158年の勅令では、「遼や宋から手に入れた木製の用具は多くの歳月を経て災いを与えるようになるので、それらはすべて打ち壊すように命じられた」[13]（『大金国志』）。

　女真のシャーマニズムでは、その重要性からいえば天崇拝にその座を譲り渡すのだが、先祖の霊が重要視されていた。また熟女真は、死者の霊は生きている者に災いを与えると信じていた。病気で亡くなったり、よくない死に方をした死者

第2章 ● 金国の文化
8 宗教と祭祀

の魂は、永久に肉体を離れられないが、魔法の儀礼だけはその悪い作用から生きている者を守ることができた。このような考えはかなり長期にわたって存在していた。死者の霊が生きている者に災いを与えるという考え方から、先日まで敵だった者の墓に祈りを捧げるという奇妙な行為が行われるのだった。たとえば1144年に、遼の皇帝墓で祈りを捧げるための使者が契丹に派遣されている[14]（『金史』）。ひょっとするとこのような現象は、次の二つの出来事が関係しているのかもしれない。1142年に王位継承者が死に、1143年に熙宗の母が亡くなったのである[15]。契丹の皇帝の霊の有害な影響を和らげることが使節に委ねられたのだろう。

　故人に対する鎮魂あるいは故人に助けを求めることは、ごく日常的に行われていた。危機的なときは、国家は特別な生贄として人間さえも捧げた。1228年にモンゴルに和平を求めるために、皇帝哀宗は、「モンゴルの君主元太祖、すなわちチンギスハンが亡くなるやいなや、麻斤出に元太祖のもとへ生贄を持って行かせた」[16]（『金史』; Розов）。また1233年には黄河を渡る際敗北した彼は、モンゴルに降参した兀論出の二人の弟を死者への生贄として捧げた」[17]（『金史』; Розов）。霊魂の不滅は無条件に受け入れられていた。烏林荅氏の妃は、死に際に側近や召使いを集めて彼らに命令を残した。そして、もしこの中の誰かが彼女の命に従わなければ、彼女は死後もそれを見ていると付け加えた[18]（『金史』; Розов）。

　先祖祭祀に関係していると思われるものに、考古学的に発見された銅製の人形（ひとがた）がある。それらの大きさは小さく、人間を単純化して作られていた（しかも下部より上部のほうがいつも形がはっきりしていた）。そして普通は男性を表している。人形には、ボタンをかけるような穴があって、それでシャーマンの衣装につるしてあったのかもしれなかった（Шавкунов1975）。人形は沿海地方の信仰オンゴン（онгоны）の肉体を持たない魂の器に似ている（Шавкунов1971）。

　金の初期の埋葬儀礼には、古くからの慣習がしっかりと息づいていた。死者の親類縁者は、食物や飲み物を供えて祈りを捧げ、その後それら供物を焼いた。1135年の春、故人となった太宗の魂のために廟を建立したとき、「大酒杯を投げつけたり割って、食物を焼いた」[19]（『大金国志』）。酒杯を割って食物を焼く習慣は、輝かしい始まりと邪悪なものを、清らかな始まりと穢れたものとを区別したいという欲求から行われるものであった。この習慣は金では長い間行われ続けた。しかし、1191年に『金史』には、世宗の息子がこの習慣を無視したことを特筆すべきこととして記している[20]。埋葬の儀式に使われたものはすべて食物も同様に穢れたものと見なされた。ナナイは最近まで死者のものをやはり穢れたものとして

扱った（Лопатин1922）。文惟簡は、『虜廷事実』の中でも、女真の貴族が亡くなると、親戚は獣を生贄として捧げ、酒や食物を供え、食物を焼き、額を傷つけたり、涙と血を混ぜ合わせたと書いている。「それから男性と女性が代わる代わる座り、酒を飲んだり、踊ったり、冗談を言い合った。それにしても彼らの気晴らしや笑いはいかなる儀礼に属するものなのだろうか？」[21]（Franke1975）。

好戦的な貴族は、ずっと以前から騎馬用のウマとともに埋葬された。しかし時代が下って、金王朝樹立に伴って非情な戦乱期になると、ウマは戦争に欠かせないものとなり、死者とともにウマを葬る習慣はしだいに途絶えた。1119年に烏古廼（ナイ）の8番目の息子・阿离合懑（アリヘメン）が病気にかかると、彼の親戚たちは慣習に従って彼の病状を問い合わせにやって来た。死ぬ前に彼は、興味深い願いを述べた。「平和はまだ来ず、甲冑兵にはウマが必要なので、駿馬を死者とともに埋葬する古い慣習は廃止しなければならない」。彼は自分のウマを太宗に譲るよう遺言し、かなえられた[22]（『金史』）。それにもかかわらず、ウマを死者とともに埋葬する習慣は、かたくなに続けられた。1121年貴人が亡くなった後、「君主太祖は、白馬に乗って彼のところへ出向き、供犠を挙行している最中に涙を流しながら自分のウマを彼の霊魂に譲渡したのである」[23]（『金史』）。満洲人は、自分たちの埋葬儀礼の中でこのような慣習の名残を保持していた。ウマや家畜、高価な財産の代わりに死者には、それらを紙で模して作ったものが供えられたが、本物が添えられることもあった（川瀬1939）。それを表す用語すらもあった。「コヂョルホロ」、つまり「死者にウマを生贄として捧げること」である[24]（Franke1979）。

霊魂に関する儀式を遂行するのは、従来通りシャーマンや妖術使いであった。シャーマンは、病人の治療をしたり、悪霊にはイヌやブタの生贄を捧げながら、未来を予言したり、何かが起こる兆候について説明したりした。海陵王のときは、盗まれたものを探し出したり、罪人を処罰したりするのにこのような力が役立てられた。史料によれば、「もし殺された人があれば、国の慣習に従って、男性のシャーマンか女性のシャーマンが派遣され、人殺しが破滅するように霊魂に祈る必要があった」[25]（『金史』）。

シャーマンは、死者の意思を聞き出すために、積極的に死者の霊と関わった。これらの職務の多くは、シャーマンの家族で本職でない人々が請け負った。女真はシャーマンを普通の人よりも理知的な人間だと見なしていた。完顔希尹（ワンヤンヒイン）について次のように語られている。「陰険でずるがしこいが能力はある。彼によって女真法や文字が作られた。そしてこの国の女真語でシャーマンと呼ばれる人々の一人であった」[26]（『三朝北盟会編』）。これは最も教養の高い女真人の一人について

書かれたものである。

シャーマンの踊りは、シャーマンを本職とする男女の宿命として残った。許亢宗は 1124 年に見た光景を次のように書いている。「大衆の祭典の最後に、両手に鏡を持った着飾った踊り手たちが、先祖の霊を納めた廟の中で、稲妻の女神のごとくその鏡を上げたり下ろしたりした。これを何と説明してよいかわからない」(『大金国志』)。

考古学的資料は、女真の神官や妖術使いのシャーマン的性格を再確認させてくれる。蘇城（沿海州）のシチ（Xici・Сицы）川の沢で 1956 年にシャーマンの衣装が発見された。それは 12 世紀の初めの 4 枚の宋銭、9 個の銅鏡、23 個のベルトに下げる円錐形のシャーマンの下げ飾りである (Окладников1959)。そのような鏡や下げ飾りは、ナナイのシャーマンのところでも使われていた (Лопатин 1922)。

沿海州の中心地にあるシャイギンスコエ城では、仏教寺院ではなく、シャーマンの聖堂が発見されている (Шавкунов, Пермяков1967)。特別に用意された広場には、シャーマンの住まいがあった。その住居の中庭には、おそらく供物壇と思われる灰色のプレートが見つかった。プレートの基礎部分では、シャーマンの備品一式、あるいは供犠に関係する興味深いものが見つかった（銀の腕輪、銅製の指輪の一部）。シャーマンの服に伴う円錐形の金属製の下げ飾りとともに、外見上は釘のように見える平べったい青銅製の魔除けの護符があった。これはセボン（Сэвон）の神を様式化して表現したものである。手と足はかろうじてわかる程度で、胸に心臓を意味する穴があった。これらの神々は、ウリチやニヴヒのもとに最近まであったセボンに似ている。またここでは二つの平べったい騎手の人形も見つかっている。それらは非常にデフォルメされていたので、幻想的な生き物の印象を与えた。つまりウマの首は不自然に長く、騎手の頭は菱形をしていた。だが、それと同時に表現には、リアルなディテールがあった。ウマが疾走する感じが表現されていて、ウマの尻尾が風になびき、騎手の胴体は後ろに反っている。人形は、さまざまなものに似ていた。機能的には、ナナイのシャーマンの丈の長い衣服に描かれた刺繍のテーマと類似しており、様式的にウマの描写はチュルク人の洞窟壁画を彷彿させるものである。

シャーマンの家から出土した護符の中では、ブロンズ製の鹿角——おそらくつるための穴があいたマダラジカ（梅花鹿・ニホンジカ）——が際立っている。模倣するために選んだものがこの種類のシカの角であったことは偶然ではない。なぜなら若鹿の袋角の薬効は女真の関心の的だったからである。研究者の見解によ

れば、女真は護符の下に二つの枝が出ている——つまり「鹿茸（袋角）」になっているしるし——を再現することで、袋角に関して造詣があることを示したのである。護符の表面は平べったい穀粒で覆われている（Пермяков1968）。

　シャーマンの家で、考古学者は、鳥が枝に止まっている「氏族の木」[27]の形をした、シャーマンのかぶり物に付いていたブロンズ製の頭頂部の飾りを発見した。このような木の表現は最近までナナイの人々のもとで見ることができた。そしてこの木の鳥は、子孫の生の担い手と考えられた。シャイギンスコエ城の溶解炉の発掘で、考古学者は鋳造の庇護者の魂に対する人身供養の痕跡と思われる人骨に遭遇した（Шавкунов1971）。遺跡で発見されたクマ、トラ、ウサギ、フナ、ハクチョウの形象は、トーテミズムと関係があるのかもしれなかった。おそらくそれらは、シベリアの少数民族のもとでも最近までそうした役割を果たしていたものと思われる（Васильев1976）。

　満洲人のシャーマニズムに対する思いをよく研究することによって、女真や満洲人の世界観がシャーマニズムの思想によって満たされていただけでなく、精霊に関しても類似点があることがわかる。18世紀において、満洲人の神々は精霊と見なされており、男女のシャーマンを通して精霊たちと関係を持つことができるとされていた。

　18世紀の寧古塔での実際のシャーマンの日常に関する詳細は、女真の儀式もこんな風だったのだろうという知識を与えてくれる。「大小を問わずそれぞれの家々の前には、神聖視される1本の長い棒（筆者注：あるいはそこで精霊を崇拝する）が立っていた。家で何か良いことや病気が生じると、（筆者注：この棒の下で）儀式が行われ祈りが捧げられた。この儀式のために、ブタが値切ることなく定価で買われ、刺殺される。読経をするシャーマンと呼ばれる熟練した朗読者に向かい合うように、そのブタは棒の下に置かれる。家の主人は親戚や友人を招き、みな炕（カン）の上に座る。それぞれの前には料理が置かれている。皆ナイフでひと切れずつ切って食べる。残したり、誰かにあげたりしてはいけない。もし儀式が病気のときに行われる場合は、全快しなかったら、棒は不幸なものとして野に破棄される。その後で祭典が催されるが、再び祝典か病が生じたときは新しい棒が打ち込まれる。シャーマン（筆者注：『跳神』）の儀式は、春と秋に行われる。その半月前になると、穀物から酒が造られる。ブタやヒツジ、ニワトリ、マガンが用意され、家の女主人は責任者に任命される。上衣の上の腰の周りに、鉄製の丈の長い鈴が百足らず付いているスカートをはき、手には低い音を出す紙のタンバリンを持つ。タンバリンを振りながら、満洲語を話し、腰をくねらせてはタンバリン

の音に合わせて鈴を鳴らす。そのほかに傍らには、いくつかの面から成る大きな革張りの太鼓が置かれている。時々彼女は調べに合わせて太鼓をたたく。必ず顔は西に向けている。西側の炕の机の上には、それぞれ食べ物が置かれている。炎の上のほうには、その上空に先祖がいることを意味する五色の絹の布きれをつるした縄が横に張ってある。この踊り（跳）は、1日に3回（筆者注：朝から晩まで）行われる。この儀式には、必ずすべての知り合いが招かれる。満洲人も漢人もこれに含まれるが、女性は除かれた。この儀式は3日間続けられ、供犠で残ったものは贈物として方々へ配られる」[28]（Васильев1857）。

　女真の典型的なシャーマンの宗教の考え方についてはすでに詳しく書いたが（第1章8節）、新しい影響の中では、本質的に変化を受けざるを得なかった。このような変化は、上記で引用された例の中にもはっきりと感じられることであり、1章の最後で話題にしたような状況下において漢人の影響が原因になったことは明白である。12世紀から13世紀にかけて、シャーマニズムは、もはや単独では女真を支配することはできなくなっていた。11世紀には、噂ほど女真には儒教や仏教、道教が知られていなかったが、12～13世紀になると女真の宗教活動を扇動して変化を増大させる非常に強い雰囲気がつくり出された。これらの変化や新しい制度について女真の人々は少ししか触れていない。この時代の文献は、国家儀礼のことしか明らかにしようとしなかった。

　儒教は、当然のことながら女真の政治家の関心を十分ひきつけた。結局のところ民族的な女真の信仰が原始宗教であるという起源にまでさかのぼり、儒教は女真の宗教的探究の成熟と完成を示すものだと漢人は考えたのである。

　女真と中国の間で戦争があったとき、ある漢人部隊が孔子の墓を冒瀆しようとした。すると女真の将軍・完顔粘罕（ニャンハン）は渤海人の参謀に聞いて、孔子がどのような人物か明らかにしてから次のような声明を出した。「偉大な賢者の墓を果たして暴いてよいものだろうか？」。そしてこれに関わった漢人は処刑された[29]（『松漠紀聞』）。

　金の王家は儒教の宗教的道徳的な規則に興味を持ち、それを同族の者たちに紹介した。1141年、熙宗は「自身で孔子の廟に供犠をするために出かけ、北を向きながら二度参詣した。帰路、皇帝は貴人に向かって『青年時代、私は思慮がなく学ぶということを知らなかった。今は歳月を無駄に過ごしてしまったことを非常に悔やんでいる。孔子は著名な称号は持っていなかったが、彼のつくった法は尊敬するに値する。また今後数千年の間（人々は）驚きをもってそれを見るだろう。だからこそ、完全でありたいと願う人々は、誰もが孔子の教えの中で向上しなけ

ればならない』。その後、皇帝は遼などの5王朝の歴史が書かれた『尚書』『論語』を昼夜問わず読みふけった」[30]（『金史』; Розов）。1140年には、熙宗は孔璠を孔子49代目の後裔であり、自分の家の一員であると宣言した。そして、彼に衍聖公の称号を授け、それは1154年に南宋によって承認された[31]。1186年に勅令が出た。「孔子の廟が衰退した。礼儀や規則が揺らいでさまざまな部族のシャーマンが礼法に逆らって占いをしている。今後は孔子の御堂で祈りを捧げよ」[32]（『大金国志』）。すべての都市に孔子の寺院や御堂があった。

しかしながら、金では伝統的な儒教――『孟子』を読むことが幅をきかせていた。そして、仏教や道教に対して狭量な朱子学や、民族主義的な中華思想を伴う新儒教は尊敬されなかった。世宗すらも、1174年に孔子の御堂の儀式から唐や宋が積み重ねてきたものを取り除いてから、伝統的な儒教の庇護者であるかのごとく行動した[33]（Tao Jing-shen 1976）。

女真が仏教を知ったのはかなり早く、金国を宣言する前にはすでに知っていたはずである。1120年代の上京には、寺院が2か所以上存在した。1123年には、慶元寺の僧が太宗に仏陀の骨を献呈したが、皇帝は彼に遺骨を元の場所に戻すように命じた。契丹の布教者・宝厳大師は1123年に上京の興円寺に参詣に来た。そして彼の説教は、女真の初期の仏教に契丹的特徴を与えた（鳥居1948）。仏教は、すでに遼によって統治されていた地で繁栄していたので、政権交替後もその地に存在し続けた。

初期の女真の皇帝たちは、仏教に対して好意的であった。太宗のときは、仏教のプロパガンダのために河北や山西地方の漢人社会に古寺を復興し、新しい寺を建立した。たとえば、阿弥陀仏の勤行を伴う「浄土宗」信者の浄土寺[34]がそれである。中都に移住するまで燕京地域に住み続けたことは、積極的に女真を仏教的環境に置くことになった。1130年代に捕虜として女真のもとで暮らした洪皓は、熱心な仏教崇拝、金の皇帝や皇后、高官、役人たちによる仏教儀式の遵守、仏僧の名誉ある地位について観察した。勤行のとき、仏僧は高官たちよりも上位にある壇の上に座していた。洪皓は仏教寺院が燕京に36か所もあったと伝えている[35]（野上1953）。

禅宗の教えには、伝統的な中国の風潮が現れていた。熙宗のとき、僧の多くが位階を授けられ、金の統治の末期にはそれは3万にも達していた。しかし、海陵王のときに状況が変化した。彼は仏教を愛さなかったし、僧の中に熙宗の支持者がいることにも気づいていた。1157年には、それ以降2月8日に仏陀の誕生を祝うことを禁じた[36]。その禁令が取り下げられたのは、1199年だけだった[37]（『金

史』)。

　世宗は王位に就くと、仏教に対するいくつかの禁令を廃止し、中都（燕京）に大慶壽寺を、遼陽に禪宗の清安禪寺を建立した[38]。それにもかかわらず、1166年の大臣たちとの会談で、皇帝は次のように述べている。「仏教徒たちの教えを信じるべきではない。梁王朝の君主・武帝（502〜549）は、同泰寺という修行寺で修行僧をしていた。遼王朝の道宗（1055〜1100）は寺院とその僧たちに農家の屋敷を与え、最終的には僧を最高の高官に任命した。彼ら（君主たち）の失策は根が深い」[39]（『金史』）。

　そして、彼は寺院の建立や僧の特典を禁じた。1174年には、皇帝は大臣にこう語った。「愚かな民衆が幸せになりたいがために大勢で仏陀のために寺を建立したと聞く。禁令も聞かずに、皆でそれに違反しているという。禁令を再確認して、寺のために財産を浪費することを禁じなければならない」[40]（『金史』; Розов）。1187年、世宗は仏教や道教を尊ぶことは無益だと指摘した。「人々は、道士を敬い、何よりも仏教との教えを上位に考え、読経することを至福のことと考えている。しかし、私が人々に災厄をもたらすことを許さず、国に平穏無事をもたらすならば、これこそ人々の至福ではなかろうか」[41]（『金史』）。

　彼は、皇帝のみが国家祭祀の指導者として天と人々との仲介を果たす人物であることを力説している。彼の言によれば、天が人々を統治するために君主を任命したのである。そして、もし君主が怠惰であれば、彼は国を失うかもしれなかった。しかし、君主が民を愛するならば、仏陀ではなく天こそが君主に人民を幸せにするようにさせるだろう、と（Harlez1887）。章宗も仏教の信奉者ではあったが、君主という立場では、儒家や仏教徒、道教徒の組織活動を厳しく取り締まった。1197年からは政府の財政難から、剃髪の許可証を売ったり、位階の特許権を販売したりするようになった[42]。

　金代の仏教に関しては、政権による行政行使に話が尽きるわけではなかった。仏教は、それ自体が教義の改新に伴って内的な変化が生じた。

　金の統治の後半では、禪宗の説教者が活発に活動し、燕京に四つの寺院が建立された。禪宗の信者（Dhyāna・禪那）は、真理の光によって信者が直接照らされることや、瞑想や隠遁生活の結果救いがもたらされること、厳しい礼法や経典の読経の必要がなく完成した自己を実現できることを信じていた。ところがこの禪宗内部でも、行秀（1166〜1246）によって改革の気風が生じた。行秀たちは、磁州や河北に住みつき、とくに禪宗の厳しい戒律を和らげようとしたり、華厳宗の学校へ橋をかけようとしたり、儒教のある面を禪宗に生かそうとするなどした。

行秀は、章宗の関心を自分のほうに向けて、皇帝の宮殿で説教をするようになった[43]。

この時代における、もう一人の極めて偉大な仏教の活動家は、李屏山（1185～1231）であった。彼は仏教に対する儒教の激しい非難を撃退したり、華厳宗の立場にもとづいて儒仏道三教を統合しようと試みたりした（野上1953）。

しかしこれらの活動は、崔法珍が南山西の信者たちの間に広めるためにまとめた『大蔵経』の出版という大事業を妨げるほどの力は持たなかった。1149年から1195年にかけて凸版が登場して、このような教義が印刷された。25年で、民間の発行所が7128章（巻）の印刷用の版下を彫って作った。『大蔵経』つまり『三蔵』では、『大中祥符法宝録』（1008～1016）、『景祐新修法宝録』（1056）、『天聖釈教総録』（1023～1031）など北宋の3冊の出版物が出版された。これらの教義は、中国仏教の精神的性格を探究するために重要なものである。それらは宋の初期に、トルキスタンの梵僧から『三蔵』の翻訳として出版されたものである（『大乗』の研究）。

その中でも地位を増大させたのは、密教であった。翻訳が足りなかったので、研究が集成されたが、『小乗仏教』の研究経典はオリジナルのものだった（塚本1936）。それにもかかわらず、当時の史料は研究に対して、宗教的・道徳的な核心部分の理解の欠如について指摘している。『金史』によれば、「仏僧や尼僧になるのは高貴な家系の者が多かった。彼らの多くは、瞑想（禅の教え）し、道徳的な戒律（筆者注：律）はあまり守られなかった。衣装、剃髪、外見に関しては、南（宋人）の僧たちとよく似ていた。寺院に入る儀式や経典の解釈などについても南朝と変わらなかった」[44]（Васильев1859）。

金の政治的理論では、仏教も道教も入る余地はなかった。金の政治的理論は、女真中心主義や儒教の思想「ヒューマニズムと公正さ」（仁）にもとづくものであった。そのため女真の皇帝は、その平和観や快適さや静寂さによって感銘を受けた仏教に個人的には興味を持ち、好んですらいたが、当時は政治家として寺の共同体の秩序維持に配慮したり、国家行事に仏教寺院を参加させる企てを阻止したり、住民を生活苦から仏教に走らせるのを妨げたりしなければならなかった（野上1953）。

もし、沿海州のニコラエフスコエ城の遺跡が実際に仏教寺院と関係があるとすれば、仏教は女真の領地で印刷用の石版を自由に流通することもできたし、政府もまたそれを懸念するだけの理由があった。それと同時に、金領地内の仏教は宋の仏教とは異なっていた。これは燕京地方ですでに感じられたことであり、北方

へ行くほどその違いは大きかった（野上 1953 ; Шавкунов1973）。

道教の影響力も大きかった。「金帝国では、道教の教えが仏教と同じぐらい重んじられている。金が中国の領土を占領して以来、道教は北方でも、また燕京から南でも存在するようになった。熙宗のとき、道教に六つの等級が制定された。貴族や裕福な人々は自分で地位を確保するために、銭貨を結び合わせたものを1回に千個寄付した。こうして道教の教えは、広まっていった」[45]（『金志』；Васильев1859）。正統派の道教は遼から浸透した。

史料によれば、政府の道教に対する態度は、仏教に対するそれよりは厳しくなかった。それは道士たちから政治的要求がほとんどなく、まとまった組織もなかったということから、政府にとって危害を及ぼすようには見えなかったからであり、また深いところではよくまとまっておらず、しかもその教えが金の皇帝や貴族階級に対してあまり感銘を与えるものではなかったことが一因となっている。

しかし世宗は、燕京で燃えてしまった天長観の道教の教義を復興させたいと考えた。その教義は、1192年に『大金玄都宝蔵』（『大金国時代の老子住居からの貴重なコレクション』）というタイトルで出版された。それは6455巻から構成されている（Yao Tao-chung1977）。数多くの道教徒の組織や寺院が雨後の筍ごとく急速に成長した。当時の記録を見ると、道教寺院の建築や復興についての記述に出合う（『拙軒集』；『滹南遺老集』；Hartwell1964）。

僧侶の中には、政治家のように発言する者もいた。1163年（大定3年）に、僧・法通は、遼陽で暴動を起こした。1173年（大定13年）には、僧・李智究が山東に戦闘的な弟子たちを集めた[46]。しかし、道教の僧たちは反金的な政治的発言を頻繁に行ったわけではなかった。その代わり、道教の信奉者たちの間の宗教的探究の活発化が国内の緊張状態と結びついていたのはたしかである。12世紀半ばには、不満分子たちの戦闘で政治的行為は失敗に終わった。

それによって、宗教論争はますます激しさを増し、三つの新たな宗派を登場させるに至った。その三つの宗派とは、「全真教」「真大道教」「太一教」である。これらの宗派はいくつかの共通点によって統合されていた（窪1951）。1) 宗派の主義主張は、儒教・仏教・道教の混合したものにもとづいており、それらの混合は当時、ごくありふれたことだった。2) それらの宗派は、自分たちの日常から超自然的な不合理な魔法やお守り、不老長寿を追い求めることを禁じた。3) 教えや説教は、単純明快だった。4) それらの宗派は、経験や事実にもとづく有効な学説を信奉した。聖職者はその多くが農民や身分の低い役人だったので、常に信者のそばにいた。多くの信者は、唐王朝中期に起こった「三つの階層」や農民に属す者

たちだった。それらの宗派に属す者は、政治犯や受刑者に加えられた。政治不安や精神性の衰退、正統派聖職者のモラルの低下が、分派活動の増大を促す要因となった。このような分派の発生は、モンゴルの侵入の始まりとともに進行した。「このような不穏な時代に……多くの人々が安らぎを求めて道教の教えにすがった」（Yao Tao-chung1977）。

前述の三つの宗派の中で最も人気を集めたのは、道教の中でも北宗の傾向が強い「全真教」であった。この宗派の創始者は王喆（1112～1170）で、金の出身だった。1167年に新しい教えを携えて山東に入った（野上1953）。最初、この宗派の教えは、反体制的というよりも、むしろ非現実的なものであった。この宗派が重要視したものの一つは「心の抑制」であった。これは女真統治の状況の中で、協調主義への願い、そして忍耐強く衝突は避けたいという願いが込められていた。その教えは特権を有する住民たちや、また庶民もそれぞれのやり方で利用していた。

全真教は、出現から数年を経て、政府の関心を引くようになった。1190年、章宗は全真教——より正しく言うと庶民から構成されるその下部組織——の活動を禁じた。元好問によれば、そのような下部組織は各地にあった。「南は淮に接し、北は朔漠に至り、西は秦に向かい、東は海に向かう、山林城市」[47]（侯外盧1957）。つまり、国中に分散していたのである。

全真教は、道教と仏教、儒教の融合の思想を豊かな表現で述べたものであった。このような折衷主義は全真教徒の成功に大いに貢献した。道士たちの宗教的探究と「道」の教え（指摘された極端な行為はなく）を保ったうえで、折衷主義によって仏教の規律を守るための規則を受け入れたため、禅宗と密接な関係にはまり込むことにもなった。これは、王重陽によってまとめられた『立教十五論』でも明らかである。その中では修行者や巡礼者についての立場を教えており、その資格として「言葉に囚われない」ことを挙げている。また「打座を論ず」、現在・過去・未来の「三界を超ゆるることを論ず」は、禅宗の教えるところである。そのほかにも、学習や訓練法、利己主義と利他主義の理解もまた禅宗からの借用である。儒教の教えである「孝」や「忠」についても受け入れている。全真教徒は、前述の三つの宗教が同一の起源から発していることを、ほかの二つの教えとの密接な関係にあることの根拠とし、それら三つの宗教に相違があることについては重きを置かなかった（窪1963,1966；陳垣1958）。

中国の三つの伝統的な教義の要素が融合した教えは、イデオロギーや思想の分野で何ものにも勝る重要な歩みに見えた。それに対して、北宋の政治家たちは、

あまり厳しい規制はかけず容認するようになっていった。全真教の教えは、社会生活だけでなく、数学や医学といった文化的分野にも影響を与えた（薮内 1974）。

一般に金政府は、教権に対する世俗権の理論を身につけ、あらゆる宗教組織から政治的な意味を取り去ろうとした。儒家は世俗権の原理を保持し続け、道士たちは強力な組織を持たなかったので、政府の矛先は強力な組織を持つ仏教徒へと向けられたのである。

宗教組織に対する管理政治は、次のような面で実施された。1）税の支払いや裁判の追及をうまく免れるために、宗教組織に加入する偽聖職者が数多く現れたため、位階を授けることが禁止された。2）新たな改宗者の数を制限したり、そのメンバーを管理したりするために、加入の際に試験の実施を導入した。仏教や道教の聖職者の候補者に対する試験では、教義に関する質問が出題された。仏教徒に対しては、「法華経」「金光明経」「報恩経」などから出題された。道士には、「道徳経」「玉京山経」「霊宝皮人経」などからであった（野上 1953）。このような試験は、3年に1度実施され、聖職位に許可されるのは80名だった[48]。3）新しい仏教寺院や道教寺院を建設することは禁じられていた。このことは1174年、1178年など、再三証明済みで、領地や寺院が豊かになることを妨げようとしたことが実際にあった。4）道教や仏教の修行僧の社会に及ぼす独特な道徳性をもった方針が排斥された。5）国の資金のために、宗教組織が利用された。これは、寺院の商業に関する職務規定、位階の授受の許可、等級と肩書、宗教的服装に表れていた（高雄 1929）。

このように金の政治と仏教や道教との関係は、もっぱら政治的な性格を帯びていた。仏教や道教は、社会的秩序を脅かしたり政治に関与したりしない限りは、その教えに関しては、迫害を受けることはなかった。仏教は、金の皇帝に対して感銘すら与えている。

金における国家祭祀は、古代女真の宗教と唐や宋王朝の国家祭祀の要素から構成されていた[49]。儒家たちは、唐や宋王朝のような完成された国家祭祀を行うことを勧めた。そこでは、最高執行者は皇帝もしくは彼によって任命された礼部であって、聖職者ではなかった。改善を施してそれに類似した祭祀（とりわけ、天地、皇帝の先祖に対する祭祀）を創造することによって、女真皇帝は一気に帝国内の住民の精神的指導者になった。そして、皇帝は古代中国の著名な権力者に連なる者となり、また、新国民の目には、彼は大きな威力を示す者として映った。

既述の宗教の動向とは異なって、国家祭祀創設のプロセスは、最初のころから、礼部を長とする公的機関によって順調に進められた。それでもそれは10年もの

長きにわたって延々と続いた。その発展段階の第一段階は1115年で、女真の天崇拝が国家祭祀として5月5日、7月15日、9月9日と期日を定めて行われた[50]（『金史』）。第二段階は1122年までで（天への祈り、先祖一族の廟での祈り）[51]、第三段階は1195年までのことである（風、雨、雷の神への供犠）。

1194年に礼部の役人が「私たちの国では、先祖の廟（祖廟）や3年と5年に1度の供犠（禘祫）、田畑や稲、山、関所、海、川（の精霊）への5回の季節の供犠以外は、決まった祈りを常設する。しかし、天・地・日・月・風・雨・雷の精霊はまだ儀式がない。関係省庁が共同でそれらを行うことを命じよう」と報告した。これに対して尚書省は、次のように答えた。「天地・日月の精霊は（皇帝の）生贄を受け取っているし、この問題はしかるべき段階で調整すべきである。風・雨・雷の精霊は、中祀（重要性において二番目の）が捧げられており、問題は各レベルで検討されるべきである」[52]（『金史』）。もちろん、礼部が実情を知らなかったはずはないので、この報告の真の意味は、すでにある祭祀に儀礼上のしきたりを付け加えたかったところにある。天地の精霊、日月の精霊に対する祈りは、1129年までは国家祭祀の最も重要な要素であった。金の重要な国家祭祀は、すべて1180年代までに形成されたが、その後少し変化した。

女真のもとで、天の祭祀は、国家祭祀の中で二つ並行して行われるほど発展した。一つは、(1126年から行われたもので)非常に複雑な儀礼にもとづいて天地の祭壇で伝統的な中国式で行われるものだった。もう一つは、女真的な独自性に貫かれたもので、遊戯を伴い、儀式や供犠を二義的にさせるものであった。

中国式の天の祭祀は、金では12世紀までに定着した。その当時、天地のための二つの施設があり、一つは首都の南の外れにあり、冬至の日に祈りと供犠が捧げられた。もう一つの施設は、首都の北東の外れにあり、夏至に儀式が行われた。12世紀後半には、天の施設は三重の円形の建物（円壇）で、地の施設は正方形の壇（方丘）であった[53]。

最も重要で定期的に繰り返し行われた天地の祭祀の手続きは、皇帝自らが行った。儀式が行われる7日前から精進潔斎の期間が始まった。皇帝が指導者になる2日前には、祖廟で儀式の順序が発表された。準備段階での祈りは、それが四季のうちいつ行われるかによって多少異なっていた[54]。木を彫って小舟の形をした容器が作られた[55]。それには赤い色で雲やツルが描かれていた。低い台が作られ[56]、皇帝は2回ずつ北・東・西に向かってお辞儀をし、最後に南へ礼をした。それから特製の台に小舟——皇帝や地の神、その他の精霊たちに捧げられた酒や食物を入れた器——が置かれた。最初のお辞儀の後で、皇帝は「幸運」を祈って酒を飲ん

第 2 章 ● 金国の文化

8 宗教と祭祀

だ[57]。礼部官の指示に従って、王家の人々すべてによって祈りが繰り返された[58]。儀式は日の出前から始まった[59]。そして祝いを受けた三師に対して碧玉と絹の贈物を献ずる儀式に移った[60]。これはいつも音楽と、儀式のための踊りに合わせて行われた[61]。碧玉を贈る式の後、皇帝は三師に供犠のための食物である豆を分けた[62]。祭典は射柳と撃毬で締めくくられた[63](『金史』)。地の祭祀では、皇帝が大地に一筋の筋を引く儀式もあった。

中国式の天の祭祀のほかに、女真の天崇拝の儀式が有名である。「金は遼の慣習に依拠して、5月5日、7月7日、9月9日に天崇拝を行った」[64](『金史』)。5月5日(初夏)は、撃毬のための広場で儀式が行われ、7月7日(盛夏)は宮殿内部で、9月9日(晩秋)は、郊外で行われた。儀式は、撃毬や射撃、人々のための野外行楽を伴って行われた。朝の御来光や夜の月見の儀式も天のための祈りと同様に見なされた。金の初期には、御来光は古い女真の慣習に沿って行われたが、1126年だけは乾元殿に場所を移して行われた[65]。

すでに言われているように、先祖崇拝は女真発生当時からすでに存在していたが、現皇帝一族の先祖を祀る寺や中国のような一族の先祖に対する祈りや供犠は、女真の間にはかなり長い間存在しなかった[66]。金に仕えている漢人の高官で、儒教思想に染まっている人物は、次のようなことを絶えず繰り返して言っていた。「両親を敬うことは、天子にとっては先祖を崇拝することにつながる。先祖崇拝は、先祖の始祖の廟を建立することにある。もし7代の先祖たちに祭祀をせず、四季折々の祈りが捧げられていなければ、地上の全世界について考えることはできない」[67](『大金国志』)。

1123年に太祖が亡くなったとき、彼は上京に埋葬され、寧神殿が建立された。そこでは、決められた期日に供犠が行われることになっていた。そのときから、全首都に廟を建立するように命じられたが、主要首都の廟だけが、初期王朝の先祖一族の廟名を有した(太廟)。1143年には、王朝の先祖、つまり一族の廟が創建され、1148年には上京にも同様の廟が建てられた。海陵王が燕京へ遷都後、1155年にはそこで、王朝の始祖の廟で礼拝が始まった。この廟は、燕安宮という名称を授けられた。1156年から1160年に首都では、新たに皇族の先祖の廟(宗廟)が建立された。その後、建国前の族長たち——「皇族」のために祈りと生贄を捧げることが定められた。

1172年には、皇帝の一族にごく近い霊のための廟を建設することで、先祖崇拝の内容はさらに充実した[68]。1171年に新たな儀礼として、先祖の霊に祈りを捧げる唐の制度が採用された。5年に1度、夏4月に王朝の創立者の起源につながる始

祖に対して行われる「禘」と、四季折々および3年に1度、冬10月に縁の遠近を問わずすべての先祖の霊に捧げられる「祫」とがあった。このような先祖への祈りと同時に天への祈りも行われた。海陵王は南宋をまねたことを非難されることを恐れながらも、渋々新しい儀式の導入に同意した[69]。

皇帝の先祖に対する祭祀は皇帝自らが行った。生贄として捧げられるのは、家禽だったり、野生動物だったりした。野生動物をヒツジに変えようという試みは、1153年の狩猟制限の後、不首尾に終わった[70]。こうした祈りに際して、皇帝は先祖の霊にさまざまな出来事について報告し、生きている子孫たちを助けるように願った。1150年には、先祖の霊に毎月、自然の産物や大地の実りを贈る儀式が導入された。贈呈されるものは、料理されたものと新鮮な産物——さまざまな動物や鳥、魚、果物、野菜、稲——がだいたい同じ割合で含まれていた。興味深いことに、その一覧にはたとえばノロやイノシシ、アムール産の有名な牛魚などの野生動物の肉があった[71] (『金史』)。

古代中国王朝から金王朝へ権力が継承されることを承認するという政治目的を追求するために、礼部は1204年に次のような内容の報告を著した。「三皇、五帝、四王[i]に対する供犠は、3年に1度行われることが決定された。他の17名の君主に対しても供犠によって敬意を表すべきである……」[72] (『金史』)。

  i 神話の上の古代中国の皇帝や君主で、そのリストは多くの異文がある。

供犠を受けた皇帝の名簿を見ると、夏－1、殷－3、周－3、漢－8、唐－2である。皇帝の先祖、つまり一族の始祖や王朝の創始者のための祭祀を拡大する傾向にあるにもかかわらず、中国古代の別の王朝の君主や皇帝を削ったり、最も尊敬される君主を崇拝の対象に含めることによって、祭祀の関心の中心を一人の神格化された人物に集めたのである。

このように皇帝を選別するという思想は、地上における唯一の権力の歴史的源泉、すなわち宇宙における唯一の権力の源泉、つまり天と相関関係にある権力ある皇帝を模倣することに帰するものである。そのため、まさに天と皇帝の先祖崇拝は、不可分のように見えるのである。

季節の供犠は次のような段取りで行われた。季節ごとにある月を選んで、1月、4月、7月、11月に行われ、5年に1度は12月にも行われた。最初は1153年に上京で、田畑と稲の神のために祭壇が建てられて行われた。1167年には、中都に田畑の神のための祭壇が造られたが、これは帝国内で同様の建造物を造る際の見本となった。この祭壇での祈りは、春の第2月と秋の第2月に非常に厳かに行われた。歌が歌われ、酒が供えられ、生贄として必ず黒色をした動物が捧げられた[73]。

『金史』には、農暦二十四節気に供物となった産物が列挙されている。供物のリストには、野菜や果物、肉や鳥（及びそれから作った料理）、魚、キビ（数種）、エンドウマメ、塩が入っている[74]（『金史』）。

中国の聖なる五嶽四鎮海瀆（五山、四つの関・拠点、海、河）の精霊に対する祈りと供犠は、当時の報告書では天に対する祭りであるとして1164年に女真によって受け入れられている[75]。五山とは、すべての新王朝の創始者たちが供犠をおこなった東（山東省）の泰山、西（山西省）の華山、北（河北省）の恒山[ii]、中央（河南省）の霍山、南（湖南省）の衡山である。四つの河とは、黄河、揚子江、淮河、済河（山東省）である。

  ii 恒山と衡山は同様のピンインであるが、それぞれ異なる漢字で表わされる。

これらの山や河への祈りは北宋の国家祭祀だったが、12世紀半ばに五山のうち四山が、また四河川のうち三河川が金の領土になった。そのため、金の儀礼であるという政治色が濃くなったのは仕方のないことであった。

方位（東西南北）によってまとめられた五山（とくに重要なのは泰山だが）の精霊への祈りは、春から始まる暦に従って四季それぞれの始まりに行われた[76]。儀式や自然の産物による供物（これこそが重要である）では、田畑や稲の精霊に関する節で私が述べたことに非常に近似していた。（伝統的な）中国の嶽鎮海瀆（山、拠点、海、河）の各抽象概念の範囲内に収まるものとして、（金朝における）具体的な嶽鎮海瀆は完全に意味づけされていたのだけれども、両者を同一視することは必ずしも正しいことではないことがわかってきた。

なぜならば女真は、1189年から1195年の間（明昌年間）に伝統的な山々を、彼らの領土でよく知られた新たな山に大胆にも置き換えてしまったからである。1172年には、長白山（靺鞨、女真、満洲族にとっての祭祀の山）への崇拝が制定された。長白山は、金国が強大になった地である。春と秋の祭典の手続きには、明確な規則が与えられた[77]。長白山に続いて、女真史上重要な地位を占める別の山々や河川が儀式を受けることになった[78]。1181年には、かつて漢人が契丹を大敗させた大房山が、また1185年には混同江（生女真の領土の河、松花江）と護国林（女真の族長や初期の皇帝たちの廟）が、同様に儀式を受けることになった[79]。

常時行われていた祈りや供犠はさほど重要なものとは見なされなかった。国家祭祀に風・雨・雷の精霊が採用されたのはかなり遅い時期の1194年のことだった。それらに対する供物は管区や県へ持っていかなければならなかった。風の精

霊には2月2日に供物として織物と食物を、雨の精霊には5月5日にヒツジとブタを、雷の精霊には同日にヒツジを1匹必要とした[80]（『金史』）。

　不定期で時折しか行われない供犠や祈りもあった。豊穣や永遠の平和、幸福や平穏無事、天災の防止、雨乞い、罪や病気の回避などの祈りのための供犠をつかさどるのは、6部族の部族長だった。地震、イナゴ（蝗）の襲来、旱魃（かんばつ）、洪水、豪雨や豪雪などの天災を回避するために、それらの天災をもたらす神や精霊に捧げる祈りが1164年に公式に実施された。とりわけ重要と見なされ、絶えず行われたのは、天に対する雨乞いだった。『金史』に書かれている雨に関する祈り（祈雨）は37例で、雪に関するもの（祈雪）は6例だった（『金史語彙集成』）。女真が中国思想の中で自分たちのものとした例は、地震や旱魃である。また、他の天災についても、人民や役人、君主の行いに対する天の不満の表れであると考えた。章宗の時、旱魃が起こった。章宗は改悛のための準備をして側近を召喚し、自分の誤りを指摘するよう命じた[81]（Plath1830-1831）。そうして特別な祈りがつくりあげられた。このことは、自然の精霊（天・地・山・河）への祭祀と先祖のための祭祀の間に明確な関係があることを証明するものである。

　たとえば雨に関する祈りでは、まず厳粛な誓いをたて、（五山のうちの）北方の山で7日間にわたり五山・四関・海・河の精霊に対して贈物をする。もしこの効果がなければ、次の7日間は田畑と稲の精霊に対して祈願した。必要ならばさらに7日間、先祖の霊に対して祈祷が捧げられた[82]（『金史』）。興味深いのは、供犠を捧げるランクが自然の精霊から先祖の霊へと上昇していく点である。その一連の流れの中で、雨の恩恵に対して感謝が捧げられるのである。

　このような祈りの主導権は普通、下級の精霊にあり、しかも祈願の実効性がないという不満は下級の精霊に表明されるのであった。「天と地の師、日と月の師、雨と雷の師は、儀式において熱意が足りなかったのだ」[83]（『金史』）。

　農業に関する課題が国家の命運を決めると考えられていたので、雨への祈りは皇帝を司祭長とする国家祭祀の義務であり、特権であると考えられた。その際、最悪の場合に限って、別の宗教に仕える者を招くこともあった。「首都の周りでは長く雨が降り続いた。雨への祈りの規則にもとづいて行動するとともに、仏教や道教をはじめとする全寺院に祈願するように命じた」[84]（『金史』）。

　帝国成立後の女真の国家祭祀はこのようなものであった。しかし、そのすべての部分が同質ではなかった。偉大なる先祖のための祭祀は部族の宗教から生まれたものだが、皇帝の先祖のための祭祀は早くから外国の特徴が取り入れられた。「禘祫」「五つの供犠」「五山に対する供犠」——これら新しい祭祀は、女真国家が

政治的・宗教的国家であることを示すために定められたものであった。国家祭祀を執行したのは、皇帝と特別な奉仕者集団だった。これらの祭祀の特徴は、祭祀から人民を遠ざけること、祭祀へ役人が関与することを制限すること、招かれるのは名誉ある観客だけであるという公式的な側面に見られた。国家祭祀へのこのような参加のありようは、特別に規定されていた。何らかの特別な供物をもって行われる催しをともに体験できるのは、皇帝の親愛のしるしとして、とくに功績のあった貴人だけに許された。

あまり重要視されていない国家祭祀の中には、実際には全国民のものである祭祀もあった。しかしながら、それはおびただしい数のほとんど知られていない地方の祭祀であった。『金史』には金国民、つまり女真や漢人の間に広く普及した地方や中国（とくに道教）の迷信に関する詳しい情報が記されている。『金史』[85]は、そのような情報が、しだいに当時好都合なもののしるし、あるいは不都合なものの兆しとして体得されていったことを伝えている。女真の地の奥深くまでこのような迷信が浸透していたことを証明するものとして、カメやヘビ、北斗七星が描かれた寺銭と呼ばれるシャイギンスコエ城塞出土の遺物がある（Шавкунов, Леньков 1973）。

女真や漢人は、頻繁に道教の尼僧の中にたくさんいた占い師に助けを求めた。1158年に「一部の家に対して占いの本や表を秘蔵することを禁じた」のも理由があってのことだった。「この命令に背いた者は犯罪者とする」[86]（『大金国志』）。

にもかかわらず、海陵王が皇帝になれるかどうかというときに、占い用の骨が使用されたことが伝わっている[87]（『金史』）。麻九疇(マジウショウ)という者は、紛失物を探すために、カメの甲羅（卜）や悪臭のするスイレンの茎（筮）で占いをした[88]（『金史』）。民族的な予言者や伴教者は皇帝からも尊敬されていたので、なおさらこのような占いは禁じられなかったのかもしれない。

金代末の1224年には、「麻服を着た庶民が承天門を見ながら、笑ったり泣いたりを交互に繰り返していた。そして質問に答えて言った。『私が笑っているのは、この国によい将軍や大臣がいないからで、泣いているのは今に金国が滅びるからだ』。（皇帝は次のように命じた）『宮殿の門は泣いたり笑ったりするための場所ではない。厳しく棒で罰してそいつをそこから追い払え』」[89]（『金史』; Розов）。この文章からわかることは、予言者が罰せられたのは、予言をする場所の選択がよくなかっただけでなく、悪い予言だったからだろう。

伝統的な中国の日食に対する関心は、そのまま金においても維持され続けた。日食のときは、皇帝は謁見を取りやめ、役人たちは勤めをやめて儀式を挙行する

ために宮殿に集まった。いたるところで浄財が燃やされ、太鼓がたたかれた。日食や月食のときは、楽器を奏でること、酒を飲むこと、生き物を殺すこと、道徳的戒律を破ることが禁じられた。皆既食で長引くときは、皇帝は祭壇に向かって滅亡から太陽の救いがあるよう祈りを捧げた[90](『大金国志』)。

女真の宗教活動の変化は、葬儀にも表れていた。金時代の葬儀については比較的よく知られているが、その民族性については実際にはあまり知られていない。とはいえ、金代には特権階層特有の埋葬や葬儀の設備が整えられていたはずである。特徴としてはっきりしているのは、長い間女真の間で知られていたように火葬し、伝統的中国を題材とした浮彫りや装飾画で飾られた埋葬室に遺灰を葬ることだった。

皇帝の廟は、中国式の廟で、初めて建立されたのは海陵王のときであった。同時に皇帝の先祖の廟も開かれた。女真族の民族的指導者や金の皇帝など太宗の時代までは、上京の「護国林」に「臨終の家」があった。その当時は、契丹との戦争の最中に契丹の皇帝の墓が損傷を受けないようにと女真側が配慮するほど、死者の魂に対する強い信仰がしっかり根づいていた。

1123年には、勅令によって次のように命じられている。「偉大なる遼の君主の墓を強奪、破壊する者はその罪によって死刑に処す」[91](『金史』)。1153年に燕京へ中都を移転した後、占いをするシャーマンは、皇帝たちの廟のための場所を選んだ。遼の皇帝の墓地とは異なり、金の廟に関しては学者たちによる研究が行われていない。皇帝の廟を崇拝する儀式は、金の皇帝の力が強大になるにつれて強固なものとなり拡大した。

皇族ではないが、高貴な人の墓葬は、はっきりと年代が確定できた20例の墓が提示されている。私の研究において、かなり均等に12世紀10年代から13世紀10年代までカバーされているが、(12世紀)30〜40年代は、あまり提示されていない。

金代の最も早い時期の裕福な人々の墓は、比較的簡素なものである。石板を積み重ねた墓で、内部には木製の棺が作られ、鉄製の道具や装身具が置かれている(匡瑜1963)。遺体を置くための部屋は丸く、小さい(喩震1963)。灰を入れる箱は石製(李逸友1961)で、これらの埋葬遺跡は坑道のような長方形の磚（レンガ）積みの部屋であり、入り口が造られている例はあまりない(張郁1961)。それらはすべて1110年代から1120年代に属するもので、満洲や内蒙などの女真が住む最奥地や燕京地方にある当時の金の南の国境に広がっている。

この時代と次の時代をつなぐように存在するのが、遼と金に仕えた「立」とい

う漢姓の家族の墓地である。長方形の磚積みの部屋になっている埋葬施設(磚墓)には、装飾的な壁画の様式や1127年と1144年と記された墓碑銘がある(河北省)(羅平,鄭紹宋1962)。しかし、山東省の済南にあるような丸天井でレリーフのある、よりつつましやかな六角形の磚積みの部屋も存在し続けた(王建浩1979)。これらの時代に属するものとしては、道教寺院の院長の墓で、故人のぜいたくな衣類が保存されていた珍しい墓がある(解廷琦1978)。

葬儀の次なる段階は、八角形の磚積みの部屋を特徴としており、その部屋は、現代までは残らなかった木造の何かをまねしたものと思われる。部屋の八つの壁(ひょっとすると遊牧民の天幕ユルタの祖型かもしれない)は、中国の亭の観音開きの格子状の壁を模倣した芸術的な石積みで仕上げられている(劉振偉1959)。天井も隅々まで磚で敷き詰められているが、現在の建物の装飾的な建築様式は再現されたものである。このような部屋には、いくつかの棺(張秉仁1961)、あるいは灰を入れるための木箱(李逸友1959)があったかもしれない。このような八角形の部屋は、内蒙や満洲、山西省の北部に広がっている。

古銭学や金石学的な遺物によると、それらの部屋は12世紀の半ばに属している。それらの墓の中に副葬品はかなり多量にあったが、おもに簡素な釉薬のかかった陶器と磁器だった。さらに南方へ行くと、山西省(山岳地方)や河北省、河南省では、ほぼ同時代の墓でも楕円形や正方形といった実にさまざまな形状の磚積みの墓が見つかっている。灰を保管するための石棺を伴うもの(辺成修ほか1958)や二人一組で埋葬されている墓(周到1957)、あるいは複数の骨が埋葬されているもの(敖承龍1959)などがある。

1210年代後半に属するものとしては、遼寧にある装飾絵画様式でぜいたくに飾りつけられた石棺を伴う正方形の磚積みの部屋(陳大為1962)、山西省の土地1区画を購入したという売買証書が残されていた部屋(呂遵諤1956)がある。ほぼ同時期には、山西で発見された建物によく似た、複雑にたくさんの部屋がある建物が出現している(楊富斗1961)。それらに隣接して、閻徳源の墓(山西省大同)があるが、彼の経歴は知られていない(解廷琦1978)。北京近くの小さな箱型石棺には、1177年に西夏との境界で参戦していた将軍が埋葬されていた(劉精義,張先得1977)。

松花江上流にある通常の墓は、目印になるものがなく、室のようになっており、その底部は石か磚が敷き詰められていた。室には、遺体を納めた木の棺があった。副葬品としては陶器や鉄製用具、馬具の一部、装身具などの日用品が納められていた(景愛1977；張泰湘1977)。

ソ連極東の金代女真の墓は、しばらくの間発見されなかったか、いずれにせよ学会には知られていなかった。このいまいましい状況——つまり独自に墓を発掘することが可能なのではないかと考えていたその矢先、パルチザンスク市近くのセルゲーエフカ村（ソ連沿海州）で発見された興味深い墓の存在が、そんな思いを払拭してくれた（Сем1973）。

　南東に向いた墓穴の中には朝鮮のマツで作られた台形の棺があった。棺の下やその周りにはシラカバの樹皮が積み重なって層を成していた。棺には、実物大の木の人形(ひとがた)が入っていて、それもシラカバの樹皮でくるまれていた。人形は木を彫って雑に作られていた。民族学的な資料によれば、人が行方不明になったり、故郷から遠く離れた地で亡くなったとき、このような人形を代理として埋葬する例が、少数民族の間にあるらしい。

　このような人形（ムグド・мугды）は、おそらく沃沮(よくそ)（朝鮮語옥저）と靺鞨にあったのだろう（Бичурин1950）。こうした代理の偶像の上で、故人のために行われるべきはずの儀式が執り行われたのである。その後、偶像は埋葬あるいは火葬された。放射性炭素の分析データによれば、偶像の年代は780±65年で、金代と重なるものだった。また発見された場所も金の領地だったところである。

　金の墓は割と簡素だった。形は正方形か円形である。天井は円形をしている。磚造りの埋葬室の構造は、木造のものをまねている。そのつくりは非常に簡単なもので、舗装が施されていた。磚を積み上げて造った側面の仕上がり具合は、木造建築の印象を醸し出している。木組みをまねた墓の中には、部屋へと続く格子戸が、装飾された磚によって作られていた。女真の葬儀は、特徴とすべき厳格な形式を持っていなかったように見える。

　『虜廷事実』は次のように伝えている。「北方の人々の葬儀は一様ではない。女真は（遺体を）山や森に埋める木棺に納めるが、墳丘を築いたり、木を植えたりはしない」[92]（Franke1975）。

　金では火葬も知られていた。遺体を焼いた後、遺骨は器か小さな石棺に入れ、垂直に掘られた穴、あるいは磚の部屋（磚室）に納められた。当時の墓には、一つの棺に夫婦で埋葬されている例がよくある。埋葬物は普通、建て増しした部屋の一部に置かれた。そこには磚で作られた台があった。火葬した遺骨は棺内の後部の壁に、木箱か錦の袋で納められ、その中には故人の灰が入っていた。棺の中の袋や小箱の役割は、墓室の中の磚の台に似ている。石棺の壁には、神像や英雄の像が刻まれている。墓室の後部の壁は、入口から女性の描写が描かれているのが見える。

副葬品は磚の台の前に並べられている。それは数えるほどしかなく、千篇一律なものだった。それらは日用品で、磁器あるいは青磁と呼べるものや、漆器、耳環、髪留め、銅鏡などである。金の墓には、悪霊の悪い影響を防ぐために「浄められた」地を墓地として使用することを書いた証書が残されていることがあった。この浄化の目的を果たすのが、東の龍頭から西の白虎に至る四つの壁に描かれた四つの聖獣である。墓制の民族的属性を判断するときは、章宗が女真に中国の慣習を用いて故人を埋葬することを許可したことを思い起こす必要がある（遼陽市文物管理所 1977 ; 馬希桂 1977）。

極東の伝統に従って、皇帝や貴人の廟には、故人の偉大な功績をたたえた記念碑が建立された（第2章 10, 14節参照）。故郷から遠く離れた地で亡くなった皇帝は、家かあるいは一族（父祖伝来）の墓地に運ぶことになっていた。その場合、遺体を腐敗させないための方法がとられることになっていた。

『神麓記』によれば、太祖の死後、彼の遺体は要塞に運ばれ、そこで腹の中を明^{みょう}礬^{ばん}と塩酸の溶液で満たした。この方法は契丹でも行われていたものである。そして亡くなった皇帝の顔には、金あるいは銀のマスクがかぶせられた[93]。このようなマスクは、遼の王墓（鳥居 1948）や、女真の貴族の墓（魯琪 1978）で発見されている。

多民族国家を統一後、金帝国の宗教活動は重要な転換期を迎えた。これらの変化は、女真自身の社会的・文化的成熟、国家建設のニーズ、帝国内の民族的な多様性によって引き起こされたものである。女真の民族的信仰の核となるものは維持され、部分的に国家祭祀の中にその特性は息づいていた。

国家をたたえ、帝国の権力を強化するために、漢人の目から見ても非女真的な儀式（偉大な先祖のための祭祀、禘祫、5回にわたる季節の供犠、五山への供犠など）がかなり多く取り入れられた。しかし一般の女真人は、昔どおり自分たちの宗教儀式を実施し続けた。

帝国内のおびただしい数の非女真系住民は、仏教や道教を含め自分たちが慣れ親しんだ宗教制度に従っていた。上層部や南方へ移住したいくつかの女真グループの中には、伝統的な信仰とともに仏教あるいは道教を信奉する者もいた。一定の「改新」はこれらの信仰の中にも表れた。仏教では、禅宗の教えが君臨し、道教では三教（仏教、道教、儒教）の立場を折衷して調和させた「全真教」の思想が支配的であった。

女真の伝統的信仰に反対しようとせず、また世俗権をわがものとしたりしない儒教を引き合いに出しながら、政府はまれな例を除いてほとんどの場合、仏教と

道教に対しては国家的な支持を与えることはしなかった。かといって、政府は断固として何か一つの宗教を堅持するわけでもなければ、他の宗教を弾圧するわけでもなかった。女真の間だけで、自分たちの民族的信仰を維持し、仏教や道教の反国家的な極端な動向を弾劾するにとどまっていた。この点に関して、金国政府は宗教に対して冷淡な態度をとりながら、信教の自由を認める政治を行っていたのかもしれない。女真語辞典が宗教用語として収録していたのは、全部で10語を数える程度で、そのうちの4～5語は女真の信仰に関するものであった。

1 『金史』巻28志9礼1南北郊「金之郊祀、本於其俗有拝天之礼。」
2 『金史』巻2本紀2太祖収国元年正月庚子「進師、有火光正円、自空而墜。上曰『此祥徴、殆天助也。』酹白水而拝、(略)」、『大金国志』巻1太祖武元皇帝上天輔二年「是年春北方有赤色大三四圍長二三丈索。索如樹。西方有火五団、下行十余丈、皆不至城滅。(略) 是年破遼上京。」、『金史』巻2本紀2太祖収国元年五月甲戌「拝天射柳。故事、五月五日、七月十五日、九月九日拝天射柳、歲以為常。」
3 『大金国志』巻27兀朮「兀朮不得度（江）。刑白馬。殺婦人。自刃其額。以祭天。」
4 『虜廷事実』拝天「虜人州軍及軍前、毎遇端午、中元、重九三節、択寛敞之地、多設酒、醴、牢饌、餅餌、果実祭于其所、名曰『拝天』。祭罢、則無貴賎、老幼、能騎射者、咸得射柳、中者則金帛賞之、不中者、則襪衣以辱之。射柳既罢、則張宴飲以為極楽也。」
5 『大金国志』巻14海陵煬王中　正隆三年五月「上坐薫風殿。命吏部尚書李通翰林直学士蕭廉召、対因言『朕夜夢至上帝所、殿中人語如嬰児。少頃有青衣持宣授天策、上将令征宋国。朕受命出。上馬見鬼兵無数。朕発一矢射之。衆皆喏而応。既覚声猶在耳。即遣入至厩中。視其乗馬其汗如水。取箭数之亦亡其一。此異夢也。豈非天仮手于朕令取江南乎。通等皆賀主。戒無泄于外。』
6 『金史』巻98列伝36完顔匡「泰和八年閏四月乙未、宋献韓侂冑、蘇師旦首函元帥府、(略) 五月丁未、遣戸部尚書高汝礪、礼部尚書張行簡奏告天地、武衛軍都指揮使徒単鎰奏告太廟、御史中丞孟鑄告社稷。」
7 『金史』巻108列伝46胥鼎詔答曰「(略) 河朔億萬生霊之命、卿当勉出壯図、同済大事。」
8 『金史』巻35志16礼8諸神雑祠には長白山、大房山、混同江、嘉蔭侯（上京護国林神）、瀘溝河神、昭応順済聖后（黄河）、鎮安公（旺国崖、静寧山）、瑞聖公（麻達葛山）がある。
9 『金史』巻5本紀5海陵（貞元元年（1153）十月丁巳）「封料石岡神為霊応王。初海陵嘗過此祠、持杯　祷曰『使吾有天命、当得吉卜。』投之、吉。又祷曰『果如所卜、他日当有報、否則毀爾祠宇。』投之、又吉、故封之。」
10 『攬轡録』「三十里、至邯鄲県。墻外居民以長竿磔白犬。自尻洞其首別一竿。縛茅浸酒掲于上。云女真人用以祭天禳病。」(参考) 遼も白いイヌを用いるが、少し異なる。『遼史』巻53志22礼6嘉儀下 歲時雑儀「八月八日、国俗、屠白犬、於寝帳前七歩瘞之、露其喙。後七日中秋、移寝帳於其上。国語謂之「捏褐耐」。「捏褐」、犬也。「耐」、首也。
11 『大金国志』巻9天会十五年「起兵南征之令、初下人莫知其廃意也。時有夜宿太原府祁県女真千戸。斜也孛童之営見。斜也将行與其家。下泣。別殺一家以斜也之衣、裏之。并

作小弓箭。挂家身。而埋之于後営。家人祝之日『斜也已陣亡葬之矣。』此女真怯戦之跡。如江南焚香替代之類。于斯可見女真厭兵之甚也。」

12 『寧古塔紀略』「有疾病。用草一把懸於大門名日忌門。雖親友探望。只立於門外問安而去。」

13 『大金国志』巻14 海陵煬王正隆三年「詔平遼宋所得古器年深歳久多為妖変。悉命毀之。」

14 『金史』巻4 本紀4 熙宗皇統四年九月乙卯「遣使祭遼王陵。」

15 『金史』巻4 本紀4 熙宗皇統二年十二月甲申「皇太子済安薨。」、皇統三年三月丁酉「太皇太后唐括氏崩。」

16 『金史』巻17 本紀17 哀宗上正大五年正月庚辰「遣知開封府事完顔麻斤出如大元弔慰。」

17 『金史』巻18 本紀18 哀宗下天興二年正月「丁未、大元兵追撃于南岸、元帥完顔猪児、賀都喜死之、建威都尉完顔兀論出降。己酉、上哭祭戦死士于河北岸、皆贈官、斬兀論出二弟以殉。」

18 『金史』巻64 列伝2 后妃下「世宗昭徳皇后。烏林苔氏、（略）召家人謂之日『（略）違此諸、我死後於冥中観汝所為。』」

19 『大金国志』巻9 熙宗考成皇帝一天会十三年（1135）【時宋紹興五年也】「春諸郡立太宗之霊。抛盞焼飯【北俗】。」

20 『金史』巻85 列伝23 世宗諸子永中「鎬王永中（明昌二年（1191）二月）辛卯、始克行焼飯礼。壬辰、永中及諸王朝辞、賜遺留物、礼遇雖在、而嫌忌自此始矣。」しかし、一方で焼飯を普通に取り行ってもいる。同世宗諸子允升「夔王允升（貞祐元年（1213）九月）既殯、焼飯、上親臨奠。」

21 『虜廷事実』血泣「嘗見女真貴人初亡之時、其親戚部曲、奴婢、設牲牢酒饌。以為祭奠名日焼飯。乃跪膝而哭。又小刀軽劃額上、血涙淋漓。不止更相拝慰須臾。則男女雑坐飲酒舞弄。極其歓笑、此何礼也。」

22 『金史』巻73 列伝11 阿離合懣「天輔三年、寝疾、宗翰日往問之、尽得祖宗旧俗法度。疾病、上幸其家問疾、問以国家事、対日『馬者甲兵之用、今四方未平、而国俗多以良馬殉葬、可禁止之。』乃献平生所乗戦馬。及以馬献太宗、使其子蒲里迭代為奏、奏有誤語、即哂之、宗翰従傍為改定。進奏訖、薨。」

23 『金史』巻70 列伝8 撒改「天輔五年、（撒改）薨。太祖往弔、乗白馬、髠額哭之慟。及葬、復親臨之、賵以所御馬。」

24 フランケ は 'Norman, Jerry, A Manchu-English Dictionary, Taipei, 1967' から кодёрхоло、'koyorholo, to kill and skin the horse of a deceased man — after the offering at the grave the horse's skin and saddle are burnt together with paper money.'、を引用する。羽田亨編1972『満和辞典』国書刊行会によれば「koyorholombi 人の死したる時、その生前の乗馬を殺し皮を全剥ぎにし、死後七日の墓前祭に其剥皮を燃やす。馬皮を焚いて祭る（満洲の古礼）。6: 葬服二、殺馬揎皮焚祭。」漢字表記では「庫優勒霍倫比」となる（姜念思氏の教示による）。

25 『金史』巻65 列伝3 始祖以下諸子謝里忽「国俗、有被殺者、必使巫覡以詛祝殺之者、（略）其家一経詛祝、家道輒敗。」

26 『三朝北盟会編』巻3「兀室（完顔希尹）奸猾而有才。自製女真法律文字、成其一国。国人号為珊蛮。珊蛮者女真語巫嫗也。」

27 родовое дерево、ナナイ人には結婚の時の女性の上衣に、氏族の子孫繁栄を象徴する「氏族の木」が表現される。氏族の木は天に達すると考えられている。氏族ごとに自分の木があり、人々の魂が宿る枝は小鳥の形をして大地に宿り、各氏族の女性のお腹の中へ入

199

ると信じられている（アレクサンドル・キム氏の教示による）。

28 『寧古塔紀略』「凡大小人家。門前立木一根。以此為神。逢喜慶疾病則還願。択大猪不與人争價。宰割列於其下。請善誦者名『叉馬』。向之念誦。家主跪拝畢。用零星豚肉懸於木竿頭。将猪肉頭足肝腸収拾極浄。大腸以血灌満。一鍋羹熟。請親友列炕上。炕上不用桌。鋪設油単。一人一盤。自用小刀片食。不留餘。不送人。如因病還願。病不能愈。即将此木擲於郊外。以其不霊也。後再逢喜慶疾病。則另樹一木。有『跳神』礼。毎於春秋二時行之。半月前釀米児酒。（如吾郷之酒釀。味極甜。磨粉做糕。糕有幾種。皆略用油煎。必極其潔浄。）豬羊雞鵝畢具。以当家婦為主。衣服外繋裙。裙腰上周圍繋長鉄鈴百数。手執紙鼓敲之。其声鐺鐺然。口誦満語。腰揺鈴響。以鼓接応。旁更有大皮鼓数面。随之敲和。必西向。西炕上設炕桌羅列食物。上以線横牽。線上挂五色綢條。似乎祖先依其上也。自早至暮。日跳三次。凡満漢相識及婦女必尽相邀。三日而止。以祭餘相餽遺。」「跳神」巫女が神がかりになって踊ること。
29 『松漠紀聞』続「初、漢児至曲阜、方発宣聖陵、粘罕聞之、問高慶緒【渤海人】日『孔子何人。』、対日『古之大聖人。』、日『大聖人墓豈可発。』皆殺之。故闕里得全。」
30 『金史』巻4本紀4熙宗皇統元年二月戊午「上親祭孔子廟、北面再拝。退謂侍臣曰『朕幼年游侠、不知志学、歳月逾邁、深以為悔。孔子雖無位、其道可尊、使万世景仰。大凡為善、不可不勉。』自是頗読尚書、論語及五代、遼史諸書、或以夜継焉。」
31

48代衍聖公孔端友は1128年に南遷し、玠（49代）、搢（50代）に引き継がれた（南宗）。一方孔端友の弟端操の子、璠が金によって49代衍聖公に任じられ、その子らに引き継がれた（北宗）。『金史』巻4本紀4熙宗天眷三年（1140）十一月癸丑「以孔子四十九代孫璠襲封衍聖公。」、『金史』巻105列伝43孔璠にも同様の記事あり（北宗の始まり）。『続資治通鑑』宋紀一百三十紹興二十四年四月乙巳「進士孔玠為右丞奉郎、襲封衍聖公。」（南宗）

32 『大金国志』巻18世宗聖明皇帝下大定二十六年（1186）二月「詔曰『（略）孔廟頽落。礼典陵遅。女巫雑類淫進非礼。自今有祭孔廟制用酒脯而已。犯者以違制論。』」
33 『金史』巻7本紀7世宗中大定十四年（1174）四月乙亥「上御垂拱殿、顧謂皇太子及親王曰『人之行、莫大於孝弟。孝弟無不蒙天日之祐。汝等宜尽孝于父母、友于兄弟。自古兄弟之際、多因妻妾離間、以至相違。且妻者乃外属耳、可比兄弟之親乎。若妻言是聴、而兄弟相違、甚非理也。汝等当以朕言常銘于心。』」
34 原文ではFutusi（浮図寺？）とあるが、引用する（野上1953）論文では、浄土寺とある。『山西通志』巻57浄土寺「在応州東北。天会二年。僧善祥奉勅建。」
35 『松漠紀聞』「胡俗奉仏尤謹。帝后見像。設皆梵拝。公卿詣寺。則僧坐上坐。燕京蘭若相望。大者三十有六。」
36 『金史』巻5本紀5海陵正隆元年十一月癸巳「禁二月八日迎仏。」
37 『金史』巻11本紀11章宗3承安四年二月庚午「御宣華門、観迎仏。」
38 『仏祖歴代通載』巻30大定二年「金国移都燕京、勅建大慶壽寺成。詔請玄冥禅師顗公。開山第一代。」同大定八年「金国十月一日。詔顗禅師、於東京瓡清安禅寺。」
39 『金史』巻6本紀6世宗上大定八年正月辛未「（略）至於仏法、尤所未信。梁武帝為同泰寺奴、遼道宗以民戸賜寺僧、復加以三公之官、其惑深矣。」

40 『金史』巻7 本紀7 世宗中大定十四年四月乙丑「上諭宰臣曰『聞愚民祈福、多建仏寺、雖已條禁、尚多犯者、宜申約束、無令徒費財用。』」

41 『金史』巻8 本紀8 世宗下大定二十七年十二月甲申「上諭宰臣曰『人皆以奉道崇仏設齋読経為福、朕使百姓無冤、天下安楽、不勝於彼乎。（略）』」

42 『金史』巻50 志31 食貨5 靈祗牒「承安二年、売度牒、師号、寺観額、復令人入粟補官。三年、西京饑、詔売度牒以済之。

43 万年行秀『湛然居士文集』巻13 寄万松老人書「以儒治国、以仏治心」。、『五燈会元統略』巻1、『継燈録』巻1、『補続高僧伝』巻18、『五燈厳統』巻14 などに言行あり（宋徳金 2006『中国歴史金史』人民出版社）

44 『金志』浮図「浮図之教雖貴戚望族多舎男女為僧尼。惟禅多而律少。（略）披剃威儀與南宋等。（略）拝服真紅袈裟升堂、問話講経與南朝等。」

45 『金志』道教「金国崇重道教與釈教同。自奄有中州之後、燕南燕北皆有之。（略）熙宗又置道階凡六等。有侍宸授経之類。諸大貴人奉一齋施動、獲千緡。道教之伝有自来矣。」

46 『金史』巻6 本紀6 世宗上大定三年二月庚寅「東京僧法通以妖術乱紅、都統府討平之。」、『金史』巻7 本紀7 世宗中大定十三年九月辛亥「大名府僧李智究等謀反、伏誅。」、『金史』巻88 列伝26 石琚「時民間往往造作妖言、相為党與謀不軌、事覚伏誅。上問宰臣曰『南方尚多反側、何也。』琚対曰『南方無頼之徒、仮託釈道、以妖幻惑人。愚民無知、遂至犯法。』上曰『如僧究是也。此輩不足卹、但軍士討捕、利取民財、害及良民、不若杜之以漸也。』智究、大名府僧、同寺僧苑智義與智究言、蓮華経中載五濁悪世佛出魏地、心経有夢想究竟　槃之語、汝法名智究、正応経文、先師蔵瓶和尚知汝有是福分、亦作頌子付汝。智究信其言、遂謀作乱、歷大名、東平州郡、仮託抄化、誘惑愚民、潜結姦党、議以十一年十二月十七日先取兗州、会徒嶧山、以『應天時』三字為号、分取東平諸州府。及期嚮夜、使逆党胡智愛等、劫旁近軍寨、掠取甲仗、軍士撃敗之。会傅戩・劉宣亦於陽穀・東平上變。皆伏誅、連坐者四百五十餘人。」

47 『遺山先生文集』巻35 紫微観記（元好問）「南際淮、北至朔漠、西向秦、東向海、山林城市。」

48 『金史』巻9 本紀9 明昌元年（1190）六月甲辰「勅僧道三年一試。」、同巻55 志36 百官一礼部「掌凡礼楽、祭祀（略）釈道（略）。凡試僧、尼、道、女冠、三年一次、限度八十人。（略）僧童能読法華、心地観、金光明、報恩等経共五部、計八帙。（略）道士、女冠童行念道徳、救苦、玉京山、消災、霊宝度人等経。（略）」

49 『金史』巻28 志9 礼1 郊「世宗既興、（略）廼命官参校唐・宋故典沿革。」

50 『金史』巻2 本紀2 太祖収国元年（1115）五月甲戌「拝天射柳。故事、五月五日、七月十五日、九月九日拝天射柳、歲以為常。」

51 『金史』巻3 本紀3 太宗天輔七年（天会元年1122）九月己未「告祀天地。」、同巻30 志11 礼三宗廟「金初無宗廟。天輔七年九月、太祖葬上京宮城之西南、建寧神殿于陵上、以陵上、以時薦享。自是諸京皆立廟。」

52 『金史』巻34 志15 礼7 風雨雷師「明昌五年、礼官言『国之大事、莫重於祭。王者奉神霊、祈福祐、皆為民也。我国家自祖廟禘祫五享外、惟社稷、嶽鎮海瀆定為常祀、而天地月日風雨雷師其礼尚闕、宜詔有司講定儀注以聞。』尚書省奏『天地日月、或親祀或令有司攝事。若風雨雷師乃中祀、合令可摂之。且又州県之所通祀者也、合先挙行。』制可。」

53 『金史』巻28 志9 礼1 南北郊「金之郊祀、本於其俗有拝天之礼。其後、太宗即位、乃告祀天地、蓋設位而祭也。天徳以後、始有南北郊之制、大定、明昌其礼寖備。」「南郊壇、在豊宜門外、当闕之巳地。円壇三成、成十二陛、各按辰位。」「北郊方丘。在通玄門外、

	当闕之亥地。方壇三成、成為子午卯酉四正陸。」「常以冬至日合祀昊天上帝、皇地祇於円丘、夏至日祭皇地祇於方丘。」
54	『大金集礼』巻10 皇帝夏至日祭方丘齋戒「前祭七日。戒誓。皇帝服衮冕。前祭二日。太尉告高祖皇帝廟。如常告之儀。【告以配神作主。】孟冬祭神州。則告太宗文武聖皇帝廟。餘並如円丘之儀。」
55	『大金集礼』巻10 皇帝夏至日祭方丘陳設「前祭二日。(略) 方深取足容物。」
56	『金史』巻35 志16 礼8 拜天「其制、剗木為盤、如舟状、赤為質、画雲鶴文。為架高五六尺、置盤其上、薦食物其中、聚宗族拜之。」
57	『金史』巻28 志9 礼1 南北郊齋戒「皇帝飲福位。」、『大金集礼』巻10 皇帝夏至日祭方丘奠玉帛「皇帝飲福。」
58	『金史』巻28 志9 礼1 南北郊齋戒「礼直官賛曰『七品以下官皆退。』餘皆再拜、退。誓於宮省之儀皆同。」
59	『大金集礼』巻10 皇帝夏至日祭方丘陳設「祭日未明五刻。(略) 設皇地祇神座。」
60	『大金集礼』巻10 皇帝夏至日祭方丘奠玉帛、『金史』巻28 志9 礼1 南北郊奠玉幣参照。三者とは「皇地祇、神州地祇、岳鎮海瀆以下之座」
61	『大金集礼』巻10 皇帝夏至日祭方丘奠玉帛「作文武之舞。」
62	『大金集礼』巻10 皇帝夏至日祭方丘祭五岳四鎮四海四瀆「文武舞。六成。楽止。舞獻倶畢。諸祝徹豆。」
63	『金史』巻35 志16 礼8 拜天「皇帝回輦至幄次、更衣、行射柳、撃毬之戯。」
64	『金史』巻35 志16 例礼8 拜天「金因遼旧俗、以重五、中元、重九日行拜天之礼。重五於鞠塲、中元於内殿、重九於都城外。」
65	『金史』巻29 志10 礼2 朝日、夕日月儀「齋戒、陳設、省牲器、奠玉幣、進熟、其節並如大祀之儀。(略) 其親行朝日、金初用本国礼、天会四年正月、始朝日于乾元殿、而後受賀。」
66	『金史』巻30 志11 礼3 宗廟「金初無宗廟。」
67	『大金国志』巻33 陵廟制度「金国不設宗廟。祭祀不修。自平遼後、所用宰執大臣多漢人、往往告以天子之孝枉乎尊祖。尊祖之事枉乎建宗廟。若七世之祖未修、四時之祭未挙、有天下者可不念哉。」
68	『金史』巻30 志11 礼3 宗廟「太祖葬上京宮城之西南、建寧神殿于陵上、以時薦享。自是諸京皆立廟、惟在京師者曰太廟、(略) 皇統三年、初立太廟、八年、太廟成、則上京之廟也。貞元初、海陵遷燕、乃増広旧廟、奉遷祖宗神主于新都、三年十一月丁卯、奉安于太廟。正隆中、営建南京宮室、復立宗廟、(略)「汴【南京】之廟、(略) 為始祖廟、祔德帝、安帝、献祖、昭祖、景祖祧主五、餘皆両間為一室。世祖室祔粛宗、穆宗室祔康宗、餘皆為祔。(略)」「室次。大定十二年、議建閔宗別廟。」
69	原文では1169年となっている。大定九年（1169）とすれば、『金史』巻6 本紀6 世宗上大定九年十月丁亥「詔宗廟之祭、以鹿代牛著為令。」同月丙午「大享于太廟。」が対応するか。シカは女真古来の犠牲獣、ウシは唐宋の犠牲獣とされる。禘祫についての『金史』の記事を見れば、大定十一年に唐礼に従ったようにも見えるので、ここでは大定十一年（1171）とした。『金史』巻30 志11 礼3 禘祫（大定十一年）「尚書省奏禘祫之儀曰『礼緯「三年一祫、五年一禘」。唐開元中太常議、禘祫之礼皆以殷祭、祫為合食祖廟、禘謂序尊卑。(略)』」「詔以『三年冬祫、五年夏禘』為常礼。又言『海陵時、毎歳止以二月、十月遣使両享、三年祫享。按唐礼四時各以孟月享于太廟、季冬又臘享、歳凡五享。若依海陵時止両享、非天子之礼、宜從典礼歳五享。』從之。」

第2章 ● 金国の文化
8 宗教と祭祀

70 『金史』巻5 本紀5 海陵貞元元年八月壬戌「禁中都路捕射麛兔。」、同巻31 志12 礼4 雑儀（大定三年）「又以九月五日祫享、当用鹿肉五十斤、獐肉三十五斤、兔十四頭為饔醢、以貞元、正隆時方禁獵、皆以羊代、此礼殊為未備、詔従古制。」

71 『金史』巻31 志12 礼4 薦新「天徳二年、命有司議薦新礼、依典礼合用作物、令太常卿行礼。正月、鮪、明昌間用牛魚、無別鯉代。二月、雁。三月、韭、以卵、以蒋。四月、薦冰。五月、筍、蒲羞以含桃。六月、麃肉、小麦仁。七月、嘗雛鶏以黍、羞以瓜。八月、羞以芡、以菱、以栗。九月、嘗栗與稷、羞以棗、以梨。十月、嘗麻與稲、羞以兔。十一月、羞以鷹。十二月、羞以魚。」

72 『金史』巻12 本紀12 章宗4 泰和四年三月戊寅「詔定前代帝王合致祭者。尚書省奏『三皇、五帝、四王、已行三年一祭之礼。若夏太康、殷太甲、太戊、武丁、周成王、康王、宣王、漢高祖、文、景、武、宣、光武、明帝、章帝、唐高祖、文皇、一十七君致祭為宜。』従之。」

73 『金史』巻34 志15 礼7 社稷「貞元元年閏十二月、有司奏建社稷壇于上京。大定七年七月、又奏建壇于中都。（略）祭用春秋二仲月上戊日、楽用登歌、遣官行事。（略）（前一日）設省牲位於西神門外、設牲榜於当門、謁牲二居前、又謁牲二少退、三牲皆用謁。（略）設酒罇之位。」

74 『金史』巻34 志15 礼7 社稷「籩之実、魚鱐、乾棗、形塩、鹿脯、榛実、乾蕡、桃、菱、芡、栗、以序為次。豆之実、芹菹、笋菹、菁菹、韭菹、兔醢、豚拍、鹿臡、醓醢以序為次。鉶実以羹、加芼滑。簠実以稲、梁、簋実以黍、稷、梁、簠実以黍、稷、梁在稲前、稷在黍前。」※『金史』の順番と著者の挙げた順番は異なる。

75 『金史』巻34 志15 礼7 嶽鎮海瀆「大定四年、礼官言『嶽鎮海瀆、当以五郊迎気日祭之。』」、『大金集礼』巻34 岳鎮海瀆

76 『金史』巻34 志15 礼7 嶽鎮海瀆「立春、祭東嶽于泰安州、東鎮于益都府、東海于莱州、東瀆大淮于唐州。立夏、望祭南嶽衡山、南鎮会稽山于河南府、南海、南瀆大江于莱州。季夏土王日、祭中嶽于河南府、中鎮霍山于平陽府。立秋、祭西嶽華山于華州、西鎮呉山于隴州、望西海、西瀆于河中府。立冬、祭北嶽恒山于定州、北鎮医巫閭山于広寧府、望祭北海、北瀆大済于孟州。其封爵並仍唐宋之旧。明昌間、従沂山道士楊道全請、封沂山為東安王、呉山為成徳王、霍山為応霊王、会稽山為永興王、医巫閭山為広寧王、淮為長源王、江為会源王、河為顕聖霊源王、済為清源王。」

77 『金史』巻35 志16 礼8 長白山「大定二十一年、有司言『長白山在興王之地、礼合尊崇、議封爵、建廟宇。』十二月、礼部、太常、学士院奏奉勅旨封興国霊応王、即其山北地建廟宇。」

78 『金史』巻35 志16 礼8 大房山「大定二十一年、勅封山陵地大房山神為保陵公、（略）並如冊白山之儀。」

79 『金史』巻35 志16 礼8 混同江「大定二十五年、（略）廼封神為興国応聖公、致祭如長白山儀、冊礼如保陵公故事。」、同嘉蔭侯「大定二十五年、勅封上京護国林神為護国嘉蔭侯、（略）」

80 『金史』巻34 志15 礼7 風雨雷師「明昌五年、礼官言『国之大事、莫重於祭。王者奉神霊、祈福祐、皆為民也。我国家自祖宗禘祫五享外、惟社稷、嶽鎮海瀆定為常祀、而天地日月風雨雷師其礼尚闕、宜詔有司講定儀注以聞。』尚書省奏『天地日月、或親祀或令有司摂事。若風雨雷師乃中祀、合令有司摂之。且又州県之所通祀者也、合先挙行。』制可。（略）歳以立春後丑日、以祀風師。牲幣、進熟、如中祀儀。（略）以立夏後申日以祀雨師、其儀如中祀、羊豕各一。是日、祭雷師於位下、礼同小祀、一献、羊一、無豕。」

81 『金史』巻12本紀12章宗4泰和四年四月「己亥、祈雨于太廟。丙午、(略)以祈雨、望祈嶽鎮海瀆于北郊。癸丑、祈雨于社稷。甲寅、以久旱、下詔責躬、求直言、(略)乙卯、宰臣上表待罪。庚申、祈雨于太廟。」同年五月「乙丑、祈雨于北郊。有司請雩、詔三祷嶽瀆稷宗廟、不雨、乃行之。甲戌、雨。甲酉、謝雨于宗廟。丁亥、報祀社稷。辛卯、報謝嶽鎮海瀆。」

82 『金史』巻35志16礼8所祟大定四年五月「不雨。命礼部尚書王競祈雨北嶽、以定州長貳官充亜、終獻。又卜日於都門北郊、望祈嶽鎮海瀆、有司行事、礼用酒脯醢。後七日不雨、祈太社、太稷。又七日祈宗廟、(略)」

83 『金史』巻34志15礼7風雨雷師「天地日月風雨雷師其礼尚闕。」

84 『金史』巻35志16礼8所祟大定十七年夏六月「京畿久雨、遵祈雨儀、命諸寺観啓道場祈祷。」

85 『金史』巻23志4五行

86 『大金国志』巻14正隆三年「冬、制私家不得隠蔵緯候図讖違者抵罪。」

87 『金史』巻5本紀5海陵貞元元年十月丁巳「封料石岡神為霊応王。初、海陵嘗過此祠、持杯珓祷曰『使吾有天命、当得吉卜。』投之、吉。又祷曰『果如所卜、他日当有報、否則毀爾祠宇。』投之、又吉、故封之。」

88 『金史』巻126列伝64文芸下麻九疇「(九疇)又喜卜筮、射覆之術。」射覆とは物を覆い隠して、何であるかをあてること、あてもの(『漢書』東方朔伝)

89 『金史』巻17本紀17哀宗上正大元年正月戊午「有男子服麻衣、望承天門且笑且哭。詰之、則曰『吾笑、笑将相無人。吾哭、哭金国将亡。』(略)法司唯以君門非笑哭之所、重杖而遣之。」

90 『大金国志』巻35雑色儀制　日月食六齋等儀「遇日月触、禁酒楽断屠六齋。【初一、初八、十四、十六、廿三、廿九】上七十五竝不許殺生。」

91 『金史』巻3本紀3太宗天会二年(1124)二月「詔有盗発遼諸陵者、罪死。」

92 『虜廷事実』喪葬「北人喪葬之礼蓋各不同漢児。(略)女真則木槽盛之葬于山林無有封樹。」

93 『三朝北盟会編』巻18新麓録「(太祖)病殂。年五十五。以白礬、大鹽醃、帰阿觸胡御寨葬之。後遷於墳、山号曰太陵。」

9　言語と文字

　金帝国の住民たちは、多数の言語で話をし、書くときもいくつかの文字を用いた。金支配の初めには、全民族が家ではその一族の言語で話し、別の民族と接触するときは漢語や契丹語を使っていた。しかし契丹と女真の国境にある満洲では、1120年代には不自然な言葉を使っていたせいで、漢語で話をしなければ、お互いに理解し合えなくなってしまった（Chavannes1898）。華北のいくつかの省を含めた遼の勢力圏でも、国語は漢語だった。一方宋は、もちろん漢語が国語だった。

　言語圏におけるこのような相関関係は、すでに二千年にわたって存在し、誰も急いで女真語に乗り換えようとする者はいなかった。女真の全盛期であってもやはり、非女真系住民は、おそらく女真語や女真字を習う必要性を痛切には感じてはいなかったのだろう。例外は、出身は非女真でありながら金の役所に勤めている役人や金人の妻や妾だけだった。しかし、彼らにとっても女真語は第二の言葉にしかすぎなかった。世宗の護衛兵のことを思い起こしてみるがいい。彼は軽蔑するような態度のときは女真語で非難し、感激を表すときは漢語で話した。帝国内ではこのような奇妙な状況が形成されていた。

　勝利者は、重要な統治機関を持ち、自分たちの言語を国語とするよう宣言したが、国内でそれは行きわたることなく、その後私たちが見るように他言語の使用を許可せざるを得なくなった。勝者でありながら自国の社会制度を失い、他人の文化形式の中で自分たちの言語を維持することになったのである。このような軋轢は、決して外面的なものではない。その軋轢は、女真語の発達や女真字の創設・普及のプロセスにはっきりと影響が見られる。

　古代女真語──すなわち金国以前および金代の言語は、中世の女真語（14〜16世紀）に比べると研究されなかった。それは金代から現代まで残った資料が少なかったことや、その文字が解読されていないせいだった[i]。残念なことに、女真自身が編纂した女真語辞典──『女直字字母』は消滅してしまって、もうない。『華夷訳語』が存在したり、古代女真語に関して現代に辞典が作られたり（Grube1898；石田1973；山本1951）、清時代に編纂された『金史』中の女真語の歴史的な語源学（『金史国語解』）があるにもかかわらず、私たちは古代女真語の音声学に関して、あいまいな知識しか持っていない。『華夷訳語』はその一部に女真語も含むのだが、明王朝時代の16世紀に制作されたものである。その編纂者は、女真語を漢語で翻字して音声を転写しようと努めたが、試験的にはこの企画

はうまくいっても、12世紀の音声組織にこの表記を一致させることは、現代においてはほとんど期待できないだろう（Ligeti1953；山本1951）。

    i　いわゆる「小字」が、「大字」と異なって読まれると考える研究もある（田村1971）。

　18世紀後半、中国では、遼・金・元に関する新しい王朝年代記が発行された。しかもそこには、校閲者によって学術調査された固有名詞の音声表記に関する修正も加えられていた。特別な法令によって、それ以降、新しくよみがえった音声表記を変更することは禁じられた。1781年に編集委員会が、一新した音声表記を語源学的に論証するように命じられたとき、編者たちは女真の名称や姓名には満洲語を、契丹のそれにはソロン語（満洲のエベンキ人騎兵の言語）を、元のそれにはモンゴル語をあてたと提示した（Lacouperie1898；Harlez1888）。その後、何人かの学者──グルーベ（Grube1894,1896）、そして現代では山路廣明（山路1956）──が女真語の本来の音声の復元において有名な業績を残している。彼らは、女真語と満洲語の親族関係や多くの女真語と満洲語との音声学的な類似、両者の共通点について正確な予測にもとづいて語っており、ソロンやチュルク、モンゴル王国の言語に関しては言及していない。他言語──とりわけ漢語からの借用語が実にたくさん残っていて、それらが実際に女真語でどのように発音されていたか再構築するのは難しい。

　古い著者たちによる女真語と満洲語との親族関係に関する推測は、19～20世紀に科学的な論拠を得て、女真語はツングース系満洲語グループの古代語であるという研究に発展した。研究の過程で、17～19世紀の直情的で他の解釈を許さない中国の言語学者による対比は切り捨てざるを得なかった。以前は推測されるだけであった別群の言語と女真語との複雑な関係が裏づけられた。なぜなら耶律履の墓碑銘に契丹語と女真語で「言語は本質的に同一ではないが、まったく違うわけでもない」と書かれていたからである[1]（『満洲源流考』）。

　とくに女真を通じて、満洲語の中に契丹のイリビ（yilibi）、イリジン（yilijin）[2]という言葉が浸透していたこともある（Menges1968）。また古代女真語には、モンゴル語の要素もある。たとえばtemege（女真語）──teme'en（モンゴル語）、意味はラクダ──などがある。多くの女真語が古代モンゴル語にも存在している。たとえば、harin（女真語）──hari（n）（モンゴル語）──宮殿・国家の意味である。irge（女真語）──irge（n）（モンゴル語）──農民・人民の意味である。このほかにも共通語根の言葉がたくさんある（Воробьев1977；Laufer1921）。女真語の中には「院本」という芝居を通して漢語に取り入れられた言葉もあった

（徐家瑞 1957）。しかし、その他の言葉は、モンゴル語と見なされがちである（蔡美彪 1957）。

　女真語と満洲語は、とりわけ密接で直接的な関係が確立している。たとえば、空（abaka）、日（iningi）、月（bige）、風（odun）、星（ushiha）、川（bire）、山（alin）などの言葉は両者ともに同一の意味である（Edkins1897-1898）。女真語辞典によれば、女真語から満洲語への借用語をより詳しく選別することができる（Fuchs1976；Воробьев1968）。それら多くの言葉のうち、32語は日常の生活用語と関係がある。

　言葉の意味だけでなく、女真語の接尾辞も満洲語と関係が深い。たとえば、直接法の現在形は両方とも同じであるし、完了体過去動詞の接尾辞-fei、勧誘の動詞の接尾辞-puh（満洲語でこれらに対応するのは-fi、-bu）、形動詞過去の接尾辞-hax (ka)、-hai、-hei は、満洲語の- x̃a (ka)、-x̃ai、-x̃ei、-x̃oに対応する。女真語の動詞で、mai、mei、meh の形は、満洲語では me にあたる。格の接尾辞-i、-ri（生格）、-to、-tu（生格・造格）は、満洲語の-i、-ri、-be、-de に似ている（Гребенщиков 1912；渡辺 1925）。『華夷訳語』には、満洲語と対応する33の女真語の接尾辞が出ている。ツングース系満洲語の基本語彙の研究によって、女真語とそれらとが確実な関係で結ばれていることが証明されている（Цинциус 1954）。女真語とツングース・満洲語の親族関係は、基礎的な語彙や明確でない借用語の中に、また、文法的接尾辞(定期的な音の一致の場合)中で多数の一致があることによって認められる。接尾辞は、単独で出現することはなく、機械的に借用されるはずもないものである（Долгопольский1967）（表2）。

表2　ツングース系満洲語のいくつかの同根の言葉

女真語	満洲語	ナナイ語	ウデゲ語	エベンスク語	エベンキ語	意味
pih-à	б'а	бӕлаго	беӕ	бӕj	бёуа	月
edu-un	эдун	хэдӯ	эди(н-)	эдън	эдин	風
ta-ma-ŋi	талман	тамна	тамнехӕ	тамнари	тамнакса	霧
a-min	амā	ам	амин-	амā	амā	父
bandi-	банзи	балзи-	багди-	багдъ-	багди-	生まれる

近年の研究によって、15世紀の建州（吉林）の方言と古満洲語との特別密接な関係が明らかにされた。そのうえ建州の方言は、その方言の特殊性——部族がある種孤立状態にあった結果そうなった——を持っていた。古満洲語が使われた正確な時代や地域は明らかになっていない。12世紀の吉林地方の方言は、おそらく一般の女真語の基礎となっているものだろう。いずれにせよ遼寧省の博物館の女真の石碑の一つに多数の言葉や文字が見つかっている。グルーベの辞書にもあるが、肝心なのは古満洲語が創られた地域——建州の15世紀の遺跡から発見されているということである（Шавкунов1968）。

　古代女真語では、ツングース語の *p が縮まり、明時代には *f に転じた。後舌母音の *a、*o、*u は中立母音の *i を伴って、*e、*ö、*ü を形成した。明代には、五つの母音だけが残ったが、後母音の *a、*o と前母音の *e、二つの中立母音 *i と u である（清瀬1977）。女真語は膠着語で、30余の語形成接尾辞の役割が大きい。それらは語法の一部だけでなく、格語尾（生格、与格、対格、造格、所格）、体、時制、動詞の法を形成している。女真の文は、間接的な語順が特徴である。すなわち主語＋補語、あるいは状況語＋述語となっている。面白いことに漢語の影響を受けた公的なテキストでは、この語順が直接的なものになっている（Grube1896）。

　外国との関係や事務処理が増大するにしたがって、自国の教育や統制制度を構築するために国語と文字がすぐにでも必要だった。女真ももちろん他の多くの漢人となった人々と同様に、話し言葉は女真語を維持し、公的な文書には漢語か、せめて契丹語を導入することも可能だった。それにもかかわらず、彼らはそれとは若干違った道を歩むことを決め、自分たちの言語を国語とすると宣言した。彼らがそうしたのは、漢語や契丹語が敵国の言葉だという理由からではなかった。当時の状況においては、非母国語への転換は、文化的な降伏を示すことであり、新国民に対して文化的影響を与える最も重要な手段を手放すことになると考えたのである。

　しかし、このような政策には新しい文字が必要だった。そしてその文字なのだが、新設された割には著しく個性的でよくできていたことが明らかになった。文字の登場について、史書は次のように語っている。「最初、金国に文字はなかった。国力が増大してくると、金は近隣の朝廷と友好関係を築くようになり、周辺とのつながりの中で遼の文字を使うようになった。国王・太祖阿骨打（アグダ）は、貴族の完顔希尹（ヒイン）に民族固有の文字を作って、そのための規則を定めるよう命じた。希尹は、中国の漢字の「楷書」を利用したり、遼の文字の規則を取り入れたりしながら自

分の民族にふさわしい女真字（大字）を（1119年に）創設した。彼がそれらの文字を太祖に提出したところ、国王は非常に喜んで、文字を帝国中に公布するように命じ、希尹にはウマと服を贈った」[3]（『金史』）。

別の史料は少し年代が異なり、希尹の石碑は1121年（徐炳昶 1936）のものもあれば、『大金国志』では1122年となっており[4]、「大」字と「小」字の出典の箇所によって異なる。（遼寧省の）錦西の契丹の墓碑には、女真「小字」も「大字」も希尹が作ったとある（Шавкунов 1963）。

時代が下って1138年、熙宗の時（文献によれば熙宗自身によって）女真の「小字」が作られた[5]（『金史』）。そして1145年から早くも「大字」という名称がつけられた字と同様に使われるようになり、1191年以降は「小字」は「大字」にすっかり取って代わられてしまった。「小字」によって8碑余りが刻まれたが（Franke 1978）、「小字」は一般には公開されず、「大字」のほうが有名だったという見解もある（金光平 1962）。おそらく女真「大字」のほうが先に作られ、契丹の「大字」をモデルにしたのだろう。そして女真「小字」も、その後契丹「小字」に依拠して作られた。しかも、契丹字の起源は漢字にある。しかし、女真「小字」は、音を表したものらしく、そのため試験ではそれを使って詩が書かれている。それに対して契丹「小字」は、表意文字である[6]（長田 1970）。また、女真「大字」は、3000字を数えたようだが、「小字」のほうは数百である（Шавкунов 1967）。信頼できる資料はないが、よく解読されていないものも含めて現在まで知られている文字は858字である（金光平, 金啓孮 1964）。ソ連では、5グループ（中国型式で）に分けた女真語の書記素のリストの作成が始められている（Стариков 1980）。

自国語を作るための基礎として、外国の文字を使用することはかなり面倒なことだった。なぜなら、契丹語、漢語、女真語は多様な語族に属しているからである（白鳥 1898 ; 毛汶 1931）。そのため、自分たちで文字を作成する際、女真が経験した困難は書記法上の問題だけではなかった。漢字の音声学的もしくは転写としての使い方を強めることによって、漢字の持つおもな機能である表意文字体系を本質的に変質させたのである。山路による最新の女真語辞典によれば、現在知られている女真語は、その特性によって次のようなグループ分けが可能である（山路 1956）（表3）。

主要な女真文字の数がいくつあったのか正確にはわからないが、音字と意字に分けることができる。そして意字には完全意字と不完全意字とがある。完全意字とは、表記され、一つあるいはいくつかの方法で発音されるもので、その多くは名詞である。不完全意字は明確な概念を担っているが、他の意字と結びついて初

表3　女真字の特徴

女真文字	特定の漢字と関係がある	特定の漢字と無関係	計
表意文字（意字）	389	63	452
表音文字（音字）	98	−	98
音声表記のために漢字を記号にした文字	40	2	42
意字と音字	1	−	1
音字と音声表記の記号	3	−	3
意字起源だが、音字としても使用	66	9	75
意字起源だが、音字としてあるいは音声表記のためにも使用	1	−	1
音声表記の記号起源だが、音字にも使用	8	−	8
音字起源だが、音声表記にも使用	3	−	3
意字起源だが、音声表記にも使用	1	−	1
不明	1	13	14
総計	611	87	698

めて語を形成する。現在、女真語の中に数えられる完全意字は1544である（山路1958）。より複雑なのは、音字としての漢字の使用である。そのため、女真語、漢語、契丹語の間には、根本的な差異が存在している。女真語の説明に漢字を利用する場合、できるだけ女真語の記録と漢語の言葉の転写法を守り、そのオリジナルからあまりかけはなれないようにしなければならなかった。当時は、女真語と漢語のそうした関係はとても生々しく感じられた。女真字がさまざまなグループに分かれているのはそのせいである（表3参照）。現在までに700字の具体的な製字法が明らかにされている。契丹文字と女真文字は、その起源は同一である。両者は、ともに一つの文字に一漢字を原型として作られているにもかかわらず契丹文字と女真文字は似ていない（山路1958）。

　ところが、両者の民族的文字の製字法はほぼ同じなのである。女真文字は、次に掲げるような極めて重要なものを含む10個の製法によって作られている(山路1958)。

1) 漢字→女真字（意字）
2) 漢字→女真字（音字）
3) 漢字→女真字→女真字（意字）
4) 漢字→女真字→女真字（音字）
5) 漢字→漢字→女真字（意字）
6) 女真字→漢字→女真字（意字）

このように私たちは、形態素の音節文字に関する問題を有している。

個別に見ると、契丹文字が女真文字の起源になっているケースもあるかもしれない。それに関しては前述の『金史』の一節が暗示している。錦西（遼寧省）出土の1089年の石碑では、いくつかの契丹文字がある要素（終止符、ハイフン）においてのみ女真文字とは異なり、漢字とは大きくかけ離れていた（豊田1963）。女真文字は漢字のようであるが、契丹文字のようではなく、「扁」「旁」「冠」「脚」「垂」のような要素は持つがそれらの意味は異なる。このような構造は、女真文字の原型である漢字の具体的な解明に大きな助けとなるだろう。このほかに女真文字には別の構成要素――「加点」「減点」「加劃」「減劃」「開足」「閉足」――がある。これらのおかげで、漢字から女真文字が作られた具体的なプロセスを明らかにすることができる(山路1958)。漢字の辞書に似た5グループに女真語の書記素を分けると、この5グループに従って女真語と漢語の書記素の数量が比例関係にあることがわかる。そしてそのことは、女真語の書記素システムが熟慮の末に作られたことを物語っている（Стариков1980）。

女真文字の創設は、新国家の生活や文化の上で重要な出来事だった。それは女真の円熟した文化を公開することであり、女真語を金帝国の国語にし、母国語によるオリジナルの文学や教育制度をつくることを可能にした。のちに『満洲源流考』の中で満洲人は、このような女真の業績を高く評価した。「すでに新羅や渤海の時代から文字は確立していたが、金国は初め契丹文字を使っていた。太祖と熙宗は女真大字と女真小字を創設した。そしてそのシステムは、徐々に完全なものになっていった……」[7]。特別な文字を作ることによって、彼らは女真人を統一しようとした。「ひょっとすると、これは金の過去の文字なのかもしれなかった」（Кюнер1961）。

しかしながら、女真語と文字の浸透は、国家の中で雑多な言語を一掃できなかったばかりか、国家活動や文化的生活において女真語の独占的な立場を維持させることもできなかったのである（Воробьев1968；田村1971）。華北を女真が占領した後、大きな役割を果たしたのは契丹語と漢語（文字）であった。「遼が滅ぼさ

れたとき、契丹人と漢人が占領され、契丹文字と漢字が習得された」[8]（『金史』）。女真政府は、契丹文字を知っている人々を自ら掌握したのだった。1151年に翰林学士院には7人の契丹文字に通暁した人物がいた[9]。1156年、国史の部局の試験では、通訳者は契丹語から女真語へ、また漢語から契丹語への翻訳や契丹文字を書く能力が強く求められた[10]。最初、漢文に親しむのに女真人は、契丹語訳を母国語に訳したものを使っていた。そうして『新唐書』が女真語で訳された[11]。女真に関する数多くの文献が、12世紀に契丹文字が使われていたことを指摘しているが、契丹の話し言葉がどのように広まったかは知られていない。『金史』によれば、30人以上の女真のすぐれた政治家が、契丹文字を知っていた[12]。興味深いことに、1150年に女真人貴族が自分の息子に「非公式の文字」である契丹小字で便りを書いている[13]（馮家昇1948）。世宗自身、1180年に契丹文字の永続性と普遍性をほめそやし、「新しい女真文字はそれを上回るものでない」と嘆いている[14]（『金史』）。

　膨大な数の漢人住民を抱える華北・華中を占領後、女真人が移住生活を始めるにあたって大きな役割を果たしたのは漢語と漢字だった。金国の多くの女真人の役人や文化人、知識人が漢化し、おもに漢語を使ったのである。一方、地方の一般人にとっても漢語が母国語となった。1195年、章宗はこのような役人を叱責して言った。「貴人たちが女真語や契丹語を遠ざけて思い違いをしている」[15]（『金史』）。金において、宗教や思想、科学、技術などの文章の多くは、漢語で書かれていた。なぜなら科学や芸術分野の専門用語の語彙が女真語においてはまだ形成段階にあったからである。漢語という極東の国際語の中で、それらの語彙は長い時間をかけて形成されたものであった。

　金国における女真語と女真文字の詳細を明らかにするのはかなり難しい問題である。女真人の大多数は、金代だけでなく、おそらくその後も女真語の口語を知っていたはずである。女真の口語は、渤海、契丹や程度は少ないが漢人など帝国内に暮らす異民族の間に広まった。華北に移住したり、漢語圏内で暮らしたりした女真人の多くはバイリンガルになっただろう。女真が権力に訴えるときは女真語で話さなければならなかった[16]（『金史』）。実際に、漢人の役人全体に権力が行き届いたかどうかは不明である。

　女真人で、母国語を知らない、あるいはほとんど知らないという者は少なかったが、もし女真語をよく知らないとしたら、彼らは女真を漢人と融合させようという説の同調者だと見なされた。『金史』の編纂者は、この同化政策の支持者の部類に入る。前述の貴族の例や、形式的に女真人と見られている異民族との結婚で生まれた遠い子孫たちはこれに含まれるのかもしれなかった。残念ながら、『金

『史』も現代の研究者も言語や文字について明確な規定をしていなかったし、解釈者たちの引用もこの重要な差異をはっきりさせていない。

例として、女真人が漢化した結果、固有語を知らなかったという証拠としてよく引用される箇所を挙げよう（宋文炳 1934）。世宗は1174年に「女真語がうまくできない護衛兵に向かって、女真語を学び、以後漢語を話さないように命じた」[17]（『金史』）。この翻訳からも明らかなように、女真語を知らないだけでなく、宮殿で漢語が濫用されていたことが指摘されている。より正確に説明するならば、世宗が女真古来の風習の熱烈な支持者であったならば、女真語を知らない女真人護衛兵など存在しなかったはずなのである。もしかしたら、非女真系護衛兵のことをとりあげているのかもしれない。だとすると、その一節は別の意味を帯びてくる。

女真文字の普及の問題はもっと複雑である。女真文字を記した記念碑はあまり残っていないからである。この言語による木版印刷や写本はまったく残っていない。しかし、1160年代に数多くの漢語の著作物が女真語に翻訳されていることは知られている。女真語で書かれた本物の著作物が現存しているからである。これはまず二体系の女真文字の辞典であり、10ほどの別の著作もある。それらの表題の傍注には、「女真語で書かれた」とある[18]（『遼金元藝文志』）。大量の漢文の翻訳や、書類、写本、木版、石碑、印鑑、鏡など彼らの生活全般に女真文字が使われていたことを示す証拠があり、それらが女真人の間で民族の文字が広く普及していたことを物語っている。

帝国には、全体に複数の言語があり、複数の民族が暮らしていた。そして4個以上の文字体系（女真語、契丹語、漢語、渤海語）があった。裁判のときでさえ、被告人あるいは訴訟人の言語的な禁制が行われた気配は見受けられない。「(1185年に) 女真人同士の係争では、女真語で激論し、漢人同士の係争では漢語で争われたという」[19]（『金史』）。ある時期に非女真文字（おもに契丹文字）の使用に対する制限があったが、基本的な考え方が示されたのは、1138年の勅令の中でのことだった。その勅令に沿って、役人の証明が女真・契丹・漢語の3言語で書くことが命じられた[20]。だが、このことは驚くにあたらない。なぜなら1169年から1170年に「役人の中には漢人、契丹人、女真人がいて、……それぞれが自分たちの文字を使っていた」[21]からだ（『北行日録』）。

女真と漢人が同じところに居住したり、結婚したりした結果、女真語が漢語の影響を受けないはずはなかった。世宗が1167年時点で女真語が40年前のものとは異なっていると表明したのも、理由があってのことだった[22]（『金史』）。こうし

た状況を修正するために世宗は、女真人としての精神的な健全化のための具体的な方法を実施すると宣言した。このような措置の一部は、民族の言語にも関係することだった。

1164年には学校の再編が図られ、のちには女真語で授業が行われる女真学校が創設された[23]。女真人向けの進士に及第する試験は、研究レポートを書くことだったが、そこでは女真文字だけが使われた[24]（三上1936）。武装化した女真共同体（猛安と謀克 メンアン モウケ）の首長を継承するときや、事件を裁判で審査するとき、女真人は、女真語と女真文字の知識と使用が義務づけられていた[25]。漢文の権勢を弱めるために中国古典を女真語に翻訳する通訳部局が創設された[26]。民族的な伝統を強化するための運動を行っていたころは、女真語や女真文字をよりよく知っていることが真の女真人としての魂を持っていることの証とされ、盲目的に中国の信奉者になっていないことの証拠と見なされた。

このことが女真語にとってどのような価値があったのか、私たちはこの言語の語彙資料から知ることができる。そしてこの言語分析によって、文化的・民族的に重要な特性に関する情報がもたらされた。そのためにこそ、私たちは山路廣明の「女真日英辞典」を使った（山路1956）。辞書は、金代だけでなく、もっと後世の文字資料にもとづいて編纂されている。金代の場合は、おもに文語として維持されてきた語彙だけを集めてあり、それらは女真の生活様式や文化など生活のさまざまな場面にとって重要な意味を有している（Воробьев1968）。国家的文書や官僚の文書に使われる言葉は500語。民族の祖となる部族時代から存続してきた数少ない用語のほかは、すべて国家が形成された時代のものだ。多様性に富む特殊な語は、戦争にかかわる語彙（全部で約50語）で、とくに数が多いのが、あらゆる言葉の中核となる動詞である。辞書にある全動詞の約20％が軍事活動にかかわるものであり、職業や経済に関する用語はまったく数が少ない。これが、この辞書が資料とした出典の特徴である。

このような語彙の収集は、女真国家の隆盛期に行われた。植物や動物、有用鉱物に関連する多くの言葉は、女真の経済活動に関する私たちの想像を大いにかき立てる。植物に関する言葉はおよそ40ある。動物は約50語で、そのうち10以上が家畜や家禽、6語はウマに関連した言葉である。女真の産業辞典には、米作や食物としてのコメの利用、園芸、野菜栽培、（クワの木などの）栽培技術、野生の果実やナッツ、医療用の根菜（チョウセンニンジン）、ウマの飼育、ヒツジや家禽の飼育、肉を得るための毛皮獣や海獣、鳥の狩猟（一部に狩猟用のタカ）、重要な金属の入手、二次食物製品や手工芸品に関する多くの用語が含まれている。

(約60語から成る)言葉の一大グループは、自然現象と関係がある。それらの中には、気象状況や季節の移り変わり、農村の人々に固有な言葉——つまり太陰月の重要な日付の民族的な名称なども収録されている。親族関係を具体的に説明する語彙もかなり多い。興味深いことに、宗教用語は非常に少ない。少数しかない言葉のグループは、啓蒙的な分野や女真の民族的自覚を形成する概念に関連しており、辞書には文化的な内容を伴う抽象概念を表す言葉がかなり収録されている。

女真語にさまざまな種類の借用語があることは、大変有意義である。国家統治(34語)、建築(8語)、大きさや重さの単位(5語)、精神的文化(13語)、物質文化(15語)に関するさまざまな概念が借用語によって表された。借用語には、日常生活の用語はない。それは借用語の性格や、借用に至った過程に起因する。おそらく新たな語の創出を伴う概念の発生とは別に、いわゆる人為的な専門用語の借用が生じたのだろう。借用は概念の発生の過程で行われ、その方法は明確である。これは基本的に生活に根ざしたニュアンスを持たない。女真語における借用語は文語の中に入ってきたものである。この言語の構成において、それは多くの場合、内部語形を維持した。これらの借用語の文法構成はまったく同質である。おもなものは名詞(68語)で、形容詞が6つ、数詞が1つである。女真語で新しい概念群全体を表示するために、新語が作られ、女真語や漢語で構成された複雑な語結合が作られ、内部語形を失った借用語が導入された。

こうして複数の意見があったにもかかわらず、女真語の語彙は独自に発達し、「漢化」に沈んでしまうことはなかった。女真語は、典型的な中国概念を表すために、独自に言葉を作り上げることができたのである。

このように辞書資料に沿った女真語の語彙に関する先行研究のおかげで、次のような結論を導き出すことができる。女真語は、金代にかなり高いレベル——11～12世紀の女真人の複雑な国家や経済活動、文化的生活において重要な機能を果たすことができる——までに達していた。女真語はこのように全分野を網羅する独特の用語を持ち、完全に独自に発達した言葉を保有していた。言語の語彙は多面的で、原始的な言語特有の一義的な用語はなかった。受容した借用語の多くは漢語からのもので、女真語は独自性を維持した。なぜならこれらの借用語は、語彙の中で量的にも、表現された概念の領域においても、二義的な地位を占めていたにすぎないからである。

金国の滅亡は女真語の文字と言語の消滅にはつながらなかったが、その衰退には向かわせた。その適用範囲は狭まり、文化的役割も小さくなった。女真語は中国で14世紀まで非常手段として使われ、元朝の国民となった女真人もそれで話

215

をしていた。『金史』に女真語辞典が添付されたのも理由があってのことだった。文字自体は、国家の没落よりも200年以上も長く生き延びた。アムール河口からほど近いところで、1413年にトゥルスカヤ寺院の石碑（永寧寺碑）に彫られていた女真語テキストの存在は、このような遠隔地に女真文字を知っている人々がいたことを推測させる（Попов1904）。また北京では、通訳のための学校で1658年まで、女真語と女真文字が教えられていた（Lacluperie1889）。女真語はツングース語族の中で解読されないまま、現代まで独特な文字が保ち続けられた最も古い言語となったのである。

---

1 『満洲源流考』巻17国俗2耶律履墓誌銘「履素善契丹大小字。（略）語雖不同。意則無異。（略）皆有本国文字。互相伝訳。縦横貫通。」

2 илиби,илидзин、夷離畢、夷離董ともに遼の官名。夷離董はもともと契丹の部族の首領を意味し、のち漢語の大王に改められた。『遼史』巻116国語解「夷離畢 即参知政事、後置夷離畢院以掌刑政。宋ゴ約使遼有詩云『押宴夷離畢』、知其為執政官也。」「夷離董統軍馬大官。会同初、改為大王。」

3 『金史』巻73列伝11完顔希尹『金人初無文字、国勢日強、與鄰国交好、廼用契丹字。太祖命希尹撰本国字、備制度。希尹乃依倣漢人楷字、因契丹字制度、合本国語、製女直字。天輔三年八月、字書成、太祖大悦、命頒行之。賜希尹馬一匹衣一襲。』、『金史』巻2本紀2太祖天輔三年八月己丑「頒女直字、」

4 『大金国志』巻2太祖武元皇帝下天輔六年春「撰女真字以行。」

5 『金史』巻4本紀4熙宗天眷元年戊子朔「頒女直小字。」、同巻73列伝11完顔希尹「其後熙宗亦製女直字、與希尹所製字俱行用。希尹所撰謂之女直大字、熙宗所撰謂之小字。」

6 『金史』巻51志32選挙1「至（大定）二十一年、（略）遂定制、今後以策、詩試三場、策用女直大字、詩用小字、（略）」長田夏樹によれば女真大字が表意文字、小字が表音文字である。一方清瀬義三郎は、女真大字を合成したものが女真小字であるとする。

7 『満洲源流考』巻17「至字書則百済、新羅、渤海。沿用漢字。金初。尚用契丹字。至金太祖、始製女真字。頒行天下。熙宗又製女真小字。用以訳経史試科挙。至蒙古字行。而女真字遂中輟明。」

8 『金史』巻66列伝4勗「（女真初無文字、）及破遼、獲契丹、漢人、始通契丹、漢字、於是諸子皆学之。宗雄能以両月尽通契丹大小字、而完顔希尹乃依倣契丹字製女直字。」

9 『金史』巻55志36百官1翰林学士院「天徳三年、命翰林学士院自侍読学士至応奉文字、通設漢人十員、女直、契丹各七員。」

10 『金史』巻53志34選挙3国史院書写「正隆元年、定制、女直書写、試以契丹字書訳成女直字、限三百字以上。契丹書写、以熟於契丹大小字、以漢字書史訳成契丹字三百字以上、詩一首、或五言七言四韻、以契丹字出題。（略）」、同巻53志34選挙3省女直訳史「大定二十八年、制。明昌三年、取見役契丹訳史内、女直、契丹字熟閑者、無則以前省契丹訳史出職官及国史院女直書写。」

11 『元文類』巻57尚書右丞耶律公（移剌履）神道碑「大定初朝廷無事、世宗鋭意経籍、詔以小字訳唐史、成則別以女直字伝之、以便観覧、公在選中、独主其事。」、『補元史藝文志』

(金代部分）訳語類「金国語新唐書」

12

№.	人名	金史	
1	移剌温	巻 82 列伝 20 移剌温	工契丹小字。
2	遥設	巻 84 列伝 22 杲	為契丹小字家書與其子宗安、
3	折哥	巻 84 列伝 22 杲	能契丹小字、
4	璋	巻 65 列伝 3 斡者	通女直、契丹、漢字。
5	宗雄	巻 66 列伝 4 勗	宗雄能以両月尽通契丹大小字、
6	勗	巻 66 列伝 4 勗	能以契丹字為詩文、
7	宗秀	巻 66 列伝 4 宗秀	通契丹大小字。
8	胡十門	巻 66 列伝 4 胡十門	通契丹大小字、
9	布輝	巻 66 列伝 4 合住	識女直、契丹、漢字、
10	宗憲	巻 70 列伝 8 宗憲	兼通契丹、漢字。
11	仲	巻 72 列伝 10 仲	通女直、契丹、漢字。
12	宗雄	巻 73 列伝 11 宗雄	臥両月、因学契丹大小字、尽通之。
13	晏	巻 73 列伝 11 晏	通契丹字。
14	銀朮可	巻 73 列伝 11 宗尹	世宗曰「此二子（銀朮可・神果奴）、吾識其一習漢字、未習女直字。自今女直、契丹、漢字曾学其一者、即許承襲。
15	神果奴		
16	阿鄰	巻 73 列伝 11 阿鄰	通女直、契丹大小字及漢字。
17	宗雄	巻 73 列伝 11 宗雄	及與遼議和、書詔契丹、漢字、宗雄與宗翰、希尹主其事。
18	宗翰		
19	（希尹）		
19	完顔希尹	巻 73 列伝 11 希尹	因契丹字制度、合本国語、製女直語。
20	夾谷謝奴	巻 73 列伝 11 謝奴	通女直、契丹大小字及漢字。
21	耶律恕	巻 82 列伝 20 恕	通契丹大小字。
22	紇石烈胡剌	巻 82 列伝 20 胡剌	識契丹字。
23	胡十苔	巻 84 列伝 22 耨盌温敦思忠	訳契丹字。
24	阿撒		
25	高慶裔		
26	独吉義	巻 86 列伝 24 独吉義	善契丹字。
27	移剌道	巻 88 列伝 26 移剌道	通女直、契丹、漢字。
28	移剌慥	巻 89 列伝 27 移剌慥	通契丹、漢字。
29	完顔兀不喝	巻 90 列伝 28 不喝	兼通契丹字。
30	移剌斡里朶	巻 90 列伝 28 斡里朶	通契丹文字。
31	移剌成	巻 91 列伝 29 成	通契丹、漢字。
32	孛朮魯阿魯罕	巻 91 列伝 29 孛朮魯阿魯罕	年八歳、選習契丹字。
33	徒単克寧	巻 92 列伝 30 克寧	通女直、契丹字。
34	斡勒忠	巻 97 列伝 35 忠	習女直、契丹字。
35	徒単鎰	巻 97 列伝 37 鎰	遂通契丹大小字及漢字。

No.	人名	金史	
35	徒単鎰	巻 97 列伝 37 鎰	遂通契丹大小字及漢字。
36	烏古論蒲魯虎	巻 120 列伝 58 烏古論蒲魯虎	通契丹大小字。
37	蒲察鼎壽	巻 120 列伝 58 蒲察鼎壽	通契丹漢字。
38	蕭永祺	巻 125 列伝 63 蕭永祺	通契丹漢字。

13 『金史』巻 84 列伝 22 杲「遥設学撒离喝手署及印文、詐為契丹小字家書與其子宗安、(略)」

14 『金史』巻 51 志 32 選挙 1「上(世宗)曰『契丹文字年遠、観其所撰詩、義理深微、当時何不立契丹進士科挙。今雖立女直字科、慮女直字創製日近、義理未如漢字深奥、恐為後人議論。』」

15 『金史』巻 46 志 27 食貨 1 戸口「明昌六年二月、上謂宰臣曰『凡言女直進士、不須称女直字。卿等誤作廻避女直、契丹語、非也。(略)』」

16 『金史』巻 8 本紀 8 世宗下大定二十五年十二月丙子「上曰『(略) 又聞有女直人訴事、以女直語問之、(略)』」

17 『金史』巻 7 本紀 7 世宗中大定十四年三月甲午「又命『応衛士有不閑女直語者、並勒習学、仍自後不得漢語。』」

18 『遼金元藝文志』(補三史藝文志・金代部分)「女直字訳尚書一部　大定二十三年、訳経所進。」「女直字孝経　大定年訳。」「徒単鎰史記訳解　大定六年以女直字訳。」

19 『金史』巻 8 本紀 8 世宗下大定二十五年十二月丙子「上曰『(略) 又聞有女直人訴事、以女直語問之、漢人訴事、漢語問之。(略)』」

20 『金史』巻 4 本紀 4 熙宗天眷元年九月乙未「詔百官誥命、女直、契丹、漢人各用本字、渤海同漢人。」

21 『北行日録』上乾道五年十二月十六日丁酉「漢官、契丹、女直三者雑居省部。文移官司勝示各用其字。」

22 『金史』巻 89 列伝 27 孟浩「世宗嘗曰『女直本尚純朴、今之俗俗、日薄一日、朕甚憫焉。』浩対曰『臣四十年前在会寧、当時風俗與今日不同、誠如聖訓。』」

23 『金史』巻 51 志 32 選挙 1 金設科「女直学。自大定四年、以女直大小訳経頒行之。後択猛安謀克内良家子弟為学生、諸路至三千人。」策論進士「選女直人之科也。始大定四年、世宗命頒行女直大小字所訳経書、毎謀克選二人習之。尋欲興女直字学校、猛安謀克内多択良家子為生、諸路至三千人。」

24 『金史』巻 51 志 32 選挙 1 策論進士「至(大定)二十年、以徒単鎰等教授中外、其学大振。遂定制、今後以策、詩試三場、策用女直大字、詩用小字、程試之期、皆依漢進士例。」「若天以策論進士取其国人、而用女直文字以為程文、」

25 『金史』巻 8 本紀 8 世宗下大定二十六年三月丁酉「以親軍完顔乞奴言、制猛安謀克皆先読女直字経史然後承襲。因曰『但令稍通古今、則不肯為非。爾一親軍粗人、乃能言此、審其有益、何憚而不從。』」『金史』巻 73 列伝 11 宗尹「世宗曰『此二子、吾識其一習漢字、未習女直字。自今女直、契丹、漢字曾学一者、即許承襲。』」

26 『金史』巻 53 志 34 選挙 3 国史院書写、省女真書写

10　碑文と金石学

　女真の碑文は数が少なく、一つにまとめられておらず、解読もされていない。仮に金国の年代から外れてよいとしても、この種の女真語の遺物はおそらく20を超えないであろう。といっても金国より後の碑（その中で最高位を占めているのは、私たちの唯一無二のトゥルスカヤ碑[1]である）を入れても、その総数はいくらか増える程度である[2]（安馬1943）。大規模な女真碑文は、二言語併記を入れても9～10個足らずである。女真語と漢語の碑文の圧倒的多数は、金時代の1140年代に作られたものである。女真の碑文は446年間にわたって製作され続けた。「大金得勝陀頌碑（勝者・阿骨打に捧げられた碑）」が設置された1185年から「大金喇嘛法師宝記碑（大金のラマ教の指導者・宝の追悼碑）」が登場した1630年までで（清瀬1973）、乾州の1134年の碑文（大金皇弟都統経略郎君行記碑）の日付から数えれば497年続いたわけである。

　金代の漢字の碑文は非常に多様で、実におびただしい数がある。金石学的碑文の中で最高のものは言うまでもなく石碑と板碑である。私たちにとっては、それらは重要な歴史資料である。女真人は、極東の国家制度、官僚制、社会生活の中で石碑の知識を立派に身につけ、ある目的のためにそれらを導入した。その目的とは、女真国家指導者や彼らと協力して働いた漢人の役人、仏教の僧侶を称賛するためだったり、勝利した戦争、学者になるための試験、寺院再建などの歴史的事件を永久に伝えるためであった。このような目的を果たすために、彼らはさまざまな石碑の形を模倣した。

　たとえば、墓あるいは寺院の板碑で、（カメあるいはその一部を土台として）垂直なプリズム形をした、偉大な功績のあった人物の説明が刻まれたもの（碑）。同様に板碑であるが、輪郭が丸みを帯びているもの（碣）。（男性の）墓の前に埋め込まれている四角い墓碑銘。絶壁あるいは大きな岩に刻まれた碑文（摩崖）。試験（科挙）に合格した人々のリスト（題名）。また、上流社会の墓碑にはさまざまな変種が存在する。墓碑銘の刻まれた高い八角柱のオベリスク（塔銘）。聖職者のために建立されたもので、同じくオベリスクだが、丈が低くハスの花形で八体の仏像が付いている台座に建てられた墓碑（経幢）、もしくはそれを典型的な遼金型に変形させた墓碑（頂幢）などがある。

　12世紀の後半から碑において称賛されるようになったのは、道教の伝道者でとくに馬丹陽や王重陽らだった（『満洲金石志稿』）。実際にあちこちに石の墓碑銘に

役人の身分が記録された[3]（『大金国志』）。海陵王が法律や役人の構成を改正するために、気に入らない貴人たちから官位の特権や記念碑を建てる権利を奪うことに心を砕いたのも、さもないことだった。しかも、彼はすでに建立されている碑の多くを破壊するように命じた[i][4]。これらの碑に刻まれた銘文は、篆書や楷書（真書）、行書などのさまざまな書で埋め尽くされ、しかも当時の有名な書家である党懐英、王庭筠、王競[5]らの手によるものであった。有名な金の碑文はすべて、篆額（篆領、篆書で書かれた題字）がある。金代における篆書は精巧な線をしており、針の跡を思わせるほど終わりの部分が細長く、古代の碑文の篆書特有のあいまいさや無秩序なところがない。

> [i] 1233年に蔡州を包囲し実権を握った崔立は、モンゴル人のために都市を明け渡したが、この背信行為を「住民を救うための善行」と正当化しようと努め、またのちには名誉ある碑（崔立功徳碑）の建立を要求した（Haenisch1944）。

　女真語だけが刻まれた壮大な石碑はほとんどまれである。それらに属するものには、たとえば1860年代にヨーロッパ文化（の産物）と見なされた「宴台碑」がある。開封市の宴台台地では、1224年に進士の称号を授与された金人の学者たちのことを女真語で彫った石碑が発見されている（学位を授与された挙人の姓が彫られている）。この碑は、文献では「（女真）進士題名碑」（宴台金源国書碑）という名称を持っている。この碑には、1100を超える「小字」に似た女真文字が刻まれているが、学者の中には「小字」と「大字」が混合したテキストだと考える者もいた（羅福成1936；羅福成1923；王静如1937；Huth1896；Devéria1882）。他の例は、吉林省海龍の楊樹林山頂の崖にある女真の碑文（海龍女真国書摩崖）である（日付は確定してない）。このテキストの日付（1116年）は、女真文字が創設された正式な年代より3年早いので、碑が建立されたときの日付ではないかもしれない（鴛淵1934；『満州金石志稿』）。これらの碑や「泰和題名碑」（奥屯良弼餞飲碑[6]）の女真語文書を読んで、漢語に訳すという業績が成し遂げられている（金光平，金啓孮1964）。

　二言語併記は、より興味深い。乾州（陝西省）には、二言語併記のものがある。唐の皇帝の廟の壁面に漢語と女真語が彫られていたのである。これは女真語の碑文としては最も早い時期の日付が入ったものかもしれない。その碑文が女真語の「小字」で翻訳されたものだと強く主張する中国の説によれば、1134年の「大金皇弟都統経略郎君行記碑」について書かれているという。皇弟とは、もしかすると完顏謝里忍（ワンヤンセリフ）を指しているのかもしれない（Wylie1860；Chavannes1908）。別の説によれば、二言語のうちの一つは契丹語だという（Стариков1975）。

第2章 ● 金国の文化
10 碑文と金石学

　吉林省の拉林川沿岸の有名な扶余の「大金得勝陀頌碑」は、戦勝記念の女真の碑としては非常にまれな部類に入るものだが、おそらくは遼に対して阿骨打が勝利したときのものと思われる。これは世宗が 1185 年に建立したもので、女真の過去の栄光をたたえるために、まだ統治下にあった上京へ最後に旅した後に作られたものである。600 字余りの漢語のテキストは、阿骨打の偉業を有名なものにした（田村 1971）。漢語のテキストは、「大字」で満たされた女真語部分の主要部だった。学問的には、その女真語部分は、明らかに最初の女真文字の碑文と見なされる（田村 1976）。

　完顔希尹(ヒイン)をたたえて建立された碑、すなわち「大金国（故）尚書左丞相金源郡貞憲王完顔公神道碑」という碑は、金国創建者の一人で 1126 年から 1127 年の開封占領で勝利した将軍であり、女真文字創設者で 1140 年に亡くなった希尹の墓に建立されたものである。この碑は、上京の彼の墓に 1177 年に建立された。これは満洲の古い墓碑の中でも最大のもので、その大きさは 3.2×1.5×0.4m ある。その碑文は、2400 文字を超える漢字があてられるほど冗長だが、その多くはまだ解読されていない。そこに刻まれているテキストは非常に重要な歴史資料である（徐炳昶 1936 ; 園田 1939）。

　女真が巨大都市速頻を置いたウスリースク市では、石碑を伴う極めて小さな 2 匹のカメの遺物が発見されている。一方の碑の上部には、篆書で、20 字から成る中国語の碑文が縦 5 行にわたって「大金開封儀同三司金源郡明威完顔神道碑」と書かれていた。前述の完顔希尹とウスリースクの碑の表題は非常によく似ている。どちらの碑も、カメの上にあり、最初の行の始まりや顕彰されている人物の敬称までもが一致する（両者ともに皇帝の完顔姓で、一族発祥の地・金源地方の出身である）。違いは副題のみである。希尹は尚書左丞相の職務に就いていたが、ウスリースクの記念碑の無名の英雄は、古代中国の開封儀同三司があてられている。これは、宋や金代においては上級市民の称号であるが、具体的な職務は推定されていない。だが、どちらも特別な立場にあった人物であったことは確かで、その違いはあまりない。ウスリースクの記念碑は 1148 年に亡くなった完顔阿思魁(エスクイ)のために 1193 年に建立されたものだという説もある（Ларичев 1974 ; Панов 1893 ; 華泉 1976）。それらより等級の低い完顔婁室のための碑は、上京の彼の墓に 1177 年ごろ建てられたものである。碑文は、およそ 4000 字の漢字から成るが、その多くは判読できずにいる（園田 1941）。

　「上京宝勝寺前管内郡僧録宝厳大師塔銘誌」は 1188 年に建立された。宝厳は、12 世紀後半の有名な仏教の伝道者で、上京の寺院を巡礼し、そこで没し埋葬され

た。上部と底部にハスのような飾りが付いている六面体の石柱には、漢文で碑文が彫り込まれている（園田 1941 ; 松井 1921）。興隆県（河北省）の梓木林子では、契丹人の金の高官・蕭仲恭[7]の墓に四角い墓碑が建立された。1万4280字の契丹小字から成る長い碑文は解読され、その碑が捧げられた人物と墓碑銘建立の年代（1150年）が有名になったほどだ。この墓碑銘は、金の前半には契丹文字の使用が自由だったことを物語る証拠（それだけではないが）となっている（鄭紹宗 1973; 王静如 1973）。

新城郡（河北省）の北陽（場）村付近で、「立」という姓の一家の墓地が発見された。そこには、1144年に亡くなった立愛と彼の四男で1127年に没した立豊と彼らの妻たちが埋葬されていた。立愛は、金王朝の偉大な国家指導者だった。だからこそ彼の埋葬地から60mのところに彼の功績をたたえる碑が建てられ、しかもその霊廟にも故人と三人の妻のための墓碑が建立されたのである。立愛の碑文はとても保存状態がよく、2350字の漢字から構成されている。立豊の墓には、彼自身と彼の妻のための二つの碑がある。息子の碑は、父のものより短く、全部で約1000字である。この一家の墓碑には碑文が刻まれており、しかも刻まれた漢文は双方ともに内容が似通っている（羅平, 鄭紹宗 1962）。

金の記念碑の概要は、これまで引用された例にとどまらない。文献には、次のような碑文や石碑のことが触れられている。たとえば、吉林省柳河沿岸の半截山の崖にある碑（柳河半截山摩崖碑[8]）は、契丹に対して阿骨打が勝利を得たことを記念して建立されたものである。また泰和（1201〜1208）年間に試験を受けた者の名簿が書かれた碑文（泰和題名碑）の一部には、漢文の部分に1206年、女真語部分に1210年の日付がある。ほかに、「大金慶元寺碑」もある（安馬 1943）。1140年代に行われた雲崗寺院の修復に関する1147年の碑（寺院自体は残っていないが、碑文は有名である。宿白 1956）や、内蒙の呼和浩特市にある万部華厳経の仏塔修理に関する日付を伝える1162年の金の碑（李逸友 1977）も興味深い。金代に豊州と呼ばれ、南西の辺境地方の将軍の直轄地だった都市の周辺で、近年漢字で埋め尽くされた6枚の巨大な碑の破片が発見された（漢字は破片の表面の中央部にあり、約1㎡）。中間報告によれば、その破片は1160年代のもので、当時さまざまな民族が住んでいたこの地方の都市生活や宗教、社会活動に関する詳しい情報を含んでいるという（李逸友 1979）。

1140年代から1210年代までの満洲地域に限定した金代の金石学は、次のような碑から構成されている。たとえば、遼寧省の瀋州の1144年の「劉氏明堂碑[9]」、1150年に建立された遼陽の墓に付属する「贈光禄大夫張行願墓誌」、遼陽に1155

年に建立された丸い形をした「宜武将軍高松哥墓誌」、遼寧省朝陽で1167年にカメの上に建立された「興中府尹銀青改建三学寺及供給道粮千人巴碑銘」、同じく朝陽で1177年建立の「大悲心陀羅尼梵真言宝塔」、吉林省農安で1181年建立の「趙景興石棺銘」、遼寧省義県で1192年に建立された「宜州大奉国寺続裴両洞賢聖題名記」などがある（羅福頤1936,1937）。そのほかに、賓県に1199年建立の「道士曹道清碑」、朝陽に1207年に建立された「関帝廟石経幢」、遼寧省阜新市から四方向に1里ごとに建てられた里程標「金同昌県里堠碑」がある（『満洲金石志稿』）。

　金代の金石学で碑のほかに重要なものに、「印」がある。金の国家活動の中で、印は日常的なものとはいえ、碑よりもずっと重要な役割を果たしていた。それゆえ、女真の印とのつきあいは他の文字資料よりも早くから始まっており、公式な印（璽・印）の制度自体は、細部にわたって練り上げられていた。方形の印の印面は、たいてい陽刻の文字が各列同じ数にそろえて鋳造されていた。それらは「篆書体」で作られていた。印章学で言う「篆書」体——より正しく言えば「大篆書」体（「大篆」）——は、中世には「九層」（九畳）あるいは「多層」の篆書体に変わっていった。各字を構成するすべての構成要素は九つの水平線（あるいは6〜10個の水平線）であった。全要素が字を形成するまでには、もちろん激しい変形をしなければならなかった。すべての場合において、複雑に彫られた文字は、実用性の追求が最重要課題だったので、印章自体の偽造あるいは印影の偽造の可能性を取り除く必要があった。しかし、このように刻まれた文字は読みにくかったので、必要な印章を選びやすくするために、印章の反対側に読みやすい字と鋳造した場所と時代が彫り込まれていた（羅福頤等1963）。

　職務や身分、あるいは等級が持つ権限の象徴として、印章が使われるということを、女真は国家形成以前から知っていた。女真の部族長たちはそれぞれに契丹あるいは高麗の王権と従属関係を結びながら、自分たちの庇護者から、彼らに与えられた職務上の身分を証明する印章を受け取っていたのである。そんなわけで、『金史』でも細部では信用性は低いが、烏古廼（ウグナイ）が遼から節度使（地方長官）の身分と印章をもらおうとして一族がこれに抵抗する話が伝えられている[10]。『高麗史』は、庇護者を取り替えたかった女真の部族長の中に、彼らが持つ印章を高麗のものとわざと間違えるように求めた者がいたと伝えている[11]。1003年には、すでに二つの印章が存在した。1126年までに女真は中国の国印の持つ意義をよく知っていた。だからこそ中国の首都・開封を占領した際、王位の象徴であると同時に戦利品として、宋の国印と印章の彫り物師が連れ出されているのである。表面的には中国の宮中の儀礼の様式や役人の地位や官等表を借用しながら、女真は再三

印章制度をあるべき姿に整えようとしていた。『大金集礼』によれば、1138年に女真政権は、遼や宋で略奪された王位の象徴（レガリア）の目録を独特のやり方で作った。その記載されたものにならって、1145年には何よりもまず、新しい皇帝の印章（璽）制度をつくった。役人の印章（印）制度も再検討された。礼部は、1156年に印章のための規格サイズと材質を決定した[12]（『大金集礼』）。

　女真の印章は普通、二言語（併記）ではなかったし、女真語の使用はまれだった。女真語を国語とする宣言とは矛盾したが、それが実地に移されるとすっかり容認されてしまった。印を押した跡は、帝国の住民たちにとって誤りのない明瞭なものでなければならなかった。ところが女真の謀克（つまり軍の共同体あるいはその長）の印章の中には字句を変形したものがあった。こうしたものは達葛河流域の可陳山や移改謀克（イガイモウケ）（長官）の印章で（安馬1943）、私的な印章の中には解読できない字句を彫った印もあった（今西1938）。

　それ以外の公務で使われる印章は、漢語が彫られていた。たとえその職務に就いているのが女真人だったとしてもである。相当数がこのような印章であったと伝えられている（羅福頤1936,1937）。たとえば、無名の副統（大隊の将軍の補佐役）の驚くほどたくさんの印章は、戦闘で、あるいは新しい部隊を補充するときになくしてしまった印章かもしれなかった（羅福頤1937；呂品1965）。また、軍隊あるいは大隊の具体的な一族の名を伴う万戸（一万戸）の印章（鄭紹宗1973）、必ず長の名を伴う謀克の印章（李逸友1961）、蘇濱（あるいは恤品）川すなわち沿海州の綏芬河（スイフン）の猛安謀克（メンアン）の印章（希今1977）、提控（全権委員あるいは監督官）の印章（賀官保1980；李蓮1958）、軍部や軍事的機関やその役人の印章で、たとえば義勇軍（義軍）の印章（呂品1966）や「大勝塞」の印章（鍾侃1978）、めったに見ることのなかった文民機関の印章（諤士1961）などがある。1232年に発行された8個の印章（内3個は同一のものだが）の中には興味深いものがある（阜陽地区1976）。また道教寺院の院長所有の漆塗りの箱に入ったウシの角で作られた5点セットの印章（解廷琦1978）がある。

　技術的、芸術的な面から金の印章は注目に値する存在である。見たところ、それらは宋の印章にひけをとらない。それはおそらく、漢人の彫り物師たちの伝統や働き手を保持し続けたことによるものであろう。主要ではない機関や官庁に属する印章の一群にあるような、多少線がおぼつかなく、構成も確固としていない（ようにみえる）「花押」は全般的に厳格かつ的確で、漢字の実用性によって、他方の印においてはその配列の一貫性によって、（印章としての役割を）果たしている[13]。そしていたるところで「九畳篆」が採用されている。全字句の層の数が同

一のこともよくあったが、一様でないこともあった。挙げられた例の中には、線の書き方や字の崩し方に実にさまざまな彫り物師たち固有の書体が息づいていた。印章には、細い線と太い線が交互に引かれている。印面に自由に配列されていた漢字は、隙間なく効率的なものへと変わっていった。丸みを帯びていた漢字の屈曲した線は、より間隔が狭まり、直角のものも出てくるようになり、後世の印章の特徴に近づいていった（Воробьев1972）。

金の金属製の文字資料としては、印章のほかに銭、鏡、牌がある。女真のもとで銭（契丹製と宋製）が流通したのは、11世紀のことである。最初に金国自前の銭が鋳造され始めたのは1157年からで、(属国斉の銭を含む) 34個の変種には漢字が書かれ、そしてその穴開き銭は中世の極東の住民たちにとってなじみ深い形であった（Воробьев1975；Ивочикина1968）。

金石学や古銭学の観点から特別な興味を持たれているのは、このような銅銭のほかには銀の鋳塊がある。他のものに交じって31個の鋳塊（銀鋌）を含む宝物が発見されたのは臨潼（陝西省）だった。基本的にそれらは、縦方向の楕円のくぼみ（幅5.5cm）を持つ楕円形（平均14×8cm）あるいは二重馬蹄形（馬蹄鋌）をしており、重さは約2kgある。その底部には、年代（1205〜1207）や製作地、発行機関、鋳塊の用途や呼び名、その価値（普通50両、つまり銭100束に値する）、検査員の姓が刻まれていた。金国の鋳塊は、中国本土での交易手段として銀を使うことを確立するのに重要な役割を果たした（趙康民等1975）。より早期のもので知られている鋳塊は、1157年のものである（魯琪1980）。

青銅鏡の銘はかなり多様である。金代の契丹の銘入りの鏡は一つしかない。契丹語の銘に平行して入っている漢字の銘には、現在の開原（遼寧省）地方の金代の1140〜1189年に存在した済州地区のことや、有名な姓を持ちこの鏡の持ち主である完顔通[14]のことについて書かれている（陳述1973）。女真語の銘が入っている鏡は、南方よりも北方でよく見られる。沿海州で発見された銘入りの鏡は、18枚のうち5枚が女真の銘が入ったものだった。しかし、その他のものは一定の型で作られていて、行政の中央機関や関係省庁、任職の名称や姓が入っている。型から逸脱した形のものは、銘の最後に見慣れない文字——おそらく女真語が描かれていた（Ивлиев1978）。たいていの鏡の銘は女真語ではなかった。蘇城（沿海州）出土の鏡の銘は簡潔で、「上京宜春県……」と伝えている（Ларичев1958）。宜春県は1167年に形成され、鴨子河流域の会寧府の首都地域から構成されていた。山東西路県の「咸平府謀克鏡」と同県同地域の「下邳官鏡」という銘の入った二つの鏡はどちらも年代が確定されていない。「咸平府謀克鏡」と「下邳官鏡」の

地域では、銅の私的な採取や加工が禁じられており、銘は鏡が合法的に作られたものであることを証明していた。「咸平府謀克鏡」は、持ち主（あるいは他の文字が使われているので、謀克共同体のものかもしれない）の名を記した典型的なもので、「下邳官鏡」は官有のものである。

さらに補足しておかなければならないことがある。それは、1224年から日本に保存されていた牌子である[15]。4文字の女真文字の銘が入っている。それらの文字は、女真辞典に見当たらなかったので、銘の翻訳は「万歳！ 偉大なる金よ」というように推測されている（村山1951）。また、使者が身につけていた有名な牌子も、女真語で「大至急伝えよ」という文字が添えられていた[16]（Pei Yuan Lou1904）。「方氏墨譜」[17]には、方于魯は、8文字の女真文字を書いていた。それらは縦書きで、2行で4字ずつ並んで書かれていた。6字は辞書で解読されているが、残りの2字を読むために、学者たちは「尚書」から次の一節を引用した。「明王慎徳、四夷咸賓（明王は徳を尊び、四方の蛮族は客人として褒美が与えられた）」（石田1973）とあるが、これは漢語に訳されたものである。楕円形の装身具の裏側には、女真文字が書かれ、その正面には女真の服を着てキジと遊ぶ二人の人物が描かれていた（Bushell1898）。

ソ連極東の金の遺跡から出土した焼物や道具、武器に押印されたような記号がある。その中に数字の「8」などのような極めて単純化された文字記号がある（Шавкунов1972）。

また、二つの手書きの破片はまたとない遺物である。一方は、女真の草書の遺物である（Кара,Кычанов,Стариков1972）。それらは党項人の本の表紙だと思われる。字は同一の筆跡で墨文字で書かれていると推測される。縦に7行で79の書記素で構成されている。もう一方は、縦に6行、およそ65の書記素から成る。書記素は続け書きで書かれているため、すべては理解できない。現存するもののうちで女真文字とまったく同じものは34で、文字の形が女真文字に似ているものは21である。1217年という漢語のテキストにおける年代は、まだ翻訳されていない銘が（つまり漢文の原文が）作成されていたころである。

1973年に西安市（陝西省）の「石臺孝経碑」の修復をしたとき、女真文字が書かれた紙が11片発見された（劉最長，朱捷元1979）。うち4例は、両面にびっしりと書かれており、7例は片面だけに書きつけられていた。全部で237行、2300字を数え、そのうち約1700字は明瞭だった。まだ中間的ではあるが、その解読によれば、それは学習トレーニング用のノートだったらしい。署名と押印によって認証され、税金によって支払いが行われた土地購入取引に関する1188年の契約

が、漢字で書かれた金の文書の手本だったのかもしれない (『中国歴史参考図譜』)。

沿海州のシャイギンスコエ城の銀牌は、学者たちによって「千。国家の証明」と解読された女真文字が刻まれていて、おそらく千人隊長のものだろう[18] (Шавкунов 1978)。ラゾフスコエ城 (ソ連沿海州) では、1206 年という年代の入った鋳鉄製の錘が見つかっている (Леньков1978)。

金の文字資料を振り返ってよく見てみると、形式の構成でそれらが宋の文字資料にひけをとらないことが容易に納得できる。また、言語的な特徴に関しては、女真語の銘 (独自のものと、中国式の変形と組み合わさったもの) やテキストの断片の存在によって際立っていたことも理解できる。

国家としての体を成す時代に移ると、女真は極東の異民族を手本として国家的意義 (碑、印、銭) を持ち、碑銘の製作に注意を払うようになった。女真語や女真文字の重要性や国家的役割を強調するために、彼らはそれらを壮大で意義ある記念碑に使用した。

しかし、漢語がより広く流布していることを考慮すると、彼らは漢語を国語と見なしていたかのようでもある。実際に、彼らは二言語併記を実施し、巧みに漢語の銘を使った。女真語はとくに 12 世紀の後半には、碑やその他の銘の性格に応じて複雑な内容を表現する力を十分に持っていた。当時、おそらく女真の独自性を保護する政策として集中的に二言語併記の碑が建立されたのだろうが、このときでさえ政府は女真語だけの記念碑を建てることを避けていた。国語は女真語だと宣言しながら、二言語併記の碑を作っていた政府は、日常的な国家的な銘の実践 (印・銭) には、漢語しか使わなかった。女真の貴人に対する多くの碑文さえも漢語で書かれていたのである。

このような政策は、読み書きのできる女真人が、女真語を知っているような教養ある漢人よりも漢字をよく知っており、漢語の文語が金帝国をも含めた極東において国際語としての機能を果たしていたことを映し出している。

---

1 トゥルスカヤ碑　黒龍江口付近特林 (Tyr) にあった永寧寺碑のこと。現在ウラジオストック博物館蔵。『東三省輿図説』特林碑説「今特林二碑、一刻永寧寺記、一刻宣徳六年重建永寧寺記。」

2 近年の金代の文字資料の集成としては、王禹浪・王宏北 2006「金代黒龍江流域的歴史與文化」『哈爾濱学院学報』2006 年 1 期がある。

3 『大金国志』巻 35 雑色儀制　職官立碑建祠儀「職官在任雖有政迹百姓不得立碑建祠。若去思而建者聴。」

4 『金史』巻126 列伝64 文芸下王若虚「明年（天興二年）春、崔立変、財小附和、請為立建功徳碑、翟奕以尚書省命召若虚為文。」

5 『金史』巻125 列伝63 文芸上王競「競博学而能文、善草隷書、工大字、両都宮殿牓題皆競所書、士林推為第一云。」、張博泉1987「金完顔希尹碑史事考辨」『吉林大学社会科学学報』1987年4期「完顔希尹碑文撰者是王彦潜、雖非当時名家、但也曽中進士第一名、時称『王彦潜榜』、篆領和書丹是金代著名書法家左光慶和任詢。」

6 田村實造 1985「女真文字考」『中国征服王朝の研究』下

7 『金史』巻82 列伝20 蕭仲恭

8 「大金太祖息馬址碑」「海龍女直国書摩崖碑」とも言う。

9 撫順・瀋州双城県令劉唐「明堂」碑記

10 『金史』巻1 本紀1 世紀烏古廼「遼主召見于寝殿、燕賜加等、以為生女直部族節度使。遼人呼節度使為太師、金人称『都太師』者自此始。遼主将刻印與之。景祖不肯繋遼籍、辞曰『請俟他日。』遼主終欲與之、遺使来。景祖詭使部人揚言曰『主公若受印繋籍、部人必殺之。』用是以拒之、遼使乃還。」

11 『高麗史』巻4 世家4 顕宗庚申十一年二月壬寅「東女真黔仏羅等七人来、献契丹官印一顆及土馬。」

12 『大金集礼』巻30 輿服下天眷元年（1138）九月「編類到宝印圭璧下項、玉宝十五面、並獲于宋。受命宝一。（略）」皇統五年二月二日「施用新宝。詔曰『惟帝王伝信之章、取天地合符之義、倣義図而制範。（略）印璽之伝、尚循於遼旧、襲用既久、漫漶靡鮮。乃命有司、為之更制。』（略）其新造御前之宝、書詔之宝。」、『大金集礼』巻30 興服下　印「礼部自来鋳印方寸制度下項。【依正隆元年有批。】（略）」

13 中国の花押については、孫慰祖2001『唐宋元私押記集存』上海書店

14 済州録事完顔通

15 日本の史書（吾妻鏡）に記録されていたというのが正しい。顔華1979「女真文国信牌的発現」『社会科学戦線』1979年2期、劉鳳翥1980「女真字『国誠』銀牌考釈」『文物』1980年1期、清瀬義三郎1991「契丹女真新資料の言語学的寄与」『日本語学とアルタイ語学』明治書院、A.J. イブリエフ（川崎保・川崎輝美訳）2006「日本の文献史料から見たシャイギンのパイザ」『古代学研究』175 に詳しい。

16 『北轅録』「各帯銀牌、様如方響。上有蓄書、急速走逓。」

17 墨譜、墨の意匠のカタログ。

18 訳注11 参照。シャイギンスコエ城出土銀牌は日本の吾妻鏡に掲載されていたものと同文である。さらに女真文字4文字とされていたものは、現在は阿骨打の花押と女真文字三文字で「国之誠」を示すとされ、用途も国信牌であると考えられている。

11　書籍と出版

　金代において、書籍はすぐには刊行されなかった。新国家がまず北宋の多くの文学と出合って、女真語や漢語で独自の出版物を出す必要性を感じ、広く出版を展開するようになるまでにはある程度の年月が必要だった[1]。

　女真人が写本や木版工と出合ったのは 11 世紀になってからだった。1012 年に女真のある部族が契丹のものと交換して得た孔子の著作[2]や、1019 年に中国の登州で「三十首領」の女真人が懇願して得られた仏教の出版物[3]、高麗人から 1030 年に与えられた暦[4]、これらはすべて（もちろんこれだけではないが）意図的にいたるところから手に入れた書物であった。その数はわずかで、読者層も限られていた。

　しかし 12 世紀に入るころには、まだ女真は自分たちで活字にすることはできなかったものの、すでに本の価値を理解することはできた。1120 年、遼の中京（大定市、現在の遼寧省大寧市）で、女真は本や地図を略奪した[5]。1126 年から 1127 年の中国との戦闘の最中、開封開城後、女真は多くの本や印刷物を略奪した。女真は三館の秘密の書庫にあった国立大学の蔵書や鴻臚寺（外国人を応対する宮廷の部局）の中の経典の刷本を奪っただけでなく、開封の書店の品をすべて空にしてしまった。女真の首長は、本や印刷用の木版を馬車数台分、そして 300 余りの印刷物を運び出した。これらの北宋の刷本は、のちに金によって活用された。戦利品としての蔵書数は少なくはなかった。1126 年時点で、北宋の宮廷の書庫だけでも 6705 冊及び 7 万 3877 巻を数えた（Флуг1959）。

　国内に広まったものには、南宋や高麗、党項の著作もあった。女真の帝国内の蔵書は、古いものも新しいものも豊富だった。1160 年代から 1180 年代には長治県（現在の山西省）の図書館では、たとえば 1 万冊（巻）近くあり、許昌の范（季霈）の民間コレクションではおよそ 3 万冊を数えたが、順天府（賈侯）は 1 万冊近くあった[6]。

　首都の書庫の蔵書の豊かさについて物語る次のようなデータがある。1214 年から 1215 年に、モンゴルから逃れて金政府が中都を燕京から開封へ遷都したとき、貴重品の運搬に 3000 頭のラクダが必要とされ、秘書省、蓬莱院、貴文館の本や公文書を輸送するのに 3 万台の馬車が必要だったという[7]。これらの書籍の中で、女真語のものや金の発行所から出版されたものはかなり多かった（張秀民 1959）。それでも、華北で維持されていた古い印刷所群だけでは、文献に対する

ニーズに応えることはできなかった。首都を燕京に遷都した後、女真は金にない本を南宋に求めた[8]。南宋政府は北方へ文献が流出することや地方に関する出版物、とくに地図が知られるようになることについて不満を表明した。

　金では、少なく見積もっても書籍出版の拠点が4か所形成された。燕京と開封、平陽、寧晋である。燕京と開封が首都（中都及び南都）であるのに対し、平陽と寧晋は文化的中心地である。最も積極的な金の国家的発行所は、燕京のいわゆる学士院、より正確にいえば大学の発行所（国子監）であった。このような発行所は、「古典」や「歴史」（とくに「王朝の歴史」）分野で知られている。女真語訳のこれらの著作が優先的に出版され、かなりの発行部数になった。これらの著作を出版するために、金の印刷工たちは古い木版だけでなく、国営や民間の刻工たちに新しい木版を注文した。そして五代（907〜959）や宋のものを見本とした。

　金の大学の29の出版物を信頼できる資料とするために、編纂者や編集者、注釈者を置くことが許された（張秀民1935）。魏・王弼と金・韓康伯の注釈の入った『易経』、漢・孔安国の注釈入りの『書経』、漢・毛亨の編集で鄭玄の解説の入った『詩経』、金・杜預の注釈入りの『春秋左氏伝』、唐・孔穎達の傍注の入った『礼記』、漢・鄭玄の解釈と唐・賈公彦の傍注の入った『周礼』、魏・何晏の解釈と宋・刑昺の傍注入りの『論語』、趙岐の解釈と宋・孫奭の傍注の入った『孟子』、唐・玄宗の解釈の入った『孝経』、宋・裴駰の解釈が入った『史記』、唐・顔師古の解釈の入った『前漢書』、唐・李賢の解釈の入った『後漢書』、宋・裴松之の解釈の入った『三国志』、『晋書』『宋書』『斉書』『梁書』『陳書』『後魏書』『北斉書』『周書』『隋書』『新唐書』『旧唐書』『新五代史』『旧五代史』、唐・玄宗の解説入りの『老子』、唐・楊倞の解説付きの『荀子』、金・李軌と唐・柳宗元、宋・宋咸、呉秘の解説が入った『揚子』[9]、これらの作品は、燕京へ中都を政府が移した後、1153年に印刷されたものである。12世紀後半までに大学に78人の刻工がいたことが知られている。

　国中に開設された女真学校のために、女真語の多くの文献が必要になった。女真語に翻訳された文献は、遼や西夏のそれよりずっと多かった。このような文献のすべては、1194年から弘文院（女真文書部）によって出版されたものである。その弘文院は、文法の遵守や定本の正確な複製を監督するところであった[10]。女真語に翻訳され印刷されたものには、1165年刊行の『貞観政要』、白居易の『策林』、1166年刊行の司馬遷の『史記』、『西漢書』[11]、1183年の『孝経』『易経』『尚書』『論語』『孟子』『劉子』『新唐書』[12]、1188年の『春秋』がある[13]。皇帝の近衛軍のために『孝経』が特別に千冊印刷された[14]（『金史』）。女真の皇帝に関する『実録』

やいくつかの他の史書を編纂・出版する史館の出版物（史館本）は、国家的な分類に属する[15]。

　金代の初め、開封では、北宋の大学の発行所が伝統に従って機能し続けていた。おそらくそこでは『旧五代史』のための木版を彫っていたのだろう。汴梁書房は、完顔璹らの詩集を出版した。13世紀の初めには、政府とともにさまざまな発行所が開封へ移住した。おそらくここで、1169年に唐の呉兢による『貞観政要』というすばらしい出版物が刊行された。これが、そのテーマの重要性から党項語、契丹語、女真語、モンゴル語など複数の言語に翻訳された唯一の中国の有名な著作であるという指摘は興味深い（Franke1974）。開封は、道教の規範の編纂と印刷の中心地でもあった。1188年には、南京（開封）で新しい規範を準備するよう命令が下された。事業の規模は、次の数字で語ることができる。たとえば未刊行の遺作と経典が1074巻あり、欠落した凸版が2万1800個彫られ、古い凸版が8万3198個集められ、荷車140台分の凸版のための保管所が35か所建設された。このような勢いで事業が展開された結果、1192年までに木版技術によって、6455巻から成る『大金玄都宝蔵』を印刷することができたのである。刻工の名前は、今に伝えられている者もあり、個々の凸版に記載されていた。たとえば雲中李玉などである[16]。出版物には、金政府や個人から補助金が出た。

　金における書籍事業の発展のために、章宗がかなり貢献している。1190年代には、失われた書籍を探し出すよう命じた。文書部局と宏文院（皇帝図書館）は、国家的な本の補充の拠点となった。図書館員の定員の中には、翻訳者と写字生の職があった。1201年には、収集した一部の本の集計が行われた。国家の年代記の印刷物で、貴重な部分や欠落している部分の所有者は、それを国家に寄付したり複写したりするために貸し出すよう提案された。複写のための著作物の受け渡しでは、業務の終った際に本の持ち主にその本の価格の半分程度の褒美が与えられた（Wong1939）。

　河東南路の地方都市・平陽は民間出版の拠点だったが、1130年に金が初めて国営の印刷所を開設した。平陽の民間による出版物は11余り知られている。平陽自体や太原（山西省）で発達した製紙業が、書籍の印刷を大いに促進した。平陽は発展して、自然科学の出版の拠点となった。1186年には、5巻から成る王惟一の業績『新刊補注銅人腧穴針灸経』が出版された。1192年には、15巻から成る張謙の業績『重校正地理新書』のための凸版が彫られた（羅錦堂1958）。これは現在、図書館に保管されている（台北国立中央図書館1961）。1172年には、張仲景の著名な『傷寒論注』（『チフスについて』）が注釈を付けて再版されている。金

代末には、銭乙によって宋の唐慎微の『証類本草』(『規範となる薬局方』) のための文章や挿絵の入った木版が作られた。これは、宋の1116年の出版物の複製で、1249年にモンゴル時代に完成し、金の出版物の最良のものの一つになっている。綿製の紙で作られ、出版技術も抜群にすばらしいものである。

寧晋県は、河北西路にある。唐代には、すでにそこは漢字の複製の精巧さと美しさで有名な出版業の中心地の一つだった。金代に、とくに五経の彫りで有名になったのは荊姓の人々だった。1213年から1216年に、モンゴル人たちが国の南部に到達すると、有名な『五経』(孔子の5冊の教義) を含む多くの本をここから略奪した。

これまで挙げた金の四つの出版拠点以外に、書籍印刷用の凸版が彫られたのは金12県のうち、9県だった。中都の中都路 (1か所)、河北西路 (4か所)、大名府路 (1か所)、南京の南京路 (2か所)、京兆府路 (1か所)、山東東路 (3か所)、山東西路 (1か所) などで、現在の河北、山東、山西、河南、陝西省の範囲である。そこでは国営と民間の両方の印刷所が稼働していた。

国営の印刷所はある重要な任務を担っていた。たとえば、膨大な量の紙幣を印刷したり、1215年出版の印刷用の木版を保存したりしていた (朱捷元1977)。解州 (山西省) では、仏教の『大蔵経』の中国の解釈本——『趙城金蔵』が印刷された。趙城とは地名で、その都市の周辺には、『大蔵経』の保管所であった広勝寺があった。1148年に遼の『大蔵経』が燃えたので、新たな『大蔵経』を出版するために、寄付金を集める団体が組織された。仏教の僧侶と約1000人の職人が、もう一度木版を彫った。新しい出版物は、宋や遼のテキストだけでなく、北京の図書館で入手した原本も含まれていた。それらは、7182巻から成る。1178年には宮廷の本が印刷されたが、全冊発行し終えたのは1195年だった (Wu1950；張秀民1959)。

金の木版の創始者たちは、唐王朝の中国の書家・顔真卿、欧陽脩、虞世南らの筆跡をまねた。彼らは、絵の出版物、とくに挿画入りの長編小説に大胆にも挑戦し、木版技術の完成を見た。木版では、民衆のために漢字の簡略化が進んだ。金代の漢人の刻工は、北方人と呼ばれていた。

金国で出版された文献の量は、正確には算出できないほどの点数に上った。漢語の著作は10以上今日まで残されていた。しかし、刻工は10年にわたるモンゴルの激しい侵略によって壊滅の危機にさらされた。明代(14世紀中期から17世紀中期) の皇帝のための図書館の蔵書目録にはまだ、女真語で書かれた15の著作が列挙されていたが、今では一つも知られていない (Rosny1861)。

表4 数量で見た『金藝文志補録』の内訳

部門	区 分	合計	言語			筆者			
			漢語	女真語	契丹語など	漢人	女真人	契丹人など	不明
古典	易	14	13	1		13	1		
	四書	17	17			16	1		
	古典・文献学	10	8	2		7	2		1
	翻訳	13		13			13		
	他	21	19	2		14	3		4
歴史	正史	7	5	2		2	3	2	
	実録	11	11			4	7		
	伝	15	15			7	1	2	5
	儀礼	9	9			6	1		2
	法	8	8			2	4		2
	地理	4	4			4			
	金石学	3	3			3			
	他	28	27	1		21	4	1	2
思想	儒教	5	5			5			
	戦術	1	1			1			
	医学	46	46			42	4		
	天文学と占星術	15	15			13		1	1
	占いと計算	9	9			8	1		
	長編小説と芸術	8	8			7	1		
	道教	16	16			16			
	仏教	10	10			9			1
	その他	19	19			15	2	2	
選集	テーマ別選集	99	99			91	5	3	
	その他	41	41			38	3		
合 計		429	408	21		344	52	15	18

表5 『金藝文志補録』の内訳（％）

部門	部門の比率	言語			筆者			
		漢語	女真語	契丹語など	漢人	女真人	契丹人など	不明
古典	17	76	24		66	26		8
歴史	20	96	4		57	20	10	13
思想	30	100			90	6	2	2
選集	33	100			92	6	2	
総計	100	95	5		80	13	3	4

契丹や女真、モンゴル王朝の年代記は、文献目録――いわゆる『藝文志』の中にはなかった。清や現代の中国の筆者の中には、古い中国の図書館や図書を根拠として、この空白を埋めようと試みる人々もいたが、結果はさまざまだった。金の著作の数は6～7ある主要目録の中でも、26から400までと数に幅があった。記述の豊かさや正確さは一様ではない。どのような著作が印刷されたのか、常に明らかにされているとは限らない。明らかなのは、金代に国営印刷所で15作品が女真語で、30作品以上が漢語で印刷されていることである（陶晋生1976）。古い図書の中で最も興味深いのは、清の龔顕曽の『金藝文志補録』で、最新のものでは孫徳謙の『金史藝文略』である。龔顕曽の一覧の区分ごとの文献の量的配分は表4を参照してほしい（『遼金元藝文志』）。部門ごとの金文献の配分自体が、顕著な特徴を持っている。「選集」部門は中国の目録の中では大きいが、ここでは比較的大きくないので（33％）、本格的な文学を明らかに好んでいたことを物語っている（表5）。すべての著作は、言語に関しては漢語か女真語である。女真語は全体の5％を占め、「古典」の四部門（翻訳も含まれる！）と「歴史」（割合は非常に少なく4％）である。

　筆者を見てみると、女真人が13％を占め、契丹は3％だった（契丹は、「その他」の分野で割合が大きい）。両者ともに全領域を網羅しているが、その程度には差がある。「歴史」ではよく創作しているが、「古典」では漢人筆者が5に対して女真人（普通翻訳者を指す）はおよそ2の割合で、契丹人筆者は存在しない。「歴史」では、漢人2に対して、女真人あるいは契丹人は1人の割合で、女真は契丹の2倍である。この部門では、女真人と契丹人の創作上の貢献度が顕著で、翻訳がほとんど唯一の活動分野というわけではない。次の二つの部門は、漢人以外の筆者の割合がほぼ同じで、両方とも女真が6％、契丹人が2％である。その代わり、作品はすべて（科学や文学の）創作で、翻訳はまれだった。後者の傾向は、筆者の言語的指数の比較によって間接的に確認される（表4参照）。

　平均すると、漢人以外の筆者の数は、女真語作品の3倍以上になる。それらの作品には、契丹人も関与していた。「古典」部門でも、この数字はほぼ一致するが、翻訳の占める大きな割合が付加されている。「歴史」部門では、三つの女真語の著作物に25人の非漢人筆者があたった。次の「思想」と「選集」では、女真語の著作物はまったくないが、非漢人筆者が18％である。しかし、この部門では、最も多くのオリジナリティあふれる作品が創出された。このことは次のようなことを物語っている。非漢人系出身の筆者は、国語よりも漢語で作品をよく創作し、しかも「思想」「選集」では、国語ではまったく作品が作られなかった。「歴史」

は非漢人系の筆者の作品が女真語の著作の8倍で、「古典」においては、うわべだけ国語による創作が翻訳によって達成されている。

　帝国内における女真人居住者の比率（約10％）を考慮すれば、全印刷物の女真人筆者の比率（13％）は、平均して「ノルマ」をいくらか上回っていたのである。特権的な立場を割り引いたとしても、女真人の創作や文学的能力を認めざるを得ない。しかし、女真人筆者たちは自分たちの作品を漢語で書くことを自ら選んだ。そして、その業績が独創的であればあるほど、そうした志向は強くなったのである。その際考慮されたのは、極東の読者たちの漢語に対する教養や漢語の練り上げられた術語、コミュニケーション手段としての漢語の存在だった。これと並んで考慮されたのは、女真人の読者たちの存在だった。彼らのために女真や契丹人の手になる作品があったが、翻訳をしたり、独創性に富んだ作品を創作したのは非漢人系の筆者たちだった。金国では、ひょっとしたら女真語で翻訳された『千字文』（中国の「文字教本」）や戦記物――高麗で出版された『孫子』『呉子』『太公書』（『三略』）が読まれたのかもしれない。女真語に訳されたものの一覧は、深い感銘を与える。とくにすばらしいのは中国の歴史作品である。それらは党項や契丹やモンゴルの元で訳されたものよりずっとすぐれている（Franke 1974）。

1　王禹浪・王宏北 2006「金代黒龍江流域的歴史與文化」『哈爾浜学院学報』2006 年 1 期が金代の書籍、出版文化について詳しく紹介している。
2　『遼史』巻 15 本紀 15 聖宗 6 開泰元年八月丙申朔「鉄驪那沙等送兀惹百餘戸至賓州、賜絲絹。是日、那沙乞賜仏像、儒書、詔賜護国仁王仏像一、易、詩、書、春秋、礼記各一部。」
3　『資治通鑑長編』巻 94 天禧三年十月己卯「崔元信（高麗使臣）率東西女真首領入見。別貢中布二千。乞仏教一。詔賜之。」
4　『高麗史』巻 5 顕宗二庚午（顕宗 21 年・1030 年）四月己亥「鉄利国主那沙遣女真計陪漢等。来献貂鼠皮。請暦日。許之。」訳注 1～3 いずれも日野開三郎 1966「宋初女真の山東来航と貿易」『朝鮮学報』37・38、日野開三郎 1964「宋初女真の山東来航の大勢とその由来」『朝鮮学報』33
5　『金史』巻 2 本紀 2 太祖天輔五年十二月戊申「詔曰『若克中京、所得礼楽儀仗図書文籍、并先次津発闕。』」
6　長治県の図書館は、祁県のことか。順天府は賈侯の万巻楼のこと。薛瑞兆 2006「論金代社会的蔵書風向」『求是学刊』2006 年 6 期、周峰 2007「遼金蔵書考」『北方文物』2007 年 2 期、傅璇琮・謝灼華『中国蔵書通史』寧波出版社 2001 年
7　『金小史』巻 8 貞祐二年五月宣宗「汴所搬書籍計用三万車、宝玉計用駱駝三千頭。」
8　『金史』巻 10 本紀 10 章宗 2（明昌五年二月丁酉）「詔購求崇文總目内所闕書籍。」
9　『金史』巻 51 志 33 選挙 1 金設科條「凡経、易則用王弼、韓康伯註、書用孔安国註、詩

用毛萇註、鄭玄箋、春秋左氏伝用杜預註、礼記用孔穎達疏、周礼用鄭玄註、賈公彦疏、論語用何晏集註、刑昺疏、孟子用趙岐註、孫奭疏、孝経用唐玄宗註、史記用裴駰註、前漢書用顔師古註、後漢書用李賢註、三国志用裴松之註、及唐太宗晋書、沈約宋書、蕭子顕齊書、姚思廉梁書陳書、魏收後魏書、李百薬北齊書、令狐徳棻周書、魏徴隋書、新旧唐書、新旧五代史、老子用唐玄宗註疏、荀子用楊倞註、揚子用李軌、宋咸、柳宗元、呉祕註、皆自国子監印之、授諸学校。

10 『金史』巻56 志37 百官2 弘文院「掌校訳経史。」
11 『金史』巻99 列伝37 徒単鎰「大定四年、詔以女直字訳書籍。五年、翰林侍講学士徒単子温進所訳貞観政要、白氏策林等書。六年、復進史記、西漢書、詔頒行之。」
12 『金史』巻8 本紀8 世宗下大定二十三年（1183）九月己巳「訳経所進所訳易・書・論語・孟子・老子・楊子・文中子・劉子及新唐書。上謂宰相曰『朕所以令訳五経者、正欲女直人知仁義道徳所在耳。』命頒行之。」
13 『金史』巻51 志32 選挙1 索論進士「（大定）二十八年、諭宰臣曰『女直進士惟試以策、行之既久、人能預備。今若試以経義可乎。』宰臣対曰『五経中書、易、春秋已訳之矣、俟訳詩、礼畢、試之可也。』」
14 『金史』巻8 本紀8 世宗下大定二十三年八月乙未「以女直孝経千部付點検司分賜護衛親軍。」
15 『金史』巻10 本紀10 章宗2 明昌四年八月辛亥「国史院進世宗実録」、「実録」を扱ったのは国史院、「起居注」は記住院であるが、『金史』には史館が実録を編纂したとも出てくる。『金史』巻107 列伝45 張行信「史館修章宗実録。」
16 張樹棟1999「金代的刻書事業」『中華印刷通史』印刷工業出版社によれば、金代の「尚書注疏」の刻工の名前「張一、何川、鄧恩、吉一、楊三」が伝わっている。

12 文学

　建国前の女真は、記述された文学というものをほとんど知らなかった。古代極東で受け入れられていた意味で「文学」という言葉を理解するならば、文学批評的な作品や金石学的遺物、そしてまた国家の事務的なジャンルのものやメモ、伝記などのジャンルのものまで、金文学の範疇に数える必要がある（『嘩南遺老集』を参照）。60巻から成る『金文最』（『金の文学作品集成』）は、私たちの解釈では、芸術性の高い文学の唯一の実例であり（巻1）、14巻の内容は序文やあとがきなどの文学的批評であり、回想記形式の文学作品も含んでいる（12～25巻）。その他の巻は、勅令（2～4巻）、階級の特許証（5巻）、試験問題とそれに対する回答（6～7巻）、報告書（8～9巻）、教則と頌詩（10～11巻）、公的機関への文書と書簡（26～28巻）、決議（29巻）などの国家官僚の文書をはじめ、審議や討論の記録（30巻）、公文書（31巻）、当座の転写や証書（32巻）、碑文（33～43巻）、仏塔

(44〜56巻)、弔詞や哀歌 (57巻)、伝記 (58巻)[i] などの事務書類や社会的な公文書及びさまざまなその他の資料 (59〜60巻) である。

> [i] それらは『金史』巻 63〜133、『大金国志』巻 27〜28 にもある。

　著名な『藝文志』については前節 (表 4、5 も参照) でも触れたが、ここに入っている 70 を超える選集と名詩選集を含む 140 もの芸術性の高い文献資料を数えなければ、数世紀の間無事に残ってきた金文学は全部で 10 にも満たないばかりか、元や明、清の同一表題下に集められた記事群と合わせても 12 を超えないだろう。『藝文志』には、100 余りの作品が編入されている。そのうち金代の名詩選集は王寂の『拙軒集』、趙秉文の『滏水文集』、王若虚の『嘑南遺老集』、李俊民の『荘靖集』、元好問の『遺山集』、蔡松年の『明秀集』、段成己と段克己の『二妙集』などがある。元代に編まれた金の詩集としては、金人の詩人の元好問が編纂した『中州集』や房祺の『河汾諸老詩集』が収められている。また清代に編まれた張金吾の『金文最』、荘仲方編纂の『金文雅』なども入っている。それ以外に儀礼用の音楽伴奏の付いた詩文の朗読が『金史』に収録されている[1]。

　金の文学は、少なくとも三つの段階を経て発展した (蘇雪林 1934)。第一段階は 1115 年から 1160 年の 45 年間で、その段階の輪郭が見えてきたのは 1125 年からだった。当時の新国家の文学界で主要な地位を占めていたのは、韓昉、胡礪、王枢、魏道明、左企弓、虞仲文のような遼の国で生まれたり育ったりした非女真出身者や、宋の宇文虚中や高士談、施宜生、蔡松年、斉の馬定国、王寂などのすぐれた作家や啓蒙家だった[2]。厳密に言えば、新国家の文化に対して貢献したのは、彼らだけだった。彼らはそれらすべてを自発的に行ったわけではなかった。韓昉は、燕京界隈で生まれ、契丹に仕えた後、女真に仕え、翰林院のメンバーとなり、作家や勅令の監修者として有名になった。宇文虚中は、太宗の依頼を受けて 1128 年に南宋から金へ派遣され、その文学的才能によって大いに敬われ、翰林院のメンバーとなり、「国師」という称号を与えられた。高士談は、翰林院の資格を得て文学集を刊行した。詩人で作家の呉激は、金への使節だったときに女真人にひきとめられて、翰林院の改革案を整えるよう命じられた[3] (『遼史紀事』『金史紀事』1971)。彼らの同時代人で偉大な作家・元好問は次のように書いている。「(金) 国の初め、翰林院メンバーの宇文虚中や高官の蔡松年、呉深州などの人々がいた。彼らを第一級の大家と見なさないわけにはいかない。しかし彼らは皆、宋の大家たちだった」[4] (蘇雪林 1934)。

　第二段階である次の 55 年間は、女真の国家と彼らの文化の全盛期である (1160〜1214)。当時、文学はおそらく最もオリジナリティーにあふれ、表現力に富ん

だものになっていた。金で生まれた漢人や教養ある女真人が文学的創作をするようになっていた。最もすばらしい作家や詩人は、蔡珪、党懐英、王庭筠、趙渢、周昂、李純甫、鄭子聃であった。蔡珪は、その文学的・金石学的業績によって広く知られていた。党懐英は、文学の分野で頭角を現した。王庭筠（翰林院）は散文も詩も書いたが、詩は長詩と呼ばれる7字から成る厳格に韻を踏んだものをよく書いた。趙渢と周昂は、詩集を発表した。李純甫は、叙情詩の巨匠として知られている。鄭子聃は、たくさんの詩と散文を書いた。この段階において、おそらく後述するような金の典型的な文学作品の形式が形づくられ、極めて印象深い作品が創作された。「地域的な気風の影響を強く受けて、厳しくもすがすがしい北方をモチーフとした」（呉梅1934）。

　金文学の第三段階は、1215年から元好問の没年である1257年までとするのが普通である。つまり金の政治的没落後25年続いたのである。このことは、『中州集』や『河汾諸老詩集』などモンゴルの時代に出版された金の詩集の中に、金の作家たちや文学学派の伝統が息づいていることによって説明される。この時期の初期の金文学ですぐれた存在だったのは、趙秉文と楊雲翼で、晩期では王若虚や元好問がいる。趙秉文（1159〜1232）は、翰林院の会員で散文や詩を10冊書いた（『滏水文集』）。楊雲翼は、『大金礼儀』の他に散文集や詩集を残した。王若虚（1174〜1243）は、いくつかの選集の筆者で、趙秉文や楊雲翼亡き後、金文学の長に値する人物であった（『嘷南遺老集』）。元好問（1190〜1257）は、まれに見る人物であった。金文学を漢文学の一段階と考える研究者たちは、彼だけを最高峰と見なし、偉大な漢文学の一人として彼の名を挙げている。すでに金が滅亡してしまった後に書かれた散文の一節で、彼は次のように書いている。

　　遠い昔、平和な時代に作家たちは生きていた。
　　ところが、荒廃によって作品が燃え尽きてしまった。
　　数世紀を無傷で残った作品が天のもとに放置されている。
　　山に消え、涙を隠して、それらを守り続けよう。[5]（『遼金元詩選』）

　元好問の創作は多様で広範である。彼は詩を書いたが、言い伝えによると、5000行を超える詩（遺山集）や民謡の『楽府』（その言い伝えでは5700詩だと指摘している）が彼のものであるという。また有名な『中州集』を（100巻から成り、そのうち現存するのは10巻）編纂し、見聞記や歴史に関しても業績を残した。『金史』の編纂者は、多方面にわたって彼の資料を利用している。彼の詩で

すぐれているのは、優雅さと力強さをあわせ持っている点である。そして厳格な散文を書いた。彼の二面性は、第三期の金文学を暗示しており、特徴にもなっている。文学において彼は、古典的な極東の傾向を、彼の持つ中国的な方法（習慣化された様式や他作品に反映された多くの形式やシステム）や金特有のスタイルによって発展させた。彼は好意をもって忠実な金の愛国者になった。それは金が崩壊しても変わらなかった（Chan Hok-lam1970 ; 程千帆 1957）。

芸術性の高い散文を創作したのは、43人余りの金人の作者たちだった。彼らの名前は、『藝文志』で触れられている長編小説や短編集の記述の中に見られる。その中には、完顔姓をもった高い身分の女真人作家の名前がある。完顔希尹は文字の創造者で、完顔勗は女真の伝説やフォークロアの編纂者、完顔璹（世宗の孫）は、旅楽師で口承文芸の語り部である。最も著名な散文作家と見なされていたのは、蔡珪だった。だが、金の芸術的な散文を評価するのは困難である。なぜなら、それらはすべて消滅してしまったからである。元好問が著した随筆集『続夷堅志』には、それらに関するものがいくつか出ている（『金〜元……』Rachewiltz Igor de. Wang May1972）。

金人の詩の伝統がもっと運がよければ、当時の詩作の形式や水準に関してもっと明確に理解することができただろうに、残念である。元好問の有名な『中州集』には217人の詩人の2000点の作品が収録されている。そのほかに、1711年には『全金詩』が編纂され、358人の作家のうち60人の経歴と5544点の詩が紹介されている。最も新しい陳衍の『金詩紀事』では、元王朝時代に作られた作品の作者は含まれていないが、208人の詩人のことが語られている。詩人たちの中には、世宗や章宗ら女真皇帝の名も見られた。また、彼らの息子や親類である完顔允恭（胡土瓦）や完顔永中（世宗の息子）、完顔宗幹（幹本）なども出ている[6]（『遼史紀事』『金史紀事』1971）。完顔璹の作品を引用しよう。

　　十八里ある汴水の堤に柳の木々がある。
　　三十六の橋の架かる梁苑には花々が咲いている。
　　いたるところ昔のような風景であってほしい。
　　北国の人々は故郷のことを思いやる。[7]（『遼金元詩選』）

この詩には、モンゴルに圧迫されて華北から華中へ移住せざるを得なかった女真人の感情が表現されている。

金の作者が作った詩は、おもに宋代の中国で最も人気のあったジャンルのもの

である。それは頌詩（賦）、「厳格な」詩（詩）、自由詩（詞）、歌謡調の小叙情詩（曲）、民謡（楽府）である。金代初期の詩は、唐・宋王朝や一部遼の詩人たちが作った枠組みの中で成熟した。しかし中期・後期になると、歌曲（詞曲）や詠唱形式の詩（散曲）が重要な役割を果たした。

現代の文学者たちは、11～13世紀の詞曲を北方のものと南方のものとに分けて考える。北方のものは、純粋に金の影響が認められ、それらの中には古典的な言語で書かれているものもある。その知識は、おそらく新国家になっても維持されていたのだろう。用語が示すように、「曲」は歌謡的だった最初のころを除いて、さまざまな構造、語彙、韻律がある上に、詩的要素も含んでいた。すでに1119年には、「中国の首都の通りでは、人々が大声で野蛮な歌を歌っていた……。その詩は、繊細さを欠いたが、多くの詩人は美的センスを添えていた」[8]（『独醒雑誌』；Ming1964）。これらの契丹や女真の歌は、歌謡的な詩のジャンル（曲）が発生する刺激剤となった。音楽に合わせて詠唱される散文詩（諸宮調）へと、金代に生まれ変わった物語文学（変文）は、散文と韻を踏んだ詩を調和させた最初の形式だった。金代のもので残っているのは、三つの諸宮調である。最も完全な形で残っていたのは、12世紀末に董解元によって作られた『西廂記諸宮調』である（Ming1964；West1977；鄭振鐸 1932）。金の詩の特徴は、正確な自然描写、厳格さ、時には手厳しい比喩的表現などで、時代の終わりには、社会的な矛盾や苦難に満ちた人々の生活が反映された。

最も強い独自性を持っていたのは、演劇だった。たとえば、金王朝から元王朝への移り変わりの時期に、独特な芸術性の高い作品として生み出された有名な『院本』がそれである（Сорокин1973；胡忌 1957；銭南揚 1936）。宋の演劇は、おそらくそれらの戯曲の源の一つであっただろう。

しかし、金の戯曲はそれ固有の特徴を持っている点で非常にすぐれている。たとえば、登場人物の人数（やその構成）や上演時間を自由に決められる点、古風な言葉づかいをまねて散文体で話す「主人公」と話し言葉で話をする召使いや庶民たちとの散文体の対話、話し言葉で歌われる詩的な歌曲の導入などである。登場人物たちは、その役柄に合わせて厳しいルールを守っている。如才なくて力のある重要な好人物である主人公（副浄）、若い女性（引戯）、主人公の親友（末泥あるいは正末）、軍事のことしか興味のない粗野な軍人（正浄）などの役柄があり、その中には侯馬産のユニークな土人形を誇らしげに見せる人物もいる（周貽 1959；劉念滋 1959）。

700本以上の芝居が知られているが、中には現代まで演じられているものもあ

る。当時、南宋では、それらの芝居は民衆のための舞台で上演され、しかも楽団や楽器、衣装などの舞台道具はすべて女真式（胡）が守られていた。一時、ときの権力はこれらの芝居の上演を妨害することもあった（劉銘恕 1946）。平陽では、金元代の劇場の遺跡が発見されている（劉念滋 1973）。

　金では、民間口承文学の伝統もあった。1173年（大定13年）に祝宴において、歌い手が世宗の命令で女真の歌曲を歌っているし、世宗自ら1185年（大定25年）には女真の歌を歌っている[9]。数世紀を経てもなお満洲には、偉大な将軍・兀朮（ウジュ）（完顔宗弼）に関する伝説が伝えられていた。伝説上、彼は荒廃した砦に住んでいたこともあれば、長い土塁の建設に携わったり、馬の放牧をしていたこともある。このような伝説の源泉は、民間口承文学の伝統の中にあった（村田1947）。のちに、このような民間口承文学の形式は、中国の戯曲へと移行していった（Eberhard 1979）。

　金文学は、最初は中国文学のある一段階として形成された。当時の芸術性の高い作品が、ジャンルや文体に関しては、唐・宋王朝や一部は遼のものに依存していたからだ。とくに蘇東坡、つまり蘇軾（1037～1101）の詩やその作風が大いに尊重された（Bush1971）。南宋の影響はあまりなかった。それというのも、不自然なほどそつがないという点で、南宋文学は「大いなる平原へ行きつくことはめったにはなかった」からである（『河汾諸老詩集』）。金文学の隆盛期（12世紀後半から13世紀初め）に、重要な役割を果たしたのは、オリジナリティーあふれる歌曲（詞曲）、歌曲形式の詩（散曲）、曲に乗せた歌（曲）、民謡（楽府）曲芸のための作品（白戯）、雑劇だった。それらについては『金史』が言及している。そしてとくに貢献したのは、金代に生まれた芝居（院本）であった（Воробьев 1967）。女真語で書かれた芸術的な文学は残らなかった。それに関する資料は、傍証的でしかない。世宗はかつて女真の詩を記録するのに適している契丹「小」字のほうを、国語である女真語よりも好ましく思うと表明したことがあった。つまり契丹「小」字による詩も存在していたのである（Franke1978）。

　現存するすべての金の文学作品は、極東において国際語として君臨していた漢語で書かれている。個々の作者の経歴に関する情報が不足しているため、多くの筆者の民族的特性を決定することは難しい。かなり多くの文学作品が、中国の典型的な知識人──女真の機関で働いていた捕虜や帝国生まれの人々──によって創作されたものだったが、女真人（完顔勗、完顔允中など）の文学も契丹人のものさえも知られている。これら民族性も社会階層も異なる詩人や作家たち（私たちは数百名を知っているが）は、生涯を翰林院で過ごした多くの人々の中でも抜

きんでてすぐれた人物たちであり、死後も極東のすぐれた詩人や作家たちとして知られた。女真人による文学作品の水準は、かなり高かったかもしれない。海陵王の詩作の評価[10]（『大金国志』）が偏ったものであったにしても、完顔希尹と洪皓の間で取り交わされた書簡詩は注目に値する[11]（陶晋生1976）。

　金の文学作品は、伝統的アカデミズムから比較的自由で、その中に民族的モチーフを盛り込み、明らかに地域色があり、ジャンルや文体に特徴がある。そのおかげで、金国文学の独立性を維持することができている（Воробьев1967）。女真語で書かれた芸術作品に関して、私たちが知り得たことは、女真語によって書かれた古典作品の漢語訳にとどまるのみである。周知のごとく、女真の試験プログラムには、詩と古典的な詩の創作が入っていて、そのために『詩経』を翻訳するよう命じられた。こうした翻訳が詩でなされていたとすれば、散文だけでなく、作詩のためにも女真文字が適していたことを証明するものである。そうすると、女真文字で書かれたオリジナリティーあふれる芸術的な文学があった可能性はかなり高いだろう。歌や長編小説、演劇などの女真語による口承文学は常に年代記の中でも言及されている。

1　『金史』巻39楽上、巻40楽下
2　胡伝志2007「宋遼金文学関係論」『文学評論』2007年4期参照。
3　『金史』巻125列伝63文芸上呉激「将宋命至金、以知名留不遣、命為翰林待制。」
4　『中州集』巻1「国初文士如宇文大学、蔡丞相、呉深州等、不可謂之豪傑之士、然皆宋儒、（難以国朝文論之。）」宇文大学は宇文虚中、蔡丞相は蔡松年（字伯堅）、呉深州は呉激（字彦高）を指す。
5　元好問『自題中州集後』「平世何曽有稗官。乱来史筆亦焼残。百年貴稿天留在。抱向空山掩涙看。」
6　『帰潜志』巻1宣公太子「世宗子、章宗父也。追諡顕宗。好文学、作詩善画。」、章宗「天資聰悟、詩詞多有可称者。」、豫王允中「世宗第四子也。好文善歌詩。」、密国公璹「世宗之孫、越王允功之子也。幼有俊才、能詩、」
7　『中州集』密国公璹　梁園「一十八里汴堤柳。三十六橋梁苑花。縦使風光都似旧。北人見了也思家。」
8　『独醒雑誌』巻5「宣和間客京師時、街巷鄙人多歌蕃曲、名曰異国朝、四国朝、六国朝、蛮牌序、蓬蓬花等、其言至俚、一時士大夫亦皆歌之。」
9　『金史』巻39志20楽上　本朝楽曲大定十三年四月乙亥「上御睿思殿、命歌者歌女直詞。」（『金史』巻7本紀7世宗中大定十三年四月乙亥条に同様記事）、大定二十五年四月「幸上京、（略）上曰『吾来故郷数月矣、今復期已近、未嘗有一人歌本曲者、汝曹来前、吾為汝歌。』」（『金史』巻8本紀8世宗下大定二十五年四月丁丑条に同様記事）
10　熙宗『大金国志』巻12熙宗孝成皇帝四「能賦詩。染翰。」とある。海陵王『大金国志』

には、巻 13 海陵煬王上貞元元年春正月元夕「張燈宴、丞相以下于燕之新宮賦詩、(略)」と見える。一般に詩作に対する評価は高い。『帰潜志』巻 1「金海陵庶人読書有文才、(略)」、『桯史』巻 8「金主 (海陵王) 未立、封岐王、為平章政事、頗知書、好為詩詞、語出輒崛強、矯矯有不為人下之意、境内多伝之.」Jin Qicong1995 'Jurchen literature under the Chin' "CHINA under Jurchen rule" State University of New York Press. では "When young, he (Hai-ling) knew [Chinese] books well," and "his poetry excelled his contemporaries'."［大金国志校証巻 15］。

11 Tao Jing - Shen（陶晋生）1976 "The Jurchen in Twelfth - Century China － A study of sinicization －"によると 'Like Wo-pen（完顔斡本・宗幹）, Hsi-yin（完顔希尹）also employed several Chinese scholars to teach his sons and grandsons, whose classical educations was sufficient to enable them to compose Chinese poetry. The poems must have been of good quality, for they exchanged them with Hung Hao（洪晧） when he was detained in Manchuria.' とあり、洪晧『鄱陽集』完顔希尹の息子彦清、彦深と洪晧が書簡を交換したとする。徐炳昶 1936「校金完顔希尹神道碑書後」『史学集刊』1 期。

13　建築様式

　女真は帝国内にさまざまな建物を建てた。モンゴルの侵略者たちは、それらのほとんどを破壊した一方で、その他のことは無視した。皮肉なことに、金の建築様式の遺跡が、用途やその出来栄え、スタイルが、漢人によって定められた規範と異なれば異なるほど、損傷を免れられなかった。反対にその遺跡が、周りの環境とあまりかけ離れていなければ保存されやすかった。いずれにせよ、後者の状況は、建築学の歴史家にとっては陰の側面を示している。こうした状況が、ほかならぬ金の建物——必然的に比較的ありふれた建物——を中国様式の遺跡から選別することをかなり難しくしている。まさに古い極東の建築とは無縁なところに本物の概念がある。再三にわたりすっかり燃えてしまい、新たに建て直された寺院は、すべて初期の建築様式の時期に属する。それゆえ、金以前の建物の改築や再建は、建設の名誉をわがものにするために利用された。遼によって建てられた奉国寺のように（杜仙洲 1961）。これと同様に、のちに漢人も、子孫たちの記憶から女真統治のほんの小さな痕跡すら消し去るために、金の建築物をこれと同様に扱った。宮殿や公共施設は改築されるか、取り壊されたが、寺院や仏塔のような国際的な建造物は保存され修復された（員海瑞，唐雲俊 1979）。

　華北においては現在、事実上芸術的な価値のある復元された金代の公共建築物の遺跡は知られていない。宗教建築では、数多くあった仏塔を除くと、当時の寺

院伽藍や孔子廟の個々の建物 15 だけが残った。普賢閣（遼〜金）、大同の三聖殿と善化寺の外門、応県の浄土寺の大雄宝殿（1124 年）、五台県豆村の仏光寺の文殊菩薩の伽藍である文殊殿（1137 年）、大同の上華厳寺の大雄宝殿（1140 年）、朔県の崇福寺の弥陀殿や観音殿（1143 年）、平遥の文廟という孔子廟の大成殿（1163 年）、五台県（山西省）善文村の延慶寺にある主要寺院、正定（河北省）の龍興寺の外門、隠遁者・牟尼のための牟尼殿、慈氏閣、山東省の曲阜の孔子廟の碑亭（1195 年）である（洪煥椿 1959）。満洲にある金代の寺院に関する情報は非常に少なく、どの時代の建物に属するという建築史学的論拠が乏しいため、あてにすることはできない（鳥居 1948；村田 1943；八木 1937,1929,1924-1926）。ソ連の範囲では、金代の宗教遺跡は最近まで知られていなかった。ひょっとすると蘇城のニコラエフスコエ城で発掘された建物がそれらに関係するものかもしれない（Шавкунов1966）。

　建築学的に大きな価値のある寺院建築の実例としては、大同市の上華厳寺の大雄宝殿であろう（関野, 竹島 1944）。寺院の建築群は、およそ東西方向に延びている長方形を形づくるような 10 余りの建物から構成されている。この長方形は西側に大雄宝殿で終わっていて、その敷地は、すべて残りの建物でほとんどが占められていた。建築群の入口は東である。なぜなら寺院を建造した契丹は、とくに東を神聖視していたからである[1]。この寺院は遼末に燃えて、金代の 1140 年に再建された。大雄宝殿は、大仏殿の部類に属するものであり、正式名称（大雄宝殿）と略称（大殿）がある。角錐状の屋根の付いた巨大な平屋の建物は、高い台座の上に立っていて、その正面は広い半月状のテラスになっている。寺院の配置は複雑である。骨組みを構成しているのは 48 本の円柱である。そのうち 28 本は建物の外形を形成していて、8 本は狭い框（かまち）に沿って左右を仕切り、12 本の複雑な内側の円柱は中央廊下を形づくっている。屋根は灰色がかった黒い瓦で覆われている。建築のスタイルとしては、遼の奉国寺を思わせるが、片持ち梁（クロンシュテイン）の特徴が金代に再建されたものであることを物語っている（于倬云 1953）。

　開原市（遼寧省）の石塔寺にある磚（せん）（レンガ）造りの仏塔は、60m の高さに達する八角十三層塔である。仏塔は、独特な形をしていて、その頂はほとんど尖塔と化しており、壁はいくらか内側へ傾いている。仏塔の下部、つまり第一基層部には、八角形の各面の中央部に、かなり深く丸天井付きの壁龕（へきがん）が彫られていた。その内部には仏像が納められていて、壁龕の上のほうに各仏の名称が書かれている。仏像は粘土で作られていて、保存状態はよくなかった。この仏塔は 1163 年

のものとされている（関野 , 竹島 1944）。

真定市（河北省）の天寧寺の近くには、木製の仏塔がある。これは八角九層である。仏塔の高さは 46 m。台座はなく、下部三層の壁と片持ち梁は、磚で作られ、上部六層の柱形（ピリャーストラ）と片持ち梁は木製である。軒はすべて木で造られ、瓦が葺かれている。片持ち梁の型式から判断すると、遼～金期に属すものである。木製部分の仕上げの精巧さ、またこの地域が契丹ではなく金の影響が支配的であったということから判断すると、金に属すべきものであろう（関野 , 竹島 1944）。

女真にとって最も重要な手本が契丹や中国、高麗の建築だったことを考慮して、金の建築法が極東の建築技術の発展段階の中で孤立したものでないと考えるならば、次のような重要な特徴を指摘することができる。おもに寺院を念頭において、より地域的な満洲様式の特徴に注目し、木造建築にまず言及する（祁英涛 1965; Ащепков1959 ; 伊藤 1945,1909）[2]。

完全な建築群を持っているのは、仏教寺院あるいは伽藍である。それらの中で最高位にあるのが大雄宝殿（偉大なる至宝の意）で、そこには大仏が納められている。大仏の前には中庭の広い空間によって区切られた（天帝の）天王殿がある。この中庭の左右には、東院と西院といった補助的な寺院がそびえている。以上が建築群の中核を形づくっている。大雄宝殿の後ろにはもう一つ後殿があり、天王殿の前には山門という外門がある。この後殿と山門との間の左右には、太鼓と鐘を伴う楼（鼓楼と鐘楼）が一つずつ配置されている。また、式典用の門や碑亭、仏塔もある。

宋・遼・金王朝の巨大建築群は、主軸の配置が守られている。主要な建築物は、中心軸に沿って整然と並んでいる。重要性が劣る建物は、中心軸の両側にシンメトリーに配置されている。このような建造物は、二方向、あるいは四方を渡り廊下の壁（回廊）で囲まれている。満洲における巨大建築群の建物列は、この原則からはずれることはない。満洲の仏教寺院は、中国本土のものと比較して小さい。主要寺院は、たいてい小さくて平屋である。最も大きなもので、正面に七楹（柱間）を数えるのみである。その代わり、大きな仏塔――たとえば開原の石塔寺の石塔――があり、それらが寺院建築の中心的建造物として立っている。

すべての寺院や仏塔は、磚で築造された大きな土壇の上に立っている。正面には、階段がある。その構成はいずれも大胆さが特徴である。好んで使われたのは、上部内側に使われた太い角材、横に置かれた梁間 2～3 間分の梁、凝った形をした傾斜した垂木である。金代の建物の配置で目につくのは、柱の数を減らす傾向で

ある。宋から金代における軒あるいは外側の柱は、比較的簡素なようすを保っている。直径の高さに対する比率は、1：8か1：9である。しかし、内側の柱は細く、外側の柱よりも高く建てられている。そのため先ほどの比率は1：11かあるいは1：14に変化する。平屋の建物では、内側の柱が外側より1.4から1.8倍高いので「飛び立つような屋根」[3]を形成している。遼・金代の屋根の柱は建物の内部にしばしば傾いていた。しかし、柱は柱間に沿って傾斜している。いわゆる「傾いた脚」である[4]。

　宋・遼・金王朝の柱礎は、花の装飾で覆われている。土壇に埋められた基壇は普通、不規則な形で装飾はない。大梁(おおはり)の高さと小屋組みの構造は傾斜の反りに左右された。中国の初期の建物には反りはなかったが、唐代に反りが大きくなった。小屋組みの中心部の大梁の高さは、軒の中心部の高さの6分の1である。遼や金の建物のその値は、およそ4分の1から3分の1である。金代における上部の縦方向の結合部分の多くのディテールはより分厚くなり、結合部分の突き出た端は少し湾曲した外形を採用する。金代において初めて筋違い（ラスポールカ）が出現し、下部の片持ち梁の連続（斗栱）[5]と軒の外の柱の柱頭で組み合わさっている。持ち送り（コンソール）[6]は、小屋組み、あるいは最上部の外側の縦桁（棟木）や柱にぴったりと接合し、最上部の柱を補強し、小屋組みの空間を埋めている。

　金の木造建築特有の斗栱には、いくつかの特徴がある。斜栱が一般に使われるようになったのは遼金代のことだった。その傾斜は、45度、60度ある。斗栱の大きさは、柱の高さに対する垂直線上の接続部の比率によって決まる。唐や遼の初めは40〜50％だったが、宋、遼、金代には30％になり、その後小さくなっていった。一般に金の斗栱は比較的単純なものである。知られているものの中でも、いちばん複雑で凝ったものでさえ、上へ持ち上げられた「手」のような形をした支柱がせいぜい4本（四手先）ある程度である。初期の斗栱は塗装されず平らだったが、晩期には絵が描かれ彫刻で覆われるようになった。そしてその先端は人形(ひとがた)のような形になっている。

　寺院の屋根は、切妻型かあるいは破風を伴う先の尖ったものや尖塔型（角錐状）である。宮殿や行政機関の建物の上には、寄棟（四注）があった。仏塔の屋根は、必ず尖塔だった。屋根はすべて瓦葺きで、上流階級の建物では釉薬をかけた瓦で、寺院の瓦は素焼きだった。棟木の左右には、土製の海龍の尾が配され、中央には背中に宝塔を担いだ獅子の彫像が立っていた。棟木の両脇から低く付いていたのは小型の龍の尾で、脇にある棟木の背には悪鬼と龍が置かれていた。これらは中国の古典的スタイルの建物にはない。宋・遼・金代の屋根の隅にある像は細長い

246

魚を思わせる。先端が二つに分かれている鳥の尾ではない（康家興 1961）。金の宮殿や寺院、仏塔の軒は二層になっている。最下層部は、比較的まっすぐな材木で構成されており、上部の低い部分にかぶって建物よりも前へ突き出た部分は、少し上へ曲がった材木で作られている。軒は、彫刻を施され、瓦で葺かれているので、下から見るとそれらは手の込んだ絵のようである。大広間の天井は格子状の彫面になっていて、非常に装飾的である。宮殿の天井は、龍が描かれ、寺院の天井は宗教的な象徴が描かれた。寺院の扉は、軸で回転する。その上、上部の細い鏡板の装飾は芸術性が高く（花模様）、下部は模様のない平板で作られている。扉の表面は彫刻か装飾品で覆われている。宮殿や寺院の木製の細部は、色鮮やかな絵が描かれていた。梁の両端には、ぎざぎざの葉が描かれ、その合間を埋め尽くしていたのは植物や幾何学模様だった。仏教寺院は彫刻や絵画や装飾品で飾られ、彫刻は人物描写や浅浮彫、平坦な彫刻で構成されており、絵画はテーマを持った描写と銘、装飾画から構成されていた。絵画は、価値としては彫刻により劣り、最も価値があったのは装飾品だった。

　磚造りと石造りの建築は、独特な特徴を持っていた。古い磚造り（広いほうの面を下においた3列の磚、磚を1列に立てたもの）は、(いずれにせよ墓所から判断して）西暦初期から1500年にわたって東アジアに存在していた。仏塔、台座、磚の台石を見ると、3〜5列ごとに磚の列をしっかりとめて、苦労して水平に保っているのがわかる。建築学的な面白さを持っている金代の磚造り建築といえば仏塔である。そのうちいくつかについてはすでに書いた。形式や構造上、ようすの異なる仏塔もあった（祁英涛 1965 ; Ecke1935-36 ; 村田 1943）。それは、初期の木造の塔を模倣したものである。宋や遼、金代の仏塔は、図面によれば、八角形の仏塔内の中心に「磚の柱」があった。仏塔の柱と壁の間には廊下が設けられ、複雑な台座が姿を現していた。そして、どの層にも壁龕と柱、見せかけの戸口や窓がある。

　何層もの庇が付いた仏塔は、二つの型式がある。第一型式は、図面によれば正方形の単層づくりで、内側はがらんどうで外側に廊下があり、台座は低い正方形である。第二型式は、(正方形や六角形もあるが）八角形で、しっかりとした一枚岩的な磚造りで、一段目の基壇部に仏像を安置するための壁龕が付いている。遼・金代に属する仏塔の多くは、第二型式である。これらの仏塔の最下層部は普通、磚造りの土壇部で、囲いが巡らしてある。その上には低く極めて堅牢な仏塔の層が立っており、その層は、磚製の彫刻を施した持ち送りと欄干があしらわれ、壁龕には二列ずつ円形の額と仏像が並べられている。上部の堅牢性が劣る層は普通

平らである。それらの上にはハスの花と尖塔がある。石で彫刻した金の仏塔は、遼のものを凌駕している。基壇の一層目は、どの面にも彫り物がしてある。壁龕には仏陀が、壁龕の両脇には武装した番兵が、壁龕の上には神々が飛翔するさまが彫られている。このような仏塔は、木造のものを手本として装飾のディテールをしっかりとまねている（柱、鴨居、持ち送り）。どの層の庇も瓦葺きである。舎利は、仏塔の下とその上の部分の二つの場所にあった。仏塔の一層目は普通、六角形をしている。その下部は台座である。壁龕には、花の模様の浮彫で覆われた特殊な形をした磚が使われていた。

満洲の古典的スタイルの磚造りの仏塔は、遼代に成立したもので、金代になって繁栄した。その要素は、それに続く時代にも顕著である。遼・金タイプの磚造りの仏塔の重要な特徴は次のようなものである。1)多角形であること。遼のものは八角形で、金は八角形と六角形である。2) 表向きだけ9層、11層、13層を成しているが、これも仏塔の特徴の一つである。3) 仏塔自体が、丈の高い人工の基礎——よく多角形をしている——の上に建立されている。4)内側にスペースはなく、ときどき低い階層に空洞部があることもある。5) 仏塔の中は粘土で固められており、磚は外装のためだけに使われている。6) 基壇部の第一層目の壁は、浅浮彫や型板を使って描かれた銘や彫刻で覆われ、仏像を安置した壁龕がある。二層目には、作り物の鏡がある。それより上の壁に装飾はない。7) 尖塔は、「花瓶」あるいは球のような形の磚の土台と余水吐き、10個の磚の球が付いた鉄の棒から構成されている。女真のもとでこの遼のスタイルの仏塔は一層発展した。

金の建築は、満洲で解明されつつある独特の傾向を形成して、極東全域で発展した。残念ながら現存しない上流階級の建物は、文献によれば漢人さえもその絢爛豪華な壮大さに目を見張ったという。中国本土では、寺院建築は、厳しく主軸を中心とする配置体系によって建物が配置されていた。しかし満洲では、建物の配置は自由であった。南方の金の建築で、重要な建物は主要寺院かあるいは宝物殿だった。北方ではそのような寺院は二義的なものとされ小さな平屋だった。中心的な建造物といえば大きな仏塔だった。

金の建築では、建物の構造においても数多くの提案がなされた。とくに仏塔で必ず備えていなければならない特徴として、高い基壇部とどっしりとした土壇部が挙げられる。寺院の内部配置の変更によっては、柱の本数を削減したり、外柱の傾斜を2倍にしたりしなければならないこともあった。また屋根の大きな反りが、木造の支えの構造に多くの変更をもたらした。内側の柱は、外柱よりも著しく高く、ときには2倍も高いこともあった。大梁の高さは必ずしも反りの傾斜に

左右されなくなり、屋根の木造構造は全体に複雑になっていった。たとえば、いくつかの継ぎ目が太くなり、斜めに立てた支柱の強度が強まり、筋交いや斜柱が登場した。金の建築には斗拱の構造において、大きな特徴があった。たとえば細部の大きさの比率である。柱の高さに対する斗拱の高さの比率も、斗拱の細部の大きさの比率さえも過去の基準には従っていない。基準からの逸脱は、装飾部分でも見られた。屋根には以前には見られなかった粘土で作った悪鬼が立っている。木造の構造の大きさに対する比率から見ると、植物の形をした装飾は規定の大きさを守っていない。

　遼・金代の様式の仏塔は次のような形をしている。どっしりとした磚の土壇部に非常に高くそびえ立ちぜいたくに装飾された高い基壇部、長い尖塔の付いた堅く固められた多角形（あるいは六角形から八角形）をしていた。この様式には、高句麗人や拓跋、渤海人の芸術的思想の要素が表れている。金の建築は独特で、まだ知られていない点が多い。

1　遼の東方尊重については、村田治郎1980「華厳寺と仏宮寺釈迦堂」『世界の文化史蹟第17巻　中国の古建築』（田中淡編）講談社
2　『満洲の仏寺建築』興京老城地蔵寺p371、奉天黄寺p373 参照。
3　中国風の反りが急勾配で突き出しているような屋根を flying roof などのように、欧米では一般的に呼ぶ。
4　内転び（うちころび）
5　斗栱とも。斗は「ます」、拱は「肘木」で、斗拱全体を「ます組み」とも言う。
6　原著者は qiaoti（翹体か？）をあてるが、コンソールの中国語訳として適当か不明。コンソール（console）は軒を支える巻型の持ち送り、腕木、corbel とも言う。

14　彫刻

　金代の彫刻は、現代まで完全な形では残っていなかった。宗教的なものや儀式的なもの以外の作品は知らないが、そのような種類の彫刻は仏陀の全身像から背中に石碑を乗せたカメの彫刻に至るまで実に幅広い。そしてそれらの宗教的な作品は、上品で洗練されているという評価を得ている（たとえば墓地の浅浮彫）。人間の顔かたちをした仏像が出土することもあるが、そうした例は数少ない。これは、金代の出土品を、遼や南宋、北宋、唐のものと選別することが非常に難しい

ことにもよる。しかし、こうした選別の基準はいくつかあり、それが金代の彫刻の特色を物語るものでもある。

　木彫りの彫刻家たちに愛された仏は、いわゆる「最高の自由な」ポーズをとって坐しているアヴァローキテーシュヴァラ（阿縛盧枳低湿伐羅、漢語で観音菩薩、慈悲の仏の意味）である。右膝を立て、左足を曲げて玉座に置かれ、右手は膝に置かれ、左手は玉座にもたせかけている。米国のフィラデルフィア大学博物館に保存されているものが有名だが、その仏像は彩色された木製のもので上半身は裸、首飾りと胸部を横切る細い布きれだけで飾られている。襞のあるスカートは、足もとに垂れ下がり、金張りと彩色の跡が見てとれる（Siren1925, No. 586）。別のケースでは、この仏像は、ぜいたくな衣装や冠、首飾りをつけて岩に坐している。しかし、手足の状態は鏡に映したように左右反対に変えられている。その仏像には1168年製作と記されている（Siren1925 No. 587）。個々の彫刻は型にはまった動きのないものはない。頭は優雅に傾けられ、左肩は少し上へ持ち上げられ、体をくねらせている。そして手は、胸を横切るスカーフの端をもてあそぶかのように作られている（Siren1925 No. 591）。このような木製の仏の座像は、高さ1.5～2m、彩色と金張りを施されている。立像は極めてまれである。私が知っているのはハスの花のような台座に立っている二仏である。一つは、手に花瓶と珠玉を持ち、他方は、ハスの花を持っている。両者ともに真珠を糸で通したものやスカーフで飾られている。丈の高い頭の飾りは、花や冠型の飾りで覆われている（Siren1925 No. 592AB）。12世紀の木彫の繁栄に伴って、彫刻はその後伝統的な上流社会の性格を失っていく。たとえば、観音はのびのびとしたポーズで描かれ、超自然的な存在というよりはむしろ人間的な存在であるかのようである。造形は厳粛な抽象性を失い、装飾的なものを残しながら、情感あふれるものになっている（Siren1925 No. 591）。

　仏像は、白い大理石でも作られた。それはこの時代の材質上の特徴である。大理石は、仏塔の芸術的な外装にも使われた。仏教をテーマとする彫刻の構成や技法は複雑である。岩の上に、見物人のほうを4分の3ほど向いて獅子と遊ぶ阿羅漢が重々しく座っている。彼の頭上には崖の出っ張りが突き出ていて、力強い様式になっている。洞窟の天井は複製されたものである。崖の表面には、浅い浮彫技術でトラと桶を二つ担いだ水運び人が彫られている。阿羅漢の衣服の襞は、非常に念入りに作られている。彫刻の年代は、1158年である（Siren1925 No. 582A）。別のケースの岩に坐す阿羅漢は、一方の手に三叉の戟(げき)を持ち、もう一方の手には光明と雲が勢いよく出ている器を持っている。儀式用の器の周りの雲には三像が

集まっている。このような一群は、心理分析的な興味をそそられる（Siren1925 No. 582B）。この他の有名な大理石の彫刻は、もっと単純で平凡である。それは菩薩（サマンタバドラやマンジュシュリー[1]など）像である。これらの彫像や彫刻群は、本質的には正面だけを向いているが、次のような一群も重要である。菩薩は胴を脇に向け、腕を上げ、足を組んで座っている。別の像にはないほど動きは確固としていて、方向転換も急である。あらゆる角度からその像を見る面白さがある。柱や台座に絡み合う草の茎や葉は、同じような調子でどこまでも連続しているかのようである（Siren1925 No. 583A）。この時代の彫像それ自体にはあまり面白みがない。それらは動きがなく、顔の表情も乏しい。ただ、絵のように美しい感動的な台座に置かれたそれらの配置が、その描かれたシーンの印象を高めているのである。そのような場合の阿羅漢は、岩に坐し獅子と戯れている。それと同時に、阿羅漢の上に突き出た岩にはトラが隠れ、天秤棒に桶を下げた人物が置かれている（ように描写されることが多い）（Siren1925 No. 582A）。中央の像には芸術的な面白さはないが、突き出た岩の上のシーンには魅力がある。それは、重々しい阿羅漢像と中央の彼の動きと相反する自由な構成のおかげで、中国の11～12世紀を代表するすばらしいスタイルの実例となっている。

　壮大な彫刻と並び称されるのは絵のように美しい造形美術である。小型の仏塔に代表される初期のスタイルは、唐の伝統的造形の名残──硬い線状の輪郭によってすばらしく仕上げられた造形──を残している。一方、巨大仏塔の層や台座の像に特徴的な後期のスタイルは、絵のように美しい「バロック風」の作風を有している。彫像は幅広く高くなり、その輪郭は光の明暗でぼやけて見える。硬質な素材で作られているにもかかわらず、それらは柔らかい材質を削って作ったように見える。彫像の中には、絵のように美しい守護者・女人像柱もある。動きを伝えることに、多くの注意が払われている。情景の主題は、民族の伝説から借用されたもので、仏塔の層に刻まれた浅浮彫によって展開されている。彫像が浮き上がったように描かれている点がすぐれている。彫刻の装飾スタイルにとって非常に特徴的なのは、居延産の白い大理石で作られた獅子である(12世紀)。それらは唐のスタイルの重々しさを感じさせず、象徴的で芝居がかったようすをしている。獅子の丸まった体は、不自然で、細部がじっくりと吟味されておらず、本物の獣を思わせるものではない（関野，竹島 1944）。

　墓地やほかの場所に政治家を称賛した記念碑を建てる風習は、背中に石碑を立てた想像上のカメといった興味深い彫刻を、生活の中にもたらした（墓の上の建物からずっと離れたところにある）。また上流階級の人物の墓には、巨大な石の

将校や役人の彫像（そうでないものもあったが）が、聖職者の墓には祈祷用のオベリスク（経幢）が建てられた。

　亀趺についてはすでに述べた（第2章10節参照）。それは三つの部分から構成されている。一つは台座の役目をしているカメ（それは現在私の興味をそそる）、そしてその背に垂直にそびえる石碑（記念物の主要部）と、二匹の龍が絡み合ったように見える額（自然の闘争原理の象徴）である。このような記念碑は、著名人の墓の近くの低い丘の上に立っていた。ウスリースク市では、このような記念碑が2個発見された。カメは赤い粒の粗い花崗岩を彫って作られていて、研磨して仕上げられているが、いい加減なところもある。一方のカメは長さ2m、幅1.17m、高さ1mで、もう一つのほうは長さが2.1m、幅1.8m、高さ0.9mである。カメの足や尾、目、口、鼻は正確にわかるようにはっきりと表現されている。それと同時に、この動物の多くのディテールは、象徴的に表現されている。何よりもカメの胴は、ずんぐりと太ってどっしりとしていて、本来の甲羅よりもごつごつしている。頭は体に不釣り合いに大きく、足は太い。そして硬化した皮膚は、印象的に図案化されている。しかし、それは全身を覆っているわけではなく、背中の部分では甲羅の模様に代わって、六角形の連続模様になっている（Лопатин1864）。

　満洲や華北では数多くの台座のカメが非常に入念に、時には名人芸に達するほど巧みに作られている。カメの全身は細長く、四肢はていねいに作られており、均一な刻み目が覆っている。鼻づらは、眉や歯、耳、皮膚のしわなどとともに細部も入念に作られている。甲羅の模様は非常に巧妙に作られている。通常、その甲羅の上には、カメの胴の長さの2倍以上の高さのプレートが立ち、そのプレートの上には、球状の龍が置かれている。たとえば朝陽の三学寺にある1167年製の記念碑がそれである（村田1943）。

　阿什河流域の老母猪頂子山の塚の前には、四つの石の彫像が立っている（Яковлев1946）。前方には、一般の役人の像が2体、後方には軍人が2体立っている。高さは約2m。それらと並んで発見されたのが、石のヒツジとカメと獅子である。伝説によると、ここには金の皇帝の母親が埋葬されているという。ハルビンから南東にある賓県の石人溝村には、粒の粗い灰色の花崗岩でできた軍人と役人を表現した彫像が立っている（Starikov1948）。軍人は手に剣を持ち、役人は何かの管理のための表を持っている。そこには寺院の獅子とヒツジの彫像もあり、これはかつて8体の人物像と2頭のウマ、いく匹かのヒツジと獅子が置かれていた痕跡と思われる。肖像の彫刻は知られていない。熙宗の息子・済安の死後、父

の命により儲慶寺に置かれた済安の像に関する記述だけが存在している[2]。

　ウスリースク市の墓地には、かつて面白い彫像が立っていた。四角い柱の上に二人の人物が背中合わせに座っているというものである。柱には、ハスの花があり、交差させた手は顎に、頭と目はやや下のほうを向いている。このようなようすから悲しみと物憂い雰囲気が伝わってくる。二人一組の像は、それらを——たとえばサルのような野獣の群れから成る個々の動物を描写として——独立した彫刻として見なすことはできない。おそらくそれらは香炉、明かりとり、あるいは祈祷用のオベリスク（経幢、石経塔）のどこか一部を担っていたのだろう。ここでは、獅子、イヌ、ヒツジ、サルなども発見されている（Лопатин1864）。埋葬のために重要な彫刻が作られたり、岩に描写が刻まれたりすることもある。ハルビンから南東にある亜溝車駅（アゴウチャ）近く、金の皇帝廟から離れた所の突き出た岩に、戦士2体の座像と1体の立像が彫られている（Жернаков1956）。

　二つの八角形の祈祷用のオベリスクが北京から南西にある雲居寺で発見されている。一方のオベリスクには、僧志才に捧げられ1118年の日付の入った碑文が書かれている[3]。正定の龍興寺にあるオベリスクは、説教僧・広恵を記念して1180年に建立されたものである。側面のくぼみには、彫像が納められている。各層の上部の幅広い庇は、獅子の顔で飾られており、獅子の鼻づらから出ている花飾りは仏陀の足もとを飾っている。すべての像は高浮彫で作られている。八面体の中央より下は、ハスの花の形をした台座と8人の悪鬼の姿が描かれた高い小壁になっていて、さらにその下には、4匹の守護者である獅子の頭に付いた土台部がある（関野, 竹島 1944；鄭紹宗 1973）。正面の配置と線状の描写は様式の基礎を成している。仏陀の衣の襞が台座を覆い、菩薩の衣装の襞は斜めに入っている。様式化された線は、厳格な印象をつくり出している。このような小さな彫像は、仏塔のような大きな彫像とは大きく異なり、別のプラン——仏塔の仏像のバロック風な様式とは異なる線的な方法で製作されている。

　彫刻のもう一つの形式は、地下霊廟の装飾を飾る石や磚（せん）（レンガ）の浮彫で形成される。彫刻は言葉本来の意味で、ここでは、彩色で描写された像は、プロットや構成で彫刻と一体となって、壁に描かれた装飾と結びついている。すばらしい様式の浅浮彫が侯馬（山西省）の1208年から1209年に属する廟で発見された（周貽白1959）。第2号墓の方形の墓室は浅浮彫で埋め尽くされ、北側の壁は建物の構造を再現し、中央部は浮彫で、ある情景が描かれていた。花が活けられた花瓶が置かれた机、そのそばに夫婦が座り、夫は手に数珠を、妻は経を持っている。東側の壁には、六扇一畳の屏風が彫られている。中央部の二扇の下方には、薬草

を摘む隠遁者の古い伝説が描かれ、両脇の四扇には、花と草木が描かれている。これは中国のブドウ（唐草）だ。西側の壁の装飾は、東側と同様であるが、描かれているものが少し違う。中央の二扇には、武具を身にまとい、獅子の子にまたがる人物が戦闘に入ろうとしている。残りの四扇には、軍人の疾走するようすが表現されている。北東と北西の隅には、下男と下女の彫刻が立っている。四つの角の上方には、八角柱が立っており、それらのどれもが柱頭、垂木、斗栱で終わっている。壁には、花と鳥が描かれている。壁の上には磚のプレートで仕上げられた八角形のドームがそびえ、ドームの各面に、8人の隠遁者の生活の情景や神聖なハクチョウの像が点在する。北側の壁のホール（墓室）の軒の上には、5人の人物像が湾曲した屋根に付いた劇場の舞台の模型が作られている。そのミニチュアには、劇場建築の細部がすべて表現されていた。墓室の細かな装飾が、墓自体が建造される前に別個に作られていたことに注目すべきである。そのために、必要な大きさの磚が選び出された。それらは削られたのち、はめこまれていた。

　こうした墓内の装飾は、複雑で多層的であるにもかかわらず、そのほとんどが標準的であった。バリエーションは、多様なプロットの構成の中のディテールにのみ認められる。たとえば、同じ侯馬の29号墓の北壁にも、机とその墓の被葬者の人物像が彫られていたが、下男と机の上の食器が追加されていた（楊富斗1961）。甘粛省の中心・蘭州から南西にある中山林では、墓室構造を持つ遺跡が発見された（陳賢儒1957）。墓室の壁は、花々や草木、シカ、ウマ、人々を浮彫で描いた磚が張られている。この墓室は、1190年から1196年に建てられたものである。垣曲（山西省）の東鋪村近くで1183年に建立された、金の貴人のぜいたくな墓の壁は、磚で造られている（呂遵諤1956）。建築装飾用の滑らかで複雑な形をした磚以外に、一面に装飾や、趣向を凝らした表現を施された磚が見られる。前者のケースでは、開いた萼（がく）や大きな葉が付いた1本の花や、葉のある茎それぞれに三つのつぼみが付いた花束が見られる。このような磚が戸口の框（かまち）や、プロット構成の面白いプレート間の空間を飾っている。後者の標準的な大きさは、42×40cmである。このような板が12枚、1枚の壁に3枚ずつ配置されている。彫刻画のプロットは普通、中国の伝説や言い伝えから借用している。それらの思想を復元するには困難が伴ったが、保存状態はよく、その出来栄えは表現力豊かなものである。この墓には、重要な彫像もある。それは机の後の腰掛けに向き合って座っている2体の人物像である。人物像の高さは20cmで、椅子は50cmである。この人物像がこの墓の被葬者の生活シーンを表現したものであることは明らかだ。磚の浮彫は、かつては特別な下地で覆われ、彩色されていたが、現在、塗料は剥がれ落ちるか、

色褪せてしまっている。どのケースも、花はかつては赤で、葉は緑、衣服には赤、黒、白、おそらく黄色も使われていたことを立証することもできる。おそらく板に描かれたシーンの内容を伝えるキャプションも失われてしまったのだろう。

別のケース——孝義（山西省）近くの下吐京村の墓地——では、1197年に建立された八角形の墓の壁は磚で造られており、それは故人の人生のさまざまなエピソードを描いた浮彫で覆われていた（解希恭1960）。1197年の墓には、前述の1183年の墓よりも数段すばらしい美しい絵画と彫刻装飾が組み合わされていた。構成上浅浮彫は、家主つまり墓主の個別の家庭生活の印象を強めるように八面の内面に配され、埋葬された人物を祝福するかのようだ。イヌの描写がこのような独特な主張の証拠となる。このイヌはかつて家の入口で見張っていたように、墓の入り口を見張っている。七面の壁には、被葬者の最も重要な部屋と人生の代表的なエピソードが再現されている。これらの情景の配置は、よく熟慮されたものである。それらは、金代の名家の日常生活を表現したものである。浮彫の技術は浄寺（浙江省）の宋代のものとよく似ていて、像のつくりや彩色、像の背後の空間は、壁面から切り離されたような印象、すなわちかなりの立体感が生じている——このことすべては、彫刻家のすぐれた技能を物語る。

武陟県（河南省）の小董の廟は金代中期に属し、契丹文字の書かれた磚が注目に値するだけでなく、中国の三大宗教の美徳を表すシンボル——寺院の獅子あるいは「仏陀のイヌ」、道教の「不死」を表すシカ、儒教の徳をテーマとした情景——が、一つの墓室の浮彫に統合されていることが重要である（楊煥成1979）。

襄汾県（山西省）の南董の、ある一族の地下納骨所は、官位のある家族のものではなく、裕福な一家のものであったらしい。破風を持つ方形の墓室には、9名の人々が埋葬されていたが、誰一人として墓碑銘を持つ資格がなかった。12世紀末のこの地下納骨所は、当時流行していたテーマのすぐれた浮彫が施され、さまざまな芝居の登場人物や演奏家、舞踊家、芸能人、戦士、女中が描かれている（陶富海1979）。焦作（河南省）の1199年の日付が入った八角形の石の墓には、フレスコ画や浮彫のほかに、芝居からテーマをとった絵柄の付いた小さな土製の置物がたくさん見つかった。それらの置物は、鼓手、太鼓の叩き手、ティンパニ奏者、横笛の吹き手、舞踊家、それから男女のさまざまな任務を担う召使いを模したもので、それぞれが専用の台の上に乗っている。像は、専門的な技術によって注意深く作られている。学者たちは、彼らの衣装が『大金国志』の記述に沿って再現されていると指摘している（楊宝順1979）。

1965年に、（ソ連）沿海州シュコトコフスキイ地方にあるペイシュウリンスカヤ

洞窟で、高浮彫が発見された。ある研究者たちはそれを渤海のものだと断定し（Лешок1966）、他の研究者たちは金代のものだとしている（Шавкунов1973）。小山の麓から高さ80mのところにある洞窟は、連続した四つのホールから成り、全長40mある。最初のホールの出口の上の小さな壁龕(へきがん)には、人間の顔のミニチュアが彫られている。第二のホールの通路の前の西側の壁には、衛兵の頭が彫られている。衛兵の頭は傾いていて、髪はもじゃもじゃで、目と顔の表情はぞっとするほど恐ろしい。第二ホールの東側の壁には、龍によく似た彫像がある。第三ホールの西側の壁には、女性と男性の二つの頭がある。女性の頭は、実に見事な技で作られたものである（「眠れる美女」）。

（鍾乳石に彫られた）すべての高浮彫の中で中心的存在は、作品の構成上も技術的にも、「眠れる美女」の頭の部分である。それを観察してみると、正面に少し隆起した高い額、幅広の眉、目じりのつり上がった大きな目、ほっそりした鉤鼻、少しふっくらした唇、こんもりとアップにした髪型をした頭部がある。額の中央部には、くぼみが見える。もしかしたらここに石――重要な仏教の神、アヴァローキテーシュヴァラ（観音菩薩）の印――があったかもしれない。（第二ホールの）龍の下の男性のシンボルを表したものは、ひょっとすると地方祭祀の影響によるものかもしれない。高浮彫を金代のものと判断したのは、金の遺跡の近隣の状況（城塞や墳丘）やこの地域に金以前と金以後に仏教が普及したことを表す資料がないことによる。А.З.フョードロフによって発見されたクラスノヤロフスコエ城塞の長方形の装飾レンガの断片は、全面が浮彫で覆われていた。植物の飾りが施された縁飾りは、草木や花々の中にニワトリ（鳥）が彫り込まれていて、このような場合、中国風の象徴的意味はあまりない（Окладников1959）。

金の彫刻は、大理石製や木製の仏陀、観音やその他の菩薩像、墓あるいは寺院にある花崗岩製の巨大な二体一組の役人や将校、獅子、イヌ、ヒツジの彫像、碑を乗せた巨大なカメのモニュメント、仏塔の壁龕にある半立体的な土製の高浮彫、岩の上の石の珍しい石の浅浮彫、よく見受けられ格別にテーマに富む瓦製高浮彫、そして墓壁にある平面的な描写の浮彫の、祈祷用角柱の装飾といった形として残っていた。今列挙した彫刻群は、彫刻に多様な形態があるということだけでなく、きちんと実用性を兼ね備えていること、つまり実用性と芸術あるいは文化的なものとが密接な関係を持っていることを物語っている。そもそもまったく独立した芸術の形態として、彫刻は、極東においては特徴的なものではない。しかし、南宋が得られなかった名誉ある地位を金の彫刻は手に入れたのである。他の多くの芸術に対して彫刻が優位にあることに、女真の独自な美的感覚が表れている。一

見、建物や造形美術を必要とする仏教の繁栄が金における彫刻の発達を促したところもある。しかし、もっと本質的な理由もあった。彫刻や建築は、とりわけ教育を受けたことのない人に対して、より直接的に作用を（及ぼす）力を持っていた。そのうえ彫刻は、女真の伝統にさらにしっかりと根ざしていた。

金の統治時代に彫刻が比較的隆盛期を迎えていたことは驚くにあたらない。しかし、金でも、かつて寺院を飾っていた木や大理石の彫像や彫像群が独立したものとして見られるようになった。大理石の彫像ですぐれている点は、表現されるものに対して細部を綿密に仕上げられる線（リニア）型原則の技術的完成度と一貫性である。芸術的効果は、このリニアの原則によって達成されている。すなわち、個別のディテールをシンメトリーに置くことを厳しく守ること、作品の部分的な構成の組み合わせ、石の構造を理解することによってである。最もすばらしい（晩期の）作品では、装飾的効果が増している。彫像は、大きくて複雑な光背と冠が付けられ、顔は仮面を思わせるように扁平で、そこに幅広の目、まっすぐで長い鼻、小さくてコケティッシュな微笑みを漂わせた口がある（Siren1942）。

金代初期に手引き書の規則や手本によって彫刻家たちを束縛した宗教的感覚は、世俗化する。正統な芸術的観点から見ると、これは衰退、つまりスタイルの純粋さと一貫性の喪失をもたらした。しかし、象徴的な純粋さを失ったことで、新鮮な印象を示すことになった。このような彫刻は、寺院の彫像に不可欠な本当の意味での立体性を欠いていた。たしかに、言うまでもなく立体的な十二支の守護役の動物やカメが存在するけれども、その用途のために芸術的な加工を必要としなかったし、加工しようとすることもなかった。

木彫と大理石の彫刻は、次の二つの点で注目に値する。材質の面では、唐の木彫の伝統が復活し、大理石の彫刻美術が始まった。また様式の面では、中国彫刻の持つストイックで、沈滞した簡潔な表現の伝統から離れ、個々の像やそれらが表現する世界をより具体的で自由に描写したり（「獅子と阿羅漢」）、生活感やユーモアを付け加えたり、豪華な台座に載せたりした。こうした装飾の傾向は、当然のことながら、様式に新機軸を与えた。たとえばストイックな線は、複雑な輪郭となり、細部と細部のはっきりした境界は消失し、模様（「バロック」）は曲線的で豪華なものへと変わった。金の彫刻のオリジナリティーは、描写が詳しい磚造りの墓地の浅浮彫の中に表れている。描写された芝居などの情景の配置は、よく熟慮されている。題材の傾向において古典文学のモチーフと並んで多く使われているのは、日常の情景や反復模様の装飾である。その出来栄えはリアリズムに近く、もちろん当時としては最高水準である。

1 普賢菩薩、文殊菩薩
2 『金史』巻 80 列伝 18 熙宗二子済安皇統二年十二月「薨。諡英悼太子、葬興陵之側、上送至烏只黒水而還。命工塑其像于儲慶寺、上與皇后幸寺安置之。」
3 遼雲居寺続秘蔵石経塔記

15　絵画

　金代の絵画についてはあまり知られていない。画家の中で最も有名なのは、北宋の文人画家たちの手法によって墨で描いた王庭筠（子端、1151〜1201）であった。王庭筠は任詢の弟子で、彼の同時代人を魅了した『山林晩秋図』の作者である。蘇軾あるいは米芾を思わせる一貫した自由で大胆な筆致で描いた壮大な樹木や竹、切り立った岩の表現で有名になった（滝1934）。日本のコレクションの中には、王庭筠の巻絵『幽竹枯槎図』の小さな断片が保存されていた（Siren1958）。その魅力あふれる風景画は、ディレッタンティズムを自称する画家たちの創作の手本となっている。

　もう一つ『岷山晴雪図』という無名画家の作品は台湾にある。その作品からは、金にあった流派のいくつかの特徴を見出すことができる（Bush1965）。その絵は、郭煕の伝統に忠実に見えるが、その画家は郭煕の信奉者としてはあるはずのない、ある単純化をあえて試みている。すなわち輪郭はスケッチを思わせるもので、完結した形を持っていないし、複雑な色調は白と黒の対比に席を譲っている。かといって、この無名の画家の作風は、李唐によって示された南宋の作風にもほとんど似ていない。絵は淡い色の絹布に荒削りな筆致で描かれ、それが金の巨匠の特徴と見なされている。そしてこれが一般的な金の作風である。彼らは、中国文化から構図や形、技法を取り入れながら、どちらかというと宋以前の古風な作風を採用した。この絵の中で、中心的存在は滝で、木々は林を形成し、その頂は山の峰々と争うがごとくそびえ、その山々の中に寺院が隠れている。

　金の風景画の特色といえば、その絵のことだと同時代人は理解していた。ある南宋の画家は次のように書いている。「北方の画家は構成に調和がなくて無駄が多い。そして、出来栄えは乱暴で不完全なままである。彼らの風景画には（線的・空間的に）手の込んだ複雑さがなく、それは広々とした高原や果てしない平原に彼らがいたからであった」（Bush1965）。このような評価はおそらく偏見に満ち

たものだろう。現存する金の一つ一つの風景画は、完璧な文体と見事なまでの出来栄えを誇っている。前景と背景の交互配置や墨のにじみによるコントラスト、木々の表情によって劇的な効果が生まれている。輪郭の単純化は、李山の絵巻の最初と最後にだけ表れているだけに、表現を乱すものではなく、よく熟慮されたものである。

『文姫帰漢図』という絵巻は、おそらく金の名手の手になるものだろう（蘇興鈞 1964 ; 郭沫若 1964）。モノトーンで仕上げられたこの絹の絵巻は、文姫という美しくて教養のある女性が匈奴来襲の際にとらわれの身となり、20年をそこで過ごし、2人の子どもをもうけて身請けされ故郷に帰った話を描いている。彼女の伝記は『後漢書』に掲載されている（84巻）[1]。

絵には、吹雪の中にいる文姫と10名余りの漢人と匈奴の役人と軍人が描かれている。少し前方に匈奴軍がウマに乗って道を指し示しながら進んでいる。ウマは雪をよけるように頭を下げて突進している。脇で子馬が尻込みをしている。絵巻のほぼ中央に、文姫その人が描かれている。彼女はつばなしのクロテンの帽子をかぶり、服と長靴は匈奴風のものを身につけている。両脇には、2人の漢人が彼女の馬の轡（くつわ）を取っている。後ろから漢人と匈奴の役人が2人ずつ行く。匈奴の一方の人物の顔は、もの悲しげで疲れ果てたようすをしている。ひょっとすると、これは南匈奴の左賢王かもしれない。彼らの後ろを5人の匈奴の軍人が続く。一人の軍人は、海東青というハヤブサを手に持っている。その脇を猟犬が走っていく。絵の構成は、人々が大集団でいる印象をつくり出している。それぞれの構成要素は、主要なテーマを強調するために、隣接する要素と結びついている。子馬やハヤブサやイヌは、プロットを補完するためのものである。仕上がりの技術は高度で、塗りは簡素だが、多様である。クロテンの帽子の短い毛が一本一本描かれ、老いたウマの毛も同様に描かれている。この絵巻の表題には、宮廷の芸術を取り扱うために金で1201年に設立された祇応司の創建[2]のことが触れられている。このことからも、この絵が金人の手によるものであることは明らかである。

『モンゴル軍とともに2人の子どもを連れた中国女性』という絵は、金代に活動していたかもしれない無名の画家によって描かれたもので、ボストン美術館に保存されている[3]（Siren1958）。2頭のウマが並んで行く。前景には、ウマに乗っている軍人が後ろを向いている。軍人はぜいたくな装飾を施した鞍を敷き、背には弓と矢の入った矢筒を背負っている。ほぼ正面に飾り紐の付いた丈の高い頭飾を身につけた女性がウマに乗っている。女性の膝の上には8〜10歳の男の子がおり、もう一人は彼女の前にあるウマの首に乗っている。

李山の『風雪松杉図』や武元直の『赤壁図』(1195) は、ロマンティックな色調の絵で、『岷山晴雪図』に対して極めて詳しく述べたような手法で描かれている (Leong1972)。趙霖は北京宮殿（故宮）に保存されていた『昭陵六駿図』という絵巻を残した。多くの名手たちが風景画によって有名になったが、その作品は現代までは残らなかった。任詢は古い絵画に通暁し、その規則や技で鍛え抜かれた人物だと見なされていた。耶律防という人物の資料がある。彼は宋朝への使節であるとともに、中国の皇帝の肖像画を描いたとされる[4]。また、伝説によると、海陵王は西湖を描かせるためにひそかに画家を派遣し、完成した絵の呉山の山頂に自分の姿を描き込ませたという。この行為には、意味深長な暗示が込められている[5]。金の画家たちは、彫刻家や工芸家に愛されたもの——ウマ、悪魔、魔法使い——の描写においてかなり高度な完成度に達していた (Siren1956)。これから話題にするフレスコ画以外の金国の仏教絵画は、禅宗と律宗の信奉者の肖像画に代表される (Bush,Mair1977-1978)。

　金の画家は、引用された者たちにとどまらない。同時代の美学者は当時活動していた画家50人近くの姓を明らかにしている。が、彼らの作品自体は現存していない。シカやウマを描いた顕宗（章宗の父）、竹を描くことを好んだという章宗や海陵王などの皇帝画家以外の画家たちはあるジャンルに属していた。最大グループを形成していたのは風景画家で、20名近くいた。彼らの先頭に立っていたのは有名な王庭筠で（張増午1980）、列挙された姓の中には明らかに非漢人もいた。とりわけ有名なのは3人の風俗画家で、その中には、張珪や楊邦基のような当時著名だった名人も含まれている。墨で竹を描いたのは10名余りの画家たち（完顔皇家出身者1人を含む）で、これらの絵は金代においてよく見られるジャンルのものである。そしてただ一人の名前だけが、以下のジャンルや題材のどれとも関係があった。その題材やジャンルとは、壁に描かれた仏教画（立像を描き、普通の聖像画を下手に描く「凡庸な聖像画家」は数えない）、花鳥図、植物と虫の絵、ワシ、ランの花、ツル、龍、スモモの花と竹と石、ウマ、マツの絵である。このような不完全で暫定的な分類であるにもかかわらず、この分類はジャンルとテーマの相互関係についてある程度の知識をもたらす（兪剣華1936）。

　引用された名前の一覧が、偶然収集されたものでないことは、皇帝・章宗のコレクター活動が証明している。彼は散逸した蔵書を探し出し、貴重な本や絵画を収集した。その際、1192年に王庭筠が書画局を主導し（書画局都監）、秘書郎（古文書・古記録保管所）の張汝方とともに550点を数える書や絵画の傑作を分類した[6]（外山1964）。年代記は、コレクションの構成については何も伝えていな

い。明らかにされているのは、13点の書名と22点の絵画の名称である。一説によると、それらは開封が壊滅状態だったとき奪われたが、戦利品として1126年に北へ運び出されたものだった。それらの中には、大観年間（1107～1110）、政和年間（1111～1117）、宣和年間（1119～1125）の印章や章宗の蔵書の印章もあった。別の資料によれば、これらの財宝の一部は華北の住人の手元に置かれたり、関門で南宋へ売られたりしたという（Пострелова1976）。したがって金国にも売られたのかもしれない。南宋の高宗のコレクションにあった絵画や本の中には、のちに章宗に贈られて、彼のコレクションになったものもあった可能性もある。

金では、芸術性の高い版画が出版された。エルミタージュ美術館には、平陽で出版された以下のような版画が2点ある。一方の版画は希望に満ちたシンボリックなものを題材とし、「拼画」という中国の民族画のスタイルで描かれた、豊かな色彩で美化された形象を特徴としている。もう一方の版画は、関羽を描いたものである（Рудова1967）。

極東の伝統では、書も絵画の部類に入る。金の皇帝・章宗は、書の愛好家だった。彼は、書において、宋の皇帝・徽宗と同等になろうとした。大英博物館に所蔵されている顧愷之の署名がある『女史箴図』には、章宗の自著が残されている。そこには章宗の76字（11行）と彼の蔵書の印章が押されている（外山1964）。金人は、絵画と書、詩を一つに結合させる伝統を発展させ続けた。王庭筠の弟子の李澥[7]という画家が、李の墨絵の中に書でしたためた詩が残っている。蔡珪はすばらしい書家と見なされていた。

北宋の蘇軾（1037～1101）の作品や見解、芸術性の高い創作活動は、金の画壇の流行を大いに利用したものだった。12世紀後半から金の絵画文化は、はっきりと北宋の文学的・芸術的伝統を発展させる方針を打ち出した。その絵画文化の率直さやみずみずしさは、南宋の美的趣味とは無縁なものだった。金では、南宋の芸術アカデミー（画院）の影響がほとんど感じられなかったのに対して、北宋の文人画家たちの絵画や書の影響は頂点に達した。このことは、文人画家や儒者が好むようなスモモの花や成長する竹などの題材を信奉しながらも、個々の作品を比較的自由に描くことを可能にした。金代には、時代を代表するような偉大な画家・王庭筠が生まれた。

金代の絵画の特徴づけをより充実させるには、墓室にあるプロットを持つ装飾画に注意を向けなければならない。朝陽（遼寧省）近くの馬令（1184年没）の墓には、6枚の壁画の断片が残されていた（陳大為1962）。絵の輪郭は墨で描かれ、その中を灰色や緑、赤い色で塗られている。西側の壁画には、客人のためのクロ

スをかけたテーブルが描かれていた。テーブルの周りには、7人の人々が集まっている。東側の壁画には、客の到来が描かれている。この壁画の北の端には、中央に四角いテーブルと5人の人々がいる天蓋の付いた部屋が描かれていた。壁画の南端には、2人の人物と2頭の鞍を置いたウマが描かれ、南壁の入口から右手には、普段着を着て口髭を生やした人物が描かれている。その人物の上には、二つの漢字の碑文（5字と37字）があり、墓の所有者の名前に関することや墓の年代が書かれている。入口の左手には、上着を着た人物と34字の碑文がかろうじて見える。その碑文からは、主人の妻のことが話題になっていることがわかる。北壁の壁画の保存状態は悪く、二つの天蓋とその下にいる下女の姿が見えるだけである。

仏教寺院で特別な位置に置かれているのが壁画である。山西省の岩上寺には、王逵という画家によって1160年代に描かれた絵の入った鏡板が4枚あった。鏡板の絵柄は、釈迦牟尼の人生から題材を得て作られていた。宗教的なシーン（悪魔の降臨）は世俗的なシーン（ウマによる狩り、釈迦牟尼の外出）に、儀式のシーン（盛大な行進、玉座の間での謁見）は日常的な情景（製粉所、市、子どもの遊び）に取って代わられてしまっている。色調や線の性格、構図といった絵画の手法においては、北宋美術の伝統の特徴が見られる。北宋の美術といえば金の美術のことを指し、数多くのディテールが金の絵画芸術の中に北宋の伝統があることを証明する。金ではまれなこのようなジャンルの絵画は、高い芸術性を持った代表作として残っていた（張亜平 , 趙晋樟 1979 ; 潘絜茲 1979）。

絵画は、金代に花開いた芸術ではなかった。絹布や紙に描かれた絵は、11世紀から12世紀の東アジアでは中級レベルに相当するものだった。2〜3点の作品を見れば、金の絵画が「北方」のプロットの影響下にあったことがわかる。宋以前の画家たちのスタイルや手法を取り入れながら金人は、自分たちの美的センスや観察から得た直接的な感覚とを、北宋とも南宋とも異なる手法で表現する能力があったことを示した。有名な画家の多くは、「自由な画家」の範疇に属していた。耶律防や張瑀のように軍部に（軍人として）名前が残っている画家もいた[8]（Bush1971）。壁画はオリジナリティーあふれる線や、のびやかな作風を大いに示している。

1　『後漢書』巻84 列女伝74 董祀妻「陳留董祀妻者、同郡蔡邕之女也、名琰、字文姫。博学有才辯、又妙於音律。適河東　仲道。夫亡無子、帰寧于家。興平中、天下喪乱、文姫

為胡騎所獲、沒於南匈奴左賢王、在胡中十二年、生二子。曹操素與邕善、痛其無嗣、乃遣使者以金璧贖之、而重嫁於祀。」
2 『金史』巻56志37百官2六部所轄諸司　尚書工部　祗應司「提點、從五品。令、從六品。丞、從七品。掌給宮中諸色工作。直長、正八品。收支庫都監、同監。泰和元年置。」
3 ボストン美術館所蔵の「文姫帰漢図」（Wenji and her family）
4 『宋史』巻294列伝53王洙「嘗使契丹、至閃淀。契丹令劉六符宴伴宴、且言耶律防善画、向持礼南朝、写聖容以帰、欲持至館中。洙曰『此非瞻拝之地也。』六符言恐未得其真、欲遣防再往伝絵、洙力拒之。」
5 『大金国志』巻14海陵煬王中「先是、上遣臣施宜生往宋、為賀正使、隠画工于中、即敕密写臨安之湖山、城郭以帰。上令絵於軟壁而図己像、策馬于呉山絶頂。後題一詩、云『自古車馬一混同、南人何事費車工、提師百万臨江上、立馬呉山第一峰。』、『帰潜志』巻1「（金海陵庶人）正隆南征、至維揚、望江左賦詩云『屯兵百万西湖上、立馬呉山第一峰。』」、『図絵宝鑑』にも同様の記事あり、海陵王が江南（南宋）を征服する意図があったとされる。
6 『金史』巻126列伝64文芸下王庭筠「（明昌三年）召為応奉翰林文字、命與祕書郎張汝方品第法書、名画、遂分入品者為五百五十卷。」
7 『帰潜志』「李澥公渡、相州人、王黄華門生也。自号六峰居士。工詩及字画、皆得法於黄華。」
8 耶律防は遼代の人、使節として宋へ来朝し、皇帝の画像を描いたという。『宋史』巻12本紀12仁宗4嘉祐二年三月乙未「契丹使耶律防、陳覬来求御容。」、『宋史』巻294列伝53王洙「耶律防善画、向持礼南朝、写聖容以帰。」文姫帰漢図の作者の張瑀が、『金史』巻16本紀16宣宗下元光元年の「提控張瑀」や『金史』巻117列伝44国用安の中で十郡王の一人として出てくる「張瑀」と同一人物かどうかは金史の記述ではわからない。

16　工芸

　女真は、金建国以前に、中国の金属や鋳物、宝石、石、製陶の芸術的で高度な加工技術と出合っていた。それというのも、それらの製品が女真にとって非常に魅力的で、輸送しやすく、日常生活の中ですぐ使用できるものだったからである。1126年に開封を占領すると、彼らは儀式用具や王位を象徴するもの、器、珍品、供犠のための用具一式、仏具とともに、金を使う絵師20名、金細工の工人や宝石細工師、石工、瓦工人を30人、それに100人の彫石師を連れ出した（徐炳昶1936）[1]。同年、女真は、宋の皇帝と宮廷からの進物として芸術的な宝石細工を手に入れた（『大金弔伐録』）[2]。
　鏡は確かに、芸術的に価値のある金代の金属製品の代表例に属するものである。比類なきすばらしい鏡は、1950年代に沿海州地方のフメリニツキイ集落で発見

され、金代の銭によって年代が正確に確定されている（Шавкунов1960）。ここでは保存状態がすばらしくよい女真の鏡が全部で9個発見されている。1号鏡は、8枚の花弁の付いた花形3に作られ、その中には対になった蔓模様が施されている。これは金の典型的な装飾である。中央にあるのは、仏典からとられた情景かもしれない。2号鏡は、不明瞭だが8枚の花弁の付いた花形をしている。3号と4号の鏡は、大きさは異なるが、両方とも裏側に産卵期のつがいの魚が互いに追いかけ回しているようすが描かれている。これは地方によってバリエーションはあるが、ごく普通の宋のモチーフである。3号の鏡にはカラフトマスに似たサケの形が表現され、4号鏡には雷魚4（？）が描かれている（董学増1979）。縁には、女真の鏡でよく見られる「官鏡」（官営工房）という銘が入っている。5号鏡には、銘は漢字ではなく、おそらく女真小字が入っている。鏡の右側には、木にもたれて物思いにふけっている人物が描かれ、左側には小さな滝がある。6号鏡の左側には、木立を背景にした2人の人物、そのすぐそばにはウマとウマに乗った人物がいる。右側には、木の下にいる人物と2字から成る銘が入っている。7号・8号鏡には、左右に2人の踊り手がいる（が、ほとんど見分けにくい）。7号鏡が8号と異なるところは、一人からもう一人のほうへ飾り紐を引っ張っているところである。9号鏡は、開花までのさまざまな段階にあるハスの花で作った花冠で飾られている。鏡は、仕上げの精巧さと、リアリズムあふれる題材にすぐれている。

　沿海州のシャイギンスコエ城では、これまでとは違ったモチーフの銅鏡が見つかっている5。一つは、太陽が雲間の龍を焼き焦がし、その下の荒れ狂う波間で2匹の魚が泳ぎ、さらにその下では水牛が頭を上げて立っている（Шавкунов, Хорев1977）。別の鏡には、女真の装束を身にまとった青年が描かれていた。幅広の乗馬ズボンをはき、襟ぐりが四角いシャツを着て、丈の短い長靴を履いている。その情景が、明るい方向へ鏡を向けたときだけ見えるように描かれている（Можейко1971）。三つ目の鏡には、円を描くように飾り紐でつながれた11個のそれぞれ異なる楽器が並んでいる（Шавкунов1977）。それらの配置は、らせん状に動いていくような感覚にとらわれるように描き出されている（Гусева1977）。これらの鏡は、工人が高い芸術性を持っていたことを示している。

　女真の鏡のスタイルの多様性はこれにとどまらない。ペアの鳳凰とブドウの蔓がほどこされた丸い銅鏡（鳥山1935）、菱形模様と所有者の銘が鋳造された鏡、あるいは海の生物が描かれた鏡（鄭隆1959）、連結した銭の模様あるいはバラの花を描いた鏡、海の龍を描いた明らかに古い鏡をまねたと思われる鏡、銘によればShandong（山東か？）宮殿のものである長い柄の付いた鏡、次のような願いを込

めた鏡についても言うことができる（吉林省文管会他 1958）。長寿・富・名声の願いを込めた円形鏡、富・子宝・長寿（福禄寿）の願いが込められた方形鏡（鳥山，藤田 1940）、多角形あるいは菱形[6]をしていて「清素傳家　永用宝鑒」という銘の入った鏡（張徳光 1955）、白っぽい色の四角い鏡で、その表面が珠玉によって四分割され、それぞれの部分に草にチョウが止まっている絵が描かれているもの、8枚の花弁の付いた花の形をした湖州鏡（湖州工房産の鏡）で、極東で象徴的な意味を持つとされるツルとカメが描かれているもの、4匹の動物の絵とかなり長い24字から成る銘と二つの役人の印章を押した跡のある鏡で1198年製のものなどである（梅原 1944）。

　大きさ5〜10cmの儀式用の小さな彫刻群も、本質的には工芸の部類に属す。頭に鳥を載せたシャーマンは、似たような題材が、ある満洲の聖像画に見出せる（Медведев1979）。仏陀の小像（Хорев,Гусева1979）、頭に冠をかぶり、マントを着て手に数珠を持っている仏陀の小像（陳相偉 1964）、手に杯を持ち胸をはだけ、裸足でハスの形をした台座に立っている仏陀、片手を腹部に置き、もう片方の手を胸の前に持ってきている人物像（段静修 1963）、阿羅漢と観音菩薩像（吉林省文管会他 1958）、ハスの上に坐し、背にハスの花形の光背をつけた仏陀像（鄭隆 1959）、仏陀の座像（滝川 1941）などは、すべて銅の鋳物で、金の芸術的な工芸製品の生産技術を示すものであり、非常に高い品質を誇るものである。

　金属の置物の類は、儀式に使われたり、完全に上流社会で使われたりしたものである。それらには、銅のニワトリや魚、鈴の形をしたもの（段静修 1963）、十二支の動物が付いたお守りがあった（張郁 1956）。これらには皆、つるすための輪索が付いていた。極めてまれだが、別の金属製品もある。金のトンボやミツバチ（吉林省文管会他 1958）、さまざまな形の乳白色の軟玉と赤い碧玉が複雑に組み合わさり、金の針金でつながった豪華な装身具（景愛 1977）、手に長い杖を持った子どもの形をした鉄の垂飾りで、つるすための輪索が付いているもの（鳥山，藤田 1940）、上京の遺跡から出土した垂飾りに似た系列のもの（Толмачев1927）、龍の上に座っている人間の形をしている銅像、先端部が龍やウマの頭の形をした銅製の天秤棒や竿秤の一部（Шавкунов1972）、楽器の一つで低い銅製の鐘（李文信 1963）、1175年の役人の徽章かもしれない丸い銅の小箱（魯琪 1979）、楽器類などである。これらはすべて新しく取り入れられたもので、宗教儀式のためのものとしての用途から逸脱したものである（鐘侃 1978）。留め金や飾り金具、ウマの首輪の装飾的な構成は多様である。

　シャイギンスコエ城では、型打ちで作られた泳ぐハクチョウ（Шавкунов,

Хорев1975)、トラの鼻づらに似せて作られた模様の入った精巧な飾り金具（Гусева, Шавкунов 1976）、横たわるシカの浮彫を施した剣帯の飾りやウマの首飾り（Гусева1976）、龍や木の下のシカの姿を浮彫にした銅製の留め金、トラと龍の頭を表現した二つの銅製の錠前の掛金（Шавкунов1979）が発見された。ラゾフスコエ城では、銅と鉄の子ども用の帯ベルトが発見された。その薄板状の帯には、木の下にいるシカが描かれていた（Леньков 等 1979）。ソ連の考古学者の中には、このような装飾のモチーフの中に、鞴鞨を経てシベリアにまでさかのぼる特徴（「動物模様」）を見出す人々がいる一方で（Шавкунов1972）、ウィグルを通って中央アジアに起源（Гусева 1978）を見出したり、現代の地方民族のもとで存在し続けている特徴を見出したりする人々もいる。

　有名なものとしては、2個の女真の鋳鉄製の鐘がある。その一つは、肥城市（山東省）の関帝廟で発見されたもので、1184年に鋳造されたものである。細長い形をしており、高い位置にある輪索は、頭のない2匹の龍の形をしている。鐘のドーム状の屋根の部分には、ハスの花弁が彫り込まれている。また、3本の帯で区画された鐘の胴部には、4個の「宝珠」がある。上下の帯は、袈裟の模様を思わせる幾何学模様で埋め尽くされている。鐘の縁はでこぼこで、その少し上に五線星形が鋳造されている。1201年に鋳造されたもう一つの鐘は、甘州（陝西省）の鐘楼につり下げられていたものである。それはあまり細長くなく、その縁はでこぼこしている。表面は方形に分割され、模様は伝統的なものではなく、自由なものである（関野，竹島 1944）。

　女真の石の彫刻といえば、沿海州のシャイギンスコエ城で最近発見された色の付いた石の小型で美しい垂飾り（15〜25cm）が具体的な例である（Шавкунов 1979,1969）。たとえば軟玉で作られた魚がある。また互いの背中をぴったり合わせて寄り添うつがいのアザラシは、凍石を彫って作ったもので、石理がその動物の毛足を巧みに表現している。白い珪岩を彫って作った眠れるハクチョウは、頭と首を背中に潜り込ませているようすが完璧な構成を誇っている。「まどろむ」ウサギは、水晶で作られている。黒い泥岩で作られたセスジネズミは、足で押さえている穂をあたかも引っ掻いているように見える。半分開きかけたボタンの花は白石英で作られている。これらすべての像の中央には、紐を通すための穴が開けられていた。突き出たところがなく、一本石で仕上げられているようすは、日本のかつての垂飾――根付と類似している。龍の根付もある（Шавкунов1980）。黒い石で作られた印章には、花とシカが彫られている（Гусева1976）。準宝石を使った精巧な装身具が奥里米市近くで見つかり（張泰湘1977）、シャイギンスコエ城

でも見つかっている (Шавкунов1979)。沿海州の遺跡では、芸術的価値のある小さなガラス細工が発見されている。青い花形の髪を留めるヘアピンだった (Шавкунов, Хорев1976)。

磚（レンガ）造りの像や装飾レンガ、装飾のある瓦当[7]や滴水瓦[8]、絵付きの釉薬をかけた陶器や磁器などを焼成する工芸にとって、粘土は重要な原料である。

装飾レンガは、この章の14節の重要なテーマとなっている。宮殿や行政機関の建物の棟や屋根の先端の飾りのための素焼きの土製品は、上京 (Шавкунов 1927) やクラスノヤロフスカヤ要塞 (Забелина1960)、ニコラエフスコエ城塞 (Шавкунов1966) などの巨大遺跡にある。代表的なものは、鼻孔を膨らませ、目が飛び出て怒って口を開き、歯をむき出し、舌を出した龍の頭部である。漏斗型に広がった不死鳥の像は、穏やかな作風である。この漏斗型の広がりの部分に背に翼をつけた仏陀が乗っている。

満洲の上京や、クラスノヤロフスカヤ要塞、沿海州の蘇城、シャイギンスコエ城、その他の地域の遺跡で出土した瓦は、間違いなく女真の代表的な瓦である。クラスノヤロフスカヤ要塞の綏芬河沿岸の撫順より北方にある山の堡塁では、宝珠を周りに巡らした獣の顔の付いたすばらしい瓦当が発見されている (Забелина1960; Киселев1959)。蓮華は普通6～8枚の花弁を付けている。花芯の円の中心には、6～7本の雄しべが宝珠（蓮子）によって表現されている。滴水瓦の面には普通、縦に3本の線が走っている。その合間には、方形の凹凸の細い列があり、その表面は縄の圧痕で覆われていた。たいていこのような帯は2本ではなく3本で、方形（の凹凸）は乳頭状（1～2列）に変化することもあった[9]。滴水瓦の端面には、専門的な用具を使って波状の曲線が描かれ、それは指で押したものをまねたような曲線だった。波状の縁の凹んだ部分には縄の圧痕があった。金の上京の滴水瓦には龍があしらわれ、瓦当にも龍の姿が表現されていた。

金の南部では、瓦当に釉薬がかけられているが、北部では釉薬のかかった瓦当はほとんど見られない。絵の線は、安定感があり、それは安定した様式の特徴でもある。また、規格がそろっている点ですぐれているのは、たくさんの製品が作られた結果によるものである。花の花弁のシンメトリーな配置、獣あるいは寄り合う龍の鼻づらの表現は、デザイナーのセンスのよさを示すものである。絵の輪郭の明確さは、陶工の能力の賜物である。この時代を直接研究した考古学者たちは、多くの類似品から女真の瓦当や滴水瓦を区別することができる実践的な能力を培った (Шавкунов1960; Аргудяев1964; 賈洲傑 1977)。

金における芸術性の高い陶器の生産、この分野は、多くの点でまだよく知られ

ていない。現代の研究者の中には、女真の支配下において北宋の陶工（たとえば定窯）たちがおそらく活動をやめてしまった上に、新たな窯が登場しなかったのだろうと指摘しているものもいる（『中国的瓷器』1963）。だが、これはたぶん言い過ぎだろう。なぜなら金のある遺跡で、考古学者たちは芸術的な陶器を含む大量の陶器を発掘しているからだ。極東の女真の遺跡ですら、同様の製品が見つかっている。莫大な数の芸術作品は、当然輸入されたものであるはずはなく、丹念な様式的・技術的分析の結果、様式的に宋の系列に属する製品さえも、現地で製作されたものであることがわかった。この後者の状況は、金代における中国の窯の活動の継承による宋の伝統への到達というように、あまりに短絡的に解釈され、それらの製品を安易に「宋金の陶器」と呼んでしまっている（黒田1955）。中国に女真が出現する時期までに、ここには芸術的な陶器や磁器を製作するためのよく整備された製作地が存在していた（Кочестова1956）。宋の中心が南へ移ってから、南方にあった工房は当然活動を続けた（龍泉窯、建窯）が、北部の工房の運命は極めて複雑なものだった。北宋の窯を土台として、金の芸術的な器の生産は発展したのである。

　金代において現代中国の範囲で稼働していた官窯は、蕭県の白土窯、宿県の宿州窯、泗県の泗州窯（以上、安徽省）、澗磁村の定窯、邯鄲市近くの観台鎮の磁州窯（以上、河北省）、陽泉の平定窯（山西省）、銅川近くの黄保鎮の耀州窯（陝西省）、禹県の神后鈞窯（河南省）、宜興県の均山窯（江蘇省）、撫順県の大官屯窯（遼寧省）である（省名は現代のもの）（Mino, Wilson 1973）。しかも神后鈞窯、つまり鈞窯（後年の鈞州窯）や大官屯窯、江官屯窯、缸瓦窯などその他の窯は、北宋の窯には属さないものである。神后鈞窯は金代のもので、残りの（満洲の窯[10]）は遼金の窯である（洲傑1973；小村1934）。これらの窯は皆、金代の芸術性の高い陶器の形態をつくるという役割を果たしたが、これらの工房は皇室のものであり、生産された製品は決して一様ではなかった。

　いちばん功労のあった窯は鈞窯だった。鈞窯つまり鈞州窯は、1184年にその名称を授けられた同名の地域にあった（河南省禹県）。鈞窯は、まぎれもない金の磁器を生産した窯である。鈞窯の窯は、宋の汝窯の伝統を継承し、華北で最も知られた窯となり、生産拠点となった。生産は、最初のころよりも後年になってからのほうが発展した。鈞窯は、金の青磁生産の頂点を成すところだろう。釉薬は製品の表面に月のような白あるいは茶色の色調を出すためにたっぷりとかけられた。焼成の過程で、釉薬は細い筋を描きつつ、広がりながら流れ出た。そしてその垂れた跡が残ることもあった。釉薬が流れ出た痕跡は、計算し尽くされた技術によ

るものだった。なぜなら、工人は釉薬がむらなく薄くかかるようにすることもできたからである。足と底は、たいてい緑がかった茶色い釉薬ですっかり汚れていたが、底には漢字と数字が刻み込まれていた。これは鈞窯特有の特徴だった。

　このような特徴は1110年代後半には完全に出現していた。それはちょうど女真文化復興のための政府の運動が鳴りやんだころだった（関松房1958）。鈞窯の陶器の特徴は、多様な色彩を持つ釉薬だった。言及したもののほかにも、トルコ石のようなブルーや黒、赤の釉薬が有名である。しかもトルコ石のようなブルーは、低温で焼成したとき得られるもので、金代で初めて出た色だった。赤だけは宋代のものである。色の付いた釉薬の下の白地には、ハスやキクの花の彫り物が施されていた（『中国的瓷器』1963）。13世紀の初めには、窯は皇帝の宮殿の儀式用の道具で、白とバラ色を調和させたものを生産するようになった。色の配合自体は、まず北宋で流行し、のちに道教のもとで流行した色の等級の復興の影響を受けて生じたものである（Legeza1972）。鈞窯の陶器は金で広く普及したばかりでなく、南宋にも普及した。鈞窯の陶器は多くの金の遺跡で大量に発見されている。高い部分にくびれのある花瓶はトルコ石のようなブルーの釉薬をかけられており、緑がかった釉薬のかかった小皿、灰色がかった緑色の釉薬がかけられた取っ手の付いた水差しなどがある。

　耀州窯の系列に連なる磁器は、金代において陝西省の立地坡や上店村の工人たちによってどんどん生産された。これらの窯の起源は唐代までさかのぼる。女真支配下で、これらの窯はおもに黄味がかった青磁——質的には北宋に若干劣っていたが——（陝西省考古研究所編1965）と、赤褐色の釉薬をかけたものが生産された。耀州窯の芸術的あるいは装飾的な陶器は次のような特徴を持っていた（北方の青磁）。1）黄色の地に青い釉薬のかかった丸い鉢と皿が作られ、その後、黒あるいは青い釉薬を使った鉢と皿が生産された。2）釉薬の垂れた跡はやや乱暴で、表面は釉薬が全体にかかってはおらず、白で入念には塗られていない。3）茶碗や大皿の内壁や底の中央部に、上を向いた巻きひげのある花の模様が施されている。その花模様は、円あるいは六つの弓形に並べられている。ボタン、ハス、キク、魚、一様でない形のガン（雁）のほかに、波間のガン、月を見るサイ、シカ、八卦、三角形などを表したものが発見されている。

　磁州の系列に連なる製品は、河北省の冶子村や観台鎮のさまざまな工人によって生産された。その中には、枕もあった。装飾ではある種妥協を許さない厳格さが際立っていた。それはとくに若枝に花の付いた模様の中に見られた。13世紀には、この系列の製品に琺瑯[11]がもたらされるようになった（第2章第1節参照）。

別の窯の製品の特徴は次のとおりである。白土窯では、黒と白の釉薬のかかった製品や白地に黒で絵が描かれた器が焼かれた。宿州窯や泗州窯では、おもに白い釉薬のかかった製品が作られた。定窯は非常に多彩な製品を生産した。たとえば、白い釉薬のかかった製品（とくに定窯系）、白い釉薬に赤褐色の釉薬による装飾が施された器、赤褐色の釉薬のかかった製品である。磁州窯は、緑の釉薬のかかった製品や黒い絵の描かれた製品、3色の釉薬のかかったものや、白や赤褐色の釉薬のかかったもの、白地に黒い絵の描かれたもの、掻き画あるいは彫刻のような装飾の施された製品が生産された。平定窯は、黒と白の釉薬のかかった製品を生産し、均山窯は青磁を、大官屯窯は白い釉薬がかかったり、白地に黒い絵が描かれたりした製品が生産された（馮先銘,1965）。

　蕭窯は有名な江蘇の「民族的な」窯で、官営の窯ではなく、幅広いニーズに応える陶器を生産した（宋伯胤 1962；王志敏 1959）。これは、有名な定窯の系列のスタイルの再現に努めた工房である。白か象牙色の釉薬を薄くかけた磁器、底に型押しの花模様のある磁器、また、まれに器の内壁に比較的小さく簡素に花模様の型押ししたものが作られた。定窯の系列の陶器は、多くの金の遺跡で出土し、各地で陶器の出土品の大部分を占めた（陳相偉 1964）。釉薬の下に型押しした模様のある鉢や皿の、やや乱暴なつくりの陶器が蛤喇（黒竜江省）で発見されている（王修治 1960）。底等に模様のある足付きの白い鉢にも言及する。それは極めて大きく、明らかに定窯の古いものをまねたものだった。また取っ手の付いた茶碗や取っ手のない浅底で上広がりの茶碗、丸く深い容器も同様である。発掘現場では、細首の黒い釉薬のかかった球形の磁器のような器、取っ手の付いた白地に黒で絵の描かれた丸くて深い器、二つ一組の器、細首の瓶、注ぎ口の付いた器、黄色がかった白い釉薬がかかり絵（飛ぶ鳥、泳ぐ魚、ペアの動物――たとえばガン）の入った花瓶が発見されている。このような陶器の中には、明らかに同製品をまねた製品――花瓶あるいは鼎（かなえ）――型押しの装飾のある鼎（劉精義，張先得 1977；李逸支 1959）、三本脚の釜や皿（喩震 1963）、仏塔のような入り組んだ形をした器（Предметы...1963）。沿海州のシャイギンスコエ城では、背中に大杯を載せた獅子の形をした釉薬のかかった2体の彫刻が発見されている（Шавкунов, Хорев1975）。

　中国圏内では、さまざまな窯で作られた陶製の彫刻で芸術的な作品があるが、このようなものはよくある例である。13世紀初頭の侯馬（中華人民共和国山西省）の墓では、さまざまな代表的な役柄をかたどった5体の土製の役者像が発見された。これは芸能をテーマにしたもので、小さな彫刻では新しい現象である。

正確に製品を作ろうとする思いがこの芸能のテーマとする作品群の特徴である（前田 1979）。

　考古学による出土品は、金代において他の陶器の加工拠点があったことや、有名な窯にとって特徴的と見なされているものとは別の種類が存在していたことを証明するものである。このことは帝国の北方の県にも大いに関係することである。沿海州や沿アムール地方の女真の住居跡では、釉薬のかかった装飾の施された陶器（施釉陶器）が発見されるのが普通であるが、いちばんよく出土するのは有名な金の窯で作られた製品と見なされる破片である（Воробьев1959；Аргудяев1963）。完形品が出土することはまれだが、考古学的に復元できるものはあらゆる遺跡の文化層で発見することができる（Стратанович,1951）。このタイプの陶器は、地域の器のほんの一部なので、非常に貴重で、すっかり壊れるまで使用されていた。この地方で当時そのような器を生産した窯は今のところ発見されていない。それらのうち最北の窯は、南満洲の境界——つまり大官屯窯や江官屯で、遼陽の窯を超えない（Mino1973）。一般に芸術的な器は、おそらく北方でも焼かれていたのだろう。クラスノヤロフスカヤ要塞の式典用の建物では、黒っぽい灰色あるいは明るい黒色をした球状の器が発見された。それは敷皿のない平底で小さな穴が開き、上縁部の丈が短かった。凸凹のない平らな表面、薄い破片（0.5cm）、首尾一貫した球状の形態——これらすべては特別な用途をもった質の高い製品であることを示している（Воробьев1967）。

　金の陶器の主要な三つのグループ——北方の青磁（鈞窯、耀州窯などの製品）、磁州の陶製の頭受け、定窯の調度品——のどれもが、様式の芸術的な変容の中で特別な地位を占めていた（Wirgin1970）。金初頭には、定窯ではなく、磁州窯に代表されるような北宋趣味（花や動物の描写への興味）の「リアリズム的様式」が支配的だった。金中期からは、唐や遼の装飾や象徴的なものによって鼓舞された「伝統的な傾向」がそれを凌ぐようになった。伝統的な傾向の特徴は、ぜいたくなレリーフ装飾、一貫性のある構成、製品の全体利用である。13世紀初期までに、このような傾向は公的支援を受けて最盛期を迎えた。金帝国内の考古学的発見をもとに、金の陶器、とりわけ磁器の発展を研究しようという試みもある。金における磁器の生産工房の分布図を作ってみると、満洲から南の境界に至るまで、金全土に12の有名な巨大工場が実際に点在する。発掘成果を研究すると、金の陶器の発展が少なくとも二つの段階を経ていることがわかる。二つの段階とは、主要（中央）首都を燕京に遷都する前と、その事件の後である。1160年代から1180年代が編年の境界である。この二段階の陶器の生産の発達は大きく三つの

地域——満洲、中原、准水沿岸——で起こり、それぞれの特徴を持っている（趙光林 , 張寧 1979）。

　日常的な陶器さえも、仕上げ（合理的でかつ芸術的な造形、施釉）、そのほかにも、よりありふれた装飾（浮彫や型打ち）によるもの、そして、さまざまな基本的要素の組み合わせにおいてしばしば形を変化させ、描かれたものが施されている（Тупкина1974,1973）。

　金の金属や土製の芸術的な製品や半芸術的製品は、明らかに独自性を持っていた。装飾で支配的だったのは、曲線や植物や動物の姿で、「結び目」「満洲菊」「柳の枝」「S 状の造形」「進行波」のようなモチーフが好まれた（Гусева1978）。とくにそれらは北方で顕著である。繰り返し現れる個別のモチーフは、「記号論」的な分析の助けを借りて解読されるかもしれない。たとえば「波」「炎」「雷文」「唐草文」は自然現象を再現したものなのかもしれないし、トーテムの表象や魔除けといった機能の可能性もある（Гусева1978）。

　極東の美的な伝統や装飾様式に対する独特な考え方は、金の工人たちに、同時代に生きていた隣人たちに負けない品質のものを作り出すことを可能にした。

1　『金史』巻 28 志 9 礼 1 郊「金人之入汴也、時宋承平日久、典章礼楽粲然備具。金人既悉收其図籍、載其車輅、法物、儀仗而北、時方事軍旅、未遑講也。」
2　『大金弔伐録校補』(47) 宋主致謝書及報因便附問「珍珠碾鏤金雞竿百戯人物腰帯一條」など
3　葵花形、日本では八花鏡と呼ぶ。鮑海春・王禹浪・伊葆力・都永浩 2001『金源文物図集』哈爾浜出版社参照。
4　ライギョ、カムルチ（가물치）
5　シャイギンスコエ城の鏡については、高橋学而 2008「ロシア共和国沿海州パルチザン区フロロフカ村シャイガ山城出土の金代銅鏡について－金代東北流通史理解の一資料として－」『九州と東アジアの考古学』九州大学考古学研究室、アムール女真（パクロフカ文化）の鏡については枡本哲 2001「ロシア極東ウスリー川右岸パクロフカ 1 遺跡出土の銅鏡」『古代文化』53-9
6　菱花形、日本では八稜鏡と呼ぶ。『金源文物図集』参照。
7　軒丸瓦
8　装飾のある板瓦、平瓦、軒平瓦の一種。
9　平瓦の叩き目（格子目や縄目など）の圧痕を説明しているものと思われる。
10　缸瓦窯は内蒙古赤峰。
11　ホウロウ、金属製品に釉薬を焼き付けること。搪瓷とも言う。

17　学術

　女真による華北の占領は、宋の国家的な学術機関の制度の撤廃をもたらした。その後、これらの機関は翰林院を含めしだいに復興したが、金統治下における学術活動に対する国家の初期の役割は、宋あるいは唐のレベルには決して達し得なかった（薮内1966）。程度に差はあるが、帝国内の国家的な学術のカテゴリーに属するものは、歴史、自然哲学、天文学、時間、地理、鉱山、医学、薬理学、農業技術であった。金の専門官庁あるいは部署の施設があるかどうかが、どの分野を国家的なカテゴリーに含めるかどうかという基準である。列挙されたほとんどすべての分野は、同時に個人の指導的役割のために開放されていたことは言うまでもないが、帝国の学術のこのようなカテゴリーには、あらゆる点で国家的な影響が感じられた。例外は、時間の部局（暦の作成）だけで、影響の度合いが少ないのは自然科学（陰陽、五大要素に関する研究）、さらに少ないのが医学（より正しくは医学教育）であった。列挙された学術の中で、最も公式的な学術に数えられるものは、歴史、天文学、薬理学だった。哲学においては、教義となる著作物に対して正統な仕方で提起されるものならば、自由な注釈は許された。また政府の文献学的な興味は文字記録にとどまり、地理学的興味は行政区分と地図の作成、鉱山に関する興味は管理機能に、農業技術に関する興味は観察と勧告する機能にとどまった。数学や植物学、その他のいくつかの学術分野に対して、政府は直接興味を持たなかった。

　金代において哲学は、漢人の読書人に委ねられたままであったにもかかわらず、彼らは当時漢文の古典や哲学書に対して注釈を施す以上の業績は成し遂げなかった。自身の著作で広く名声を得たのは王若虚で、四書五経、『孟子』『論語』の不明点（辨惑）に注釈を施した著者である。いくつかの現存する断片からは、王若虚が自分の批評の中で権威に対しても容赦なく、朱熹、司馬遷を指弾し、司馬光に対しては曹操の悪行に関して沈黙したことを非難していることがうかがえる（陶晋生1976）。

　女真国家金において歴史学は、国家機関の役人と出仕していない（在野の）歴史家によって発展した（Воробьев1970）。唐や宋でそうであったように、金国の研究史は決して単なる学術調査の枠にとどまるものではなかった。歴史の持つ国家的政治的宣伝の意義があらゆる方法で力説された。国家の史学史家たちは、自身の業績の中で先行王朝に対する評価を下し、権力の座にある現王朝とその創始

者を称賛し、全古文書と議事録を管理し、皇帝に対しては国事の照会や助言を、過去の例で裏づけたり、正統的イデオロギーに立脚したりして行わなければならなかった。国内のこのような任務を果たすために、国史院や皇帝の日常行為を記録する記住院が創設された。12世紀末までは、これらの機関で女真人が占めるポストは半分以下だったが、その後女真人の役人の割合が増やされた。

　すべての制度は外見上、契丹の制度を思わせるもので、宋の制度よりも規模が小さかった。1127年には、すでに「太宗は歴史に彼の先祖の業績を書き加えることを望んで、それに関する専門家のことをたずねる詔を発表した。彼は頗剌淑（ポラシュ）の息子、烏野（ウエ）と耶律迪越（てきえつ）に先祖について書くことを依頼した。烏野と耶律迪越は、先祖の言葉や業績を丹念に調べてから曾祖父の劾里鉢（ヘリボ）から始まる10人の統治者の行いを3冊にまとめた。彼らは詳しく……中略……村や田舎のことを記録した。そして契丹との相互関係や他の部族との戦い、仲裁における策略や欺瞞を一つとして隠すことなくすべてにわたって正確さを維持しようとした」[1]（『金史』; Розов）。『実録』『起居住』、二つの『遼史』——これらはすべて女真人官吏によって編纂されたものである（Воробьев1970 ; Шавкунов1971 ; 藤枝 1948）。遼史は、自分たち金は誰の後継者と見なすべきか、唐なのか、遼なのか、それとも宋なのかという問題について激しい政争が行われる中で作られたものである（Franke1974 ; Rogers1971）[2]。これらの著作は現存していない。

　私たちに知られている金国の独創的な歴史書は、漢文で書かれている（存在していたのは漢文の歴史書の女真語訳である）。残っていた著作の大半は、学者ではない人々の手によるもので、しかも金ではそういう人々が比較的大勢活動していた。金の歴史に関する業績の数々が、国家の壊滅後も残り、金に関する元や明の業績のもとになった。現代まで残っているのは『南遷録』『大金集礼』『大金弔伐録』『帰潜志』『汝南遺事』『大金国志』『金志』で、『遼東行部志』『鴨江行部志』もある（序文参照）。すでに指摘されたように、政府が文献学において興味を持ったのは言語と文字記録だけだった（2章9節参照）。翰林院の構成員はおもに言語学者が充当されていた。言語学の応用的な側面には、いくつかの別の機関の役人も従事していた。たとえば国家文書の校閲部局、集賢院、宮中の検閲機関、国家書記局である。1208年に韓道昭は顧野王（6世紀）の有名な『玉篇』を手本とし、最少の画数を示す文字から始まり、画数による個々の音部記号（部首）の分類で漢字を配列する『五音類聚四声篇海』（四声、高低のアクセントと、五音ごとに配列された言語辞典）[3]を編纂した。この方法はその後、梅膺祚が『字彙』（1615）の中で、『康熙字典』（1716）の編纂者が採用している。辞書は道教のテキストを読

第 2 章 ● 金国の文化
17 学術

むのに役立った（小川 1962）。

　金帝国において、自然哲学の一般的問題の構築は、全体として中国で構築された伝統的・形式主義的セオリーの解釈の枠を出るものではなく、女真人の経験に応じたものであった。この中に属するものは、無名の編者が編纂した『大金徳運図説』で、1214 年に尚書省で承認された[4]。選集には、天命によって選ばれた王朝の運命に応じて五つの要素（五徳）のそれぞれの長所に関する報告が集められ、またまず天命自体によって選ばれた金徳（王朝の名称——「金」と「金属」という言葉が同じ漢字で書かれていることを想起させる）を遼へあてつけで選び[5]、今度は宋に対抗して土徳の庇護を受け入れている金の無敵の思想が提起されている[6]。こうした思考は、「歴史上」の実例によって支持されている。唐王朝は、「正しい」土徳を選んで勝利し、宋は「誤った」火徳を選び敗北した（『大金徳運図説』; Rogers1977）。ここには、魔術に関する一組の本が関連づけられ、兀欽仄の『青烏先生葬経注』も関係づけられている。女真人の筆者は、おもに漢人の陰陽研究による教義を注解している。

　自然現象に関する当時の知識の性格は、次のような際立ったエピソードによってくっきりと浮かび上がる。1160 年に河東と陝西で地震が発生し、軍隊の陣地では暴風が吹き、その結果家が倒壊し、多くの人々が非業の死を遂げた。「海陵王は、宮中の天文学者に、なぜ地震が起きたのかと問うた。学者は『陽が隠れ、陰が抑制されているからです』と答えた。『ではなぜこのような地震と暴風になったのか？』と皇帝はしつこくたずねた。『土徳はそれ自体が持っている本性を失う。これが地震と暴風と呼ばれるものです』[7]（『金史』）。私は、金人が極東の自然哲学と、天には五惑星、大地には五要素があり、人間には五つの主要な五徳（徳、博愛、公正さ、礼儀、信）と五つの義務があるという「五要素の本質」を身につけたと理解している（『金史』）[8]。しかし、1151 年に皇帝、海陵王が燕京への遷都を宣言し、「役人たちが陰陽五行説に準じて起工する日と場所を選んで、燕京に宮殿を作る計画を作ったとき」[9]（『金史』）、皇帝は懐疑的にその儀礼を受け入れた。

　数学の研究については知られていない。金の数学者・李治（あるいは李冶）（1178〜1265）——金国生まれの漢人——の『測円海鏡』の発表は、疑いのない明白な事象であった。この著名な研究は、金がすでに没落した後の 1248 年に発表された。李治は、地球は球状で、「天空の存在が障害でない」のでなければ、平坦や正方形ではないかもしれないと考えた。李治は、学界に負の数を紹介し、方程式の数の表記のために係数を改良し、『世界の数学的本質』や自然数や無理数に関する研究を発展させ、面的な幾何学的な図形とそれに続く代数的数値を伴う計

275

算で独自に円を計測する方法を提示した（Vanhee1913）。同時代の未知数「X」を使った式の代わりに、金の代数学は、漢字の「元」を使った。そこから数学のための名称──「天元」（術）が生まれた。

国内には国家による天文学の部局があった。その部局には、司天台（150人足らずの最も規模の大きな部署）や登録局、天文科、算暦科、三式科[10]（星や前兆を占う部署）、漏刻科（水時計の部署）が含まれていた[11]。それらの部署に携わる女真人の割合は、3分の1から2分の1だった。金の天文学者は理論的で実践的な問題に興味を持っていた。武亢は、挿画入りの『校正天文主管』を編纂した。この本の中で彼は、五惑星、恒星、占星術の原則について記している。武亢は、再三天文部局のさまざまな職務に就き、宮中においておもに熟練した未来の予言者として大きな権威を持った。

金人たちの天文学への関心は、次の一節によく表されている。「金が汴（京）（開封、1126年）を占領後、すべての天文学の組織と設備が馬車で燕京（北京）へ運び去られた。天球、天の赤道、時間測定をする輪、天球儀、鐘、太鼓、15分ごとに打つ梃子、天の（上部の）器、柄杓、沈澱池、大桶など、これらすべて（の設備）は、長い間に故障したり摩耗したりしてしまった。唯一、銅渾儀が天文台に残っていた。しかし、汴（京）と燕（京）は千里以上離れていたので、場所を示す緯度はまったく同一ではなかった。そのため、（南）極を4度下に[i]動かしてから、いたるところで緯度を調整する必要があった。（1195年には）激しい暴風が発生した。雷が環状天球儀に落ちて、天球儀は地面に落ちて壊れた。（金の皇帝は）それを修理し、塔の元の場所へ戻すように命じた。貞祐年間（1213〜1216）に（女真が）南へ移住したとき、天球を溶解してさまざまな製品にするよう勧められたが、（皇帝はそれを）壊すことを聞き入れたくなかった。しかし、馬車でそれを運べないほど重荷だったため、結局天球儀は置いていかれた」[12]（『金史』）。いずれにせよ、相互に関連し合うシステムは、故障することなく1154年からどんなときも作動した（陳遵媯1955；Needham1959）。天文学の機器の収集をどのように充実させていったのかは定かではない（陳遵媯1955）。

　　　　　　　　　　　　　　　i　実際には誤差は約5度であった。

国の天文学部局は、100を超える観測と業務を遂行した。たとえば、太陽・月・五惑星（水星、金星、火星、木星、土星）の観測、他の星々が「結びつけている」28の静止した星座、二十八宿（東西南北に一致する蒼穹の四つの扇形ごとに均等に並んでいる）に対する観測、二十四節気の次の始まりを告げる満月や新月の到来期日（各季節14〜15日）や日食・月食の期日を確定した（『金史』）[13]。

1129年、1136年、1160年には太陽の斑点を観測し、1209年と1211年には太陽の「黒っぽい部分」を観測（Hosie1878）し、すい星を観測した。すい星の通過の記録は南宋よりも正確なこともあった。1232年のすい星の出現時に関しては方位から見た位置、恒星から見た位置、その色、大きさ（円周上の角度）、形、運動の方向、円周上の角度におけるその位置のその後の変化、満月のときのすい星の見えない部分、48日目の消失について指摘されている（Biot1846）。

『金史』には、42の日食とそれより多く月食のことが書かれているが、実際にどのように観測されたのか、どのように予報されたかは知られていない。オッポルツァーの「食宝典」で観測された7回の日食のうち間違って予報されたのはおそらく1回で、3回の到来の期日は一昼夜前には示された（Hoang1925）。1158年には、燕京で日食の観測が準備されたが、そこでは日食は見られなかった。しかし当時、予測や記録の不正確さは日常茶飯事だった。燕京で北方の同僚たちが食を予測したり観測していたのに反して、1167年に、南宋の天文学者は正確にはできなかった（Gaubil1732）。同時代資料によれば、金の領域では、119年の間に80回近くの食を多様に観測することができた（Reck1963）。

当時の部局の活動は特徴を持っていた。国内では、60年周期や年号、十干十二支が導入され、一日は時間で区分された。すべての制度は、陰陽暦と時刻を追う毎日の観測に支えられていた。最初の女真の暦（大明暦）の創設は、楊級の作である[14]。その暦は、遼で受け入れられたシステムに立脚するもので（『金源箚記』）[15]、いくつかの誤差があり、当時のすべての暦に共通する不完全な点もあった。それが導入されたのは1137年だけで、つまり22年間は国家は旧来の宋の暦で生活した。新しい暦の寿命も長くはなかった。1158年に日食の予報が行われなかったのである。また、1173年と1174年には食が「遅れて」始まった。1171年に「大明暦」が改作され、同年に編成された。そして1175年に「乙未元暦」が導入された（Yen Tun-chien1945）。より小さな修正はたびたびあった。そのような場合、古来より中国で宗教儀式のものと見なされてきた天文学の「表」に対して、より自由な態度が示された。金を起源とする公式な暦法は、元王朝の手に移った（薮内1967）。金では、暦を編纂するのに必要な計算が在野の学者たちによって行われることを禁じなかった。そして、そのことが大いにこの科学的分野の発展に貢献した。

暦に関しては主流派のほかにも、二次的な研究もあった。それに関しては、興味深い考古学的発見が証明している。12世紀末から13世紀初期の（沿海州の）プラホトニュカンスコエ城とシャイギンスコエ城で十二支をあしらった暦が発見

された（Леньков1969 ; Шавкунов,Хорев1976）。沿海州のシャイギンスコエ城で出土した青銅製品はより一層興味深いが、謎めいてもいる。それを報告書の筆者は「地方の暦」と呼んでいる（Шавкунов1973）。青銅製の板は、いく筋も特殊な形に配置され開けられた穴が並んでいる。シベリアや極東の地域住民の別の暦に関する情報にもとづいて、シャフクノフはこの「暦」に考えられる二つの取扱いの方法を提案している。

　第一の提案では、低い部分の穴は日を表している。穴は上段（17穴）、中段（16穴）、下段（17穴）の3段に並んでいる。上段と中段、中段と下段の穴を足すと、33日になる（普通の月）。下段と上段の穴を足すと34日になる（うるう月）。板の二つの上部の側面の支線（あるいは分岐）には、各支線に11個ずつの隆起がある。これは1年の月数なのかもしれない（365：33 = 11）。その場合、平年は363日で、うるう年は374日（34×11か月）ということになる。平年とうるう年が交互にやってくることを考慮すると、上段と中段の穴の合計、中段と下段の穴の合計は平年と一致し、下段と上段の穴の合計はうるう年と一致する。5年間の総日数は1826日となり、シャフクノフによれば現代の暦と一致する。

　第二の案では、各段の穴の数は1年の月数と考えられる。その場合、うるう年は17か月、平年は16か月と数えなければならなかった。3段に並んだ穴の配列の順番にしたがって、彼は次のように結論づけた。暦のデータによるとうるう年は平年よりも長い。すなわちうるう年（上段）は、平年（中段）に変わり、さらに2年うるう年（下段と再び上段）に変わり、再び平年（中段）になるというのだ。ひと月は22日から成る（シャイギンスコエ城の暦によれば1826÷83 = 22、83か月は5年間の月数である）。この数は板の横の支線の隆起の総和である。

　このように復元してみせた著者自身は、第二案を支持し、ウデゲ族の暦では少なくとも17か月あり、彼らやナナイ族の間でも1日は17で割り切れると指摘している。このような例は、彼の考えでは、提案された復元は受け入れられるものとした。全体として、彼はこの暦の基礎には、天文学の観察ではなく、実践的な観察があったと記している。提案された復元は機知に富み、おそらくその的確さはほかの考古学的発見によってたしかめられることだろう。まして発見された板は完全な形で残っていたわけではない。欠損部分が本質的に全体像を理解する上で重要な部分に属するかもしれない。

　帝国の創造、外交の活発化、新しい行政区画の実施、広大な土地を面積で再分割するには、正確な地理学の知識が必要とされた。金の地理学の理論的情勢はその根底に宋の地理学があったが、その学術自体は極めて実践的な特徴を持ってい

た。現存はしない呂貞幹の著作『碣石志』に、上級都市の中都から北方地方の国内複数の地点における冬至と夏至の影の長さに関するデータが引証されている。張謙（女真語の名前は古戴鄙夫（グダイビフ））の著書『重校正地理新書』には、地理学への陰陽説の適用について述べられ、いかに正しく方位を決定すべきか、いかに土地を測量すべきか、いかに地図を作成すべきかを考究している。この著書は、職務上試験に合格しようとする候補生養成のための公式の教科書であった。

『図解地理新書』は金人の畢履道が改訂したもので、当時すでに珍しいものとなっていた多くの著作の集成である。この著書では、さまざまな時代に取り入れられた尺度や時間の測定における食い違いを排除する方法や、正しい方位や水平の決定の仕方が検討されている（Воробьев1971）[ii]。

[ii] 1171年頃、金人は宋の歩数計を手に入れた（『金史』43巻）。

西安には、2枚の正方形の石板（一辺が80cmと90cm）が保存されている。一枚には「華夷図」と刻まれ、もう一枚には「禹跡図」と刻まれている。両方の地図は北方を対象としたもので、銘によれば1137年に金の属国であった斉国で彫られたものである。「華夷図」は、契丹によって偉大なる遼と呼ばれた地があり、金の名称はないが、後者は伝承では宝元（1038〜1039）年間の地図に属することから、この地図はおそらく11世紀半ばに作られたものだろう。地図上に近隣諸国は地理学的に正確には描かれておらず、上書きして標示されているだけである。地図の端に書かれたテキストは、ぎっしりと何行にもわたり、独特の意味がある。地理学的に著しく専門的に作られた第二の地図は、一定の縮尺――1マス100里ごと（＝250万分の1）――の条件付きのメッシュが入っていた。この地図は、地理学の学生の教育用に指定されていた（Wang Yong1958；Needham1959；Chavannes1903）。

太医院は、教育や行政の医局、宮中の医師たちを管理していた。ここは最も優秀な専門家で定員を満たし、その定員は50名だった（陳邦賢1954）[16]。金は宋の国家的医学の教育制度をまねており、医学校は大学の管轄に移った（国子監）。医学校では、一般医学、外科、鍼術を教えたが、より細分化された専門医も存在した。1) 成人病、2) 小児科、3) 風邪、4) 産科と婦人科、5) 眼科、6) 口腔歯科、7) 骨折とけが、8) 腫瘍と潰瘍、9) 鍼灸、10) 催眠療法と呪文である（宮下1967）。理論と実践に関する試験に合格して卒業である。学生たちの理論的知識を試験する際には人体の名称やその器官の機能、病気の原因と性格について完全に学習しているかどうかに注意が払われた。実践的な知識を試験する際には、医薬の作用や正しい処方箋を書く規則などが含まれていた。臨床実験は、学生たちによって

観察される患者の公開を想定していた。試験の合格者のうち優秀者は、医師、講師、あるいは研究者として国家の部局に入り、成績の悪い者は個人営業する許可を得た。試験に合格しなかった者は、訓練を継続するか、職業を変えるように勧められた。医師は北方の女真の領土でも珍しいことではなかった。いずれにせよ1120年代末にとらわれの身だった宋の皇帝、徽宗を治療したのは金の医師たちだった（『北狩見聞録』）。

　成熟した教育制度は、科学としての医学の発展によい影響を与えた。中国の医学の歴史学者でさえも、最も重要な医学の学派の出現を金・元代に関係づけている（Wong Chin-min, Wu Lien-teh 1932）。これは学者や医者たちの活動に対する政府の行き過ぎた管理をゆるめた結果、可能になったことである。その結果、長い中断の後、中国では、新しい立場や規範に照らすと異端的な立場、他の学派の医師たちによって反論されるような立場を含む医学的業績が登場するようになった。

　劉完素、字守真（1110〜1200ごろ）は、学派の長で、主要な自著『素問病機』の中で、すべての病は人体に溶けている過剰な「熱」によって起こると書いている（熱病あるいはチフスの研究はこれにもとづいていたものである）。当時の慣習では、熱の過剰は火の要素の支配と関係があった。彼の理論によれば、このような過剰な熱は、北方の人々に好まれている辛くて胃にもたれる食品によって助長された。そのため、内部の熱を下げるために、彼は解熱剤を推奨し、このような熱を助長する根源を解消するために強い利尿剤を薦めた。

　張従正、字子和（1156〜1228ごろ）は、宮中の医師の地位を捨て、開業医となり、有名な『儒門事親』を著した。その著書の中で、彼はとくに病気の発生原因に注意を払った。その発生原因は劉完素と異なって、彼は六つの有害な影響の中に見出した。それは極めて有害な原因——つまり「邪気」を助長する風・熱・湿気・火・乾燥・寒さである。「邪気」と闘うために、彼は前述の六つの極めて有害な影響のそれぞれと三つの分泌を結びつけてから、それらの分泌を刺激するように命じた。治療では、彼はこれらの「分泌」を可能にするおう吐、発汗、そして何よりも下剤効果に重点を置いた。そのため彼の学派は、「攻下派」、つまり実際に積極的な治療を意味する名称を得るに至った。

　3人目の学者、李杲、号東垣（老人）（1179〜1251）は、個人的に学校を開き、しかも才能はあるが貧しい弟子たちを無料で教え、生活の面倒を見た。彼は1201〜1208年に膨大な数の人々を救った。当時、彼の書いた流行病の処方箋はとても有効であると認められ、市場の広場の黒板に記入され、のちには石に刻まれたほどだった。彼の医学理論の中核には、脾臓の重要な役割に関する研究があ

った。彼は自身の医学的論拠を当時としては形式主義的な考察によって補強した。『脾胃論』の中で彼は、人体におけるこの器官の重要な役割に関して述べながら、地の要素、つまり脾臓をとくに解熱によって強化する理論を展開した。『内外份辨惑論』では、以前は外因的性に熱中していたのとは異なり、病気の内因性に対する優位性を説いている。補土派と呼ばれるようになったこの理論、すなわち病気の内因性に関する研究は、食物の不足——栄養の重要成分の欠如、栄養不良、空腹に原因があると言っていた。しかし、彼の説く活力を高める方法は、弱った人体にいつもよい効果を与えるとは限らなかった。

同時代の人々のこれら三派に対する態度は、批判的なものだった。治療の教授法は、危険を伴うものと見なされ、とくに劉完素と張従正の提案がこれにあたり、李杲のおう吐の処方もそれにあたった。彼らの理論を理解すると、どの学派の研究が古い医学理論に立脚していた。各学派はこれらの理論のある何らかの側面を発展させ、他の学派の応用を認めなかった。各学派は、それぞれに蓄積された観察結果を体系化した。診断が修正されることは少なかった。つまり、病気に関する判断は、従来通り外的観察と脈を測ることにもとづいて行われ、しかも実際には、優先されたのはある一定の症状だった。理論上の束縛のせいで、経験にもとづく知識を克服することができなかった。これらの学派の本当の価値は、一つの古い中国医学の中からそれらが出現したという事実の中にこそある（Rall1970）。

金の医学は先に列挙した学派にとどまるものでは決してなかった。『遼金文藝文志』には、70近い医学書が挙げられており、その中には現存しているものもある。数多くの医学的成果が金代に属している（Rall1970）。当時すばらしい成功を収めたのは外科と整形外科で、伝染病や感染病に関する学問もそうだった（Lee1955）。金末から元の初めにかけて書かれた専門書は、天然痘に関するものだった。金・元代において、肺結核は内因性のもので、外部から持ち込まれたものではないという見解が形成された。そのため、もし人体が弱まれば、人は発病し、物質的な病原菌の媒介は存在しないとされた。

（現在の用語では）神経遺伝子の役割もある程度理解されていた。「楊雲翼は、しばしば中風にかかった。（1226年に）具合が軽快したとき、皇帝の哀宗は彼に、中風を治療する薬についてたずねた。『私は魂を治療しただけです。魂が穏やかなときは、有害な蒸気が痛みを覚えさせません』と楊雲翼は答えた」（『金史』）[17]。

鍼灸による指導書が出版された。重要なのは肩を並べる学派の意見を述べた一連の業績である。この新案は、古い医学書に対して批判的な態度をとっていた。金では、臨床医は、医薬それ自体としてのおもな特質に対してひたむきなまなざ

しを向けるのではなく、経験にもとづいて医薬の具体的な特質を病気と結びつけようとした。これは、医学理論と薬理学とを関係づけることを意味していた（Unschuld1977；岡西 1967）。満洲の薬草は、強力な浄化剤や解熱剤、強壮剤はもとより、大きな流れとなって国内に流れ込んだ。しかし、医師たちは、一つの薬剤による治療が常に効果的であるとは限らないことを理解していた。温水による治療は普及した（1129 年に太宗が東京でこの方法を用い、1160 年には瑞州で海陵王が用いている）。

　直接薬局方とは関係ないが、植物に関する貴重書に、有名な医師・李杲のものと見なされる『食物本草』がある。

　金では、建国時代に学術制度が形成された。国家の学術機関を組織する際、女真は宋王朝の経験を活用した。金国の学者は、一連の自然科学の部門で、明らかな成功を収めた。金の自然科学に特徴的なことは、伝統的で形式主義的な理論に拘泥するよりも実践的な積み上げに重きを置いている点や、学術に対して政府の規制が少ない点、漢人と並んで異民族の代表者たち（女真、渤海、高麗、契丹、モンゴル）にも学術活動に参加することが許されている点にある。このことは、金の自然科学に独特の性格を与えた。女真の業績によって中国の自然科学の発展が阻害されたかもしれないが中断されることはなかった。それどころか、金の自然科学は北宋の自然科学を元の自然科学をつなぐ、まさにひとこまとなったのである（Воробьев1971）。

1　『金史』巻 66 列伝 4 始祖以下諸子勗烏野「天会六年、詔書求訪祖宗遺事、以備国史、命勗與耶律迪越掌之。勗等採撼遺言旧事、自始祖以下十帝、綜為三巻。凡部族、既曰某部、復曰某水之某、又曰某郷某村、以別識之。凡與契丹往来及征伐諸部、其間詐謀詭計、一無所隠。事有詳有略、咸得其実。」

2　何俊哲・張達昌・于国石 1992『金朝史』中国社会科学出版社「金代両次撰修遼史、皆未正式刊行。**耶律固、蕭永祺**所修的『遼史』、雖在皇統八年（1148）完成、但長期未刊行、稿本已散佚無存。陳大任等継修的『遼史』、完稿之後、因正統問題没有解決、也没有刊行。」
　　耶律固、蕭永祺等『金史』本紀 4 煕宗皇統八年四月「甲寅，遼史成。」、『金史』巻 125 列伝 63 文藝上蕭永祺蒲烈「**蕭永祺**字景純、本名蒲恕。少好学、通契丹大小字。広寧尹**耶律固**奉詔訳書、辟置門下、因尽伝其業。固卒、**永祺**率門弟子服齊衰喪。固作遼史未成、**永祺**継之、作紀三十巻、志五巻、伝四十巻、上之。」、『金史』巻 89 列伝 27 移剌子敬「子敬読書好学、皇統間、特進移剌固修遼史、辟為掾属、遼史成、除同知遼州事。」
　　陳大任等『金史』巻 9 本紀 9 章宗 1 明昌元年十一月「乙亥、命参知政事移剌履提控刊修遼史。」、『金史』巻 105 列伝 43 蕭貢「（蕭貢）與**陳大任**刊修遼史。」、『金史』巻 12 本紀

12 章宗 4 泰和六年七月「丁亥、勅翰林直学士**陳大任**妨本職專修遼史。」、『金史』巻 125 列伝 63 文藝上党懐英「泰和元年、増修遼編修官三員、詔分紀、志、列伝刊修官、有改除者以書自隨。久之、致仕。(党懐英)大安三年卒、年七十八、諡文献。懐英致仕後、章宗詔直学士**陳大任**継成遼史云。」、『金史』本紀巻 12 本紀 12 章宗 4 泰和七年十二月「壬寅朔、遼史成。」

3 部首が五音三十六字母(子音)順に配列されている漢字字典。五音(韻)とは、唇音、舌音、歯音、牙音、喉音の五つ。発音の位置などによる字母(声母)・頭子音の分類のこと。当時の字母は三十六あるとされた。見母金部に始まり、日母日部に終わる。さらに同母内では平・上・去・入の四声によって並べられ、また同部内では筆画順となっている。

4 『大金徳運図説』省奏「尚書省奏『准尚書礼部挙、窃聞王者受命開統、皆応乎五行之気、更王為徳。方今并有遼、宋、統一区夏、猶未定其所王。伏睹今来方以営造都邑并宗廟社稷、窃恐随代制度不一、有無委所司一就評定。』奏訖、奉聖旨『分付評定、須議指揮。』右下評定内外制度儀式所、可照検依准所奉聖旨詳定訖、分朗開立状申、以憑再具聞奏施行、不得住滞錯失。付評定所。准此。」陳学霖は以上の文が『金文最』巻 56 は「集議徳運省箚」として収録し、その注に「貞祐二年」とあることから貞祐二年に金朝の徳運が定められたとする。Chan Hok-lam(陳学霖), Legitimation in Imperial China: Discussion under the Jurchen-Chin Dynasty(1115～1234), Seattle: University of Washington Press, 1984、しかし、この文は海陵王天徳三年から貞元元年の間のものであるとする説もある。劉浦江「徳運之争與遼金王朝的正統性問題」『松漠之間－遼金契丹女真史研究』中華書局 ,2008

5 『大金集礼』巻 35 長白山封冊礼(大定十五年 1175)「厥惟長白、載我金徳。」、『大金徳運図説』貞祐二年正月二十二日尚書省判(翰林学士承旨党懐英)「宜依旧為金徳。」、『大金徳運図説』貞祐二年二月応奉翰林文字黄裳議「泰和之初、(略)改金為土。」などを根拠とするものと思われる。確かに建国当初「金」という国号を選んだのは、遼が鉄の意味でそれに対抗したようであるが、『金史』本紀第 2 太祖収国元年正月壬申朔「是日、即皇帝位。上曰『遼以賓鉄為号、取其堅也。賓鉄雖堅、終亦変壊、惟金不変不壊。金之色白、完顔部色尚白。』於是国号大金、改元収国。」とあり、完顔部が白(姓)に属したためであり、五行(五徳)とは関係ないとする説(劉 2008)もある。

6 『金史』本紀巻 11 章宗 3 泰和二年十一月「甲辰、更定徳運為土、臘用辰。以西京留守宗浩為枢密使。戊申、以更定徳運、詔中外。」、『金史』本紀巻 14 宣宗上貞祐二年(1214)春正月乙酉「命有司復議本朝徳運。」

7 『金史』巻 23 志 4 五行「(正隆)五年二月辛未、河東、陝西地震。鎮戎、徳順等軍大風、壊廬舍、民多圧死。海陵問司天馬貴中等曰『何為地震?』貴中等曰『伏陽逼陰所致。』又問『震而大風、何也?』対曰『土失其性、則地以震。風為号令、人君厳急則有烈風及物之災。』」

8 『金史』巻 23 志 4 五行「五行之精気、在天為五緯、在地為五材、在人為五常及五事。」

9 『金史』巻 5 本紀 5 海陵天徳三年四月丙午「詔遷都燕京。辛酉、有司図上燕城宮室制度、営建陰陽五姓所宜。海陵曰『国家吉凶、在徳不在地。使桀、紂居之、雖卜善地何益。使堯、舜居之、何用卜為。』」

10 三式とは「天式」の太乙神数、「地式」の奇門遁甲、「人式」の六壬神課による「天時」「地利」「人和」が揃う、完全な術数を意味する。

11 『金史』巻 56 志 37 百官 2 司天台

12 『金史』巻 22 志 3 暦下「金既取汴、皆輦致于燕、天輪赤道牙距撥輪懸象鍾鼓司辰刻報天池水壺等器久皆棄毀、惟銅渾儀置之太史局候台。但自汴至燕相去一千餘里、地勢高下不同、望筒中取極星稍差、移下四度繞得窺之。明昌六年秋八月、風雨大作、雷電震撃、龍起渾儀鼇雲水趺下、台忽中裂而摧、渾儀仆落臺下、旋命有司営葺之、復置台上。貞祐南渡、以渾儀鎔鑄成物、不忍毀拆、若全体以運則艱於輦載、遂委而去。」
13 『金史』巻 21 志 2 暦上二十四気（卦候）、二十八宿
14 『金史』巻 21 志 2 暦上「天会五年、司天楊級始造大明暦。」
15 『金源箚記』巻上暦志序「楊級始造大明暦。案自遼統和以後、中歴金源、下及元至元以前、北中沿用祖冲之大明暦。然大明其号、非其術也。級法当起演紀上元庚寅、距今天会丁未（五年）。（略）」
16 『金史』巻 56 志 37 百官 2 太医院「十科額五十人。」
17 『金史』巻 110 列伝 48 楊雲翼「雲翼嘗患風痺、至是稍愈、上親問愈之方、対曰『但治心耳。心和則邪気不干、（略）』」

18　教育

　12世紀の半ばまでは、金国における教育の普及は、中国にとって特筆すべきほど国家的意義は見出せなかった。教育の普及は漢人にとっては伝統的なことであり、その他の人々にとっては、新しくて魅力的なことであった。1115年から10年の間に、女真政権は契丹や漢人の教師や読書人を獲得して、貴族や将軍たちの間に教育を普及させようとあらゆる手段を用いた。1125年には、太宗は耶律某を、女真文字を教える首都の教師に決定した（『満洲源流考』）[1]。1126年には女真は、開封から漢人教師たちを連れ出した。19年間女真のもとでとらわれの身となった有名な洪皓は、遠隔の五国城の貴族の女真家族[2]の養育係であり教師だった。教育に対する欲求は、知識なくしては理解しがたく、近づきがたい中国に対する女真人の興味によって支えられ、読み書きができることがその第一歩であった。私はすでに金の重要な政治家たちの言語的教育程度の例を挙げた。もちろん教育は、言語的知識にとどまるものではなかったが、とくに第一期ではそれは原則として重要な地位を占めていた。

　役人のポストを決定するために欠かせない知識人に対する要求が、政府に教育問題に取り組ませることになった。金の最初の10年間、政府はできあいの働き手やあの手この手で教育を受けた少数の女真人で満足せざるを得なかった。最初のころは教育を広く普及させることができなかったので、政府は1127年に導入された試験制度（貢挙）[3]で登場した職務の交替を管理することで満足するにと

どまった。役人になるための試験は、最も多様な知識を身につけた（遼、宋、金代においても存続していた漢人の学校の）受験者の間で行われ、北方と南方別々に募集された。北方の募集は中国本土でも遼の領土だった地域住民（河北省や山西省の北部）の間で、南方は、宋王朝の国民だった者たち（華北と華中）の間で行われた。北方の受験者は「詞賦」、すなわち注釈付きの作詩の試験を受け、南方では経義を受験した。「北方出身者」のために試験の過程で文学・文献学系のテーマを優遇したのは、政府の一般的な方針——中国の到達点の中から、宋とはできるだけ関係のない、宋的な古典に対する志向ではない、とくに唐の文学的伝統を選ぶこと——によってである。詞賦は、習得するのが経義よりも圧倒的にやさしかったので、北方出身者を試験において優位にさせた[4]。ただ海陵王の治世1151年だけは、試験における差別が取り除かれ、受験者全員が詞賦を受験したが[5]、1188年に再び経義が導入された[6]。

募集と受験科目の違いは、政治的理由によるものだった。北方の住民でとくに政府に仕える階級の者は、新王朝に対してより忠実であると見なされた。そうした者を優先的に金に仕官させるために、受験科目を軽減して保障してやるだけでなく、割り当て制度でも保障されていた。北方人は首都試験の各回に200人の進士[i]（のちに100人）が、南方の人々は華中の住民の数的な優位性にもかかわらず150人の進士（だけ）が選抜された（陶晋生1976）[7]。形式的には、試験には奴隷、帝国の工房の労働者、俳優、音楽家を除いて、ほとんどすべての男性（奴隷の息子たちすらも）に門戸が開かれていたが、すべての入学志願者がしかるべき準備ができたわけではなかった。

  i 進士——「役人の候補者」——役人として国家機関へ入るために必要な身分。

国家的な教育制度の形成は、「漢人の漢人自身による統治体制」から「金人による行政の組織」への転換と関係がある。この教育の普及の新時代は1151年に国立大学——あるいは用語の思想性により近い言い方では——君主の子どもたちのための大学（国子監）の開校によって始まった（毛汶1935）[8]。2人の教授が学生の教育を管理し、試験をした。2人の講師と4人の助手が直接学生を指導した。写字生が授業のノートの写しを取った[9]。

10年後、国子監の庇護のもとで、漢人向けと女真人向けそれぞれの高等教育機関が創設されるようになった。1166年には、国子太学（国立の単科大学、つまり君子の子どもたちのための古典学校）が開校した。4人の教授と4人の講師が大学の定員に加わった。最初は160人の生徒だったが、のちには——5品以上の役人

の息子たち150人と地方からの入学志願者250人——合わせて400人になった[10]。人員の増大は地方での選抜試験を通過したり、採用試験を通過した子どもたちによって引き起こされた。

　女真国子学（国立の女真単科大学、女真の君主の子どもたちのための学校）の創設の経緯は、3段階を数える。1）1164年に建設が始まり、地方の主要都市ごとに3000人の女真人を集める予定でいた。ここから計画にもとづいた女真人による国家的な教育が始まったのである。2）1169年には、100名の最優秀女真人学生たちが講師・温迪罕締達による指導を受けた。これによって教師や通訳となる人材の基礎がつくられた。3）1173年に、女真国子学の正式な開校が宣言された。講師たちは（進士で）この大学で兼任して働いていた。多くの講師は、進士試験を合格した者の中から新たに採用された。質問に対する文書による回答の後で、100名の女真人志願者が選出された。大学付属予備学部でも100名が採用された[11]。国子学や国子監では、経義や人文科学系が明らかに支配的だった。学生たちはおもに古代中国の古典や歴史書を精密に研究していたが、少なくともより新しい哲学や倫理的な業績、芸術性の高い文学（唐代よりも新しい）は何らかの校閲がなされたうえで、必ず金で決まった注釈（非常に厳しく監督された）を伴っていた[12]。

　世宗のとき、地方の主要都市（府）や国境地帯の前哨地区の中心（州）にも学校が開校された。府州学（地方校）は、漢人と女真人に分けられた。最初の地方校（府学）は1176年に登場し、17校だった。それらでは1000人が学んだ[13]。1189年までには府学は24校になり、学生の数は905人に増えた[14]。これらの学校では、受験後、推薦でも採用された[15]。学生たちはそこで完全な寮生活を送った[16]。女直府州学（女真人の地方校）は1173年に開校し、16校だった[17]。それらの学校は女真人が多く住んでいる地域に置かれ、勉学に才能を示す一族の子どもたちが入学した。国境地帯には1189年までに615人の学生が学ぶ39校（藩鎮学）が創設された[18]。それらもまた漢人と女真人に分けられていた[19]。州学の開校は1189年（大定29年）で21校、学生は235人だった[20]。府学は、大定年間（1160～1189年）にまず6校あった[21]。1189年までに首都以外の学校で学ぶ学生総数は漢人が3800人、女真人が2200人[22]だった。それに対して、首都圏の単科大学に学ぶ学生は、6000～7000人だった。

　高等（首都）、中等（地方および前哨地）教育のほかに初等教育があったが、それについてはあまり知られていない。たとえば、大臣の次のような発言がある。「軍の施設があるような重要な行政をつかさどる県ごとに学校を設立し、そこで平民を教育すれば、われわれはそこから利益を得ることができるだろう」（『金

史』）[23]。この史書の別の箇所では、「世宗と章宗の治世において、儒教の庇護のもとに都市や村の学校が日増しに繁盛していった」とある[24]。

　教育の普及の過程で、官費支給の本が使われた。それらは大学によって出版されたものであった。規範（9点）、歴史（16点）、哲学（5点）の教科書が知られている[25]。女真の学生にとって、これらの書物の翻訳をすることが卒業だった。興味深いのは、白居易の『白氏策林』――試験の手本となる79節からなるメモで、漢語がよく読めなかった女真人にとってカンニングペーパーとなるものだった――が翻訳されたことだった[26]。

　上記のような金国家の教育制度には次のような特徴があった。1) 帝国の民族の代表者たちにとって共通のものとして考案された大学教育は、女真の独自性を維持する闘いの時代に、漢人向けと女真人向けに分けられるようになった[27]。2) 教育は、最初は同一タイプの首都の教育だけだったのが、しだいに首都、県、地方、国境地帯の学校という階級制に変わった[28]。3) 大学や単科大学の定員の補充制度は、階級性で階段状だった[29]。志願者は、三つの大きなカテゴリーに統合される7〜8グループに分けられ、しかも下位グループ（とくに第三のカテゴリー）の代表者は、最上位グループをできる限り動員した後でやっと採用された。

　国子監と国子学の進学者は三つのカテゴリーに分けられた。第一のカテゴリー：1) 皇帝一家の一員の息子、孫、兄弟（皇家）。2) 傍系の皇帝の親戚の息子、孫、兄弟（宗室外戚皇后）。3) 多大な功績のあった国家的政治家や3品以上の役人の息子、孫、兄弟（諸功臣及三品以上官）。第二のカテゴリー：4) 5品以上の役人の息子、孫、兄弟（五品以上官）。5) 6品の役人の息子、孫、兄弟（六品官）。6) 7〜8品の役人の息子、孫、兄弟（余官）。第三のカテゴリー：7) 国境地帯や地方で試験に合格した人々（境内挙人）。8) 名門で財力のある家族の子どもたち（闕里廟宅）[30]。8グループに属す人々は、最初は国子監と国子学に採用されなかったが、このような手続きが完全に効力を持つのは首都においてのみだったことを付け加えておかなければならない。女真国子学の採用の際、同様の等級が効力を発揮したが、次のような変更を伴っていた。つまり、第二カテゴリーには最も優秀な謀克の人物（謀克から2人ずつ）が属し[31]、第三カテゴリーには7グループはなかった。

　1160年代から教育は国家の最も重大な関心事になった。平和的建設の拡大、軍事から市民生活の統治への方向転換には、教育の活発化が不可欠だった。役人に対する女真人員の必要性は、この過程の極めて明白な唯一の刺激だった。女真人は、単に軍事や行政管理機能だけに満足することはできなかった。帝国の主人と

なるために、彼らは国内のあらゆる分野活動に関わらなければならなかった。1184年に世宗が次のように嘆いたのは偶然ではなかった。「能力があり、学問に精通した女真人で私が知っている者が少ない。これは（このような知識を）獲得するのが難しいからであろう」[32]（『金史』）。彼は女真人に対してこのような知識を獲得する道程を楽にしつつ、教育を受けた女真人すべてを登用しようと計画した。「（女真人の）進士のカテゴリーの充実のほかに、すべての読み書きのできる人材を召集し、彼らを活用しようと思う」[33]（『金史』）。教育を受けた女真人の不足を章宗も強く感じていた。「現在、学者は極めて少なくなってしまった」（『金史』）[34]。偉大な女真の貴人で啓蒙家であった紇石烈良弼（ヘシレリャンビ）は、もっとはっきりと表明した。「女真と契丹が漢語の読み書きを理解しさえすれば、彼らは有用である」（『金史』）[35]。

事は役人や学者にとどまらなかった。女真の猛安謀克（メンアンモウケ）が漢人の密集地で孤立することなく、漢人に対して影響を与えることができるためには、猛安謀克のメンバーたちも文化を支配することに関与しなければならなかった。猛安謀克の人々を職務としての学習へとあのように駆り立てた政府の根気強さは、そこからくるものであった[36]。猛安謀克はそれぞれ、漢語の行政機関や住民との関係を持つために通訳を持つ決まりになっていた[37]。1186年に、これらの組織において指導的な職務を継承する必須条件として、女真語、契丹語、漢語の三つの文字のうち一つの知識を持つことが提起された[38]。上記の猛安謀克の長に向けられた条件は明確なものだった。なぜなら、女真人は自分たちの民族の言葉と文字を知っている義務があったからである。教育の倫理的養育の意味も政府の注意から逃れられなかった。1167年に世宗は「猛安謀克の公務に就く者の中には、教育を受けず、身分の持つ義務をまったく知らない若者が大勢いる」、古参の者は若者に説教をせず、若者は彼らの言うことを聞かないと指摘した。そして、「中国の習慣で非の打ちどころのない正直で特別な人間を教師として選び、若者の教育を彼らに依頼するように」命じた[39]（『金史』）。

1190年には、ある役人が章宗への報告の中ですでに、国家の気のめいるような状況や劣悪な学校の業務に携わる役人の欲深さ、無駄口や給金の追求ばかりを好み、「崇高な本や歴史を軽蔑し、それらを学ぼうともしない」[40]教師たちのことをはっきりと述べていた（『金史』）。モンゴルとの戦争で困難なときでさえ、貴人の学生たちへの物資の支給を廃止すべきではないかという提案に対して、宣宗は1216年に「昔から学術と兵学は同様に不可欠なものである。中都にいたとき、学校を創立するために、学生を養育すると決定された。今になってそれを中止できようか？」と答えた[41]（『金史』）。

元好問のような慎重で事情に明るい観察者が常に学校の教育方針や、戦火で破壊された学校の建物の早急な復旧、金における教育と文官職の関係について絶えず言及している（『遺山集』）。しかし、金の教育にしかるべき注意を払いながら、元好問は金の国家的な人員の補充政策を批判している。「これらのポスト（大臣）に携わっていた大半が、皇帝氏族の人々や皇后の親戚、戦争で功績のあった女真人で、彼らは政府グループと密接な決定の実施に関わっていた。巨大な北方の氏族の果たす役割は極めて小さかったし、進士も極めて小さかった。いわゆる進士の創設は人民に公正さを公開し、人民の信用を獲得するために特別に実現されたものだった」（陶晋生 1976 ; 張文貞公神道碑 ;『遺山先生文集』）。別の視点からこれに関して評価を与えたのは、女真の高官、完顔守貞だった。「管理機関の職務や高く重要なポストに対してさまざまな才能をもち、それにふさわしい人物が任命されなかったが、教育機関には必ず非の打ちどころのない、とくに進士を用いた」（『金史』）[42]。

　1160年代から、女真人にとって公職に就きやすいかたちで試験が行われるようになった。しかしそれでもやはり1202年には、女真進士1に対して漢人進士が5だったが、割り当ては1：3だった。これは、女真の応募者たちが、伝統的中国のテーマに関する著作を女真語で書かなければならなかったことで説明できる。一般に女真進士の数は漢人に比べて少なかった。しかし、金における役人の数は北宋の役人よりも多かった[43]。このような事情は、漢人の読書人の儒教や文学の信奉が女真の戦闘的な精神を摘み取り、金を滅ぼしたという意見を証明する原因となった。啓蒙活動を弱めようとする考えは、歴史上新しいことではない。この場合、そのような思考は、女真によって啓蒙と独学の中で達成された間接的な成功の裏づけとして興味深い。いずれにせよ、女真社会の上層部は読み書きができた（Franke1974）。『金史』の伝記の部では、女真を含むほとんどの政治家たちの言行録にも、彼にはあれこれ知識があったとたいてい数か所以上の断り書きがあった。石の硯は普通、金の富める人々の一般的な埋葬品だった（劉精義1977）。日用品の中に女真語で書かれたたくさんのものがある——印章やその他の印——ことから判断すると、多くの女真人は読み書きができたことがわかる（Шавкунов 1971）。

　女真社会のいくつかの代表者は、啓蒙化され創造力豊かな人々で、文学の愛好家であり収集家として知られている。章宗はもとより、完顔希尹（ワンヤン ヒ イン）は開封でたくさんの蔵書をもち、のちにさらにそれを増加させた。完顔璹（じゅ）、完顔謀良虎（メンリャンホ）、宇文虚中[44]は、熱心な書物の収集家だった（陶晋生1976）。間接的な証拠として、女真

はすでに 1126 年に、蘇東坡の作品や 1180 年に世宗が感激した司馬光の百科事典『資治通鑑』に興味を示していた[45] (『三朝北盟会編』)。

1 『満洲源流考』巻 17「金史。太宗天会三年。召頁嚕【満洲語巖穴也。旧作葉魯今改正。】赴京師。教授女真字。」、『金史』巻 3 本紀 3 太宗天会三年（1125）十月甲辰「召耶律赴京師教授女真字。」

2 完顔希尹

3 『金史』本紀 3 太宗天会五年八月丙戌「詔曰『河北、河東郡県職員多闕、宜開貢挙取士、以安新民。其南北進士、各以所業試之。』。」天会元年（1123）から不定期な科挙はあった。『金史』巻 51 志 32 選挙 1「其設也。始于太宗天会元年十一月。」、『金文最』巻 45 李世弼「登科記序」「天会元年始設科挙。」

4 『金史』巻 51 志 32 選挙 1「（天会）五年、以河北、河東初降、職員多闕、以遼、宋之制不同、詔南北各因其素所習之業取士、号為南北選。熙宗天眷元年五月、詔南北選各以経義詞賦両科取士。」『秋澗集』巻 58 王惲「惲源劉氏世徳碑銘并序」「金源氏倔起東海、当天会間方域甫定、即設科取士。（略）天会二年、肇辟科場、公（劉撝）以詞賦第一人中選。」、『帰潜志』巻 8「余高祖南山翁（劉撝）、金国初、辟進士挙、詞賦状元也。故為一代詞学宗。」

5 『金史』巻 51 志 32 選挙 1「海陵庶人天徳二年、始増殿試之制、而更定試期。三年、併南北選為一、罷経義策試両科、専以詞賦取士。」

6 『金史』巻 51 志 32 選挙 1「（大定）二十八年、諭宰臣曰『女直進士惟試以策、行之既久、人能預備。今若試以経義可乎。』宰臣対曰『五経中書、易、春秋已訳之矣、俟訳詩、礼畢、試之可也。』上曰『大経義理深奥、不加歳月不能貫通。今宜於経内姑試以論題、後当徐試経義也。』」

7 『金史』巻 51 志 32 選挙 1「（李）晏対曰『臣竊念久矣。国朝設科、始分南北両選、北選詞賦進士擢第一百五十人、経義五十人、南選百五十人、計三百五十人。嗣場、北選詞賦進士七十人、経義三十人、南選百五十人、計二百五十人。（略）』」

8 『金史』巻 51 志 32 選挙 1「凡養士之地曰国子監、始置於天徳三年、後定制、詞賦、経義生百人、小学生百人、以宗室及外戚皇后大功以上親、諸功臣及三品以上官兄弟子孫年十五以上者入学、（略）」

9 『金史』巻 56 志 37 百官 2 国子監「国子学　博士二員、正七品、分掌教授生員、考藝業。」「助教二員、正八品。女直、漢人各一員。教授四員、正八品。分掌教誨諸生。」「国子書写官、従八品、掌書写実録。」

10 『金史』巻 51 志 32 選挙 1「大定六年始置太学、初養士百六十人、後定五品以上官兄弟子孫百五十人、曽得府薦及終場人二百五十人、凡四百人。」

11 『金史』巻 51 志 32 選挙 1 女直学「自大定四年、以女直大小字訳経書頒行之。後択猛安謀克内良家子弟為学生、諸路至三千人。九年、取其尤俊秀者百人至京師、以編修官溫迪罕締達教之。十三年、以策、詩取士、始設女直国子学、諸路設女直府学、以新進士為教授。国子学策論生百人、小学生百人。」

12 『金史』巻 51 志 32 選挙 1「凡経、易則用王弼、韓康伯註。書用孔安国註。詩用毛萇註、鄭玄箋。春秋左氏伝用杜預註。礼記用孔穎達疏。周礼用鄭玄註、賈公彦疏。論語用何晏集註、邢昺疏。孟子用趙岐註、孫奭疏。孝経用唐玄宗註。史記用裴駰註。前漢書用顔師

古註。後漢書用李賢註。三国志用裴松之註。及唐太宗晋書、沈約宋書、蕭子顕斉書、姚思廉梁書陳書、魏收後魏書、李百薬北斉書、令狐徳棻周書、魏徴隋書、新旧唐書、新旧五代史。老子用唐玄宗註疏。荀子用楊倞註。揚子用李軌、宋咸、柳宗元、呉祕註。皆自国子監印之、授諸学校。」

13 『金史』巻51志32選挙1「府学亦大定十六年置、凡十七處、共千人。(略)後增州学、(略)」

14 『金史』巻51志32選挙1「章宗大定二十九年、(略)府学二十有四、学生九百五人。(略)節鎮学三十九、共六百一十五人。(略)防禦州学二十一、共二百三十五人。(略)凡千八百人。」

15 『金史』巻51志32選挙1「余官之兄弟子孫経府薦者、同境内挙人試補三之一。」

16 『金史』巻51志32選挙1「章宗大定二十九年、上封事者乞興学校、推行三舎法、(略)」

17 『金史』巻51志32選挙1「(大定十三年女直)府州学二十二、中都、上京、胡里改、恤頻、合懶、蒲與、婆速、咸平、泰州、臨潢、北京、冀州、開州、豐州、西京、東京、蓋州、隆州、東平、益都、河南、陝西置之。」中都、上京、北京、西京、東京、河南を除くと16となる。

18 訳注14参照。

19 『金史』巻51志32選挙1「大定二十九年、刱凡京府鎮州諸学、各以女直、漢人進士長貳官提控其事、具入官銜。」

20 訳注14参照。

21 訳注17参照。大定十三年(1173)中都、上京、北京、西京、東京、河南の6か所。

22 原文では2800人であるが、『金史』巻51志32選挙1「府学亦大定十六年置、凡十七處、共千人。」「大定旧制京府十七處千人之外、置節鎮、防禦州学六十處、增養千人、(略)」とある。つまり大定旧制では府州学は2000人、大定二十九年制では府鎮州学で1800人増員したとあるので、のべ3800人となる。ただし、これがすべて漢人であったかはわからない。『金史』巻51志32選挙1「(女直)府州学二十二，中都、上京、胡里改、恤頻、合懶、蒲與、婆速、咸平、泰州、臨潢、北京、冀州、開州、豐州、西京、東京、蓋州、隆州、東平、益都、河南、陝西置之。」1か所100名とすれば、女直の府州学生は2200人となる。

23 『金史』巻51志32選挙1「(承安五年)以問宰臣、対曰『(略)若於諸路総管府、及有軍戸處置学養之、庶可加益。(略)』」

24 『金史』巻125列伝63文藝上序言「世宗、章宗之世、儒風丕変、庠序日盛、」

25 訳注12参照。

26 『金史』巻99列伝37徒單鎰「(大定)五年、翰林侍講学士徒單子溫進所訳貞観政要、白氏策林等書。」、『金史』巻51志32選挙1「(女直学)凡会課、三日作策論一道、季月私試如漢生制。」

27 当初天徳三年に国子監(国子学、太学)が設置されたが、のち大定十三年女真学(女真国子学)が設置された。

28 天徳三年国子監、大定六年太学、大定十六年府州学の設置(大定旧制)、大定二十九年増員および節鎮学、防禦州学の設置。

29 『金史』巻51志32選挙1「三舎之法、(略)太学生初補外舎、無定員。由外陞内舎、限二百人。由内陞上舎、限百人。」

30 『金史』巻51志32選挙1「初以嘗與廷試及宗室皇家袒免以上親、贈得解挙人為之。後增州学、遂加以五品以上官、曾任隨朝六品官之兄弟子孫、餘官之兄弟子孫経府薦者、同境

内挙人試補三之一、闕里廟宅子孫年十三以上不限数、経府薦及終場免試者不得過二十人。」

31 『金史』巻51志32選挙1女直学「(大定十三年)又定制、毎謀克取二人、(略)」
32 『金史』巻8本紀8世宗下大定二十六年十一月甲辰朔「上謂宰臣曰『女直人中材傑之士、朕少有識者、蓋亦難得也。(略)』」
33 『金史』巻51志32選挙1「若夫以策論進士取其國人、而用女直文字以為程文、斯蓋就其所長以収其用、(略)」
34 『金史』巻8本紀8世宗下大定二十七年正月己酉「上曰『学士院比旧殊無人材、何也。』」
35 『金史』巻88列伝26紇石烈良弼「良弼対曰『女直、契丹人、須是会習漢人文字、然後可。(略)』」
36 『金史』巻8本紀8世宗下大定二十六年三月丁酉「以親軍完顔乞奴言、制猛安謀克皆先読女直字経史然後承襲。」、『金史』巻44志25兵「至章宗明昌間、欲国人兼知文武、令猛安謀克挙進士、試以策論及射、以定其科甲高下。」
37 『松漠紀聞』「金国之法、夷人官漢地者皆置通事。即訳語官也。或以有官人為之。」
28 『金史』巻73列伝11宗尹「宗尹乞令子銀頗可襲其猛安、会太尉守道亦乞令其子神果奴襲其謀克。凡承襲人不識女直字者、勒令習学。世宗曰『此二子、吾識其一習漢字、未習女直字。自今女直、契丹、漢字曽学其一者、即許承襲。』遂著于令。
39 『金史』巻88列伝26紇石烈良弼「上與良弼、守道論猛安謀克官多年幼、不習教訓、無長幼之禮。曩時、郷里老者輒教導之。今郷里中耆老有能教導者、或謂事不在己而不問、或非其職而人不從。可依漢制置郷老、選廉潔正直可為師範者、使教導之。」
40 『金史』巻99列伝37徒単鎰「今学者失其本真、経史雅奥、委而不習、藻飾虚詞、釣取禄利、(略)」
41 『金史』巻15本紀15宣宗中興定元年二月「壬戌、尚書省以軍儲不継、請罷州府学生貶給。上曰『自古文武並用、向在中都、設学養士猶未嘗廃、況今日乎。其令仍舊給之。』」
42 『金史』巻73列伝11完顔守貞「守貞曰『監察乃清要之職、流品自異、俱宜一体純用進士。』」
43 対人口比という意味か。
44 『金史』巻85列伝23完顔璹「初、宣宗南遷、諸王宗室顛沛奔走、璹乃尽載其家法書名画、一帙不遺。」、『金史』巻73列伝11宗雄(謀良虎)「宗雄好学嗜書、」、『金史』巻79列伝17宇文虚中(皇統六年二月)「虚中曰『死自吾分。至於図籍、南来士大夫家家有之、高士談図書尤多於我家、豈亦反耶。』」
45 『金史』巻7本紀7世宗中大定二十年十月壬寅「上謂宰臣曰『近覧資治通鑑、編次累代廃興、甚有鑑戒、司馬光用心如此、古之良史無以加也。(略)』」、『三朝北盟会編』巻73靖康元年十二月二十三日甲申「金人索監書蔵経、蘇黄文及古文書籍、資治通鑑諸書。」(蘇黄文とは三蘇、黄庭堅らの北宋の名文のこと)

第3章

結 論

1 未解決の問題

ここでは、すでに序文で述べた女真人と金人の文化と民族の未解決のいくつかの問題に立ち返る。なぜなら、先行する二つの章で述べた資料でそれらの解決に取りかかるときがやってきたからである。

女真文化は1126年以前、女真の同時代人にすらよく知られていなかった。華北平原の住民は、女真文化にまったく興味がなく、彼らはそれに関して残念ながらあまり伝えることはなかった。女真人が中国本土へどっと流入したとき、何をするにしても彼らは侵略者であった。彼らはそれほど長くは統治しなかったが、中国ではそのことが忘れられることはなかった。女真人と金人の文化史の多くの問題は、しかるべき解明がなされてこなかった。今までまったく研究者たちに注目されなかったものもあれば、再調査が必要とされている問題もある。学界によっては、女真の文化史の周知の、しかし廃れた概念が、一般的な見解として知られているところもある。このような観念の著者たちは、女真の民族や文化が10世紀に形成されたことをあくまでも主張した（An Outline....1958 ; Latourette 1957）。そして「肅慎－挹婁－兀若－靺鞨－女真－満洲」という民族の連鎖を復元し、このような連鎖の「構成部分」は民族名称の機械的な交替と見なし、これらの民族の文化的環境をほとんど変わらないものとした（『満洲源流考』）。そのため、10～11世紀の女真の文化や経済、社会を過度に古風なものとし（Очерки... 1959 ; 呂振羽1951）、女真を「蛮族」と呼んだ（Tsien Po-tsan1958）。そして名称の向上は戦争の勝利に原因があるとした（鴛淵1970 ; Cordier1920）。

女真を維持してきたすべての文化的結びつきは、とくに中国との交流においては、女真から中国という逆方向はなく、中国から女真だけに向けられていたと考えられてきた（Tung chi-ming1965）。この仮定を根拠として、女真人や金人の文化政策の課題や結論がゆがめられている（姚従吾1959）。12～13世紀における女真の国家体制や文化の発展や没落において中国文化や民族の役割が極めて誇張され（Chan Hok-lam1967 ; Lafourette1957）、女真の没落がおもに「蛮族」に対する漢化の影響によるものであると説明され（外山1964 ; 王静如1936）、金国のほとんど建国当初から、女真文化は漢化したものだと見なされている（八木1935 ; 陶晋生1976）。

また女真文化の独自性の問題を討議すらしていない。13世紀半ばのモンゴルの侵入が女真人の文化的・民族的歴史の終焉と見なされ、14～16世紀の満洲や沿

第3章 ● 結　論
1　未解決の問題

アムール地方、沿海州の過去は文化的意味を持たないと見なされている（呂振羽 1951）。また、女真の文化史の実績はまったく否定的に評価されている（陶晋生 1976）。金文化を漢化された文化として見なすその評価をある程度許容するとしても、漢人にとっての政治などの外形的なことばかりが強調され過ぎている。その外形とは、中国において女真文化が装ってきたものである（奚風 1955）。

これらの考え方を整理してみる。女真の民族史、文化史における最も早い時期の文献史学による研究以前の特徴的な問題は、10世紀の中国（後周）への朝貢国としての女真人使節団が登場する『新・旧五代史』の記事によって解決できる。それは『遼史』や『高麗史』において女真の活発化が特筆されたことに根拠を置くものであり、また、満洲族が17世紀に自らの起源の確立のために作成したツングース系満洲族の系譜からも明らかである。

その後しばらくして、儒学者たちは、この満洲族の説を引き継いだ。その説に従えば、系譜の中の民族名称は一つの民族に対して与えられたさまざまな名称なのである。この解釈を基礎とすれば、「粛慎」と「女真」の民族名称が類似していると言うことができる。そのような解釈に従えば、これらの民族の文化は確かに原始的に見えるし、そのことは、上記の系譜のさまざまな時代の民族の、類似あるいは同一の特徴づけが含まれる中国の原資料によって、あたかも裏づけられたかのような形になったのかもしれない。

そのような特徴づけによって、10～11世紀の女真文化の旧習に対する偏見――実際に同時代の直接の観察者、宋にとって陥りやすい偏見――が大きくなったのは当然である。この偏見によって、女真は完全な遊牧民の狩猟牧畜の経済様式で、鉄を持たず、社会的発達が遅れていて、風習や慣習が野蛮であるということを、（漢人は）確信するに至った。

女真のほとんどすべての成功がその軍事力に立脚しているという認識は、『金史』の中に浸透している。とはいえ、後述するが、そうした認識は、「金は軍隊によって国家を得、軍によって国家を失った」[1]（『金史』）という状況の唯一の判断材料では決してなかった。しかし、『金史』の編纂者たちは、「『金史』を編纂しながら、金の軍隊に関する章（兵志）において、その興隆と衰退、収穫と損害の痕跡を検討」[2]することによって、このような考えを認めた。

このような認識は、時代的政治史に関する近現代の著作にも貫かれているが、時折女真人や金人の文化史にも適用されている。後者の場合、その認識の出発点は、特異である。金の軍事力の優越性は宋人にとって苦々しい結果を伴うので、金が文化的な、実際には創造的な侵略者としての役割を果たしていたかもしれな

いという可能性を示す見解は、完全に排除されてしまっている。側近を伴って女真のとらわれの身となった宋の皇帝を追った描写は、困難な旅、女真人の凶暴さや野蛮さ、知己がなくさんでいることに対する不平で満ちている(『北狩見聞録』)。この描写は最高位のとらわれ人のグループに関するものであると同時に、極めて表現力に富むものである。

そして次の文が広く周知されているという点が重要である。「三度牧草地や耕作地を荒廃させた幾百の戦いの後、(黄河流域の)水辺の住民はちりぢりになり、七世代が生きた地には誰もいなくなった」[3](『三朝北盟会編』)。ここには文化が直接損害を受けたことに対する嘆きがある。

五国城にとらわれていた宋の皇帝は、未来の『北狩行録』の著者にこの資料の編纂を委ねるために、次のように語った。「踏みにじられた風習や慣習が目の前にある……それらが(手厚く)記録されるよう深く望む」[4](『北狩行録』)。そしてさらに強く「金人は(漢)民族の力を衰弱させる」[5]と語った(『北行日録』)。

ここから、女真の本性は「野蛮」だという思想への歩みが始まった。このような認識は、中国の古い史料の大半に浸透している(『靖康要録』;『避戎嘉話』;Ecsedy1974)。史料は、いくつかの文化史跡が無事残ったのは「金の野蛮人たちがそれらに関して無知だった」[6]ためだと断言している(『揮塵録』)。こうした認識は、古代中国の文化政策に特有の、すべての非漢人を原則として「野蛮人」と見なす視点にもとづくものである。

同時代の漢人研究者たちは、女真人の「野蛮性」を示す例として、1127年の開封の占領と略奪、1129年の風習の改変の勅令、宋との戦争の過程での中国本土における文化遺産の破壊といった事実を引き合いに出している。事実自体は明白であるが、その事実は導き出された結論を正当化しない。

女真による軍事的、政治的征服は多くの漢人に死、損害、隷属化、荒廃をもたらした。しかし、これは言ってみれば極東における当時の戦争の、普通のレベルの残酷さだった。戦場外で女真人がはっきりした目的を持って攻撃を与えたのは、庶民たちよりもむしろ宋の皇帝の宮殿や特権階級、富裕層、その周辺であった。これらの行為は当時やそれに続く時代の中国の著作の中で、極めて印象的な批判を受けた。

金人の可恭は、自身の感想の中で、1126年には、宋の皇帝を連れ出す以前にすでに開封やその他の場所から1万8000人が連れていかれ、そのうち3000人は職人たちだったと伝えている。長城で見つかった1万4000人のうち、長城の向こう側へたどり着いたのは、「男性が10人のうち4人、女性が10人のうち7人だっ

た」[7](『宋俘記』)。もう一人の金人の著者、李俊民は、貢物の交渉において、宋の君主が2人の金人の将軍に500人の歌い手や舞踊家を、300人の「謀克」にはそれぞれに数人の人々を、また兵士にはそれぞれに自分の召使いの中から1〜2人を「贈った」と書いている[8](『南征録彙』)。

中世の漢人の著者たちは、女真人との文化的な関係について言及するにあたり、第一に女真人をいつも占領する側として見なすとともに、中国の影響を受けたと認められる部分だけを研究している。中国は、唯一の文化の担い手と見なされていたので、文化的関係の傾向や起源の定義は独特であるが、理論的でもあった。これらの著者たちは、女真文化に対する契丹の部分的な影響を認め、遼だけにはいくつかの例外的な叙述を行った。しかし、それもまさに契丹が漢化したと見なされる限りにおいて例外的な叙述をしたにすぎなかった[i]。

> i これに対して、遼を独自の文化を持つ「非漢人系民族国家」と見なす多くの著名な学者たちが反対している(島田1952；Гумилев1970)。

文化的関係のこのような評価に対する反応は、金の宮殿生活の中で宋の皇帝の財宝を目の当たりにして南宋の使節がもらした愚痴に対する、世宗の一人の妻の誇らしげな反論の中に感じられる。「作った者がいつも使えるとは限らない。使う者がいつも作るとは限らない。南帝は単に作ることはできたが、(われわれの)皇帝の身内の者が使っている」[9](『南遷録』)。

このような考え方に賛同する研究者たちは、それほど単純に主張しているわけではない。別の様相の中で関係の研究を展開しようとする彼らの試み自体は、中世史学史のために用意された彼らの資料の性格によって厳しく制約されている。当然、これらに応じて、各側面に対する女真の中国文化への接触の目的やすべての文化政策は、全体としてはっきりしていた。

単純化された中世の概要の中では、次のように説明された。発展が遅れた女真人は、中国文化の輝きに魅了され、略奪と戦争によって中国文化の極めて表面的なものだけを手に入れたのである、と。漢人は、女真人を文明化し、彼らの知性を儒教の知恵の宝で「啓蒙」しようと努めた。近年の文献では、この概要を時折現代風に解釈している。つまり遊牧民の女真人は、農民である漢人の文化なくしては生きることができず、漢人は伝統的に原則として平和的な民族で、文化の担い手としての役割を果たしながら手に入れた安定のために努力した(鴛淵1970)。

唯一絶対な文化的、民族的、国家的としての「中国」の独自の価値観(中華思想)を受け入れた中世の著者たちや彼らの視点を受け入れた研究者は、複雑な問題に直面した。まさにその視点から、金の躍進と衰退、金文化の繁栄と滅亡とい

った矛盾した現象をいかに説明すべきかという問題が浮上したのである。政治的には金が常に敵であり、国家的征服者であったからなおさらであった。

この複雑さに『金史』の編纂者も直面した。編纂者の中には、女真人ではなく、かつて金に仕官していた漢人もいた。この史料は、問題の総合的な評価もいくつか含んでいる。その一方はもっぱら戦争に関する評価(p295の引用を参照)で、他方では「金は『武』で国家を手に入れたが、この点では遼と何ら違わない。しかし、王朝を築き、唐と宋の間に自らを置くことができたとき、遼になかったものを手に入れた。つまりそれは『文』によって実行され、『武』によってではなかった」[10]（『金史』）。「唐と宋の間に自らを置いた」「文によって実行した」――すべてこれはオーソドックスな言い回しであるにもかかわらず、原文ではある種の両義性を帯びている表現である。つまり、女真人が中国の（唐と宋の間の）伝統を継続して、儒教の文（啓蒙）を受容したか、あるいは単に力や文化に関して唐や宋と比べられて、平和的な方法で統治したかということである。

しかしながら、『金史』の編纂に関与した者は、金崩壊後も金王朝の支持者であると同時に、「中国の伝統の継承者」でもあった。つまり元好問は、金を名だたる中国王朝と比較した。「金は地上を支配した。法や習慣は、ほとんど漢や唐の水準に達していた」[11]（Chan Hok-lam1970）。

しかし、もしそうであるなら、なぜ金は消滅したのだろうか？　金崩壊後すぐにモンゴル人と女真人、金人と宋人はこの問題に取り組んだ。回答はさまざまだったが、その認識は共通しているものもあった。

モンゴル人を心配させたのは、中国の儒教文化自体が異国や異文化にとって有害にならないかどうかだった。そして『元史』に掲載されている張徳輝の伝記（163巻）は、フビライが張徳輝に率直に、遼の滅亡が民衆の仏教信奉によるものなのか、金は儒教の漢人読書人によって滅亡したのかをたずねたと伝えている。張徳輝は、金代において漢人は重要なポストに就いていなかったので、彼らが王朝の破滅に対しては、責任を負わないと答えた[12]（陶晋生1976）。

金帝国の滅亡後の女真人の発言は知られていないが、それにあたる予言として、「もし国家の古い習慣を忘れなければ、国境の安全は守られるだろう」[13]（『金史』）というものがある。またさらに明確な予言は「富と高貴な身分、文学と文字で、（遼と宋は）われわれの土地の習慣を破壊した」[14]（『南遷録』）である。

金人は、他の誰よりも高い頻度で深く出来事を分析した。なぜならば、彼らは単に過去に対する自身の態度を決定しなければならなかったばかりでなく、現在における地位も見出さなければならなかったからである。

第3章 ● 結 論
1 未解決の問題

『金史』には、次のような一節が見える。「金は崩壊したが、それは能力がなかったからであるとは言ってはならない」[15](『金史』)。『帰潜志』の著者、劉祁は「もし誰かが私に『どうして金帝国は滅びたのか？ 最後の皇帝は桀王や紂王(夏、殷王朝)のような人非人ではなく、軍隊は立派だったのに』と問うたら、私は『彼らの基盤がしっかりと保たれていなかったからだ……』と答えるだろう」[16]と書いている(Haenisch1969)。『汝南遺事』の著者、王鶚もまた「儒教の価値を庇護し、中国の国家を手本として従った征服王朝の、他国から来た統治者に対する、漢人の読書人の役人の愛着を示した生き証人」[17]であった(Chan Hok-lam1974；姚従吾 1959)。

南宋の著者たちは、金人たちの成功と失敗は、金国家の為政者による儒教の重要な教訓に対する熱中、あるいは逆に軽視したことによるものだと頑なに述べていた。「太祖と太宗は、中国を制してから、すべてにおいて遼王朝の最初を手本とした。彼らは楚の皇帝と斉の皇帝を立てたが、両方とも捨てた。宋人は努力を怠ったために、古来の領地を失った。熙宗と海陵王は、暴虐な政治で中原を統治した。金王朝は、もう少しで終わろうとしていた。世宗は残酷な行為の代わりに博愛を示し、人民に特別な計らいを行った。その結果、金の治世は100年以上続いた。世宗の統治は、国民の心を強く結びつけた。章宗の残した業績は、税金の厳しい要求だった。衛紹の治世では、国家の法律はとてもゆるやかなものになった。南へ渡った宣宗は、自分の基盤をすっかり捨てた。そして、宋や夏との戦争に突入し、それによって自身の力をひどく弱めた。哀宗の時代は、どうしようもなかった。彼はどうにか存続を図り、まさに滅亡のとき支える努力をしたが、力が衰えて崩壊した。残念なことである。祖国を守るに際して、死を受け入れた。哀宗は子孫に対して恥じないだろう」[18](『御批続資治通鑑綱目』；Бичурин1829)。

伝統的な著作において、文化変容や同化は、これら(儒教)の教訓習得のおもな特徴と見なされている。こうした概念は、古い中国の歴史学(hanhe)[19]においてすでに存在していた。清の著作『遼金元姓譜』は、女真姓を漢姓に変えることを金が禁じたのは、「漢人との混同を恐れたこと」[20]によるものであると率直に説明している(『遼金元姓譜』)。

外国の文献で女真の文化変容の問題を検討する際、社会・国家的プロセスと文化・民族的プロセスを取り違える傾向がある。時折あからさまに行われる場合もあるが、その場合、女真人の封建化のプロセスは漢化と同一視されている(華山1957)。(漢化であると)はっきりしない場合もあるにもかかわらず、税関貿易、金における紙幣の発行、海陵王の古くからの貴族との戦闘、彼の宋を打ち負かし

たいという願望（外山1964）、天下を統合したいという願望、漢人の教育と試験を通して行われる官僚制度の形成（陶晋生1976）、中国文学やその翻訳の導入（Herskovits1941）、中国本土における女真統治のまさに安定という事実そのものが、まさに漢化の特徴と呼ばれている！　このような道筋で行われた女真の濃密な漢化のプロセスは、金国の第一期（1115～1161年）に拡大している（陶晋生1976）。そのような考え方に立てば、女真文化の独自性の問題が提起されるはずもなかったことが理解される。

中世の中国の伝統は、終始一貫して文化の民族的な差で区別しなかった（このような区分の片鱗だけは「風習と慣習」の概念の中に見られる）。中世の中国の伝統にとっては、倫理的、社会的かつ国家的な文化は極めて主要な代弁者であった。このような視点から、金の崩壊が彼らの文化の終わりに見え、またいくつかの過去の社会的組織の欠如が女真民族の消滅に見えたのは当然のことである。漢人は、満洲では女真の文化や民族要素が損傷を免れたように考え、これらの要素が野蛮時代への退化や回帰を意味するように見えた。

伝統的な漢人の考え方に従って、中国の中世の著者たちは、女真の独自性を否定するために女真の文化や民族を見下した態度をとった。『三朝北盟会編』では、早期女真について次のように語られている。「性格は卑しく、嘘つきで、よくばりで残酷……。酒に夢中で殺りくを好む……。女真人には礼儀や法がない」[21]（Кычанов1966）。

漢人の慣習とは似ていないので、誇張された女真人の慣習について、『虜廷事実』は非常に辛辣に批評している。「嫂婚は漢人にとって想像もつかないことである。なぜなら彼らは『これが法に反した』ことだと知っているからである。一晩の間、盗みの自由を認める儀礼（放偸）は、憤慨の叫びを呼び起こした。どうしたら盗みの自由という不道徳を法や儀礼に合わせることができるだろうか？」[22]（Franke 1975）。この史料によれば、女真人は一般に「野蛮人」（虜）で「未開人」であった。明の史料『金小史』でさえも、女真人についてのちに「野蛮人（夷狄）の女真は最も低級で卑しむべきものである」[23]と書いている（『金小史』）。

引用には、すでに女真人と金の文化に対する一般的な基本的評価が本質的に植えつけられていた。こうした中華思想的な原則においては、女真文化に対する評価は一方的に否定的にならざるを得なかった。そうした女真人を書くために、中国の中世の観察者や著者たちは、観察される側のエキゾチックで「野蛮な」本質、原則として中国文化とは異なる彼らの文化を過大に表現した。

話題が金文化に及ぶと、中世の著者たちの評価にある種の矛盾が現れている。

金文化は漢化したもので、金国は中国王朝の中に受け入れられていたのだが、王朝の継承順では遼と金をまったく排除していた。このことは、金文化を二面性文化としてかまわないと容認しているかのようであった。金人の独自に発達した風変わりな文化的特徴は、(『虜廷事実』の表現によれば)「けがらわしい野蛮人の習慣」(與豕犬何異) として特徴づけられ、最もよい場合でも変わったエキゾチックな特徴として描かれた。漢人から女真人が受け入れた特徴は、(たとえ観察者あるいは著者の知識の中だけのことであったにしても) 伝統的な著作にとって容認しうるしかるべき所産、実在、現象となった。

評価の中には、中世の漢人の著者たちの立場に左右されるものもあった。すなわち国家機関にいたかどうかや職場の地位にも左右されたし、金にいたか中国王朝にいたかどうかにもよった。金に仕えていた漢人の役人は、ときどき晩期の金文学に関して控えめだが好意的な評価を与えたが、ただしそれはその文学が漢化されたものと見なされる場合に限られていた。金代や金滅亡直後においては、このような行動は比較的自然なものだった。のちに金が中国王朝のリストに加えられると、この行為は意図的なものになった。

現代の女真文化に対する評価も、全体として否定的である。中国文化に対する金文化の影響を認めざるを得ないことすらも、ときどきそのような影響の否定的な特徴を特別に承認することがある (陶晋生 1976)。

現代中国に近年現れた女真文化の個別の様相に対する高い評価は、漢人を長とする同系の民族集団の一部として女真を承認することにもとづくものであり、彼らの文化は中国文化の一部である (景愛等 1977)。しかし、女真あるいは中国文化それ自体の問題が消えてしまった。一般的な評価は、否定的なものでしかない。「度重なる契丹、党項、女真、モンゴルの侵入は、中国の当時の経済や文化の発展にブレーキをかけた。女真やモンゴルの特権階級の国家の時代には、当時の中国の社会、経済、文化は極めて深刻な損害を被り、衰退した」(奚風 1955)。

今後は、とくに上記の問題を選びながら、女真文化史の一般的な問題の検討に移ろう。

---

1 『金史』巻117 列伝55 賛「金以兵得国、亦以兵失国、」
2 『金史』巻44 志25 兵・序言「金以兵得国、奉詔作金史。故於金之兵志考其興亡得失之跡、特著於斯。」
3 『三朝北盟会編』巻103「朕惟両河之民更百戦之後、田野三時之務所。至一空祖宗七世之遺厥、存無幾肆。」

4　『北狩行録』「太上（徽宗）語王若冲曰『一自北遷、於今八年、所履風俗異事、不謂不多、深欲記録。（略）』」
5　『北行日録』巻1「金人浚民膏血。」
6　『揮麈録』（後録）巻3「靖康之乱、金人尽取御府珍玩以北、而此刻非虜所識、独得留焉。」
7　『宋俘記』（『靖康稗史』）「天会四年十一月二十五日、既平趙宋、俘其妻孥三千余人、宗室男、婦四千余人、貴戚男、婦五千余人、諸色目三千余人、教坊三千余人、都由開封府列冊津送、諸可効索。入寨後喪逸二千人、遣釈二千人、僅行万四千人。北行之際、分道分期、逮至燕、雲、男十存四、婦十存七。」
8　『南征録彙』（『靖康稗史』）「宋主謁二帥。（略）民女、女楽各五百人入貢。諸将自謀克以上、各賜数人、謀克以下、間賜一二人。」
9　『南遷録』「上幸蓬莱院、見所陳玉器及諸陳玩、視其篆。試多用宋朝宣和時物、惻然動色。宸妃曰『作者未必用、用者不必作。南帝但能作、以為郎主聞耳。』」
10　『金史』巻125 列伝63 文芸上・序言「金用武得国、無以異於遼、而一代制能自樹立唐宋之間、有非遼世所及。以文而不以武也。」
11　『金史』巻126 列伝64 文芸下元徳明子好問「以金源氏有天下、典章法度幾及漢唐。」
12　『元史』巻163 列伝50 張徳輝「又（世祖）問『或云、遼以釈廃、金以儒亡、有諸。』（張徳明）対曰『遼事臣未周知、金季乃所親睹、宰執中雖用一二儒臣、餘皆武弁世爵、及論軍国大事、又不使預聞、大抵以儒進者三十之一、國之存亡、自有任其責者、儒何咎焉。』世祖然之。」
13　『金史』巻89 列伝27 移刺子敬「若依国家旧聞、四境可以無虞、此長久之計也。」
14　『南遷録』（用遼宋亡国、遺臣多。）「以富貴、文字壊我土俗。」
15　『金史』巻119 列伝57 賛「金之亡、不可謂無人才也。」
16　『帰潜志』巻12 辯亡「或問『金国之所以亡何哉。末帝非有桀紂之悪、（略）士馬尚強、（略）』余曰『（略）根本不立也。』」
17　『汝南遺事』総論「雖未洽於太平、亦可謂小康小息者矣。属天開一統、地入大朝、遂至滅亡、猶足称頌。」
18　『御批続資治通鑑綱目』巻20「金之初興、天下莫彊焉、太祖太宗威制中國、大槩欲効遼故事、立楚立齊、委而去之、宋人不競、遂失故物、熙宗海陵濟以虐政、中原觖望、金事幾去。世宗以仁易暴、休息斯民。故金祚百有餘年、由大定之政有以固結人心、爾章宗志存潤色、誅求無藝。至於衛紹、紀綱大壊。宣宗南渡、棄厥本根、連兵宋夏、內致困憊、哀宗之世無足為者。區區生聚、圖存於亡、力盡乃斃、可哀也矣。雖然、『國君死社稷』哀無愧焉。」『金史』哀宗本紀にも同様の内容あり「金之初興、天下莫強焉。太祖、太宗威制中國、大概欲効遼初故事、立楚立齊、委而去之、宋人不競、遂失故物。熙宗、海陵濟以虐政、中原觖望、金事幾去。天賦南北之兵、挺生世宗、以仁易暴、休息斯民。是故金祚百有餘年、由大定之政有以固結人心、乃克爾也。章宗志存潤色、而秕政日多、誅求無藝、民力浸竭、明昌、承安盛極衰始。至於衛紹、紀綱大壊、亡征已見。宣宗南度、棄厥本根、外狃餘威、連兵宋、夏、內致困憊、自速土崩。哀宗之世無足為者。皇元功德日盛、天人屬心、日出燼息、理勢必然。區區生聚、圖存於亡、力盡乃斃、可哀也矣。雖然、在禮、『國君死社稷』、哀宗無愧焉。」
19　該当する漢字など不明。
20　『遼金元姓譜』「按譯為漢姓、當日屢詔『申禁恐其混于漢也。』」
21　『三朝北盟会編』巻3「其性奸詐、貪婪、残忍。（略）嗜酒而好殺。（略）無儀法。」
22　『虜廷事実』婚聘「虜人風俗、取婦于家而其夫身死、不令帰宗。則兄弟姪皆得以娉之。有

妻其継母者與家犬何異。漢児則不然知其非礼法也。」、放僻「放僻之弊是何礼法。」
23 『金小史』巻1「号女真又曰女直、於夷狄中最微且賤者也。」

2　女真文化の起源

　女真人はツングース系満洲族の体系の上に、つまり、これらの民族的基礎の上に成り立っている。女真の民族的形成過程において最も重要な役割を果たしたのは、当然のことながら、黒水靺鞨や粟末靺鞨、つまり渤海人のような靺鞨人である（Воробьев1975）。文化的な近似性は民族的な近似性と密接な関係があり、民族的同族関係は文化的継承の重要な証拠なので、女真文化の起源を求めていくと、自然と靺鞨の文化に求められる。しかし、各論に入る前に若干概観することが有益である。

　文化は根拠のないところには発生しない。それぞれの新しい文化は複合的で、過去や現在の文化から独創的に派生したものである。発展の過程で新しいものと古いものとの間に必要な関係の形として登場するのは「継承」である。この継承は、あらゆる変化の形にとって必要な条件である。文化史において、それはもしかしたら絶え間ないものかもしれないし、途切れ途切れのものかもしれない。また文化の発展の過程においては、直接的であり間接的なものであるかもしれない。

　文化における継承は、文化的伝統という形の普遍的なカテゴリーに登場する。この文化的伝統は、実際の伝統の応用と不可分である。文化的伝統とは、過去の時代における精神的生産の総体あるいは、過去から獲得されたかあるいは新しい状況下で使われた文化的価値の総体である（Баллер1969）。継承はさまざまな方法で行われている。文字を持たない社会（と女真の建国以前の社会）では、伝統──社会的意識の範疇であるゆるぎない社会生活の現象──が文化的業績を伝達する最も重要な方法である（Арстановский1977；Смирнова1973）。

　女真文化もまた何もないところに発生したわけではなかった。女真文化は、満洲や沿アムール地方、沿海州の過去と根元でつながっている。残念なことに、歴史の舞台へ女真が進出する以前のこの地域の住民たちの文化は、あまり知られていなかった。そこで、ここでは直接、女真文化の発達を促した民族の極めて重要な文化的業績と伝統を指摘しようと思う。

　女真と同様に靺鞨もウシで大地を耕し、キビやコムギを播き、ブタを飼育した。

「2匹の家畜で耕す。大地はキビやコムギをよりよく育てる……。家畜のうちよく育てられるのはブタである」[1]（Бичурин1950）。また、『隋書』は、「さらに獣猟をしている」[2]と指摘している。最近の文献には、靺鞨の弓と矢のことが書かれている。ナデジンスコエの発掘資料によると、靺鞨と女真の両民族は、似たようなタイプの鏃を使っていた。その鏃は、木葉形、槍先形、先端が二又に分かれているもの、逆三角形をした細長い羽根が付いたもの、スペード形、ノミ形である（Деревянко1975）。

女真の土製の住居は、靺鞨の住居に近いものだろう。「土地を掘って堤防様にし、その中に生活できるような竪穴をくり抜く」[3]（Бичурин1950）。ここに書かれている半地下式住居（竪穴住居）は、両民族の遺跡の発掘に関わった考古学者たちに知られている（Деревянко1977）。靺鞨の衣服もまた、『隋書』によれば、女真の衣服を彷彿させるものである。「女性は麻布の衣装を身につけ、男性はブタやイヌの皮でできた服を着ている」[4]。また、耳飾、穴の開いた丸い青銅製の札、鈴や小鐘のような装身具の中には、これらの民族の文化に極めて類似するものがあることを示している（Деревянко1977）。

靺鞨は、女真と同様にコメで作った酒を愛した。早期女真は、日常生活で、刻み目で飾られ、手作りの浮彫状の縁飾りが付いた円筒形容器や花瓶など、靺鞨タイプの土器を使っていた（Медведев1977）。辮髪や弓による射礼――これは、靺鞨と女真共通の習慣である（Деревянко1975）。長白山（太白山）の山の神に対する崇拝、死者の墓で行われる馬の刺殺（Деревянко1977）、追善供養の遵守（Окладников,Медведев1973）、墓で物を壊すこと（Деревянко1975）、遺骸を地面に再葬する儀式の存在（Деревянко1977）などの宗教的、文化的な儀式の中におそらくもっと共通性があるだろう。両民族の文化における類似点から、靺鞨文化が女真文化のおもな起源となったと考えられる（Деревянко1975,1977）。

靺鞨は、匈奴や鮮卑に強襲され、ザバイカリエから沿アムール地方にたどり着いたため、中央アジアの文化的特徴も持ち込んだに違いない。下部に透かし彫りの花綵（はなづな）飾りの模様が入った青銅製の薄板状の垂飾や竪琴状の装身具、銅製の騎手をかたどった像の中には突厥の影響が見られる。ウマの長く伸びた首、房状のたてがみが鋸歯状になったもの、かすかに描かれた脚――これらすべての特徴はザバイカリエの突厥の洞窟壁画に描写されていたものである。

女真の民族的型式には中央アジアの民族の血が混じっていると想定される。この見解の裏づけとして、「頭が黄色い」女真人の外観の記述[5]や、御守りのようなものや鏡に描かれた鉤鼻で目の大きな人物の顔だち、沿海州で発見されたアラビ

ア語とウイグル語の銘の入った錘が引用される（Медведев1980；Шавкунов, Пермяков1967；Деревянко1977；Малявкин1975；Шавкунов1978）。女真の民族名称の中に、チュルク語――онггют（önggüt）に由来する вангу（юнгу,хуанго）――や、モンゴル語――квонгират（qonggirat）に由来する гуанцзила（ванцзила）――の痕跡が認められる（Franke1978）。

女真文化の初期層の形成を促した多くの要因の中で最も注目されているのは、渤海とその文化である（Шавкунов1968）。渤海国（712〜926）は、女真の直接の先祖である粟末靺鞨によって創建された。これはおよそ渤海と同時代の高麗や日本のような、9世紀末に唐帝国の廃墟の中で出現した小国に匹敵する国家だった。渤海は、独自の文字、文学、芸術、および教育制度を創出して繁栄する文化国家になった。

渤海はその存在自体で、明白に地方国家の教育と発展の可能性を示して見せた。そして、その可能性を女真人は自分たちの時代に享受したのであった。渤海は、初期部族的な段階の後継者たちの、国家的、経済的、文化的活動のあらゆる分野における一番の指導者だった（Забелина1960）。女真人は、いくつかの土器型式（壺）、装飾における八方に広がったバラ型の飾り、ノミ形、扁平形の一連のタイプの鏃[6]、下部に板の付いた丸くて透かしのある飾り金具を渤海から継承した（Семениченко1976）。

伝統的な日常生活の文化における女真と靺鞨の多くの類似点は、民族の文化的共通性を裏づけるものである。文化的分野に見られる民族的特徴は関係があり、全体として靺鞨と女真は、契丹や高麗や漢人とは異なっている。おそらく文化の共通性は（記号の成分を通して）単に文化的継承だけでなく、靺鞨から女真による文化や習慣の「社会的基準として定められている」側面の継承を可能にした（Бромлей1973）。

---

1 『隋書』巻81列伝46東夷靺鞨「相與偶耕、土多粟麦穄。」、『新唐書』巻219列伝144北狄黒水靺鞨「畜多豕、無牛羊。」
2 『隋書』巻81列伝46東夷靺鞨「人皆射猟為業。」
3 『隋書』巻81列伝46東夷靺鞨「築土如堤、鑿穴以居、」
4 『隋書』巻81列伝46東夷靺鞨「婦人服衣、男子衣豬狗衣。」「嚼米為酒、飲之亦酔。」
5 『金志』初興本末「野居者、謂之黄頭女真。」、『三朝北盟会編』巻3「多黄髪、鬢皆黄、目睛緑者、謂之黄頭女真。」、『松漠紀聞』「黄頭女真者皆山居、号合蘇館女真。（略）疑即黄頭室韋也。金国謂之黄頭生女真、髭髪皆黄、目精多緑亦黄而白多、因避契丹諱、遂称黄頭女真。」、『契丹国志』巻26諸蕃記「黄頭女真、皆山居、号合蘇館女真。（略）髭

髪皆黄、目睛多緑亦黄而白多。」、宋陸游『牛夜聞大雷雨』「黄頭女真褫魂魄、面縛軍門争請死。」
6　女真の鏃がノミ（鑿）形をしていたことは『三朝北盟会編』巻3、『北風揚沙録』に「箭鏃至六七寸、形如鑿。」と見える。

3　文化的相互交流

　文化的、民族的交流の通時的研究から、これらの交流の「同期」の分析に移る。この問題の重要性は疑いようもない。「詳細で微細な関係にばかりとらわれていると、なお一層の発展のためにあちこちの地域でつくり出される生産力、とくに発明する力が失われてしまう」（Маркс и Энгельс.соч.）。

　民族間の文化的交流には、いくつかの段階を設けることができる。1) ある民族が別の民族の文化を知る過程における接触、交流。2) 安定した相互関係の実現、異民族文化の研究——すなわち、日用品や装身具の入手をはじめ他言語の習得などの異民族の習慣に対する興味から始まる文化的形態としての選択性に基づく交易。3) 文化的継承者における「借用」や慣習上の試行・保持から、合流への移行を意味する文化的統合の形成（Артановский1967 ; Koppers1955）。

　物質的価値の生産分野における文化的形態の借用は、それらの再生に対する文化的継承者の精神的覚悟が存在して初めて可能になる。利用あるいは消費の分野の借用にとって、このような覚悟は不可欠ではない。そのため、生産分野における借用は常に、より発達した国からより未発達な国に向かって行われるが、別の形態においても借用は起こりうるし、逆方向でも起こる可能性がある。

　これについてもっとよく見てみよう。同化力は、同じぐらいの発展段階にある民族的関係では、親縁関係という条件の中で高まる（Артановский1967）。精神文化の価値の相互交換は、生産力の水準によって制限され、わずかしか行われないし、言語や心理的障壁によっても困難である。それに対し精神文化は、より伝わりやすいし、閉鎖性を高めることもできる（Чистов1972）。異文化との間に生じる絶えざる相互作用は、何らかの接触面において高い文化的自覚や民族的中心主義が発生する土壌に簡単になりうる（Артановский1967）。

　私にとって興味深い文化の相互作用のメカニズムは、次のようなところで見られる（Lurie1968 ; Herskovits1941）。すべての文化は、さまざまな強度や結果を有する直接的あるいは間接的な関係の中に存在している。直接的な交渉なしに行わ

れた文化の伝播は、拡散と呼ばれる。文化的な関係は、ある一つの面に対する影響に応じて、文化作用や影響、文化変容、同化を受け入れることができる。「文化的な関係」という概念自体が特徴的な記録を持たないとすれば、作用や影響にはすでに知覚の集成に関する知識が積み重ねられているのだが、文化的制度の本質に触れるような変化が欠けている。文化変容は、文化的継承者の構造における根本的な転換を伴って起こる影響で、同化はそれとともに民族的吸収を伴う。

あらゆる文化的関係のバリエーションに接し、その実際的な意義を究明するためには、多くの状況を考慮する必要がある。どのような住民のグループがその関係によって占拠されたのか、これらのグループはどれぐらいの規模なのか、これらの関係がどのような形（平和的あるいは戦闘的な関係、複雑あるいは単純な関係、物質的あるいは非物質的関係、短期的あるいは長期的関係）を受け入れたのか、その関係がどのような文化的分野を攻略し、どのような方向へ発展したのか、それらが生じた状況はどのようなものなのか（戦争や国家、経済、社会的圧力がなかったのか、あったのか）、どんな文化的要素がどのように受け入れられ、あるいは変換者によって選び出され、同時にそれらの地方はどのような理由に従ったのか、新しいものの要素に対する統合やそれらを自分たちの文化に適応させるプロセスはどのようなものだったか、最終的にこれらの関係は何をもたらしたのか、独自のものと受容されたものに区別する必要がある場合、理解や吸収あるいは反作用をもたらしたのか、また同様にその結果はいかなるものだったのかを考える必要がある。結果に対する評価をする上で最も重要なのは、あらゆる文化的な関係や影響を研究するプロセスである。

しかしながら、影響というものは学術とは無縁の、後から付け加えられた特質によって覆われていた。あらゆる影響を認めることは、文化あるいは民族の独自性や独創性、独自の価値を喪失させることとして検討される場合もあるし、このような関係においてそれを土着民の発展の法則との対比を伴った嵐のような激しい抗議を引き起こすこともある。

しかし、影響と土着性の概念は、対立するものではなく、並立するものなのである。土着性の発展は影響なくしては生じないし、またあらゆる発展が一つの拡散を糧としているわけではないし、土着性を回避することもできない。他民族の要素の消化と加工は、土着性の最も明らかな現象である。土着性は発展の過程とともになくなる。たとえば、その発展が未知の文化の移動などによって、独自の文化活動が中断された場合である。

影響は独自性の概念とも対立していない。影響の極端な表れ、つまり同化に関

しても、それが完全に起こることはまれである。なぜなら、文化的交換は相互的なプロセスだからである。隷属ではなく相互に豊かになることは、文化的な関係の重要な考え方である。影響を受容したり、それを消化したりする能力は、独自性の基本であり、文化や民族の力強い一面であるし、それらの生命力の指標である。反対のケースは、保守主義である。このように、文化的影響は有益な現象なのである。一般にこの時期、極東のこの地域における交渉は、「華北は辺境の遊牧地帯である」というモデルに沿って形成されており（Перевобытная...1978）、相互交流の具体的な表現は当然のことながら非常に複雑であった。

さらに、最も重要な相互関係の検討に移る。近年の沿アムール地方と沿海州（ソ連）の研究は、このような関係がまさにこの地で女真文化の形成と並行して存在していたことを示した。11〜12世紀のマイスコエ城塞（ソ連の沿海州のハンカイスキイ地方のマイスコエ村）の設備は、（焼き物や骨製品の中に）渤海のものや（鉄製の馬具の中に）契丹の特徴を示すものが発見され、女真のものはわずかだったが、この城塞は早期女真がいたとされる地域の中に存在する（Ивлиев, Никитин1979）。しかし、アムール支流域沿岸（ソ連ハバロフスク地区）のチルキ村の10〜11世紀のチルキ墓地遺跡は、女真の人口分布の北の外れにあるのだが、かなり女真的要素を有している（Медведев,Копытько1979）。アムール川流域の大ウスリースキイ島には、9〜10世紀と部分的に10〜11世紀のものとされる土の墳墓を残した人々がいて、彼らは渤海同様に女真文化の影響も受けていた（Медведев1979）。

女真文化にはっきりとした痕跡を残したのは契丹である（Залкинд1948；田村1964；島田1952；Wittfogel,Fêng Chia-sheng1949；馮家昇1949）。それは、遼のディテールを借用した金の正装やいくつかの食べ物、とくに契丹を通って中央アジアから女真にもたらされたスイカを利用する点に感じられる。契丹文化の影響が色濃く残っているのは、女真人や金人の風習、慣習、宗教、儀礼の分野であった。頭魚宴、頭鵝宴、兵士による式典である共同の刈込み、撃毬、射柳、焼飯の儀式、遼の儀式や儀礼の使用——これらはすべて、同じような方法で両民族に知られ、独立して発生したり、借用されたりした現象である（Воробьев1968；Leaotche1939）。

女真人の間で仏教の早期の説教を行ったのは、遼の僧たちだった。女真は契丹から仏教の形を受容した（Воробьев1966）。上京では、早くから契丹の俳優や音楽、礼儀作法、文書が紹介された。とくに言語と文字の分野での契丹と女真の関係は顕著である。女真語は契丹語に似ていないが、初期の女真人は契丹語とその

基礎知識を習得した。1115年までには、女真人は遼から古典の五書を入手していた。自分たちの文字を創設する際には、女真人は部分的に契丹字を手本として活用した（長田1970 ; 山路1958）。契丹の文字や文学は金の最盛期に広く活用された。とくによく知られているのは、金時代の契丹文字による碑文である（鄭紹宗1973）。金帝国の後半になって初めて契丹文字は、国家の日常から締め出されるようになった。現存する契丹と女真語の語彙の中で対応する借用語は非常に少なく、せいぜい10～20語である（Menges1968）。

建築において、金人はいくつかの契丹のスタイル、とくに仏塔のスタイルを採用した。建築史学者は、「遼金式仏塔」という両者を区別できないスタイルとして（Ecke1935-1936）、またそれぞれの形式が典型的な契丹のモチーフを持った丸い軒瓦を持っているというふうに区分している（Киселев1959）。金の工芸における遼の影響は、金帝国の後半に花開いた金の芸術的な陶器の伝統的な形式の中に感じられる（Wirgin1970）。

異なる民族的基盤にありながら、双方の民族は文化的関係の中でかなり密接だった。『遼志』が、契丹の風習や慣習が靺鞨（女真の先祖）や奚のそれらと多くの共通点を表している[1]と伝えているのも理由があってのことである（Leao-tche 1939）。

女真と契丹の文化的関係の中に二つの特徴が見える。1）さまざまな社会的レベルにおいてライバル関係であったが、11世紀から12世紀の転換期とともに彼らのレベルが正反対に変わっていった（文化的に契丹が優位だったのが、女真優位に変わった）。2）契丹が金帝国の一部になっていったとき、契丹に対する女真の文化的影響の具体的な形態がほとんど知られていない。私が知っているのは、同仁文化期に女真人は積極的に遼の契丹人に自分たちの珍品──金、真珠、医薬、マツの実、蜜蠟、銅、ハヤブサ、毛皮、鹿皮、家畜、織物──を売ったということである。金代においては、12世紀末から国家の日常から契丹文字を締め出した措置や、12世紀半ばから契丹と女真間の結婚が奨励されたことぐらいしか知られていない。

中央アジアに新しい王国、西遼を建国し、カラキタイ（黒い契丹の意味）として知られる契丹さえも、金の文化的影響を免れなかった。現トゥバ地区のデョン・チェレク地形区（12世紀後半～13世紀初め）では、金のものとまったく似通った土製の龍頭や鳳凰、瓦が発見され、住居跡では炕（カン）と金の銭が出土した（Кызласов1959）。

シベリアのミヌシンスカヤ盆地で出土した金代の青銅製の鏡や銭は、金の影響

がキルギスの領土に達するほどの広がりを持っていたことを物語っている（Лубо-Лесниченко1975）。

　日本と女真の文化的交流は、学者たちにはほとんど知られていない。遠方へ海賊行為をしていたころ、女真人は1019年に対馬、壱岐、九州で、多くの牛馬を強奪し、対馬の銀山を略奪した[2]（Позднев1909）。これが女真が日本と出合った唯一の遠征というわけではなく、唯一の文化的現象でもなかった。日本が女真の事象を知ったのは、前述の女真文字の入った物だけにとどまらなかっただろう（第2章10節参照）。いずれにせよ、北海道や隣接する地域で花開いたオホーツク文化は、鉄製ナイフや甲冑、バックル、青銅製や銀製の帯に付ける装身具、耳飾や鈴のような女真製品を知っていたはずである（菊池 1976）。

　高麗文化の女真文化に対する影響は、女真の民族性強化の初期段階においてとくに顕著である（Воробьев1975）。軛(くびき)を付けたウシや鉄製農具などの高麗からの搬入品とその農業技術や、銅や銀、銀職人らの女真人による活用は、11世紀や12世紀初頭の女真の生産の伸長を根本から促進した。女真の初期の頭巾の装飾には、頭を細長い布で覆う漢人や高麗人の流行が影響を与えた。高麗からは、鋳鉄製や銅製のシンプルな釜のような形式のものだけでなく、女真のウマと豪華な食器のセットの交換を想起させるような豪華で多様な金属器も948年に入ってきた。契丹人と同様に、高麗人も女真人の間に仏教を広めるようになった。史書は、高麗人だけに暦（1030年）に関する科学[3]を、医学（1103年）においては女真人の実践的な指導者の役割を割り当てている。女真人は、積極的に高麗人にウマ、クロテンやリスの毛皮、甲冑や弓矢、石弓、鏃、戦闘用の船などのさまざまな戦闘具を薦めた（박영해 1966；『朝鮮史概要』1957）。

　女真史の国家的段階においては、交流はより強化されなければならなかったはずなのに、実際には、このような関係の具体的な証拠はごくまれにしかない。これは次のように説明される。

　女真が中原に登場したのに伴って、女真の文化的世界における第一人者の地位を漢人が占めるようになり、高麗との交流は満洲・沿海州の高麗人といった地方レベルのものになった。その証拠に、12世紀にこの地域に繁栄した円丘の上の女真の防衛施設・制度に高麗山岳部の堡塁の影響が見られるほか、高麗からの金銀、水銀やネフライト（軟玉）の搬入、金銀製の調度品、さまざまな色のシルク、剣、扇、青磁、紙、墨、医薬品の受け入れ、高麗の文学や芸術作品に対してあくなき興味を持っていたことが知られている（張政烺等 1951；리요셩 1957；『朝鮮考古学概要』1977）。

金人は、高麗に鉄鉱石、金、家畜、さまざまな織物、馬具、馬車、ぜいたく品、酒や果実、本や芸術品を供給した。高麗に輸入されたものの中で、とくに金文化のものを中国の工房や漢人の職人の製品と区別することは簡単ではないが、馬具や馬車は金の製品だったろうし、鉱物や家畜、織物の一部にもあっただろう（丸亀1935；리요성1955；『朝鮮中世史』1954；Sweetman1976；Kim chewon,Lee Lena Kim1974）。

　党項と女真人の文化分野における交流はよく知られていないが、おそらくかなり積極的なものだっただろう。というのも、両民族は隣接しており、通常平和的な関係を維持し、多くの党項が金に暮らし、女真人と同一視され（Кычанов1973）、また金の政治家たちは西夏の文化政策に明らかに賛同していたからである。「小国（西）夏は、古い慣習を尊ぶ」[4]（『金史』）。

　これらの古い慣習の中で、社会における女性の高い地位、最近まであった新郎新婦の選択の自由、慣習法に従った罰金の代わりに血の復讐を実行する旧弊、交渉あるいは要求という行為の遂行に際して受取人に矢を送る行為、墓への進物を壊す行為などの遺体に関する儀式、地面に掘られた穴の牢獄の存在、前合わせの衣服を身につけるなどの類似点が散見される（Кычанов1959）。列挙された慣習は女真人を思わせるものである。このような類似点は、双方の民族の社会的発展レベルが近かったことによるものであろう。しかしながら、彼らが民族的に隣接して同時代に存在していたことで、前例にもとづいてこれらの慣習の相互強化という文化的機能の出現をもたらしたかもしれなかった。党項は、金から宗教画の版画も取り寄せている（Рудова1967）。

　極東に広く普及した党項のすべての豊かな物質文化——ヒツジ、ウマ、とくにラクダ、塩、鉄、鉄製武具、フェルト、じゅうたん、毛織物、ラクダの毛の羅紗——が女真に影響を与えなかったと言うことは不可能である。女真字を製作する際、それを生み出した人々が党項に相談したことは明確に知られていることである。同様に金から西夏へ鉄や穀類、穀粉が送られたケースも知られている。おそらく金のシルクや磁器、満洲の医薬、衣服や金経由の中国商品の流入もありそうである（Кычанов1968；Кычанов1959）。

　女真文化における早期モンゴルの要素はわずかしかなかったか、あるいはよく研究されていないのかもしれない。婚資（持参金）やウマ崇拝のような現象は共通する習慣で、社会生活の似通った形態によって引き起こされたものである。しかし、両民族の文化における相互関係は、レベルやその発展の方向に関して言えば、当時文化面において女真（金人）に対するモンゴル人の目立った影響力はな

かった(Ишжамц1974)。両民族の文化における相互関係は、女真あるいは金文化のモンゴル文化に対する影響のほうがずっと優位に働いた。

　基礎のない住居が造られた早期モンゴルの集落にも、女真の住居と同様に骨組みとなる壁やΠ字状の炕が備わっていた（Кызласов1975）。戦争の技術や軍の装備には、モンゴルは多くの金人の成果を借用した。元の工房には、金人の職人が大勢いた。モンゴルの都市建設は多くの金の新案を条件としていた。たとえば床下の高温の空気による暖房（炕）、特別な柱の配置などである（Пэрлээ1957）。モンゴルの都市の遺構は、金起源のものあるいは金文化の影響のもとで作られた製品の痕跡を残すもので満ちていた（Древнеменогольские...1965）。モンゴルはぜいたく品を必要とし、金からそれらを受容した。彼らは、同様に穀物や茶、武器（Krader1952）、名鷹・海東青も輸入していた。モンゴルは、金のもとから「大明暦」、馬上競技のポロ（撃毬）、焼飯の儀式、辮髪、多くの金料理を借用した。モンゴル（元）の紙幣が流通形式や規約の上で非常によく似ていることもよく知られている（Ивочкина1967）。モンゴルでの熱心な仏教の伝道者は金出身者だった。

　「言語、文学を含む多くの面でチュルク人に負うところがあるモンゴル人は、女真人に対してそれと同じぐらい多くのものを負うところがある」という偉大な東洋学者の言葉を思い出すことができる(Pelliot1913)。女真がモンゴルから得たものは、皮革、獣の毛皮、羊毛、毛髪、ウマ、ヒツジ、ラクダ、ヤク、塩だった（Krader1952）。

　中国と女真の文化的交流は、12世紀の第1四半世紀までは、偶発的で一方的なもので、その後急激に増大。そして女真の中原への登場とそこに金の統治を実現したことに伴って、交流は日常化した。自分たちの発祥の地では、女真は文化的拡散のプロセスの中で、中国製の金属器と出合い、漢字や漢語に関する断片的な知識を得、いくつかのぜいたく品や中国の銭、そして高麗人や契丹人、地方部族から中国の文化的成果の情報を得ることができた。

　地方部族の中で、漢人の衣服を身につけ、中国の儀式の物品を使っていた嗢熱（『松漠紀聞』）や、漢人の慣習やマナーを知っており、女真の間に本当の中国文化の伝播者となった渤海人について言及する必要もある。926年に契丹によって国家が滅ぼされた渤海人の果たした役割の意味を軽んじてはならない。彼らは中国文化をよく知っていた。遼の朝貢国であり、他方では、女真連合の一員でありながら、彼らは中国の新情報の便利な伝達者となるのに極めて都合のよい領土的・心理的可能性を有していた。彼らのこのような役割は、金国初期の10年の間も維持され続けた（外山1964）。

中国本土へ女真の大半が移住した後は、当然のことながら、彼らは漢人がつくった文化の直接的な影響を回避できなかった。幾世紀にわたって形成された農業や手工業、輸送の技能は、華北の持つ能力となった。これらの技法は女真の時代にも維持されたが、女真自身が常に独占的にそれらを吸収したわけではなかった。

　しかし、帝国内では金人は、彼らにとっては未知だった灌漑の制度や巣播耕種法、農地に休閑地を設けながら耕作する制度を積極的に活用しながら、宋のつくった文化を維持・強化した。中国の都市文化はおそらく都市に定住する女真の官庁の上層部の人々（高級官吏）に影響を与えたことだろう。金人の都市建設は、おもに中国の建築の伝統の上に構築されたが、漢人は悪意のある見方で、女真の技法の混入を指摘した[5]（『攬轡録』）。村の住居は、女真の外観をとどめていたと考えるべきだろう。

　中国に住んだ女真人は、おそらく中国の衣服や装身具の影響を受けただろうが、女真政府は、積極的かつ終始一貫して民族の服の仕立てやセットを守っていた。中国の影響は金人の正装や都市貴族の晴れ着において、より顕著に表れた。帝国の崩壊まであと1年というとき、独特の衣服や頭飾、髪型を女真人が公式に放棄することになった（三上1973）。とはいえ、この放棄は、慣例が確立したと記憶されるより、むしろ文化的・政治的な漢人との融合を強調する政治的プロパガンダの意味を持っていた。

　中国の食物や食器は、宮殿や女真貴族の家で用いられていた。これらの分野においては、式典用の食器は、宋製あるいは金の工房で中国風に加工されたものだった。漢人使節は、1170年の燕京でのもてなしの中に、半中国風な机や植物質のエキスを含む茶が豊富にあったことを指摘している[6]（『北行日録』）。茶を飲むことは、かなり広く普及していた。

　婚姻関係の領域においては、中国の影響が女真家族の内部に社会的プロセスと結びついて存在していた（Смирнова1973）。女真家族における家父長制の原則の強化、氏族内（同姓間）の結婚の正式な禁止、妾の身分の強化、家父長的氏族関係に立脚する古い氏族制度に関する観念の転換、異民族間の結婚への欲求、漢姓への転換——これらの現象はすべて新しい社会的状況によって引き起こされたものである。が、それらは中国の影響（同姓間の結婚の禁止、妾制度、改姓）なくしては生じなかった。

　これらの現象がより顕著に感じられたのは、金人の支配層においてであった（三上1973）。絡み合い、分かちがたく融合したものは、自分たちのものなのか、借用されたものなのか識別が難しい。このように、漢人との間に生まれたり、漢

人と特別親密な精神的つながりを持ったりした女真貴族の間では、いくつかの自分たち民族の伝統的風習——辮髪、女真の服装、頭飾——を拒否して、漢人の遊びに熱中したり、あいさつの仕方などに漢人特有の慣習の借用が見られた（姚従吾 1953）。

　金の政治家によってあからさまに非難された、女真社会上層部の自然発生的な漢化と並んで、女真のかなり幅広い層で、中国と女真の風習にある種の折衷主義が現れた。その折衷主義は、とくに金で毎年行われる祭典制度において顕著だった。毎年行われる数多くの農業や宗教的な中国の祭が、これらの制度のもとになっていた。いくつかの女真の民族的祭典や金国の記念すべき出来事がそれらに帰属していった。金国起源と無関係な祭典の儀式や礼式は、中国と女真のものが混ざり合ったものだった。たとえば、まぎれもなく中国の農業の祭が、女真人によって、女真の弓を射る儀式によって祝われたり、また金人によって創設された国家的祭典において、伝統的な中国の儀礼の要素が惜しみなく利用された（『大金集礼』）。

　イデオロギーと芸術の分野において、中国文化の要素の受容プロセスは、おそらく極めて複雑なものになっただろう。儒教、道教、仏教との密接な関わりは、金代の女真の文化活動の最も重要な出来事だった。しかも女真は中国本土で初めて本気で儒教、道教の教えと関わったのであった。漢人の儒家の役人は、学術、文化、教育分野を含む、金の機関のポストを占めていた。儒教によって、多くの政治や祭式の内容が充実した。金の為政者たちは、絶えず儒教を認め、称賛していた。

　しかし、この称賛はしばしば他の二つの教え——道教と仏教——に対してあいまいな反対の表明を意味しているようだった。そのため、権力によって是認されているにもかかわらず、儒教は金国において南宋におけるような特別な地位を得ることは一度もなかった。

　道教は女真に用心深く受け入れられ、金国王も絶えず住民に対して、遼や中国で道教がもたらした過去の害毒について思い起こさせた。道教は金支配に不満を抱いている人々を引き寄せたが、この教えは金では迫害を受けなかった。それどころか、金代末には、この教えは新しい流派「全真教」を生み出した（窪 1951）。

　仏教は女真人のとくに支配階級の間で、道教よりもずっと広く普及したが、そのためかなり早くから、国家の公式的な社会的活動から仏僧を排除しようと仕向ける政府の対策とぶつかった。こうした領域以外では、政府は仏教寺院や仏塔の穏健な建設、仏像の政策、経——とりわけ『大蔵経』——の出版に対して反対は

しなかったが、宗教組織の発展には歯止めをかけた（野上 1953）。

　文字の二つのシステムをつくりながら、女真は漢字にも取り組んだ。女真語の語彙は、漢人の国家や文化用語の影響を受けた。それどころか、漢語と漢字は、昔からの漢人の交流手段として残ったばかりでなく、民族構成が多様な新しい帝国における民族的関係を築く手段に変わった。

　多くの女真人が二言語併用者になった。漢字は最初、日常生活の上ではなく、より高度な学術や文学、倫理的なレベルにおいて役割を果たした（姚従吾 1959）。女真の貴族や役人は、中国においては中国語なしにやっていくことはできなくなった。また1179年に、世宗の孫で将来の章宗と宣宗を教育することになったときも、言語教育の順序は（おそらく女真語の信奉者である皇帝にはあらかじめ知らせなかったと思われるが）漢字、女真字、女真の話し言葉、女真語の講読の順であった[7]（姚従吾 1959）。

　女真にとって遺産となった文学の大部分は、漢語で書かれたものだった。金人は積極的に自分たちの国家で、これらの古い出版物を増刷した。そればかりでなく、情報交換をしたいという自然な欲求から、金と南宋間で文学による交換が生じた。金国の芸術的な文学の早期の作品は、多くの点で遼だけでなく唐や宋王朝の文学形式にも依存していた（しかも、唐形式の模倣は公式に大いに奨励されていた）。この依存関係が明らかな文学の具体的なジャンルとしては、詩や詞、叙情詩、曲を挙げることができる（Воробьев1976）。

　中国本土に現存する金の建造物は、当時存在していた地方の建築方法をベースにしていた。そのことが、外見的に十分に中国的でないと中国の同時代人の目に映るような要素や装飾の導入を許したのである（Ашепков1959）。金の壮大な仏教彫刻は、手法的には当時極東に存在していた規範から大してかけ離れてはいなかった。その規範は、代表的な建築群の存在する地理的な位置から中国風とされたが、本質的には極東の多くの国々にとって共通するものであった。

　墓地の浅浮彫に、女真は中国の伝統的な神話のテーマを幅広く活用した（Siren1942）。金の絵画の遺物は、それらの中に混じり合う相互の影響の程度を判断するにはあまりにも数が少なすぎる。しかし、文学的な資料から、金の芸術作品に北宋の蘇軾の思想や作品の影響をかなり受けていることがわかる（Bush1965）。

　金代の工芸分野においては、とくに芸術的な陶器が抜きんでた地位を占めていた。知られているように、金人はたくさんの著名な中国の陶器工房を継承した。当然のことながら、これらの工房が、それまで形づくられてきた芸術的な伝統を

急に断絶する理由はなかった。なぜなら、早期女真の芸術的な陶器には、北宋趣味の色づかいや画風が存在していたからである（Wirgin1970）。

早期女真では存在しなかった学術分野で、金人は豊かな中国の文化遺産を得、それは学術の継承の中で金人のもとに蓄積され続けた。金の科学に対する中国の影響は、おそらく哲学や倫理、彼らに密接な科学に対する新儒教の思想の影響の中にも見られるし、また国史の編纂における実録の中でも大きな役割を担った（Воробьев1971）。

金人の教育機関は、最初宋を手本として作られ、学校はいくつかに分類されていた（郡学校、地方校、首都学校）。それらは帝国の全民族に共通したもので、教育プログラムや試験制度は中国形式だったが、その後金人はこのようなモデルからかなりかけ離れてしまった。金において、中国形式の教育の必要性は強力に発達した。中国形式の教育方針は、金統治の半ばまではしっかりと推し進められたが、その後、その方針は多少弱まった。

中国と女真文化の交流の過程において、中国文化が女真文化に影響を与えただけでなく、女真あるいは金文化もまた中国文化に影響を与えた。このような影響は、金国家が建設され、多くの女真が華北や中原へと移住した後、顕著になった。生産分野におけるこのような影響は、次のような点に表れた。

女真は華北へ穀物栽培の技術を広めた（コメは中国北部で播かれるようになり、コムギは南部で播かれるようになった）。目立って広まったのは、犂起こしの際に牽引役とするウシの使用で、20世紀の初めに至るまで満洲で使われ続け、小さな改良が施されただけで、極めて合理的な農具が積極的に作られた（Стариков1973）。女真は、中国では当時ほとんど廃れてしまっていた牧畜用の家畜の飼育を導入した。

衣服や髪型、装身具の領域においては、女真は中国に対して、厳格かつ強制的な統制という形で臨み、漢人に女真の衣服や頭飾、辮髪を強制した。しかし文献は指摘している。すでに1119～1125年（宋・宣和年間）には、金の宮殿に仕える漢人宮女は女真の髪型をし[8]、1176年（淳熙3年）には南宋の首都臨安に奉職する者たちは、金の役人独特の紫色のシルクの衣服を着用していたと[9]。彼らは自分たちの衣服を、関所にやってくる女真人の中に見出した「蛮族」の紫色に変えたのである[10]。金の使節が江南へ行くようになると、彼らはそこへぴっちりとした裾の長い上衣を届けた[11]。金から宋へ帰る漢人使節は、濃紺の衣服を着ていて、それは「番紫」あるいは「北紫」という名称すら持っていた。

女真の衣服を宋の軍人でさえ着用したのである[12]。1126年には、軍は「蛮族」

の衣服や物品を使うよう定められたが[13]、1126年までの間に金からもたらされた黒い縁取りのついた茶褐色の織物が流行した[14]。南宋の都市の市には、女真の配色の織物や女真風や女真製の武器や辮髪用の紐がたくさんあった[15]。

金代に漢人の日常にこのような物品が広く浸透していたことは、すべての南宋の使節が指摘していることである[16]（『攬轡録』）。女真風の衣服は現在まで黄河の低地帯のところどころに残っていた。これはいわゆる左袵と呼ばれる上衣である[17]（劉銘恕1946）。

初め漢人にとって「野蛮」で受け入れがたくさえ思えた女真の食物が、しだいに漢人の食卓にのぼるようになっていった。女真のコムギの蒸したパンやクレープ状の食べ物は、南宋の漢人たちの好物になっていった。「女真の」（蕃）という書き込みのあるたくさんの料理レシピが、中国を支配した次の王朝の料理の手引き書に掲載された（張家駒1957）。12世紀の第3四半世紀から始まった女真出身者と漢人間の結婚の奨励・普及は、まぎれもなく中国の結婚に複雑な影響を与えたが、この影響において文化的境界をはっきりと分けることは難しい。

女真の風習や慣習は、あまりにも文化的・社会的規範が特異でありすぎるために、混じりけのない形で漢人に与えた影響は弱かった。行政秩序と融合した金の慣習は、おそらく漢人仕官に対してより強く影響を与えただろう。

漢人官吏たちは、皇帝の狩りや外出、撃毬、射撃に参加しなければならなかったばかりでなく、「酒三行」の風習やすべての祭典、女真の儀礼上のしきたりに満ちた国家儀礼に出席しなければならなかった。さらにより幅広い階層の人々が、上述したような女真の風習の要素を含んだ年間行事のたびに、女真の風習と積極的に関わりを持ったのである。漢人の間に最も広く普及したのは、たとえば炕のような女真の技術だった。

女真のシャーマニズム自体は、漢人の信仰に目立った影響を与えなかったが、女真人が中国の宗教に対して無関心だったことが、漢人にとって伝統的な三宗教の要素が融合した全真教の形成を促したのだろう。

国語となった女真語と女真字は、漢人官吏や金の機関と関係のある幅広い漢人層にとって必須のものとなった。同様に、女真語と女真字は、漢人に対して文学や石碑などの形をとって、直接的にも間接的にも複雑な文化的影響を与えた。中国の中編小説・話本の『金虜海陵王荒淫』（14世紀）に寄せた序文には、南宋軍が杭州に「蛮族」の本を少なからず持ってきたことを伝えており、その小説自体は女真語を含む異民族の言語を含んでいる[18]（Желоховцев1969）。

精神文化の要素も、漢人に反映された。1119〜1125年に開封の住民たちは、通

りで「蛮族」の歌を歌ったり、女真の楽器を奏でたりした。『文献通考』は、1151年（南宋・紹興 21 年）に南宋の都市で、女真の楽器や音楽、踊り、舞台道具が使われた芝居が上演されたと伝えている[19]。

興味深いのは、楽器の中でも「鷓鴣笛（しゃこてき）」という楽器に関する記述で、楽器の名称は、笛で奏でる女真の歌の名称とまさに同じである[20]（『大金国志』）。この歌を、臨安の住民は 1163 年ごろ歌っていたのである。彼らは、胡笛や踊りを知っており、胡の風習、「蛮族」の衣服や音楽との関わりを断とうとしなかった。ちなみに南宋の文献における胡人や「蛮族」とは、「女真人」を意味していた。

借用は、文化的継承者が主体的な発展を増大させたり、以後文化的継承者をより完全な質の良い状態へと移行するように刺激を与えたりしながら、文化的継承者の資産価値を強大化した（Стариков1973）。すでに述べられた相互関係の側面と文化交流に関する中間的、概括的な総体を理解する必要があるだろう（陶晋生 1976）。

---

1 『遼志』国土風俗「其風俗與奚靺鞨頗同。」
2 『小右記』寛仁三年四月十七日（斎院司除目事）「今月七日書云、刀伊国者五十餘艘来着対馬島殺人放火」、『小右記』寛仁三年六月二十九日（後左中弁経通下給）「太宰府言上筑前国・壱岐・対馬等嶋人・牛馬為刀伊人被殺害并被追取解文」「就中刀伊人近来警固所又追取国嶋人民千余人并殺害数百人・牛馬等」「対馬島、銀穴焼損事云々。」、『小右記』寛仁三年九月二十三日「先日大宰解文注刀伊国、高麗国牒注女真国。」、『朝野群載』二十興国「撃攻刀伊国賊徒状。太宰府解。申請官裁事。右件賊船五十餘艘、来著対馬島劫略之由、（略）斬食馬牛、又屠犬肉、叟媼児童皆悉斬殺、男女壮者、追取載船四五百人、（略）寛仁三年四月十六日」、『日本紀略』十三　後一条　寛仁三年四月十七日「是刀伊国賊徒五十餘艘起来、虜壱岐島殺害守藤原理忠、并虜掠人民、来筑前国怡土郡者、（略）」、『高麗史』巻 4 顕宗己未十年夏四月丙辰「鎮冥船兵都部署張渭南等獲海賊八艘。賊所掠日本生口男女二百五十九人。遣供駅令鄭子良押送其国。」、池内宏 1934「刀伊の入寇及び元寇」『岩波講座日本歴史』2
3 『高麗史』巻 5 顕宗庚午二十一年四月己亥「鉄利国主那沙遣女真計陁漢等来献貂鼠皮。請曆日許之。」、『高麗史』巻 12 粛宗癸未八年七月甲辰「東女真太師盈歌遣使来朝、有本国医者居完顔部善治疾。時盈歌属有疾。盈歌謂曰『汝能治此人病、則吾当遣人帰汝郷国。』其人果愈。盈歌如約遣人送至境上。」
4 『金史』巻 8 本紀 8 世宗下大定二十六年十二月丙子「以西夏小邦、崇尚旧俗、猶能保国数百年。」
5 『攬轡録』（『三朝北盟会編』巻 245 所収）「虜既踐躙中原国之制度、強效華風、往往不遺餘力而終不近似。」
6 『北行日録』下乾道六年正月一日壬子「卓幃以珍珠結網、或云皆本朝故物。」、正月二日癸丑「盛茶食、糖、糯粥、粟飯、麦仁飯。」

7 『金史』巻98 列伝36 完顔匡（大定十九年）七月丁亥「宣宗、章宗皆就学、顕宗曰『毎日先教漢字、至申時漢字課畢、教女直小字、習国朝語。』」

8 『劉後村大全集』「北来人」「凄凉旧京女、妝髻尚宣和。」これを劉銘恕は「豈知宣和時宮女妝梳、已経胡化也歟。」とし、劉克庄の詩は、金に征服されたあと東都（開封）の宮女は宣和年間の北宋の髪型を保っていたとも読めるが、劉克庄が宣和年間の宮女の髪型を知ることができるはずもなく、すでに胡化していた証拠とする。

9 『宋会要輯稿』職官51 国信使（淳熙）三年十月二十八日知臨安府趙師䛒奏「本府年例合造奉使金国三節官属紫羅衫、共計七十二領、其色皆拘前例変染成緋、謂之番紫。竊見曩歳虜使到闕、皆服緋色紫衣、中国之人、互相倣效。近年以来、虜介到国、使副以下、皆是深紫公裳窄衫。側聞本朝遣使出疆、虜廷官僚、亦皆紫羝之衣、而本朝使属、卻衣番紫之服。」

10 呉松弟2006「南宋移民與臨安文化」『歴史研究』2006年5期は以下の例を挙げる。黄淮、楊士奇『歴代名臣奏議』巻120 袁説友「論衣冠服制」（淳熙年間）「都下年来一切衣冠服制習為虜俗、官民士庶浸相效習、恬不知耳止。」「紫袍紫衫、必欲為紅赤紫色、謂之順聖紫。靴鞋常履、必欲前尖後高、用皂革、謂之不到頭。巾制、則辮髪低髻、為短統塌頂巾。棹箆、則雖武夫力士、皆插巾側。如此等類、不一而足。」

11 笠井直美2002「『われわれ』の境界：岳飛故事の通俗文藝の言説における國家と民族（下）」『言語文化論集』24-1、名古屋大学によると「南宋に入っても金の使節の服装を『中國之人』がまねたとの記事」があるという。『宋会要輯稿』淳熙三年十月二十八日知臨安府趙師䛒奏上。

12 『宋会要輯稿』兵15-12（隆興元年？）七月二十五日「臣僚言『臨安府士庶服飾乱常、声音乱雅、已詔禁止訪聞帰明帰朝帰正等人往往承前不改胡服。及諸軍又有倣蕃装、兼音楽雜以女真、有乱風化。詔刑部檢坐條制、申厳禁止帰明帰朝帰正等人仍不得仍前左衽胡服、諸軍委佐佐、州県委守令常切警察。』」、『続資治通鑑』孝宗乾道四年（1168）「臣僚言『臨安府風俗、自十数年来、服飾乱常、習為辺装、（略）中原士民、延首企踵、欲復見中都之制度者三四十年却不可得。而東南之民、乃反效于異方之習而不自知。』」（笠井2002）による。

13 『宋史』巻193 志146 兵7「（靖康元年）十二月、詔『諸軍詐效蕃装、焚劫財物、限十日斉賧自首、與免罪。』」

14 『攻媿集』巻85「亡姊安巌郡太夫人行状云『及見宣和盛時及靖康間事、言之皆有端緒……』後得夢華録覧之曰『是吾見聞之旧。且謂今之茶褐墨緑等服、皆出塞外、自開燕山、始有至東都者、深歎習俗之変也。』」

15 『独醒雜誌』巻5「先君嘗言『宣和間客京師時……又相国寺貨雜物處、稍異物皆以蕃名之、有刀両両相並而鞘者曰『蕃刀』、有笛皆尋常、差長大曰『蕃笛』。及市井間多以絹画蕃国士馬以為賽。先君以為不至京師縂三四年、而氣習一旦頓覚改変、当時招致降人、雜處都城、初興女真使命往来所致耳。』」、『石湖居士詩集』巻12「北使詩」「相国寺詩絞云『寺榜猶祐陵御書、寺中雜貨、皆胡俗所需而已。』」、『西湖老人繁勝録』「清明節……（売品有）番鼓児。諸行市……（売品有）葫蘆笛……粘竿（竿）胡梯……髪索。」

16 『攬轡録』「民亦久習胡俗。態度嗜好。與之俱化。最甚者衣装之類。其製尽為胡矣。自過淮已皆然。而京師尤甚。惟婦人之服不甚改。而戴冠者絶少。多綰髻。貴人家即用珠瓏瑽冒之。謂之方髻。」

17 「如金人服装之制、即到今日、猶保存於黄河流域之某一区域、其式即顧寧人所謂之左衽。」（劉1946）、『日知録』巻28「左衽條云『此制蓋金人為之、迄於明初、而未尽除、其見於

実録者、永楽八年撫安山東給事中王鐸之奏……屢奉明旨、而未即改正。』」
18 『金虜海陵王荒淫』「我朝端平皇帝破滅金国、真取三京。軍士回杭、帯得虜中書籍不少。」（内容は『醒世恒言』巻23「金海陵縦欲亡身」とほぼ同じもの）
19 『文献通考』巻310服妖（高宗紹興二十一年・1151）「又都市為戯加篼巾、披臥辣、執藤鞭挲、吹鷓鴣笛、撥葫蘆琴、效胡楽胡舞。」
20 『大金国志』巻39初興風土「其楽唯鼓笛、其歌惟鷓鴣、曲第高下長短如鷓鴣声而已。」

4　文化政策

　女真と隣接する民族や国々との文化交流について理解するには、これらの交流に当事者それぞれが与える意義やその交流が実現するための方法を解明することが重要である。建国以前の女真の発展段階において、交流が実現する方法としての文化的接触は、より具体的で本質的な生産、戦争、貿易から派生したものだった。はっきりしているのは、文化的接触が相対的にまれで孤立したものだったということである。これは、ぜいたく品や新しい宗教、医療や暦に対して過度に欲求が高まることがなかった女真の文化的興味の狭さによるものであった。
　その一方で、文化交流の積極的で目的のはっきりした側面についても言及できる。おびただしい数の文化的要素が、文化的かつ自然発生的な交流あるいは、生産的かつ副次的な交流の対象となった。金帝国の成立に伴って、文化交流は国家建設や帝国の政策の一部となった。当時も文化交流は、しばしば生産や戦争、貿易、社会的関係のプロセスで実現していたにもかかわらず、自主的な文化交流の役割は計り知れぬほど増大した（Wittfogel1951）。
　このような様相において、最も興味深いのは女真－中国文化の相互関係である。それは、その関係が当事者にとって特別重要な意味を持つからである。女真人の中国文化に対する興味は、あらゆる状況や変化に際しても、彼らの相手国から女真文化への興味よりもはるかに計り知れぬほど幅広く絶え間なく、そして明白なものだった。このような不一致は、当事者の一方の考え方によって定められたものである。
　漢人の考え方は、中国と周囲の世界の太古からの関係を、一方の極では真理や倫理、文化の中心として、また対極にあるものを「夷狄」の世界として映し出した（Воробьев1977）。儒教者の李覯は、たとえば次のように断言している。「天下を一つの身体と見るなら、中国はその中枢である。夷狄は手足である。中枢が安

寧で、気が調和し、精神が旺盛であれば、手足は病に冒されていても、これは災いではない。もし中枢が安寧でなく、その気や精神が疲弊し、手足の治療にだけ集中すれば、手足も全快せず、中枢も滅びる」[1] (Лапина1972)。

そのため、中国にとって、隣国との文化的関係の問題は、「夷狄」世界にすでに述べられた価値を付加することや、地方の変わった事物の借用に帰着した。問題の隠れた本質は、記号論として明らかにされている。すなわち、明確な文化の保持者にとって、別の文化は「文化ではなかった」のである。この「非文化」を文明化することは、彼らの目には非文化の構造に自分たちの文化を移入することに思われた（Лотман1970）。

実在する文化的関係が実際にはまったく別の方向に変わったときでさえも、中国ではこのような文化的中華思想が一貫して守り通された。中世の漢人筆者たち（彼らだけではないが！）は、「『夷狄』と切り離された中国の文化的伝統など太古から存在しない」ことを理解していなかった（Стариков1973）。

このような状況で、南宋（しかし、金の漢人国民ではない）だけが実施することができた意識的な文化政策は、金人を増強させるような中国文化の新しい事物の南宋から金への浸透を制限することや、金人を弱体化させることができると認められる文化的要素を金に浸透させることを奨励することに帰着した。

後者に属するのは、金の社会と文化を「瓦解」させるはずのぜいたく品であり、女真人を「文明化させる」と信じられた儒教もまたそれに属していた。南宋の皇帝は、1142年に大臣にこう語った。「大金の宮廷は、規律がなく乱れていること甚だしい。権威はこの国王のもとには戻らない。そして今やすべてがこの影響を受けている。事は、金や真珠、靴なしでは済まなかった。私はそれらを欲しないが、彼はそれらを欲している。そして、このぜいたく品に対する欲求に注目すべきである。しかるべき機関に命じよ。このような欲求を育て強めるように。彼らの心がぜいたくに対して無防備なときこそ、われわれにとっては助けとなるのだ」[2]（『建炎以来繋年要録』）。

女真および金の文化の南宋への浸透に対しては、南宋はひどく否定的に反応した。国境を越えて浸透した衣服の着用、織物の使用、歌・踊り・芝居、あらゆる風習、習慣、様式をまねすることを禁じた。それは、それらが本当に女真のものであるかどうかや、女真と中国文化とのちょっとした融合を示したものであるかどうか、あるいは金の漢人社会で発生したものかどうかにかかわらず適用された（劉銘恕1946）。

言語や歌、興行だけでなく、金の文学も南宋政府にとっては危険に思われたが、

それはとくにおびただしい数があるわけではなかった。南宋は金から政治や経済書を輸入することを禁じ、1174年の勅令でこの禁令を繰り返した（劉銘恕1945）。つまりそういうものが存在すること自体が、女真人や彼らの国家の「野蛮な」本質に関する正統的な考え方と矛盾していたからである。

あらゆる金の影響が南方においては危険に思えた。このことが、金の影響が顕著であることの間接的な証拠となっている。南宋の政治的・経済的中心を南方へ移動した理由の一つは、望ましくない影響地帯から離れようとする欲求からだった（Fergusson1924）。

しかし、あらゆる手段を使って、交流は絶えず行われていた。たとえば、両国の学者や著者が互いに作品を読み合ったり、批評し合ったりした可能性があったことが知られている（陶晋生1976）。金に関する認識が、もし敵であったとしても、南宋の統治者は女真の言語や文字を研究する必要性を感じなかったほど、無関心だった（それに対して高麗の統治者は、これとは違う見方をしていた）。その結果、女真人が母国語で外交文書を書いてきたとき、南宋はしばしばそれを読解するのに苦労した（Franke1978）。

金の文化政策は、新帝国における共同社会の活動や文化的活動のプロセスの中で、①中国の遺産という形で女真人が手に入れた中国文化の知見を幅広く集めること、②国家的統制下で南宋において新しく創出された中国文化の部分的な摂取、③金の漢人社会に女真の風習のいくつかが浸透すること、④中国の新しい事物の過剰な圧迫から女真文化を守ること——を想定し、四つの政策がとられた。

第一の政策は、文化の存在するすべての分野で、幅広く遂行された（これに関しては第2章がより詳しい）。第二の政策、借用（訳者注：部分的な摂取）に関しては、女真による中国文化の受容においてはある一定の規則性を指摘できる。女真の建国以前や12世紀の第1四半世紀には、北宋が唯一の中国文化の源泉だった。そのため、北宋型中国文化が女真によって受容された。

しかし、12世紀の第2四半世紀からは、以前単一だった中国文化圏は二つに分裂した。南宋が正統的中国文化の中心となり、一方の旧北宋地方は一地方の文化の中心地となった。女真にとって中国文化の源泉となったのは、当然ながら第二の中心地だった。女真と国境によって隔てられていなかったし、女真にとって敵対関係にある王朝と関係がなかったからである。

しかし、分化はさらに進んだ。北宋系中国文化との最初の幅広い交流によって引き起こされた影響から立ち直ってから、女真はかつての敵対者——北宋との関係をますます頻繁に思い起こしたり、たとえば彼らにとって中立的な唐文化の

ような、別の系統の中国文化を探したりするようになっていった。

　しかし実際には、必要に応じて、これらの規則から逸脱せざるを得なかった。金と南宋間で常に交渉のテーマとなったのは、南宋へ逃げた教養ある漢人の高官や役人の金国でのポストへの復帰であり、南宋のさまざまな文化人を金へ派遣することであった。金人は、南宋の使節を、自分たちにとって文化人として興味のある者であれば自国内に強制的に連れていったり、とどめたりした（毛汶 1935）。漢人のもとで学ぶように呼びかけるために、熙宗は、金王朝の創始者たちを「無学な野蛮人」と呼んだ[3]（『大金国志』）。

　金は、南宋から中国文学が流入するのに対して好意的に接した。このプロセスは、自然発生的な性格も帯びていたし、目的のはっきりした性格も持っていた。前者は金の知的欲求によるもので、後者は中国文学を必要とする明確な目的を持った政府の政策によるものだった。後者のプロセスが実現した例は、1208 年の金・南宋和平条約（嘉定和議）の項目を挙げられよう。そのとき、南宋は金に荷車 5 台分の本を届けることを公約している（張秀民 1959）。

　女真による南宋文学の部分的な摂取は、有り余るぜいたくとの戦いをも含んでいた。ぜいたくの手本は、1120 年代に奔流のごとく女真のもとに押し寄せた（『大金弔伐録』）。晩期の金の政治家たちは、住民のさまざまなカテゴリー（訳者注：階層や身分など）ごとにぜいたく品の使用を規制することが、天下に中国の存在を保障するとも考えた。「格差を明らかにしなければ、かつてのように、風俗は浪費がちとなり、困窮をもたらす」[4]（『大金集礼』）。しかし、このような冷静な判断をしておきながら、金の宮廷自体はぜいたくにふけっていた。「皇統年間（1141～1148）から宮廷の財産のありとあらゆるものが消耗し、数えきれないほど使われた」[5]（『金史』）。このような宮中に対して次のような一節がある。「中国の知性の文学が彼らにとって無縁なものになった代わりに、放蕩文学が十分に取り入れられた」（Гумилев1970）。

　金帝国は多民族から成り、当初、勝者（女真）が文化的関係の中では敗者（漢人）に屈した。彼らは、漢人の社会的・文化的・個人的生活の習慣的型式の維持と、漢人にとって習慣的である型式に国家統治の形態を近づけるという、二つの適格な方針を採用した。その結果、帝国内には、本質的にそこに存在する民族の数だけ文化的モデルが反映されることになった。

　当然のことながら、これらの民族も女真の文化も、単独では維持することはできなかった（Воробьев1975）。そのため、第三の政策として、金帝国内の漢人の間に女真人が自分たちの文化を普及させること、女真独自の風習を保護すること

が最優先の文化的政策として行われた。このような政策はすぐには出来上がらなかった（Воробьев1968；三上 1973）。

　その政策は、その活発化の程度やそれが適用される分野の選択、対策の実施の強度で識別されるいくつかの段階を経た。これは、女真が経験した文化的・民族的圧力が増大する段階や、このような対策の政治的有効性と関係がある。1125年に遼が崩壊するまでの第一段階には、部族の風習の確保や文字創設に向けたいくつかの保守的な第四の政策だけが作り上げられた。

　華北と華中の征服とそこへの女真人の移住が第二期（1125〜1160）の始まりだった。当時おもに注意が向けられたのは、帝国統治において女真人の指導的役割を確保することだった。女真がなすべきことは、古い風習の維持よりもむしろ、統治や法、財政、文化活動などの新たな経験を身につけてしまうことだった。

　戦争による侵略を繰り返しながら、女真は勅令によって、漢人住民に自分たちの風習のいくつかを普及しようとした。1126年の勅令は、漢人に対して民族的風習を捨て、頭髪を前方と脇から切り辮髪にすることや、短巾や左衽の服を身につけるよう命じたものだった[6]。1129年の新しい勅令は、不服従者には死をもって臨むと脅した[7]。満洲に暮らす漢人たちには、この規則はもっと早くから適用されていた。こうした勅令は、とくに読書人から強い抵抗を引き起こした（三上 1973）。

　特徴的なのは、女真人が往古からの固有の土地では衣服関係の規則の遵守を強く主張しながら、傀儡国の斉では、まったく別の政策を実施したことだった。

　金政府は、（当然）衣服関係の政策を、自分たちの文化的独立の確立、中国文化の独自性の制限、全帝国にとって文化的唯一の手本を創造する上で、重要なことだと考えていた。実際には、女真人がこの政策を実施できたのは、ほかの誰よりも彼らに依存する住民層――あらゆる民族の役人――との関係の中だけであった。その後、1140年代には厳しい勅令が緩和されたが、1170年代に金に行った漢人旅行者の周輝、楼鑰は、金の漢人住民が女真の服を着ていたと伝えている[8]。1200年に女真人と漢人に向けて、あいさつの規則に関する協議が行われたとき、司空（法務大臣）の完顔襄は、「現在すべての人民は、衣服や髪型はいつもわが王朝の決定に従っている。わが王朝の拝儀にも従わなければならない」と確認して言った[9]（『金史』）。これも生活の中で実行された。金代では、漢人の中でもとくに軍人は辮髪を結っていた（桑原 1927）。

　したがって、海陵王の時代に行われた風習を転換するという勅令は、ある地域では（たとえば河南省を除いて）効力を持ったが、中国風なものをすべて受け入

第 3 章 ● 結　論
4　文化政策

れるという方針が唐突に出され、保守的な勢力は、名門貴族との戦いの中で政府に対する反抗と見なされた。

　次の第三段階（1161〜1234）では、状況は根本から変わった。民族的・保守的な政策が、重要な国家の課題であると宣言され、(少なくとも) 40〜50年近くはどんなことがあっても、国家活動のあらゆる分野で徹底的、積極的に実施された。史書は、世宗とその盟友たちの保守的な話に満ちている。

　1167 年の話は、その顕著な例かもしれない。「王は太子や諸王たちとともに東苑でボタンを鑑賞した。秦王は頌詩や詩を創作しようと思いついた。彼に 15 人が賛同した。翰林学士が秦王の詩を読み、その美しさを褒めちぎった。太子は落ち着いてはいられなかった。完顔悼——兀朮の息子——は彼の気持ちを理解して、前へ進み出て低く叩頭をして言った。『国家は大漠から北方へと大きくなった。王や貴族や同族の人々は戦争へ参加する勇気を自分たちの財産とした。そのため、遼を滅ぼし、宋を圧迫し、北部と南部を統合することができた。すべての外国人に恐れられた。最近は遼と宋の亡国の遺臣たちをよく用いた。(彼らの)富や高貴な地位、文学、文字はわれわれの地の習慣を破壊した』」[10]（『南遷録』）。

　これに関する世宗自身の二つの発言は、重要な方針と見なすことができる。1172 年、世宗は大臣に語った。「会寧府——これは、私たち王家の王たちの出身地である。完顔亮（海陵王）が燕京へ移住したときから、女真はしだいに自分たちの古くからの習慣を忘れ、漢人の習慣に熱中するようになった。私は以前から、女真の習慣を知っていたが、今に至るまで忘れてはいない。現在、大酒宴や音楽に漢人の慣例が受け入れられている。それはおそらく彼らの儀礼がより完璧なものだからだろうが、私にはこれが気に入らない。王子やすべての貴族たちは女真の風習をまったく知らない。そして私だけが時々それらを用いるのみだ。もしのちに私たちの習慣がまったく改められてしまったら危険である。このような変化は、偉大で堅固な統治の法秩序を保障しない。私は、息子や孫たちがわれわれの古い習慣を見ることができるように、以前のように会寧府へ行きたい。そして、古い習慣に親しんでこそ、それに従うことができるはずだ」[11]（『金史』; Розов）。

　王朝の衰退について会談しながら、世宗は 1176 年にこう語った。「古い女真の風習は簡素で自然なものである。当時は文字を知らなかったが、天地に対する供犠、親への敬意、年長者に対する尊敬、客に対するもてなし、友に対する信頼が自然となされていた。これらの儀式は、古い書に書かれているものとは完璧さにおいて異なっていない。だから、これらの古い女真の習慣をあなた方は学ばなければならない。そして、それらを忘れてはならない」[12]（『金史』; Розов）。

独自の文化の国家的意味を世宗は絶えず力説した。「国家の古い習慣を忘れなければ、国境は安全だろう」。そして、彼は別の国の歴史の例を、それらが不適切であることは指摘せずに、引用した。「滅亡した遼は、古くからの習慣を忘れなかった」[13]（『金史』）。1185年に高官の斡特剌は、世宗との会談で、党項の例を指し示した。「小国（西）夏は、古い習慣を尊び、その結果、自分たちの国を数百年間維持することができた」[14]（『金史』）。

この政策の具体的な実施は、1170年代初めから始まった。政府は1171年に、金人の読書人に官位——中国における伝統的進士の別種（訳者注：女真進士）——の導入を宣言した[15]。1173年には、この官位の第一回の選定が行われた。同年、初めて政府は、女真の姓を漢人の姓に変えることを禁止し、無断で借用された姓を取り上げるように命じた（1173年、1187年、1207年の勅令）[16]。

こうして共同体や家族内部の血縁の階級制が、家族、婚姻、社会的関係によって結びつきながら確立した。古い習慣（射柳、騎射、季節の狩、撃毬、女真の歌、踊り、服、髪型）の奨励は、女真文化の維持に向けられて行われたものだった。1187年、1191年、1207年の勅令では、処罰するという脅しのもと、女真人に対して「南方の住民の服装をまねること」を禁じた[17]。

女真に広がった仏教のプロパガンダの中にひそかな漢化の芽を見てとり、金の皇帝は、勅令と身をもって示す模範の中で、天崇拝や祖先崇拝の伝統的な儀式を高く評価した[18]（1183年）。そして、仏教や道教の伝道師たちの幻想から生まれた約束とは異なる国家権力にとって有益な社会的実践力を強調しながら、仏教と道教の批判をした[19]（1187年）。また、仏教や道教寺院の建設を制限したり（1174、1178年）[20]、位階の伝授を部分的に禁じたりした。

1170年代から女真人は、女真語と女真字を学ぶように強制された。そのため、国の教育機関のネットワークが増大した。1160年代の初めから10年間に中国の古典が女真語に翻訳された。1186年からは、猛安謀克（メンアンモウケ）ら指導者のポストの継承は、女真字と翻訳された古典の知識が身についているかどうかがカギを握った。政府は、女真語を国語として、法廷や宮廷、軍、試験、学校で常用することを法令化した。そして金に仕官する漢人にさえこの言語を学ぶよう強制した。それは、「文字なくして伝統なし」と理解したからである[21]（『華夷訳語』）。

世宗は、上京は風習は腐っているが、他の地域よりもずっと家父長制が維持されているという声明を1173年に出した。そして同年、上京は再び首都になった。「真の女真」の風習を知るために、世宗の子や孫がそこへ派遣された。その後、上京には、漢化した女真人の再教育のための移住が行われた。この都市を、女真の

旧習の砦にしようと考えて、世宗は1184〜1185年にそこへ盛大な旅をした。1185年、のちの章宗となる麻達葛が、世宗と女真語で話をしたとき、世宗は彼のことを期待できる補佐役だと理解した。章宗は、女真のあいさつに違反したというだけで宮臣を罰した。

　世宗の保守的な政策の中で、中国の伝統を受容しようとする実証的改革思想が観察される。それらの思想は、われわれの専門用語によって言い表すと、社会的・文化的国家の発展レベルのある一定の一致——18世紀にA.フェルギュソンによって簡潔に表現された状況——が、独創的な借用の基礎にあったということである。「国が実際に隣国から借用を行うとき、彼らは自分たちで発明しうるものだけを借用するのかもしれない。そのため、どこかの国の生活の特徴的側面が、別の国にその基礎が似た状況の存在によって準備されないうちは、移入されることはまれである」(Артановский1967)。

　世宗が中国の文学や倫理を受容したのは、単に中国文化を手本としたのではなく、彼が自分たちの民族の間に強化したかった家父長制（女真をも含めた）の伝統を表現したものとしてであった。漢の光武帝や唐の太宗の偉業に対する彼の理解の目的は、伝統的な「失敗の抑制」にあったのではなく、「教育」を「戦術」と統合し、これらの民族性の共存を確保し、このような理想化された中国の王をも凌ぐ可能性にあった（姚従吾 1959）。

　金人の文化政策は、自分たちの民族的・文化的な独自の価値を認識することによって奮い立った。この認識は、公文書の中で女真のことを「蛮族」あるいは「蕃」と呼ぶのを禁じた1191年の勅令において具体化された（Franke1978）。

　女真人の民族的・保守的な政策の有効性について評価を下すには慎重に対応しなければならない。有効ではなかったとよく言われる理由の一つは、それが帝国の崩壊に先手を打つことができなかったからであり、一つには、それが文化変容あるいは同化を未然に防ぐことができなかったからである。

　しかし、国家の崩壊は、この政策が目的としていたものとはまったく異なる理由によって引き起こされた（が、金の政治家の論争的な意見では、これらの目的は同一である）。文化変容に伴う状況はより複雑で、どうあっても金の崩壊に至るほどの同化にはほど遠いものであった。

　このような政策の必要性の認識は、女真と漢人との間の文化交流の結果から導き出されたものであることを考慮しなければならない。ライバル同士の文化的・民族的不均衡は必然的に次のようなことを引き起こした。漢人社会に女真文化のいくつかの要素を強制的に付加したにもかかわらず、小さな借用さえ漢人に対し

てよりも女真人に対してのほうが影響は大きかったのである。

　1161年に全中国の征服の望みが絶たれたことと、戦争による政治的手段によって問題を解決する望みがなくなったことが、民族的・保守的な政策の活発化の引き金となった。だが、この状況は、南宋を意のままにする武器となった。当時この政策は、女真にとっても有利な結果をもたらしたものである限り不可避なものであり、明らかに有効であった。当然、これらの結果は不十分で暫定的なものに見えるが、文化政策は完全かつ不断の結果というものは得ることができないという条件下の環境において行われた。

　南宋との関係に関する金の文化政策は、この二国の政治的対立と不可分なものであった。中国の過去さえも、女真人は自分たちなりに再検討しようと努めた。後漢の皇帝・光武帝（25〜57）のために光武廟を再建しながら、壁には左袵の服をまとった28人の将軍を描いた（『使金録』）。

　政治的対立の影響は、金政府の三つの宗教に対する態度に表れている。南宋では、新儒教が単独で君臨し、仏教がかろうじて耐え忍び、そして道教が最盛期を迎えていた。金では、儒教は是認されていたが、それは古くからのもので、国家的イデオロギーの上では、この教えは女真中心思想と同様の地位を占めていた。仏教に対しては十分寛容に接し、道教は迫害されなかった（野上1953）。

　しかしながら、女真が南宋に戦いを挑んだ中国的な分野があった。それは自然哲学だった。戦争が中国統一を目的に行われる場合、海陵王はすでにあらゆる戦い（つまり1161年の対南宋戦争のことだが）の合法性に関して、儒教の立場を利用した。李通の伝記では、「再び中国を統合する者は、（王朝）の合法性を守る」と語られている（『金史』）。12世紀から13世紀の変わり目には、五行のどれを金王朝の庇護者とするかについて議論が再燃した（『大金徳運図説』）。それまで庇護者と目されていたのは、金徳（つまり金——金国）だったが、それからは女真の要求が高まり、（勝利を得た唐王朝にちなみ）土徳が選択された。趙秉文は、すぐにこの選択から政治的結論を導き出した。「中原が統合されたので、土徳は、回復した」[22]（『滏水文集』；陶晋生1976）。

　同時代において私がつぶさに検討した文化的相互関係の結果に対する全体的な評価に移行するためには、民族的独自性の観点からは、どんな文化も別の規範のためには存在しないものであることを思い起こす必要がある（Артановский 1967）。

第3章 ● 結　論
4　文化政策

1 『全宋文』巻906 李覯15 強兵策第二「以天下爲一身、則諸夏腹心也。夷狄手足也。腹心安寧、氣和而神王、則手足之疾非吾禍也。若腹心不寧、役其氣而疲其神、以專治手足、手足未愈而腹心殆矣。」

2 『建炎以来繋年要録』巻146 紹興十二年八月「己卯、上謂大臣曰『比聞大金中宮頗恣。権不帰其主。今所須者、無非真珠、毼毺之類、此朕所不願。而彼皆欲之。侈靡之意、可見矣。宜令有司悉與、以広其欲。彼侈心一開、則吾事済矣。』」

3 『大金国志』巻12 煕宗孝成皇帝4「開国旧功則曰無知夷狄。」、『三朝北盟会編』巻166「與旧功大臣君臣之道殊不相合。棄視旧功大臣則曰無知夷狄也。」

4 『大金集礼』巻30「若不定立等差。見得已久風俗奢靡。以致困弊。」

5 『金史』巻83 列伝21 張汝弼「自皇統以来、内蔵諸物費用無度、吏蠹縁為姦、多亡失。」

6 『大金弔伐録』巻3 枢密院告諭両路指揮「既帰本朝、宜同風俗、亦仰削去頭髪、短巾左衽、（略）」

7 『大金国志』巻5 太宗文烈皇帝紀天会七年「是年六月、行下禁民漢服、及削髪不如式者死、（略）」

8 『北轅録』淳熙三年（1176）二月六日「入境男子衣皆小窄。婦女衫皆極寛大。有位者便服立止用帛紵絲或番羅。」

9 『金史』巻35 志16 礼8 本国拝儀　承安五年（1200）五月「司空完顔襄曰『今諸人衹髪皆從本朝之制、宜從本朝拝礼、（陳）松言是也。』」

10 『南遷録』大定七年四月二日「上與太子諸王在東苑賞牡丹。秦王賦詩以進和者十有五人。直学士呉與権読秦王詩賛美。不己太子不能平。完顔悰【兀朮之子】深知其意。直前頓首、曰『国家起自漠北、君臣部落以勇力戦争、為業。故能滅遼逼宋、混一南北。諸蕃畏懼。自近歳、多用遼宋亡国遺臣。多以富貴、文字壊我士俗。』」

11 『金史』巻7 本紀7 世宗中　大定十三年三月乙卯「上謂宰相曰『会寧乃国家興王之地、自海陵遷都永安、女直人寝忘旧風。朕時嘗見女直風俗、迄今不忘。今之燕飲音楽、皆習漢風、蓋以備礼也、非朕心所好。東宮不知女直風俗、第以朕故、猶尚存之。恐異時一変此風、非長久之計。甚欲一至会寧、使子孫得見旧俗、庶幾習効之。』」

12 『金史』巻7 本紀7 世宗中　大定十六年正月丙寅「(上）曰『女直旧風最為純直、雖不知書、然其祭天地、敬親戚、尊耆老、接賓客、信朋友、礼意款曲、皆出自然、其善與古書所載無異。汝輩当習学之、旧風不可忘也。』」

13 『金史』巻89 列伝27 移刺子敬「上曰『亡遼不忘旧俗、朕以為是。（略）若依国家旧風、四境可以無虞、此長久之計也。』」

14 『金史』巻8 本紀8 世宗下　大定二十五年十二月丙子「幹特剌曰『以西夏小邦、崇尚旧俗、猶能保国数百年。」

15 『金史』巻51 志32 選挙一進士諸科「世宗大定十一年、創設女直進士科、」

16 『金史』巻7 本紀7 世宗中大定十三年（1173）五月戊戌「禁女直人母得訳為漢姓。」、『金史』巻8 本紀8 世宗下大定二十七年（1187）十二月戊子「禁女直人不得改称漢姓、学南人衣装、犯者抵罪。」、『金史』巻12 本紀12 章宗四泰和七年（1207）九月壬寅「刾女直人不得改漢姓及学南人衣装。」、これ以外に1191年にも禁止している。『金史』巻9 本紀9 章宗一明昌二年（1191）十一月丙午「制諸女直人不得以姓氏訳為漢字。」

17 『金史』巻8 本紀8 世宗下大定二十七年（1187）十二月戊子条、訳注15 参照。『金史』巻9 本紀9 章宗一明昌二年（1191）四月庚寅「禁民庶不得純黄銀褐色、婦人勿禁、著為永制。」(直接漢服を禁止しているわけではないが、南人の服をまねることを禁止してい

329

る。)、『金史』巻12本紀12章宗四泰和七年（1207）九月壬寅「刼女直人不得改漢姓及学南人装束。」
18 『金史』巻7本紀7世宗中大定十六年正月丙寅条で女真本来の風俗の方が、天地を祭ることにおいてもすぐれているとする。『金史』巻42志23儀 下/大駕鹵簿「上曰『前朝漢人祭天、惟務整肅儀仗、此自奉耳、非敬天也。朕謂祭天在誠、不在儀仗之盛也、其減半用之。』」でも、世宗自身つまり女真風の方が、漢人の祭天より心がこもっているとする。祭祀が漢人より女真がすぐれているとする考え方は世宗の時期にはっきり見られ、『金史』巻95列伝33程輝（大定二十三年）「旧廟祭用牛、世宗晩年欲以他牲易之、輝奏曰『凡祭用牛者、以牲之最重、故號太牢。語曰"犁牛之子騂且角、雖欲勿用、山川其舍諸。"古禮不可廢也。』」世宗が女真風の犠牲を尊んだことがうかがえる。
19 『金史』巻8本紀8世宗下大定二十七年十二月甲申「上諭宰臣曰『人皆以奉道崇仏設齋読経為福、朕使百姓無垢、天下安樂、不勝於彼乎。（略）』」
20 『金史』巻7本紀7世宗中大定十四年四月乙丑「上諭宰臣曰『聞愚民祈福、多建仏寺、雖已條禁、尚多犯者、宜申約束、無令徒費財用。』」、『金史』巻7本紀7世宗中大定十八年三月乙酉「禁民間無得創興寺観。」
21 いわゆる『華夷訳語』には甲（明洪武、火源潔）・乙（明永楽、四夷館）・丙（明清代、会同館）・丁（清乾隆、会同四訳館）の各種本がある。うち「甲種本」の劉三吾の序は以下のとおりであるが、序には文字がないと伝統を維持できない旨が書かれているわけではない。華夷譯語一巻（永樂大典本）「元初未制文字、借高昌之書、後命番僧造蒙古字、反復紐切然後成文、繁復為甚。翰林侍読火源潔乃朔漠之族、遂命以華文訳之。声音諧和随用各足云云。（略）」（四庫全書總目・経部・小学類存目）、「上以前元素無文字、発号施令、但借高昌書製蒙古字、行天下之命（火）源潔與編修馬懿赤黒等、以華言訳其語。（略）」（四庫全書總目・子部・類書類図書編）。
22 『滏水文集』巻10上（章宗）尊号表「恢土徳以大中原之統、」

5 文化プロセス

文化や民族が発展し、結びつきを持つプロセスは、複雑であまり定義されていない（Козлов1968；Barnett1953；Problem...1964)。結局、人々の民族的属性の変容をもたらしたプロセスは、民族的プロセスと見なすべきである。これらのプロセスは、民族の分裂と民族の統合という二つの方向で進行する。

原始共同体制期においては、民族的分裂のプロセスが顕著だった。このような分裂の痕跡は、たくさんの方言の客観的実在において、共通の先祖に関する神話（たとえば女真のような）の中に残された。分裂の推進力は、一致した領域の境界を定めることや、共同体を形成する血縁関係の原則だった。早期階級的発展段階では、生活資金の不足や占領への欲求によって誘発されながら、移住が、民族的

分裂のプロセスの基礎となった。

　これらの状況の中で、分裂のプロセスは統合プロセスと結合した（Алексеев, Бромлей1968）。出現した国家は、民族の分裂を後押しし、国境の設定は、他国のテリトリーにいる同族者を隔てた。国内への移住は、新しい共同体に分裂をもたらさなかった。民族の統合プロセスは、原始時代の終わりから広がり、民族同盟を共通の民族名称（スキタイ人、女真人）に集結する中に現れた。民族間の交流を強化することと共通の先祖を持つ一族の領土のまとまりを破壊することが、民族の統合プロセスを促進した。

　統合プロセスは、三つのタイプに大別される。結集と同化と集積である。結集とは、独立はしているけれども、言語や文化的に縁戚関係にあるいくつかの民族が一つの民族に合流することである（たとえば10〜11世紀の女真族）。同化とは、自分たちの起源や言語、自覚を持ち、縁戚関係にないさまざまな民族が相互関係を結び、別の民族にその文化や民族性を溶け込ませていくことである。集積とは、自分たちの言語や文化的特性に関して多様な民族が相互関係を結び、彼らの間にある種の共通な特徴や民族的・政治的共通性の出現を生じさせることである（Бромлей1973）。結集に関わるのは民族全体で、同化は民族の一部である。

　自然な同化は、接触の結果であり、その基礎には社会的・経済的発達を条件とし、具体的には、文化や民族レベルにおいては多様である。強制的な同化は、政治的施策である。経済的・社会的吸収、文化的日常に対する適応、帰化、二言語併用、言語的同化、文化的日常の同化、民族的自覚の転換に反映された民族的変質が、同化にとって重要な発展段階である。中でも最も重要な段階は、言語の同化で、他の段階は消え失せ、新たな段階が現れるはずである（Козлов1973；Eidheim 1970；Glaser1958）。

　相互の文化が豊かになることが、「文化的価値の交換」の概念の本質であるが、交換の任意の参加者が豊かになる度合いは、民族の文化活動の結果に対して総合的な評価を下す上で興味深い。またここでは、参加者たちの民族的完全性を侵害せず、重要な文化的側面は、民族的に細分化することを促さないような、交流の文化的結果を念頭に置いている。このような結果は、文化変容という名称——文化における変化——を帯びており、それらは二つ以上の独立した文化制度の接触によって引き起こされる（Acculturation...1954；Memorandum...1936；Murphy 1964）。実際には、文化変容の概念には、「文明化」という意味合い——ある異文化の影響下で全体的に文化の性格が変わること——が付加されている。

　中国には、時折「亜人類棲息地域」（ズブエクメーネ：居住できるが農業に適さ

ない地域）として研究されているいくつかの地域がある。亜人類棲息地域の根底には、ある一定の文化や独自の宗教的・哲学的な伝統がある。中国においては、それらが民族性よりも重要な価値とされているので、このことが、異民族の受容にとってそれらを「開かれた」ものとならしめた（Померанц1972）。その際、地理学的環境の役割ははっきりしないが、重要ではある。いずれにせよ、中原の外では、漢人が同化はしたが、完全に同化しなかった（Shibutani,Kwan1955）[i]。

> [i] 興味深いのは、まさに漢人とヘルスコビツの言う地方要素との接触が、30年代において将来の民族学的研究の重要なテーマを有していたことである（Herskovits1938）。

民族的文化プロセスの全貌の解明を始めよう。その際、「民族」という概念の本質は、言語・領土・日常生活・文化・起源・民族的自覚などの共同体の特徴の自動調整システムによって表される。

帝国内には、少数のツングースと女真人が住民の約10%を占め、渤海が約1%、契丹が約2%、漢人が87%を占めていた。そのため、女真人の民族的・文化的交流の最終的な成果は、極めて巨大な相手である漢人に依存していた。

しかしながら、私にとって興味深いこの時代には、民族構成や漢人の細分化した民族的文化層が固く団結しているわけではなかった。実際には、別の文化的領域、とくに高い精神的文化層が固い団結を有していた。民族的特徴の組み合わせを思い起こしてみれば、さまざまな地方の漢人が互いに理解できない方言で話をし、民族的領土や日常文化の細部が地域ごとにはっきり異なっていた。伝説においてはしばしば二重起源（全中国的起源と地域の起源）が伝えられ、地方ごとに民族の自称が広く用いられていた。このことは、当然交流に反映された。

言語は明らかに最も重要な文化的・民族的特徴であるので（これはすでに認められていることだが）、そこから女真人が関わったすべての関係の研究を始めることは適切である。著者たちの中には、12世紀後半から女真人の大半が女真語で話をしなかったため、世宗が母国語を彼らに学ぶように強制したとはっきり主張している者もいる（畢山1957）。

この考察を裏づけるために引用されるのが、世宗の護衛兵たちの間で漢語が濫用されていることに関する彼の憤激である。私はすでにこの出来事については分析を加えている（第2章第9節参照）。これは外国人戦士あるいは、宮廷などで漢語に慣れ親しんだ女真人の名門氏族の人間のことだったかもしれない。しかし、この事件を女真人の完全な言語的同化と見なす人々の解釈で受け入れるとしても、このことが当時の状況全体を特徴づけることは決してできない。中国本

土への移住が始まった1140年代まで、女真人は、母国語を使っていた。これは皆が認めるところである。

しかし、平凡な女真庶民が中国本土で猛安謀戸の民族的集落ごと住んだとすれば、彼らが一、二世代後に母国語を忘れることはあっただろうか？ どんな中国的環境にあっても、漢人の召使いあるいは妾の数がどれほどのものであっても、これはありえないと思われる。このような状況では、二言語併用の傾向が生じただけかもしれなかった。

女真語は国語で、それを使って官庁、法廷、軍隊で仕事が行われ、学校では女真人に女真語が教えられており、女真語が幅広く普及していたという極めて肯定的な事実が存在している。女真人の将軍や貴人のために、女真語で長い銘文の入った記念碑が建立された（第2章第10節参照）。これらの碑は、当然、女真語を知っている読み書きのできる人々に向けて作られたものであった。女真語の語彙の研究は、金代末までこの言語が生きた言語として存在し、しかも動詞の保有量と文法構造を完全に維持して、最低限の行政や宮中の用語、部分的に中国語から文化的用語を吸収しただけであったことを証明した（Воробьев1968）。

母国語と文字を学ぼうとする政府の欲求は、漢語への熱中に対抗して独自性を維持しようとする運動の証左である。なぜなら「自分たちの言語や文字を知らないことは、祖国を忘れることを意味する」[1]からである（『金史』; Розов）。猛安謀戸の身分を継承するには、三つの文字のうち一つを知らなければならなかった。そして1186年からは、間違いなく女真語を知らなければならなかった。このように、女真語は言語間の交流のプロセスの中で、粘り強く試練に耐え存続した。漢語を第二言語、国際語として許容することは、間接的に漢化の大きな流れを免れた女真語の維持を促すことになった。

同化におけるある仮定として、多くの場合、数量的に圧倒的多数の漢人住民の真っただ中に、大規模な女真人の移住が行われたという事実が提起されてきた（『東洋中世史』）。実際、女真の集落について、文献は「燕（京）から南へ、淮（河）から北へ、いたるところに彼らはやってきた」[2]と書いている（『建炎以来繋年要録』）。もちろん、このような人口学的状況における移住は同化を助長するが、具体的なケースを検討するならば、女真人が民族的に複雑化して中国に現れ、モンゴル侵入をも含めて彼らが満洲に残留していた人々と密接な関係を維持し、中国で自分たちの集落をつくって住んだことを思い起こすべきである。これはすべて移住の影響を弱体化させた。

出自においても、女真の民族性のその後の変質においても、深く関わる起源の

統一という特徴は、これらの要因と関連がある。とくに姚従吾は、明らかに共通の特徴を持つ二つのバリエーション（訳者注：移住と通婚）と、詳しく検討されている民族的テリトリーの部分的な喪失の要因については、自身がほかでも漢化と書いているように、「中国文化との性急な接近」が原因と見ている。

彼の要約によれば、異民族間の結婚、居住地の変更、血縁関係（前述の一貫性において）は、まさに女真の漢化を促してもいたのであった（姚従吾1953）。血縁関係は大人種（モンゴロイド）に限定される。すなわち、小人種はすでに多様である（女真人はツングース――北アジアの小人種――に属し、漢人は極東の人種に属す）。異民族間の結婚がかなり頻繁であれば、当然それは、血縁関係の共通性の喪失までをも含めて、起源の変質と直接関係がある。

第2章（第6節など）において、私は結婚の問題における金人の政策に関して詳しく述べた。初めから一方が女真人で、もう一方が渤海人、漢人女性あるいは契丹人女性である場合の結婚は直接的には禁じられておらず（訳者注：漢人や契丹人の女性とわざわざ断っている）、また婚外関係は許されてすらいた。

史書には、再三多くの漢人女性が妾になったという記述が残されていた。1122年には2000～3000人、1148年には4000人、1205年には300人の漢人女性が妾になった（宋文炳1934）。その後、女真人と漢人女性や契丹人女性との結婚は、勝者と住民との関係の安定化、敗者との和解を促すという結論に達したため、1191年から許可されたのである。（后を除いて）皇帝の38人の側室のうち、系譜がわかっている者は、11人が漢人、2人が渤海人、6人が契丹人だった（姚従吾1953）。皇帝の後宮は世界のいたるところで特別な規則によって定員が満たされていたので、この点で（女真人社会の）典型的なものとは言えない。

女真人家族が、社会的に帝室とかけ離れていればいるほど、婚姻の状況は一変した。上流貴族は漢人の名門貴族の一族とおそらく頻繁に進んで婚姻関係を結んだが、中・下流の軍人は明らかにまれだった。それだけでなく、女真家族にもらわれた異民族の娘がすべて完全な法的権利のある（第一）夫人になったわけではなかった。

しかし、この家族制度では、第一夫人の子どもたちだけがすべての権利を持っていた。第二夫人や側室の子どもたちには、第一夫人に子がなかったり、男子がいなかったりした場合のみ、そのような権利が与えられた。これらに関しては厳しく目が配られた。というのも、任職や家屋敷を継承する法や軍務を務める義務は、志望者が権利能力を有していることが必要だったからである。猛安謀克の人々が新婦を入植地の老人に紹介したり、結婚に対する承諾を彼らから受けなけ

ればならなかったりしたのは偶然ではない。この問題において、家族のしきたりは厳格なものであった。海陵王自身、阿骨打の庶出の孫（のちに『金史』でそう呼ばれた）と見なされていた。それは、彼の父が阿骨打の第一夫人から生まれた者ではなかったからである。

　当然、これらの法に基づいた社会的な見解は、異民族間の結婚を排除はしなかったが、社会的、法的共通性として女真人の民族的「定員」（キャパシティー）の相対的な安定を守ったのである。民族的保守政策の全盛期においてさえも、異民族間の結婚の完全禁止がなく、それどころかこの時期にそのような結婚を奨励するような勅令が出されたことは、このような結論の間接的な証拠となるかもしれない。当時、このような勅令は、漢人の名前や姓を無許可で受け入れることを絶えず禁じた。無断で漢人の名前や姓を受け入れることを、同化のまぎれもない証拠だと見なす現代の研究者もいる。たとえば、1336年に編纂された陶宗儀の文献には、金代末元初の女真氏族の姓の中に31の漢姓が見える[3]（三上 1973）。

　しかしこれに関しては、遅くとも1119年には漢姓の一部が女真によって受け入れられたこと、そしていずれにせよ主要な女真の姓は残ったことを思い起こすべきである（『金史』の著名人の伝記を参照）。無断で漢姓を名乗ることを禁じながら、政府は家族制度の見解に立脚して、そのような（女真）姓——特権——を褒賞として与えるという判断に従った。1215年に西夏、宋、元に勝利した後、軍人の中には、最も名門の女真姓を褒美として与えられた者もいた[4]。名前は姓と同様に、女真人家族の中に中国的風習の影響を映し出しているが、小さい。非常に高貴な家では、時々子どもに中国式の第二の名前が与えられた。たとえば、太祖（阿骨打）の息子たちはすべてその第一の漢字が「宗」となる名前を付けられたし、世宗の息子たちは「允」という漢字から始まる名前が付けられた。

　生活様式や文化の独自性に関して言えば、ここではあらゆる文化について論じられているのではなく、いわゆる細分化された民族的な文化の特徴について論じられていることを見落としてはならない。しかしながら、さまざまな民族の文化制度を比較するのに役立つ既成の特徴の組合せは存在しない。明らかに、細分化された民族的な特徴の大半は伝統的な日常文化の分野（言語・宗教・風習・民衆芸術・衣服・住居など）に属する。そしてさらに、伝統的日常生活の文化の範囲においては、具体的な民族集団における絶えまない交流の相手である民族と、当該の民族とを区別する特徴だけが、実際には民族性に区別された内容を有している（Воробьев 1973）。

　残念なことに、文学においてはこのような最も重要なテーマはわずかしか研究

されていない。もし女真文化の漢化に関する一般的な考察を数えなければ（陶晋生 1976）、風習の衰退や全漢人の圧力に対する金国皇帝の不平を伝達するにとどまる。このような不平の大半は世宗という名と結びついている。

　世宗は、「女真人の純粋な風習」や息子の従順さの喪失、燕京の住民たちが中国の音楽や祭典、中国の娯楽、碁、将棋、博打に熱中すること、皇帝の熙宗が中国の読書人の衣服を着用したり、将棋をしたりする習慣、その結果の「女真的性格を喪失したかのような」ふるまい[5]（『三朝北盟会編』；宋文炳 1934）、女真貴人たちの漢文の詩や本、あいさつに対する高い興味（姚従吾 1953）、海陵王がその原因をつくった中国の慣習をまねせずにはいられない抑えがたい欲求など（姚従吾 1959）に不平をこぼした。女真人の生活様式における漢化に対する不平は有名である。

　女真人の生活様式に中国の慣習が侵入するのを拒むのは奇妙なことではないが（反対の傾向も同様に）、これらの慣習の多くはすでに当時中国的な色合いをすっかり喪失して、極東の慣習に変わっていた。音楽も、将棋あるいは博打も、祭典も、読書人の服装も、またこれらの不平に含まれてもいない陰暦の決定された日に合わせて行われる極東の伝統的な祭日、吉日や幸せの場所に関する占いも、このようなものに属している。

　これらの新規に取り入れられた事物は、女真人支配者を刺激した。なぜなら、何よりもそれらが目についたからである。しかし女真文化を破壊するような、より本質的な異民族からの新事物は女真文化の中には浸透しなかったのである。住民の多数派、とくに女真人の貴族は仏教を信奉するようになったが、新しい儀式と古い信仰を結びつけながらであった。

　しかし、仏教は国家的支援を得られなかったが、当時は極東や中央アジア、部分的にインドにとって共通の宗教となり、いたるところで地方の信仰と共存していた。別のおそらく最も強力な影響力は、文学や芸術と結びついていた。中国の古典や儒教文学は、当時極東においてインターナショナルなものとなり、中国の芸術作品は金や女真人の間で広く流通していた。オリジナルの文学作品は、判断できる限りにおいて近隣諸国でもそうであったように、しばしば漢語で書かれていた。造形芸術の作品においては、当時の共通のスタイルで貫かれているとはいえ、地方色を見てとることができる。

　顕著な中国の影響（これはまぎれもない事実である）を嘆きながら、同時代の人々は、民族的自覚にまつわるものの保護を誇示するために、女真人を漢人と確実に区別した。

5 文化プロセス

　1177年に、世宗は自分の側近の唐括安礼とともに、山東における女真人の猛安の状況に関する問題を審議した。会談で唐括安礼は、次のように申し出た。「『猛安謀克の人々や漢人の宮廷人はいまやひとつの家族です。ある者は耕し、ある者は播種します。彼らはすべて国の民です』[ii]6。皇帝は唐括安礼に言った。『おまえは漢人に文字を教えられ、詩や散文を読んでいる。今はこのことは置いておいて、わが王朝の法について話そう。以前は、貴族はすべて女真語で歓迎の辞を述べた。おまえは漢語であいさつをしているのではないか？　いわゆる"ひとつの家族"とは、ひとつの民族ということである。女真と漢人は本質的にふたつの民族である。私が東京の王座に就いたとき、契丹も漢人も誰も来なかった。ただ私に同行したのは女真人だけだった。これら（皆）をひとつの民族と見なすことができるだろうか？　私は夜、皇帝・太宗の業績や功労が消えないように伝え、永遠に大勢の人々に知られるように、そして女真の豊かさが衰退しないようにと考えた。このことを皆も、知れ！』。そのあと彼は尚書省で、貧しい猛安の問題について審議するよう命じ7、大臣に対しては『海陵王の時代には、契丹人をとくに信用したが、結局彼らは蜂起した。群衆を監督し、ウマを管理する人々は皆、悪事を隠していた。しかも多大な功績のある国家の為政者になった後で。彼らが仕官していたとき、私たちは一度も契丹に敵意を持たなかった。（ここに）彼らの野蛮な心が十分に見える』。唐括安礼は答えた。『賢い人物はいたるところで天下を愛しています。孔子は万国に布教した。差別すべきではありません』。皇帝は言った。『私は差別をしていない。しかし良いものは良いが、悪いものは悪い。だからこれにも従うべきである。国境で軋轢があったこともあるではないか。はたして契丹はわれわれと同じ心を持ちたかったのだろうか？』」8（『金史』）。

　　　ii　この表現は普及していた。1067年にすでに契丹の使節との会談に現われている。「古来、南と北はひとつの家族である」（『使遼語録』）。

　この一節では金の国家的民族政策について論じられているが、唐括安礼は正統的な一貫したやり方——民族的差異の無視——を堅持しているが、世宗は彼に対して明らかに、政治や社会活動の中に現れ、彼の考えでは根絶しがたい差異の存在を提示している。この政策の結果に対する評価については先に述べた。女真と漢人間の民族的関係の性格は、そのタイプはむしろ集積に近かった。二つの民族が、民族的・文化的性格がかなり異なるグループに属すること、またそれらが金帝国という一つの民族的政治連合のもとで共存していたことはすべて歴然とした事実である。ライバル同士の民族的要素の相互浸透があったことは疑う余地もない。女真の民族史が苦しい戦いの試練にさらされなければ、このプロセスがどの

ように終わったかわからない。この試練に立ち向かうときまでは、完全な同化に至るにはほど遠かったが、同化の特徴のいくつかは顕著になっていた。女真人の上層部や中原の中間層は一部、二言語を併用するようになり、中国文化のいくつかの民族様式を受容した。しかし、長城から北へ行くほど、女真人はおそらく最小限の同化さえも経験しなかっただろう。

漢化思想に賛同する際、時折以下のようなことが指摘される。まさに古代女真の慣習の熱烈な支持者であった世宗が国政においては、中国的行動様式の規則の絶対的遵守、法的統治の会得、国の実際的活動からの聖職権拡大主義や迷信の排除、法秩序と公平性の遵守、本質的な儒教の浸透、厳格な秩序ある官吏の生活、民衆に対する福祉活動、皇帝と貴人との間の交流を促す民族的人材の発掘などを必要としたことである（姚従吾 1959）。

君主の最終的な要求は、あらゆる国家の君主において著しく特徴的なものである。彼らがまとった中国儒教的外見は疑いようもないが、第一にこのような規則は当時極東全体で一般的なことであったし、第二にこのような必要性は役人、とりわけ漢人に向けられたものであった。仮に拡大された文化の定義を受け入れるとすれば、前述の現象は文化のカテゴリーと関係づけられるかもしれない。が、このようなケースでさえ、行政機構や財政、交易、貨幣に関すること、法のようなカテゴリーは、その性質上、最大限国際的であり、最低限の特殊な性質の文化的内容を有している。もちろん、何らかの民族の文化にとって、国家——当該の民族の組織者——がどこの政府機関、法律、税、賦役制度を手本としようがどうでもよいことである。とくにそれらがすべて一つの起源のものであれば。

しかし当時、それらの多くは、すでに極東の一般的性格を帯びていた。そしてそれらはすべて民族の文化的性格にとって決定的な意味を持たない活動領域に作用するものであった。同様に、議会制度、法典、軍事機構、財政機構、キリスト教の形式の近似、またヨーロッパの衣服、住居あるいは文学のタイプの相対的な共通性もまた、最近 100 年間にヨーロッパの最も小さな民族のどれにも文化的独自性の解消をもたらさなかった。

文化的・民族的交流の過程で生じた同化や文化変容のプロセスは、漢人社会にも影響を与えた。漢人に対する女真の民族的要素の混入は、著しいものであっただけでなく、予想を超えて持久性のあるものだった。

いくつかの文献には、金王朝時代、文化的、民族的外圧を受けた数世紀の間に、北方の漢人住民のもとでも民族的自覚の衰退の片鱗が見られた。ある職務にあてる貴人の候補者を審議しながら、世宗は1183年に次のように指摘している。「昔

から燕人（燕京地区の住人、つまり北京人）の中には、職務を委ねられる者は少なかった。遼軍が来ると、遼に従う。宋が興れば、宋に従う。われわれの王朝が興ると、それに従う。付和雷同が彼らの風習である。何度も繰り返し転変を経て、一度も損害を被らなかった者はこのように行動する……」[9]（『金史』）。

　かつての民族的混入の影響は、現在もその耐久性を維持している。「古代チュルク人やモンゴル人や満洲族の先祖（中国の歴史書によって知られている）のかなり多くのグループが、山西、河北、山東省の範囲と結びついた民族学的グループを北方漢人の構成の中に形成して、時を異にして、さまざまな方法で漢人の中に入り込んだ。このことは、これらの省において、典型的な物質的文化と民族言語学的データが証明している」（Стариков1973）。

　世宗が漢人社会の女真人を腐敗させるような行動に不安を抱いた一方で、ちょっとした対立が漢人文人の范成大を不安にさせた。彼の個人的観察によれば、金の漢人はすでにずっと前から胡人の慣習になじんでおり、その習慣や作法はまったく胡人、つまり女真人そのものであった。最も胡人の風習に影響された人々は、胡人によって作られた胡風仕立ての服を身につけている。首都では、女真化は何よりも顕著である。ただ女性の衣服だけはそれほど変わらなかった。帽子をかぶっている人は少なかったが、多くは髪を女真風の髷に結っている[10]（『攬轡録』）。

　南宋においては、女真語の影響が感じられた。『宋史』は、1163年において臨安の庶民の衣服や言語は乱れ、正確ではないと伝えている[11]（劉銘恕 1946）。「漢人による近隣諸民族の物質的文化の要素の蓄積は、まさに中国の大なり小なりの部分を自分たちの構成に含む中央集権化された非中国的君主制による、中国の大地の征服を助長した」という主張には賛同できる。「高句麗－渤海－女真－満洲人の伝統」に属するこれらの要素の中で、前述の研究者は「耕作用具、狩猟、漁撈、チョウセンニンジンの採集のための道具、炕（カン）や揺籃（ゆりかご）のような明確な形態と結びついた伝統」を区分している（Стариков1973）。

　二つの主要なタイプの文化の相互浸透のプロセスにおいて、中国側は、女真側によって本質的な文化変容を引き起こすことのない優位性を期待したかもしれなかった。金の文化的環境にとって特徴的なのは、文化変容と同化ではなく、新しく取り入れられた物の部分的な摂取と、基本的な文化的民族的要素の独自性や孤立性のゆるぎない維持である。誤って文化変容の現象と見なされている特徴のほとんどは、政治、法、戦争、財政、宗教活動の要素などの、交流の過程において自然に肥沃化した文化的分野に属している。

　金帝国における文化的状況を全体的に、そして何より「女真－中国」の文化的

状況の本質を把握するためなら、金におけるある種の文化的共生あるいは統合についてより正確に言えるだろう（陶晋生 1976；田村 1971）。

「しかし、ツングース系民族――女真人は、漢人と多くの共通性があったように、モンゴル人ともたくさんの共通性を持っていた。その上層部は漢化したが、人民は漢化しなかった。多民族から成る北方の漢人国家で、女真人はある経済制度を創出した。その経済制度において、畜産は土着の漢人農民の農耕と並んで重要な地位を占めていた。彼らの先駆者が華北で得たこのような経験から、モンゴル人は教訓を引き出し、その教訓は彼らの政治に影響を与えた」（Ratchnevsky1968；田村 1971）。

女真の文化や民族は、それまで数世紀にわたって漢人が接触してきたすべての文化や民族の中でも最も粘り強く積極的なものだっただろう。いずれにせよ、東アジアでは、文化変容や同化に対する実践的な政策をつくりあげたのは女真が初めてだっただろう。この文化変容と同化のプロセスは確実に、しかし常に論理的とは言えないまでも、彼らには政治権力の喪失へのステップと見なされていた。

---

1 『金史』巻7本紀7世宗中大定十三年四月己巳「至於文字語言、或不通曉、是忘本也。」
2 『建炎以来繋年要録』巻138 紹興十年十二月「凡屯田之所、自燕之南、淮隴之北倶有之。」、『同』巻68 紹興三年九月「金左副元帥宗維悉起女真土人散居漢地。」（劉浦江 2008「女真的漢化道路與大金帝国的覆亡」『松漠之間－遼金契丹女真史研究』中華書局）
3 陶宗儀『南村輟耕録』巻1金人姓氏「完顔漢姓曰王、烏古論曰商、乞石烈曰高、徒単曰杜、女奚烈曰郎、兀顔曰朱、蒲察曰李、顔盞曰張、温迪罕曰温、石抹曰蕭、奥屯曰曹、孛术魯曰魯、移剌曰劉、斡勒曰石、納剌曰康、夾谷曰全、裴満曰麻、尼忙古曰魚、斡淮曰趙、阿典曰雷、阿里侃曰何、温敦曰空、吾魯曰恵、抹顔曰孟、都烈曰強、散答曰駱、阿不哈曰由、烏林荅曰蔡、僕散曰林、尤虎曰董、古里甲曰汪。」（『金史国語解』にも同文）、『三朝北盟会編』巻3重和二年正月十一日「其姓氏則曰、完顔謂王、赤盞謂張、那懶謂高。」
4 女真人の漢姓改称禁止令はたびたび出されている。『金史』巻8本紀8世宗下大定二十年十二月戊子「禁女直人不得改称、漢姓。」、『金史』巻9本紀9章宗一明昌二年十一月丙午「制諸女直人不得以姓氏訳為漢字。」、『金史』巻12本紀12章宗四泰和七年九月壬寅「勅女直人不得改為漢姓及学南人装束。」漢人に女真姓を賜う例としては、古くは『金史』巻3本紀3太宗天会四年正月丁卯「降臣郭薬師、董才皆賜姓完顔氏。」がある。その後金末期に増えている。『金史』巻103列伝41贊曰「古者天子胙土命氏、漢以来乃有賜姓。宣祖假以賞一時之功、郭仲元、郭阿鄰以功皆賜国姓。女奚烈資祿、烏古論長壽皆封疆之臣而賜以他姓。貞祐以後、賜姓有格。夫以名使人、用之貴則貴、用之賤則賤、使人計功而得姓、則以其貴者反賤矣。完顔霆、完顔佐皆賜国姓者、併附于此。」『金史』巻14本紀14宣宗上貞祐三年二月丙午「武清県巡検梁佐、柳口巡検李咬住以誅颶賊張暉、劉永昌等功進官有差、皆賜姓完顔。」『金史』巻14本紀14宣宗上貞祐三年九月丁丑「諸

色人以功賜国姓者、能以千人敗敵三千人、賜及緦麻以上親、二千人以上、賜及大功以上親、千人以上、賜止其家。」
5 『三朝北盟会編』巻166「今虜主完顔亶也。自童稚時金人已寇中原、得燕人韓昉及中国儒士教之。其亶之学也。虽不能明経博古、而稍解賦詩・翰墨・雅歌・儒服・分（烹）茶・焚香・奕棋・戦象。徒失女真之本態耳。」
6 『使遼語録』「所謂南北一家自古。」
7 『金史』巻88 列伝26 唐括安礼「(安礼)対曰『猛安人與漢戸、今皆一家、彼耕此種、皆是国人、(即日簽軍、恐妨農作)。』上責安礼曰『(略) 卿習漢字、読詩、書、姑置此以講本朝之法。前日宰臣皆女直拝、卿独漢人拝、是耶非耶、所謂一家者皆一類也、女直、漢人、其実則二。朕即位東京、契丹、漢人皆不往、惟女直人偕来、此可謂一類乎。』又曰『朕夙夜思念、使太祖皇帝功業不墜、伝及万世、女直人物力不困。卿等悉之。』因以有益貧窮猛安人数事、詔左司郎中粘割斡特剌使書之、百官集議于尚書省。」
8 『金史』巻88 列伝26 唐括安礼（大定十七年）「(上)謂宰臣曰『海陵時、契丹人尤被信任、終為叛乱、羣牧使鶴壽、駙馬都尉賽一、昭武大将軍虎魯古、金吾衛上将軍蒲都皆被害。賽一等皆以功臣之後、在官時未嘗與契丹有怨、彼之野心、亦足見也。』安礼対曰『聖主溥愛天下、子育万国、不宜有分別。』上曰『朕非有分別、但善善悪悪、所以為治。異時或有辺釁、契丹豈肯與我一心也哉。』」
9 『金史』巻8 本紀8 世宗下 大定二十三年六月壬子「上曰『燕人自古忠直者鮮、遼兵至則従遼、宋人至則従宋、本朝至則従本朝、其俗詭随、有自来矣。雖屢経遷変而未嘗残破者、凡以此也。(略)』」
10 『攬轡録』「民亦久習胡俗。態度嗜好。與之倶化。最甚者衣装之類。其製尽為胡矣。自過淮已北皆然。而京師尤。惟婦人之服不甚改。而戴冠者絶少。多縉髻。」
11 『宋会要輯稿』179 冊 18907 巻兵15之12「臨安府士庶服飾乱常、声音乱雅、已詔禁止、訪聞帰明帰朝帰正等人往往承前不改胡服、及諸軍又有效習蕃装、兼音楽雑以女真、有乱風化。詔刑部検坐条制、申厳禁止、帰明帰朝帰正等人仍不得仍前左衽胡服、諸軍委将佐州県委守令、常切警察。」

6　女真の文化的独自性

　ここからは、「独自性」という用語で表現されている金の文化の本質的な価値の性格描写に移る。この独自性は、連続性として継承され、また近隣との文化的交流の過程で、借用されたり、習得されたりした独創的な改造をも含んでいる。独自性——文化の特色、文化の本質的な性格を変えるような要素の幅広い借用抜きの、文化の発展の自主性——は、文化的機能のあり得る結果の一つである（Spicer1971）。

　建国前の発展段階において、女真は伝統的地域経済の方法、とりわけ農業、牧畜、鉱業、地方の特産品の利用を強固な基礎としていた。女真の、のちに彼らの

発祥地で行われた満洲族の農業技術は、一般的なツングース・満洲の起源であって、中国の起源ではない。このことは、現在まで満洲で女真型の鉄製農具——鋤、犂頭、鋤のへら（訳者注：唐鋤の耳）が使われていることによって証明される。
　女真の鉄製犂頭はユーラシア世界のものと似ても似つかないものである。この地域的な女真の特性は狩猟具や漁具においても表れている（Стариков1973）。金やさまざまな珍品自体を中国の史書の作者たちは地方産品（土産）、つまり女真の製品と呼んでいる。当時の女真の居住地、つまり城塞、柵のある住居群、集落は明白に中国の村落とは異なっている。そして、ナゲリ（納葛里）のような住居の型式や炕（カン）のような設備は、漢人自身、地域的に注目に値するものと見なしていた。
　中国の文献は、辮髪、左衽（さじん）の衣服、大量の毛皮の外套、漢人にとっては異常な特徴の食物、若者主導の結婚の判断を下すにあたっての新郎新婦の選択の自由、とくに新婦による新郎の選択の自由、新婦の同意のもと新郎による新婦の略奪風習、嫂婚（レヴィレート）、「皇室」である完顔氏との間に婚姻関係を持つことができる十家の貴族の存在、シカのためのコムギのひき割り、騎射、射柳、葬儀の一部として行われる焼飯や顔を傷つける儀礼、民族共同の祭典や競馬、打毬、机や寝台としての炕の使用、交霊や鏡を使う踊りを含むシャーマニズム、天への祈り、ウマ崇拝に言及しつつ、漢人と異なっている女真人の特徴を区別している。
　衣服と装身具、食物と器、家族と結婚、風習と慣習、宗教と祈りの領域を含むこれらの観察は、漢人著者のもとで、それらの現象の明瞭さや異常さによって、その記述は表現力豊かなものになっている。そして本質的には文化的領域における女真の独自性の特徴を網羅している。これらの文献は女真語と契丹語との相違はもとより漢語との違いを指摘している。古代女真語の語彙の中には、契丹語の単語がほとんど見当たらない。
　宋元の漢語文献の傾向は、読者を早期女真の文化が、中国文化ともまた、契丹や高麗文化とも本質的に異なるという結論へ必然的に導くという特徴がある。女真人の「野蛮性」をくっきりと浮かび上がらせ、女真文化を中国文化や近隣の文化、および過去の野蛮人とも、根本的に同一視できないことを強調する一方で、中国文明の「光」を歪められた偏向的な特徴と理解するイデオロギー的、政治的記述にもかかわらず、この文化の実際の性格描写は、その独自性を強調している。
　国家段階における女真あるいは金文化、その伝統的かつ発達した文化の解明と評価——その問題は計り知れないほど難しい。以前指摘された生産分野における女真人の業績は、新しい段階（金建国後）においてもそれ自身の長所を失わなかった。

しかしながら、それらは自らの普遍的な性格を失った。中国本土ではそれらは、中国の生産技術によって圧迫され、もっぱら女真経済や、金政府が維持することを決定した国家的および社会的部門において、極めて大きい影響を残した（一例として、牧畜をあげることができる）。漢人社会においてこれらは、極めて部分的に受容されたが、女真の発祥地においてはかなり普遍的な性格を残していた。12世紀に準じるという考古学的資料が得られた鋳造、鍛造、窯業のような生産部門でさえ、単に独自だというだけでなく、その地域的起源に関して少なくとも7世紀から10世紀にさかのぼるという設備（炉と窯）を持っていた。

金代においてごく初期に、満洲では建設用の石材や木材、製作用の貴重な石材の採取、金国境の西や北西に沿って、防衛用の大規模施設の建設が盛んだった。過去においては、うわべでは技能が欠如しているように見えるにもかかわらず、自分たちの国家において、金人は目覚ましい都市建設を展開した。中国本土においては、金以後漢人によって存続されたり、建設されたりした無数の都市の中でそれは失われたが、彼らの発祥の地においては、はっきりと見ることができる。ウスリースクの遺跡——クラスノヤロフスカヤやシャイギンスコエ城塞、そして似たような城塞は、本質的に複合的な都市経済（生産用設備）を伴う正真正銘の都市である。

まさに渤海や契丹に続いて女真は五京制度を成長させ、強化した。主要な要塞としての役割を果たしていた彼らの発祥の地の城塞でさえも、要塞建造の見解においては、地方の一ケースにしかすぎなかった。多くの破壊を免れた満洲の都市——城塞を自分の目で見た著者が、「女真の帝国は、十分な根拠をもって都市国家と呼ぶことができる」と指摘したのは偶然ではない（Стариков1973）。

満洲や沿海州地域には、小山の自然段丘に特別に用意された広場に典型的な女真特有の炕を伴う土製地上住居がかなり多く残っていた。ほかならぬ中国では、女真は平原に住居を造ったが、必ず炕が付いていた。

彼ら自身の衣服についても、女真は最後まで自分たち特有のスタイルを維持し続けた。浅浮彫やフレスコ画によれば、金の貴族は完全には中国風の影響を免れ得なかったにしても、彼らはやはり独自の衣服の多くの特徴を維持していた。発祥の地に住んでいた女真住民の幅広い層は、ずっとより強固に女真の衣服の女真的な仕立てや組み合わせに従っていた。シャイギンスコエ城塞で発見された金の鏡では、女真人はまったく女真的な服装をしていた。発祥の地において彼らは従来通り外套、綿入れのジャケット、左衽のカフタン、丈の長い長靴、左右と後ろに垂れのついた帽子を身につけていた。

1126年の靖康の変に至るまでは、上京での皇帝の作法、食べ物は完全に女真式であった。1126年以降の食料における変化、とくにコムギのひき割りや野菜料理は、経済における変化（狩猟や漁撈の放棄と、いたるところで行われる野菜栽培）の現象に起因している。漢人と異なって女真人は、際立って乳製品や酒を嗜好していた。毎日使う食事用や台所用の陶器（訳者注：食器）は少なくとも女真発祥の地の女真的性格を純粋に有していた（断面形が渦巻状の上縁を持つ滑らかな灰色の容器）。

　中国の女真人貴族たちは漢人女性との同棲、結婚願望があったにもかかわらず、女真人社会における婚姻関係は、民族的特徴を保持していた。漢人の家族の間では考えられないような、新婦による新郎の選択の自由は相変わらず認められていた。また、女真の家族間では、法律によって保証された嫂婚が奨励されていた。金社会においては、社会生活における女性の積極性が観察されたが、それは中国社会では見られないことであった。金人は意識的に女真の名門家族の全体的統一と権利能力を守り通した。そのことは女真姓を漢姓に勝手に変えることを禁じたことに反映されている。

　金では最後まですべての主要な伝統的風習や慣習が遵守されていたと、確信をもって断言できる。もう一つ言えることは、それらの遵守の完全さ、選択の特徴、風習そのものの形態は、地域や女真の社会グループによって多様であるということだ。この多様性は、文化交流や金社会の社会的・文化的変質の結果によるものである。しかし、ここで、これらの風習の事実を公平に記録しなくてはならない（同様の記述第2章第7節参照）。それらの中でも変化しやすいものの明らかな例として、突然役人の日常生活に広く普及した風習で、また打毬や射柳、騎射、囲猟のような民族的娯楽や競技の前の儀式として行われた「酒三行」を指摘できる（訳者注：酒三行は本来中国の風習）。

　女真の宗教活動において、シャーマニズムは、従来通り社会の上層部内で、たとえば仏教との宗教的混淆主義（シンクレティズム）の構成要素の一部として、その立場を堅持していた。一面では、しかるべき古い埋葬の儀式（とくに遺体の代理の木製の人形の埋葬）であり、ある一面では中国の地で浅浮彫やフレスコ画が施された廟に見られる新しい墓地形式の出現がこの事実の証拠となっている。

　民族の歴史の黎明期に、多々ある言語や方言の中で独立した言語として女真語が分離したことが、金没落直後に書かれた文献によって指摘されている[1]（『大金国志』）。これは興味深い事実である。なぜなら、中世初期「言語グループに境界が生まれるやいなや……自然とこれらのグループは国家のある主要な教育に貢献

した」からである（Маркс и Энгельс.соч.）。

　金帝国では、女真語が国語となった。そしてこの出来事は構成が多様で、極めて多い民族的組成の中で漢語を話す人口が多い国の文化活動で、非常に重要な役割を果たしたのである。しかし当時、金の複雑な言語的・民族的環境は、女真語と女真字にとっては潜在的に不都合に働いた。状況は妥協に終わった。

　女真語と文字は、国家の文化生活において首位を占めなかったが、その代わりその完全性を守り通した。女真語の語彙には、当然ある一定量の漢語的なものも入っていたが、それらはすべて、国家活動の分野、建築、度量衡、中国の物質・精神文化の分野に属する珍品に関するものだった。女真語の日常生活用語は、異国の影響に乱されなかった。言語の文法構造も不可侵のままだった。

　このような女真語と文字の独立した状況は、国家の文化活動におけるそれらの活用の性格を決定し、漢語でも作られた、言語の芸術的な様式（訳者注：詩・詞などのことか）においても女真の伝統を間接的に強化した。

　女真人は、女真語、漢語および二言語併記の記念碑を残した。有名な金の二言語併記の碑、女真字・漢字文化の混淆主義の象徴は特筆すべきものである。女真はとても早く——1130年には、中国の古典や歴史文学の重版に着手し、この分野で大きな成功を収めた。

　不十分な資料ではあるが、それによると、金では極めて多様な内容の作品が約400点出版された。その中には、少なくとも15の女真語の作品があった。それらは女真語オリジナルのものや、中国の古典や歴史作品を女真語に翻訳したものであった。概算では、女真人の著者は全体の著者集団の約13％を占め、それは帝国住民の中の女真人の割合（約10％）をわずかに上回るものだった。このような比率は、作家の世界において女真人に名誉ある地位をもたらしている。

　金の芸術的な文学作品は、漢人著者の言によれば、地域（金）的な深い精神性の影響を受け、荒々しく純粋な北方のモチーフを植えつけられていた（呉梅1934）。北宋や唐、遼の芸術作品への傾倒しながら、金の作者たちはしだいに伝統的中国のアカデミズムから解放され、金代後半には曲や楽曲、院本のジャンルにおいてオリジナリティあふれる作品を書くようになっていった。金代末に生まれた院本のジャンルは、元において輝かしい未来が待っていた。

　多民族から成る帝国の美的かつ文化的ニーズを充足させる機能や過去の伝統的中国文学と関係づける機能、文学世界と極東の漢語系読者を結びつかせる機能をあわせ持つ金文学の役割は、とくに重要である。なぜなら、まさに文学は「過去の経験と現在の経験の間に絶えざる相互作用」を作り出すことができるからであ

る（Ленин.Полон.собр.соч.）。

　早期女真には、芸術としての建築物がなかったにもかかわらず、金では、中国的なものとは異なる特徴を持った建築が現れた。満洲における宗教建築物では、自由な寺院建造物群の設計が優勢だった。遼金の仏塔にとって高い壇とどっしりとした土台部が欠かせなかった（遼金様式）。木造の宮殿建築構造はより複雑になったが、片持ち梁（クロンシュタイン）の構造はより自由になった。

　金の初めに上京で皇帝の宮殿の役割を果たした独特な尖塔形の屋根をした豪華建築が出現し、金中期には季節の囲猟の際に使う猟師たちのための建物の役割を果たした。獅子の形をした100余りの橋柱の上に長さ300mの巨大な石橋が盧溝河にかかっているのを、使節団の人間は「何にもたとえようがない」と言った[2]（『使金録』）。漢人使節の証言によれば、金の宮殿建築は多くの女真的要素や技法を「まだ脱却していなかった」。

　金人は、見る者に与える彫像の直接的な影響力を重視していた。自由に造形された金の彫像は、動きのない形をした中国の彫像より勝っていた。金の墓地の浅浮彫では、その同時期に、中国の伝統的な神話のテーマが古典的で非写実的なスタイルで描かれていたにもかかわらず、この自由な造形が比較的写実的なシーンの製作に変わった。わずかな損傷を免れた絵のように美しい作品やフレスコ画の中に、独立したスタイルの要素を認めることができる。金代中期の芸術的な陶器はレリーフ装飾へ依存していたが、中国の規範とは異なったかなり独自の一貫した構成だった。

　金の学術においては、実際的な興味が形式主義的な認識に明らかに勝っていた。学術における政府の過度な規制が緩和され、より広く非漢人の民族による代表的学術の業績を残した。とくに有名な金代の業績は医療と歴史だった。

　金代後半から、女真人は首都の単科大学で、女真人と漢人のためにそれぞれに分割した教育を導入した。教育は、それぞれ女真語と漢語で行われた。この方策は、女真人の教養運動の一部であった。それははっきりした結果を残した。女真人の上層部は、大多数は読み書きができた。1126年の戦いで漢人を破った粘没喝（完顔宗翰）は褒美についてたずねられると「書物だけを好む」と答えたとある[3]（『金史』）。

1　『大金国志』巻39 初興風土「與契丹言語不通。」
2　『使金録』「過盧溝河石橋長九十丈。毎橋柱刻獅子象凡数百。所謂天上人間無比橋。」

3 『金史』巻28志9礼1郊「金人之入汴也、(略) 金人既悉收其圖籍，載其車輅、(略)」、『金史』巻70列伝8宗憲「未冠、従宗翰伐宋、汴京破、紅人争趣府庫取財物、宗憲独載図書以帰。」、『金史』巻66列伝4勗「宗翰、宗望定汴州、受宋降附。太宗使曷懶軍中往労之。宗翰等問其所欲。曰『惟好書耳。』載数車而還。」、『金史』巻128列伝66范承吉「(天会) 五年、宗翰克宋、所得金珠承吉司其出入、無毫髪欺、及還、犢車載書史而已。」

7　金崩壊後の女真民族と文化

　金帝国の崩壊に伴って、脆弱な民族政治的形成と不確実な文化的共生は、かなり消滅した。実際には、女真民族の、女真つまり金の文化の運命はいかなるものだったのか。この問題への回答は、回顧的な意味をも持つ。つまり既述のことを確認あるいは反論することになるからである。こうしたジレンマのために私の関心は、社会的進化の問題に注がれる。社会的進化とは言っても、個々の民族はそれぞれの道を歩み、それらの道の尺度がある。この尺度である社会的進化とは、つまり、自然からいかに自由になるかという人間の有効な実践性の増大である。個々の文化とは、独特な開明と人間の本質の可能性の実現である。社会的進化の論証は、二つの傾向の中に現れる。1) 特定の社会、特定の時期に最大の意味を有する文化・歴史的形態の出現において、2) その後の発展の前提となる形態の出現においてである（Артановский1967）。

　第一の傾向については、すでに述べたように十分かつ詳細に考察した。第二の傾向は、文化的遺産および文化的継承の問題に私を立ち返らせた。新しい歴史的段階において、継承の評価における『女真とその後裔』の対比は、前段階における『女真とその祖先』の対比より、もっと複雑である。この複雑さは、こうした段階と対比において、文化の展開の紆余曲折が、激しく増大したことに起因する（Баллер1969）。

　政治的構成の破綻と新たな政治構成の創造の不能、社会慣習的なシステムの危機と社会関係における時代的な混沌、女真人数の著しい減少と民族的自覚の衰微、獲得された金文化の形態の部分的喪失と古い女真の文化要素の重要性に対する無知、こうしたことすべてが1234年以後の文化的そして民族的展開において大きな変動をもたらした。

　女真民族は脅威のもとにさらされていた（袁国藩1965）が、しばしば述べてきたように、金崩壊後、漢人の民族的活動の舞台から、女真が消えてしまったので

はなかった（陶晋生1976）。漢人の著者ですら、金とモンゴルとの間の戦争の過程において、モンゴル人のおもな憤激は女真人に向けられたのであり、漢人に対してではないと認めている（汪槐齢1958）。機に乗じて漢人も女真人に恨みを晴らした。

しかし、こうしたことにもかかわらず、モンゴル人が自分の帝国の住民を大きな民族グループに分割したとき、漢語を解する女真人は華北の漢人や契丹人とともに一つのグループに属し、漢語を話せない女真人はモンゴル人とともに一つのグループに属した（Franke1948）[1]。こうした分類はモンゴル統治下における民族としての女真の存在だけでなく、二言語併用に影響されなかった女真人の居住をも証明する。

明の文人顧炎武は、彼の生きた時代に、山東の住民の一部が女真人の子孫で構成されていたと記録している（劉振偉1959）。多くの捕虜が奴隷となり、その家族は農奴となった。しかし、勇敢な戦士である多くの女真人は、モンゴル人とともに遠征に行くようになった。『イーゴリ軍記』の（そこから派生した）『ヒン』という言葉は、『キン』つまり、中世当時の「金」の読み方であり、「黄金の」という汗国の名称自体が、モンゴル統治下でまだ華北を示していた「金」という名称を翻訳したものであったとする仮説すらある（Гумилев1970）。

満洲や、とりわけ沿海州や沿アムール地方で女真人はまとまって居住し、1287年、彼らは中央権力に対して反乱したモンゴルの地方諸侯乃顔(ナイヤン)を支持した[2]。蜂起失敗後でさえ、満洲の女真はおもな居住者としてその地に残った。1292年と1295年にこの女真の地に屯田兵制度が形成されていた（Мелихов1970）。

モンゴル崩壊後、新中国王朝・明は満洲のある地域に影響を拡大することに成功した。女真の地では、三軍管区（部）——海西、建州、野人が組織化された。女真の族長はこうした管区の長となり、実際にほとんど独立したままで、管区自体は広範な自治権を公式に享受していた。15世紀の女真は自分の起源を忘れず、それを誇りに感じていた。

仮に大(だい)氏と完顔氏の姓について語るとすれば、もちろんそれに関して特別な根拠はないが、建州女真は、自分たちを渤海の支配層大氏の後裔とし、また松花江下流出身の女真は金の完顔氏の子孫と見なしていた（История...1968）。全体として、満洲氏族の歴史的祖先がこの地に住んでいたのは、実を言うと15世紀以前ではなかった（Волкова1975）。

ヌルハチは建州管区の長の一人であった。長く続く苛酷な闘争を経て、彼は女真を再び統一させ、1616年には新しい国家を樹立することに成功した。この国

には、かつての女真の金帝国との継承したつながりを強調するために、彼はまず後金という名称を与えた。そして、ようやくこの年から民族名称『女真』は、公文書の中で地域の連合の中心の名称・マンジュに由来する『満洲』にとって代わられた（Мелихов1974）。しかし、すでに17世紀中葉に、H. スパファリーは、ウスリー川がアムール川と合流した地域の民族を（女真が転訛した）デュチェリと名付けていた（Залкинд1946）。

女真社会では、民族的大変動と並んで、文化的大変動も発生した。金の領域はモンゴルによって略奪された。「金と絹織物、息子と娘、ウシとウマ、すべてのものが敷物同然にまとめられて持ち去られた」[3]と中国の文献は述べている（История Китая...1974）。民衆は多くの精神文化と社会的活動を失った。

『元史』に、満洲の女真の一部は「以前の習慣により、定住せず、また狩猟に従事していた」[4]とあるのは驚くにあたらない（Мелихов1970）。「しかし、残りの他の人々は定住し、以前から農業や手工業に通じていた」（Мелихов1974）。明の地理的な記録（『遼東志』）、中国 – 女真関係の文献（Кузнецов1973）は、発展の段階における新たな到達点を当然考慮しながらも、驚くほど早期女真文化に似ている沿アムール地方、沿海州、満洲の原住民の物質文化の光景を描き出してみせている。

地域の生産物の内容は、鉄と塩、蜂蜜と蠟、麻と葛根、亜麻布と琥珀織（タフタ）、リスとクロテンだった[5]（『遼東志』）。交易と年貢の支払い用に女真は、タカ、リス・クロテン・ヒョウ・カワウソの革を送り続け、とくにウマは重要な貢物だった[6]（『遼東志』; Кузнецов1973）。自分たちの土地に彼らは要塞を建設し、投石機を使っていた。女真の男性は、中国の影響にもかかわらず、辮髪をし続け、15〜16世紀にもこうした習慣を保持していた[7]（『金小史』）。社会的かつ精神的文化のいくつかの要素も残っていた。14〜16世紀の女真の族長や長老は、古い慣習法と太古からの民族の伝統にもとづいて統治し、彼らの持っていた称号は渤海や女真のままだった（История Сибири1968）。

1413年に亦失哈(イシハ)を長とする明の探検隊が、アムール河口から遠くないところに、永寧寺と女真語を含む3言語の石碑を建立した（Попов1904）。この事件に対する女真部族の態度は明らかなものだった。寺院は破壊され、碑も倒された。女真は中国の文化及びイデオロギー的庇護も政治的庇護も拒否した。碑文によって明政府の『外夷』に関する政策が知られるようになった。

1411〜1434年に亦失哈は、この地で何度か探検を行ったが、ここでは全権は女真族長の手中に握られたままであり、漢人自身もこの地を非漢人のものであると

見なしていた（Тихвинский1976）。たとえ女真人の一部にしか仏教と文字体系——仏教なくして寺院や碑の建立は無意味に見えるが——がなかったにしても、このような事象は、所与の文脈の中で私にとっては間接的な証拠として重要である。

中国本土で女真語と文字は、すでに14世紀に女真自身にも中国の学者にも忘れられた。『金史』に添付された女真語彙集（『金史国語解』）がこの証明である。漢語（漢文）、モンゴル語そして（女真小字による）女真語の銘文があるトゥルスキエ碑（特林・永寧寺碑）は、この地における女真語の普及を証明する。女真管区の首長と中国の政府機関との間では、女真語つまり女真文字で書写するしきたりとなっていた。漢人にとって、それを簡単にするために女真語辞典（乙種や丙種の『華夷訳語』）が編集され、女真語教育は17世紀後半の直近まで行われた。

このようにして、民族性の中核も、伝統的日常生活の文化の原理も、女真人のもとで金帝国崩壊後も保存された。この主張の最大の証拠となっているものは、極めて直接的でより分化した女真の子孫が有する民族と文化の同系の特徴なのである。16〜17世紀のロシア人の旅行者がしばしば指摘する沿アムール地方と沿海州の『荒廃』は、おそらく隣接する氏族連合に対する満洲民族の中核の苛烈な闘争とその後の南への人口流出の結果である。

1 『元史』本紀巻13世祖10「（至元二十一年八月丁未）定擬軍官格例（中略）以河西、回回、畏吾児等依各官品充萬戸府達魯花赤、同蒙古人。女直、契丹、同漢人。若女直、契丹生西北不通漢語者、同蒙古人。女直生長漢地、同漢人。」

2 『元史』巻14世祖11 「（至元二十四年夏四月）是月、諸王乃顔反。」、『元史』巻162列伝49李庭「（至元）二十四年、宗王乃顔叛。」

3 『建炎以来朝野雑記』巻19 韃靼款塞（貞祐元年冬）「金帛子女，牛羊馬畜、皆席捲而去。」

4 『元史』巻59志11 地理2 遼陽等處行中書省 合蘭府水達達等路「女直之人、各仍旧俗、無市井城郭、逐水草為居、以射猟為業。故設官牧民、隨俗而治、有合蘭府水達達等路、以鎮撫焉。有俊禽曰海東青、由海外飛来、至奴児干、土人羅之、以為土貢。」

5 『遼東志』巻1地理志・物産・貨「鹽、鉄、絲、白麻、蜜、黄蠟、綿花、紅花、青定、弓箭、葛布、花絹、麻布、白蠟、蓖麻、青鼠皮、貂鼠皮【以上二皮出海西・黒龍江・毛隣・建州。諸夷互市以易、至開原撫順。往往困於徴求、兹仍旧志存之、并書其由以告来者。】

6 『遼東志』巻9外志・外夷貢献「乞列迷貢物　海青、大鷹、皁鵰、白兔、黒狐、貂鼠、呵膠、黒兔。北山野人貢物　海豹皮、海騾皮、海貛皮、殳角【即海象牙】、魴鬚、好剌【即各色鷹】。福餘泰寧等達達衛所貢物　馬、失剌孫【即土豹】、貂鼠皮、金錢豹皮。建州兀者等女直野人衛所貢物達達同。」

7 『金小史』「人皆辮髪、垂金環。」

8　女真の継承者

　晩期女真によって保存された女真文化は、ついに真の継承者を見出した。いわば自分自身で継承者を創設したのであった。なぜなら早期満洲は本質的には晩期女真であったからである（Tulisow1977）。女真文化は、別個の文化の全満洲人に自分たち（の文化）を自覚させるのに役立った。おそらく女真の影響が顕著に認められないような満洲文化の大分野など一つもないだろう。本書の主な内容（第1〜2章）において、私は、『満洲源流考』『寧古塔紀略』などの引用文で補強されたこのような広範な（女真文化の）影響例を示してきた。そのため、ここでは継承の主要な例だけを列挙する（Народы Восточной Азий1965；川瀬1939；Shirokogoroff1929,1924）。

　住居の設備とその熱い空気による暖房（炕(カン)）は女真タイプである。女真の工具、狩猟、漁業、特別な変化のない農業は満洲へと移行した（Стариков1969）。女真の服装と装身具は、満洲に明らかに影響を与えた。たとえば、満洲の毛皮の外套、ハラート（緩やかな上衣）、帯についたタバコ入れと辮髪である。女真料理は満洲の食卓に極めて強い影響を与えた。競馬、騎射、シャーマニズム――これらは皆、女真から満洲人によって継承されたしきたりや信仰である。女真語と満洲語の関係はとても密接である。満洲語における多数の女真語起源の語彙群の存在は明らかで、さらにここに動詞や文法的データも加わる。よって、この二つの言語の親縁性について研究が可能である（山本1951；Гребенщиков1912）。

　民族文化のすべての指数に関するこうした顕著な類似は、驚くべきものではない。なぜなら民族としても、満洲は女真の直系の子孫であり、古い民族名称が新しいものに変更された年代が1616年であることからも明らかである（Мелихов1974；Shirokogoroff1929）。

　もっともヨーロッパでは、少なくとも18世紀末から後者の事実が長い間論議されていた。「この満洲の起源は少ししかわかっていない。ある人々は未開なニウッセイスキイ（エニセイ）・タタールや遼東地方の東部に住んでいた民族から派生したと考えている。別な人々は、その起源を古代キン（金）から派生したとし、それほど卑しい（出自）ではないとした。キン（金）王国はチンギスハンによって初め攻撃され、彼の継承者によって滅ぼされた。しかし、これについて物語られたことはどれもつまらぬことであり、疑わしいことを認めねばならない」（Воже1788）。

しかし、ボージェ・ド・ブリューニは晩期女真の「野蛮な」状況の直接的起源が入っていない満洲の年代記に従った（『満洲源流考』；Кюнер1961）。

多くの女真文化の要素が、現代ソビエト極東の少数民族の文化に認められる（Нарлоды Сибири1956；Лопатин1922；Шренк1883-1899）。女真の住居の設備はウリチ、ナナイ、ウデゲの住居構造にとても近い（Сем1973）。炕が付いたウデゲのユルタ（天幕）は11世紀の女真の住居に、またウデゲの農家は女真の平地式住居の建物に似ている（Шавкунов1973）。女真と現代ソビエト極東民族の衣服や装身具は類似点がないわけではない。もちろん毛皮の外套や獣の革でできた他の衣類の普及はもちろん（Сем1973）、オロチ（膝甲）と方形首のワイシャツは着用され続け、何とそれらはシャイギンスコエ城塞の青銅鏡に描写された踊る女真人の姿に見ることができる（Шавкунов,Пермяков1967）。軟玉垂飾付きの環状耳飾と女真の辮髪は本質的には変わることなく、ナナイへと移っていった（Медведев1977）。かの女真の鋳物鍋（釜）は、いたるところで近年までアムールの民族のもとでよく使われていた。また、近代ソビエト極東民族には、女真にあったようなさまざまな日用品にしるしを刻む習慣が存在した。しかも、弓と矢、二重十字、平行刻み目、丸に十字などと似通ったしるしを見つけることさえできる（Сем,Шавкунов1974）。

女真の間で知られている多くの習慣は、沿アムール地方や沿海州の少数民族、たとえばナナイのもとで見つかっている。例として、炕、マンカ（小麦粥）、宗教儀礼としての食物やブタの破棄が見られる（Деревянко1977）。この宗教儀礼の二つの習慣（食物やブタの廃棄）に、極東の信仰（Медведев1977）、死者の身代わりとしての木像（ムグド）を付け加えることができる（Сем1973）。こうした民族にシャーマニズムがいかに広く普及しているかはよく知られている。鏡を持った踊り、鳥が止まっている木のような形をしたシャーマンの頭のてっぺんの飾り、シャーマンの帯に鏡が固定されていること、シャーマンの装束に鉄の円錐形垂飾（鉄鐸）を付けることといった個々の（文化的）受容も、概して女真や極東の少数民族のもとでも同様に見られる（Медведев1977）。

珍しい文字体系法におけるある種の類似を指摘した試みは興味深い（Шавкунов1973）——私は女真とニヴヒによる結び目の文字（結縄文字）の使用を念頭に置く。おそらくナナイの言語自体も、女真の方言の一つにもとづいて成立している（Шавкунов1968）。

女真が用いていた装飾のモチーフもまた消滅しなかった。金の軒瓦に施された組み合わされた扁平な文様に似たものがナナイに見られる。女真の装飾品の一部

——青銅板に残された波の要素がある植物を描写した模様（唐草文）がウリチやナナイの衣服に認められる。女真の陶器の縁を巡るへこみのある波状文の装飾は、ウデゲにもないわけではない。短剣の柄の青銅飾りに見られるものと類似する波状文によってナナイやウリチの木製品は全体を覆われていて、しかもこの模様の起源はチュルクだと予想される (Шавкунов, Пермяков1967)。最初の世界の開発において、つまり自然科学の理解においてさえも、画一的な要素が感じられる。ウデゲの1年の月の数、ウリチやナナイの1日の時間の数は、もしかしたら、早期女真の1年や1日の同様な分割と一致するかもしれない(Шавкунов1973)。ナトゥキ（ナナイの祖先）は「すべての点から見て、デュチェリ族に属したことを付け加えさえすればよい」(Долгих1958)。

結び

　序章で研究テーマが提起され、第1～2章で具体的資料が検討され、第3章で一般理論の見解の中で考察されたことが、いくつかの成果を導いた。そこで、第3章第1節で列挙された女真と金人の文化史の未解決な問題のいくつかに答えようと思う。

　11世紀第1四半世紀において女真民族の最初の勝利に導いた、少なくとも6世紀の女真の民族的先史時代の草創期に関しての、早い段階に出版された詳細な情報を思い起こそう。女真民族の基盤をつくっていたのは、黒水靺鞨や粟末靺鞨などのツングース系満洲族であるが、女真民族起源のプロセスにおいて、かなり重要な関与者として別の民族もいた。それらの中にはツングースに属す民族もあった（Воробьев1975）。

　女真人の民族的形成のプロセスは、時折強調されているように、満洲族によって再現されたツングース系満洲族のある種の通時的な系統学的系列を直線的に導くための民族名称の変更に帰するものでは決してない。また、文化的関係においても、文化史的関係においても、女真人は靺鞨や渤海人の直接的な後継者であった。しかし、この遺産を受容し、渤海の崩壊に伴って中断された民族的かつ文化的継承を復興してから、女真人は自分の文化を新しくて、質的に極めて高い水準にあるものと理解していた。古いものを新しい時代のものとするために、古いものを書き写す中世漢文文献編者の特有な偏った考えによって決定された（女真や先行する地域文化の個々の側面の）特徴において、ある部分的なテキストの一致にもかかわらず、女真文化は、早期から農業や馬匹生産に重点を置いた多角的経済、製鉄や鍛造業、シャーマニズムを含む複雑な精神生活、強力な軍の民主制において当初から知られざる業績を誇示することができた。軍の民主制に関しては、「勇猛果敢な楊割（インゲ）大師が彼らの族長であった。彼の後見のもと非常によく統治されていた。そのため、すべての部族が彼を推挙した」[1]とある（『中興禦侮録』）。

　それゆえ、100年間の地域文化の停滞・不変に関する話も、また10～11世紀の女真文化の古俗に関する話も、実は存在しないのかもしれない。女真文化の「野蛮な」特徴に関するテーゼもまた批判に屈し、実際の資料と矛盾している。このテーゼは、中華思想的傾向の環境の中で生じ、しばしば戦争という形で現れた女

結び

真人の拡大をめざす発展という証拠によって証明された。これらの形態は、史実であるが、それらは決して民族の文化的発展の別の側面（たとえば民族の精神文化）をカバーするわけではない。

実際には、早期女真の文化は、質的に南ツングース族の文化の発展の新しい段階——南ツングースグループの全部族を一つに統合した歴史の中で初めて女真民族が構成された段階——において発生した。このグループの指導者は、文化の価値というものをよく理解していた。『廿二史箚記』によれば、阿骨打（アグダ）は遼に対して蜂起しながら、著作や読み書きできる人々を保護した[2]（宋文炳 1934）。

この地域の文化史において、初めて長期にわたる相互的な文化的接触が行われたのは、一方の南ツングース（彼らのリーダーである女真）と、他方の契丹、高麗、党項、蒙古、漢民族との間でのことだった。それぞれのケースで、相互的接触は、その密度の濃さ、文化のさまざまな側面の理解の仕方、接触における各側面に応じて得られた成果が異なった。建国以前の女真の文化にとって極めて意義のあるものは、契丹と高麗との直接的な接触であった。このイノベーションは、女真の文化的興味の重要なさまざまな分野に及んだ。接触はわずかであるが、女真は遼や高麗の産物を贈物の形式で受け入れた。当時、女真社会における中国文化の拡散は弱く、間接的なものに見えた（田村 1964）。

金帝国時代、文化的関係における雰囲気は急激に変化した。契丹と女真の関係は、以前のような価値を失っていた。女真と高麗、党項との間の接触は、文字通り傾向としては相互的であり、その密接さにおいては穏やかなものになり、文化的興味の分野は多様化した。中国文化との接触が、女真にとって最大の価値を獲得することになった。

中国文化との接触は、傾向としては相互的であり、興味の分野はあらゆる面に及んだ。とくに金の文化的環境において女真人が注目した中国のイノベーションは、民族的に区分された文化の分野ではなく、政治思想やイデオロギー的な分野であった。

女真人は、通時的な切り口（唐、北宋、南宋文化）においても、同時代的な切り口（金における中国、南宋文化）においても中国文化を区別した。女真は、モンゴルと初めて文化的関係を結び（しかも金代において、この関係はおもにモンゴルの方向へと発達を遂げた）、また中央アジア世界とも文化的関係を結んだ。関係の一面的な性格に関する状態——そのプロセスにおいて女真人がいつも受け入れる側として登場するような状態——は、私が理解するように根拠がないものである。金の文人、趙秉文は漢人と女真人が疑いもなくまさに同一の「文明化さ

れた習慣」を有していると固執した[3]（Tao Jing-shen1976）。

　金代以前、女真人は、文化政策と呼べるもの（彼らの相手に関して確立できないもの）を創造することなかった。そして、彼らの文化的関係は政治的、商業的な関係などからは独立していて、観察と直接的な消費の性格を有していた。

　金帝国ではすでに、まさに文化的政策と呼べるものが形成されていた。それは、固有の文化と民族的重要性の認識、幅広い知識と周辺世界の文化的に新しい事象の選択的習得をめざすとともに、新しい事物の驚くべき流れ（とくにぜいたく）から固有の文化を守ることや、帝国内の異民族の文化の維持に努めていた。ただし異民族の文化の維持には、その社会にいくつかの女真文化の要素を持ち込む試みを伴った。

　私は、女真人の文化と国家体制の発展においても、没落においても、中国文明の主要な役割に関するテーゼの内的矛盾を指摘した。もし女真人が中国の一部を征服し、自分たちの「野蛮な」本質の助けを借りてそこに存在したなら、中国文化はこの場合どこにあったのか？　彼らが単に中国文化の頑強性によって中国を失ったのなら、この文化は初めにどこにあったのか？　もちろん、このテーゼの支持者たちは解決法を見つけたが、もともとそれは詭弁だった。このテーゼを学術的な方法で守ろうとする試みは、中国文化や漢人による女真人の文化変容と同化に帰するものであり、中国を征服したモンゴルや満洲族やツングース（女真）族が中国文化を身につけて、自分たちの文化を拒絶したことを述べてから、А.Л.クレベルが激しく支持した主張に帰するものである（Артановский1967；Ишжамц1976）。

　しかし、仮にこのようであったならば、私によって引用された共通の本質的文化的特徴を伴った民族の通時的連続性は、どこから来たのだろうか？　具体的な歴史的状況下において、これら二つのプロセスは女真にとっては単に自然な性格を持つことができたが、金国内の漢人にとっては、強制的なニュアンスも帯びていた。接触の際にある程度常に避けられない文化変容の徴候を感じて、金国の為政者は優位を占めるために、文化変容の抑止政策（しかし、接触の中止ではない）を実行する完全な条件を有し、順調にこの好機を利用した。女真の大多数が極めて長くしっかりと伝統文化に執着することは、いとも簡単なことだった。それは、かなり中国文化とはかけ離れたものであったのだからなおさらである。まさにこれこそが、女真人が極めて幅広く有していた民族的に特化した文化層の統一性を守ったのである。

　大量の借用語は、政治、法律、行政といった、民族的に区分された分野に加わ

結び

らない別のラインで行われた。これらの借用語は、統治制度や宮廷、対外関係と結びついた女真人の支配層の代表者のもとにおいてだけ文化・民族的自覚の崩壊を促した。この階級の一部は、実際に顕著な文化変容を受けたが、決して常に一つの文化的源に負っているわけではなかった。つまり、高官は「中国風の礼によって長衣と帯を身につけ、必ず遼風の儀礼で歓迎、会釈した」[4]（『大金国志』）。この階級の別の一部は、いくつかの固有文化の経験を漢人に押しつける好機を利用した。双方にとって、同化はほんの小さな役割しか果たさなかった。それは、漢人にしてみれば彼ら自身おびただしい数がいたことによるものだったし、女真人にとっては、たとえば一部の混血の女真を民族的社会から除外するような防御手段をとった結果によるものだった。

中世の環境の中で文化的共生と民族政治の成立が創出された、かなりもろいが実際に感じられるような統合の過程は、全体として金人社会に固有のものであった。漢人出身の元好問、劉祁、王鶚らは、元代においてすら自分たちを金人と見なし、いつまでも金に関する記憶を大事にしようと志向した（Chen Hok-lam1974；Брук и Чебоксаров1976）。彼らは自分自身を、モンゴル人は含まないが漢人、契丹人、女真人の上級と中級の階層を含む、ある文化的総体の一部だと感じていた（Franke1978）。政治・経済分野において、こうした共生は農業畜産国家の形態を帯びていた（Первобытная...1978）。

女真人の民族的かつ文化的独自性の問題——当然、彼らの文化変容と同化をテーゼとする支持者たちによって問題にすらされていないが、私にとっては完全に実在している問題である。独自性は、さまざまな程度の差こそあれ、女真文化のすべての分野において、また女真民族のすべての特徴において感じられる。重要なのは、女真人の幅広い大衆の文化が民族的な強い特徴を持った分野において極めて独特であるということである。とくにヨーロッパの観察者にとっては、それらの特徴は自然に極東文化の海の中に沈んで見えなくなってしまう。ほとんど、あたかも朝鮮、ベトナム、日本のような千年文明にかき消されてしまっているようにしか見えない。しかし、これらの特徴は疑いもなく現実に存在し、極東地方内部にあるとしたら、それらを識別すればよいのである。

女真文化はエネルギッシュに発展しながら、12世紀には外国の成果によって充実し、金文化へと昇華させた。この文化は、多くの重要で独特な特徴を有し、帝国の軍事政策の力によって支えられていた。沿アムールおよび沿海州、満洲地域にとって、この文化は、極めて高い水準で中世にこの地域の南ツングース族の文化的発展を振興し、重要な意味を持った。

金帝国の崩壊は、極東全体に重大な結果をもたらした。女真にとって、それは、В.И. レーニンが「なめらかに正確に、時に巨大な飛躍的前進もなく、前へ歩いていくものだと世界史を理解することは、非弁証法的で非科学的な理論で誤っている」と述べたように、退行に転じたことを意味していた（Ленин.Полн.собр.соч.）。

　金の没落後、女真の文化や民族が完全に退化したという見解は、14世紀後半から17世紀初頭までの満洲や沿海州の、どんなにひいき目に見てもひどい研究の上に立脚している。女真の民族と文化はこの時代の初め、多くの自分たちの成果を失ってはいたけれど、女真は民族グループとして数世紀にわたり中国本土で生きていたし、満洲では彼らはずっと指導者的立場を維持していた。女真文字は、中国本土では14世紀にもまだ知られており、満洲や沿海州では15世紀にも知られていた。「女真」の起源と民族名称に関する記憶は満洲においては17世紀まで息づいていた。

　女真（金）の文化は、12〜13世紀に急激に発展し、習得され消化された異文化の要素——女真文化はそれらの一部を維持することができた——によって、極東に文化的起源を創造し、16〜18世紀の満洲文化の形成や沿海州や沿アムール地方の少数民族の文化にとって手本や基盤となった。つまり、女真文化は極めて重要な課題——過去の伝統と現在の革新活動とを調和させる文化的継承性を実現したのであった（Баллер1969）。これらの地域を研究するほとんどすべてのロシアやソビエトの研究者たちが一致して指摘している、沿アムール地方や沿海州における女真文化の有益な影響はとくに重要なことである（Кафаров1879；Арсеньев1914；Панов1893；Гребенщиков1916；Матвеев1929；Воробьев1973；История…1968）。

　最後に極めて異常な問題——女真文化が中国文化と多様な接触を持ったという見地から女真（金）文化を評価するという問題がある。ある種の接触の形態は、漢人にとって不健全なものであったものも含め、接触は結局のところ、客観的にはこれら二つの文化を豊かなものにした。中国文化の肥大化の規模や性格は、この書においては検討のテーマとすることはできないが、中世には中国において、異質な要素の浸透がある程度、社会的、文化的プロセスに革命的な影響を及ぼしたことが示された（Lewin1968）。この文化は、自己の発展において、近隣の文化を完全なる絶滅あるいは制圧に至らしめることはなかったし、偉大なる中国文化の継承を妨げることもなかった（姚従吾1963）。もちろん、別の特徴をもつ女真人の軍事的政治的活動の側面もある。中国本土への彼らの侵略的な活動は、この書の多くの部分（たとえば第3章第1節を参照）や以前刊行された本（Воробьев

1975)の中で明らかにされた。それゆえに、漢人に伴う女真文化に対するネガティブな評価あるいは、政治的迫害の見地から行われる文化の担い手によって語られた女真文化に対するまったく否定的な評価も、また伝統的な中国的基準の活用を伴った女真文化に対する評価も、どれも完全ではないし客観的でもない。「文化とは、"最高"でも"最低"でもない。ただ多様であるだけだ」(Межуев1977)。Н.И.コンラッドは文化史に対する評価は、歴史の経過自体によって示唆されるべきだと指摘している(Конрад1962)。

　社会の進歩に対する客観的な弁証法は、相対的な文化の価値に関する問題を提起することを可能にした。あらゆる民族の文化はいつも十分な価値を持つが、すべての民族が同様に文化的価値を蓄積する能力を発揮するわけではない。こうしたわけで、文化の発展レベルはそれぞれ異なり、世界の文化に対するそれらの果たす貢献も異なるわけである(Артановский1967)。

　このような様相において、女真(金)文化は文化的ライバルと唯一絶対の価値の上で対比される。存在した期間、領域の範囲、文化の担い手の数によって、またつまりは全体としての文化的システム自体の複雑さや世界文明にとっての意義——これらすべての指標によって女真文化は、その功績によって偉大な世界文明の一つと見なされている中国文化に屈するのである。

　私は、断固として述べる。なぜなら、この書のテーマのために、中国文化と相互作用の状況にある、あるいは対抗する(状況にある)女真文化における当然な重点が、大きな誤解の印象を与えたかもしれなかったからである。ここで、私は中国文化を正当に評価する。しかし、女真文化に関して言えば、中国文化の形態から逸脱した女真文化の多くの特徴あるいは特徴の複合体が、根本的に二流品あるいは欠陥品の証拠と見なされるわけにはいかないだろう。なぜなら、モンテーニュは(『エセー』の中で)「もし、自分たちにとって珍しいものを野蛮なものと見なすなら別だが、これらの民族の中に野蛮で未開なものはないと私は認める」と言い表しているはないか(Артановский1967)。

1　『中興禦侮録』巻上「其(女真)酋有楊割太師者、驍勇雄毅、善御其下、為諸部所推。」
2　『廿二史劄記』巻28 金史「金初漢人宰相」「韓企先伝、金太祖定燕京、始用漢官宰相賞左企弓等、(略)」
3　陶晋生は'In Chao's view the Chinese and the Jurchen undoubtly shared the same civilized customs.'と指摘し、趙秉文(Chao Bingwenの『閑閑老人滏水文集』の以下の部分を引用する(Tao1976)。巻10 上尊号表「恢土徳以大中原之統、繚塞垣以杜外夷。」巻14 蜀

漢正命論「用夷礼則夷之、夷而進於中国則中国之。」、巻18宣宗哀冊「大金受命伝休累聖薄海内外罔不稟令大安失御蠻厥政、胡馬南牧、華風不競。」海陵王も同様なことを指摘している。『三朝北盟会編』巻142（紹興三十一年十一月二十八日丙申・海陵王語曰）「朕毎読魯論、至於『夷狄雖有君、不如諸夏之亡也。』朕竊悪之。豈非渠以南北之区分、同類之比周、而貴彼賤我也。」

4　『大金国志』巻2天輔五年十二月条「官吏皆服袍帯如漢儀。贊引拝舞悉用遼人規式。」

資料編

参考文献

1. 定期刊行物・集

◆ロシア語（略称・題名・出版地・日本語訳）

АМДИДВ:Археологические материалы по древней истории Дальнего Востока, Владивосток（極東の遠古に関する考古資料）

АО:Археологические открытия(Ежегодник),Москва（考古学の発見・年報）

ВИ:Вопросы истории,Москва（歴史問題）

ВИМК:Вопросы истории мировой культуры,Москва（世界文化の歴史的諸問題）

ВФ:Вопросы философии,Москва（哲学の諸問題）

ДВ:Дальний Восток,Владивосток（極東）

ДГО:Доклады отделений и комиссий Географического общества СССР,Ленинград（ソ連地理協会支部及び委員会報告）

ЗИРГО:Записки Имп. Русского географического общества,Санкт-Петербург,（ロシア帝国地理協会紀要）

ЗОИАК:Записки общества изучения Амурского края,Владивосток（アムール地方研究会紀要）

ЗХОЕЭ:Записки Харбинского общества естествоиспытателей и этнографов,Харбин（ハルビン博物学者及び民族誌協会紀要）

И: Известия Сибирского отделения АН СССР,Новосибирск（ソ連科学アカデミーシベリア支部会報・歴史学編）

ИИРГО:Известия Имп. Русского географического общества,Санкт-Петербург（ロシア帝国地理協会会報）

КС:Краткие сообщения Института истории материальной культуры АН СССР, Москва-Ленинград（ソ連科学アカデミー物質文化史研究所短報,80号まで）

КС:Краткие сообщения Института археологии АН СССР（№81～）,Москва-Ленинград（ソ連科学アカデミー考古学研究所短報,81号より）

МИА:Материалы и исследования по археологии СССР（№86:Труды Дальневосточной археологической экспедиции т.1),Москва（ソ連考古学に関する資料と研究86号, 極東考古学探検隊論文集巻1）

МИС:Материалы по истории Сибири. Древняя Сибирь,Новосибирск（シベリア史に関する資料,遠古のシベリア）

МИС.вып.1:Археология и этнография Дальнего Востока,1964,Новосибирск（1号：極東の考古学と民族誌）

МИС.вып.2:Сибирский археологичесиий сборнйк,1966,Новосибирск（2号：シベリアの考古学集）

МИС.вып.4:Бронзовный и железный век Сибири,1974,Новосибирск（4号：シベリアの青銅器及び鉄器時代）

МКАЭН:Международный конгресс антропологических и этнографических наук(Доклады), Москва（人類学及び民族誌学術国際会議・報告）

МКЭ:Материалы конференции 'Этногенез народов Северной Азий',Новосибирск

(北方アジア民族の種族・会議資料)

НАИ:Новейшие археологические исследования на Дальней Востоке (Сборник), Владивосток（極東における最新考古学研究・集）

НАСДВ:Новое в археологии Сибири и Дальнего Востока（Сборник),Новосибирск
（シベリア及び極東の考古学における新発見・集）

НСК:Научная студенческая конференция（Тезисы и доклады),Новосибирск
（学術学生会議・題名と報告）

ОГК.1968-1969: Роль традиций в истории Китая.Симпозиум.（Тезисы и доклады）1968-1969,Москва（中国史における伝統の役割,シンポジウム、題名と報告）

ОГК.1970～: Общество и государство в Китае.Научная конференция.(Доклады и тезисы),1970～,Москва（中国の社会と政府,学術会議,報告と題名）

ПППИКНВ:Письменные памятники и проблемы истории культуры народов Востока. Годичная научая сессия ЛО ИНА（Ежегодник),Ленинград
（古文書と東方民族文化史の諸問題,アジア諸民族研究所年間学術定例会議・年報）

СА:Советская археология,Москва（ソビエト考古学）

СНВ:Страны и народы Востока（Сборник),Москва（東方の国家と民族・集）

СЦВА:Сибирь,Центральная и Восточная Азия в средние века.Т.III.（Сборник),1975,Новосибирск（中世のシベリア、中央アジアと東アジア・全3巻・集）

СЭ:Советская этнография,Москва（ソビエト民族誌）

ТДВ.т.5:Труды Дальневосточного филиала Сибирского отделения АН СССР Серия исторических найк, т.5,1963, Благовещенск,
（ソ連科学アカデミーシベリア部局極東支部論文集歴史科学編5号）

ТДВ.т.6:Труды Дальневосточного филиала Сибирского отделения АН СССР Серия исторических найк,.т.6, 'Народы советского Дальнего Восчока в дооктябрьский период истории СССР', 1968,Владивосток（ソ連科学アカデミーシベリア部局極東支部論文集歴史科学編6号,ソ連10月革命前時期の歴史におけるソビエト極東の民族）

ТДВ.т.7:Труды Дальневосточного филиала Сибирского отделения АН СССР.т.7, 'История, археология, этнография Дальнего Востока',1967,Владивосток（ソ連科学アカデミーシベリア部局極東支部論文集歴史科学編7号,極東の歴史、考古学、民族誌）

ТДВ.т.8:Труды Дальневосточного филиала Дальневосточного центра Сибирского отделения АН СССР.т.8, 'История, социология и филолойия Дальнего Востока', 1971,Саранск（ソ連邦科学アカデミー極東科学センターシベリア部局極東支部論文集歴史科学編8号,極東の歴史、社会学および文献学）

ТДВ.т.9:Труды Института истории, археологий, этнографии народов Дальневосточного центра Сибирского отделения АН СССР. т.9, 'Материалы по истории Дальнего Востока（история, археология, этнография, филолойия)',1973,Владивосток
（ソ連邦科学アカデミーシベリア部局極東科学センター歴史考古学民族誌研究所論文集9号,極東史に関する資料〔歴史、考古学、民族誌、文献学〕）

ТДВ.т.10:Труды Института истории, археологий, этнографии народов Дальневосточного центра Сибирского отделения АН СССР. т.10, 'Материалы по истории Дальнего Востока',1974,Владивосток（ソ連邦科学アカデミーシベリア部局極東科学センター歴史考古学民族誌研究所論文集10号,極東史に関する資料）

◆欧文（略称・題名・出版地）
AA:American Anthropologist,Menasha
BMFEA:Bulletin of the Museum of Far Eastern Antiquities,Stockholm
EGB:Ethnic Groups and Boundaries. The Social Organization of Culture Difference.
　　Ed. By F. Barth.,1970,Bergen
JNCBRAS: Journal of the North China Branch of the Royal Asiatic Society, Shanghai（上海）
JRAS:Journal of the Royal Asiatic Society of Great Britain and Ireland,Shanghai（上海）
NCBRAS:The North China Branch of the Royal Asiatic Society,Shanghai（上海）
OA:Oriental Art,London
TP:T'oung Pao（通報），Leiden
YJCS:Yenching Journal of Chinese Studies,Peiping（北平）

◆中文
『燕京学報』, 北平
『考古通迅（考古）』, 北京（-1958 考古通迅、1959- 考古）
『叢書集成初編』, 上海
『大陸雑誌』, 台北
『文物参考資料（文物）』北京（-1958 文物参考資料、1959- 文物）
『遼海叢書』, 1931-1934, 大連
『歴史研究』, 北京

◆日本語
『史学雑誌』, 東京
『宋元時代の科学技術史』(集), 1967, 京都
『東洋学報』, 東京
『東方学報』, 京都
『東方学報』, 東京

2. 引用文献[i]

マルクス・レーニン主義創始者の著作[ii]

Маркс К. Введение(из экономических рукописей 1857-1858гг.)—Т.12
　　（「序説」1857-1858 年の経済学の草稿）

Маркс К. К критике политической экономии.—Т.13（経済学批判）

Маркс К. Подготовительные рукописи к 'К критике политической экономии'1857-1858гг.
　　—'Архив Маркса и Энгельса'.Т.IV. Москва.,1935（経済学批判草稿）

Маркс К.,Энгельс.Ф. Немецкая идеология—Т.3. （ドイツ・イデオロギー）

Энгельс.Ф. Анти-Дюринг.—Т.20. （反デューリング論）

Энгельс.Ф. О разложении феодализма и возникновении национальных госдарство.—Т.21.
　　（封建主義の崩壊と民族国家の成立）

Энгельс.Ф. Письмо Ф. Боргиус от 26 января 1894 г.—Т.39.

(1894年1月26日付けボルギウスへの手紙)
Ленин В.И. О брошюре Юниуса.—Т.30.（ユニウスの小冊子について）
Ленин В.И. Партийная организация и партийная литература.—Т.12.（党組織と党文献）
Ленин В.И. Философские тетради.—Т.29.（哲学ノート）

　　　　　　i　全ての文献は、本あるいは雑誌の出版された場所（都市）の国の言語で書かれている。この原則から逸脱するものについては、＊は表題の言語で本文が書かれたものであり、＊＊は複雑な場合、丸カッコで出版された言語で指示し、西欧言語での、要約が存在することを示す。
　　　　　　ii　K.マルクスとF.エンゲルスの著作は、二人の著作出版物より引用され、В.И.レーニンの著作は全集によっている。

一次史料（翻訳を含む）

（漢文、中国語も日本語読みのあいうえお順とした。欧米語やロシア語は原著どおりの配列とした。ただし、原著では発行年数が若いものから始まっていたが、訳では古いものから新しいものへの順番としてある。）

◆漢文（『書名』編著者、『収録文献』収録文献刊行地、刊行年（参照文献）、（著者による解題））

『遺山集』金・元好問編、『遺山先生文集』『四部叢刊集部』上海1934年
　　（遺山元好問の集）
『雲麓漫鈔』宋・趙彦衛編、『叢書集成初編』1936年（雲麓趙彦衛の逃亡記録）
『鴨江行部志』金・王寂編、『遼海叢書』（鴨緑江への監察旅行記録）
『華夷訳語』元・火源潔編、『涵芬楼祕笈』上海1924年（Grube1896, 石田1973II, 山路1956, 渡辺1935）参照
『河汾諸老詩集』元・房祺、『叢書集成初編』1936年（河汾出身の古老たちの詩集）
『帰潜志』金・劉祁編、『知不足斎叢書』上海1937年（Haenisch1969）参照
　　（世に知られないところへの潜んでいた記録）
『揮塵録』宋・王明清編、北京1962年（両手に灌水刷毛を持っての報告）
『契丹国志』南宋・葉隆礼、北京1938年（Таскин1979）参照
『吉林外記』清・薩英額、『叢書集成初編』1939年（吉林の非公式な記述）
『御批続資治通鑑綱目』明・商輅編、（ビチューリン訳、Бичурин Н.Я. 'Архив ЛО ИА АН СССР, Ф.7, оп.1, No.1-15.'（統治の必要性のための全体的概論）
『金源箚記』清・施国祁、『叢書集成初編』1939年（金源における事件の記録）
『金志』南宋・宇文懋昭編、『叢書集成初編』1939年（Васильев1859）参照
　　（金に関する諸知識）
『金史』元・脱脱ほか編、『四部備要』上海1939年（История…, Малявкин1942, Herzl1887I, Franke1978II）参照
『金史国語解』清朝編、1824年（金国における固有語解説）
『金小史』明・楊循吉編、『遼海叢書』
『金文雅』清・荘仲方編、上海1912年（金の文学名作集）
『金文最』清・張金吾編、蘇州1906年（金の文学作品集成）
『建炎以来繋年要録』南宋・李心傳、『叢書集成初編』1936年
　　（建炎年間1127-1130の最重要事件の毎年の記録）
『高麗史』(고려사) 李朝編、平壌1962-1963年
『後漢書』劉宋・范曄巻115、（Бичурин1950）参照

『濠南遺老集』金・王若虛編、『叢書集成初編』1935年（金の濠南出身の老いた帰依者の文集）
『三朝北盟会編』南宋・徐夢莘編、（Кычанов1966,Franke1975）参照
　　（三皇帝時代の北方の女真との関係に関する文書集）
『史記』前漢・司馬遷編110巻、（Бичурин1950）参照
『使金録』南宋・程卓編、『碧琳琅館叢書』広東1909年
『使遼語録』宋・陳襄編、『遼海叢書』（遼への使節による対談形式の記録）
『盛京通志』清・王河編、発行地、発行年未詳（盛京地方の普遍的記述）
『拙軒集』金・王寂編、『叢書集成初編』1939年（拙軒王寂の文集）
『松漠紀聞』南宋・洪皓編、『叢書集成初編』1939年（松漠についての回想録）
『汝南遺事』金・王鶚編、『叢書集成初編』1939年（Chan Hok-lam1974）参照
　　（汝南の忘れられた事件）
『隋書』唐・魏徴編81巻、（Бичурин1950）参照
『靖康要録』南宋・佚名編、『叢書集成初編』1939年（靖康年間（1126）の重要記録）
『全遼志』明・李輔、『遼海叢書』（遼河沿いのすべての土地に関する諸知識）
『全遼備考』清・林佶編、『遼海叢書』（遼河沿いのすべての地方の調査書）
『宣和乙巳奉使行程録』南宋・許亢宗著、鐘邦直編（宣和年間乙巳年（1125）の信任状を与える使節団の行程に関する手記）、『三朝北盟会編』1878年（Chavannes1989）参照
『宋会要輯稿』（宋代に整っていたものを、清・徐松によって復元された。）、北京1957年
　　（宋朝の重要資料の原稿大全）
『宋俘記』金・可恭編、『己卯叢編靖康稗史』（宋の捕虜の記録）
『大金国志』南宋・宇文懋昭編、『国学文庫』上海1937年（大金国についての諸知識）
『大金集礼』金・佚名編、『叢書集成初編』1936年（大金儀礼集）
『大金弔伐録』金・佚名編、『叢書集成初編』1939年（大金統治下の討伐記録）
『大金徳運図説』金・佚名編、『碧琳琅館叢書』広東1909年
　　（大金における五行説に関する地図付き解釈）
『中興禦侮録』南宋・佚名編、『叢書集成初編』1939年
　　（侮辱への対抗と衰亡していく王朝の再興に関する記録）
『中州集』金・元好問編、上海1962年（中州・中国の詩集）
『新唐書』宋・欧陽修編巻219、（Бичурин1950）参照。
『南史』唐・李延壽編94巻（Бичурин1950）参照（南の王朝の歴史）
『南征録彙』金・李天民編、『己卯叢編靖康稗史』（南方征服に関する記録からの抜粋）
『南遷録』金・張師顔編、『叢書集成初編』1939年（南への遷都に関する記録）
『二妙集』金・段成己・段克己編、『景刊宋金元明本詞』北京1961年（「二つの卓越した」詩集）
『寧古塔紀略』清・呉振臣編、『叢書集成初編』（Васильев1857）参照
　　（寧古塔に関する短い記録）
『避戎嘉話』南宋・石茂良編、『歴代小史』上海1940年
　　（戦争からの救済についての友人との対話）
『滏水文集』金・趙秉文編、『叢書集成初編』1936年（滏水に関する文学集）
『文献通考』元・馬端臨編、上海1936年（Ma Touan-lin1876参照）（古文献とその伝統の研究）
『北轅録』南宋・周煇編、『歴代小史』上海（Pei Yuan Lou1904）参照。
『北史』唐・李延寿編94巻、（Бичурин1950）参照。（北方王朝の歴史）
『北狩見聞録』南宋・曹勛編、『叢書集成初編』1939年（北方へ皇帝が拉致された時の見聞録）
『北狩行録』南宋・蔡鞗編、『叢書集成初編』1939年

（北方へ拉致された皇帝についての旅行手記）
『北行日録』南宋・楼鑰編、『知不足斎叢書』上海 1937 年（北方への旅行日記）
『北風揚沙録』宋・陳準編 3 巻、『説郛』台湾商務印書館（北風が運び去った砂についての記録）
『満洲源流考』清・阿桂、杭州 1893 年（満洲族の起源についての研究）
『攬轡録』南宋・范成大編、『叢書集成初編』1936 年（轡を持った手で［書かれた］記録）
『遼金元藝文志』清・倪燦ほか編、北京 1958 年（遼金元史に関する文学ノート）
『遼金元姓譜』清・周春編、『昭代叢書』（遼金元代の家系リスト）
『遼東行部志』金・王寂編、『遼海叢書』（遼東への監察旅行についての諸知識）
『遼東志』明朝編、『遼海叢書』（遼東に関する諸知識）
『遼志』宋・葉隆礼編、『叢書集成初編』（Васильев1859, Leao-tsce）参照（遼に関する諸知識）
『遼史』元・脱脱ほか編 89 巻、上海 1936 年（Gabelentz1877）参照（遼の歴史）
『遼史拾遺』清・鸚鸚編、『叢書集成初編』1936 年
『遼小史』明・楊循吉編、『遼海叢書』（遼の小歴史）
『虜廷事実』金・文惟簡編、（Franke1975）参照（蛮族の宮廷における正確な事実）

◆中国語（編著者名、発刊年『書名』発刊場所）
章荑蓀編注 1958『遼金元詩選』上海
孟元老 1958『東京夢華録』（外四種）上海（開封の繁栄についての記録）
羅福頤編 1936・1937『満洲金石志』奉天（満洲の古文献学）

◆日本語
安馬弥一郎 1943『女真文金石志稿』京都
石田幹之助 1973 (II)「女真語研究の新資料」『東亜文化史叢考』 東京（東洋文庫シリーズ A, No54）（初出『桑原博士還暦記念東洋史論叢』京都 1964 年）
『関東庁博物館品図譜』（遼東博物館陳列品図録）名古屋 1926 年
園田一亀共編 1936『満洲金石試考』1 巻 大連（満鉄調査資料 №169）
東洋文庫明代史研究室 1975『中国土地契約文書集：金‐清』東京
山路廣明 1956『女真語解』（アジアアフリカ言語研究室）東京
渡辺薫太郎 1935「女真語の新研究」『亜細亜研究』12 号（大阪東洋学会）大阪

◆ロシア語
Бичурин Н.Я. 1829 История первых четырех ханов из дома Чингисова. Санкт-Петербург. （チンギス家出身の最初の 4 人の汗の歴史、『元史』と『通鑑綱目』の翻訳）
Бичурин Н.Я. 1950 Собрание сведений о народах, обитавших в Средней Азии в древние времена. Т.I—II. Москва. （古代中央アジアに居住していた民族に関する報告集成）
Бичурин Н.Я. 1960 Собрание сведений по исторической географии Восточной и Средней Азии. Чебоксары. （東アジア及び中央アジアの歴史地理に関する報告集成）
Васильев В.П. 1857 Записки о Нингуте.—ЗИРГО. Кн. VII. Санкт-Петербург （ニングータについての手記『ロシア帝国地理協会紀要』7 号）（『寧古塔紀略』の翻訳）
Васильев В.П. 1859 История и древности восточной части Средней Азии от X до XIII в. с приложением китайсиих известий о киданях, джуржитах, и моголо-татарах.—'Труды восточного отдела Русского археологического общества'. Ч.IV. Вып.1. Санкт-Петербург（契丹、女真そしてモンゴルに関する中国の情報が付加された 10 ～ 13 世紀

中央アジア東部の歴史及び古代遺物『ロシア考古学会東方部論文集』)(『金志』などの翻訳)

История…—История дома Цзинь,царствовавшего в северной части Китая с 1114 по 1233г. (составлена при династии Цнн). Архив ЛО ИВАН СССР,разд, оп.2, No.3. (1114 年から1233 年まで中国北部を統治した（金王朝をつくりあげた）『金室の歴史』、グレゴリー・ロゾフ宗教使節団の北京の学生が満洲語より翻訳)

Кычанов Е.И. 1966 Чжурчжэни в XI в. (Материалы для этнографического исследования). —МИС. Вып.2. (11 世紀の女真［民族誌調査の資料］)

Кюнер Н.В. 1961 Китайские известия о народах Южной Сибири, Центральной Азии и Дальнего Востока. Москва.（「南シベリアに関する中国の情報」『中央アジア及び極東』)

Малявкин А.Г. 1942 Цзинь-ши. Гл. 1. Харбин. (『金史』の露訳とその学術著作集)

Таскин В.С. 1979 История государства киданей. Москва (Памятники письменности Востока. T.XXXV). (『契丹国志』の露訳、入門、解説と訳注)

◆欧米語

Chan Hok-lam 1974 Prolegomena to the 'Ju-nan i-shih' : A memoir on the Last Chin under the Mongol Siege of 1234.—'Sung Studies Newsletter'. Ithaca, 1974,No10, Suppl. 1. (『汝南遺事』の英訳)

Chavannes Ed 1897,1898 Voyageurs chinois chez lez khitan et les joutchen.—'Journal asiatique' Paris., 1897, Série 9, t.IX; 1898, Série 9, t.XI. (『宣和乙巳奉使行程録』の仏訳)

Franke H. 1975 Chinese Texts on the Jurchen : A Translation of the Jurchen Monograph in the San-ch'ao-pei-meng-hui-pien.—' Zentralasiastische Studies'. Wiesbaden, No9. (『三朝北盟会編』の英訳)

Franke H. 1978 Chinese Texts on the Jurchen II: A Translation on the Chapter One of the Chin-shih.—'Zentralasiastische Studies'. Wiesbaden, No12. (『金史』の英訳)

Gabelentz H.A. 1877 Geschichte der Grossen Liao aus dem mandschu übersetzt. St.-Petersbourg. (『遼史』の満洲語からの独訳)

Grube W. 1896 Die Sprache und Schrift des Jučen. Leipzig. (『華夷訳語』の研究)

Haenisch E. 1969 Zum Untergang zweier Reiche. Berichte von Augenzeugen aus den Jahren 1232-1233 und 1368-1370 aus dem Chinesischen übersetzt von Erich Haenisch. Wiesbaden(Abhandlungen für die kunde des Morgenlandes. Bd XXXVIII, H.4).

Harlez C de 1887(I) Histoire de l'Empire de Kin, ou Empire d'or. Traduire de C. de Harlez. Louvain. (満洲語で書き直した『金史』の『Aisin gurun-isuduri bithe』［金国編年史］の仏訳)

Leao-tche (Stein R.) 1939 Leao-tche. Traduit et annoté par R. Stein—TP. Série 2, t.35, livr. 1-3. (『遼志』の仏訳)

Ma Touan-lin(d'Hervay) 1876 Ma Touan-lin. Ethnographie des peoples étrangers à la Chine. Tr. d'Hervay de Saint Denies. Génève, (Assuma Gusa, fasc.11). (馬端臨『文献通考』の仏訳)

Pei Yuan Lou(Ed. Chavannes) 1904 Récit d'un voyage dans le Nord, par Tcheou Chan, traduit par Ed. Chavannes.—TP. Série 2, vol.V No2. (『北轅録』の仏訳)

3. 引用論文

◆ロシア語

(邦訳のあるものは、文末に漢字で示した。極：オクラドニコフ А. П. 等 1975（岩本義雄等訳）『シベリア極東の考古学.1 極東篇』沿：オクラドニコフ А. П. 等 1982（荻原真子等訳）『シベリア極東の考古学.2 沿海州篇』以上いずれも河出書房新社）

Алексеев В.П., Бромлей Ю.В.1968 К изучению роль пелеселения народов в формировании новых этнических общностей.—СЭ. 1968, №.2.

Анучин В.А. 1948 Географические очерки Маньчжурии.Москва.

Аргудяева Ю.В. 1963 О датировка некоторых видов средневековой керамики. —ТДВ. Т. 5. Благовещенск.

Аргудяева Ю.В. 1964 Чжурчжэньская черепица (по материалам археологических разведок 1960г.). —МИС. вып. 1.（沿）

Арсеньев В. К. 1914 Китайцы в Уссурийском крае. Очерк историко-этнографический. —'Записи Приморского отделения РГО'. Т. X. Вып. 1. Хабаровск.

Артановский С. Н. 1967 Историческое единство человечества и взаимное влияние культур. Философско-методологический анализ современных зарубежных концепций. Ленинград. (Ученые запискиЛенинградского педагогического Института им. А. М. Герцена, т.355.)

Артановский С. Н. 1977 Некоторые проблемы истории культуры. Ленинград.

Ащепков Е. А. 1952 Архитектура Китая. Очерки. Москва.

Баллер Э. А. 1969 Преемственность в развитии культуры. Москва.

Баткин Л. М. 1969 Тип культуры как историческая целостность.—ВФ. 1969, №9.

Березный Л. А. 1963 Проблема развития средневекового китайского общества в современной амриканской буржуазной историографий. —'Вестник Ленинградского университета'. №20(Серия истории, языка и литературы, вып. 4.).

Бичурин И. 1840 Китай: его жители, нравы, обычай, просвещение. Санкт-Петербург.

Болдин В. И. 1976(I) К характеристике сельскохозяйственных орудий с Шайгинского городища.—НАИ.

Болдин В. И. 1976(II) К вопросу о назначении 'никовидных' орудий с Шайгинского городища. —НАИ.

Болдин В. И., Шавкунов Э. В. 1979 О характере и роли земледелия Шайгинского городища.—СЭ. 1979, №6.

Бромлей Ю. В. 1973(I) Этнос и этнография. Москва.

Бромлей Ю. В. 1973(II) К проблеме типологизации этнических общностей. Москва. (МКАЭН. IX).

Брук С. И., Чебоксаров Н. Н. 1976 Метаэтнические общности.—Расы и народы. Т. 6. Москва.

Буссе Ф. Ф. 1888 Остатки древности в долинах Лефу, Даубихэ и Улахэ. —ЗОИАК. Т. I.

Буссе Ф. Ф., Кропоткин Л.А. 1908 Остатки древностей в Амурском Крае. —ЗОИАК. Т.X II.

Васильев Ю. М. 1974 Могильник 'Лудяннкова сопка'. —АО.1973.

Васильева Т. А. 1976 Пережитки тотемизма у чжуручжэней. —НАИ.

Васильевы Ю. М. и Т. А. 1976 Исследования на нижнем Амуре. —АО.1975.

Воже де Брюнь (Жув Жозев) B et P. Д. M. 1788 История о завовании Китая манжурскими татарами, состоящая в 5 книгах. А. Р. Москва. (仏語より翻訳)

Волкова М. П. 1975 О редком и малодоступном маньчжурском сочинении 'Речи ста двадцати старцев'. —ПППИКНВ. IX сессия.

Воробьев М. В. 1959 О работе Ворошиловского отряда в 1956 г. —КС. Вып. 73.

Воробьев М. В. 1960 Археологические памятник Приморья в 8-12 вв. —Тезисы 1-й конференции по истории Дальнего Востока. Иркутск.

Воробьев М. В. 1966(I) Религиозные верования чжурчжэней. —Доклады по этнографии (ГО). Вып. 4. Ленинград.

Воробьев М. В. 1966(II) Маньчжурское средневековье в советской историографии. —Межвузовская научная конференция по вопросам истории стран Азии и Африки в советской историографии, Тезисы докладов. Москва.

Воробьев М. В. 1967(I) О литературе в чжурчжэньском государстве Цзинь. —Жанры и стили литератур Дальнего Востока. Тезисы докладов научной конференции (Ленинград., 1966). Москва.

Воробьев М. В. 1967(II) Развалины дворца в Краснояровской крепости в Приморье. —Историко-филологические исследования. Сборник статей к 75-летию академика Н. И. Конрада. Москва.

Воробьев М. В. 1968(I) Городища чжурчжэней как фортификационные сооружения. —ДГО. Вып. 5.

Воробьев М. В. 1968(II) Два строения с канами в Краснояровской крепости в Приморье. —КС. Вып. 114.

Воробьев М. В. 1968(III) О происхождении некоторых обычаев чжурчжэней. —'Докрады по этнографии (ГО)'. Вып.6. Ленинград.

Воробьев М. В. 1968(IV) Система пяти столиц чжурчжэней. —ДГО. Вып.5.

Воробьев М. В. 1968(V) Словарный состав чжурчжэньского языка как этнографический источник. —ДГО. Вып.5.

Воробьев М. В. 1968(VI) Чжурчжэни и национально-охранительная политикагосударства Цзинь. —ПППИКНВ. IV сессия.

Воробьев М. В. 1968(VII) Язык и письменность чжурчжэней(культурно-историческая характеристика). ДГО. Вып.5.

Воробьев М. В. 1970(I) Историография в чжурчжэньском государстве Цзинь. —ПППИКНВ. VI сессия.

Воробьев М. В. 1970(II) 'Правдивые хроники' чжурчжэньских императоров ('шилу'). —Письменные памятники Востока. Историко-филологические исследования. Ежегодник. Москва.

Воробьев М. В. 1971 О естественных науках в чжуручжэньском государстве Цзинь. —История. культура, язык народов Востока. Москва.

Воробьев М. В. 1972 Печати госдалства Цзинь. —Эпиграфика Восточный и Южной Азии. Москва.

Воробьев М. В. 1973 Некоторые спорные вопросы культурной и этнической истории чжуручжэней. —СНВ. Вып. 15.

Воробьев М. В. 1975 Чжуручжэни и государство Цзинь (X в.—1234г.). Исторический очерк. Москва.

Воробьев М. В. 1977(I) О ранних чжуручжэне-монгольских языковых связях. —ПППИКНВ. XIII сессия.

Воробьев М. В. 1977(II) Китайско-чжуручжэньские отношения в дин мира и войны. —ОГК. 8-я сессия, вып.1.

Воробьев М. В. 1979 Путевые заметки сунских послов в госдарство чжурчжэней Цзинь.—ОГК. 10-я сессия.

Вяткин Р. В., Тихвинский С. Л. 1963 О некоторых вопросах исторической науки в КНР. —ВИ. 1963, №10.

Галактионов О. С. 1966 Правильная мастерская на Шайгинском городище.—НСК, 4-я.

Галактионов О. С. 1973 Характеристика наконечников стрел с Шайгинского городища. —ТДВ. Т.8

Галактионов О. С. 1976 Два чжуручжэньских городища военно-стратегического назначения.—НАИ.

Галактионов О. С. 1978 Характеристика средневековых наконечников коций Приморья. —АМДИДВ.

Гребенщиков А. В. 1922 К истории китайской валюты (нумизматические памятники Южно-Уссурийского края).—'Вестник Азии'. Харбин. Кн.50.

Гребенщиков А. В. 1916 К изучению истории Амурского края по данным археологии. —Юбилейный сборник. XXV. Музей Общества изучения Амурского края за 25 лет своего существования. Владивосток.

Гребенщиков А. В. 1912 Маньчжуры, их язык и письменность.—'Известия Восточного института'. 1911/12 ак. год. Т.XIV. Вып. 1.Владивосток.

Гумилев Л. Н. 1970 Поиски вымышленного царства (Легенда о 'Госдарстве пресвитера Иоанна'). Москва.

Гуревич А. Я. 1972 Категории средневековой культуры. Москва.

Гусева Л. Н. 1976 Звериный стиль в искусстве чжурчжэнэй (XII-XIII).—ДВ. 1976, №12.

Гусева Л. Н. 1977 Чжурчжэньское зеркало.—ДВ. 1977, №6.

Гусева Л. Н. 1978(I) Как одевались чжурчжэни.—ДВ. 1978, №8.

Гусева Л. Н. 1978(II) Об истоках некоторых орнаментальных мотивов в искусстве чжурчжэней.—АМДИДВ.

Гусева Л. Н., Шавкунов Э. В. 1976 Происхождение одного орнаментального мотива у чжурчжэней.—НАИ.

Давидвич В. Е., Белолипецкий В. К. 1974 Культура и ее место в жизни общества. —'Философские науки'. 1974, №2. Москва.

Деревянко А. П. 1970 В стране трех солнц. Рассказы археолога о древностях Приамурья. Хабаровск.

Деревянко Е. И. 1975 Мохэские памятники Среднего Амура. Новосибирск.

Деревянко Е. И. 1977 Троицкий могильник. Новосибирск.

Деревянко Е. И. 1980 Средневековые памятники Среднего Приамурья (по исследованиям 1977 г.)—Археологический поиск (Северная Азия). Новосибирск.

Долгих Б. О. 1958 Этнический состав и расселение народов Амура в XVII в. по русским источникам. — Сборник статей по истории Дальнего Востока. Москва.

Долгопольский А. 1967 От Сахары до Камчатки языки ищут родственников.—'Знание — сима'. №1. Москва.

Древнемонгольские города. 1965 Москва.

Желоховцев А. Н. 1969 Хуабень — городская повесть средневекового Китая. Некоторые проблемы происхождения и жарта. Москва.

Забелина Н. Н. 1955 Раскопки Дальневосточной археологической экспедиции в г. Ворошилове (1954 г.).— 'Советское Приамюрье'. Вып. 19. Владивосток.

Забелина Н. Н. 1960(I) Из области средневекового искусства Дальнего Востока.— МИА. №86.

Забелина Н. Н. 1960(II) К исторической топографии г. Уссурийска.— 'Вопросы географии Дальнего Востока'. Сб. 4. Хабаровск.

Залкинд Е. М. 1948 Кидане и их этнические связи.— СЭ. 1948, №1.

Зворыкин А. А. 1964 Определение культуры и место материальной культуры в общей культуре. (МКАЭН,XII). Москва.

Зворыкин А. А. 1969 Некоторые вопросы теории культуры.— 'Информационый бюллетень (научного совета АН СССР по проблемам конкретных исследований)'. №23, прил. Москва.

Золотарев А. М. 1939 Родовой строй и религия ульчей. Хаваровск.

Иваниев Л. Н. 1951 Древности села Чугуевки в Приморском крае.— СА. Вып. XV.

Ивлиев А. 1978 О надписях на бортиках средневековых бронзовых зеркал. — АМДИДВ.

Ивлиев А. Н., Никитин Ю. Г. 1979 Раскопки Майского городища.— АО, 1978.

Ивочкина Н. В. 1967 Ассигнации чжурчжэньского государства (1115-1234 гг.).— Тезисы докладов научной сессии, посвященной игогам работы Государственного Эрмитажа за 1966 год. Ленинград.

Ивочкина Н. В. 1968 Начало выпуска денег в чжурчжэньском государстве Цзинь.
— Сообщения Государственного Эрмитажа. №29. Ленинград.

Ион Э. 1969 Проблемы культуры и культурная деятельность. Москва.

История..., 1968.— История Сибири. Т. 1. Новосибирск.

История Китая..., 1974.— История Китая с древнейших времен до наших дней. Москва.

История стран..., 1970.— История стран зарубежной Азии в средние века. Москва.

Ишжамц Н. 1974 Культура монголов XIII-XIV вв.— 'Studia Historica Instituti Historicae Academiae Scientiarum Respublicae Populi Mongolici' T. X. Fasc. 6. Ulanbaatar

Ишжамц Н. 1976 Кочевники и Китай.— 'Studia Mongolica' T.3(11). Fasc. 1-25. Ulan-Bator.*

Кафароф П. И. 1871 Этнографическая этнографическая экспедия в Южно-Уссурийский край.— Известия ИРГО. т. VII, №2,3,5-7. Санкт-Петербург.

Кафароф П. И. 1879 Исторический очерк Уссурийского края в связи с историей Манчжурии.— ЗИРГО (по общей географии). т. VIII, вып.1.

Киселев С. В. 1959 Из истории китайской черепицы (В связы с изучением древних городов Монголии, Сибири и Дальнего Востока).— СА. 1959, №3.

Козлов В. И. 1968 Типы этнических плоцессов и особенности их исторического развития.— ВИ. 1968, №9.

Козлов В. И. 1973 Проблема фиксации этнических процессов. (МКАЭН, IX)   Москва.

Конрад Н. И. 1962 Размышления об истории научного и культурного развития человечества.— 'Народы Азии и Африки'. №5. Москва.

Конрад Н. И. 1966 Запад и Восток. Москва.

Копытько В. Н. 1978 Погребение чжурчжэньского воина в Болоньском могильнике у с. Ачан.— И. №11, вып. 3.

Кочетова С. М. 1956 Фарфор и бумага в исскустве Китая. Москва.— Ленинград.

Крушанов А. И. 1975 Об организации исторических исследований на Дальнем Востоке. — ВИ. 1975, №8.

Кузнецов А. И. 1973 Понятие 'этническая общность' в советской науке последнего десятилетия. (МКАЭН, IX) Москва.

Кузнецов В. С. 1979 Из истории взаимоотношения Китая с чжурчжэнями в XVI — начале XVII в.— ТДВ. Т. IX.

Кызласов Л. Р. 1959 Средневековые города Тувы.— СА. 1959, №3.

Кызласов Л. Р. 1975 Ранние монголы (к проблеме истоков средневековой культуры). — СЦВА.

Кычанов Е. И. 1973 Из истории взаимоотношений тангутского государства Си Ся и чжурчжэньской империи Цзинь.—ТДВ. Т. 9.

Кычанов Е. И. 1968 Очерк истории тагустского государства. Москва.

Кычанов Е. И. 1959 Некоторые сведения китайских источиников об этнографии тангутов.— СЭ. 1959, №4.

Лапина З. Т. 1972 Традиционые политические доктрины Китая и военная мысль средневековья (на примере доктрины Ли Гоу 'Обогащение государства, усиление народа', 1039).— ОГК. 3-я, вып. 1.

Лаличев В. Е. 1958 Китайская надпись на бронзовом зеркале из Сучана (Приморье). — 'Эпиграфика Востока'. Вып. XII. Ленинград.

Лаличев В. Е. 1966(I) Тайна каменной черепахи. Документальная повесть об одном археологическом поиске. Новосибирск.

Лаличев В. Е. 1966(II) Потерянные дневник Палладия Кафарова.— И. №1. вып. 1.

Лаличев В. Е. 1968 Посмертный дар Ф. Ф. Буссе (новые материалы к истории и археологии Дальнего Востока).— Вопросы истории социально-экономической и культурной жизни Сибири и Дальнего Востока. Вып. 1. Новосибирск.

Лаличев В. Е. 1974 Навершие памятника князю Золотой империи.— МИС. Вып. 4.

Леньков В. Д. 1967 Предварительные итоги исследования плавильной печи на Шайгинском городище.— ТДВ. Т.7.

Леньков В. Д. 1968 К вопросу классификации керамики Шайгинского городища. — ТДВ. Т.6.

Леньков В. Д. 1969 Исследования на Плахотюкинском городище.— АО. 1968.

Леньков В. Д. 1971 Социально-экономические и политические предпосылки развития металлургического производства у чжурчжэней в XI-XII вв.— ТДВ. Т.8.

Леньков В. Д. 1973 О технологии получения и обработки металла у чжурчжэней в XII в. — ТДВ. Т. 9.

Леньков В. Д. 1974(I) Металлургия и металлобработка у чжурчжэней в XII в. (По материалам исследования Шайгинского городища). Новосибирск.

Леньков В. Д. 1974(II) Анализ кузнечно-слесарного инструментария с Щайгинского городища.— ТДВ. Т. 10.

Леньков В. Д. 1975 Раскопки Лазовского городища.— АО. 1974.

Леньков В. Д. 1976 О результатах обследования металлургического комплекса на Скалистом городище.— НАИ.

Леньков В. Д. 1978 Археологические исследования на Лазовском городище.— АМДИДВ.

Леньков В. Д. 1979 К характеристике чугунных изделий чжурчжэньских ремесленников XII-XIII вв.— Древние культуры Сибири и Дальнего Востока. Новосибирск.

Леньков В. Д., Галактинов О. С. 1976 Раскопки Лазовского городища.—АО. 1975.

Леньков В. Д., Галактинов О. С. 1977 Раскопки на Екатериновском городище.—АО. 1976.

Леньков В. Д., Галактинов О. С., Силантьев Г. Л. 1978 Раскопки Екатериновского городища.—АО. 1977.

Леньков В. Д., Галактинов О. С., Силантьев Г. Л. 1979 Раскопки Лазовского городища. —АО. 1978.

Леньков В. Д., Овсянников Н. В. 1972 О результатах аналзов кирпичей и формовой глины из плавильных мастерских Шайгинского городища.— СА. 1972, №2

Лешок Е. Г. 1966 Из глубины веков. Заметки археолога.— ДВ. 1966, №1.

Лопатин И. 1864 Обзор южной части Приморской области Восточной Сибири за рекой Суйфуном.— 'Записки Сибирского отдела ИРГО'. кн. VII. Ируктск.

Лопатин И. 1869 Некоторые сведения о 49 древних урочищах в Амурской стране (рукопись).— Архив Ленинградского отделения Института археологии, №34.

Лопатин И. А. 1922 Гольды амурские, уссурийские и сунгарийские. Опыт этнографического исследования. (ЗОИАК, т. XVII). Владивосток.

Лотман Ю. М. 1970 Стати по типологии культуры. Тарту.

Лотман Ю. М. 1978 Феномен культуры.— Труды по знаковым системам. Т. X. Семиотика культуры. (Уч. зап. Тартуского гос. университета, вып. 463) Тарту.

Маркарян Э. С. 1970 Место и роль исследования культуры в современном обществознании.— ВФ. 1970, №5.

Маркарян Э. С. 1972 Вопросы системного исследования общества. (Новое в жизни, науке, техните; сер. Философия, №3). Москва.

Матвеев З. Н. 1929 История Дальневосточного края (Краткий очерк).
— Записки Владивостокого отдела РГО. Владивосток. Т.III(XX), вып. II

Медведев В. Е. 1969 Средневековое городище Кенцухе II на р. Тадуши.— И. №1, вып. 3. (沿)

Медведев В. Е. 1975(I) Пояса Надеждинского могильника.— Археология Северной и Центральной Азии. Новосибирск.

Медведев В. Е. 1975(II) Материалы раскопок могильника у села Надеждинского.— СЦВА.

Медведев В. Е. 1975(III) О погребальных обрядах амурских чжурчжэней (по материалам раскопок Надеждинского могильника. X-XI вв.).— Соотношение древних культур Сибири с культурами соседних территорий (сборник научных трудов). Новосибирск.

Медведев В. Е. 1976 О датировке двух курганных групп у пос. Смидович.— НАИ.

Медведев В. Е. 1977 Культура амурских чжурчжэней. Конец X-XI век (по материалам грунтовых могильников). Новосибирск.

Медведев В. Е. 1978 Новые Данные по средневековой археологии Приамурья.

— И. №11, вып. 3.

Медведев В. Е. 1979(I) Исследования на Амуре.— АО. 1978.

Медведев В. Е. 1979(II) О некоторых находках чжурчжэньской культуры на нижнем Амуре.— НАСДВ.

Медведев В. Е. 1980(I) Могильник у с. Дубово — памятник ранних чжурчжэней Средего Приамурья.— Археологический поиск (Северная Азия). Новосибирск.

Медведев В. Е. 1980(II) Некоторые результаты раскопок могильника на острове Уссурийском в 1976 г.— Источник по истории Северной Азии (1935-1976 гг.) Новосибирск.

Медведев В. Е. 1980(III) Корсаковский могильник.— АО. 1979.

Медведев В. Е., Копытько В. Н. Могильник 1979 Чирки в Приамурье.— АО. 1978.

Межуев В. М. 1977 Культура и история (Проблемы культуры в философско-исторической теории марксизма). Москва.

Мелихов Г. В. 1974 Маньчжурсы на Северо-Востоке (XVII в.). Москва.

Мелихов Г. В. 1970 Установление власти монгольских феодалов в Северо-Восточном Китае.— Татаро-монголы в Азии и Европе. Москва.

Можейко И. 1971 Фантастческая Шайга.— 'Азия и Африка сегодня' №8. Москва.

Народы..., 1956 Народы Сибири. (Народы мира. Этнографические очерки) Москва. —Ленинград.

Народы..., 1965 Народы Восточой Азии. (Народы мира. Этнографические очерки) Москва. — Ленинград.

Нго-Гуин-Куин, Троицкий С. С. 1960 Некоторые памятники архитектуры Северного Вьетнама.— Архитектура стран Юго-Восточной Азии. Москва.

Николаев С. 1951 Памятник и памятные места в Приморье. Владивосток.

Новиков-Даурский Г. С. 1953 Приамурье в древности.— 'Зап. Амурского областного музея краеведения и общества краеведения'. Благовещенск. №2.

Овсянников Н. В., Тупикина С. М. Предварительные итоги анализов керамики с Щайгинского городища.—ТДВ. Т.III.

Окладников А. П. 1951 Древнее поселение в пади Большой Дурал на Амуре (Предварительное сообщение). —СА. вып. XV.

Окладников А. П. 1955 Археологические исследования в 1953 году. —'Сообщения ДВФАН'. Вып. 8. Владивосток.

Окладников А. П. 1958 Археологические исследования в 1955 г. на Дальнем Востоке. —КС. вып. 71.

Окладников А. П. 1959 Далекое прошлое Приморья (Очерки древней и средневекой истории Приморского края). Владивосток.

Окладников А. П. 1963 Археологические раскопки в районе Хабаровска. —Вопросы географии Дальнего Востока. Сб. 5. Хабаровск.

Окладников А. П. 1964 Советский Дальний Восток в свете новейших достижений археологии. —ВИ. 1964, №1. (沿)

Окладников А. П. 1971 Раскопки в Сакачи-Аляне.— АО. 1970

Окладников А. П., Деревянко А. П. 1973 Далекое прошлое Приамурья. Владивосток.

Окладников А. П., Медведев В. Е. 1970 Древний могильник на озере Болонь

— памятник чжурчжэньской культуры на Нижнем Амуре. И. №11, вып. 3. (極)

Окладников А. П., Медведев В. Е. 1973 О двух средневековых могильниках на юго-западе Хабаровского края (предварительное сообщение).— И. №1, вып. 1.

Окладников А. П., Медведев В. Е. 1974 Чжурчжэни Приамурья по данным археологии.
— 'Проблемы Дальнего Востока' №4. Москва.

Окладников А. П., Медведев В. Е. 1980 Чжурчжэньское поселение в устье Тунгуски.
— Археологический поиск (Северная Азия). Новосибирск.

Описание...,1897 Описание Маньчжурии. Под ред. Дм. Позднеева. В двух томах. Санкт-Петербург.

Отчет...,1894 Отчет общества изучения Амурского края за 1884-1894 гг. Владивосток.

Очерки..., 1959 Очерки истории Китая. С древности до 'опиумных' воин. Под ред, Шан Юэ. Москва.

Панов В. 1893 Материалы к древней истории Амурского края (раскопки гг. Буссе и Маргаритова). — 'Дальний Восток' №97-98(газета). Владивосток.

Первобытная..., 1978 Первобытная периферия классовых обществ до начала великих географических открытий (проблемы исторических контактов). Москва.

Пермяков Г. 1966 Древнейший металлург Дальнего Востока.— ДВ. 1966, №4.

Пермяков Г. 1968 Амулет счастливой лягушки.— ДВ. 1968, №2.

Пермяков Г. 1969 'Фабричная' марка древних.— ДВ. 1969, №3.

Петриченко А. М. 1960 Древнее чугунное литье Китая.— Научно-исследовательские и опытные работы. Труды всесоюзного совещания. Москва.

Позднеев Д. М. 1909 Материалы по истории Северной Японии и ее отношению к материку Азии и России. Т. II. Ч. 1. Токио.*

Померанц Г. С. 1972 Этническое и универсальное в китайской культуре.
— ОГК, 3-я. Вып. II.

Попов С. О. 1904 О тырских памятниках 1413 г.— 'Записки Восточного отд. Русского археологического общества'. Т. XVI. Санкт-Петербург.

Пострелова Т. А. Академия живописи в Китае в X-XIII вв. Москва.

Пржевальский Н. М. 1870 Путешествие в Уссурийском крае. Санкт-Петербург.

Пэрлээ X. 1957 К истории древних городов и поселений Монголии.— СА. 1957, №3.

Ревуненкова Е. В. 1974 О понятии 'шаманизм' в современной зарубежной науке.
— Краткое содержание докладов годичной научной сессии Института этнографии АН СССР. 1972-1973. Ленинград.

Рудов М. 1967 Две гравюры из Хара-Хото.— Сообщения Государственного Эрмитажа. №28. Ленинград.

Сем Ю. А. 1973(I) Нанайцы. Материальная культура (вторая половина XIX
— середина XX в.). Владивосток.

Сем Ю. А. 1973(II) Чжурчжэньский могильник в долине Партизанска.— ТДВ. Т. 9.

Сем Ю. А., Шавкунов Э. В. 1974 Тамги народов южной части советского Дальнего Востока и некоторые проблемы этногенетических связей (XII-XIX вв.).
— МИС. Вып. 4.

Семениченко Л. Е. 1976(I) К вопросу об этнокультурных связях мохэ-бохайцев (по материалам археологических исследований).— НАИ.

Семениченко Л. Е. 1976(II) Характеристика наконечников стрел Приморья в VIII-X вв. — НАИ.

Семениченко Л. Е., Шавкунов Э. В. 1972 Раскопки на Крукгой сопке.— АО. 1971.（沿）

Смирнова Я. С. 1973 Традиция и инновация в развитии семейной обрядности (по материалам Северного Кавказа). — МКАЭН. Москва.

Смоляк А. В. 1968 К вопросу об истории Приморья в XVI—начале XVIII в. — СЭ. 1968, №6.

Соколов Э. В. 1972 Культура и личность. Ленинград.

Сорокин В. Ф. 1973 Классическая драма Китая в XIII-XVI веках.— Изучение китайской литературы в СССР. Москва.

Стариков В. С. 1950(I) Развалины города в устье р. Хулань провинции Сунцзян. — ЗХОЕЭ. 1950, №8.

Стариков В. С. 1950(II) Краткий список памятников старины исторического периода в Гириньской провинции— ЗХОЕЭ. 1950, №8.

Стариков В. С. 1967 Материальная культура китайцев северо-восточных провинций КНР. Москва.

Стариков В. С. 1969 Предмеы быта и орудия труда маньчжуров в собрании МАЭ (К вопросу о самобытности материальной культуры маньчжуров). Культура народов зарубежной Азии и Океании. Ленинград. (сб. Музея антропологии и этнографии, т. XXV).

Стариков В. С. 1973 Современная материая культура китайцев в Манчжурии, ее истоки и развитие. Автореферат диссертации на соискание ученой степени доктора исторических наук. Ленинград.

Стариков В. С. 1975 Киданьско-китайская билингва чжурчжэньского времени (1134). — СНВ. вып. XII.

Стариков В. С. 1976 Из истории возникновения городов в Маньчжурии.— СНВ. вып. XIII.

Стариков В. С. 1980 Опыт систематизации графем чжурчжэньского письма (этапы подготовки каталога графем).— Краткое содержание докладов сессия ИЭ АН СССР, посвященной столетию создания первого этнографо-антропологического центра. Ленинград.

Стратанович Г. Г. 1951 Китайская чаша из урочища Большой Дурал.— СА. Вып. XV.

Таскин В. С. 1971 Китайские источники по истории династии Ляо.— Страны Дальнего Востока (история и экономика). Москва.

Тимофеев Е. И. 1966 Средневековые памятники среднего Приамурья.— Пленум института археологии, 1966 г. Секция: ранний железный век. Тезисы докладов. 1966, вып. 2 (АН СССР. Институт археологии). Москва.

Тихвинский С. Л.1976 История Китая и современность. Москва.

Токарев С. А. 1970 К методике этнографического изучения матриной культуры. — СЭ. 1970, №4.

Токарев С. А. 1973 Разграничительные и объединительные функции культуры. (МКАЭН, IX). Москва.

Толмачев В. Я. 1929 Первобытные крупорушки в Северной Манчжурии. — 'Вестник Манчжурии'. 1929, №10. Харбин.

Толмачев В. Я. 1928 К воросу о шелиководстве в Северной Маньчжурии.
— Общество изучения маньчжурского края. Сер. А. Вып. 28. Харбин. 1928*.

Толмачев В. Я. 1927 Бэй-чэн. Строительные материалы, архитектурные укращения и другие предметы с развалин Бай-чэна. По данным разветок 1925-1926 гг.
— 'Вестник Маньчжурии'. Харбин*.

Толмачев В. Я. 1925 Древности Маньчжурии. Развалины Бэй-чэна. По данным археологических разветок 1923-1924 гг. —'Вестник Маньчжурии'. Харбин. 1925, №1-2*.

Тупикина С. М. 1978 Керамика чжурчжэней XII-начала XIII в. ее классификация.
— АМДИДВ.

Тупикина С. М. 1976 Место керамической посуды, ее назначение и исполь

Тупикина С. М. 1974(I) Керамика и керамическое производство у чжурчжэней (по материалам Шайгинского городища).— ТДВ. Т. 10.

Тупикина С. М. 1974(II) Об орнатенте на чжурчженьской керамнке с Щайгинского городища.— Вопросы истории и культуры народов Дальнего Востока. Научные доклады аспирантов. Вып. 2. Владивосток.

Тупикина С. М. 1973(I) Статистический анализ керамики из раскопок на Шайгинском городище в 1967 г.— ТДВ. Т. 9.

Тупикина С. М. 1973(II) Керамика Шайгинского городища как источник по истории чжуручжэней.— История, археология и этнография народов Дальнего Востока. Вып. 1. Владивосток.

Тюрюмина Л. В. 1969 К истории создания маньчжурского перевода 'Ляоши', 'Цзиньши' и 'Юаньши'.— МКЭ. Вып. 1.

Уледов А. К. 1974 К определеннкию специфики культуры как социального явления.
— 'Философские науки'. 1974, №2. Москва.

Усольцев А. 1864 Заханскайский край Приморской области Восточной Сибири.
— 'Морской сборник'. т. LXXII, №6. Санкт-Петербург.

Федоров А. З. 1916(I) Памятники старины в г. Никольск-Уссрийском и окрестностях. Никольск-Уссрийский.

Федоров А. З. 1916(II) Краткий предварительный отчет о раскопках, проведнных в г. Никольск-Уссрийском... в 1916 г. (Архив Приморского отд. РГО в г. Владивостоке).

Федоров А. З. 1916(III) Археологическая карта г. Никольск-Уссрийского. — Архив Ленинградского отделения Института археологии АН СССР, №156.

Федоров А. З. 1922 Город Никольск-Уссрийский и его окрестности в археологическом отношении. — 'Известия Южно-Уссурийского отделения.Приамурского отдела РГО'. 1922, №4. Никольск-Уссрийский.

Флуг К. К. 1959 История китайской печатной книги Сунской эпохи X-XIII вв. Москва
— Ленинград.

Хоров В. А. 1976 Новые сведения о средневековых археологических памятниках Приморья по материалам полевого дневника А. З. Федорова.— НАИ.

Хоров В. А. 1978 Исследования на Ананьинском городище.— АО. 1977.

Хоров В. А. 1980 Раскопки на Ананьинском городище.— АО. 1979.

Хоров В. А., Гусева Л. Н. 1979 Исследование Ананьинского городища. — АО. 1978.

Хоров В. А., Шавкунов Э. В. 1976 О результатах археологических исследований на Ананьинском городище в 1972-1974 гг.— НАИ.

Цинциус В. И. 1954 К сравнительному изучению основного словарного фонда тунгусо-маньчжурских языков.— 'Ученые записки Лен. педагогического института им. А. И. Герцена'. Т. 101. Ленинград.

Чернышева Н. Л. 1971 К вопросу о классификации стеклянных бусин с Шайгинского городища.— ТДВ. Т. 8.

Чистов К. В. 1972 Этническая общность, этническое сознание и некоторые проблемы духовной культуры.— СЭ. 1972, №3.

Шавкунов Э. В. 1960(I) К вопросу о датировке средневековых памятников Приморья. — 'Труды Бурят-монгольского комплексного института Сибирского отделения АН СССР'. Улаи-Удэ, 1960, №3.

Шавкунов Э. В. 1960(II) Крад чжурчжэньских зеркал.— МИА, №86.

Шавкунов Э. В. 1960(III) Нумизматические находки на Дальнем Востоке в 1956-1958 гг. — МИА, №86.

Шавкунов Э. В. 1963 К вопросу о расшифровке малой кидань-чжурчжэньской письменности.— 'Эпиграфика Востока'. Ленинград. вып. 15.

Шавкунов Э. В. 1966 Раскопки на Николаевском городище (1960-1962) — МИС. Вып. 2. (沿)

Шавкунов Э. В. 1967 Культура чжурчжэней Приморья по материалам археологических раскопок 1960-1965 гг.— ТДВ. Т. 7

Шавкунов Э. В. 1968(I) Государство Бохай и памятники его культуры в Приморье. Ленинград.

Шавкунов Э. В. 1968(II) О периодизации и квалификации средневековых памятников Приморья.— ТДВ. Т. 6.

Шавкунов Э. В. 1968(III) О некоторых итогах предварительного анализа текстов чжурчжэньских письменных памятников XV столетия.— И. 1968, №1, вып. 1.

Шавкунов Э. В. 1969(I) О назначении чжурчжэньских миниатюрных скульптурок из камня.— И. 1969, №6, вып. 2. (沿)

Шавкунов Э. В. 1969(II) История и культура чжурчжэней в освещении русских и зарубежных исследователей и критика основных их положений.— Проблемы истории Дальнего Востока. Владивосток.(Доклады выездной научной сессии отделения истории АН СССР, состоявшейся во Владивостоке в 1967 г.).

Шавкунов Э. В. 1971(I) По городам погибшей империи. Репотах из прошлого.—'Знание — сила' 1971, №5. Москва.

Шавкунов Э. В. 1971(II) О результатах предварительного обследования средневековых памятников в Приморском и Хабаровском краях осенью 1969 года.— ТДВ. Т. 8.

Шавкунов Э. В. 1972 О семантике тамгообразных знаков и о некоторых видах орнамента на керамике с Шайгинского городища.— СЭ. 1972, №3.

Шавкунов Э. В. 1973(I) Еще о 'Спящей красавице'.— ДВ. 1973, №12.

Шавкунов Э. В. 1973(II) К вопросу о датировке древних золотых разработок Приморья. — ТДВ. Т. 9

Шавкунов Э. В. 1973(III) К характеристике жилищ чжурчжэней по материалам археологических исследований. 1963-1966 гг. — ТДВ. Т. 9

Шавкунов Э. В. 1973(IV) Находка древнейшего календаря народов советского Приморья.— ТДВ. Т. 9

Шавкунов Э. В. 1973(V) О назначении подвесных бронзовых рыбок и оленьего рога с Шайгинского городнща.— СА. 1973, №1. (沿)

Шавкунов Э. В. 1973(VI) Советские ученые о чжурчжэнях.—'Проблемы Дальнего Востока'. 1973, №2. Москва.

Шавкунов Э. В. 1975 Антропоморфные подвесные фигурки из бронзы и культ предков у чжурчжэней.— СЭ. 1975, №4.

Шавкунов Э. В. 1977 Работа Шайгинского отряда— АО. 1976.

Шавкунов Э. В. 1978(I) Пятнадцатый год исследований на Шайгинском городище. — АО. 1977.

Шавкунов Э. В. 1978(II) Проявление 'зверного стиля' в искусстве чжурчжэней. — АМДИДВ.

Шавкунов Э. В. 1979 Раскопки на Шайгинском городище.— АО. 1978.

Шавкунов Э. В. 1980 Раскопки на Шайгинском городище.— АО. 1979.

Шавкунов Э. В., Болдин В. И. 1976 Орудия обработки зерна и способы его хранения у чжурчжэней.— СЭ. 1976, №2.

Шавкунов Э. В., Гусева Л. Н. 1978 О семантике орнамента на сбруйных пряжках чжурчжэней.— АМДИДВ.

Шавкунов Э. В., Леньков В. Д. 1973 Исследования на Шайгинском городище и в районе Сикачи-Аляна.— АО. 1972.

Шавкунов Э. В., Певнов А. М., Ивлиев А. Л. 1978 Серебряная верительная пластина чжурчжэней с Шайгинского городища— АМДИДВ.

Шавкунов Э. В., Пермяков Г. 1967 Новое о чжурчжэнях. — ДВ. 1967, №1.

Шавкунов Э. В., Хорев В. А. 1975 Исследования на Шайгинском городище. — АО. 1974.

Шавкунов Э. В., Хорев В. А. 1976 Исследования на Шайгинском городище. — АО. 1975.

Шавкунов Э. В., Хорев В. А., Леньков В. Д. 1974 Исследования в Приморском крае. — АО. 1973.

Шейнгауз А. С. 1971 Освоение лесов и потребление лесных ресурсов на Дальнем Востоке.— Сборник трудов Дальневосточного НИИ лесного хозяйства. Вып. 11. Владивосток.

Широкогоров С. М. 1919 Опыт исследования основ шаманства у тунгусов. —'Ученые записки историко-филологического факультета во Владивостоке'. Т. 1. Отд. 1. Владивосток.

Школяр С. А. 1980 Китайская доогнестрельная артиллерия (материалы и исследования). Москва.

Шренк Л. И. 1883-1889 Об инородцах Амурского края. Т. I-III. Санкт-Петербург.

Штернберг Л. Я. 1936 Первобытная религия в свете этнографии. Ленинград.

Яковлев Л. М. 1946 Исторические памятники времен империи Цзинь по долине р. Ашихэ.— ЗХОЕЭ. 1946. №3.

◆中国語

員 海瑞・唐 雲俊 1979「善化寺」『文物』1979 年 11 期
于 倬云 1953「遼西省義県奉国寺勘査簡況」『文物参考資料』1953 年 3 期
袁 国藩 1965「金元之際江北之人民生活」『大陸雑誌』30 巻 5 号、台北
閻 文儒 1959「金中都」『文物』1959 年 9 期
王 永祥（黒龍江省博物館）1960「哈爾浜東郊的遼金遺址和墓葬」『考古』1960 年 4 期
王 永祥 1965「黒龍江阿城県小嶺地区金代冶鉄遺址」『考古』1965 年 3 期（『オホーツク文化
　　と靺鞨・渤海・女真文化の間の交流関係の研究』に佐々木睦訳、天野哲也監訳所収）
王 槐齢 1958「対『中国歴史綱要』元代部分的意見」『歴史研究』1958 年 7 期
王 建浩（済南市博物館） 1979「済南市区発現金墓」『考古』1979 年 6 期
王 国維 1927「金界壕考」『中国研究燕京雑誌』1927 年 1 期、北平
王 志民 1959「近年来江蘇省出土文物」『文物』1959 年 4 期
王 修治 1961「黒龍江肇東県蛤喇城古墓清理簡報」『考古』1961 年 7 期
王 静如 1937「宴台女真文字進士題名碑初釈」『史学集刊』1937 年 3 期、北平
王 静如 1973「興隆出土金代契丹文墓志銘解」『考古』1973 年 5 期
王 増新 1960(I)「遼寧綏中県城后村金元遺址」『考古』1960 年 2 期
王 増新 1960(II)「遼寧新民県前当舖金元遺址」『考古』1960 年 2 期
王 耀成 1915「大同旅行記」『地理雑誌』第 6 年 10 号、北京
賀 官保・陳 長安 1980「洛陽博物館館蔵官印考」『文物』1980 年 12 期
華 山 1957「南宋和金朝中葉的政情和開禧北伐之役」『史学月刊』1957 年 5 期、北京
華 山・王 庚唐 1956「略論女真氏族制度的解体和国家的形成」『文史哲』1956 年 6 期、青島
賈 洲傑 1977「内蒙古地区遼金元時期的瓦当和滴水」『考古』1977 年 6 期
華 泉 1976「完顔忠墓神道碑與金代的恤品路」『文物』1976 年 4 期
解 希恭（山西省文物管理委員会）1960「山西省孝義下吐京和梁家庄金元墓発掘簡報」『考古』
　　1960 年 7 期
解 廷琦等（大同市博物館）1978「大同金代閻徳源墓発掘簡報」『文物』1978 年 4 期
謌 士 1961「記吉林農安出土金『会州勧農』官印」『考古』1961 年 6 期
郭 沫若 1964「談金人張瑀的『文姫帰漢図』」『文物』1964 年 7 期
雁 羽 1960「錦西大臥舖遼金時代画像石墓」『考古』1960 年 4 期
康 家興 1961「吉林九台上河湾考古調査」『考古』1961 年 3 期
関 松芳 1958「金代瓷器和輯安文物管理所鈞窯的問題」『文物参考資料』1958 年 2 期
祁 英涛 1965「中国古代建築年代的鑑定」『文物』1965 年 4 期
魏 国忠 1973「黒龍江省阿城県半拉城子出土銅火銃」『文物』1973 年 11 期
吉林省博物館輯安考古隊・輯安文物管理所 1963「吉林輯安県鍾家村発現金代文物」『考古』
　　1963 年 11 期
吉林省文管会 1958「吉林梨樹県偏臉城址調査記」『考古通訊』1958 年 3 期
許 明綱 1966「旅大市発現金元時期文物」『考古』1966 年 2 期
金 光平 1962「従契丹大小字到女真大小字」『内蒙古大学学報』(人文・社会科学版)呼和浩特
　　1962 年 2 期
金 光平・金 啟孮 1964「女真語言文字研究」『内蒙古大学学報』(人文・社会科学版)呼和浩特
　　1964 年 1 期
奚 風 1955「試談宋遼金元歴史教学上的幾個問題」『歴史教学』9 巻 4 号、天津
景 愛（黒龍江省文物考古工作隊） 1977「綏浜永生的金代平民墓」『文物』1977 年 4 期

景 愛・孫 秀仁・楊志軍（黒龍江省文物考古工作隊）1977「從出土文物看黒龍江地区的金代社会」『文物』1977 年 4 期
胡 忌 1957『宋金雑劇史』古典文学出版社、上海
侯 外廬 1957『中国思想通史』1～5 巻、北京
江 畲経編 1972『金元代小説筆記選』台北
黒龍江省博物館 1961「金東北路界壕辺堡調査」『考古』1961 年 5 期
黒龍江省博物館 1962「黒龍江蘭西県発現金代文物」『考古』1962 年 1 期
洪 煥椿 1959「十至十三世紀中国科学技術的主要成就」『歴史研究』1959 年 3 期
敖 承龍（河北省文物管理委員会）1959「河北石家荘市趙陵鋪古墓清理簡報」『考古』1959 年 7 期
匡 瑜（吉林省博物館）1963「吉林省扶余県的一座遼金墓」『考古』1963 年 11 期
呉 梅 1934『遼金元文学史』上海
江西省軽工業庁景徳鎮陶瓷器研究所編『中国的瓷器』1963 中国財政経済出版社、北京
黄 麗貞 1967『金元北曲語彙之研究』台北
Голи...『国立中央図書館金- 元本図録』1961 台北
蔡 美彪 1957「元代雑劇中的若干訳語－評商務印書館最近出版的朱居易的『元劇俗語方言例釈』」『中国語文』1957 年 1 期、55 号
朱 偰 1936『遼金燕京城廓宮苑図考』武漢大学出版部、武昌
朱 偰 1955「八百年前的北京偉大建築—金中都宮殿図考」『文物参考資料』1955 年 7 期
朱 捷元 1977「金貞祐三年拾貫文交鈔銅版」『文物』1977 年 7 期
朱 大昀 1958「有関金代女真人的生産、生産関係及上層建築的幾個問題」『史学月刊』1958 年 2 期、開封
周 貽白 1959「侯馬董氏墓中五個磚俑的研究」『文物』1959 年 10 期
洲 傑 1973「赤峰缸瓦窯村遼代瓷窯調査記」『考古』1973 年 4 期
周 到 1957「河南安陽郭家湾小型金代墓」『考古通訊』1957 年 2 期
宿 白 1956「『大金西京武州山重修大石窟寺碑』校注—新発現的大同雲崗石窟寺歴史材料的初歩整理」『北京大学学報・人文科学』1956 年 1 期、北京
徐 家瑞 1956『金元戯曲方言考』商務印書館（修訂重印）
承徳市避暑山荘管理処等 1976「河北省青龍県出土金代銅焼酒鍋」『文物』1976 年 8 期
徐 炳昶 1936「校金完顔希尹神道碑書後」『史学集刊』1936 年 1 期、北平
徐 炳昶 1937「金俗兄弟死其婦当嫁于其弟兄考」『史学集刊』1937 年 3 期、北平
鍾 侃等（寧夏回族自治区博物館）1978「寧夏回族自治区文物考古工作主要収穫」『文物』1978 年 8 期
銭 南揚 1936「宋金元戯劇搬演考」『中国研究燕京雑誌』1936 年 20 号、北平＊＊
陝西省考古研究所編 1964『陝西銅川耀州窯』（丁種第 16 号）科学出版社、北京
蘇 興鈞 1964「記金人『文姫帰漢図巻』」『文物』1964 年 3 期
蘇 雪林 1934『遼金元文学』上海
蘇 天鈞（北京市文物工作隊）1963「北京出土的遼、金時代鉄器」『考古』1963 年 3 期
宋 伯胤 1962「蕭窯調査記略」『考古』1962 年 3 期
宋 文炳 1934「女真漢化考略」『海天』1 巻 2 号
孫 秀仁（黒龍江省博物館）1962「黒龍江蘭西県発現金代文物」『考古』1962 年 1 期
孫 秀仁・朱 国忱（黒龍江省博物館）1964「黒龍江拉林河右岸考古調査」『考古』1964 年 12 期

代 遵徳 1965「山西太原郊区宋、金、元代磚墓」『考古』1965 年1期
丹 化沙・孫　秀仁(黒龍江省博物館)1960「牡丹中下游考古調査簡報」『考古』1960 年 4 期
段 静修 (吉林省文物管理委員会) 1963「吉林梨樹県偏臉古城復査記」『考古』1963 年 11 期
Kaory... 中国科学院考古研究所 1958『考古学基礎』科学出版社、北京
中国科学院考古研究所 1961『新中国的考古収穫』(甲種第 6 号) 文物出版社
『中国歴史参考図譜』1947 上海（鄭振鐸編）
張 亜平・趙　晋樟　(忻県地区文化局・繁峙県文化局) 1979「山西繁峙岩上寺的金代壁画」『文物』1979 年 2 期
張 郁 1956「大青山里的金代遺址」『文物参考資料』1956 年 11 期
張 郁 (内蒙古自治区文物工作隊) 1961「烏蘭察布盟察右前旗古墓清理記」『文物』1961 年 9 期
張 家駒 1957『両宋経済中心的南移』武漢
趙 康民 1975「関于陝西臨潼出土的金代税銀的幾個問題」『文物』1975 年 8 期
趙 光林・張　寧 1979「金代瓷器的初歩探索」『考古』1979 年 5 期
趙 振績 1971「近六十年来国人対遼金元史的研究」『史学彙刊』1971 年 4 期、台北
趙 振績 1974「遼金元的史学」『女師専学報』1974 年 4 期、台北
張 徳光 1955「山西絳県裴家堡古墓清理簡報」『考古通訊』1955 年 4 期
張 秀民 1935「金源監本考」『図書季刊』2 巻 1 号、北平
張 秀民 1959「遼金西夏刻書簡史」『文物』1959 年 3 期
張 政烺 1951「上古時代的中朝友好関係（五千年来的中朝友好関係)」『光明日報』1951 年 5 月 19 日
張 増午 1980「金王庭筠與『黄華山居詩』碑」『文物』1980 年 6 期
張 泰湘 (黒龍江省文物考古工作隊) 1977「松花江下游奥里米古城及其周囲的金代墓群」『文物』1977 年 4 期
張 秉仁 1961「山西大同西郊的一座金墓」『考古』1961 年 3 期
暢 文齋 (山西省文物管理委員会侯馬工作站) 1959「侯馬金代董氏墓介紹」『文物』1959 年 6 期
陳 垣 1958『南宋初河北新道教考』The Catholic University of Peking
陳 賢儒 (甘粛省文管会) 1957「蘭州中山林金代雕磚墓清理簡報」『文物参考資料』1957 年 3 期
陳 述 1960『金史拾補五種』科学出版社、北京
陳 述 1973「跋吉林大安出土契丹文銅鏡」『文物』1973 年 8 期
陳 相偉 1964「吉林懐徳秦家屯古城調査記」『考古』1964 年 1 期
陳 大為 1962「遼寧朝陽金代壁画墓」『考古』1962 年 4 期
陳 楽素 1936「三朝北盟会編考」『歴史語言研究所集刊』(上・下) vol. VI, 上海
陳 遵媯 1955『中国古代天文学簡史』上海
陳 邦賢 1954『中国医学史』上海
鄭 紹宗 1973「興隆県梓木林子発現的契丹文墓誌銘」『考古』1973 年 5 期
鄭 紹宗 1973「介紹幾方宋、金、元的官印」『文物』1973 年 11 期
鄭 紹宗 (河北省博物館・河北省文物管理処) 1973「河北易県龍興観遺址調査記」『文物』1973 年 11 期
鄭 振鐸 1932「宋金元諸宮調考」『文学年報』1932 年 1 期、北平（『中国文学研究』巻 3、1970 年収録）

程　千帆 1957「対于金代作家元好問的一二理解」『文史哲』1957 年 6 期、青島．
程　遡洛 1947「女真辮髪考」『史学月刊』1947 年 5 期、北平
鄭　隆 1959「呼和浩特北郊大青山哈沁溝発現金代文物」『考古』1959 年 9 期
杜　仙洲 1961「義県奉国寺大雄殿調査報告」『文物』1961 年 2 期
董　学増 1979「吉林永吉県出土金代双鯉銅鏡」『文物』1979 年 8 期
姚　従吾 1953「女真漢化的分析– 聯合国中国同志会第 63 次座談会紀要」『大陸雑誌』
　　　6 巻 3 期（姚従吾先生全集第 5 冊台北正中書局 1981 年所収）
姚　従吾 1959『東北史論叢』全 2 冊、正中史学叢書、正中書局
姚　従吾 1963「金元之際元好問対於保全中原伝統文化的貢献」『大陸雑誌』26 巻 3 期
　　　（姚従吾先生全集第 5 冊台北正中書局 1981 年所収）
湯　文興 1965「河南新安趙峪村発現金代文物」『考古』1965 年 1 期
陶　希聖 1935「十一至十四世紀的各種婚姻制度」『食貨』1 巻 12 期、2 巻 3 期
陶　晋生 1968「金元之際女真與漢人通婚之研究」『田村博士頌寿東洋史論叢』京都
陶　富海（臨汾地区丁村文化工作站）1979「山西襄汾県南董金墓清理簡報」『文物』
　　　1979 年 8 期
『内蒙古出土文物選集』1963 文物出版社、北京
熱爾那闊夫（Жернаков В. Н.、張建成訳）1956「黒龍江省阿城県阿溝車站採石地区発現
　　　（金代）石刻画像」『文物参考資料』1956 年 6 期
潘　絜茲 1979「霊岩彩壁動心魄—岩上寺金代壁画小記」『文物』1979 年 2 期
馮　先銘 1965「新中国陶瓷考古主要収穫」『文物』1965 年 9 期
阜陽地区展覧館文博組 1976「安徽阜陽地区出土八顆金代官印」『文物』1976 年 7 期
辺　成修など（山西雲崗古地保養所清理組）1958「山西大同市西南郊唐遼金墓清理簡報」
　　　『考古通訊』1958 年 6 期
馬　希桂（北京市文物管理処）1977「北京先農壇金墓」『文物』1977 年 11 期
馬　希桂（北京市文物工作隊）1980「北京大葆台金代遺址発掘簡報」『文物』1980 年 5 期
毛　汶 1931「女真文字之起源」『史学年報』1 巻 3 号（燕京大学歴史学会）
毛　汶 1935「金代学制度之発達」『学風』5 巻 10 号（安徽省立図書館編）、安徽（「金代学制
　　　之研究」『国学論叢』7 巻 1936 年あるいは毛　汶 1946「金代学制之沿革」『学風』5-12 か）
俞　剣華 1936『中国絵画史』上冊、中国文化叢書・商務印書館
喩　震（北京文物工作隊）1963「北京天壇公園内発現古墓」『考古』1963 年 3 期
楊　煥成 1979「河南武陟県小董金代雕磚墓」『文物』1979 年 2 期
楊　富斗（山西省文物管理委員会侯馬工作站）1961「山西侯馬金墓発掘簡報」『考古』
　　　1961 年 12 期
楊　宝順（河南省博物館・焦作市博物館）1979「河南焦作金墓発掘簡報」『文物』1979 年 8 期
羅　錦堂 1958『歴代図書版本志要』（中国歴史と美術論文集 1 次、№. 2）国立歴史博物館歴史
　　　文物叢刊、台北
羅　福頤・王　人聡 1963『印章概述』北京
羅　福成 1923「宴台金源国書碑考」『国学季刊』1 巻 4 号、北京大学、北京
羅　福成 1936「宴台金源国書碑釈文」『燕京大学考古学社社刊』第 5 期（『女真文字研究論文
　　　集』中国民族古文字研究会）
羅　平・鄭　紹宗（河北省文化局文物工作隊）1962「河北新城県北場村金時立愛和豊墓発掘記」
　　　『考古』1962 年 12 期
労　廷煊 1964「金元諸帝游獵生活的行帳」『大陸雑誌』27 巻 9 号、台北

| 資料編
| 参考文献

李　文信 1946「吉林市附近之史迹及遺物」『歷史與考古』1 号、瀋陽
李　文信 1963「上京款大晟南呂編鍾」『文物』1963 年 5 期
李　逸友 1959「昭盟巴林左旗庫東鎮金墓」『文物』1959 年 7 期
李　逸友（内蒙古自治区文物工作隊）1961(I)「遼中京西城外的古墓葬」『文物』1961 年 9 期
李　逸友 1961(II)「内蒙古出土古代官印的新資料」『文物』1961 年 9 期
李　逸友 1977「呼和浩特市万部華厳経塔的金元明代碑銘」『文物』1977 年 5 期
李　逸友 1979「呼和浩特市万部華厳経塔的金代碑銘」『考古』1979 年 4 期
李　学智 1963「金史語解正誤初稿」『新亜学報』5 巻 2 期
李　建才（吉林省博物館）1964「吉林他虎城調査簡記」『考古』1964 年 1 期
李　建才・張　満庭 1961「吉林省前郭、扶余、徳恵考古調査」『考古』1961 年 1 期
李　蓮 1958「九台県布海郷発現金代『韓州刺史之印』」『文物参考資料』1958 年 2 期
劉　厚滋 1941「伝世石刻中女真語文材料及其研究」『燕京大学国文学会文学年報』1941 年 7 期
劉　最長・朱　捷元 1979「西安碑林発現女真文書」『文物』1979 年 5 期
劉　師陸 1936「女真字碑考、女真字碑続考」『燕京大学考古学社社刊』1936 年 5 期
　　（『女真文字研究論文集』中国民族古文字研究会 1983 年収録）
劉　振偉 1959「洛陽澗西金墓清理記」『考古』1959 年 12 期
劉　精義・張　先得（北京市文物管理処）1977「北京市通県金代墓葬発掘簡報」『文物』
　　1977 年 11 期
劉　仙洲 1962『中国機械工程発明史』科学出版社、北京
劉　仙洲 1963『中国古代農業機械発明史』科学出版社、北京
劉　興唐 1934「遼金鉱業史」『文化批判』2 巻 1 号、北平
劉　念滋 1959「中国戯曲舞台芸術在十三世紀初葉已経形成－金代侯馬董墓舞台調査報告」
　　『戯劇研究』1959 年 2 期、北京
劉　念滋 1973「従建国後発現的一些文物看金元雑劇在平陽地区的発展」『文物』1973 年 3 期
劉　銘恕 1945「宋代出版法及対遼金之書禁」『中国文化研究彙刊』5 巻、成都 **
劉　銘恕 1946「宋代遼金文化之南漸」『中国文化研究彙刊』6 巻、成都 **
劉　銘恕 1947「遼代之頭鵝宴與頭魚宴」『中国文化研究彙刊』7 巻、成都 **
呂　振羽 1951『中国民族簡史』三聯書店、北京
呂　振羽 1959「関于歴史上民族融合問題」『歴史研究』1959 年 4 期
呂　遵諤 1956「山西省垣曲東鋪村的金墓」『考古通迅』1956 年 1 期
呂　品 「河南郾城出土的古代官印」『文物』1965 年 5 期
呂　品（河南省文物工作隊）1966「林県発現金代義軍印」『文物』1966 年 4 期
『遼金元三十種伝記綜合引得』(Combined Index to Thirty Collections of Liao, Chin and Yüan
　　Biographies). 1940（哈佛燕京学社引得 Harvard-Yenching Institute Sinological Index
　　Series, No. 35）北平
『遼史紀事、金史紀事』1971 台北、Чэнь Янь 編
遼陽市文物管理所 1977「遼陽発現遼墓和金墓」『文物』1977 年 12 期
林　栄貴（承徳市避暑山荘博物館）1980「金代蒸餾器考略」『考古』1980 年 5 期
林　海翰 1956「女真初起時期之寒居生活」『大陸雑誌』12 巻 11 号、台北
林　秀貞・張　泰湘・楊志軍（黒龍江省文物考古工作隊）1977「黒龍江畔綏浜中興古城和金代
　　墓群」『文物』1977 年 4 期
魯　琪など 1978「北京出土文物展覧巡礼」『文物』1978 年 4 期
魯　琪 1979「北京市発現金代銅則」『文物』1979 年 9 期

魯 琪 1980「北京出土正隆二年銀鋌」『文物』1980 年 11 期
Остатки..., (著者不明) 1955「山西天鎮県夏家溝発現遼金代居住遺址」『文物参考資料』
　　　1955 年 9 期

◆日本語
石田幹之助 1973『東亜文化史叢考』(東洋文庫論叢第 54)
伊藤忠太 1909『満洲の仏寺建築　東洋協会調査部学術報告』
伊藤忠太 1945『東洋建築の研究』巻 2、東京
稲葉岩吉 1934「満鮮古代の産鉄史料に就て」『東亜経済研究』18 巻 4 号
今西春秋 1958「女真字銅印」『東洋史研究』3 巻 4 号、京都
岩井大慧 1919「食物本草に就いて」『東洋学報』29 巻 3・4 号
岩村 忍 1943「『居家必用事類全集』に見えたる回回食品（並びに女真食品）」『民族学研究』
　　　9 巻 4 号、東京
梅原末治 1944『支那考古学論攷』弘文堂書店 (2 版)、東京
王 桐齢 1936「支那に於ける外来民族の漢化に就いて」『史学雑誌』47 編 11 号
岡西為人 1967「中国本草の伝統と金元の本草」『宋元時代の科学技術史』京都
小川環樹 1962「宋・遼・金時代の字書」『東方学論集：東方学会創立十五周年記念』東京
長田夏樹 1970「女真文と現存史料」『歴史教育』18 巻 7 号
鴛淵 一 1934「旅行の回想と女真文字の碑」『史学研究』6 巻 2 号、広島
鴛淵 一 1970「何故に北方民族は中国に侵入したか」『歴史教育』18 巻 2 号
愛宕松男 1951「遼金宋三史の編纂と北族王朝の立場 .」『文化』15 巻 4 号、東京 **
　　　(愛宕松男東洋史学論集第 4 巻元朝史、三一書房 1988 収録)
愛宕松男 1959『契丹古代史の研究』(東洋史研究叢刊 6 号) 京都
小野川秀美編 1960-1962『金史語彙集成』全 3 巻、京都大学人文科学研究所、京都
川瀬偲郎 1939『満蒙の風俗習慣』冨山房、東京
関東庁博物館 1933『関東庁博物館考古図録』旅順 *
希 今（秋山進午，岡内三真訳）1977「文化大革命以来の中国における考古調査の新収穫」
　　　『考古学雑誌』62 巻 4 号、東京
菊池俊彦 1976「オホーツク文化にみられる靺鞨・女真系遺物」『北方文化研究』
　　　(北海道大学北方ユーラシア文化研究所紀要) 1976 年 1 号、札幌 **
窪 徳忠 1951「金元時代の道教教団の性格」『東洋史論叢：和田博士還暦記念』東京
窪 徳忠 1963「金代の新道教と仏教―三教調和思想からみた」『東方学』25 号、東京 **
窪 徳忠 1966「全真教の成立」『東京大学東洋文化研究所紀要』42 冊、東京 **
黒田源次 1955「遼金陶磁」『世界陶磁全集』第 10、河出書房、東京
桑原隲蔵 1927「支那人辮髪の歴史」『東洋史説苑』弘文堂書房、京都
小村俊夫 1934「南満洲における岡官屯古代陶窯」『陶磁』5 巻 6 号、東京
島田正郎 1943「契丹における『自由窃盗法』」『世界経済史学』13 巻 3 号、東京
　　　(『遼朝史の研究』に「契丹放偸攷」として収録)
島田正郎 1952『遼代社会史研究』三和書房、京都
島田正郎 1954「遼金の長城」『駿台史学』1954 年 4 号、東京
島田正郎 1966「洪晧の『松漠紀聞』に見える女真の婚俗と金代婚姻法」『法律論叢』39 巻
　　　4-6 号（野田孝明教授古稀記念法律学論文集）、東京（『遼朝史の研究』1979 年収録）
白鳥庫吉 1898「契丹女真西夏文字考」『史学雑誌』9 巻 11・12 号、東京

杉村勇造・後藤真太郎 1953『旅順博物館図録』東京
関野　貞・竹島卓一 1934-35『遼金時代の建築と其仏像』(図版) 東方文化学院研究報告
関野　貞・竹島卓一 1944『遼金時代の建築と其仏像』東方文化学院研究報告
園田一亀 1939「金完顔希尹の墳墓」『考古学雑誌』29巻2号、東京考古学会、東京
園田一亀 1939「金の上京址・白城に就いて」『考古学雑誌』29巻7号、日本考古学会、東京
園田一亀 1941「吉林浜江両省に於ける金代の史蹟」『満洲国古蹟古物調査報告』第4編、新京
園田一亀 1954「金代・満州の交通路に就いて」『東洋学報』37巻3号、東洋文庫
高雄義堅 1929「金代に於ける道仏二教の特徴」『支那学』5巻1号、京都
滝　精一 1934「金人王庭筠の書画について」『国華』44巻523号、東京
滝川政次郎 1941『遼金の古城』新京
竹島卓一 1939「遼の慶州城址」『東方学報』10巻1号、東京
田村實造 1964『中国征服王朝の研究　上』(東洋史研究叢刊12-1) 京都
田村實造 1971『中国征服王朝の研究　中』(東洋史研究叢刊12-1) 京都
田村實造 1976「契丹・女真文字考」『東洋史研究』35巻3号、京都 **
塚本善隆 1936「仏教史料としての金刻大蔵経　特に北宋釈教目録と唐遼の法相宗関係章疏」『東方学報』6巻、東方文化学院京都研究所、京都
外山軍治 1955「金人と文字文化」『書道全集』巻16、東京
外山軍治 1964『金朝史研究』東洋史研究叢刊13、京都
豊田五郎 1936「契丹隷字考− 女真文字の源流− 」『東洋学報』46巻1号、東京
鳥居龍蔵 1936『考古学上より見たる遼之文化図譜』東方文化学院東京研究所 1-4冊、東京
鳥居龍蔵 1948(I)「金上京及其文化」『中国研究燕京雑誌』1948年35期、北平 **
鳥居龍蔵 1948(II)「金上京城仏寺考」『中国研究燕京雑誌』1948年34期、北平 **
鳥山喜一 1934「金初に於ける女真族の生活形態」『小田先生頌寿記念朝鮮論集』大坂屋書店、京城
鳥山喜一 1935「金の上京址の出土品に就いて」『青丘学叢』19号、京城
鳥山喜一・藤田亮策 1940「間島省古蹟調査報告」『満洲国古蹟古物調査報告』第3編、満洲帝国民生部
野上俊静 1953『遼金の仏教』平楽寺書店、京都
日野開三郎編 1939『東洋中世史』巻3、東京
日野開三郎 1942「渤海・金の建国と敦化地方の産鉄」『史淵』28号、福岡
日野開三郎 1964「宋初女真の山東来航の大勢とその由来」『朝鮮学報』1964年33号、天理
藤枝　晃 1948『征服王朝』(新学芸叢書) 秋田屋、大阪
松浦　茂 1977「女真社会史研究の諸問題」『東洋史研究』35巻4号、京都
丸亀金作 1935「契丹及び女真との高麗の貿易関係」『歴史学研究』5巻1号、東京
三上次男 1938「金代中期に於ける女真文化の作興運動」『史学雑誌』49巻9号
三上次男 1973『金史研究』第3巻、東京
宮下三郎 1967「宋元の医療」『宋元時代の科学技術史』京都
村田治郎 1944『満洲の史蹟』東京
村田治郎 1947「金の兀朮についての伝説」『学海』4巻4号、大阪
村山七郎 1950「吾妻鏡に見える女真語について」『東洋学報』33巻3-4号
八木奘三郎 1924・1926・1929『満洲旧蹟史』3巻、大連
八木奘三郎 1935「遼と金の民族についての伝説とその文化」『満蒙』16巻9号、大連
八木奘三郎 1937『錦州省の古蹟』(満洲国古蹟古物調査報告1) 新京

387

薮内 清 1966「宋元時代における科学技術の展開」『東方学報』1966 年 37 号、京都
薮内 清 1967「宋元時代の天文学」『宋元時代の科学技術史』京都
薮内 清 1974「金元交替期の社会科学」『龍谷史壇』68・69 号、京都
山路廣明 1958『女真文字の製字に関する研究』東京
山本 守 1951「女真訳語の研究」『神戸外国語大学論叢』2 巻 2 号
渡辺薫太郎 1925「満洲と女真の言語と漢字音」『アジヤ研究』2 号、大阪

◆韓国・朝鮮語

『朝鮮考古学概要』1977 平壌
『朝鮮史概要』1957 平壌
『朝鮮中世史』全 1 巻、1954 平壌
리 요성 1955『朝鮮美術史』平壌
리 요성 1957『朝鮮工芸美術研究』平壌
박 영해(朴永海)1966「거란침입 이전시기 고려의 대외정책(契丹侵入以前の高麗の対外政策)」『歴史科学』1966 年 1 期、平壌
박 황식 1966「우리나라 돌로 쌓은 성벽구조에 대한 약간의 기술자료- 수원성과 함북 경성성을 중심으로(我が国石積み城壁構造に対する若干の技術資料− 水原城と咸北鏡城を中心に−」『考古民俗』1966 年 2 期、平壌
이기문(李基文)1958「女真語地名考」『文理大学報』10 서울大学文理科大学学芸部、서울

◆欧米語

Acculturation…, 1954 Acculturation: An Explonatory Formation.— AA.1954, vol. 56, №. 4.
Barnett H. G. 1953 Innovation: The Basic of Culture Change. New York − Toronto − London.
Biot Ed. 1846 Catalogue des comêtes observes en Chine depuis l'an 1230 jusq'àn l'an 1640 de notre ere…, (Additions à la connaisance des Temps pour 1846). Paris.
Blom J. P. 1970 Ethnic and Cultural Differentation.— EGB.
Bush S. H., Mair V. H. 1977-1978 Some Buddhist Portraits and Images of the Lü and Ch'an Sects in Twelfth and Thirteenth Century China.— Archives of Asian Art. Vol. 31. New York.
Bush S. 1965 'Clearing After Snow in the Min Mountains' and Chin Landscape Painting. — OA. New Series, 1965, vol. XI, №. 3.
Bush S. 1969 Literati Culture Under the Chin(1122-1234).—OA. New Series, 1969, vol. XV, №.2.
Bush S. 1971 The Chinese Literati on Painting: Su Shih (1037-1101) to Tung Ch'i-ch'ang (1555-1636). Cambridge (Mass.) (Harvert-Yenching Institute Studies, XXVII)
Bushell S. W. 1898 Inscriptions in the Jurchen and Allied Scripts. — Actes du XI congrès international des orientalistes. 1897, 2 sect.: Extrême Orient. Paris.
Chan Hok-lam(陳学霖)1967 The Compilation and Sources of the 'Chinshih'. —'Journal of Oriental Studies'. vol. VI, №. 1/2(for 1961-1964) Hongkong. *
Chan Hok-lam(陳学霖)1970 The Historiography of the Chin Dynasty: Three Studies. Wiesbaden. (Münchener Ostasiatische Studien, Bd IV).
Chan Hok-lam(陳学霖)1979 Tea Production and Tea Trade Under The Jurchen-Chin Dynasty. — Studia Sino-Mongolica. Wiesbaden.
Chavannes Ed. 1908 Notes sur l'inscription joutchen de K'ientcheou.— TP. Ser. 2. vol. IX.
Chavannes Ed. 1903 Les deux plus anciens specimens de la cartographie chinoise.

――'Bulletin de l'Ecole Francaise d'Extrême Orient'. t. 3, No. 2. Hanoi.*
Cordier H. 1920 Histoire générale de la Chine. Vol. 2. Paris.
Devéria M. G. 1882 Examen de la stèle de Yen-t'ai, dissertation sur les caractères d'ecricture emplyés par les tartars Jou-tchen.――'Revue de l'Extrême Orient'. vol. 1, No. 1. Paris.
Eberhard E. 1942 Kultur and Siedlung Randvölker Chinas. (TP. supplement au t. XXXVI) Leiden.
Eberhard W. 1979 Das Chin im chinesichen Theater. ―― Studia Sino-Mongolica. Wiesbaden.
Ecke G. 1935-1936 Structural Features of the Stonebuilt T'ing Pagodas. Ch. I.
――'Monumenta Serica'. vol. 1. Peiping.
Ecsedy M. 1974 Cultivators and Barbarians in Ancient China――'Acta Orientalia' t. 28, fasc. 3. Budapest.*
Edkins J. 1897-1898 The Language of the Golden Tartar.――'The China Review' vol. XXII, No. 4. Hongkong.*
Eidheim H. 1970 When Ethic Identity as a Social Stigna.―― EGB.
Fêng Chia-shêng (馮家昇) 1948 The Ch'i-tan Script. ―― 'Journal of the American Oriental Society' vol. 68. No. 1. New Haven.
Ferguson J. C. 1924 Southern Migration of the Sung Dynasty.―― JNCBRAS vol. 55. *
Franke H. 1980 Women Under the Dynasties of Conquest. ―― La donna nella Cina imperial e nella Cina republican. Firenze.
Franke H. 1979(I) Some Folkoristic Data in the Dinastic History of the Chin.
―― Legend, Lore and Religion in China. San Francisco.
Franke H. 1979(II) Einige Bemerkungen zu Gesandtschaftsreisen in der Sung-Zeit.
―― Nachrichten der Gesellschaft für Natur und Völkerkunde Ostasiens. No. 125. Hamburg.
Franke H. 1978(I) Nord-China am Vorbild der mongolischen Eroberungen: Wirtschaft und Gesellscaft unter der Chin-Dynastie (1115-1234). Opladen. (Rheinisch-Westfälische Akademie der Wiessenschafte. Geisteswissenschaften, Vortrage G228).
Franke H. 1974(I) Chinese Historiography Under Mongol Rule. The Role of Hostory in Acculturation.―― Mongolian Studies. vol. 1. Bloomington.
Franke H. 1974(II) Zum Legitimitätsproblem der Fremddynastien in der chinesischen Historiographie.―― Geschite in der Gesellschaft. Stuttgart.
Franke H. 1974(III) A Note on Wine.――'Zentralasiatische Studien' 1974, No. 8. Wiesbaden.
Franke H. 1969 Bemerkungen zu den sprachlichen Verhältnissen im Liao-Reich.
――'Zentralasiatische Studien'. 1969, No. 3. Wiesbaden.
Franke O. 1948 Geschichte des Chinesischen Reiches. Bd. IV. Berlin.
Fuchs W. 1976 Jusen-Manjurische Wortgleichungen.―― Tractata Altaica. Wiesbaden.
Gaubil P. 1732 Observations Mathématiques, Astronomiques, Gèographiques, Chronologiques et Phisiques Tirées des Ancien Livres Chinois… T. III. Paris.
Gilbert L. 1934 Dictionaire Historique et Gèographique de la Mandchourie. Hongkong. *
Glaser D. 1958 Dynamica of Ethnic Identification.――'American Sociological Review'. vol. 23, No. 11. New York.
Goodrich L., Fêng Chia-shêng (馮家昇) 1946 The Early Development of Firearms in China.
―― ISIS. vol. XXXVI, No. 2. Bruges.
Goodrich L., Fêng Chia-shêng (馮家昇) 1949 The Early Development of Firearms in China.

— ISIS. vol. XXXIX, № 1 Bruges.

Groot J. J. M. de. 1910 The Religion System of China. Its Ancient Form, Evolution, History, and Present Aspects, Manners, Customs and Social Institutions. Vol. VI. Leiden.

Grube W. 1894 Note préliminaire sur la langue et l'écricture des Joutchen.

— TP. Sér. 1, vol. V, livr. 4.

Haenisch E. 1944 Die Ehreninschrift für den Rebellengeneral Ts'ui Lih im Licht der konfucianischen Moral, eine Episode aus den 13 Jahrhundert. — 'Abhandlangen der Preussischen Akademie der Wissenschaften'. Jg. Philosophisch-historische Klasse. 1944, № 4. Berlin.

Hambis L. 1956 The Ancient Civilization of Manchuria.— 'East and West'. 1956, Year VIII, № 3. Rome. **

Hana C. 1970 Bericht über die Verteidigung der Stadt Tê-an Wahrend der Period K'ai-his 1205-1208 (K'ai-his Tê-an shou ch'eng-lu) von Wang Chih-yüan. Ein Beitag zur Privaten Historiogpaphie des 13 Jahrhunderts in China. (Münchener Ostasiatische Studien, Bd.1) Wiesbaden.

Harlez Ch. 1888 Niu-tchis et Mandchous, rapports d'origine et de langage.

— 'Journal asiatiques' ser. VIII, 1888, vol. XI, № 2. Paris.

Harlez Ch. de. 1887(II) La religion nationale de Tartares orientaux, Mandchous et Mongoles, comparées à la religion des anciens chinois, Bruxelles.

Hartwell R 1964 A Guide to Sources to Chinese Economic History AD 618-1368.

(Committee on Far Eastern Civilization in University of Chicago). Chicago.

Hartwell R 1967 A Cycle of Economic Change in Imperial China: Coal, and Iron in Northeast China, 750-1350.— 'Journal of the Economic and Social History of the Orient'. 1967, vol. X, pt. 1. Leiden.

Herskovits M. J. 1938 Acculturation. The Study of Culture Contact. Gloucester (Mass.).

Herskovits M. J. 1941 Some Comments on the Study of Cultural Contact.

— AA. 1941, vol. 43, № 1.

Hoang P. 1925 Catalogue des eclipses de soleil et de lune relatées dans les documents chinois et collationées avec le canon de Th. Ritter v. Oppolzer.— 'Variétés sinologiques'. 1925, № 56. Shanghai.*

Hosie A. 1878 Sunspots and Sunshadows Observer in China, B. C. 28-AD 1617.

—JNCBRAS. 1878, New Serie, vol. XII. Shanghai. *

Huth G. 1896 Zur Entzifferung der Niüci-Inschrift. — 'Bulletin de l'Academie Emperiale des sciences de St.-Pétersbourg'. 1896, t. V, № 5. *

Kates G. N. 1942-1943 A New Date for the Origins of the Forbidden City.

— 'Harvard Journal of Asiatic Studies'. Cambridge (Mass.) vol. VIII, № 3.

Kim Chewon, Lee Lena Kim 1974 Arts of Korea. Tokyo— New York.

Kiyose G. (清瀬義三郎則府) 1978 A Study of the Jurchen Language and Script. Reconstruction and Decipherment. Kyoto.**

Koppers W. 1955 Diffusion: Transmission and Acceptance.— Yearbook of Anthropology. Vol. 1. New York.

Krader K. 1952 The Cultural and Historical Position of the Mongols.

— 'Asia Major'. New Series, 1952, vol. III, № 2.

Lacouperie T. de. 1889 The Djurtchen of Mandschuria: Their Name, Language and Literature. — JRAS. New Series. 1889, vol. XXI.
Latourette K. S. 1957 The Chinese. Their History and Culture. New York.
Laufer B. 1921 Jurči and Mongol Numerals.— 'Körösi Csoma – Archivum'. 1921, vol. 1, No. 2. Budapest.
Lee T' ao 1955 Chinese Medicine During the Chin (1127-1234) and Yuan (1234-1368) Era. — 'Chinese Medical Journal'. 1955, vol. 73, No. 3. Peking.
Legeza I. L. 1972 New Appraisal of Chün Ware.— OA. New Series. 1972, vol. 18, No. 3.
Leong E. L. J. 1972 Tradition and Transformation in a Chinese Painting and a Related Poem. —'Art Journal'. 1972, voül. 31, No. 3. Bloomington.
Lewin G. 1968 Zu einigen Fragen der Entstehung von Besonderheiten der gesellschaftlichen Structur in China in Zusammenhang mit den Beziehungen zwischen Ackerbauern und Nomaden Völkern. — Das Verhaltnis von Bodenbauern und Viehzüchtern in historischen Sicht. (Die Deutsche Akademie von Wissenschaften zu Berlin, Institut for Orientforschungen. Veroffentlichung, No. 69). Berlin.
Ligeti L. 1953 Note préliminaire sur le déchiffrement des 'petiis' characters 'Joutchen'. —'Acta Orientalia'. 1953, t. III. facs. 3. Budapest.*
Lurie N. O. 1968 Culture Change. — Introduction to Culture Anthropology. Essays in the Scope and Methods of the Science of Man. Ed. by J. A. Clifton. New York.
Maeda R. J. 1979 Some Sung, Chin and Yüan Representations of Actors. —'Artibus Asiae'. 1979, vol. 41, No. 2/3. Ascona.
Matsui Hitoshi (松井等) 1912(I) Die in Hsü K'ang-tsung's Reisebeschreibung behandelte Verkehrsstrass der Mandschurei. — Beiträge zur historischen Geographie der Mandschurei. Bd. II. Tokyo. **
Matsui Hitoshi (松井等) 1912(II) Das Verwaltungsgebiet des Chin-Reichs in der Mandschurei. — Beiträge zur historischen Geographie der Mandschurei. Bd. II. Tokyo. **
Memorandum … 1936, Memorandum, for the Study of Acculturation. Ed. by R. Redfield, R. Linton, M. J. Herskovits.— AA. 1936, vol. 38, No. 1.
Menges K. H. 1968(I) Tungusen und Ljao. ('Abhandlungen für Kundes des Morgenkandes in Auftrag der Deutschen Morgenlandischen Gesellschaft' Bd XXXVIII, Ht. 1.) Wiesbaden.
Menges K. H. 1968(II) Die Sprache der Jurcen. — Handbuch der Orientalistik. 1968, Abt. 1. Bd 5, Absch. 3: Tungusologie. Leiden.
Miller R. A. 1975 Notes on the Jürcen Numerals for the Teens. — Ural-Altaische Jahrbuch. Bd 47. Wiesbaden.
Ming Lai 1964 A History of Chinese Literature. New York.
Mino Yutaka 1973 Ceramic in the Liao Dynasty. North and South of the Great Wall. New York.
Mino Yutaka, Wilson P. 1973 An Index to Chinese Ceramic Kiln Sites From Six Dynasties to the Present. (Royal Ontario Museum). Toronto.
Murphy R. F. 1964 Social Change and Acculturation. — 'Transactions of the New York Academy of Science'. Ser. II. 1964, vol. 26, No. 7.
Needham J. 1959 Science and Civilization in China. Cambridge, vol. III.
Needham J. 1971 Science and Civilization in China. Cambridge, vol. IV. pt. 3.
An Outline…, 1958 An Outline History of China. Peking. *

Pelliot M. 1913 Sur quelques mots d'Asie Centrale attesté dans les texts chinois.
— 'Journal asiatique'.1913, ser. XI, vol. 1. № 2. Paris.
Plath J. H. 1830-1831 Die Völker der Mandschurey. Bd 1-2. (Geschichte der Östliche Asiens). Gottingen.
Ponosov V. V. 1941 The Results of Preliminary Investigation of So-called 'Chingiskhan Rampart'.— 'Bulletin of the Institute of Science Research of Manchoukuo' 1941, vol. 5. № 2. Harbin. *
Problems…, 1964 The Problems of Civilizations. Reports of the First Synopsis Conference of the S.I.E.C.C. Ed. by Othmar F. Anderle. London— Paris.
Rachewiltz Igor de. 1966 Personnel and Personalities in North China in the Early Mongol Period. 'Journal of the Economic and Social History of the Orient'. 1966, vol. IX, № 1-2. Leiden.
Rachewiltz Igor de. Nakano Miyoko (中野美代子) 1970 Index to Biographycal Material in Chin and Yüan Literary Works. First Series. Canberra.
Rachewiltz Igor de., Wang May 1972 Index to Biographycal Material in Chin and Yüan Literary Works. Second Series. Canberra.
Rall J. 1970 Die vier grossen Medizinschulen der Monogolzeit. Stand und Entwicklung der chinesischen Medizin in der Chin- und Yüan-Zeit. Wiesbaden.
Ratchnevsky P. 1968 Zu einigen Problem der Symbiose in China Unter den Mongolen.
— Das Verhältnis von Bodenbauten und Viehzüchtern in historischen Sicht. Berlin.
Reck K. H. 1963 Materialien zur Naturbeobachtung des Chinesen und Koreaner im 10-14 Jahrhundert. — 'Mitteilungen den Institus für Orientforschung' Bd. 9. Ht. 2/3. Berlin.
Rogers M. C.1977 The Late Chin Debates on Dynastic Legitimacy. —'Sung Studies Newsletter'. 1977, № 13. Ithaca.
Rosny L. de. 1861 Les Niu-tshis, leur langue et littérature. — 'Revue orientale et américaine' 1861, t. 6. Paris.
Seidel A., Cochini Chr. 1968 Chronique de la Dynastie des Song (960-1279). Extraite et traduite du Chungwai lishih nien pao. (Matériaux pour le manuel de l'histoire des Sung (Sung Projects), t. VI). München.
Shibutani Tamotsu, Kwan Kian M. 1965 Ethnic Stratification. A Comparative Approach. London — New York.
Shirokogoroff S. M. 1924 Social Organization of the Manchus. A Study of the Manchu Clan Organization. (NCBRAS, Extra Vol. III) Shanghai. * （邦訳：シロコゴロフ S. M.（大間知篤三・戸田茂喜訳）1967『満州族の社会組織』刀江書房、東京）
Shirokogoroff S. M. 1929 Social Organization of the Northern Tungus. With Introductionary Chapters Concerning Geographical Distribution and History of these Groups. Shanghai. * （邦訳：シロコゴルフ S. M.（川久保悌郎・田中克己訳）1941『北方ツングースの社会構成』岩波書店、東京）
Sirèn O. 1956-1958 Chinese Painting: Leading Masters and Principles. Vol. II-III. London.
Sirèn O. 1942 Chinese Sculpture of the Sung, Liao and Chin Dynasties.— BMFEA. № 14. *
Sirèn O. 1930 Histoire des arts anciens de la Chine. Vol. IV: L'architecture. Paris— Bruxelles.
Sirèn O. 1925 Chinese Sculpture From the Fifth to the Fourteenth Century. Vol. 1-4. London.
Smolin G. Ya. 1979 Soviet Works on the History of China and Neighboring Countries in the 10-

th — 13-th Centuries, 1967-1976. — 'The Bulletin of Sung-Yüan Studies'. 1979, №. 15. New York.

Spicer E. H. 1971 Persistent Cultural Systems: a Comparative Study of Identity Systems that Can Adapt to Contrasting Enviroments.— 'Science' 1971, №. 174 (4011). New York.

Spier R. 1968 Technology and Material Culture. — Introduction to Cultural Anthropology. Essays in the Scope and Methods of the Science of Man. Ed. by J. A. Clinton. New York.

Starikov V. S. 1948 The First Discovery of the Kin Empire Graves Near Harbin. — 'Bulletin of the Institute of Science Research of Manchoukuo' 1948, vol. IV. №. 3. Hsinking. *

Sung…, 1976 Sung Biographies. Ed by H. Franke. (Münchener Ostasiatische Studien, Bd 1, H. 1-3) Wiesbaden.

Sweetman J. 1976 Korean and Chinese Ceramic from the 10-th to 14-th Centuries Loan Exhibition at the Fitzwilliam Museum,— OA. New Series, 1976, vol. 22, №. 3. Cambridge.

T'ao Chin-sheng（陶晋生）1976 The Jurchen in Twelfth Century China: A Study of Sinicization. (Washington University, Insitute for Comparative and Foreign Area, Studies. Publication on Asia 29). Washington.

Trésors … , 1973 Trésors d'art chinois récentes d?couvertes archéologoques de la République Populaire de Chine. Paris.

Tsien Po-tsan, Chao Siun-tcheng, Hou Houa 1958 Histoire generale de la Chine. Peking. **
（中文：翦伯贊・邵循正・胡華 1958『中国歴史概要』北京）

Tulisow J. 1977 Problèms d'ethnogenèse des Mandchous. — 'Ethnografia Polska'. 1977, vol. 21, №. 1. Warszawa. *

Tung Chi-ming 1965 A Short History of China. Vol. 1. From Earliest Times to 1840. Peking. *

Unschuld Ul. 1977 Traditional Chinese Pharmacology: An Analysis of its Development in the Thirteenth Century.— ISIS. 1977, vol. 68, №. 242.

Vanhée L. 1913 Li Ye. Mathématicien Chinois de XIII-e siècle. — TP. Serie 2, 1913, vol. XIV, livr. 5.

West S. H. 1977(I) Vaudeville and Narrative. Aspects of Chin Theater. (Münchener Ostasiatische Studien. Bd 20) Wiesbaden.

West S. H. 1977(II) Jurchen Elements in the Northern Drama Hu-t'ou-p'ai. — TP. Sér 2, 1977, vol. 63, livr.4/5.

Wirgin 1970 Sung Ceramic Designs.— BMFEA. 1970, №. 42. *

Wittfogel K. A. 1951 Chinese Society and the Dynasties of Conquest. — China. Ed. H. F. Mac Berkeley— Los Angels.

Wittfogel K. A., Fêng Chia-shêng（馮家昇）1949 History of Chinese Society Liao (907-1125). (Transactions of the American Philosophical Society. New Series, vol. 36). Philadelphia.

Wong Chi-min(王吉民), Wu Lien-the(伍連德) 1932 History of Chinese Medicine. Tientsin. *

Wong V. L. （Wu Kuang-tsing 呉光清） 1939 Libraries and Book Collecting in China from the Epoch of the Five Dynasties to the End of Ch'ing. 'T'ien Hsia Monthly'.
（天下月刊）vol. 8, №. 4. Nanking. *

Wu K. T. （呉光清） 1950 Chinese Printing under Four Alien Dynasties.916-1368AD — 'Harvard Journal Asiatic Studies'. vol. 13, №. 3/4. Cambridge (Mass.).

Wylie A. 1860 On the Ancient Inscription in the Neu-chih Language.— JRAS, vol. XVII, pt. 2.

Yang Lien-sheng（楊聯陞）1965 The Organization of Chinese Official Historiography:

Principles and Methods of the Standard Histories from the T'and Through the Ming Dynasty.— Historical Writing on the Peoples of Asia. Vol. 3: Historians of China and Japan. London.

Yao Shih-ao 1933 Ein kurzer Beitrag zur Quellenkritik der Reichsannalen der Kin und Yüan Dynastie.— 'Asia major'. Leipzig.

Yao Tao-chung(姚道中) 1977 The Historical Value of the Ch'uan-chen Sources in theTao-tsang. —'Sung Studies Newsletter'. Ithaca, 1977 No. 13.

Yen Tun-chien （嚴敦傑） 1945 Investigation of the Yimei-yüan Calendar of the Chin Dynasty. —'Tung-fang tsa-chi'（東方雜誌）vol. 41, No. 22. Shanghai.

歴史対照年表

女真・金	年代	周辺世界
民族名称「女真」の最初の記述「女狄」（朝鮮史料による）[1]	553-566	中国南北朝時代（420-589）及び朝鮮三国時代（〜668）
中国での靺鞨（あるいは女真）の登場[2]	581-600	中国隋（589-618）
	618	唐朝の成立
中国史料による民族名称「女真」（慮真）の登場[3]	627-649	貞観年間
	712	粟末靺鞨による渤海国の成立
靺鞨（あるいは女真）の中国（唐）朝廷への来貢[4]	713-741	開元年間
	735	統一新羅の事実上の朝鮮統一
	907	中国唐朝の滅亡と五代十国時代のはじまり、契丹国の成立
	916	契丹「帝国」の宣言
	918	高麗の成立
中国（史料）における女真の登場[5]	925	
	926	契丹が渤海を滅す
契丹への最初の女真朝貢[6]	928	渤海人の高麗や女真への亡命
女真の高麗朝廷との最初の記録[7]	948	
女真人の中国への定期的な朝貢のはじまり[8]	959	
	979	宋朝（960〜）中国統一、五代十国時代のおわり
	982	党項（タングート）の成立
	1015	吐蕃の成立[9]
「女直」名称による「靺鞨」名称の『高麗史』からの削除[10]	1027	
中国への同仁文化期終末の女真使節[11]	1031-1032	
	1032	西夏の独立宣言
首都会寧府における女真の大金国の宣言、阿骨打（太祖）皇帝号と元号採用	1115	

395

女真・金	年代	周辺世界
遼支配下の女真の解放	1116	第1次遼金戦争、金の最初の宋への使節派遣
女真文字の創作	1119	
呉乞買（太宗）即位	1123	宋による女真との通商市場の開始
遼の滅亡	1125	
宋金戦争の開始	1126	
最初の暦の編纂	1127	南宋朝の開始
慣習の変更に関する法令	1129	南宋の臨安府への遷都
合剌（熙宗）即位	1135	
女真小字創設	1138	
女真の華北・中原への大量移動の開始	1141	
金南宋間の平和条約（紹興和議）	1142	南宋が金に臣従することを認める
最初の法典の公布、女真小字の実施	1145	『三国史記』の編纂
熙宗暗殺、迪古乃（海陵王）即位	1149	
燕京への遷都	1153	
金の銅銭発行のはじまり	1157	
開封に皇帝宮殿、「獅子のある阿羅漢」彫像群の建設	1158	
海陵王暗殺、烏禄（世宗）の即位	1161	金の南宋への攻撃
古典及び歴史的漢文文献の女真語への翻訳	1164	
金南宋間の平和条約（隆興和議）	1165	
伝統的女真文化復興政策の宣言、女真姓を漢姓に変更することの禁止	1173	
女真大学の開始	1188	
世宗没、麻達葛（章宗）即位	1189	
『大金集礼』の編纂	1195	朱子学（新儒教）の禁止
官吏叙任における新法典の施行	1202	
	1204	南宋の金への攻撃（開禧北伐）
章宗没、允済(衛紹王)即位	1208	金南宋間の平和条約（嘉定和議）

女真・金	年代	周辺世界
チンギス（成吉思）汗の金への攻撃	1211	
衛紹王暗殺、吾睹補（宣宗）即位	1213	モンゴルによる燕京包囲
開封へ遷都	1214	
さらに南の河南への女真の移住	1215	満洲に大真（東夏）国成立
宣宗没、寧甲速（哀宗）即位	1223	
	1227	モンゴル攻撃による西夏滅亡
女真独自の慣習の放棄の宣言	1233	満洲における大真の滅亡
モンゴルによる蔡州占領と金滅亡	1234	モンゴル帝国（元）の成立、マルコ・ポーロ中国へ到達
	1271	南宋の滅亡と元朝統治開始
満洲の遼陽（東京）のモンゴルの「行省」統治開始	1286	
女真によるモンゴル諸侯ナイヤン（乃顔）満洲分離活動の支援	1287	
満洲における女真の軍事的入植の組織化開始	1292	
	1368	元滅亡、中国の明朝統治開始
明朝行政機関の南満洲の支配	1387	
	1392	高麗滅亡と朝鮮の成立
奴児干（ヌルガン）都司（辺境の軍事行政機関）による統治開始	1409	
アムール河口への亦失哈（イシハ）探検隊の寺院と石碑建立（永寧寺碑）	1413	
亦失哈（イシハ）のアムール探検隊の寺院と石碑建立（重建永寧寺碑）	1434	
建州女直の奴児哈赤（ヌルハチ）の統一	1589	
満洲文字の施行	1599	
「八旗」体制の創設	1601	
満洲国－後金の成立、「満洲族」の出現	1616	
満洲のかわりに女真、女直の使用禁止	1635	
後金の大清への改称と皇帝号の採用	1636	

1 『三国遺事』巻3 皇龍寺九層塔「海東名賢安弘撰『東都成立記』云『新羅第二十七代女王為主、雖有道無威、九韓侵労苦。龍宮南皇龍寺建九層塔、則鄰国之災可鎮。第一層日本、第二層中華、第三層呉越、第四層托羅、第五層鷹遊、第六層靺鞨、第七層丹国、第八層女狄、第九層獩貊』(獩貊『大正新脩大蔵経』第49冊)、原著者は、『海東安弘記』「九韓」日本、中華、呉越、托羅、鷹游、靺鞨、丹国、女真、獩貊」などを根拠に女狄を女直・女真であるとしている。また原著者は、皇龍寺が553年興建(建設開始)、556年建成(竣工)とあることから、女真が皇隆寺の建設年代までさかのぼると考える(Воробъев М.В.1975『Чжурчжани игосударство Цзинъ Хв.-1234г.』、なお同書序は、王承礼等訳1991『遼金契丹女真史訳文集』吉林文史出版社に収録)。愛新覚羅烏拉熙春も、日本、中華、呉越といった名称は『三国遺事』など史書編纂時の改称であるが、丹国や女狄(女真)の名称はこの時代までさかのぼることを支持している(愛新覚羅烏拉熙春2003「丹国與女狄(女真)」「遼金史札記」『立命館言語文化研究』15-1所収)。なお、中国側の文献『北風揚沙録』によれば、契丹興宗の諱「宗真」を避け、「女真」を「女直」に改称したとする。『北風揚沙録』「金国本名朱里真、番語(契丹語)舌音訛為『女真』、或曰『虜真』、避契丹興宗宗真名、又曰『女直』。粛慎氏之遺種、西海之別族也。或曰三韓(中)辰韓之后、姓『拿氏』、于夷狄中最微且賎。唐貞観中、靺鞨来中国。始聞女真之名。」
2 『隋書』靺鞨伝「靺鞨在高麗之北。邑落俱有酋長、不相総一。(中略)開皇(581-600)初、相率遣使貢献。」、『北斉書』「天保五年(563)、靺鞨来貢。」
3 『文献通考』巻327 四裔考四「唐貞観間、靺鞨来朝、太宗問其風俗、因言及女真之事、自是中国始聞其名。」、『宋会要輯稿』巻196「唐貞観中、靺鞨来朝、中国始聞女真之名、契丹謂之虜真。」
4 『冊府元亀』「開元元年。靺鞨王子来朝。迄開元天宝之世。一歳或二三年至。」
5 『旧五代史』後唐・荘宗紀、同光二年(924)九月庚戌「有司自契丹至者、言女真、迥鶻、黄頭室韋合勢侵契丹。」、同光三年(925)五月己酉「黒水、女真皆遣使朝貢。」、『冊府元亀』巻927 同光三年(925)「黒水胡独鹿、女真等使朝貢。」
6 『遼史』太宗紀上、天顕二年(927)十二月戊戌「女直遣使来貢。」、天顕三年(928)正月己未「黄龍府羅涅河女直、達盧古来貢。」
7 『高麗史』世家定宗三年(948)九月「東女真大匡蘇無盖等来献馬七百匹及方物。王御天徳殿、閲馬。為三等評定。其價馬一等、銀注子一事、錦絹各一匹。二等銀鉢一事、錦絹各一匹。三等錦絹各一匹。」
8 『旧五代史』後周・世宗紀顕徳六年(959)「女真国遣使貢献。」、『新五代史』後周・世宗紀顕徳六年(959)「女真使阿辨来。」
9 『宋史』真宗紀三、(大中)祥符四年(1011)二月壬戌「甘州回鶻、蒲端、三麻蘭、勿巡、蒲婆、大食国、吐蕃諸族来貢。」
10 『高麗史』世家睿宗四年(1109)六月己亥「東蕃(女真)使裊弗、史顕等来朝。庚子、宣問来由、裊弗等奏曰『昔我太師盈歌嘗言、我祖宗出自大邦(=高麗)、至于子孫、義合帰附、今大師烏雅束亦以大邦為父母之国。」
11 『文献通考』巻327 四裔考四、女真「自天聖後、没属契丹、不復入貢。世襲節度使、兄弟相伝。」

索 引

1　原著にある索引から抜粋・整理をしたものである。
2　漢字表記の読みに関しては一般的な日本語の音・訓読みで並べたが、人名・地名等は原著者の表記をカタカナにした。

あ

アイシン・グルン・イスドゥーリ　25
哀宗（金）（ワンヤンニンヤス、完顔寧甲速、守緒）　22,144,177,281,299
アオリミ（奥里米）　112,266
アグダ（阿骨打）　⇒ワンヤンアグダ参照
アグナイ（阿古廼）　⇒ワンヤンアグナイ参照
亜溝車　253
阿什河　252
アス（阿疎）城　38
阿城　104
アナニンスコエ城　112,115
アニミズム　67
アバス（阿跋斯、阿巴斯）　33
阿弥陀仏　182
アムール（川）　30,33,35,70,117,190,216,308,349
阿羅漢　250,251,257,265
アリヘメン　⇒ワンヤンアリヘメン参照
アロチュケ（阿勒楚喀）　119
安徽（省）　268
アンチュフ（按出虎水）　56,72,90,104
アンチュン（按春）　18

い

イーゴリ軍記　348
イガイ（移改）　224
壱岐　310
遺山集　237,238,289
赤失哈（イシハ）　349
威順（皇后）　57,72
圍場　157
乙未元暦　277

一夫一婦制　57,146
一夫多妻　145
殷（王朝名）　190,299
インゲ（盈歌）　⇒ワンヤンインゲ参照
院本　206,240,241,345
陰陽　273,275,277

う

ウイグル　48,305
ウエ（烏野）　⇒ワンヤンウエ参照
ウエン（烏延）　56
ウェンチハン（温迪罕）　149
ウェンチハンハダ（温迪罕締達）　286
ウェンドゥ（温都）　33
ウグナイ（烏古廼）　⇒ワンヤンウグナイ参照
ウグルン（烏古論）　56,149
禹県　268
ウゴチュ（烏古出）　⇒ワンヤンウゴチュ参照
ウジュ（兀朮）　⇒ワンヤンウジュ参照
ウスリー川　30,349
ウスリースク　108,109,115,221,252,253,343
禹跡図　279
烏孫　61
ウタ（塢塔）城　38
ウチマイ（呉乞買）　⇒ワンヤンウチマイ参照
ウチュン（烏春）　56,67
ウデゲ　117,127,278,352,353
ウデゲ語　207
ウブトゥン（烏不屯）　33
宇文虚中　126,237
宇文懋昭　21
ウヤイ（五鵶忍）　⇒ワンヤンウヤイ参照
ウヤス（烏雅束）　⇒ワンヤンウヤス参照
ウラ（烏喇）　31,44,130
盂蘭盆　159
ウリチ　117,130,174,179
ウリンダ（烏林苔）　56,143,148,150,177
ウル（烏禄）　⇒世宗（金）参照
ウルング（兀論出）　177
ウレ（嗢熱）　54,71,312

雲居寺　253
雲崗　222

え

営州　113
衛紹王（金）（ワンヤンガヒェン、完顔果縄、永済）　150
永通橋　98
永寧寺　216,349,350
エカテリノフスコエ城　33,38,41
易経　230
エベンキ語　207
沿アムール地方　18,19,20,26,27,30,40,44,88,92,97,108,115,116,117,138,271,295,303,304,308,348,349,350,352
沿海州　18,19,20,26,27,30,33,38,67,78,87,89,90,92,93,94,95,99,108,109,112,113,115,116,117,127,134,138,139,146,158,179,184,196,224,225,227,255,263,264,266,267,270,271,277,278,295,303,304,308,310,343,348,349,350,352,357,358
垣曲　254
燕京　21,24,99,103,105,106,108,120,121,125,133,144,146,156,158,176,182,183,184,185,189,194,229,230,237,271,275,276,277,313,325,336
延慶寺　244
燕人　339
衍聖公　⇒孔璠参照
宴台　220
閻徳源　195

お

王惟一　231
王鶚　22,299,357
応県　244
鴨江行部志　21,274
鴨子河　225
王寂　21,88,134,237
王若虚　237,238,273
王重陽　186,219
王曾　61
王庭筠　220,238,258,260,361

王喆　186
王弼　230
欧陽玄　24
欧陽脩　232
鴨緑江　21,30,60
オシノフカ　113,115
オットセイ　32
オホーツク文化　310
オリギンスキイ地方　89,90
オリギンスコエ城塞　89
織物　35,36,43,44,54,87,96,100,101,104,105,125,127,128,130,155,161,192,309,311,317,321,349
オロチ　⇒膝甲参照
オロチ（民族名）　175
オンドル　41,116

か

夏（王朝名）　190,299
何晏　230
懐遠　89
開原　48,155,225,244,245
海古水　39
蓋州　48,89
華夷図　279
海西　348
改姓　313
海東青　32,259,312
会寧府　38,105,157,225,325
開封　21,22,24,93,98,105,107,108,120,121,133,220,221,223,229,230,231,261,263,276,284,289,296,317
華夷訳語　22,88,92,130,135,140,148,159,205,207,326,350
海蘭　⇒曷懶参照
海龍　220,246
海陵王（金）（ワンヤンヂグナイ、完顔廸古乃、亮）　106,120,135,143,144,149,150,157,163,175,176,178,182,189,190,193,194,220,242,260,275,282,285,299,324,325,328,335,336,337
回廊　245
華陰　98

画院	261		漢（王朝名）	99,190,230,298,328
夏家溝	128		関羽	261
河間	146		漢化	136,212,213,215,294,295,297,299,300,301,314,326,333,334,336,338,340
可恭	296		甘河	97
霍山	191		灌漑	86,87,88,313
鄂州	98		完顔	⇒ ワンヤン参照
賈公彦	230		咸興	38
鍛冶	34,86,92,100,112		韓康伯	230
火葬	70,194,196		汗国	348

家畜　31,32,48,55,71,89,98,104,113,160,178,214,304,309,311
華中　86,88,212,239,285,324
滑州　98
曷懶　111
河東　275
河東南路　231
河東北路　126
下吐京　255
鼎　270
華南　86,99,136
河南　88,99,143,191,195,232,255,268,324
下邳官鏡　225,226
河汾諸老詩集　22,105,237,238,241
華北　18,31,86,87,88,89,96,100,125,129,135,136,146,157,158,205,211,212,229,239,243,252,261,268,273,285,308,313,316,324,340,348
河北　98,126,143,182,183,191,195,222,232,244,245,268,269,285,339
河北西路　232
華北平原　294
かまど　110,116,117
髪型　45,126,128,129,154,162,167,168,256,313,316,324,326
仮面　257
火薬　87,93,94
粥　47,48,49,133,134,136
カラキタイ　⇒ 西遼参照
ガラス　94,267
棺　69,70,194,195,196
炕（カン）　35,40,41,48,54,61,64,104,110,115,116,117,120,144,154,160,180,181,309,312,317,339,342,343,351,352

顔師古　230
甘州　266
咸州　48,99,155
漢書　61
岩上寺　262
寒食　159,160
顔真卿　232
邯鄲　268
関帝廟　223,266
韓道昭　274
観音（菩薩）　250,256,265
韓昉　237
翰林院　237,238,241,273,274

き

希尹　⇒ ワンヤンヒイン参照
義県　223
宜興　268
騎射　60,61,64,326,342,344,351
宜州　113
宜春　225
徽水　98
帰潜志　22,274,299
熙宗（金）（ワンヤンハラ、完顔合剌、亶）　120,149,162,163,164,167,177,181,182,185,209,211,252,299,323,336
契丹　23,33,38,44,45,48,49,57,61,63,64,67,68,69,71,72,74,78,79,80,83,93,97,98,104,106,107,108,131,139,144,145,146,154,156,157,159,161,162,177,182,191,194,197,205,206,209,212,213,222,223,225,229,234,235,237,240,244,245,274,279,282,284,288,297,301,305,308,309,312,332,337

契丹語	79,80,205,206,208,209,210,211,212,213,220,225,231,233,288,308		324,325,326,328,333,335,337,339,350
契丹国志	32,54,60,71	金史紀事	237,239
契丹文字	79,80,210,211,212,213,222,255,309	金詩紀事	239
		金史藝文略	234
吉林	119,140,208,220,221,222,223	金史国語解	22,33,35,48,49,60,130,135,140,150,205,350
吉林外記	119	金州	113
魏道明	237	金昌	105,107
絹	35,43,44,45,96,104,121,125,127,129,130,181,189,258,259,262	禁城	121
		近親相姦	143,160
亀趺	111,252	錦西	209,211
牛魚	133,190	金石学	195,219,222,223,225,233,236,238
旧五代史	230,231,295	欽宗	23
供犠	126,174,175,178,179,181,188,189,190,191,192,197,263,325	銀鋌	225
		金文雅	237
龔顕曽	234	金文最	236
匈奴	57,259,304	金虜海陵王荒淫	317
経幢	219,223,252,253		
玉京山経	187	**く**	
曲阜	244	虞世南	232
玉篇	274	グダイビフ（古戴鄙夫、張謙）	231,279
極母	⇒ジム参照	百済	60
許亢宗	24,99,103,104,113,116,120,121,125,157,179	旧唐書	41,60,230
		クラスノヤロフスカヤ要塞	93,111,115,116,117,118,138,267,271,343
去勢牛	32		
御容殿	122		
ギリヤーク	⇒ニヴヒ参照	**け**	
儀礼	16,21,24,25,63,64,69,73,126,137,144,145,147,148,149,154,158,162,164,165,168,174,177,178,181,188,189,191,223,233,237,275,300,308,314,317,325,342,352	奚	309
		恵遠橋	98
		慶源	126
		慶元宮	120
		慶元寺	182
金藝文志補録	233,234	京兆府	98,232
金源	221	藝文志	234,237,239
均山窯	268,270	刑昺	230
金志	21,40,48,53,54,55	恵民河	98
金史	21,22,24,25,32,33,39,40,41,49,50,51,52,55,56,60,61,67,68,69,71,72,73,78,79,80,83,87,89,92,93,99,120,121,122,126,134,135,144,145,147,148,149,150,154,155,156,158,159,162,163,164,174,175,177,178,182,184,188,189,190,191,192,193,194,205,209,211,212,213,216,223,230,237,238,241,274,275,276,277,279,281,288,289,295,298,299,323,	景祐新修法宝録	184
		桀	299
		結綵山	157
		結縄文字	352
		碣石志	279
		元（王朝名）	21,23,24,25,83,88,95,126,206,215,235,237,240,241,274,277,280,281,282,312,

　　　　　335,342,345
原アルタイ語　　78
乾元殿　　104,119,120,189
元好問　　186,237,238,239,289,298,357
元史　　22,298,349
建州　　208,348
乾州（陝西）　　219,220
顕宗　　⇒ワンヤンフツバ参照
伽藍　　244,245
建窯　　268

こ

孔安国　　230
孔穎達　　230
興円寺　　182
黄河　　86,92,98,99,177,191,296,317
江官屯　　268,271
孝義（山西）　　255
康熙字典　　274
孝経　　226,230
後金　　316,349
高句麗　　41,54,55,67,97,249,339
洪晧　　23
光興宮　　120
広済河　　98
鉱山　　26,89,90,94,100,111,273
恒山　　191
衡山　　191
孔子　　181,182,229,232,244,337
高士談　　237
行秀　　183,184
杭州　　317
高松哥　　223
広勝寺　　232
校正天文主管　　276
江蘇　　268,270
高宗　　23,261
興中府　　223
洪洞　　98
江南　　175,316
江南河　　98
侯馬　　122,240,253,254,270
孔璠　　182

光武帝　　327,328
光武廟　　328
弘文院　　230
黄堡鎮　　95
高麗　　25,34,36,37,38,41,44,50,69,74,83,84,97,
　　　　99,100,108,136,164,223,229,235,245,282,
　　　　305,310,311,312,322,342,355
高麗史　　25,44,83,223,295
興隆（河北）　　222
コーリャン、高粱　　30,88,134
光禄大夫張行願墓誌　　222
鴻臚寺　　229
缸瓦窯　　268
顧炎武　　348
五音類聚四声篇海　　274
顧愷之　　261
後漢書　　49,67,230,259
後魏書　　230
五経　　232,273
五行　　103,275,328
国師　　237
国史院　　274
国子監　　230,279,285,286,287
谷神　　⇒ワンヤンヒイン参照
黒水靺鞨　　39,40,303,354
黒龍江　　33
呉激　　237
五国部　　38,52
五国城　　38,99,112,284,296
護国林　　175,191,194
呉山　　260
呉子　　235
湖州　　265
呉振臣　　25
五台（山西）　　244
午朝門　　120
五道嶺　　89
滹南遺老集　　185
呉秘　　230
顧野王　　274
胡礪　　237
コルサコフスキイ墓　　27
呼和浩特　　222

403

金光明経　187
混同江　48,62,175,191

さ

斉　145,166,167,225,237,279,299,324
済河　191
西京（金）　105,108
西京（遼）　108
蔡珪　238,239,261
西湖　260
蔡州　22,220
済州（現山東）　94
済州（現遼寧）　225
斉書　230
蔡松年　237
蔡絛　24
済南　195
崔法珍　184
崔立　220
サガイ（撤改、ワンヤンサガイとは別人）　69
撤改　⇒ワンヤンサガイ参照
サカチアリャン　39
左企弓　237
朔県　244
朔州　89
左賢王　259
左衽（衽）　43,44,45,126,127,128,129,130,131,154,166,324,328,342,343
冊府元亀　44
ザバイカリエ　304
サリヘ　⇒ワンヤンサリヘ参照
三学寺　223,252
三館　229
三国志　55,230
山西　108,122,123,126,129,143,182,184,191,195,229,231,232,244,253,254,255,262,268,270,285,339
三聖殿　244
三蔵　184
散達　52
三朝北盟会編　22,24,33,35,37,40,43,47,48,49,53,57,60,61,62,63,64,69,70,73,74,84,105,113,120,126,149,158,166,167,178,290,296,300,336
山東　80,99,185,186,191,195,232,244,264,266,337,339,348,
山東西路　225,232
山東東路　232
山陽瀆（運河）　98
三略　235
山林晩秋図　258

し

シールー（石魯）　⇒ワンヤンシールー参照
鹿笛　154
史記　57,230
施宜生　237
詩経　230,242
使金録　24,98,328,346
志才　253
慈氏閣　244
資治通鑑　290
磁州　183,268,269,271
泗州窯　268,270
磁州窯　270,271
四書　233,273
氏族制度　67,313
氏族内の結婚　144,313
四帯巾　44,125
子端　⇒王庭筠参照
室韋　55,57
実録　230,233,274,316
司馬光　273,290
司馬遷　230,273
ジム（極母）　83
社稷　134,164,165
シャーマニズム　64,71,73,83,112,174,176,180,181,317,342,344,351,352,354
シャーマン（女真の珊蛮、薩満）　73
シャーマン　57,64,68,71,72,73,74,83,84,112,177,178,179,180,181,182,194,265,352
シャイギンスコエ城　26,78,79,90,91,92,94,95,112,115,130,138,179,180,193,227,264,265,266,267,270,277,278,343,352

釈迦（牟尼）　74,262
ジャグ（加古）　33,69,146
ジャグプフ（加古蒲虎）　69
シャクヤク（芍薬）　31,47,48,134
借用語　22,206,207,215,309,356,357
射撃　93,154,155,157,161,168,189,317
鴝鵒（の歌曲）　62,318
鴝鵒笛　318
シャプカ（山）　184
舎利　120,248
射柳　64,67,68,156,157,160,161,174,189,308,326,342,344
十悪　143
周煇　24,116,121,128,167,324
重五　159,160
周昂　238
重校正地理新書　231,279
周書　60,230
周礼　230
朱熹　273
儒教　143,173,181,182,183,184,185,186,189,197,233,255,287,289,297,298,299,314,316,320,321,328,336,338
宿州窯　268,270
熟女真　31,176
粛慎　25
シュコトコフスキイ地区　255
酒三行　317,344
朱子学（新儒教）　182,316,328
呪術　71,72,74
儒者　261
守真　⇒劉完素参照
恤品　⇒速頻参照
儒門事親　280
潤磁（村）　268
春秋　230
蕭肆　163
蕭海里　80
松花江　23,30,38,112,191,195,348
貞観政要　230,231
傷寒論注　231
将棋　104,336
上京（会寧府）　23,24,38,41,90,99,100,103,104,105,106,116,119,120,122,125,144,157,161,176,182,189,190,194,221,225,265,267,308,326,344,346
上京（遼）　104
上京（金、臨潢）　105,106
上京宝勝寺前管内都僧録宝厳大師塔銘誌　221
上華厳寺　244
蕭県　268
上元　160
蕭孝忠　61
城塞(都市)　26,33,37,38,39,41,78,79,89,91,94,96,97,104,105,106,110,111,112,115,119,193,256,267,308,342,343,352
漳州　98
襄州　89
昭粛（皇后）　52,57
尚書　182,221,226,230
尚書省　107,145,154,188,221,275,337
小乗仏教　84
湘水　98
章宗(金)(ワンヤンマダゲ、完顔麻達葛、璟)　156,157,183,184,186,192,197,212,231,239,260,261,287,288,289,299,315,327
蕭仲恭　222
上帝　175
承天門　193
小董　255
浄土寺　182,244
松漠紀聞　23,43,47,48,49,62,64,74,83,146,154,156,160,181,312
焼飯　64,69,71,308,312,342
襄汾　255
蕭奉先　62
鍾邦直　24
蕭窯　270
襄陽府　98
昭陵六駿図　260
証類本草　232
書経　230
徐競　136
蜀　98
食（天体）　193,194,276,277

405

食物本草　282
書史会要　79
女史箴図　261
女真語　18,20,22,33,35,40,48,49,60,71,78,81,
　　　88,89,130,135,140,148,168,178,198,205,206,
　　　207,208,209,210,211,212,213,214,215,216,
　　　219,220,221,222,224,225,226,227,229,230,
　　　231,232,233,234,235,241,242,274,279,288,
　　　289,308,309,315,317,326,327,332,333,337,
　　　339,342,344,345,346,349,350,351
女真国子学　286
女真字　⇒女真文字参照
女真小字　206,209,211,220,264,350
女真進士　214,220,288,289,326
女真進士題名碑　220
女真大字　206,209,211,220,221
女真(の衣)服　42,43,44,45,125,130,304,
　　　314,316,317,318,326,343,351
女真文字　22,80,140,205,207,209,210,211,
　　　212,213,214,216,220,221,226,227,242,284,
　　　310,311,315,317,326,345,350,358
女直字字母　205
汝南遺事　22,274,299
徐夢華　23
汝窯　268
新羅　211
子和　⇒張従正参照
秦家屯　38
新刊補注銅人腧穴針灸経　231
シンクレティズム　344
神后鈞窯　268
新五代史　230,295
進士(漢人)　285,289,326
真珠　32,43,45,92,125,127,250,309,321
辰州　48
瀋州　99,222
新儒教　⇒朱子学参照
晋書　230
新城　222
真定　89,121,245
新唐書　41,55,212,230
新民　113
梓木林子　222

神麓記　78,149,197

す

隋(王朝名)　158
スイカ　30,47,48,49,308
綏可　⇒ワンヤンスイケ参照
瑞州　282
隋書　44,48,230,304
水晶　31,92,137,266
すい星　277
翠微宮　104,120
綏芬(河)　108,109,224,267
数学　82,187,273,275,276
崇福寺　244
図解地理新書　279
スカリストエ城　90
犂　33,63,88,92,107,160,316,342
スキタイ　331
鈴　34,35,44,45,92,180,181,265,304,310
蘇頻　⇒速頻参照
素問病機(気宜保命集)　280
スロビャンカ川　111

せ

西安　226,279
斜也　⇒ワンヤンセイエ参照
西夏　25,98,108,158,164,230,311,335
西漢書　230
青磁　197,268,269,270,271,310
清州　140
生女真　31,39,51,64,68,79,97,191
西廂記諸宮調　240
成都　98
青銅鏡　225,352
清明(節)　159,160
西遼　309
析津　⇒燕京参照
石臺孝経碑　226
石塔寺　244,245
赤壁図　260
世宗(金)(ワンヤンウル、完顔烏禄、雍)
　　　61,89,106,120,143,144,147,149,150,154,155,
　　　156,157,158,161,173,174,177,182,183,185,

205,212,213,214,221,239,241,286,287,288,290,297,299,315,325,326,327,332,335,336,337,338,339
拙軒集　　22,185,237
セリフ(謝里忽)　　⇒ワンヤンセリフ参照
銭乙　　232
善化寺　　244
全金詩　　239
千字文　　235
全真教　　185,186,187,197,314,317
陝西　　95,98,99,220,225,226,232,266,268,269,275
占星術　　233,276
宣宗　　⇒ワンヤンウダブ参照
先祖の霊　　73,160,164,174,176,179,189,190,192
先祖崇拝　　67,168,173,189,190,326
尖塔　　244,246,248,249,346
銭塘江　　98
宣和乙巳奉使金国行程録　　24,103
鮮卑　　304
善文(山西)　　244

そ

楚(金の傀儡国家)　　299
宋(王朝名)　　21,23,24,36,43,79,81,84,86,87,89,93,94,96,98,99,101,105,116,125,130,133,136,141,148,155,158,159,167,173,175,176,179,182,184,187,205,221,223,224,225,227,230,232,237,239,240,241,245,246,247,255,258,260,261,262,263,264,268,269,273,274,275,277,278,279,280,282,285,295,296,297,298,299,313,315,316,325,335,339,342
宋咸　　230
曹勛　　23
送血涙　　70
嫂婚(レヴィレート婚)　　52,56,57,61,64,146,147,151,157,300,342,344
宋史　　95,339
宋書　　230
双城(子)　　⇒速頻参照
宋人　　21,74,96,125,133,150,165,184,295,298,299

荘靖集　　237
孫奭　　230
曹操　　273
荘仲方　　237
孫徳謙　　234
宗廟　　⇒祖廟参照
鏃　　33,93,304,305,310
続夷堅志　　239
測円海鏡　　275
側室　　57,146,147,334
速頻(恤品、蘇濱、蘇爾丹城、双城子)　　108,111,112,221,224
側堡　　104,106,108,110
粟末靺鞨　　303,305,354
蘇城　　112,179,225,244,267
蘇城城塞　　⇒ニコラエフスコエ城塞参照
蘇軾　　241,258,261,315
祖先崇拝　　⇒先祖崇拝参照
率賓　　⇒速頻参照
祖廟　　188
ソロン語　　22,206
孫子　　235

た

太医院　　279
大官屯窯　　268,270,271
大金皇弟都統経略郎君行記碑　　219
大金国志　　21,24,37,38,39,40,45,47,60,67,78,83,105,107,120,126,132,145,148,158,159,160,166,174,175,176,177,179,189,193,194,209,220,237,242,274,318,323,357
大金国尚書左丞相金源郡貞憲王完顔公神道碑　　221
大金集礼　　21,63,162,189,224,274
大金徳運図説　　275
大金得勝陀頌碑　　221,219
大慶壽寺　　183
太原　　123,231
太公書　　235
大興府　　89
泰山　　191
代州　　98,126
大乗仏教　　184

407

代数学　　276
大青山里　　113
大成殿　　244
太宗（唐）　　327
太祖（金）　　⇒ワンヤンアグダ参照
太宗（金）　　⇒ワンヤンウチマイ参照
大蔵経　　184,232,314
大中祥符法宝録　　184
大定　　105,106,133,135,147,158,160,185,229,
　　241,286
大殿　　244
大同　　89,105,108,129,195,244
大ドゥーラル峡谷　　115
大寧　　⇒大定参照
大漠　　325
太白山　　304
大房山　　191
大葆台　　121
大明暦　　277,312
大名府　　232
大雄宝殿　　244,245
大理石　　250,251,256,257
泰和題名碑　　220,222
打毬　　342,344
タタール　　351
竪穴住居　　39,40,304
タフ（塔虎）城　　119
タルバガン（旱獺、松鼠、黄鼠）　　31,48
垂飾り　　44,45,127,129,130,265,266,304,352
タンコ（唐括）　　52,56,57,73
タンコアンリ（唐括安礼）　　337
段克己　　237
澶州　　98
段成己　　237
鍛造業　　354

ち

チブシ（辞不失）　　61
茶　　48,49,54,88,98,132,133,135,136,155,156,
　　164,312,313
紵　　299
中央アジア　　108,266,304,308,309,336,355
中原　　18,86,87,272,299,310,312,316,328,332,338

中後　　113
中興（郷）　　112
中山林　　123,254
中秋　　161
中州集　　22,116,237,238,239
鋳鉄　　34,88,90,91,92,94,113,137,138,227,
　　266,310
中都（金）　　105,106,107,108,120,121,182,183,
　　190,194,229,230,232,279,288
中都路　　232
長安　　103
張家場　　123
趙岐　　230
張行願　　222
張鈞　　163,164
張金吾　　237
張珪　　260
趙景興　　223
張謙　　⇒グダイビフ参照
趙県　　98
張師顔　　21
張従正　　280,281
長城　　97,133,296,338
趙城　　232
趙城金蔵　　232
張汝方　　260
朝鮮　　19,25,31,60,81,83,111,116,196,310,
　　311,357
チョウセンニンジン　　31,32,44,84,214,339
張仲景　　231
張徳輝　　298
長白山　　175,191,304
趙渢　　238
趙秉文　　166,237,238,328,355
朝陽　　122,223,252,261
趙霖　　260
儲慶寺　　253
チルキ墓地　　308
チンギスハン　　177,351
鎮戎軍　　98
陳書　　230
チュルク　　81,179,206,305,312,339,353

つ

通婚 10 氏族　　56,148
通州　　99
ツータン（徒単）　　56,73,144,149,146
対馬　　310
紬　　96,127
ツングース（通古斯）　　68,69,130,174,332,334
ツングース系満洲語　　206,207
ツングース系満洲族　　19,20,116,140,295,303,354

て

定安　　80
鄭玄　　230
鄭子聃　　238
程大昌　　156
程卓　　24
剃髪　　183,184
定窯　　139,268,270,271
鄭麟趾　　25
ディンバン　　118
鉄　　31,32,33,34,35,36,45,50,70,86,88,89,90,91,92,93,94,100,110,112,113,115,137,138,180,194,195,248,265,266,295,308,310,311,342,349,352,354
テボ（忒孛）　　83
デュチェリ　　349,353
天王殿　　245
天球儀　　276
天聖釈教総録　　184
天祚帝（遼）（耶律延禧）　　60
テンチ（丁鱻）　　31
天鎮　　123
天寧寺　　245
天幕　　71,104,120,121,122,155,158,195,352
天文学　　24,82,83,233,273,275,276,277,278
天文台　　276

と

唐（王朝名）　　99,103,158,182,185,187,189,190,220,230,231,232,240,241,246,249,251,257,269,271,273,274,275,285,286,298,305,315,322,327,328,345,355
東垣　　280
同化　　212,299,306,307,327,331,332,333,335,338,339,340,356,357
党懐英　　220,238
董解元　　240
頭鵝宴　　60,64,157,308
道教　　167,173,181,182,183,184,185,186,187,192,193,195,197,198,219,224,231,233,255,269,274,314,326,328
東京（金）　　48,61,105,107,108,282,337
東京城（渤海上京龍泉府）　　116
頭魚宴　　60,62,64,157,308
道士　　183,185,186,187
道士曹道清碑　　223
登州　　74,80,98,229
唐書　　212
唐慎微　　232
銅川　　95,268
道宗（遼）　　183
陶宗儀　　150,335
豆村　　244
同泰寺　　183
道徳経　　187
悼平（皇后）　　163
東方朔伝　　61
トゥルスカヤ寺院　　⇒永寧寺参照
トゥルスカヤ碑　　219
トーテミズム　　180
斗拱　　123,246,249,254
徳安府城　　94
トクト（脱脱、托克托）　　23,24
突厥　　60,71,304
杜預　　230
鳥　　31,47,48,68,107,122,134,136,155,180,190,191,214,254,265,352
砦　　38,96,97,108,111,241,327

な

内外份辨惑論　　281
内蒙古　　97,113
ナイヤン（乃顔）　　348
ナゲリ（納葛里）　　40,342

ナデジンスキイ墓　27,50,70
ナナイ　40,69,73,78,117,126,127,130,175,
　　176,177,179,180,207,278,352,353
ナヘ（納合）　146
ナラン（拏懶）　56,73,149
南京（遼）　106,107
南京（金）　105,106,107,108,231
南京路　232
軟玉　45,92,127,137,165,265,266,310,352
南遷録　21,274,297,298,325
南宋　21,23,24,38,96,100,101,108,130,135,
　　137,144,154,164,166,167,182,190,229,230,
　　237,241,249,256,258,261,262,269,277,297,
　　299,314,315,316,317,318,321,322,323,328,
　　339,355
南董　255

に
ニギダール　117,127
ニコラエフスコエ城塞　112,267
二十四節気　159,191,276
廿二史箚記　355
ニヴヒ（ギリヤーク）　79,127,179,352
日本　27,44,226,258,266,305,310,357
二妙集　237
ニングータ　⇒寧古塔参照
任詢　258,260

ぬ
ヌルハチ　348

ね
寧江州　144
寧古塔　25,44,92,117,120,180
寧古塔紀略　25,44,45,54,117,134,159,176,
　　351
寧晋　230,232
寧神殿　189
根付　266
ネメゲ（粘没喝）　⇒ワンヤンニャンハ
　　ン参照

の
農安　140,233
嫩江　30,97
軒瓦　118,309,352
ノボニコラエフカ村　189

は
脾胃論　281
裴駰　230
牌子（パイザ）　225,226,227
裴松之　230
バイミン（抜乙門）　52
梅膺祚　274
馬具　33,70,91,117,195,308,311
白居易　230,287
白氏策林　287
白城　104,105,119
白土窯　268,270
馬擴　48,60,62,116
機織　35,96
馬丹陽　219
馬端臨　25,40,49,50,52
馬定国　237
馬乳酒　135
ハバロフスク　70,115,308
バヘイ（䟦黒）　⇒ワンヤンバヘイ参照
巴林　⇒臨潢参照
パルチザンスク市　196
ハルビン　89,104,129,252,253
范成大　24,107,121,339
半截山　222
ハンプ（函普）　⇒ワンヤンハンプ参照
万部華厳経塔　222
鄱陽　98

ひ
ヒイン（希尹）　⇒ワンヤンヒイン参照
ヒエ（稗）　48,49,134
膝甲（オロチ）　352
肥城　266
ヒツジ（羊）
　　31,32,43,47,48,55,113,134,180,190,192,214,
　　252,253,256,311,312

畢履道　279
碑亭　244,245
貢文館　229
ビラ川　70
ヒン　348
賓県　223,252

ふ

ファンビ（桓赦）　52,61
複婚　52,57,146
普賢閣　244
武元直　260
プサン（僕散）　56,148
撫順　267,268
阜新　223
滏水文集　116,166,237,238,328
プチャ（蒲察）　56,146,150,218
武陟　255
仏光寺　244
仏祖歴代通載　74
ブッダ（仏陀）　104,182,183,248,249,253,255,256,265,267
フツバ（胡土瓦）　⇒ワンヤンフツバ参照
武帝（梁）　183
プニエ（蒲聶）　52
フビライ（元世祖）　298
フメリニツキイ集落　263
扶余（民族）　19,44,67,92
扶余（地名）　221
プラホトニュカンスコエ城　277
フレスコ画　129,131,146,154,255,260,343,346
フレブナヤ峡谷　113,115
文惟簡　23,166,174,178
墳丘　196,256
文献通考　25,49,50,318
文殊殿　244
文帝（漢）　62
文姫　259
文姫帰漢図　259
文廟　244

へ

平地式住居　115,352
平定窯　268,270
米芾　258
ペイマン（裴満）　56,148,149
平陽　230,231,241,261
平遥　244
壁龕（建築）　244,247,248,256
碧玉　31,32,43,45,92,121,189,265
ペキン（北京）　118,121,195,253,260
ヘジェ（劾者）　⇒ワンヤンヘジェ参照
ヘシレ（紇石烈）　56,148,150
ヘシレリャンビ（紇石烈良弼、婁室）　288
ヘスン（劾孫）　52
ベリメシハン（米里迷石罕）城　38
ヘリボ（劾里鉢）　⇒ワンヤンヘリボ参照
ベルト　34,48,125,129,155,158,163,179,266
汴河　86,98,
汴京　21,24,98,105
汴水　239
辮髪　42,43,45,61,64,125,126,128,154,167,304,312,314,316,317,324,342,349,351,352
変文　240
汴梁（書房）　231

ほ

保安軍　98
方于魯　226
鳳凰　264,309
報恩経　187
房祺　237
宝厳　182,221
謀克（モウケ）　214,224,225,226,287,288,297,326,334,337
奉国寺　223,243,244
茅齋自叙　48,60,62
宝山　89
奉使行程録　24
方氏墨譜　226
豊州　222
宝勝寺　221
鳳翔府　98

411

豊鎮　97
放偸　63,145,160,300
萌未　⇒メンベイ参照
蓬莱院　229
北轅録　24,116,133
北魏（王朝名）　126
北京（現代中国）　⇒ペキン参照
北京（金）　21,103,105,106,108,216,232,276,339
北狩見聞録　23,280,296
北狩行録　24,296
北場　143
北宋　38,96,107,108,110,127,136,184,186,191,229,231,249,258,261,262,268,269,271,282,289,315,316,322,345,355
穆宗　⇒ワンヤンインゲ参照
北平軍　98
北陽　222
菩薩　244,250,251,253,256,265
蒲察（プチャ）世傑　93
ボジル（孛术魯）　149,217
渤海　19,34,35,37,42,44,48,61,81,89,92,93,103,108,109,116,145,146,154,211,212,213,256,282,305,308,332,339,343,348,349,354
渤海人　61,108,109,147,173,181,249,303,312,334,354
北海道　310
渤海文字　82
法華経　187
北行日録　24,98,107,133,135,213,296,313
ポドツ川　67
ポヤルコボ村　97
ポラシュ（頗刺淑）　⇒ワンヤンボラシュ参照
ボロニ（湖）　27,70,97
保和殿　118

ま
マイスコエ城塞　308
マサン（麻産）　49
靺鞨　37,44,49,50,55,62,191,196,266,294,303,304,305,309,354
満洲源流考　25,60,61,78,79,148,154,155,156,206,211,284,351,352
満洲語　22,23,25,40,78,81,180,206,207,208,351
満洲（人・族）　19,20,25,45,54,55,73,116,117,126,127,130,131,136,137,140,150,151,159,160,161,178,180,181,191,211,294,295,303,339,342,348,349,350,351,354,356
満洲平原　31

み
弥陀殿　244
南ツングース　78,355,357,
ミヌシンスカヤ盆地　309
明王　226
明（王朝名）　119,205,208,232,237,274,300,348,349
岷山晴雪図　258,260
民俗学　16,60

む
ムグド（死者の代理人）　196,352
牟尼殿　244

め
明秀集　237
メンリャンホ(謀良虎)　⇒ワンヤンメンリャンホ参照
メンベイ（萌未）　83

も
猛安（メンアン）　214,224,288,326,333,334,337
毛享　230
孟子　182,230,273
孟鑄（メンジ）　175
モンゴル（蒙古）　18,22,24,55,60,79,94,99,100,106,107,108,113,126,145,167,168,177,186,229,232,234,235,238,239,243,259,282,288,294,301,311,312,333,348,349,355,356
モンゴル語　22,74,81,206,207,231,305,350
モンゴル人　21,22,97,109,126,136,157,232,298,311,312,339,340,348,357
文殊菩薩　244

や

薬理学　　273,282
野人　　348
薬局方　　232,282
耶律（ヤールー）　　146,149,284
耶律楚材　　88
耶律迪越　　274
耶律防　　260,262
ヤンポ（楊朴）　　80

ゆ

雄州　　98
幽竹枯槎図　　258
遊牧　　39,40,68,157,195,295,297,308
釉薬　　95,96,100,107,118,119,121,137,195,
　　　　246,267,268,269,270,271
挹婁　　92,294

よ

陽　　160,275
楊雲翼　　238,281
楊級　　277
窯業　　343
楊倞　　230
養蚕　　35,87,100,130,161
耀州窯　　95,96,268,269,271
楊樹林山　　220
揚子江　　86,98,174,175,191
陽泉　　268,
養豚　　100
羊毛　　312
葉隆礼　　23
鷹路　　99
沃沮　　196

ら

拉林　　221
礼記　　230
洛陽　　103,105,107
ラコフカ川　　111
羅紗　　35,43,127,130,311
ラゾフスキイ地方　　89
ラゾフスコエ城　　97,227,266

蘭州　　98,123,254
欒城　　98
攬轡録　　24,107,121,144,313,317,339

り

李軌　　230
李賢　　230
李杲　　280,281,282
李覯　　320
李山　　259,260
李治　　275
李純甫　　238
李俊民　　237,297
立愛　　222
立教十五論　　186
立豊　　222
李唐　　258
李妃　　121
李屏山　　184
李治　　275
略奪婚　　55,63,145
リャンジュウ（良久）　　72
龍　　104,122,130,246,247,252,256,260,264,
　　　265,266,267,309
柳河　　222
柳河半截山摩崖碑　　222
劉完素（守真）　　280,281
劉祁　　22,299,357
龍興寺　　244,253
劉子　　230
龍泉窯　　268
柳宗元　　230
龍抬頭　　160
リュケ（留可）　　38
リュケ（留可）城　　38
梁（王朝名）　　183,230
遼（王朝名）　　23,24,32,36,38,42,43,48,52,
　　　59,61,62,63,64,68,78,79,80,81,83,84,88,97,
　　　99,103,108,111,113,122,123,126,156,157,
　　　158,165,167,173,176,177,182,183,185,189,
　　　194,197,205,206,208,211,221,223,224,229,
　　　230,232,237,240,241,243,244,245,246,247,
　　　248,249,268,271,274,275,277,279,285,297,

413

298,299,301,308,309,312,314,315,324,325,
326,339,345,346,355,357
陵　　122,146,162
梁苑　　239
遼河　　30,99
遼金元藝文志　　213,234
遼史　　22,23,38,47,59,60,61,67,68,89,274,295
梁書　　230
遼東　　21,88,99,349
遼東行部志　　88,134,274
遼寧　　48,113,122,195,208,209,211,222,223,
225,229,244,261,268
遼陽　　99,105,107,108,183,185,222,271
呂貞幹　　279
虜廷事実　　23,45,63,69,128,147,155,159,166,
174,178,196,300,301
臨安　　24,316,318,339
臨潢（巴林）　　104,105,106
臨潼　　225

れ

枱　　49
レガリア　　126,131,224
暦法　　83,277

ろ

老子　　185,230
隴州　　89
楼鑰　　24,98,107,135,167,324
鹿茸　　32,180
ろくろ　　35,50,95
盧溝河　　98,99,346
盧溝橋　　98
論語　　182,230,273

わ

濊　　67
淮河　　191
ワンヤン（部・氏・姓）　　33,41,52,56,57,74,
83,84,146,149,150,221,239,260,342,348,355
ワンヤンアグダ（完顔阿骨打、金太祖）
48,49,52,60,62,63,64,67,68,71,72,78,80,120,
121,125,143,144,147,149,156,157,158,162,

164,165,174,177,178,189,197,208,209,211,
219,221,222,299,335,355
ワンヤンアグナイ（完顔阿古廼）　　74
ワンヤンアリヘメン（完顔阿离合懣）
60,63,178
完顔偉　　325
完顔允恭　　⇒ワンヤンフツバ参照
ワンヤンインゲ（完顔盈歌、楊割、金穆
宗）　　33,50,52,61,80,84,354
完顔允中　　⇒ワンヤンシルツ参照
ワンヤンウエ（完顔烏野、勖）　　274
ワンヤンウグナイ（完顔烏古廼、金景祖）
52,53,57,72,73,79,83,223
ワンヤンウゴチュ（完顔烏古出）　　72
ワンヤンウジュ（完顔兀朮、完弼）　　174,
241,325
ワンヤンウダブ（完顔吾賭補、金宣宗、珣）
150,288,299,315
ワンヤンウチマイ（完顔呉乞買、金太宗）
120,149,162,164,175,177,178,182,194,237,
274,282,284,299,337
ワンヤンウヤイ（完顔五鶻忍）　　72
ワンヤンウヤス（完顔烏雅束、金康宗）
68,72
完顔永済　　⇒衛紹王（金）参照
完顔永中　　239
ワンヤンエスクィ（完顔阿思魁、忠）
111,221
完顔希尹　　⇒ワンヤンヒイン参照
完顔匡　　⇒ワンヤンサス参照
完顔勖　　239,241
完顔谷神　　⇒ワンヤンヒイン参照
完顔杲　　⇒ワンヤンサリヘ、ワンヤンセ
イエ参照
ワンヤンサガイ（完顔撒改、ヘジェの息子）
52
ワンヤンサス（完顔撒速、匡）　　159
ワンヤンサリヘ（完顔撒离喝、杲）　　165
ワンヤンシールー（完顔石魯、昭祖）
53,56,57,69,71,72,73,78,83
完顔璹　　231,239,289
完顔襄　　324
完顔守貞　　⇒ワンヤンツォヤン参照

ワンヤンシルツ（完顔実魯刺、允中）　241
ワンヤンスイケ（完顔綏可、献祖）　33, 39,41,72,119
ワンヤンセイエ（完顔斜也、杲）　165,176
ワンヤンセリフ（完顔謝里忽）　71,220
完顔宗幹　　⇒ワンヤンバベン参照
完顔宗翰　　⇒ワンヤンニャンハン参照
完顔宗敍（徳壽）　149
完顔宗弼　　⇒ワンヤンウジュ参照
完顔忠　　⇒ワンヤンエスクィ参照
完顔通　　225
ワンヤンツォヤン（完顔守貞）　289
ワンヤンニャンハン（完顔粘罕、粘没喝、宗翰）　181,346
ワンヤンネメゲ　　⇒ワンヤンニャンハン参照
ワンヤンバヘイ（完顔跋黒）　52,53,57
ワンヤンバベン（完顔幹本、宗幹）　144, 147,162,239
ワンヤンハンプ（完顔函普、金始祖）　56, 78

ワンヤンヒイン（完顔希尹、谷神）　150, 178,198,208,209,217,221,239,242,289
ワンヤンフツバ（完顔胡土瓦、金顕宗、允恭）　239,260
ワンヤンヘジェ（完顔劾者）　52
ワンヤンヘリボ（完顔劾里鉢、金世祖）　52,56,67,68,72,73,120,274
完顔謀良虎　　⇒ワンヤンメンリャンホ参照
ワンヤンボヅバ（完顔幹都抜）　72
ワンヤンボラシュ（完顔頗刺淑、金粛宗）　52,64,67,73,79,80
ワンヤンマダゲ　　⇒章宗（金）参照
ワンヤンマチンチュ（完顔麻斤出）　177
ワンヤンメンリャンホ（完顔謀良虎）　80, 289
完顔亮　　⇒海陵王（金）参照
完顔婆室　　⇒ワンヤンワリヤン参照
ワンヤンワリヤン（完顔幹里衍）　221

図　版

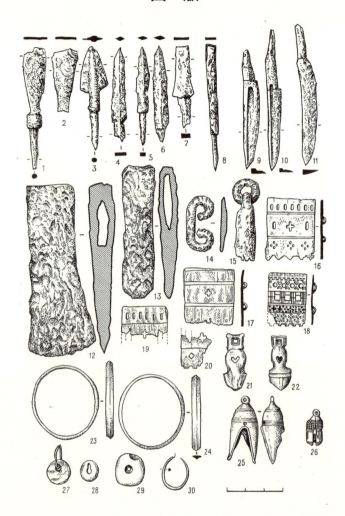

1　初期女真の利器と装飾品
1〜8：鏃　9〜11：刀子　12〜13：斧　14：火打金　15：馬具・武具の部品　16〜20：帯飾金具　21〜22, 28〜29：垂飾　23〜24：腕輪　25：鐸　26：小鈴　27, 30：耳飾　1〜15：鉄　16〜26, 30：青銅　27：青銅、軟玉　28〜29：軟玉
※すべてソ連ユダヤ人自治区ナデジンスキイ墓より出土
(出典 Медведев1975［Ⅱ］図1)

資料編
図版

2 初期女真の土器
1:花瓶　2〜3:鉢　4:把手付壺　5:細頸壺
※すべてソ連ユダヤ人自治区ナデジンスキイ墓より出土
(出典 Медведев1975［II］図2)

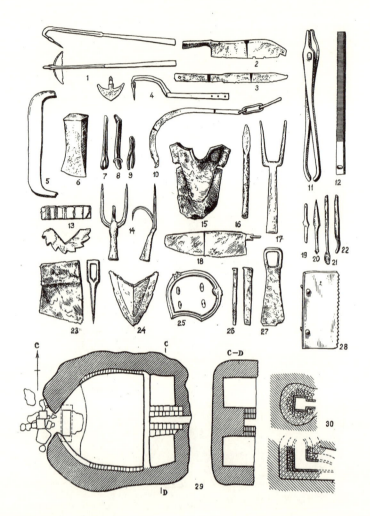

3 金の工具および工場

1：手鍬　2：庖丁　3：刀子　4：手持ちのつるはし　5：(南京) 鉋の刃　6：小型斧
7～9：宝石用工具　10：鎌　11：やっとこ　12：やすり　13：歯車　14：熊手（フォーク）
15：犂先（第2型式）　16：槍先　17：熊手状工具　18：野菜用庖丁　19～22：錐　23：斧
24：犂先（第1型式）　25：犂の一部　26：楔　27：有孔手斧　28：鋸　29：陶器焼成用窯
30：溶鉱炉、1～28：鉄製
※1～4, 10, 13～18, 23～27：北京周辺、5, 7～9, 11, 12, 19～22, 28：ソ連沿海州シャイギンスコエ城塞、29：中国陝西省銅川出土、30：中国黒龍江省五道嶺 Хэнцяньтун 出土
（出典 1～4, 10, 13～18, 23～27：蘇天鈞 1963　5, 7～9, 11, 12, 19～22, 28, 30：Леньков1974　図 17, 29, 21；中国科学院考古研究所 1961 図 53）

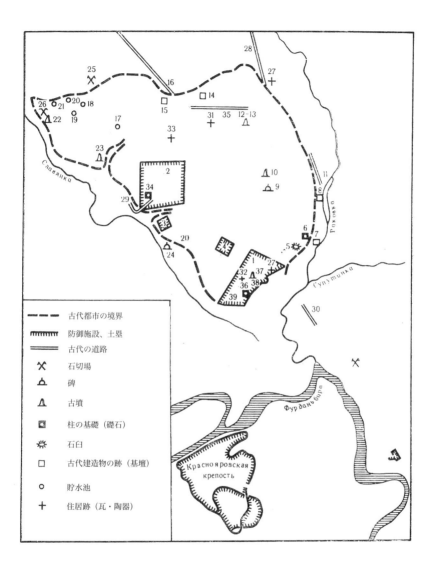

4 ソ連邦ウスリースクの古代集落都市の平面図
(出典 Федоров1916 [Ⅲ])

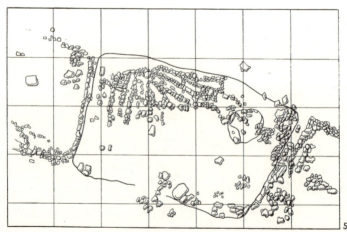

5　金の建造物と家具

1：中国山西省孝義近郊下吐京廟のレリーフによる建物内部の様子　2：中国山西省絳県裴家堡墓出土壁画による陶器焼成用の井戸と窯　3：中国黒龍江省阿城県上京出土の礎石　4：ソ連沿海州クラスノヤロフスカヤ城塞の一般の建物の竈　5：ソ連沿海州クラスノヤロフスカヤ城塞出土の炕跡がある住居
(出典 1：中国科学院考古研究所 1961 図版 125　2：張徳光 1955 図版 17, 図 2　3：東洋中世史 3 巻 463 頁　4〜5：Воробьев1967［II］55 図)

資料編
図版

6 金の衣服と個人的装飾
1:『三才図絵』による女真人（1606年）　2：中国山西省絳県裴家堡墓出土壁画による下男・下女　3：青銅製留金　4：眠っている白鳥形根付（ソ連沿海州シャイギンスコエ城塞出土）　5：結んだ形の黄金製留金・装飾品　6：鍍金された指輪　7：宝石付黄金製耳飾
※5～7：中国吉林省石碑林にある完顔婁室墓より出土
（出典1：中国歴史参考図譜巻15,16頁　2：張徳光1955 図版16, 図3　3～4：Васильева1976 図9（4）　5～7：杉村1953年図版36）

421

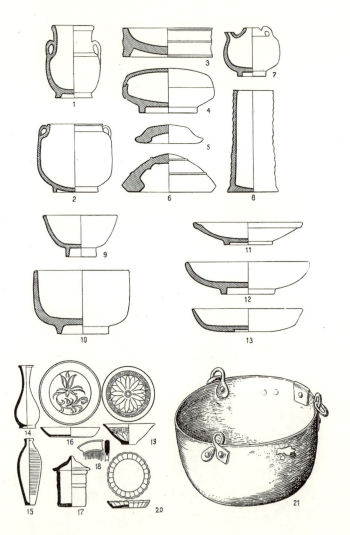

7 金の道具と食器

1〜13:中国陝西省銅川市の黄保鎮の耀州窯工房出土の典型的陶器(金元代の層) 14:緑色水差壺 15:灰緑色水差大壺 16:白磁平皿 17:黄灰色蓋付筒 18:骨製櫛 19:暗青色陽刻文様のある磁器鉢 20:凹凸のある暗青色平皿 21:ソ連沿海州シャイギンスコエ城塞の鉄鍋

※ 14〜20:中国遼寧省朝陽市付近の1184年の墓より出土

(出典 1:陝西省考古研究所編 1964 図 24・25, 37・38 頁;Wirgin1970 図 35a 21:Леньков1974 図 34)

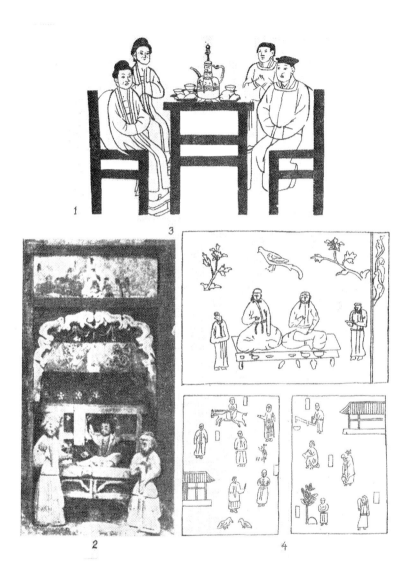

8 金の家庭生活と習慣
1：中国山西省絳県裴家堡墓出土壁画による食卓に向かう家族　2：その壁画による子供と下女　3：中国遼寧省錦西大臥鋪村にある塚より出土した画像石による小宴会　4：その画像石による遊びと娯楽
（出典1：張徳光 1955 図版 18　2：中国科学院考古研究所 1961 図版 125　3～4：雁羽 1960 図 2-3）

9 金の宗教と文化

1：中国山西省孝義市にある下吐京の墓の内部の様子（復元）　2：ソ連沿海州ウスリースク市より出土した石室（墓）　3：ソ連沿海州クルグロイ丘の虎面形鉄製飾　4：中国黒龍江省阿城市の上京出土観音菩薩の頭部　5：中国吉林省高麗市（現集安市）の墓より出土したメッキされた仮面　6：中国黒龍江省阿城市の上京出土供献用垂飾
（出典 1：解希恭 1960 図1　2：Окладинков 1959 図78　3：Васильева 1976 図9　4：中国歴史参考図譜巻 15, 16 頁　5：杉村 1953 巻38 図2　6：Толмачев 1925 図版2 図17）

資料編 図版

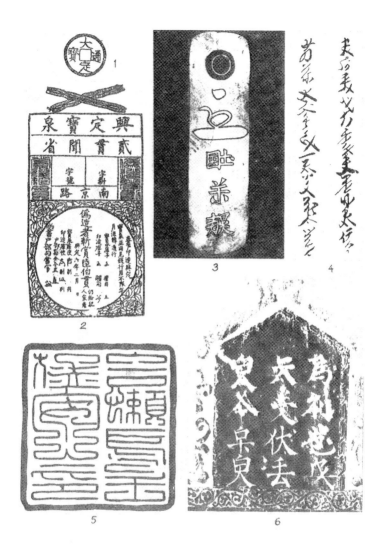

10 金の文字と金石学（銘辞学）

1：「大定通宝」銭　2：紙幣　3：銀錠（パイザ・牌子）ソ連沿海州シャイギンスコエ城塞　4：女真文字草書体で書かれた文書（紙）断片（ソ連科学アカデミー ЛОИВ 文書館№ 3775-1）　5：ソ連沿海州出土漢字銘銅印（1214年）　6：中国河南省開封市宴臺出土の二言語碑の上部
(出典1～2：有高巌 1932 満蒙史講話, 大連　3：Шавкунов1977　4：Кара,Кычанов1972 図2　5：Воробьев1972 図9　6：Bushell1898)

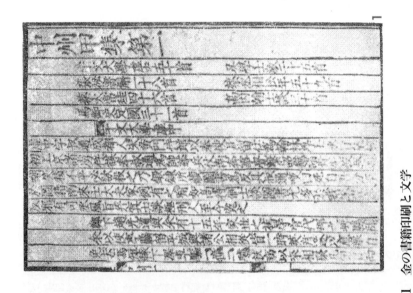

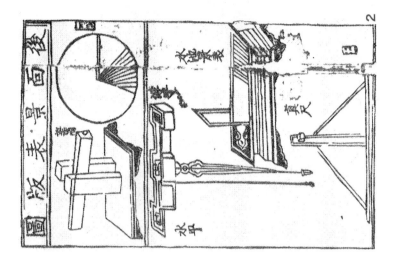

11 金の書籍印刷と文学
1:『中州集』の一部 2:金の出版物の挿図 (出典 1:書道全集 1973 年巻 16 図 41 2:中国歴史参考図譜巻 15 図版 24 No.154)

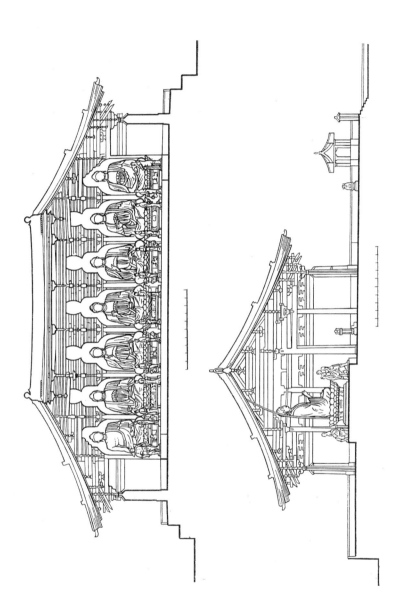

12 金の建築
中国遼寧省義県奉国寺の主要寺院建築、内部の立面（杜仙洲 1961）

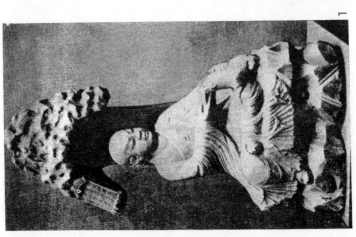

13 金の彫刻
1:「岩の下で虎と(たわむれる)阿羅漢」の大理石像 1158 年　2:中国正定市龍興(隆興)寺の広恵を記念する碑
（出典 Siren1942 図版 6 図 2, 図版 7 図 1）

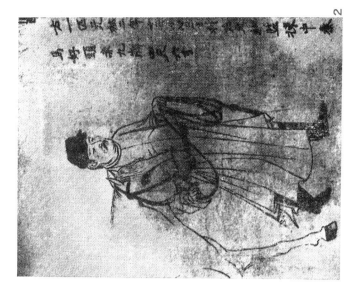

14 金の絵画
1:『文姫帰漢図』(部分) 2:李公麟『五馬図』(部分) (出典 1:蘇興鈞 1964 図版 2 図 2 2:三上 1973 図 6)

15 金の工芸
1：ソ連沿海州ウスリスク市出土の雄鶏を描いた磚（А. З. Федоров のコレクション）
2, 3, 6：中国銅川市黄堡鎮の耀州窯工房の装飾（文様）　4：ソ連沿海州シャイギンスコエ城塞の青銅鏡　5：ソ連沿海州ニコラエフスコエ城塞の土製龍頭
（出典 1：Окладников1959 図 80　2,3,6：陝西省考古研究所編 1964 図 28,41 頁　4：Шавкунов 1977　5：Шавкунов1966 図 5）

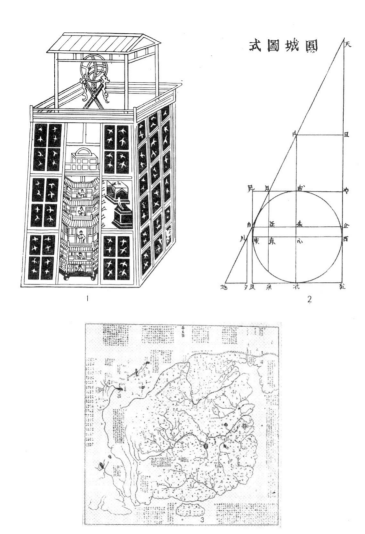

16 金の科学と教育

1：時計付天文台、階上の台上に時計と天球儀、部屋には、天球儀があり、その下には水時計の装置がある。女真人によって動かされ、公式に定められ、燕京でも操業された（11世紀末）　2：直角三角形に内接する円の特性を図解した図、李冶『測円海鏡』より　3：石の上に（刻まれた）『華夷図』（中華と夷狄の世界図）1137年
（出典 Needam1959 巻3, 図57・162・225）

訳者あとがき

　大学に入学して間もなく、恩師森浩一先生は、授業で新入生に江上波夫先生の「日本民族＝文化の源流と日本国家の形成」(『民族学研究』1949年)と『騎馬民族征服王朝説』(中公新書1967年)を紹介された。江上説がどのように変わってきて、現在の考古学のレベルで見るとどこがおかしいか、どこは研究に活かしていくことができるか、まとめてみるようにとのことだった。先生自身も、江上先生との共著『対論騎馬民族説』(1982年)をまとめられていたので、おぼろげながら、江上説に好意を持っていることがうかがえた。一方、同級生が入手した「騎馬民族は日本に来なかった」という佐原真氏の講演会のレジュメを読ませてもらうと、学界の中では、森先生のように江上説に好感を持つ人ばかりではなく、厳しい反論があることもわかった。

　当時は、いわゆる「騎馬民族」について網羅的に知りたいと思っても、日本語ですぐ入手できたのは『東洋文庫』シリーズ(平凡社)、江上先生が言及されているウィットフォーゲルの History of Chinese Society, Liao, 907-1125 で、便利そうな本だがなかなかの大冊だった。漢文で何とか意味がつかめそうなのは、中華書局から出ている評点本の正史ぐらいだった。漢文資料も、正史だけでも関係する部分を的確に探し出すのは、初学者の私たちには荷が重かった。しかし1年間取り組んでみて、さまざまな分野の成果を用いて総合的に歴史を勉強する楽しさだけは体得できた。

　しかしその後、縄文文化の方に関心が移り、「騎馬民族」のことは徐々に忘れていったが、1999年にウラジオストックで資料調査をしたときに、女真文字が書かれた銀製の札(東夏国の銀牌)を偶然実見できた。漢字に範をとっているが、日本語のカナのような雰囲気もあるし、現代中国の簡体字風でもある独特な女真文字を糸口に、日本考古学研究者にとってはまったく未知な世界である女真について関心が涌き、自分の専門とは違うがまとめてみた。

　縁は異なもので、ある日、家内(輝美)から職場へ電話がかかってきた。テレビで、満族の鷹匠親子の話を紹介した番組(NHK総合「幻の鷹と生きる～中国知られざる秘宝の村～」2002年)を見て、とにかく感動し、唐突に「日本にもやっぱり騎馬民族が来ていた」のだと言う。電話口で、鷹匠だの騎馬民族だのと言われてもよく意味がわからず、帰宅してじっくり話を聞くと、番組によれば、満

族は「海東青」という小型のタカを非常に尊崇していて、民族のシンボルと考えているらしい。それに触発された家内は、「騎馬民族」自身は、ウマを大事にはしているが尊崇しているわけではないこと、日本にもいわゆる「鷹匠埴輪」があるから、江上先生の言うように騎馬民族は来ていた（可能性はないか）と言う。

　学生時代ならいざ知らず、このころには、騎馬民族征服王朝説にもとづく家内の主張には直ちには賛成できなかった。しかし、かつての自分たちも「騎馬民族」というとウマに目が行ってしまい、それ以外の文化的な要素の掘り下げは十分ではなかったという点については同意せざるを得ないことも確かであった。早速、江上説を読み直してみる。新書版にはほとんど記述がないが、座談会の方では言及されている。

　タカ（海東青）こそ、核心ではないかと直感した家内であったが、さすがに現代の満族と古墳時代の騎馬民族ではヒアタスが大きすぎるということで、番組の中でも紹介されていた満族の祖先「女真」に目をつけたようだった。しかし、女真と言われても自分が知っているのは、先般まとめた鎌倉時代に新潟県に漂着した女真船とその銀牌ぐらいである。それでも、天皇家の祖が「騎馬民族」かどうかはわからないが、そうした人々が日本列島に「全く来なかった」などと断言できるのだろうかとは思われた。

　いずれにせよ、どこから手をつけてよいかわからない。今思えば不思議だが、漢文資料を調べるのではなく、家内がロシア文学専攻だったこともあり、まずはロシア側の研究を見てみることにした。何はともあれ、ロシア語文献が充実している神田神保町のナウカに行って探してみる。そこで家内が発見したのが本書である。しかし、それなりの値段がしたことや細かい字でぎっしり書かれていたことから逡巡したが、思い切って購入した。

　ロシア語が難しいだけでなく、当然のことながら中国の歴史的人名、地名、文献、さらには古典的な漢籍などがすべてロシア語表記で縦横無尽に出てくる。中国の文献や研究成果を知らなければ、読み進めない。さらに、著者のヴォロビヨフ先生は、英独仏語はもとより中国語、日本語、朝鮮語に通じた歴史学者であり、漢文を含む各国語の文献を引用しているだけでなく、内外の考古学や民族誌研究の成果も踏まえていることもわかる。

　難解であるが、興味深い内容が多く、引き込まれていく。いつのまにか、タカの話だけでなく、ヴォロビヨフ先生の研究に魅了されていくが、一方で多くの疑問も出てくる。今のようにインターネットが発達していなかったので、国立国会図書館をはじめ各地の大学図書館で調べて確認するしかない。語学力の問題もあ

るが、やはり現地を実見したことがない私たちにとって、歴史や、とくに生活文化の読解は、まさに『解体新書』の世界であった。

そうした中、たまたま中国大連の学会に参加することになり、運よく中国東北史研究の泰斗王禹浪先生の知遇を得て、以後先生に家内ともども、中国東北各地の遺跡、建物や民俗に触れる調査に幾度ともなく連れて行っていただく。

現地を勉強することによって、飛躍的に内容の理解は深まったが、依然としてよくわからないところも少なくない。2008年、私が参加していた研究会で、ご一緒させていただいたロシア出身の世界的言語学者アレキサンダー・ヴォヴィン先生と親しくお話をする機会を得た。先生もレニングラード大学（現サンクト・ペテルブルグ大学）出身で、ヴォロビヨフ先生の謦咳に接したことがあるとのことで、家内とともにヴォヴィン先生にお招きいただき、先生が当時滞在されていた京都の研究室で、泊りがけで集中してご指導いただけることができた。

訳文をどのように発表するか逡巡しているうちに何年か過ぎてしまったが、2016年に、私たち夫婦が知り合うきっかけとなったロシア語教室の恩師、ロシア正教のニコライ・ドミートリエフ司祭と山崎瞳ご夫妻に北海道で再会し、事情をお話しし、ざっと目を通していただいた。両先生からあらためて励まされ、ようやく本当の意味での決心をつけることができた。

本書を翻訳、出版するにあたって、以下の諸氏、諸先生にはご教示、ご指導をいただいた。また、ボロンテの坂西孝美さんには、編集・校正に多大なるご尽力をいただいた。文末にお世話になった方々のお名前を記し、謝意を表する。

エルデヌダライ・アロハン、王禹浪、魏国忠、姜念思、アレキサンダー・ヴォヴィン、ユーハ・ヤンフネン、アレクサンドル・キム、ニコライ・ドミートリエフ、山崎瞳、梶田学、西脇対名夫、吉本道雅、愛新覚羅烏拉熙春、枡本哲、関尾史郎、白石典之、佐藤貴保、中澤寛将、アレクサンドル・イブリエフ、竹田和夫、越田賢一郎、清瀬義三郎則府、籾内裕子、宮島典夫、坂西孝美、宮島悦雄（順不同・敬称略）

2018年10月

川崎　保

○著者プロフィール
ミハイル　ワシリエビッチ ヴォロビヨフ（Михаил Васильевич Воробьев）

歴史学博士。歴史家、考古学者、貨幣研究家、また法学者でもあった。軍事史、民族と宗教の歴史、極東の地域の国家の発展の問題をテーマに研究。とくに日本と朝鮮には深い関心を寄せており、ロシアの日本研究としては初めて日本の古代法の基礎研究を導いた。

1922 年　旧ソビエト、ペトログラードに生まれる。
1941 年　レニングラード大学文学部入学。
1943 年　前線で負傷。ソビエト勲章を授与される。
1946 年　研究生活に復帰。
1950 年　レニングラード大学東洋学部修了。以降、ИИМК（ソビエト科学アカデミー歴史物質文化研究所）、公立図書館、ЛОИВАН（ソビエト科学アカデミー東方学研究所レニングラード支部）勤務、レニングラード大学で教鞭をとる。
1995 年　死去

〈論文・著作〉

修士論文「日本海地域の石器時代」（1953）

『古代の日本』（モスクワ,1958）

『古代の朝鮮』（モスクワ,1961）

博士論文「女真と金国（10世紀-1234）」全4巻（1972）

『女真と金国（10世紀-1234）』（モスクワ,1975）

『3-7世紀の日本；民族、社会、文化と周囲の世界』（モスクワ,1980）

『女真と金国（10世紀-1234）の文化』（モスクワ,1983）

『日本の法典「大宝養老令」（8世紀）と早期中世の法』（モスクワ,1990）

『満洲と東内蒙古（古代から9世紀まで含めて）』（ウラジオストク,1994）

『7世紀中葉までの朝鮮；民族、社会、文化と周囲の世界』
　　　　　　　　　　　　　　　　　　　　（サンクト・ペテルブルグ,1997）

『朝鮮の文化の素描』（サンクト・ペテルブルグ,2002）

2005 年、著作の図書目録を含む論文集『ミハイル・ワシリエビッチ・ヴォロビヨフ教授の思い出』が、サンクト・ペテルブルグ大学より発刊。

〇訳者プロフィール
川崎　保（かわさき・たもつ）
1965年東京都生まれ。同志社大学文学部卒、同大学院文学研究科博士課程前期修了、2018年同志社大学より博士（文化史学）。現在、長野県埋蔵文化財センター勤務、長野大学非常勤講師。
〈主要論著〉『「縄文玉製品」の起源の研究』、『日本と古代東北アジアの文化』（いずれも雄山閣、2018）、「北辺をこえた女真人」（竹田和夫編『古代・中世の境界意識と文化交流』勉誠出版、2011）、「古墳時代の埴輪にみられる東北アジア文化の影響」（『沿海州の中世の遺跡』2号、ダリナウカ、2012）、「「渤海」文字資料からみた女真文字の起源に関する一考察－ヴォヴィン論文（2012）を中心として」（『古代学研究』202号、2014年）

川崎輝美（かわさき・てるみ）
早稲田大学文学部ロシア文学専攻卒。「チョールタヴィ・ヴァロータ洞穴の装身具」（『長野県考古学会誌』108号、2005）、「日本の文献史料を通してみたシャイギン城跡のパイザ」（『古代学研究』174号、2006）を川崎保と共訳。

女真と金国の文化
M.B. ヴォロビヨフ 著

2018（平成30）年11月1日　初版第1刷

訳　者　川崎　保・川崎輝美
発行者　宮島悦雄
発行所　ボロンテ。
　　　　〒380-0935 長野市中御所3-2-1 カネカビル2F
　　　　TEL (026) 224-8444　FAX (026) 224-6118
　　　　http://www.volonte93.com
印刷所　大日本法令印刷株式会社

©Tamotsu & Terumi Kawasaki 2018, Printed in Japan
定価は本のカバーに表示してあります。乱丁・落丁本はお取替えいたします。
ISBN978-4-939127-21-2

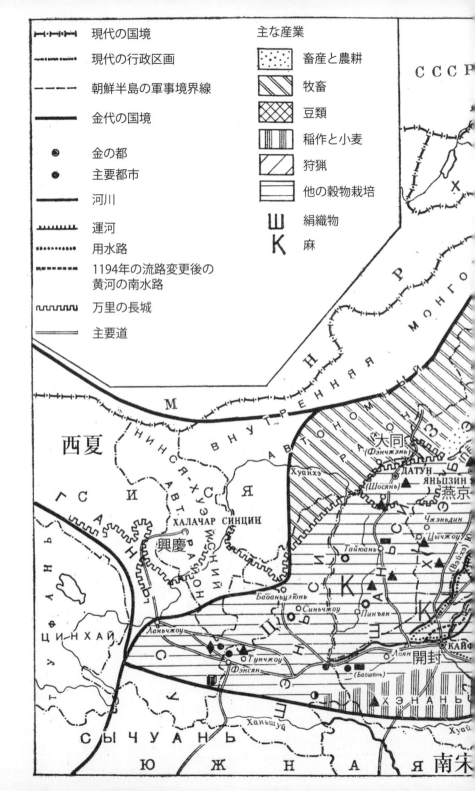